U0438210

张宪荣 著

小学文献学研究

上海古籍出版社

国家社会科学基金青年项目资助

序 一

周晓文

2022年，我收到宪荣发给我的这部四十多万字、近五百页的《小学文献学研究》书稿。他希望我给这本新书写个序，我却迟迟未动笔。看着这部厚重的书稿，好像有很多话想说，却又不知道从哪儿说起。一拖就是两年，拖到了我退休……今天再拿起书稿，有一种异样的感觉，看到的不只是宪荣的书稿了，过往的画面不断在眼前划过，好像看到了自己年轻时的样子，有一种想述说的冲动。我想那就先从我自己说起吧。

我是1977年粉碎"四人帮"之后，恢复全国高考招生的第一届应届大学生（我们77级大学生是1978年春入学，78级大学生是1978年秋入学，在那个特殊年代，两届学生入学时间只间隔了半年）。我当时就读的大学是哈尔滨船舶工程学院（现在叫哈尔滨工程大学），专业是计算机。1982年2月本科毕业留校任教，1987年本校计算机专业硕士毕业，获工程硕士学位，继续在校任教。

1994年，我随夫调入北京师范大学。机缘巧合，有幸加入了北京师范大学文学院古代汉语教研室王宁老师团队。承蒙王宁老师不弃，收为门下，2007年获文学博士学位。伴随老师左右三十年，共同经营"汉字与中文信息处理研究所"（"汉字所"1992年成立），申报教育部国家社科重点研究基地"民俗典籍文字研究中心"，与教育部语信司共建"中国文字整理与规范研究中心"，多次举办"汉字汉语高级研讨班"，多次出访香港、澳门、台湾，与香港大学合作开发"文字国"多媒体学习软件，跟踪汉字计算机国际编码，研制"小篆、甲骨文字库及输入法"……

作为硕、博士导师，二十年培养文字学专业方向的硕、博士研究生60余人，张宪荣就是我招收的第二位博士。下面就说说张宪荣吧。

宪荣2012年跟我读博士，2015年博士毕业。宪荣硕士阶段跟随北师大文学院过常宝教授攻读先秦两汉魏晋南北朝文学专业。2011年宪荣硕士毕业之际，正好是我与李国英教授主持的国家"十二五"规划重大攻关项目"'中华字库'工程——版刻楷体字书文字整理"启动之时，也正是项目用人之时。项目所说"版刻楷体字书"是工程子课题划分的一个范围界定用语，实质上是指历代"字书"（包括具有说解字头性质的传统"小学"文献）。当时项目的首要任务是全面收集存世的小学文献及其版本，以供项目遴选、加工之用，当时项目组已经收集了大量的国内（含港台地区）和海外各国的馆藏古籍目录和古籍联合目录，但是尚未对其中的小学文献进行系统整理和筛选，我们需要一边整理现有古籍目录文献，一边跑国内外各大图书馆，想尽各种办法获取书目及扫描版本。搜集整理书目，是一项复杂而细致的工作，宪荣和另一位同学（王相帅）的加盟，解决了我们的后顾之忧。由于项目以工程管理方式运行，时间节点控制严格，无论多急的活，宪荣他们总能不负所望。2014年年初，我和李国英老师应邀前往英国曼彻斯特大学约翰·赖兰兹图书馆（John Rylands Library），住馆拍照其馆藏汉文图书。在此期间，我们白天在图书馆翻阅拍照，晚上发给宪荣。他连夜整理数据并研判图书价值，第二天再将结果反馈给我。如此连续工作了20天，我们最终把该馆的两千多部汉文图书翻了个遍。同年七月，项目组又派张宪荣和侯佳利（我招收的第一位博士）前往该馆住馆一个多月，现场翻阅、登录版本信息。经与曼大协商，由我们整理书目并在中国由中华书局出版《英国曼彻斯特大学约翰·赖兰兹图书馆中文古籍目录》（该书被列入"海外中国古籍总目"）。同时，在项目组期间，宪荣他们还初步整理完成了一份目前为止较为全面的存世小学文献(含版本)总表(8 000多条)。在经过调研复核的基础上,我们还对书目表内著录的北师大图书馆藏书进行实物核查,对著录错误的卷数、版本、索书号等进行修正,对行款板式等版本特征进行详细的描写,经过几个月的努力,宪荣他们基本弄清了北师大图书馆所藏小学文献的基本情况。在此之后,项目组又陆续对国图、北大、天津、上海等图书馆的小学文献进行实地馆藏资源调查和原本扫描,共扫描获取高清版本两千多种。

2012年,宪荣开始攻读博士学位。入学伊始,考虑到他之前一直在跟小学文献的版本、目录等打交道,项目组也积累了大量古代小学文献的一手资源。而阳海清先生等编写的《文字音韵训诂知见书目》(2002)是目前收录小学文献较全的目录著作。项目组在整理存世小学文献书目时,就以该书为最重要的参考文献。经过项目调研、实地核对,我们发现阳海清先生的这部著作虽然以详细的著录项和类目著录了藏于国内各馆的小学文献及其版本,但大多条目都是从各馆馆目、《中国古籍善本书目》、《中国丛书综录》等转录过来的,其中不乏错讹遗漏。因此,宪荣希望以《文字音韵训诂知见书目》这部专科目录作为他的博士论文主要研究对象。我们最初的设想是以项目组已经获取的各馆小学文献为基础,对《知见书目》中著录的小学类文献的各种属性进行补正,正其所误,补其不足,以进一步完善该目录。但后来宪荣提交给我论文提纲的时候,我才发现他想做的并不限于订正工作,还有补充文献和版本等,更要从理论层面解决一些问题,比如《知见书目》的性质、"音义类"的设置,等等。这样,论文便由单纯的订正,逐渐转向了理论探讨,从而达到了文献考证实践与文献学理论的紧密结合。思路畅通了,又有项目组的丰富资料,论文写得十分顺利,至最后答辩之时,宪荣交上了一本40万余字的博士论文,最终获得了答辩老师的一致好评。

宪荣能够完成这部《小学文献学研究》,不是偶然的。从他博士论文对一些理论性问题的探讨看,除了在博士期间认真读过很多专业著述之外,一直带着问题工作,小学文献与其他古籍文献在性质、特点、功用上,有什么共性和特性？如何能将文献学与语言文字学这两门传统而又应用性很强的学科的知识、方法等进行融合？脑中始终盘旋着一个个挥之不去问题和想法，这种思考持续不断，延续到了入职以后的科研工作之中。所以，宪荣工作后的第二年，2016年就申请获批了国家社科基金项目"小学文献学研究"。经过五年多的时间，他的项目终于顺利结项，而同名的结项报告也即将出版。

我一直在想，宪荣何以取得今日之成果？当然可以说宪荣占有了"天时、地利、人和"。他所占之天时，即"中华字库"工程，这一前无古人，后也很难再有的历史机遇，使他有机会直接接触到通常难能一见珍贵图书资源；他所占之地利，乃是地处北京，中国文化之中心，又有北师大汉语言文字学强大的科研团队依托；他所占的人和，除北师大良好的学术氛围，还有团队合作的优良传统、老师们的博学宽厚。但是，"天时、地利、人和"可以说是客观的外界条件，外因是条件，内因才是根本，内因是靠自身的坚持、勤奋和心无旁骛。所谓治学之道，正如曾国藩与家人书信中所谈，归而结之可谓静、敬、涤、恒四字。所谓"静"，就是不为外界左右，不为一己荣辱得失而忧之躁之，心浮必一事无成，需要有把"冷板凳坐热"的坚定；所谓"敬"，就是恭敬、谦逊、沉稳，因为心中存敬，所以才能虚心求学，用心思索，不以一得自足；所谓"涤"，就是勇于挑战，勇于创新，吐故纳新，涤旧而生新；所谓"恒"，就是持之以恒，"学问之道无穷，而总以有恒为主"，有恒方能滴水石穿。其实宪荣并不善言辞，但善于思考。记得他刚入项目组时，我跟他谈任务时总觉得他没听懂，所以我经常会问他"你听明白了吗"。直到他最终交给我完成的作业后，才知道他当时确实早已听明白了，只不过还有些想法而不便说才显得似懂非懂而已。总之，他的进步靠的就是"静、敬、涤、恒"。

宪荣毕业后第二年，也就是2017年，他的爱人杨琦也考取了北师大的博士研究生，开始跟着我攻读博士学位。杨琦并非汉字学科班出身，但她很有灵气，善言辞（这点跟宪荣不同），做事也认真踏实、能吃苦。杨琦刚刚博士入学，他们的儿子就出生了，为了不影响学业，杨琦带着一家老小来北京暂居。产后杨琦自己身体也不太好，但还是一边照看孩子，一边听课完成学业，同时也还承担项目组分派的工作任务，组织对小篆字形的认同整理（"中华字库"项目加工出来的历代字书收小篆字形六十万个）。这段时间，宪荣则是太原—北京两地跑，两人互相支持，为了学业和家庭都付出了巨大的辛苦。功夫不负有心人，他们最终还是坚持了下来。杨琦以博士论文《〈详校篇海〉专题研究》最终顺利毕业，获取文学博士学位，宪荣也顺利完成了国家课题。看到他们今天所取得的成果，作为他们二人的导师，我倍感欣慰！衷心祝福他们一家今后的生活平安幸福！为学术研究做出更大的贡献！也相信宪荣此书能够给学界带来一些启发。

我自知非学者亦非读书人，但我愿为人梯，我希望能为年轻人搭桥，帮他们到希望的彼岸，这也应该是老师职业神圣之所在吧。

是为序。

2024 年 3 月 20 日于北京

序　二

李国英

　　小学文献是我国传统学术和传统文化的重要组成部分,具有悠久的历史和辉煌的成就。早在西汉末年的刘歆《七略》就把小学文献划入《六艺略》,和《易》《诗》《书》《礼》《乐》《春秋》《论语》《孝经》等儒家经典类的著作并列,以经学基础的身份列入经典的范畴。班固《汉书·艺文志》"小学类"中所列《苍颉》、《凡将》、《急就》、《元尚》、《训纂》、《别字》、《苍颉传》、扬雄《苍颉训纂》、杜林《苍颉训纂》《苍颉故》等小学文献凡十种,皆为读经前的识字教材,为读经的基础。另有《尔雅》《小尔雅》《古今字》三种列入"孝经类"中,盖为解经的直接工具,与识字教材相别。唐魏徵等所撰的《隋书·经籍志》以经、史、子、集部伍群籍,"小学类"列于经部之末,收小学文献达108部之多,其中除了《三苍》《急就章》《千字文》等识字教材外,还包括东汉许慎《说文解字》、晋吕忱《字林》、北魏阳承庆《字统》、南朝梁陈间顾野王《玉篇》等字书,魏李登《声类》、晋吕静《韵集》、梁沈约《四声》等韵书,东汉服虔《通俗文》、佚名《鲜卑语》等方俗语及少数民族语言的辞书,以及字体、石经文字等方面的著作,已经涵盖了文字、音韵方面的内容。《尔雅》《小尔雅》《广雅》《方言》《释名》等训诂专书则与《五经大义》《五经通义》等解经类的著作一起归入"论语"类中,不在"小学类"的范围。《新唐书·艺文志》在经部单立"经解类",专门收录解经著作,把训诂类文献归入"小学类",并在"小学类"中增加了新出现的正字类的文献《九经字样》《干禄字书》《经典分毫正

字》等。至此,小学类的外延已经大致确定。清《四库全书总目》"经部·小学类"小序曰:

> 古小学所教不过六书之类,故《汉志》以《弟子职》附"孝经",而《史籀》等十家四十五篇列为"小学"。《隋志》增以金石刻文,《唐志》增以书法书品,已非初旨。自朱子作《小学》以配《大学》,赵希弁《读书附志》遂以《弟子职》之类并入小学,又以蒙求之类相参并列,而小学益多岐矣。考订源流,惟《汉志》根据经义,要为近古。今以论幼仪者别入儒家,以论笔法者别入杂艺,以蒙求之属隶故事、以便记诵者别入类书。惟以《尔雅》以下编为训诂,《说文》以下编为字书,《广韵》以下编为韵书,庶体例谨严,不失古义。

在梳理小学类编纂史的基础上,进一步明确划定了小学文献的范围,确定了小学类子目训诂、字书、韵书三类的格局。

从小学文献在目录学中的归属及范围的划定,有两点值得我们注意:一、从汉代开始就将小学文献归入经部,反映了小学文献在传统文化当中的重要地位和古人治经的思想及路径。我们在上面已经提到,小学文献的核心包括两方面的内容,一是读经所必需的识字基础,二是解经所需要的语言文字工具。古代教育由小学而大学,由识字到读经,古代学术由小学达经学,小学是必要的基础学问。清代乾嘉小学的开创者戴震在《古经解钩沉序》中说:

> 经之至者,道也;所以明道者,其词也;所以成词者,未有能外小学文字者也。由文字以通乎语言,由语言以通乎古圣贤之心志,譬之适堂坛之必循其阶,而不可躐等。

很好地阐明了小学和经学的关系。从汉代到清末,小学一直被纳入经学,体现了小学在中国传统学术中的重要地位,也体现了小学文献在我国文献中的独特地位。

二、小学类的范围逐渐明确，最终确定了文字、音韵、训诂三分的总体格局，其中又以相当于后代语文辞书类的文献为主体。与一般文献相比，这类小学文献主体内容是对汉语字词进行解释。不同时代的小学专书，是不同时代汉语汉字知识聚合和集中体现；不同时代汉语汉字研究成果的整理和集中体现，可以看作汉语汉字本体及汉语汉字研究的知识库和资源库。这类文献在形式上也与一般文献不同，它们一般以字条或词条为基本单位，每个字条和词条都由被训和训释两部分构成，被训往往会按形体、读音、意义等要素进行有系统的编排，形成了这类文献的独有的形式特征。小学文献的这些特质，对目录学、版本学、校勘学都会有不同程度的影响。

数字化高速发展的今天，小学类文献研究的价值得到了进一步体现，也得到了学界的更大关注。2011年立项的"中华字库"工程，是我国为了解决古今汉字及少数民族文字计算机字库编码问题的一项基础性的工程。为了使未编码字的提取有坚实的文献基础，建立了包括不同时代各种载体的出土文献和传承至今的历代传世文献在内的数字化文本资源库，其中历代小学类文献的主体字书、韵书和训诂专书专列一个项目包——"版刻楷体字书文字整理"。该项目的目标是：在全面搜集整理存世字书、韵书、训诂专书的基础上，编制小学类文献书目，在此基础上选择加工书目，然后沿着文本数字化、提取未编码字形，编制字形属性表、建立小学类文献属性数据库的程序实施。该项目由北京师范大学大学承担，由我担任项目主持人，周晓文教授担任项目技术负责人。

张宪荣硕士就读于北京师范大学文学院古代文学专业，师从过常宝教授。宪荣硕士毕业之时，正值"中华字库"项目启动之时，项目启动后，面临的第一个问题就是书目调查，急需具有文献学专业背景的人才，宪荣果断加入了项目团队，并于翌年考入了北京师范大学文学院汉语言文字学专业，攻读博士学位，师从周晓文教授。张宪荣作为项目骨干成员之一，在小学类文献书目调研以及总目编制过程中,承担了大量细致而繁琐的工作,为项目的实施做出了重要的贡献。在书目调研工作中,项目组一方面在对全世界各大图书馆纸本书目及互联网上的电子书目进行搜集的基础上进行字书类文献提取和整合工作,形成项目的工作书目;一方面派人赴各大图书馆、各类藏书机构核对书目。宪荣不仅参与了书目的整合工作,还参与了工作书目结构的总体设计和图书馆的实地考察,除了国家图书馆、上海图书馆、南京图书馆、湖南图书馆等国内重要图书馆外,还曾被项目组派往英国曼彻斯特大学约翰·赖兰兹图书馆整理编撰该大学中文古籍书目,其成果《英国曼彻斯特大学约翰·赖兰兹图书馆中文古籍目录》于2018年在中华书局出版。在后期小学类文献总目的完善过程中,宪荣做了大量小学文献专书版本鉴别、考证及梳理版本源流的工作。大量小学类文献的实际工作,使宪荣文献学的专业基础越来越扎实,科研能力不断提高,科研视野也越来越开阔,从事小学类文献的文献学研究的信心也越来越大。在博士论文选题的时候,选定了《〈文字音韵训诂知见书目〉研究》为博士论文的题目。三年博士论文的写作,宪荣的科研能力有了大幅度的提升,形成了独立完成文献学科研工作的能力。毕业之后,宪荣一直孜孜不倦,潜心从事他所热爱的文献学研究工作,并把主要研究方向确定在小学文献学的范围。2016年他申请的《小学文献学研究》获得国家社科基金青年项目的资助,本书就是他的项目成果。

  《小学文献学研究》一书,核心内容包括小学文献目录学研究、小学文献版本学研究、小学文献校勘学研究等三部分,每部分都在详细做了学术史梳理的基础上,从理论和实践两个方面进行总结,提出存在的问题,展望了未来发展的方向,提出了如"小学文献学的研究对象是小学文献,具体研究该文献的外部形式(即文本与版本)而非其文本思想和内容","目录著述中的'音义类'当归入训诂一类,不能与传统的文字、音韵、训诂三类并列。'说文类'应该根据该类中所收诸书的内容主旨等标准分为十个小类","学科意义上的'版本学'本质上属于一门赏鉴书籍形式之学,它的一系列赏鉴知识是历代私人藏书家在赏鉴书画的影响下逐渐形成的。从时间上看,其可追溯至南宋时期,而至明嘉靖、万历方正式与书画鉴赏同列而受人追捧,清代康、乾以后逐渐专精,与目录学相融合而出现各种版本目录,而其最后定名而走向独立则晚至清末民国初"等有价值的结论。在具体研究实践的基础上,作者提出了由小学文献目录学、小学文献版本学、小学文献校勘学、小学文献文化学构成的研究框架,在目录、版本、校勘这些文献学的传统内容之外,提出了在小学文献文化学的框架下加强小学文献编纂学、小学文献传播学、小学文献接受学研究的意见,都具有一定的前瞻性,体现出作者努力把小学文献学建设成可以和历史文献学、文学文献学、中医文献学等相比肩的专科文献学的学术追求。

专科文献学的研究,除了重视文献学的共性问题之外,还要加强专科文献特殊问题的研究,在这方面小学文献学大有可为。已经相对比较成熟的历史文献学、文学文献学、中医文献学等专科文献学,是就文献内容所做的划分,这些不同专科的文献在形式上并无明显不同。而小学文献在形式上具有显著的特征,特别是小学类文献的主体字书类文献,它们普遍以字头或词头为单位构成此类文献的基本单位字条或词条,字条和词条又按或形或音或义的类别或关系进行编排,使基本单位之间构成一个有序化的整体。字条或词条内部由被释和训释两部分构成,训释内部通常又有规则化的训释结构,程式化的训释用语。作为基本单位的字条或词条,既存在序化的内部组织结构,又存在序化的外部组织结构,文献整体具有相当严密层次性的组织结构。小学文献学要深入研究各个小学文献次类组织结构、归纳其类型、深化对小学类文献组织结构的认识,并将其成果运用到小学文献目录、版本、校勘的研究中,以强化小学文献学的特色。同时,字书类的小学文献因其工具书的属性,在使用过程中常常修订或改编,修订或改编往往会涉及字条或词条的增减,字条或词条内容的修改,这些内容的改变,也会影响到字书目录的编纂、版本的鉴别与源流关系的梳理、校勘方法的运用等问题,也是小学文献学应该重点关注的问题。总体而言,小学类文献具有鲜明的形式特征,抓住和体现小学文献特征的小学文献学才有鲜明的特色,这方面的研究还有很大的空间。相信在宪荣的不懈努力下,一定能够建立起具有鲜明特色和时代特征的小学文献学。

序　三

刘毓庆

张君宪荣，好学之士也。2015年，他从北师大周晓文先生门下毕业后，即应聘到山西大学文学院。入职报到的当天，便枉驾寒舍。我所中国古代文学专业新入职的年轻老师，出于对前辈的尊重，一般都会这样做。但让我意外的是，第一，在现在大学的分科体系中，他和我并不属于一个专业；第二，他等于是在第一时间拜访我，似乎并非礼节性那么简单；第三，我已面临退休，从功利者的眼光看已无大用。他为什么会如此敬重我？这在我心中便成了一个问号。此后，我在给博士生上课时，他有空闲便来旁听。上小学课他来听，经学课也来听，诸子课还来听，而且还不时地提出问题。一旦发现我的观点与众不同，便会追问是否已写成文章，他想深入了解。这时我才明白：其为好学而然者也。

宪荣时常来看我，有时问安，有时讨论学术，由此建立了亦师亦友的关系。在我的印象中，他是少见的诚实，少见的踏实。在现在的学术界，写文章的人多，解决问题的人少；读杂志的人多，读书的人少；查书的人多，通读的人少；靠聪明吃饭的人多，靠功力吃饭的人少。宪荣便是我所见到的这"少"中的一个。他之前送给我一本他的大著《小学文献视野下的毛氏汲古阁本〈说文〉研究》，一看到这个题目，就感到这需要极大的耐力才能完成，非心浮气躁者的选项。再看内容，他把毛氏汲古阁本所据的底本，以及底本今藏的图书馆；还有重校本所参用的本子，以及其所藏的图书馆，都给搜寻了出来。如果不是长期泡图书馆，仅坐在自己书房的空调下，这是难以想象的。老一代学人言：文科的学问是在图书馆里泡出来的。现在尽管电子图书成为阅读主流，但毕竟不能完全代替纸质图书，而当下纸质图书阅读者实已寥寥。因此对宪荣这样的青年学者，我不仅是敬佩，同时也看到了一种学术传统延续的希望。

现在，宪荣送来他的新著《小学文献学研究》书稿，厚厚的一大本，一看便知非假以时日不能完成。作者的意图非常明确，他是要建立语言文字学与文献学的联系，建构小学文献学的理论体系。因而对小学文献学的概念、科学属性、研究对象、研究内容、研究方法、研究目的，以及小学文献目录学、小学文献的著录方法、小学文献的分类、小学文献版本学、小学文献校勘学等，都作了系统、深入的研究。并对前贤的研究成果广征博采，择善而从，资料翔实，甚少虚言，体现了他的学术作风与为人风格。比之先前关于毛氏汲古阁本《说文》的研究，此著显然递进了一个层次，它不是单纯的文献研究，而是把重点放在了理论建构上，难度自然也要大得多。建构一种理论，需要勇气，更需要专业基础和文献功力。对一个青年学者来说，能从形而下的文献考据，走向形而上的理论探索，这本身就是一次飞跃，值得庆贺和鼓励。而且他在理论探索中，始终不放弃对具体问题的考证，从而为其所要建构的理论打下了坚实的基础。

在这里引起我思考的是关于"学"的问题。近几十年来，以"学"为名的专门学问大量出现。往往一个传统的称作"学"的学科下，都有可能滋生大群的子系来。比如地理学，这是一门传统学问。"地理"是一个表现空间的概念，人类活动必然要在空间中发生。把地理因素对人类活动的影响作为一个思考维度来研究问题，这本是一种正常现象，可是现在却由此滋生出了"历史地理学"、"人文地理学"、"社会文化地理学"、"政治地理学"、"经济地理学"、"文学地理学"、"风俗地理学"、"地理学哲学"、"教育地理学"、"科学地理学"等等一串新名目。每一种"学"下都集中了为数不等的研究者。在文学研究领域，还有人提出"诗经地理学"、"楚辞地理学"、"唐诗地理学"等等的概念。当然，有的称"学"，只是"研究"一词的代称，非有理论支撑。但从严格意义上讲，称作"学"，就表示是一门可以独立的学科，无论其学科大小，都应该有一套系统的理论，以及表述这种理论的概念体系。而且这理论，要能够回落到事物本身中去。一种理论，只有在对事物本身的落实中，才能体现出它的诠释力。也只有在诠释力的展示中，才能体现它的价值和意义来。

但在当下，出现两种令人不安的倾向，一种是"学"的泛化，即随意地在研究对象后面加"学"，以表示其已成为一门专门的学问，非外行可道。许多所谓的"学"，并没有理论建构，即便有，也只是将一种事物的各种表现分类归纳而已，并不能起到指导实践的作用。甚至其成果只是一本专著了事，并没有太多的开拓空间。另一种是理论悬空化，当然，这也是受西方学术百年影响，中国学术界出现的怪象：对研究对象只做知识归纳与理论梳理，忽略了对其研究本身价值的思考。表面上大厚本的著作生产出来了，理论归纳也头头是道，可是却无法落实到事物本身去，也无心去落实，更无法解释事物中存在的难题。写这类著作或文章，最大的意义在于为自己晋升职称或进入某种人才计划增加成果数量积累资本，或完成考核所需要的指标任务，却不能给读者提供解决实践问题的理论武器；读者读此类著作的最大收获是一堆概念知识，却不能提高解决问题的水平。

在现实中我们也亲眼看到，写"训诂学"理论著作的学者，往往看不到其在古籍阅读上的创见；写"写作学教程"的学者，往往也看不到他们文章的精彩处。一位朋友曾谈起过启功先生的故事。有人请启先生推荐几本学习书法的著作，启功先生很幽默地说："我建议这类书你现在不要看。什么时候看呢？等你需要给这门课写讲义的时候再看。"这是什么意思？很显然，启先生认为所谓"书法概论"、"书法教程"、"书法基础入门"之类的"书法学"书，除了告知读者关于书法的知识之外，对于写好字几乎是没有意义的。而对于学习书法而言,写好字才是最根本。之所以说"写讲义时再看",因为讲义需要理论上的归纳条理,便于给学生交代。现在出现的许多"学",何尝不是为写文章、写讲义而设呢?

  我并不是反对称"学",而是不赞成"学"的泛化和悬空化。能称得起"学"者,一定是沉甸甸的,它要有坚实的理论基础,而不是表面现象的归纳。理论应该对实践有指导意义,解决事物本身的难题,要像一把钥匙,使原先封闭的世界之门向世人敞开。这样就需要学人严肃认真地对待研究对象,不要轻下断语,对于浪得"学"名者,则削其"学"籍;对于能撑起"学"字者,则从中寻绎理论,并要有理论回归于实践的意识。只有从历史深处走出的理论,才能具有生命力;理论只有回归于实践,才能具现它的价值意义。宪荣这部著作,很好地迈出了第一步。希望他的研究能够继续,能在理论的探索中,有意识地思考理论向事物本身回落的问题,能使其理论在文本解读中发挥作用。理论探索的路是艰难的,搞不好就会踏空,只有在明确而正确的价值导向下,一步一个足印,才能走进一片新天地。

于山大蕴华兹堂
2022 年 8 月

目　　录

序一 ……………………………………………… 周晓文　001
序二 ……………………………………………… 李国英　001
序三 ……………………………………………… 刘毓庆　001

第一章　小学文献学的学科性质及研究的基本问题 ……………… 001
 第一节　小学文献学的学科属性、研究对象 ………………… 004
  一、学科属性 ……………………………………………… 005
  二、研究对象 ……………………………………………… 024
 第二节　小学文献学的研究内容 ……………………………… 065
  一、文献学的研究内容诸家说 …………………………… 065
  二、专科文献学的研究内容 ……………………………… 083
  三、小学文献学的研究内容 ……………………………… 095
 第三节　小学文献学的研究方法、目的及意义 ……………… 099
  一、研究方法 ……………………………………………… 100
  二、研究目的和任务 ……………………………………… 104
  三、研究意义 ……………………………………………… 107
 第四节　小学文献学的基本规律 ……………………………… 111
  一、古与今的矛盾 ………………………………………… 111
  二、雅与俗的互动 ………………………………………… 114
  三、明与暗的交替 ………………………………………… 116

四、文字、音韵、训诂的渗透与搭配 …………………………… 119

第二章　小学文献目录学研究 ………………………………………… 125
　第一节　目录学与小学文献目录学相关理论综述 ………………… 125
　　一、目录学诸问题综述 …………………………………………… 129
　　二、目录学的出路：目录学现代化 ……………………………… 155
　　三、专科目录学与小学文献目录学的研究状况 ………………… 175
　第二节　小学文献著录项研究 ……………………………………… 177
　　一、历代目录书对著录项的基本规定和阐释 …………………… 177
　　二、历代小学目录对著录项的规定和阐释 ……………………… 204
　　三、小学文献著录之反思 ………………………………………… 206
　第三节　小学文献的著录方法研究 ………………………………… 216
　　一、"互著""别裁"在历代目录书或目录学著作的阐释或
　　　　应用 …………………………………………………………… 216
　　二、"互著""别裁"之法的反思 ………………………………… 243
　　三、"互著""别裁"之法的改进 ………………………………… 246
　第四节　小学文献之分类研究 ……………………………………… 249
　　一、"小学类"在古代目录书中的分类状况 …………………… 254
　　二、"小学类"在近现代目录书和目录研究上的分属 ………… 276
　　三、"小学类"在专科目录中的分类状况 ……………………… 294
　　四、小学文献分类之反思 ………………………………………… 308

第三章　小学文献版本学研究 ………………………………………… 331
　第一节　小学文献版本学的研究状况及基本理论问题 …………… 332
　　一、版本学（含专科版本学）的研究现状 ……………………… 332
　　二、版本学（含专科版本学）的基本理论问题 ………………… 338
　　三、小学文献版本学的研究及基本理论问题 …………………… 404

第二节　小学文献版本的鉴定 …………………………………… 405
第三节　小学文献版本的源流 …………………………………… 426
　　一、小学文献版本的递藏源流 ………………………………… 427
　　二、小学文献版本的刊印（抄校）源流 ……………………… 431

第四章　小学文献校勘学研究 ……………………………………… 441
第一节　小学文献校勘学的基本理论 …………………………… 443
　　一、校勘学基本理论的研究综述 ……………………………… 443
　　二、小学文献校勘学基本理论概述与展望 …………………… 472
第二节　小学文献校勘的内容 …………………………………… 491
第三节　小学文献校勘的方法 …………………………………… 504
第四节　小学文献校勘成果的呈现——以批校本为例 ………… 517
　　一、文献校勘成果的呈现方式概述与另一种分法 …………… 517
　　二、小学文献校勘成果的呈现——以小学文献批校本
　　　　为例 ……………………………………………………… 521

结论与余论 …………………………………………………………… 547

参考文献 ……………………………………………………………… 555

后记 …………………………………………………………………… 591

第一章　小学文献学的学科性质及研究的基本问题

罗鹭先生在《中国古典文献学·导论》中说："'中国古典文献学'的含义可从两个层面来理解：一是有关'中国古典文献'的'学问'或'学科'，更明确地说，就是以'中国古典文献'为研究对象，对其进行搜集、整理、研究、传承的学问；二是可以理解为'古典'的'文献学'或传统文献学，而不是'现代文献学'。"①这里其实涉及两个概念："'中国古典文献'学"和"'中国古典'文献学"。从罗先生的解说看，前者似乎着重指明古典文献学的研究对象（即"中国古典文献"）和具体工作（即搜集、整理、研究、传承等），后者则重在限定其研究时间（即属"古典"，而非"现代"）。如果二者仅仅是在基本内涵不变的前提下强调研究对象和时间上的区别的话，那么后者当为省略词，全称当为"中国古典（文献）文献学"。其共同的内涵是"对'古典文献'或'历史文献'的整理与研究，并以传统的校雠学、语文学、考据学为主要方法，其目的是使古代文献更便于阅读与传承"②。这样理解的话，其实跟学界对"中国古典文献学"的界定是大致一样的。不过，在众多文献学著作当中，罗先生有意识地对这一概念从不同角度加以把握的思路是令人眼前一亮的。然而，笔者虽然赞同罗先生的这一思路，但是对其提出的两个概念却有不同看法。细

---

① 项楚、罗鹭《中国古典文献学》，中国人民大学出版社，2013年，第12页。按，据《前言》称，《导论》一节为罗鹭先生所写。
② 同上，第16页。

心思之,"'中国古典文献'学"和"'中国古典'文献学"虽然有各自强调的部分,但是换个角度看,其核心词汇却是不一样的,一个是"某学",一个是"某文献学"。二者的关系,如同"四库学"与"四库文献学","《说文》学"与"《说文》文献学"的关系一样。在研究对象上这两组概念虽然都是分别围绕一类或一种文献展开,但"四库学""《说文》学"在研究内容和方法上显然是较"四库文献学""《说文》文献学"更为广泛①。后者从字义上看应该是指用文献学的方法去研究某类(种)文献。据此,我们就可以对"'中国古典文献'学"和"'中国古典'文献学"这两个概念做出与罗先生不同的理解了:前者作为一门学问,泛指对"中国古典文献"的各种研究;后者作为一门学科,指用文献学的方法(或理论)对"中国古典文献"进行的研究。所以二者不能等同。基于此,本书也特意对涉及的两个类似且容易混淆的概念"'小学文献'学"和"小学'文献学'"进行区分:前者泛指对"小学文献"进行的各种研究,包括文献学的、文字学的、历史的研究等;后者则特指用文献学的理论和方法对"小学文献"进行专门研究。前者包含后者。鉴于本书主要是对后者进行的一项研究,即小学'文献学'"研究,为论述方便,一般仅写作"小学文献学",而不会特意强调。

那么,什么是"小学文献学"呢?

简而言之,小学文献学(全称"小学文献文献学")是运用文献学的一般理论和方法,对小学文献的目录、版本、校勘等内容进行研究,并探讨其发展规律的一门学科或学问。从学科归属上看,它是"中国古典"文献学的一个分支学科,属于专科文献学,但同时又具有综合、交叉、边缘的特点,这其实

---

① 何宗美《四库学建构的思考》《苏州大学学报(哲学社会科学版)》2017年第1期一文将"四库学"分为两大体系的研究:其一分为理论基础研究、成书研究、文本研究、运用研究及前四者的综合研究等五大类别。其二分为"编纂学、辑佚学、校勘学、辨伪学、考据学、目录学、版本学、金石学、经学、史学、子学、文学、艺术学、政治学、军事学、方术学、农学、医学、文化学以及思想史、文化史、制度史、学术史、文学史、艺术史研究等"。张标在《20世纪说文学流别考论·绪论》(中华书局,2003年,第6页)中认为"《说文》学"包含了"对《说文》本体、以及本体为中心外向型研究的成果;对《说文》研究诸家诸派的再研究成果;存在于相关学科或著述中,产生了巨大影响的《说文》研究成果"。显然,在学者看来,无论是四库学,还是《说文》学,在研究内容和方法上都远远超出了以版本、目录、校勘等为主的文献学的范围。

已经暗示了此学科并非"小学文献"与"文献学"的简单相加,而自有其深刻内涵。作为一门学问,它必然不会独立存在,而与历代的思想、政治、科举、教育、文化出版等有着密切的联系。所以我们需要从历时的大背景下对其加以观照。传统的小学今人称之为语言文字学,故学者或称小学文献学为"汉语言文献学""汉语言文字文献学""传统语言文献学""语言文字学文献学"等。① 本课题之所以坚持以"小学"为题,主要出于两点考虑:其一,我们主要研究的是传统的小学文献;其二,我们是将小学文献当作一个整体来研究的,而不是站在学科的角度对其子学科(如文字学、音韵学、训诂学等)分别进行研究。

从历时上看,对小学文献进行文献学的研究工作早已有之,但将之纳入学科建设当中进行理论思考的活动则起步甚晚。20 世纪 80 年代以来,随着古典文献学的复兴,文学、历史、医学、法律等专科文献学也相继兴起,但是与语言文字学②相关的专科文献学却迟迟未能建立。究其原因,可能与其分支学科的发展有莫大关系。比如训诂学、音韵学等在 80 年代前后几成绝学,著名训诂学家王宁先生就曾惋惜地说:"70 年代以前,训诂学没有机会完成它为汉语语义学提供课题与材料的历史使命,也没有来得及在汉语语言学和文献学中找到自己新的位置。"③学科本身的理论尚不成熟,那么其相关学科自然也无法建立。迟至 21 世纪初,学者们才稍稍注意到小学文献学建立的必要性。所以之后相继出现了杨薇、张志云《中国传统语言文献学》(2006)、邓声国《关于汉语言文献学研究的几点设想》(2007)、高尚榘《汉语言文字文献学》(2007)等一系列从学科建设角度出发加以探讨的著作或文

---

① 以上分别见邓声国《关于汉语言文献学研究的几点设想》(收入《文献学与小学论考》,齐鲁书社,2007 年,第 57—66 页),高尚榘《汉语言文字文献学》(社会科学文献出版社,2007 年),杨薇、张志云《中国传统语言文献学》(崇文书局,2006 年),踪凡《中国古文献概论》(北京大学出版社,2010 年,第 6 页)。

② 我们虽然强调"小学"这两个字在构建"小学文献学"中的重要作用,但是在下文具体讨论时会用到"语言文字学"这个词。当用到后一词时主要考虑到其在当前已经被纳入了国家规定的学科体系当中作为正式通名使用了,以方便与其他学科进行对比研究。

③ 王宁《试论训诂学在当代的发展及其旧质的终结》,见《训诂学原理》,中国国际广播出版社,1996 年,第 4 页。

章。而相应的小学文献也得到了较为系统的收集和著录,如刘志成《中国文字学书目考录》(1997),胡裕树编《中国学术名著提要·语言文字卷》(1995),阳海清、褚佩瑜、兰秀英编《文字音韵训诂知见书目》(2002),高小方《中国语言文字学史料学》(2005)等。与此同时,一些文献学者在探讨文献学学科的基本理论的过程中也稍稍提及语言文字学这一学科的专科文献学[1],尤其是杜泽逊先生在《谈谈文献学的方法、理论和学科建设》一文中不仅将其当作文献学的主要分支学科之一,而且还称之为"小学文献学"[2],这与笔者的提法不谋而合,惜未及加以展开讨论。以上前辈学者们的著作和文章的相关论述都对我们下面的探讨有很大的帮助。

第一节 小学文献学的学科属性、研究对象

黄季刚先生在《文字声韵训诂学笔记》中说:"夫所谓学者,有系统条理而可以因简驭繁之法也。明其理而得其法,虽字不能遍识,义不能遍晓,亦得谓之学。不得其理与法,虽字书罗胸,亦不得明学。"[3]由此可见,所谓"某学"需要有明确的理论和方法,否则不能称为真正之学。这就启示我们,一门学科之所以能够成为一门独立的学科,应该有且必须有自己的一套独特的研究理论和方法。具体而言,"学科成立有三个基本要素或前提,即特定的研究对象或研究领域,自成一体的理论体系或知识系统,以及独特的研究方法"。[4] 如文献学这一学科,其"基本理论的研究包括文献的定义、属性、发展规律和文献学的研究对象、研究范围、学科体系、发展趋势等

---

[1] 如项楚、张子开主编《古典文献学》(重庆大学出版社,2010年,第16页)云古典文献学"有必要依据现代学科分类体系,建立和完善各级学科文献学或专科文献学,诸如中国古代文学文献学、中国古代语言文献学、中国古代历史文献学等"。
[2] 杜泽逊《谈谈文献学的方法、理论和学科建设》,《文献》2018年第1期。
[3] 黄侃《文字声韵训诂笔记》,上海古籍出版社,1983年,第2页。
[4] 杨振红《简帛学的知识系统与交叉学科属性》,《河南师范大学学报(哲学社会科学版)》2016年第5期。

方面的内容"。① 基于此,小学文献学这门学科如果要独立成为一门学科,也应该从这些角度加以把握。以下我们分别述之。

一、学科属性

所谓"属性",这是一个哲学概念,更是一个逻辑学概念。本文所云着重于后者,"指对象的性质和对象间的关系,包括状态、动作等。具有不同属性的对象,分别形成不同的类。可分为特有属性和共有属性等"。② 如果再具体一点说,"事物无不具有一定的性质,如形态、颜色、美丑、善恶,等等,无不与其他事物发生一定的关系,如上下、轻重、同异、对称等等。事物的性质和关系,统称事物的属性。事物和属性是不可分离的,属性都是属于一定事物的属性,事物都是具有某些属性的事物。事物由于属性的同异形成各种不同的类,具有相同属性的事物组成一类,具有不同属性的事物分别组成不同的类"。③ 可见,探讨事物的属性是对某事物进行深入研究的基础。所谓"学科",是"相对独立的知识体系",而"学科群"是"具有某一共同属性的一组学科。每个学科群包含了若干个分支学科"。④ 由此可知,一门学科的属性既包括属于该学科群的共同属性,也包括属于这门学科的独特属性。正是基于这样一种认识,我们首先对小学文献学的属性进行探讨。

(一)文献学学科属性

有关文献学的学科属性,21世纪之前出版的文献学教材很少提及,之后的大多数文献学的教材皆有明确的探讨,而一些专门进行综述的论文也会有所总结,如谢灼华、朱宁《20年来我国文献学理论研究综述(1978—1998)》(《晋图学刊》1999年第3期),李伟超《20世纪中国文献学回顾》(《情报资料工作》2002年第5期),明海、罗德勇《20世纪90年代的中国文献学研究》

---

① 谢灼华、朱宁《20年来我国文献学理论研究综述(1978—1998)》,《晋图学刊》1999年第3期。
② 辞海编辑委员会编《辞海》(第六版彩图本),上海辞书出版社,2009年,第2095页。
③ 中国人民大学哲学系逻辑教研室编《逻辑学》,中国人民大学出版社,1996年,第8页。
④ 国家技术监督局发布《中华人民共和国国家标准学科分类与代码(GB/T 13745—2009)》,2009年,第1页。

(《现代情报》2003年第5期)，周生杰、杨瑞《改革开放四十年古典文献学研究成果综述》(《中国矿业大学学报(社会科学版)》2018年第6期)，等等。综合起来，可以分为以下几类：

1. 文献学属于基础学科

如高尚榘《古典文献学》认为："从古典文献学的主旨来看，它是一个基础学科。"①又，张大可、余樟华《中国文献学》云："文献学是为各种文化学术研究、各门学科提供信实可靠的历史文献资料，这一性质和目的决定了文献学在历史学大系中是历史研究的基础学科，它统属于历史学，是历史学的一个重要分支。"②按，此"历史学"据该书称当指"广义历史学"，"包括自然界的变迁和人类社会活动的发展过程"。③ 又，项楚、罗鹭主编《中国古典文献学》云："作为一门基础学科，文献学与其他学科交叉形成新的研究领域，这是值得肯定的，也不必担心在与别的学科交叉时丧失自我。"④

2. 文献学属于综合性、应用性学科

如陶敏《中国古典文献学》云："古典文献学是一门综合性很强的学科，……古典文献学是一门实践性很强的学科。"⑤又，赵荣蔚《中国古代文献学》云："文献学是一门综合性的边缘学科。……同时，古代文献学又是实践性很强的应用学科。……古代文献学又带有基础学科的性质。"⑥

3. 文献学属于综合性、边缘性学科

如柯平《文献经济学》中说："我认为：文献与文献工作都是社会发展和科技进步的产物，几乎没有一种文献不与学科有关，文献工作过程也不是高度集中与独立的，它广泛分散并依附于社会科学活动和自然科学活动之中。因此，文献学是介于社会科学和自然科学之间的综合性边缘学科。"⑦陈广忠

---

① 高尚榘《古典文献学》，吉林人民出版社，2001年，第1页。
② 张大可、余樟华《中国文献学》，福建人民出版社，2005年，第16页。
③ 同上，第6页。
④ 项楚、罗鹭主编《中国古典文献学》，中国人民大学出版社，2013年，第16页。
⑤ 陶敏《中国古典文献学》，岳麓书社，2014年，第4—5页。
⑥ 赵荣蔚《中国古代文献学》，中国文史出版社，2005年，第1页。
⑦ 柯平主编《文献经济学》，中国书籍出版社，2001年，第38页。按，此观点又见其《科学体系中的文献学——文献学理论研究之三》(《河南图书馆学刊》1997年第1期)一文。

等《古典文献学》亦云："文献学是一个集综合性、专业性、边缘性相结合的学科。"①

4. 文献学属于综合性、基础性、应用性、边缘性等学科

如冯浩菲《试论中国文献学学科体系的改革》一文中认为"文献学是一门具有边缘性、综合性、交叉性的学科"②，之后又在其《文献学理论研究导论》中说文献学具有与其他学科相异的"四个较为明显的特征：综合性、边缘性、交叉性、服务性"③。又，孙钦善《古文献学及其意义与展望》云："古文献内容和形式两方面的内涵和特点，决定了古文献学是一门交叉、兼综的学科。"④又，罗江文《中国古典文献学纲要》云："古典文献学是一个综合性、基础性的学科，又是一个应用性的学科。"⑤

5. 文献学兼有理论性和实践性的学科

如郭英德、于雪棠《中国古典文献学的理论与方法》云："中国古典文献学既是一门理论课程，也是一门实践课程，正如王欣夫在《文献学讲义》开篇所说的：'既称为"文献学"，就必须名副其实，至少要掌握怎样来认识、运用、处理、接受文献的方法。'因此研究方法应该在这门课程中占据核心地位，并贯穿于教材的各个章节，成为教材的主干部分。"⑥

6. 文献学属于国学性质的学科

如项楚等主编的《古典文献学》认为文献学属于"国学中之国学"。⑦ 因为"研究中国古代文化的各个领域，举凡经学、哲学、宗教、史学、地理学、文学、语言学等，并皆需以古典文献知识作为基石"⑧。

---

① 陈广忠、徐志林、王军、程水龙编著《古典文献学》，黄山书社，2006年，第6页。
② 冯浩菲《试论中国文献学学科体系的改革》，《文史哲》2002年第1期。
③ 冯浩菲《文献学理论研究导论》，山东大学出版社，2009年，第1页。
④ 孙钦善《古文献学及其意义与展望》，《南昌大学学报（人文社会科学版）》2005年第2期。
⑤ 罗江文《中国古典文献学纲要》，巴蜀书社，2008年，第3页。
⑥ 郭英德、于雪棠《中国古典文献学的理论与方法》，北京师范大学出版社，2008年，《前言》第3页。
⑦ 项楚、张子开、曹顺庆主编《古典文献学》，重庆大学出版社，2010年，第17页。
⑧ 同上，第16—17页。

7. 文献学属于分支学科

如朱建亮《文献信息学引论》云:"文献学是文献信息学的一个分支。"

以上七家说法中,除第七家之外,余六家其实都是在探讨"古典文献学"(非所谓的"现代文献学")的学科性质,其在内容上多有重叠,如第六种虽然说文献学学科是"国学中之国学",但其实是在强调该学科为各门学科的研究提供基础性作用,这样的话便于与第一种说法一样了。综合六家之说,我们可以得出一个结论,即文献学在学科性质上至少具有综合性、基础性、应用性(实践性)、边缘性、交叉性等特征。

(二)专科文献学的学科属性

什么是专科文献学呢?张大可、俞樟华《中国文献学》认为:"以专门学科,或专门范围的文献、专门的主题、专门的论著为研究对象的文献学,统称专科文献学"。① 这是一种广义上的专科文献学,包含了专科、专题、专书等多种类型。

一般意义上的专科文献学其实"以专科文献为研究对象"②的学科。它是从学科的角度对文献学进行研究的文献学。正因为如此,所以它具备了上面提及的文献学的所有性质。但是文献学边缘性和交叉性的特点,使得专科文献学在学科归属上颇有争议。若从文献学角度看,它是文献学的知识、方法等在相关学科的渗透和具体应用。但是再从相关学科的角度看,它又是学科研究对象进一步研究的深化和拓展。所以,该学科从不同的角度看具有不同的归属。

绝大多数的文献学学者都强调专科文献学属于文献学的分支学科,有的甚至提出了具体的二级学科、三级学科等,如冯浩菲、杜泽逊、柯平、于鸣镝③等学

---

① 张大可、俞樟华《中国文献学》,福建人民出版社,2005 年,第 292 页。
② 钱建国《概论专科文献学》,《贵图学刊》1986 年第 4 期。稍后的纳勇《简论专科文献学》(《云南图书馆季刊》1994 年第 4 期)、项楚、罗鹭《古典文献学》(中国人民大学出版社,第 208 页)等也有同样的看法。
③ 冯先生之说见《我国文献学的现状及历史文献学的定位》(《学术界》2000 年第 4 期)、《试论中国文献学学科体系的改革》(《文史哲》2002 年第 1 期),后收入《文献学理论研究导论》第二章《文献学分类》(山东大学出版社,2009 年)。杜先生之说见《谈谈文献学的方法、理论和学科建设》(《文献》2018 年第 1 期)。柯先生之说见其主编的《文献经济学》第一章《文献学的体系》(中国书籍出版社,2001 年),于先生之说见《再论大文献学》(《图书馆工作与研究》2000 年第 6 期)。

者。但我们仍然需要关注那些专门研究专科文献学理论①和编写专科文献学著作的学者的看法。从整体上看,虽然从20世纪80年代以来出现了很多专科文献学著作,但探讨其学科属性的并不是很多。在这些为数不多的专科文献学当中,虽然大多都在强调该文献学的交叉性、实践性等,但在学科归属上却各有看法。综合起来,有以下几种:

1. 属于文献学的分支学科

如王余光《中国历史文献学》云:"历史文献学是一门专科文献学,它的研究范围同文献学的研究有着密切的联系。""历史文献学是文献学的一个分支,但其自身又是一个相对独立的系统。"②又,黄爱平《历史文献学学科基础理论与教材编写的思考》云:"我们认为,就其根本性质而言,历史文献学首先是文献学,其次才是历史学科下的文献学。它实际上是一门具有相对独立性的基础学科,不仅为历史研究,而且为各门学术研究提供前提,创造条件,奠定基础。"③又,李晓菊《历史文献学的学科地位》云:"历史文献学同文学文献学等一样,是中国文献学统一的学科体系内与综合文献学相并立的专科文献学,这一点已经成为当前文献学界相当一部分专家学者的共识。"④又,朱崇先《中国少数民族古典文献学》云:"中国少数民族古典文献学与中国古典文献学一样,作为一门古老的学问,属于古典文献学的范畴。"⑤

2. 属于专门学科的分支学科

如白寿彝《关于历史文献学问题答客问》云:"历史文献只是属于历史资料的范围而占有重要地位的。历史文献的研究是史学工作中必不可少缺少

---

① 如钱建国《概论专科文献学》(《贵图学刊》1986年第4期),纳勇《简论专科文献学》(《云南图书馆季刊》1994年第4期),徐清《"篆刻文献学"构建初探》(《书法赏评》2009年第2期),宋显彪《论音乐文献学的学科性质》(《黄钟》2010年第1期),晋征《浅析音乐文献学的学科性质和定位》(《四川民族学院学报》2013年第4期)。
② 王余光《中国历史文献学》,武汉大学出版社,1988年,第18、22页。按,此说又见王余光、汪涛、陈幼华《中国文献学理论研究百年概述》(《图书与情报》1999年第3期)和王余光《中国历史文献学研究述论》(《图书馆建设》2004年第3期)。
③ 黄爱平《历史文献学学科基础理论与教材编写的思考》,《文献》2013年第1期。
④ 李晓菊《历史文献学的学科地位》,《中国社会科学报》2011年09月15日223期。
⑤ 朱崇先《中国少数民族古典文献学》,民族出版社,2005年,第18页。

的，但也只是史学的一部分。"①又，张大可主编《中国历史文献学》云："历史文献学是研究历史的基础学科，它统属于历史学，是历史学的一个重要分支。"②又，杨燕起、高国抗《中国历史文献学》云："历史文献学是历史科学的辅助学科，历史科学是历史文献学的依托。"③又，张子侠《关于中国历史文献学基本理论的几点认识》认为历史文献学"应当是从属于历史学的一门基础性学科"。④ 又，周少川《当前历史文献学学科建设刍议》云："在目前'文献学'还未能成为一级学科的情况下，无论从历史文献学与历史学的渊源关系而言，还是从现行学术管理体制规定的学科体系而言，将历史文献学定位为历史学的分支学科应是比较妥当的做法。"⑤又，董占军《艺术文献学论纲》云："艺术文献学建立是艺术学和文献学学科交叉的结果，也是艺术学建立、发展和完善的需要，既是艺术学的分支学科，也是艺术学其他分支和交叉学科的基础学科。"⑥又，严耀中、范荧《宗教文献学入门》云："宗教文献学是人文学科中一门属于基础性的交叉学科。……就其性质而言，它可以说是宗教学的基础，当然也能为其他各个学科服务。"⑦

3. 属于文献学与专门学科的共同的分支学科

如黄存勋等《档案文献学》认为档案文献学"是档案学的分支学科，同时又可看作是历史文献学的分支学科"。⑧

---

① 白寿彝《关于历史文献学问题答客问》，《文献》1982年第4期。
② 张大可主编，王继光副主编《中国历史文献学》，陕西人民出版社，1991年，第10页。按，此说又见谢玉杰、王继光《中国历史文献学》，民族出版社，1999年，第12页；同书修订版，上海古籍出版社，2014年，第8页。
③ 杨燕起、高国抗主编《中国历史文献学（修订本）》，北京图书馆出版社，2003年，第55页。
④ 张子侠《关于中国历史文献学基本理论的几点认识》，《安徽大学学报（哲学社会科学版）》2005年第4期。
⑤ 周少川《当前历史文献学学科建设刍议》，《淮北师范大学学报（哲学社会科学版）》2012年第6期。按，周先生在文中说："从历史学学科体系的组成标准来看，既有以客观历史为研究对象的世界史、中国史、经济史、文化史等学科，也有以历史学本身为研究对象的史学史、史学理论等学科，而历史文献学则是以历史资料为研究对象的学科。"据此可知，至少在此段中历史文献学应该是指专科文献学的。
⑥ 董占军《艺术文献学论纲》，清华大学出版社，2006年，第14页。
⑦ 严耀中、范荧《宗教文献学入门》，复旦大学出版社，2011年，第21页。
⑧ 黄存勋、刘文杰、雷荣广《档案文献学》，四川大学出版社，1988年，第12页。

4. 属于一门应用性且综合性的独立学科

如纳勇《简论专科文献学》云:"专科文献学由于研究对象局限于专门学科的文献,研究的内容偏于技术方法,其学科性质在原则上讲属于应用科学范畴。然而,这种应用,却包含着文献学理论与应用的研究同专门学科理论与方法的综合应用,并具体表现在学科体系结构的构面要素之中。因此,这不仅反映了专科文献学的研究对象、研究内容、学科体系结构,其而且还决定了专科文献学的综合学科性质。"①

总之,从以上四种观点可以看到,学者们对专科文献学的归属还是存在一些不同意见的:有的认为其属文献学之分支,有的强调其为专门学科之分支,甚至有的认为其为一门独立的学科。究其原因,主要是因其思考的角度不同所致。

第一种说法从文献学的角度出发,考虑的是如何将文献学的知识与方法"应用"到具体学科当中,进而指导具体学科文献的整理。正如王余光在《中国历史文献研究述论》一文中所说:"文献目录(分类)、版本、校勘、考证、辨伪、辑佚、类纂、标点、注释、翻译,这些传统整理文献的方法与手段可以运用在历史文献的整理上,但我们不能认为它们就是历史文献学的分支学科。"②而其在《再论文献学》中说得更加明确:"专科文献学即是运用普通文献学的框架对专科文献研究的结果。"③这可以代表持有此类看法的学者的共同的心声。既然是"应用",那么就涉及了文献学和相关学科至少两门学科的知识和方法上的融通。如何融通呢?从目前看,在此说影响下出现的专科文献学著作,一般是在保证文献学基本理论框架不变的情况下,会将专门学科的相关知识依次进行详细的梳理。如王余光《中国历史文献学》虽然

---

① 纳勇《简论专科文献学》,《云南图书馆季刊》1994年第4期。
② 王余光《中国历史文献学研究述论》,《图书馆建设》2004年第3期。按,张子侠在《关于中国历史文献学基本理论的几点认识》一文中也说:"版本、目录也好,校勘、辨伪、辑佚、考证也罢,都是古人治学常用的方法和门径,也是研治各种古代文献通用的方法和手段,因而又不能完全将它们包容于历史文献学的范围之内",显然,他也是将文献学的这些知识当作治理文献的一般知识看待的。
③ 王余光《再论文献学》,《图书情报知识》1997年第1期。

对文献学的基本内容和方法进行了重新阐释(文献的实证、文献的解释、文献的整序),但其整部教材仍然是在版本、目录、校勘等文献学固有的知识体系下以历史学相关知识为例构建起来的,体现了作者有意在文献学与历史学之间寻求相互融合和渗透的努力。

第二种说法从具体学科的角度出发,是将文献学的知识与方法当作专科文献研究中共有的基础知识之一,考虑的是如何将专科文献学的知识和方法更好地服务于本学科的专业性研究。正如杨燕起、高国抗在其《中国历史文献学》中说到:"历史文献学为历史研究建立起一个可靠的史料基础,它是为历史研究服务的,因而是历史科学的一个辅助学科。"[①]就目前而言,在此说影响下出现的专科文献学著作,文献学与专门学科的知识和方法都会作为整理专科文献的重要方法加以详细阐述。如杨燕起、高国抗的《中国历史文献学》下编,除了文献学中的目录学、版本学、校勘学等之外,还新设了"寻考史料来源的学问"——史源学。另外,高尚榘《汉语言文字文献学》也是如此编纂而成的。这类文献学一方面会详细介绍文献学的一般知识和方法,另一方面又侧重从各自的学科领域当中汲取例证,但是这些例证又与文献学无法真正融合在一起。说它属于文献学范畴吧,它又强调对专门学科的基础性作用;说它属于专科文献学吧,其很多知识其实与文献学并无二致,所以本质上属于一类介于文献学与专科文献学之间的过渡形式。杨燕起、高国抗《中国历史文献学》称其为"广义的历史文献学"[②],颇有一种无法归类之无奈感。

其实,如果从具体研究对象上看,以上两种说法基本上是一致的。但是在具体的研究内容上却颇有不同,关键是如何处理文献学的知识与方法,是将之当作文献学的分支学科呢,还是专科文献学的分支学科之一? 前者将文献学当作一门对本学科具有指导作用的学科,后者将文献学当作一门对本学科具有基础性的学科。前者视文献学为方法论方面的应用,故难以在

---

① 杨燕起、高国抗《中国历史文献学(修订本)》,国家图书馆出版社,2005年,第54页。
② 同上,第207页。

文献学的知识框架下进行面上的扩充,只能思考着如何将两门学科知识进行渗透。但如何渗透,显然又是一个颇为复杂的问题。后者视文献学为知识性方面的阐释,故可以在遵从文献学一般知识的基础上根据专业知识的特点增设新的分支学科,但显然并不能有效地将文献学知识与专业知识加以融合。正因为两说皆有自己的困境,所以有学者提出了一种综合的说法,如第三种;还有学者干脆提倡独立,如第四种。

笔者以为,专科文献学之所以能够成为一门学科,在于它具有自己独特的研究对象、内容等。如前所述,其最大的特点就是交叉性、边缘性等。那么,其交叉、边缘在哪里呢?显然我们并没有很好地考虑过这个问题,而只是站在本学科的角度一味强调专科文献学到底是文献学性质,还是专科性质,这样只会让我们陷入无限的争论当中。关于边缘学科,周少川认为:"是指由两个或两个以上学科为基础发展起来的,同两种或两种以上学科都有交叉关系的学科。比如,以文献学和图书馆学为基础的典藏学。"[①]但是这类边缘学科是如何与两门交叉的,在哪一点上构成了交叉关系?显然周先生并没有说清楚。笔者以为,所谓专科文献学的边缘性指的是这门学科的研究内容并非属于专门学科的主要研究内容,而是次要的、甚至往往忽略的内容。同时,这类内容又不是文献学所能涉及的具体内容,而是文献学知识在专门学科上的进一步应用。从这个角度上看,正是由于其边缘性所以才有了交叉性。比如《诗经》《楚辞》这类文学著作,其体例、内容、特点、价值等,是文学这一学科所要研究的重点内容,而其版本、目录却往往容易被忽略。相反,这些忽略的内容,却是文献学所涉及的主要方面,但往往又不是其具体的研究内容。那么,这些内容该如何处理呢?这就需要文学文献学这门学科来承担其具体工作,将其纳入该学科的主要研究范围。从这个例子可以看到,文学与文献学因为《诗经》《楚辞》等研究对象产生了某种联系,但又因各自研究的侧重点不同,而有了明显的区别。专科文献学就是连接和区

---

① 周少川《当前历史文献学学科建设刍议》,《淮北师范大学学报(哲学社会科学版)》2012年第6期。

别两门学科的桥梁性学科。所以,探讨文献学、专门学科及专科文献学的性质,必须注意到三者在研究内容上的异同,分清楚各自研究的主体内容和边缘内容,这样才不至于陷入似是而非、模棱两可的地步。明白了这一点,我们就可以知道,从研究的具体内容上看,专科文献学自然属于文献学的应用学科,同时也是专门学科的基础学科,但皆不属于两门学科所瞩目的重要研究内容。从这个角度上看,笼统地说,它属于前面提及的第三种说法,但本质上属于第四种说法。然而从目前看,各科的文献学著作虽然出版了很多①,但很少论及本学科理论建设的相关内容,故而虽然有些学者竭力强调要建立一门相对独立的专科文献学②,但显然在具体内容上并没有进行充分的论证。

(三) 小学文献学的学科属性

本书所说的小学文献学属于一门专科文献学,故其学科性质具备了文献学和专科文献学的所有性质,同样具有综合、交叉、边缘等特点,更体现出自己本学科的特征。关于该学科的性质,目前出版的此领域的文献学著作也有所讨论,如邓声国《关于汉语言文献学研究的几点设想》云:"汉语言文献学这门学科的性质,从目前文献学的划分情况来看,它属于专科文献学的范畴,汉语言文献学的研究范畴应界定在汉语语言学与传统文献学、现代文献学诸学科知识交汇的地带。""由于汉语言文献学是汉语言文字学与文献学相互结合、相互渗透而出现的一门新学科,具有边缘性、综合性与交叉性的特点。"③然而其中的"诸学科知识交汇的地带"到底指什么,"边缘性"等又是如何一种情况,该文并没有详加阐释。根据上文对专科文献学性质的梳

---

① 据笔者统计,截至2024年,国内共出版专科文献学著作约94部。其中,题名"历史文献学"的著作共9部,只有王余光的可以算作专科文献学。文学、中医、法律等学科的文献学出版最多,但具体编写上各有侧重。

② 如查洪德、李军《元代文学文献学》(中国社会科学出版社,2002年,第4页)认为"中国文学文献学应该成为一个相对独立的学科,它又研究这一学科理论与方法的任务"。又朱崇先主编《中国少数民族古典文献学》(民族出版社,2005年,第17页)在谈及该学科的性质时多次强调"中国少数民族古典文献学作为一门独立的学科"。

③ 邓声国《关于汉语言文献学研究的几点设想》,见《文献学与小学论考》,齐鲁书社,2007年,第60、63页。

理和理解,笔者拟从关涉的两门学科的角度加以阐释。

作为一门专科文献学性质的小学文献学,从大的学科范围上看,它横跨了传统语言文字学和文献学这两门学科,所以其学科性质自然打上了二者的烙印。

首先,作为文献学的一门应用学科,它具有应用性、边缘性的特征。

小学文献学的应用性,又叫实践性,是指该学科的知识和方法在理论上属于文献学知识和方法的具体应用,同时在实践上主要是应用在语言文字学这一学科的。这就要求该学科在处理相关问题上需要有很强的针对性和选择性,即一定要针对文献学与语言文字学共同的研究对象和研究内容去选择相关知识和方法,而不能生搬硬套,削足适履。文献学知识和方法当然具有普遍指导性,但并不是所有的知识和方法都适用于语言文字学学科。比如古书装帧上的贝叶装,并不适用于小学文献。如果我们将之当作本学科的基础知识讲的话,显然失去了其学科针对性。同时,我们也需要尽量从语言文字学知识当中寻求与文献学的结合点。这就告诉我们,在研究小学文献学时,不仅要熟悉两门学科各自的知识和方法,也需要仔细思考二者的共有知识和方法。

小学文献学的边缘性其实是专科文献学边缘性的具体化,前文我们详细阐释了专科文献学的一些看法,故此处不再展开论述。从文献学的角度看,小学文献学的边缘性指的是语言文字学中有关文献学方面的知识属于普通文献学无法深入接触和具体展开研究的内容。[①] 如文献学可能会谈到文字类文献,但仅仅会笼统地讨论其归类情况,却不会梳理该类在历代目录著作当中的著录和归类情况,更不会详细地分析和讨论其三级以下的分类情况,所以,这些文献学的"灰色地带"反而成了小学文献学的汲取养分的肥

---

① 按,冯浩菲《文献学理论研究导论》(山东大学出版社,2009年,第2页)在谈到文献学的特征"边缘性"时说:"文献学的边缘性表明从理论上说这门学科与其他各门学科都有关系,各门学科赖以存在和发展的文献的演变形成了文献学发展的资料基础,因此各门学科都可以有自己的文献学。"这说明冯先生所理解的"边缘性"是以专科文献为中心从文献学的角度加以阐释的,主要强调的是将文献学的各个方面应用到具体的专门学科当中。但即便这样,又怎么能体现"文献学是一门边缘性学科"呢? 显然并没有论述清楚。笔者所论与之有所差异。

沃土壤。

其次,作为传统语言文字学的一门基础学科,它具有基础性、边缘性的特征。

小学文献学的基础性,同其他专科文献学一样,都是从专门学科角度加以阐释的,主要是强调小学文献学在对语言文字学这一学科所起的基础性作用。其基础性,如同戴震《与是仲明论学书》所说:"经之至者,道也。所以明道者,其词也。所以成词者,字也。由字以通其词,由词以通其道,必有渐。"[①]字词是文献(经)最为基础的内容,不明字词,便无由通经明道。而小学文献与其他文献不同之处,正是以字词为核心的。所以不明小学文献,也谈不上研究小学文献。

从专门学科角度谈论专科文献学的边缘性,其实强调的是专科文献学的研究对象和内容对于专门学科来说属于处于非本专业研究的边缘性的知识。对于小学文献学而言,主要是指对于语言文字学学者来说,小学文献学所研究的,按道理来说应该成为其研究的基础性知识却往往被误当作非专业知识而被视而不见,这主要是指有关小学文献的版本、目录等方面的知识。实际上,如果仔细考察就会发现,这类知识在专业研究当中其实扮演着非常重要的角色。因为在语言文字学学科中,除了围绕字词展开的理论研究之外,小学文献专书研究也占据着非常重要的席位。一旦涉及后者,必然会与文献学产生千丝万缕的关系。我们一提到乾嘉考据学,便会想到戴震、段玉裁、王念孙父子、顾广圻等等,这些大家在小学方面造诣颇深,同时也对小学文献的版本目录颇为重视。如段玉裁注《说文》,先有集版本、校勘、考订为一体的《汲古阁说文订》,而段注本身也有颇多校勘、考订的内容。再如顾广圻一生校书不辍,留下了很多颇有价值的著述,其不仅是一位享誉古今的校勘学家,也是一位《说文》学大家。这说明古人在研究小学文献时并没有偏废文献学的知识。然而随着学科的分立,学科之间逐渐壁垒森严,很多传统的学问已经无法走向融合。在这样一种情形下,语言文字学大多侧重

---

① (清)戴震《戴震集》卷九,上海古籍出版社,1980年,第183页。

本体研究,而其材料来源作为一种文献的身份基本淡出了专业研究者视野。故而我们便可以发现,当前在本专业研究之中,虽然对重要的小学文献的个案研究已经蓬勃展开①,但一旦涉及该文献的版本、目录等问题,便显得捉襟见肘了。如王贵元先生的在2002年出版的《说文解字校笺》一书,是一部以孙氏平津馆本为底本,以唐写本《说文》、小徐本、《五音韵谱》本、大徐诸刻本等为参校本进行校订的《说文》学专著。观其书前所附《前言:说文解字版本考评》一文②,虽然详细梳理了大徐本的版本情况,但其中谈论到"今存宋刻递修大徐本有三种"时,并没有充分利用当时已经出版的《中国古籍善本书目》(1989)、《北京图书馆古籍善本书目》(1987)、《北京大学图书馆藏古籍善本书目》(1999)等善本书目,同时也没有对诸宋本版本特征进行较为详细的描述,故而不仅对宋刻大徐本的存藏状况的统计与实际相差很远③,而且对所说的三个宋本也缺乏进一步的考察。而论及"清代依宋本刊刻者"提到的三个版本,由于没有进行深入的版本调查,故而对三者的关系也并未梳理清楚。从目前的传世小学文献的研究状况看,很多专书研究或多或少都存在类似的问题,小学文献学研究几乎都处在专业研究的边缘,故而应该是当前小学文献研究中亟待挖掘的资源之一。

第三,作为一门相对独立的学科,它具有综合性、交叉性的特征。

很多文献学和专科文献学著作都强调文献学这门学科的综合性。那么,什么是综合性呢?冯浩菲先生说:"文献学的综合性表明这门学科内容相当丰富,包含了与许多现行的不同层次的独立学科有关的各种知识。"④此处强调从研究内容上看,文献学综合了各门学科知识。而且从其所举的例

---

① 如以《说文》《玉篇》《广韵》《集韵》《五音集韵》《四声篇海》《字汇》《正字通》《康熙字典》《一切经音义》等大型辞书为研究对象已经有多篇硕博论文和专著出现。
② 按,此文又见《〈说文解字〉版本考述》(《古籍整理研究学刊》1999年第6期)、《〈说文解字〉版本问题》(《汉语史研究集刊》2002年第五辑)等文。
③ 关于这个问题,参见笔者博士论文《〈文字音韵训诂知见书目〉研究》(北京师范大学,2015年,第122—123页)及董婧宸《宋元递修小字本〈说文解字〉版本考述——兼考元代西湖书院的两次版片修补》(《励耘语言学刊》2019年第1辑)。
④ 冯浩菲《文献学理论研究导论》,山东大学出版社,2009年,第1页。

子看,这些学科其实就是冯先生所认定的文献学的分支学科。① 所以,换句话说,我们是不是可以认为,冯先生眼中的"综合性"其实是指该学科容纳了很多分支学科呢? 张君炎认为:"文学中的问题如同其他社会科学中的问题一样,往往具有综合性,要认识他们必须从哲学、经济学、历史学、社会学等的角度去探讨。……这就决定了文学文献和文献工作的综合性,即要求提供和加工处理各种有关学科的文献,以帮助文学研究者从各种角度去研究分析某些问题或现象。"②此处强调从研究的具体内容上看,专科文献学综合了各门学科的知识,而这些知识可以为文学研究者提供多个研究文学现象的角度。然而从张先生《中国文学文献学》的理论体系看,似乎并不具备这样的内容,反而处处讨论文学文献与文献学的知识。

以上两家都是从学科包含的内容上理解(专科)文献学的综合性的,但笔者以为尚有值得商榷之处。陶敏主编《中国古典文献学》云:"古典文献学是一门综合性很强的学科,它既是从事各门专门学科研究的基础,它的建立和发展又要以各种专门学科的发展为前提。"③从其具体的论述中可以看到,该书强调的是文献学与各门学科知识之间的融合。笔者以为此说颇有道理,但仍可继续探讨。就小学文献学而言,我们认为其综合性具体包含了传统语言文字学与文献学共有的知识、方法乃至思想、观念。正因为如此,它才能够似乎同属于两个学科,却实际上又是一门相对独立的学科。比如,很多文献学者都认为校勘学是文献学的分支学科之一,但是具体的校勘对象(文本之字词)同样属于语言文字学研究的对象。再如,注释学的注释内容和方法几乎与语言文字学中的文字、音韵、训诂一般无二。可以说,再也没有比语言文字学更接近文献学的学科了(但是二者仍然有较大差异)。正因为如此,二者在知识、方法等上更明显体现出小学文献学的综合,也更容易

---

① 如所云"研究文献体式,必然要涉及体式类型等",检该书第二章末所附文献学体系分类表,在中国古典文献学下三级学科当中正好有"古籍整理体式学"。
② 张君炎《文学文献学琐论》,《上海大学学报(社会科学版)》1984 年第 1 期。
③ 陶敏主编《中国古典文献学》,岳麓书社,2014 年,第 4 页。

实现综合。

前面提及,有了小学文献学的边缘性才有了其交叉性。这种交叉性并不是简单的学科内容的交叉,否则与综合性有什么区别呢?而是在具体的研究内容上,小学文献学涉及了文献学与语言文字学共同不太关注的内容,然而又是两门学科应该包含的内容。正因为这一点,小学文献学在研究的内容上才有了交叉性。

总之,小学文献学的性质可以从多个角度加以把握,我们承认该学科具有基础性,也承认其具有应用性,这些性质是可以并存的,都统一在这门相对独立的专科文献学当中。其具体的性质也可以从多个角度加以把握。将本学科的性质从动态的角度加以把握,不仅会避免卷入当前对文献学与专科文献学性质的争论当中,同时也能更深刻地把握其性质的各个侧面。

(四)小学文献学与相邻学科的联系与区别

小学文献学作为一门汉语言文字学与文献学综合交叉的相对独立的学科,自然与其相邻学科产生一定的联系,但是也有其区别。因此,我们有必要探讨其与相邻学科之间的关系,这样才可以突出其学科的独特性。以下我们选择最为密切的几门学科加以探讨。

1. 小学文献学与文献学的关系

小学文献学与文献学的关系,前面其实已经提及。本质上讲,小学文献学是一门专科文献学,是文献学知识和方法在语言文字学学科的具体应用。所以,其基本的知识框架和内容体系与文献学几乎无别,但这并不意味着是文献学的翻版,否则根本没有存在的必要。从研究的具体内容上看,它又是一门相对独立的学科,具体体现在它有自己的独特的学科性质、研究对象、研究内容及方法,等等。所以,有些学者认为专科文献学没有存在的必要[①],

---

① 如董恩林主编的《中国传统文献学概论·绪论》(华中师范大学出版社,2008年,第10页)云:"对于一些学者试图分别建立与教育学科分类相适应的'古典文献学''文学文献学'与'历史文献学'等专科文献学理论体系,我们有理由怀疑其科学性和必要性。"同时,其在《简谈历史文献学的定位定性及其面临的几个问题》(《淮北师范大学学报(哲学社会科学版)》2011年第2期)一文中强调:"这些所谓'文献学'事实上是造成'文献学'学科界域模糊、混乱的原因之一。"

应该是只看到该学科的应用性,但并没有细心加以考察。

2. 小学文献学与汉语言文字学的关系

小学文献学与汉语言文字学的关系,前面也已经提及。小学文献学在具体的研究对象上与后者有莫大关系,同时,其很多研究分支也与后者有颇多重合。我们常说,后者是以研究字词为中心的,具体研究字形、字音、字义,等等。然而其对字词的研究又往往是以某部(类)小学文献为基础的,无论是传世文献,还是出土文献,都是如此。小学文献学便是专门提供研究该类文献各个方面知识的一门学科,所以从这个角度看,小学文献学可以成为语言文字学的一门基础学科。同时,小学文献校勘的主体是版本对校(选择底本和参校本),对校的结果主要体现为异文材料,而异文的形式大多体现为字词的差异。一旦分析这些异文,便已经不可避免地要使用语言文字学的知识了。所以,从这一点上看,小学文献校勘学与语言文字学具有某些重叠之处。甚至有些文献学家直接将语言文字学的各门分支当作文献学的研究分支看待,如孙钦善先生《中国文献学史》在对各个分期的文献学成果的梳理过程中会将当时的文字、音韵、训诂的成就也进行详细的介绍,后来又多次撰文,将关于传统小学的分支全部纳入其文献学理论体系当中。孙先生认为:"古文献的语文解读在古文献学中居于基础地位。古文献是用文字记载的以书面形式存在的文本,也就是说古文献以书面语言为载体的。因此要了解古文献的内容,必须从弄懂语言文字入手。这样就决定了语文解读在古文献学中的基础地位。语文解读包括认字、读音和释义,涉及文字学、音韵学和训诂学。所谓传统小学,狭义指文字学,广义则包括文字学、音韵学、训诂学,一般用其广义。"①再如郭英德、于雪棠在《中国古典文献学的理论与方法》之《古籍注释学》部分用到了很多训诂学的知识。本书关于文献学与小学文献学的研究内容虽然与以上诸说略有不同②,但十分认同小学

---

① 孙钦善《古典文献学的内涵和意义》,《江西社会科学》2006 年第 8 期。
② 笔者并不认为文字、音韵、训诂这些学科属于文献学的分支学科,否则"语言文字学"这一二级学科根本没必要设立。文献学中涉及的"校勘学""注释学"等分支学科的研究内容与"语言文字学"看似相同,其实并不相同。前者其实是对后者知识的具体应用。关于这一点,我们后文还会加以讨论。

文献学在很多知识上与语言文字学学科有着千丝万缕联系,这种关系并不是别的专科文献学所能够承担的。因此,我们一再强调,小学文献学较其他专科文献学更容易也更有必要建立起来。

3. 小学文献学与小学史的关系

小学史从学科的角度看其实是小学书籍史或语言文字学史,是从学史的角度探讨历史上各个时期小学文献的发展状况的一门学科。其总论性的著作除了胡奇光《小学史》以"小学史"冠名外,余多以"古代语言学史"为名,如何九盈《中古古代语言学史》。其分支学科史亦有多部,如胡朴安《中国文字学史》《中国训诂学史》、张世禄《中国音韵学史》等。这些著作基本上已经勾勒出传统的文字、音韵、训诂等学问在各个历史时期的特点及发展状况了。小学史其实是与学理层面的语言文字学理论知识配套而生的。二者一纵一横,构成了语言文字学这一学科完整的知识体系。

从目前的文献学著作看,有相当一部分文献学著作已经成了"文献"之学了,如司马朝军《文献学概论》,孙立《中国文学批评文献学》,查洪德、李军《元代文学文献学》,等等,这类文献学一般是从目录学的角度分门别类地介绍某些或某类文献的基本状况(内容、价值、注释等)。与本研究相关的杨薇、张志云的《中国传统语言文献学》也是属于这类著作,其云:"我们这里所说的传统语言文献学是建立在古代文献学理论基础上的、对传统语言类文本文献的综合性研究。它是以传统语言类文献为研究对象,研究其生成、发展、演变的规律及特点的学问。它包括传统语言文献的形式和内容两大部分,具体包括传统语言文献的生成、发展、分类,以及语言学著作的作者、内容、学术源流、特点、流传及文献价值。"[①]如果我们仔细阅读的话,就会发现,在具体研究体例上,该书其实与上面所举的《小学史》之类没有什么差别,都是对一部部具体的小学文献进行个案研究,然后通过一定方式编排而成的。而且对于具体的某部文献的介绍内容也是大同小异的,如以该书第三章《说文解字》为例,依次介绍了《说文》的作者、成书、内容及体例、版本流传、价值

---

① 杨薇、张志云《中国传统语言文献学》,崇文书局,2006年,第6页。

等,这些内容翻开任何一部文字学史都是如此介绍的。所以,我们认为,这类以"文献学"为题目的著作其实本质上属于专科书籍史著作,并不属于我们所理解的文献学的研究内容。

无论是按时代先后编纂出的小学文献史,还是以类目体例划分出的语言文献之学,它们都是以具体的小学文献为研究材料,重在梳理小学文献的流变,揭示该种文献和由其影响下出现的系列文献的编纂、体例、存佚等基本情况,所以它能为小学文献学的研究提供基本资料。如小学文献学中的目录学,涉及小学文献的分类问题,如何合理分类,尤其是二级以下的类目如何设置,这需要对所有小学文献整体把握,进而了解内容、分析体例,找出特性。而"整体把握"的前提就是尽可能地搜集和了解小学文献,这样这类有关小学文献的著作便有了用武之地。同样,小学文献学可以为这类著作提供搜集、考证文献的知识和方法,如前面提及的《中国传统语言文献学》这类著作,就是在目录学的分类思想的影响下进行编纂的。

另外,目前的一些文献学著作会专章介绍本学科的文献,认为这便是专科文献学应有的内容,笔者不敢苟同,原委详见后文。

4. 小学文献学与小学文献学史的关系

何谓"小学文献学史",我们只要了解什么是文献学史便可知道了。洪湛侯先生说:"文献学史不等于文献史,文献史是各类文献的历史,如书史、辞典史、档案史之类,而文献学史则是文献发生发展总的历史,包括各类文献体、法、史、论,源流演变、纵横综合的历史。"[1]从其概念上看,似乎包含的内容非常广泛,既有文献的形体(载体、体裁、体例)的历史,也有文献整理的方法(目录、版本等)的历史,甚至还有文献学史和文献学理论的历史,等等,连他自己也觉得"包括的范围较广,存在的问题很多",显然有些内容尚停留在学理层面。不过,其编写的《中国文献学新编·历史编》一书基本上围绕

---

[1] 洪湛侯《古典文献学的重要课题——兼论建立文献学的完整体系》,《杭州大学学报》1987年第2期。又见洪氏《中国文献学新编·绪论》,杭州大学出版社,1994年,第11页。

编纂、注释、目录、版本、辑佚等展开的,显然洪先生最终选择了其所说的有关各类文献"法"的历史。孙钦善《中国古文献学史·绪论》云:"中国古文献学史的任务是研究中国古文献学产生、发展的历史,介绍中国古文献研究、整理的历史概况,总结历史上古文献学家的经验和成果,为当今的古文献研究、整理工作提供借鉴。"①这个说法以中国古文献学为研究对象,从该书具体内容上看,主要结合政治史、思想史等梳理古代各个时期各类文献(经史子集)整理的整体状况及文献学家的成就,基本符合他对古文献学的理解②。对文献学的理解关涉到对文献学史的理解,笔者同意孙先生对文献学史的研究对象的看法,既然叫文献学史,就应该以文献学为研究对象,而不应该包括文献,否则便成了一部文献史了,这样又有何必要呢?但又认为其研究范围在某一方面太广,而影响了其他的方面。比如,既然孙先生认为"古文献学"包含了"诸如注释(包括字词的注音释义及天文、地理、名物、典制等的考证辨析)、校勘、目录、版本、辨伪、辑佚、编纂等许多分支"③,那么,在其《中国古文献学史》当作为何只介绍校勘、辨伪等在历代的发展及成就,而不及目录、版本的历史呢?既然是一部古文献学史,为何主要探讨历代出现的重要古文献学家的成就呢?这难道是一部"某儒学案"或"文献学家"的简编版吗?笔者以为,文献学史应该如同前面洪先生所说的,是一门有关文献学的历史而不是有关文献的历史,具体体现在需要对其研究的各个分支的历史进行梳理。研究的角度可以见仁见智,但是不能够脱离其研究对象和研究范围(分支)。基于这一认识,小学文献学史就是对小学文献学的各个方面的历史进行梳理的一门学问。二者的关系,其实类似于文字学与文字学史

---

① 孙钦善《中国古文献学史·绪论》,中华书局,1994年,第4页。按,该观点又见《关于中国古代文献与古文献学史》(《社会纵横》1994年第1期)一文。

② 孙先生所理解的古文献学其实等同于国学,是一种无所不包的学问。如其在《中国古文献学史》中认为古文献学"就是有关古代典籍整理和研究的学问","概括言之,古文献学以古代文献典籍的形式内容和整理它的各个环节如校勘、标点、注释、辨伪、辑佚、编纂等为骨架,构筑了所需要的古代语言文字、古籍目录版本、古代历史文化等有关知识,以及运用这些知识解决实际问题的方法,形成了一个独立的学科"。后来在《中国古文献学》及《关于古文献学内涵的全面认识与具体贯彻》中又有新的阐释,但仍然是一个庞大的学术体系。

③ 孙钦善《中国古文献学史·绪论》,中华书局,1994年,第3页。

的关系。我们不妨引用胡朴安先生的观点:"文字学者,研究文字之条例,所以指示人研究文字之方法。文字学史者,则叙述研究文字之条例之著作与人,所以指示人知文字学说之源流。"① 换到我们讨论的问题,那就是小学文献学研究的是小学文献的理论与方法,小学文献学史讨论的是历代有关这些理论与方法的著作和撰者。

顺便提一下,小学(文献)史与小学文献学史的关系,如同小学文献与小学文献学的关系一样,可以为小学文献学史提供充足的文献资料。二者可能在研究对象上有一些重合,但探讨的侧重点不同。如《经典释文》一书,小学史侧重的是此书编纂、体例、内容、价值等方面的全面介绍,而小学文献学史主要侧重的是其蕴含的版本、校勘等方面的论述,或者在文献学方面的特点和价值。

另外,小学文献学与小学文献目录学、小学文献版本学、小学文献校勘学,小学文献学史与小学文献目录学史、小学文献版本学史、小学文献校勘学史等,是综合学科和分支学科的关系,这些分支学科从理论上来讲都是应该建立起来的,但实际上需要综合考虑各种因素,如其所包含知识的丰富程度,等等。

最后,有些著作提到了文献学有古代文献学与现代文献学之分,甚至还有弥合二者之差异的"大文献学",但是从研究对象、内容、方法等方面,二者皆有很大的差异,所以,我们这里将不再探讨小学文献学与现代文献学的关系,更没必要探讨其与后者关系甚密的图书馆学、情报学、档案学等的关系。关于文献学的问题,我们将在后面详细探讨,此处不赘。

二、研究对象

一门学科是围绕其研究对象展开的,田方斌云:"文献学研究对象是文献学学科体系建构的逻辑起点,它制定和制约文献学学科体系内涵和边

---

① 胡朴安《中国文字学史》,上海书店,1984年,第9页。

界。"①所以研究对象的明确程度及范围大小关系到整个学科理论体系建立的科学性、合理性及严密性。对研究对象的研究主要讨论的是"该学科研究什么"这样一个问题。

(一) 文献学的研究对象

文献学究竟要研究什么呢？从80年代以来，文献学作为一门学科正式成立之后就一直存在争议。根据谢灼华、朱宁《20年来我国文献学理论研究综述(1978—1998)》(《晋图学刊》1999年第3期)，明海、罗德勇《20世纪90年代的中国文献学研究》(《现代情报》2003年第5期)等综述性论文及相关文献学著作的论述，我们可以归纳出以下几种说法：

1. 文献说

文献学这一学科自从被提出开始，学者们便以文献作为研究对象构建其学科体系，但是具体研究文献的哪一方面，尚有不同的看法。

(1) 文献

古典文献学者如张舜徽、吴枫、王欣夫、罗孟祯、洪湛侯、孙钦善等主此说，他们大多在梳理"文献"词义演变的基础上，进而提出自己对文献内涵的看法。对文献内涵(即具体所指)的讨论是"文献"研究深化的体现，也决定了各家文献学体系的差异，故亦需要进行详细梳理，主要有以下几种说法：

1) 泛谈文献

如司马朝军《文献学概论》云："文献学的研究对象是文献。现在学界普遍将文献学的研究对象预设为'古籍的文本'或'古籍整理的各个环节'，导致文献学家教材的编纂落入俗套。"②又，李明杰、许小燕《中国文献学学科体系的历史演变与现实重建》云："文献学就是以'文献'为研究对象，以'文献整理与利用'为核心研究内容的基础应用型学科。"③此外，黄爱平主编《中国历史文献学》、张升《历史文献学》等皆主此说。

---

① 田方斌、李惠明《文献学学科体系论略》，《图书情报工作》1997年第10期。
② 司马朝军主编《文献学概论》，武汉大学出版社，2010年，第13页。
③ 李明杰、许小燕《中国文献学学科体系的历史演变与现实重建》，《图书情报知识》2016年第2期。

2）图书资料

a. 泛谈图书资料

王欣夫《文献学讲义》云："文献指一切历史性的材料。"[①]又，单柳溪《有关文献学三题》云："文献学的研究对象是文献书籍；文献学的知识范畴是各主要文献书的内容实质、存在形式、编排方法、检索方法。"[②]又，赵国璋等《文献学辞典》"文献学"条云："即研究文献的产生、发展、整理和利用的专门学科。"[③]而潘树广等《文献学纲要》亦认为"古典文献学的研究对象主要是古籍"，"现代文献学的研究对象主要是现代文献（尤其重视追踪不断涌现的新文献）"。[④] 此外，洪湛侯《文献学概要》、郝桂敏《中国古典文献学简明教程》、张三夕《中国古典文献学》、董洪利主编《古典文献学基础》、踪凡主编《中国古文献概论》等皆亦主张此说。

b. 典籍与有文字的古代实物

张舜徽《中国文献学》云："'文献'既是一个旧名词，自有它原来的含义和范围。我们今天既要借用这一名词，便不应抛弃它的含义而填入别的内容，近人却把具有历史价值的古迹、古物、模型、绘画，概称为历史文献，这便推广了它的含义和范围，和'文献'二字的原意，是不相符合的。当然，古代实物上载有文字的，如龟甲、金石上面的刻辞，竹简、缯帛上面的文字，便是古代的书籍，是研究、整理历史文献的重要内容，必须加以重视。"[⑤]同时或之后吴枫《中国古典文献学》，洪湛侯《中国文献学新编》，王燕玉《中国文献学综说》，熊笃、许廷珪主编《中国古典文献学》，郭英德、于雪棠编《中国古典文献学的理论与方法》等皆主此说。

c. 传世典籍与一切古代实物

罗孟祯《古典文献学》云："书、画、文物属于古典文献范围，但更大量、更

---

① 王欣夫《文献学讲义》，上海古籍出版社，2005年，第2页。
② 单柳溪《有关文献学三议》，《图书馆工作与研究》1981年第1期。
③ 赵国璋、潘树广主编《文献学辞典》，江西教育出版社，1991年，第186页。
④ 潘树广、黄镇伟、涂小马《文献学纲要（增订本）》，广西师范大学出版社，2005年，第6、9页。
⑤ 张舜徽《中国文献学》，中州书画社，1982年，第3页。

主要的古典文献是古籍。"①又，张大可等《中国历史文献学》云："'中国文献学'，即为'综合文献之学'，它以广义的一切历史文献为对象。"又云："文物是考古学家的文献，文物考古所形成的文字资料是历史学家的文献，把文物排除在文献之外，是没有道理的。"②此外，周启付《什么是文献》等亦主此说。

3) 载体

罗孟祯《古典文献学》云："现在一般认为，文献是一切情报的载体，情报是一切文献的内容。"③

4) 载体记录的知识

王宏理《古文献学新论》云："'文献学'所研究的独特对象是什么呢？是'文献'，这'文献'不仅指'具体'的图书，指档案，还指零散的文字资料等，或者说，更'泛'指一切可供历史研究的资料，也就是其定义中所明示的：一切载体所记录的知识。"④

(2) 文献的产生和演变

周彦文《中国文献学·序》云："文献之所以能成为一个学科，关键即在于我们由文献本身，可以抽离出文献在产生和演变的过程中，它背后的学术诱因和学术发展趋势。因为，任何类型的文献，都不可能在没有任何背景因素下孤立地产生。基于此，文献学的研究范围就不应只限于文献类型的介绍，甚或典籍内容的说明。而应是各类型的文献产生和演变的探究，及其和学术史之间的相互影响。"⑤

(3) 文献的文本说

董恩林《中国传统文献学概论》云："传统文献学以文献文本形态为研究对象，现代文献学以文献工作为研究对象。"又"传统'文献学'实际研究的不是'文献的整体'，而只是文献的'文本形态'，即文献文本的形

---

① 罗孟祯编著《古典文献学》，重庆出版社，1989年，第6页。
② 张大可主编，王继光副主编《中国历史文献学》，陕西人民教育出版社，1991年，第8、3页。按，此说又见张大可、俞樟华《中国文献学》(福建人民出版社，2005年)。
③ 罗孟祯编著《古典文献学》，重庆出版社，1989年，第4页。
④ 王宏理《古文献学新论》，中山大学出版社，2008年，第23页。
⑤ 周彦文主编《中国文献学》，五南图书出版公司，1993年，《序》第3页。

式与内容。"①董氏《简谈历史文献学的定位定性及其面临的几个问题》又云:"'文献学'实际研究的并不是文献的整体,只是'文献的文本形态',即文献文本的真假、正误、完缺的考证和补救,不同版本的校勘,文本的编目、检索和典藏,文本的解读等等。"②

2. 古籍整理的各个环节说

郑鹤声、郑鹤春编《中国文献学概要》云:"结集、翻译、编纂诸端,谓之文,审订、讲习、印刻诸端谓之献。叙而述之,故曰文献学。"③又,王余光《中国历史文献学》云:"文献学是以文献整理的各方面及其历史为研究对象的一门学科。"④此外,张大可主编《中国历史文献学》《中国文献学》等亦主此说。

3. 文献与文献工作说

"文献工作"一词最早是 20 世纪 60 年代袁翰青在《现代文献工作的基本概念》一文中译介过来的,是"将分散记录起来的知识,特别是文献中新发现的知识单元,经过学术分析与抽出之后,用一定的方法组织起来,对使用者提供最大的便利,能随时被检索到并参考利用。文献中的知识单元实质上就是所含的情报。通常所谓文献工作实际上有两个方面:知识组织工作的一方面和情报检索工作的一方面"。⑤ 此定义基本上成了现代文献学的理论基础,后来众多研究该类文献学的学者都会在探讨文献学的研究对象时加上"文献工作"一词。如倪波、张志强主编《文献学导论》云:"我们认为,文献学是以文献和文献工作为研究对象,对文献历史、文献工作方法、文献交流和利用规律进行概括和总结的学科。"⑥又,潘树广等《文献学纲要》云:"文献

---

① 董恩林主编《中国传统文献学概论》,华东师范大学出版社,2008 年,第 7、12 页。
② 董恩林《简谈历史文献学的定位定性及其面临的几个问题》,《淮北师范大学学报(哲学社会科学版)》2011 年第 2 期。
③ 郑鹤声、郑鹤春编《中国文献学概要》,上海书店据商务印书馆 1933 年版复印,1983 年,《例言》第 1 页。
④ 王余光《中国历史文献学·绪论》,武汉大学出版社,1988 年,第 19 页。又见《论文献学》,《武汉大学学报(社会科学版)》1988 年第 6 期。
⑤ 袁翰青《现代文献工作的基本概念》,《图书馆》1964 年第 2 期。此文又收入叶继元主编《南京大学百年学术精品·图书馆学卷》,南京大学出版社,2002 年,第 688 页。
⑥ 倪波、张志强主编《文献学导论》,贵州科技出版社,2000 年,第 21 页。

学是以文献和文献工作为对象,研究文献的产生、发展、整理、传播、利用及其一般规律的学科。"①

此外,谢元泰、周启付、桑榆、林申清、周文骏、柯平②等对文献学及其对象的理解基本与之类似,刘青松《中国古典文献学概要》亦主此说。

4. 文献本身、文献工作、文献学与其他学科的关系

陈界、张玉刚主编的《新编文献学》主此说:"文献学的研究对象是什么?这是很多人不假思索就可以回答的问题,那就是文献。但是,按照笔者的见解,它所研究的不仅仅是文献本身,还有两个重要的方面,那就是文献工作以及文献学与其他学科的关系。文献学之所以产生、发展并能被人们所利用,是因为人们从事文献工作的结果。所以,它的研究对象应当包括三个方面。"③

5. 文献和文献发展规律

《中国大百科全书·图书馆学、情报学、档案学》云:"文献学是以文献和文献发展规律为研究对象的科学。"④崔红军等《实用古典文献学》从其说。

---

① 潘树广、黄镇伟、涂小马《文献学纲要(增订本)》,广西师范大学出版社,2005年,第14页。按,此说最早见潘先生《论古典文献学与现代文献学的交融》(《苏州大学学报(哲学社会科学版)》2000年第4期)一文。

② 按,诸家之说见谢元泰、吴萍溪《论现代图书馆文献学的研究范围》(《四川图书馆学报》1983年第2期)云:"在文献与文献工作实践的基础上,产生了文献学。""文献学的研究对象是书刊文献这一特定的矛盾现象。"周启付《论文献学的范围——并与张舜徽等先生商榷》(《广东图书馆学刊》1987年第2期)云:"我们认为文献学应当在大量文献与文献工作统计、分析的基础上,作科学的、理论的说明,并有效地指导文献工作,必须和一般的文献介绍区分开来。"该文在篇末探讨文献学的研究范围中既有文献,又有文献工作。桑榆《文献学中有关概念的梳理》(《徐州师专学报(哲学社会科学版)》1988年第4期)云:"现代文献学是以现代文献和现代文献工作为对象,研究现代文献工作的组织方式,现代文献的发展规律,现代文献的搜集、整理、检索、利用方法的科学。"林申清《现代文献学定义综述》(《大学图书馆学报》1990年第1期)云:"文献学是以文献和文献工作为研究对象,以文献的产生、发展、搜集、整理、传递、利用及其规律为主要研究内容的应用性科学。"周文骏、杨晓骏《文献学新论》(《中国图书馆学报》1994年第1期)云:"这门科学的主要研究对象是文献和与文献有关的社会活动,所以仍称之为'文献学'。"柯平《文献经济学》(中国书籍出版社,2001年,第21页)云:"文献学之成为科学,不仅在于它拥有丰富的实践来源,而且在于它具有'文献与文献工作'这一独特的研究对象。"

③ 陈界、张玉刚主编《新编文献学》,军事医学科学出版社,1999年,第10—11页。

④ 中国大百科全书出版社编辑部编《中国大百科全书·图书馆学、情报学、档案学》,中国大百科全书出版社,1993年,第490页。

此外,关于研究对象,邱均平《文献计量学》有"文献体系和文献工作系统"说①,骆伟有"文献流"说②,蒋永福③、金恩辉④各有其文献学研究对象广狭义之说,等等。

以上我们分五大点较为详细地梳理了诸家著述对文献学研究对象的论述,其中,第一、二点主要针对的是古典文献学家,其余三点多是现代文献学家的提法。可以看到,到目前为止,关于文献学的研究对象仍然存在较大的争议。关于此,许多学者均有类似的看法,如谢灼华《20年来我国文献学理论研究综述(1987—1998)》云:"文献学作为一门独立学科,其学科体系、研究对象、范围、内容的意见也莫衷一是。"⑤明海《20世纪90年代的中国文献学研究》亦云:"文献学的某些基本理论问题莫衷一是,集中体现在文献的定义、属性以及文献学的研究对象、内容、性质及体系等方面。"⑥这些关于文献学的研究对象"莫衷一是"的原因,从笔者在前面梳理的情况看,主要体现在以下几方面。

首先,文献学被分为古代、现代,导致了研究对象在范围上的无限扩大。

文献学有没有古今之分呢?似乎自1964年袁翰青将"文献工作"一词译介过来之后就有学者进行思考了。袁先生认为:"文献学固然是我国固有的

---

① 邱均平编著《文献计量学》,科学技术文献出版社,1988年,第1页。按,其《科技文献学》(武汉大学出版社,1991年,第9页)亦有类似的说法。

② 按,骆伟在《文献学总论》中(《图书馆论坛》2003年第6期)云:"文献学的研究对象是文献流,既研究文献系统的累积性、社会性、开放性,可统计性(可计量性)、动态性等特点。"但又云:"文献学是研究文献运动与规律的科学。"两相对照,可知所谓"文献流"与"文献运动与规律"的意思是相当的。

③ 蒋永福《文献学若干理论问题初探》(《情报业务研究》1990年第5期)云:"文献学的研究对象根据其对象事物本身所表现出来的层次性,可区分为宏观研究对象和微观研究对象两方面。"前者"指整个社会(或国家)文献系统的结构、功能以及社会文献事业的组织管理",后者"指个别的文献现象以及个别文献机构文献工作的组织原理与方法技术"。

④ 金恩辉《文献学基本问题论纲》(《金恩辉图书馆学文选》,吉林人民出版社,1993年,第200页)云:"关于文献学的研究对象,也可以有广义与狭义之分。广义上是从文献交流、文献信息等关于文献的深层次本质方面去发挥,形成科学体系;狭义上是继承和发展传统的以图书为中心的研究对象说,全面地去探讨当代文献和文献工作内容,从中寻求其内在发展规律。"又其《关于文献学基本问题的研究》(《文献工作研究》1994年第3期)有同样的阐述。

⑤ 谢灼华、朱宁《20年来我国文献学理论研究综述(1978—1998)》,《晋图学刊》1999年第3期。

⑥ 明海、罗德勇《20世纪90年代的中国文献学研究》,《现代情报》2003年第5期。

用词,讨论的内容却着重于考证典籍源流,和现代文献工作的涵义是不同的。"①显然,他之所以选择"文献工作"这个词,是有意将传统文献学进行区分的。可是,20世纪80年代之后,随着吴枫、张舜徽、王欣夫、罗孟祯、洪湛侯等先生的文献学著作相继问世,同时,以"文献工作"为研究对象的著作或论文也大量出现了,著作如倪波主编《文献学概论》(1990),胡昌平、邱均平编《科技文献学》(1991),等等;论文如周文骏、杨晓骏《文献学新论》(1994),柯平《关于文献学体系的来源——文献学理论研究之一》(1995),等等。这些文献学著述,不仅详细论述了各自的文献学体系,而且还有意将译介的"文献工作"与传统的"文献"一词进行联系,从而使两个来源不同的概念在主观上挂上了钩,这种作法可以说成了当时相当一部分学者的共同研究倾向,同时对之后从事文献学研究的学者们产生了很大的影响,所以很多学者不约而同地将文献学分为古典文献学和现代文献学②,甚至有学者在20世纪初又提倡将二者融合在一起的大文献学(如于鸣镝、潘树广等)。虽然这些学者从理论上给文献学展现了一个无限研究的可能性和广阔的研究道路,但实际上并不能如他们所说,能够将两门学科的知识有效地融合在一起,反而更可见二者的差异。以1990年出版的倪波《文献学概论》为例,该书"通过对文献和文献工作的讨论,力求勾勒出一个不局限于以目录、版本、校雠为核心内容的新的文献学科学体系"③。在他眼里,无论是古代文献,还是现代文献,都是"记录有信息"的"人工固态附载物"。"文献信息"是一切文献的灵魂。正因为如此,该书能够突破古今中外的限制,从文献的本质属性那里高屋建瓴地构建其文献学体系,这是其最大的特点。然而从具体章节上看,该书显然更多地偏向介绍图书馆学、档案学等学科所说的"文献工作"

---

① 袁翰青《现代文献工作基本概念》,《图书馆》1964年第2期。
② 按,国内"现代文献学"一词似乎出现在20世纪80年代末90年代初,如桑榆《文献学中有关概念的梳理》(1988)云:"文献学应该是古文献学、现代文献学及未来文献学的总称。"又,林申清《古典文献学探要》(1989)云:"按其所研究的文献的产生年代的不同,可以分为古典文献学和现代文献学。"《现代文献学定义综述》(1990)云:"文献学,按其所讨论的年代范围可分为古典文献学和现代文献学。"又,赵国璋、潘树广主编《文献学辞典·前言》(江西教育出版社,1991年)云:"文献学可分为古典文献学和现代文献学。"
③ 见倪波主编《文献学概论》,江苏教育出版社,1999年,周文骏《序》第1页。

方面的知识。虽然也很努力地梳理了古代"文献"的含义和介绍版本学等方面的知识,但显然并不能容纳更多的版本目录等方面的内容,从而使其在这方面的讨论流于简单化和形式化。即便是想努力沟通古今,结果也无济于事。以"文献"为例,该书在第一章有"文献概念沿革"一节,专门梳理"中国文献概念沿革"和"国外有关'文献'概念"。抛开其具体的讨论不说,中国文献概念与外国文献概念有什么关系呢,这些概念又与其所说的"文献信息"有何关系呢?从其前后讨论的内容看,显然这一节放在该章是多余的。整体上看,该书是围绕"文献信息"展开的,所以不妨称之为"文献信息学概论"。倪先生等学者虽然在该书中非常努力地想寻求古今文献的共性,但显然忽略了二者的个性,且具体讨论时更倾向于现代的文献工作知识。2000年出版的潘树广等先生《文献学纲要》是另一部以"文献与文献工作"为研究对象的影响较大的文献学著作。如果说倪波主编的《文献学概论》较为偏向"现代文献学"的话,那么,该书便是有意将"古典文献学与现代文献学融会贯通"的践行其"大文献学"理论的著作。两类文献学如何能够"融会贯通"呢?潘先生在该书中首先认为二者"在许多方面有共通之处"[①]:共同的研究对象,即文献(知识的载体);共同的研究内容,即文献的整理、传播、利用;共同的根本任务,即实现知识的科学组织与有效利用;研究工作中经常优势互补,难以截然分开。基于以上认识,该书从文献的形态、分类、整序与揭示、检索、鉴别与整理、典藏与传播、计算机与文献的生产与检索等方面加以探讨。表面上看,古今文献似乎从该体系当中完美地融合在了一起。但仔细观看,可以发现并非如此。依第三章"文献的分类"来说,七小节中有六节在探讨古代文献的分类,末一节在讨论现代文献的分类,很显然,在分类上,两类文献具有各自的特点,那么,它们又怎么实现知识的融通呢?难道仅仅安排在一章中就是两类文献学的融通吗?第六章谈版本的鉴别时,大量的篇幅都在探讨古籍版本的知识,仅在书末稍及现代文献的版本。请问,这两

---

① 潘树广、黄镇伟、涂小马《文献学纲要(增订本)》,广西师范大学出版社,2005年,《前言》第1—2页,又正文第12—13页。

类版本的鉴别方法到底有哪些"互通之处"呢？第八章谈及计算机与文献的生产与检索时，大量的篇幅又在谈及现代文献的检索知识而很少谈及古代文献，那么，这两类文献学又怎么进行"优势互补"呢？很明显，该书虽然在理论上实现了古今文献学的沟通，但在实际操作上仍然是各行其是，两门学科的知识仍然很难达到融会贯通。

由上可知，90年代以来，尽管学者们竭力想把文献学分为两大类加以探讨、融通，但是一直不能如愿以偿。原因何在呢？笔者以为，最大的原因也许在于学界一直相信二者在研究对象、研究范围等方面有共同之处，且认为现代文献学是古典文献学的"延伸和发展"[1]，却没发现或很少思考二者的差异其实远远大于其相同之处。所以，很多学者在谈到两类文献学的发展状况时，90年代末说"有关文献学的研究，目前还只是一个初创阶段，文献的定义和属性尚无比较统一的认识，文献学作为一门独立学科，其学科体系、研究对象、范围、内容的意见也莫衷一是"[2]。"关于文献学的研究对象、研究内容、学科性质等基本问题仍众说纷纭，分歧较大；学科体系的构建还需大量的研究成果加以充实和支持。"[3]21世纪初仍然在说"学科的融合，还有待不同领域的学者共同合作"[4]。既然争议不断，何必强行融合呢！难道两类文献学就是因为有共同的研究对象等便一定要融合在一起吗？笔者以为，这两类文献学看似相同的地方，其实本质上并不相同。就其研究对象而言，从以上梳理的诸家之说看，学者们大多同意将文献作为文献学的研究对象或对象之一。但具体到古典与现代文献学，显然此文献不同彼文献。具体体现在以下几点：

其一，来源不同。

我们知道，文献学这一学科自民国间创建以来，便是属于古代的。所以在谈及文献词义的时候，可以从古代文献中追溯其来源并探求其词义演变。现代文献学之文献则不同，它是一个译介词，是学者从西方那里对译过来

---

[1] 张大可主编《中国文献学》，福建人民出版社，2005年，第16页。
[2] 谢灼华、朱宁《20年来我国文献学理论研究综述（1978—1998）》，《晋图学刊》1999年第3期。
[3] 王余光、汪涛、陈幼华《中国文献学理论研究百年概述》，《图书与情报》1999年第3期。
[4] 王余光《文献学研究的新进展》，《江西图书馆学刊》2004年第2期。

的,所以它的词源应该从西方的文献里探求。因此,强行将二者联系在一起并不妥当。正如同是一个"佛"字,在汉语里,其本义为"见不审也",即仿佛之义。佛教之"佛"是一个译介词,故其词源应该从佛教用语里追寻,而不应该与前者挂上钩,二者从文字学上看,属于异词同字现象,相互混淆便会产生颇多的误解。

其二,内涵不同。

古典文献学之"文献",从历代诸家的解释看,无论是"献犹贤也"(郑玄),还是"文,典籍也;献,贤也"(朱熹),等等,基本上是随文训释的,属于从主观上加以界定的一个概念,所指基本上是图书(详见后文),虽然也有学者在争论文物之类是否属于文献,但皆是实实在在的东西,所以它可以在版本、目录、校勘等诸多活动中得到直观的体现。现代文献学之"文献",则强调概念的准确性和规范性,所以排除了一切具体的实物,而从众多类型文献当中抽象出一个能够体现本质属性的核心词汇来加以界定,但说法颇多,除了上文所列的从文献学的研究对象的角度来探讨文献的概念时提出的"载体"说[①]、"知识"说[②]外,尚有抛开学科的范畴单独研究文献的内涵的,如朱建亮《论文献观》云:

[①] 按,前文提及的此说及引用的罗孟祯的说法,是从文献学的研究对象的角度说的。其实学界尚有抛开学科直接对文献下定义的,如赵国璋、潘树广主编《文献学辞典》(江西教育出版社,1991年,第186页)云:"所谓文献,就是指任何具有一定历史或科学价值的含有知识信息的物质载体。"《中国大百科全书·图书馆学、情报学、档案学》(中国大百科全书出版社,1993年,第465页)云文献"记录有知识和信息的一切载体"。又,《中华人民共和国国家标准·文献著录规则(GB/T 3792.1—2009)》(中华人民共和国国家质量监督检验检疫总局、中国国家标准化管理委员会发布,2009年,第5页)云文献是"记录有知识的一切载体"。此外,严怡民《情报学概论》(1983),赖茂生、徐克敏主编《科技文献检索》(1985),周文骏《文献交流引论》(1986),黄俊贵、罗健雄《新编图书目录学》(1986),彭斐章、乔好勤、陈传夫编著《目录学》(1986),黄宗忠《文献信息学》(1992),吴慰慈、董焱《图书馆学概论》(2002),丘东江主编《新编图书馆学情报学辞典》(2006),倪波、荀昌荣主编《理论图书馆学教程》(2013)等皆有此说。这些文献的概念虽然义值差不同,但皆属于载体这一范畴。

[②] 按,持有此说的还有:陈光祚《科技文献检索》(武汉大学出版社,1987年,第14页)云:"文献就是记录下来的知识。"又,贺修铭、李必祥、邓光汉、毛巧玲、杨天亮、黄青廉编著《社会科学文献检索教程》(湖南人民出版社,1986年,第1页)云:"文献是关于存贮在物质载体上按照一定逻辑组织的有关知识内容的信息记录,或称固化在一定物质载体上的知识。"又,高崇谦、朱孟杰编著《文献检索基础》(书目文献出版社,1983年,第1页)云文献"是指存贮在物质载体上按一定逻辑组织的任何知识内容的信息记录。"又,严怡民主编《情报学基础》(武汉大学出版社,1987年,第7页)转引《汉俄英情报学词典》云:"文献乃是指用文字、图形、符号、声频、视频等技术手段记录人类知识的一种载体,或称其为固化在一定物质载体上的知识。"

"我认为文献既不是记录着知识的载体本身,也不是记录着知识的载体上的知识,即:既不是纯粹的物质,也不是纯粹的精神,而是二者的结合。"他认为"文献是以字符、声象等为信号的、以便于长期保存和广泛传播的物体为信道或载体的一类精神信息的固态品"。①又,倪波《文献学概论》云:"文献是记录有信息可作为存贮、利用或传递的过程中一个单元处理的人工固态附载物。"②又,《中华人民共和国国家标准·信息与文献术语》(GB/T 4894—2009)"文献"条云:"在文献工作过程中作为一个单位处理的记录信息或实物对象。"③此外,还有学者从结构主义的角度分析构成文献的要素,从而出现了文献的"三要素""四要素""五要素""七要素"等多种说法④。很显然,以上诸家说法中,无论是"载体说""知识说",还是"结合体说""附载物说",等等,皆是排除了具体实物之后将文献作为一个整体加以研究的。这样的研究显然能够抓住文献的本质,但是却将文献引入了一个虚无缥缈的境地。因为这些观点无论如何为文献挖掘构成要素,无论如何强调文献诸要素的融合,都是围绕文献的核心——信息、知识、情报展开的,而这类概念显然是可以感知但看不见摸不着的东西,也是非常笼统、带有无限阐释的可能性的东西。如果我们的文献学就是以这些抽象的概念为研究对象的话,那么,毫无疑问该学科将会变成一门"文献信息学"或"文献情报学",传统的各类文献也会变成获取信息的载体之一而变得索然无味。那么,以具体实物为研究对象的版本、目录等传统学问该如何在这种体系下存在呢?倪波《文献学概论》试图将古今文献学进行融合,但显然将很多知识都做了简单化处理。

---

① 朱建亮《论文献观》,《图书情报工作》1986 年第 6 期。按,一些学者亦持有类似观点,如高家望《文献的认识论及其定义》(《图书馆理论与实践》1988 年第 1 期)认为文献是"记录知识的物质载体与物质载体记录的知识的融合体。或简化描述为:知识与物质载体的融合体。"又,孙二虎《从文献发展历史看文献的本质》(《图书情报工作》1990 年第 2 期)云:"文献一定是知识与一定物质载体的结合产物,但知识与载体结合产物不一定是文献。……文献:记录有知识、且用于记录知识的一切载体。"又,陈界《文献定义的几个问题》(《中华医学图书情报杂志》2015 年第 4 期)云:"文献系指将知识信息用文字、符号、图像、视频、音频等记录在特定载体上的整合体。"

② 倪波主编《文献学概论》,江苏教育出版社,1990 年,第 4 页。

③ 《中华人民共和国国家标准·信息与文献术语》(GB/T 4894—2009),第 10 页。

④ 以上说法俱见崔慕岳《文献构成要素诸说质疑》(《郑州大学学报(哲学社会科学版)》1997 年第 5 期)一文。

潘树广等《文献学纲要》也在尝试其大文献学理论,然而也存在明显的不足。事实证明,强行将两类文献学融为一体的努力是徒然的,因为很多学者仅仅看到了两类文献学中共同的"文献"二字,却很少去探讨其具体内涵。

其三,适用范围不同。

潘树广等《文献学纲要》云:"古典文献学的研究对象主要是古籍,研究内容主要是考证古籍源流以及整理古籍的理论和方法。""现代文献学的研究对象主要是现代文献(尤其重视追踪不断涌现的新文献),研究内容主要是文献搜集、组织、传播、检索的理论与方法。"[①]这一观点代表了大多文献学者对两类文献学的看法。很显然,学者们都清晰地认识到古典文献学之"文献",主要指古代典籍,现代文献学之"文献",则指现代文献。两类文献在具体研究上都具有一套自成体系的研究理论和方法。

由此可见,两类文献学看似都把文献作为共同的研究对象,但是具体所指显然不同,进而所指称的文献学也并不能等量齐观。具体而言,古典文献学之文献基本上是实指的,"现代文献学",准确一点说应该可以称之为图书馆、情报等专业的"现代文献信息(情报)学",其"文献"最终落脚点是信息、知识、情报等,虽然很多学者一直强调信息(知识、情报)、载体、符号的融合,而这些内容是非常不确定,难以把握的。倪波曾经举了一个例子:"以宋版某图书为例,这里的'文献信息'当首先指的是该图书的内容,其次是该版图书馆所反映的宋代雕版印刷技术、字体、纸质等文物价值的信息。"[②]"文献信息"落实到具体到某一图书上,显然已经包含了图书内容和图书形式两个方面。那么,是否可以理解为,文献学既研究内容,也研究形式呢?如果再将其中的"图书的内容"加以具体化,那么又将如何细分呢?显然在涉及"文献"的具体内涵,"现代文献学"是飘忽不定的,是可以根据研究的特定内容加以调整的,因为所谓的"信息"便是一个难以把控的东西。如果我们将这么一个概念引入古典文献学研究当中,那么,不仅文献学的研究对象由实转

[①] 潘树广、黄镇伟、涂小马《文献学纲要(增订本)》,广西师范大学出版社,2005年,第6、9页。

[②] 倪波主编《文献学概论》,江苏教育出版社,1990年,第28页。

虚,举凡文献典籍的形式、内容、思想、言外之意皆在研究的行列(因为都是文献信息或知识),而且其研究内容(版本学、目录学等)也变得难以立足,这样,所谓的"古典文献学"也将彻底变成文献信息学(文献情报学)的一个分支学科了。这样,文献学将不再具有综合性和基础性了。

我们觉得,现在很多学者提倡古今文献学的融合,实质是"现代文献学"的知识和方法向"古典文献学"逐渐渗透的结果。之所以大家都想在这方面努力一把,是因为我们的学者一直将文献学当作一门凌驾于诸门学科之上的综合的基础性学科,但又需要直接面对传统文献学的研究内容与日益增长的现代文献之间的矛盾。在他们眼中,文献学需要容纳一切文献,包括过去的、现代的,甚至未来尚未出现的。传统的文献学侧重的是过去的文献,这就迫使一部分学者从西方学术体系中去寻找出路,最后便创造出"现代文献学"这个概念。然而,从我们以上分析可以看到,从知识体系上看,现代文献学显然并不能与传统文献学并驾齐驱。那么,这是否意味着传统的文献学只能局限于过去,而无法走向未来了呢?答案自然是否定的。

我们认为,既然"现代文献学"这个概念具有自己的特定领域,那么,我们不妨换一个表述,称之为"文献学的现代化"。"文献学的现代化"是为了解决文献学的自身矛盾提出来的一个概念,是以传统文献学的研究对象、内容、方法为基础,吸取相关学科的理论与方法,以便更好地了解、整理与研究文献。

很显然,我们所说的"文献学"是指传统意义上的文献学,它的知识和方法适用于现代各类学科,但其综合性和基础性是相对的(即不适用于以现代装帧和印刷的文献)。然而,"现代化"却又将其带入了一个无限发展的境地。首先,从研究对象上看,我们的眼界不仅需要关注本国境内的古代文献,也应该放宽至东亚文化圈中的其他周边国家的古代文献(包括准汉籍);不仅要注意所有国家的古代文献,也要注重采用现代技术影印、再造的古代文献。这些文献虽然各具特色,但具有明显的共同特点,如无论是以何种载体存在,多为竖行繁体排列,等等。其次,从研究内容上看,文献学发展至今,已经形成了自己独特的研究内容,即目录学、版本学、校勘学,等等,这些内容也是需要走向现代化的:目录学主要解决文献著录、分类等问题,直接目的就是为了"便检",所以它应该向现代检索学等方向靠拢,如数据库的研发,等等;版本学则一方面需要从广度上向周边国家的古代文献版本方面充实自我,另一方面也应该从深度上挖掘自身价值,比如随着大量国内公私图书馆的开放、古籍数据库的建立、古籍数字化的开展,以及古籍影印本的出版,很多曾经秘不示人的文献和版本得以公之于众,学者们可以根据这些丰富的资源将版本学的相关知识进行更加细化的研究,比如李开升《明嘉靖刻本研究》对嘉靖本的研究,郭立暄《中国古籍原刻翻刻与初印后印研究》对刻、印本的探讨,等等。同时,版本学也应该向学科化发展,因为各门学科多少都有自己的研究特点。再如,版本学其实并不是一个孤立的学问,而是牵涉到众多学科,我们完全可以综合思想史、社会史、文化史等知识探讨某一或某类版本出现的内在动因和出现的必然性,可以称之为版本文化学,比如宋明时期在社会上流行的插图本,三截版书之类。版本学并不是仅仅针对古籍赏鉴的学问,很多已经耳熟能详的知识其实尚可以进行多角度、跨学科的方向进行深挖掘。校勘学是随着目录、版本的发展而走向现代化的,目前很多学者致力于计算机辅助自动校勘的研究,显然也是一个发展趋势。

整体看来,我们所说的文献学现代化显然是在保证文献学基本知识体系不变的情况下,放眼世界和现代化技术,将文献学的相关知识内容加以扩展和深化。只有这样,我们的文献学才不至于泛化为"现代文献学",乃至"大文献学"。

正是因为如此,我们认为,现代一些学者企图融合古今文献学的考虑完全是没有必要的。同时,冯浩菲等学者又将两类文献学无法融合的原因归结于现代学科设置的不合理的观点也是值得商榷的。如上讨论,这显然并不是学科设置的问题,而完全是两个学科同名异实而已。董恩林《中国传统文献学概论》说"两者区别甚大,不可混为一谈",确为的论。进而,我们认为,有的学者认为古典文献学是兼有"古典文献"之学和"古典"文献学的①,这种理解看似全面,其实也是可以探讨的。从目前以前者为知识体系建构

---

① 项楚、罗鹭《中国古典文献学》,中国人民大学出版社,2013年,第12页。

的文献学著作看①,基本上是依部类(四部分类或五部分类法),或者传承方式(传世和出土),或者时代,或者分支学科等概要性地介绍各种文献的基本内容、特点、流传、价值等,显然这是一部现代版的《四库提要》,是目录学的一个分支而已,可以让人了解相关文献的基本知识,却无方法论可言。而我们理解的文献学是倾向后者的,其学科的建立等问题详见后文。

其次,虽立足古代,却泛谈文献,导致了研究对象和研究内容上的脱节。

即便是排除了"现代文献学"有关"文献"的论述,将之限制在古代,学者们对文献学的研究对象也存在着很大的争议。这主要体现在无论是文献学专著,还是研究性论文,虽然大都承认文献学的研究对象是文献,但是什么是文献,学者们尚有不同层次的解读:有的认为是典籍和贤人(或贤人言论)②,但是对是否包含贤人产生了争议;有的认为是图书资料(见前文),但是对是否包含文物产生了争议;有的虽然避开了这类争议,不再讨论文献究竟包含什么,但却在泛谈文献,不知具体所指。如果从涉及以上三种情况的著述看,其实它们都是立足于古代的记载,从考察"文献"一词的本义入手,梳理其诸多引申义,最后确定其内涵和外延的,只不过在实际操作上颇有顾忌。以第二种情况为例,张舜徽先生认为:"古代实物上有文字的,如龟甲、金石上面的刻辞,竹简、缯帛上面的文字,便是古代的书籍,是研究、整理历史文献的重要内容,必须加以重视。至于地下发现了远古人类的头盖骨或牙齿,那是古生物学家的研究范围,在某一墓葬中出土了大批没有文字的陶器、铜器、漆器等实物,有必要考明其形制、时代和手工艺的发展情况,那是古器物学的研究范围。这些都是考古学家的职志,和文献学自然是有区别的。"③这里从有无文字的角度将地下出土资料分属于"文献学""古器物学"两大学科,并且强调有文字的甲金竹帛属于"古代的书籍"。然而张大可先

---

① 如踪凡《中古文献学概论》,司马朝军《文献学概论》,周彦文《中国文献学》,孙立《中国文学批评文献学》,胡昌平、邱均平《科技文献学》,等等。
② 按,此说来自汉宋学者,后来很多文献学教材从之,研究性论文则有周启付《什么是文献》(《文献》1987年第2期),张衍田《"文献"郑玄训释说》(《文献》1988年第1期),等等。
③ 张舜徽《中国文献学》,中州书画社,1982年,第3页。

生却认为:"文物是考古学家的文献,文物考古所形成的文字资料是历史学家的文献,把文物排除在文献之外,是没有道理的。"①这里又将无文字的文物作为文献归属于考古学,并且把研究文物形成的文字资料归属于历史学。很明显,二说在针对同一批资料(出土资料)上产生了争执:张舜徽先生遵守古训,所以很强调原物记录文字这个特征;张大可先生则有意"扩大文献学的视野,扩大历史研究的取证范围",所以将后人对无记录文字的文物的研究性文字资料也作为文献处理了。换句话说,前者是以古观今,后者是以今观古。很多持有两类观点的著述大多可以作如是观。

那么,这些看法是否合理呢?首先,排除了各类文献学编写的主观意图,二者其实有一个共同点,即都是脱离文献学这个学科谈其研究对象——文献。一般学者都认为,一门学科的研究对象决定了其学科性质、研究内容等,其实具体到文献学,很多时候研究内容与对象是相互脱节的。以两位张先生的论著看,虽然二者对研究对象"文献"的解读不同,但是具体到其研究内容可知,主要篇幅是仍然是围绕传世典籍展开的,既然二位都说文献部分或完全包括地下文物,那么为什么仅拿出其中一小章加以介绍呢?而且涉及的甲骨、金文等为什么仅仅是介绍最为基础的知识而无任何方法论可言呢?很显然,学者们虽然都在表面上大谈特谈各类文献(传世、出土等),但在具体操作上仍然心照不宣地暗暗强调以传世典籍为主体、以传统整理方法为内容的这些文献,研究对象其实已经与研究内容严重脱节了!学者们在讨论文献的时候,其实并没有太多考虑到自己在建构一门学科。谈论文献,可以人人可谈。然而,谈论文献学之文献,如果泛泛而谈的话,显然并不利于该学科的发展。其次,由此而来的后果是,我们虽然将甲骨、金文等囊括于文献学的研究对象当中了,但是即便是腾出一小节专门谈论这些知识,但是远远不及一部甲骨学、古器物学等介绍的清楚可靠。有学者将这些资料当作"载体"来处理,然而即便是载体,其介绍的基本内容也远远比不上一部专业著作。所以,笔者认为文献中是否包含文物并不是争议的重点,重要的是如何将研究对象与研究内容结合在一

---

① 张大可主编,王继光副主编《中国历史文献学》,陕西人民教育出版社,1991年,第3页。

起。否则,作为研究对象的文献看似非常明确,其实从具体研究内容看,不过是泛泛而谈而已。以上第一种情况(即是否包含贤人等)也是如此,第三种情况本身便在泛谈文献,似乎在有意淡化对此类问题的讨论,避免卷入口舌之争,同时也默许了各家对文献的阐释,其实并不利于其文献学知识体系的架构。

总之,学者们虽然大都承认文献学的研究对象是文献,但是对文献的内涵和外延却有不同的态度,然而这只是决定了其研究内容略有变化,基本的知识体系仍然保持不变。刘玉才《古典文献学的定义、知识结构与价值体现》一文将文献学分为传统类、综合类、现代类三部分[1],其中前两类都是围绕传统文献展开的,这其实已经说明文献的具体所指了。只不过大家碍于文献学的综合性、基础性等性质,总想把更多的文献类别纳入其中,所以不断探讨文献的内涵或外延,由此出现了文献包含图画、文物等,文献是载体(知识、信息)等不同角度的讨论。细心想来,这些探讨其实已经不断把文献引入了泛化、虚化和概念化,与其研究内容已经不完全吻合了。

第三,步趋前贤之说,疏于探求语源,导致了研究对象在考证上多有失误。

从上面的讨论看,即便是将文献再局限在古代文献,也是存在很多争议的。排除这些争议的原因和实质,其实他们仍然有一个共同的趋向,即从语源上将文献作为一个整体探讨词义的本义与演变,这其实已经将文献学与古代暗自联系在了一起。然而除了邵胜定[2]、董恩林、单柳溪[3]、吴小如[4]等

---

[1] 刘玉才《古典文献学的定义、知识结构与价值体现》,《文献》2010年第3期。
[2] 邵胜定《说文献》(《文献》1985年第4期)认为"文献"的本义为"上献的书籍文章,并不包含有贤人的意思",进而认为"文献就是能够反映人类社会各个历史发展阶段,一切领域内人类活动(主要是生产力的发展及所取得的文明进步)对后代说来是具有历史价值和认识作用的,以文字记录形式(后世还包括音响和图像的形式)存在的资料。"董恩林《"文献"之我见——兼与单柳溪同志商榷》《文献》1986年第4期)亦同意此说。
[3] 单柳溪《"文献"诠释》(《文献》1986年第1期)认为:"文献的内涵:具有使用价值、历史价值的字、词、语、篇、书、人、时、地、事、物的具体材料。文献的外延:用做依据材料的科学、典型、完备知识的材料。所以,具有使用价值、历史价值的字、词、语、篇、书、人、时、地、事、物具体材料的科学、典型、完备知识的资料就是我们所说的'文献'。"
[4] 吴小如《关于"文献""文献学"及其它》(《文献》1992年第1期)云:"'献'之繁体字作'獻'。'鬳'为鬲属,鬲为鼎属,皆古器物名,多用以盛祭品。'獻'者,盛犬于鬳中,以献祭祖先神祇,是会意兼形声字('鬳'亦声)。笔者因疑'献'即'鬳'之通假字。盖'文'者泛指文字记载,'鬳'者泛指前代器物。有了文字记载和前代器物(当然指礼器、祭器),然后古礼始可取征。"

若干学者从考察本义出发,提出一些颇有启发的观点外,大多学者皆在前人训释的基础上辗转传抄,这使得文献学研究对象在考证过程中也颇有失误。一般的文献学著述在探讨"文献"一词的来源时,一致认为出于《论语·八佾》篇,并依次引用郑玄、朱熹等学者的训释;继而会引马端临《文献通考》的解释,继而便是二郑在《中国文献学》的观点,最后便是《辞海》《辞源》《大百科全书》等工具书的定义。这样,从表面上看,《论语》中孔子提及的"文献"—郑、朱之注—马氏之"文献"—二郑之"文献"便形成了一个词语自然引申的义列和一种对"文献"理所当然的词义梳理。诸家在探讨词义演变时或仅仅在此基础上添加一些相关的谥号、书名之类,而很少去仔细考察这些出现在不同文献当中训释的差异,所以笔者以为颇有考证之失。今以愚见附于下:

首先是关于《论语·八佾》所说的"文献",其云:

> 子曰:"夏礼吾能言之,杞不足征也;殷礼吾能言之,宋不足征也。文献不足故也。足,则吾能征之。"

此章中的"文献",郑玄注云:"献犹贤也。我不以礼成之者,以此二国之君文章、贤才不足故也。"①其中,郑氏以"文章"解"文",结合汉代以前的训释②和郑氏之章句,此词连同后面的"贤才"似乎都是用来修饰"二国之君"的。那么,郑氏此句的意思大概认为杞、宋两国之君的德行、才能皆不足,故此两国虽为夏、商之后,却不能行夏、商之礼。③ 而学者们多认为郑氏之训指的是典籍和贤人。若如此,那么郑氏直接说"二国之文章、贤才"便意已足,何必另

---

① (魏)何晏集解,(宋)邢昺疏《论语注疏》卷三,《十三经注疏》本。
② 汉代以前"文章"一词大概有以下几个意思:(1)刺绣作裳时交错的颜色,《周礼·冬官·考工记》:"画缋之事,杂五色,……青与赤谓之文,赤与白谓之章。"(2)引申为以这些颜色做成的区分贵贱的车服旌旗等具体实物,进而引申为德行事功、礼乐法度,《左传·隐公五年》:"昭文章,明贵贱。"杜预注:"车服旌旗。"《礼记·大传》:"考文章,改正朔。"郑玄注:"文章,礼法也。"(3)文辞,《史记·儒林列传序》:"文章尔雅,训辞深厚。"《后汉书·张衡传》:"文章焕以粲烂兮,美纷纭以从风。"(4)文字,《草书势》:"书契之兴,始自颉皇,写彼鸟迹,以定文章。"
③ 按,邢昺疏云:"此章言夏、商之后不能行先王之礼也。"又云:"孔子言夏、殷之礼,吾能说之,但以杞、宋之君暗弱,不足以成之也。"此说深得郑氏之解。

加"之君"二字呢？岂不是多余？考清人刘宝楠《论语正义》卷三云："郑以'献'指杞、宋之君，《礼运》注云：'谓无贤君也。'又《中庸》注云：'君虽善，善无明征则其善不信也。'言君虽善无明征，即是文献不足。《礼》注与此注相发。"①这里刘氏认为"献"属于杞、宋之君，笔者的理解与之不谋而合。考察郑玄之训释，之前或同时多家言之，如《尔雅·释言》云："献，圣也。"②又，《古文尚书·大诰》"民献有十夫予翼"，《今文尚书》"献"作"仪"；《古文尚书·益稷》"万邦黎献"，汉碑如《孔宙碑》《费凤碑》等皆作"黎仪"。③据此可知，"献"作"贤"解，是汉代经师之通训，故郑玄如是作训亦在情理之中。

整体上看，郑玄对《八佾》中"文献"的训释对后世学者产生了很大的影响，如魏何晏《论语集解》，南朝梁皇侃《论语集解义疏》，宋邢昺《论语注疏》等皆谨守其说。

然而词汇的意义随着社会的发展也在不断变化，除了传统的儒学之士固守旧训外，其他学者却在不自觉地在重新解读着经典。就《八佾》中"文献"一词而言，郑玄之后，朱熹《四书章句集注》的注释应该是最为典型了。④很多学者认为，朱熹之说是继承郑说而来的，所以一些文献学教材直接将二家之说混而为一，⑤而很少去探讨二者的差异；或者注意到了二说的差异，却语焉不详。⑥那么，朱熹对"文献"的解释到底与郑注有没有区别呢？我们认

---

① （清）刘宝楠撰，高流水点校《论语正义》卷三，中华书局，1990年，第93页。
② 按，邢昺疏云"《释言》云：'献，圣也。'。贤是圣之次，臣德不宜言圣，故为贤也。"
③ 见（清）段玉裁《说文解字注》卷十"献"字条注。按，《广雅》云："仪，贤也。"是"献"作"仪"，与"献"训"贤"同义。
④ 朱熹同时的学者，其实与朱子的训释有类似之处，如南宋张栻《论语解》（《丛书集成初编》本）卷二云："文谓典章，献谓故老之贤者。杞、宋在当时是二者皆有所不足，故于稽考咨询有阙焉。"
⑤ 如罗孟祯《古典文献学》（重庆出版社，1989年，第3页）在引郑、朱二说之后，认为："汉、宋学者对文献的解释是一致的。"洪湛侯《中国文献学新编》（杭州大学出版社，1994年，《绪论》第1页）云："'文献'一词，最早见于《论语·八佾》篇，郑玄和朱熹解释'文'为'章'，'献'为'贤才'或'贤'。"其他如张舜徽《中国文献学》，张三夕《中国古典文献学》，熊笃、许廷珪《中国古典文献学》，踪凡《中国古文献概论》等皆持相同的观点。
⑥ 如董恩林主编《中国传统文献学概论》（华中师范大学出版社，2011年，第3页）认为朱熹"并不直接解'贤'为'贤才'，表明其意向与郑玄是不同的，这是值得注意的现象"，但这种现象该怎么"注意"，董先生便语焉不详了。

为差别颇大。① 朱子云:"文,典籍也;献,贤也。"②此处训"文"作"典籍",训"献"作"贤",看似是延续了郑玄的解释,其实是在宋人的语境当中做出的新的训释。因为他对《八佾》中此句的解释是"言二代之礼,我能言之,而二国不足取以为证,以其文献不足故也。文献若足,则我能取之以证君言矣"。显然与前引郑说并不相同。在这里,"文献"一词所修饰的词并非如郑玄所说的"二国之君",而是"二国"。"文"与"献"也不是指君主的德(文章)与行(贤才),而是换成了"典籍"与"贤人"。③ 朱熹对"文献"的这种新的训释对后世学者产生了很大的影响,宋元以后直到现代的诸多著述中,在注释《论语》或使用"文献"一词时,大都在自觉或不自觉地以朱子之说为圭臬。谨守其说者,如(明)郝敬《论语详解》;亦有据之略有发挥者,如(清)刘宝楠《论语正义》云:"'文'谓典策,'献'谓秉礼之贤士大夫。"④

总体而言,从训诂学的角度看,郑、朱二人对"文献"一词的训释,其实都是站在各自的文化语境中做出的,这是一种随文训释。究竟是否符合孔子的本意,恐怕需要打个问号了。其实抛开诸家训释之后,细读此章,就会发现其中的一些费解之处。

首先,此章可以自然分为三句,从其句法结构上看,前两句"能"之后为"言之","征"之前为"不足",可是到了末句,"能征之"三字却连在了一起,"不足"则无从落脚,显然此句在句法上是值得探讨的。按照前两句的结构,此句至少应当作"文献不足征故也,足,则吾能言之矣"。三句中"杞""宋""文献"皆为"不足征"的主语。然而,如果这样理解的,文意又失去了逻辑,前两句"能言之"者显然为可能存于二国之前代之礼,末一句则不明所指了,可能是存于文献中的某礼吧。同时,前两句中"能言之"与"不足征"显然是

---

① 按,郑、朱的差异亦有学者注意到了,如钱寅《"文献"概念的演变与"文献学"的舶来》(《求索》2017年第7期)云,郑注"'文献'所指的文章和贤才,显然是人身上的特质或品格。所谓文章,可能指的是才学",朱注"'文献'可以视作考察历史问题的材料,包括典籍和贤人"。但是在追溯二说语源时笔者与之有差异。
② (宋)朱熹《论语集注》,齐鲁书社,1992年,第132页。
③ 按,《朱子语类》卷二十五《论语七》中对此二字解释得更为明确,其云:"问'文、献。'曰:'只是典籍、贤人。若以'献'作法度,却要用这'宪'字。'"
④ (清)刘宝楠撰,高流水点校《论语正义》卷三,中华书局,1990年,第92页。

对立的(即孔子能言,二国反而不足征),末句则正好相应(即孔子能言,文献却足征)。所以从这一角度看,末一句当有阙文,或另有所指。郑、朱二家企图将末一句与前两句相联系,笔者以为并不可取,因为无论是将"征"训作"成""证",还是将"文献"训作"文章贤才""典籍贤人",从前面提及的语法逻辑上看,"言之"的对象只能是孔子,"征"的对象只能是二国。再看二家之说,显然在末句的疏解中已经将征的对象换成了孔子。同时,若如二家之说,"文献"当为"杞""宋"之文献,这样一来便与前两句中的"杞""宋"重复了。依郑氏之说言,前两句中郑注云孔子能言但"杞、宋之君不足以成也",末一句云孔子不能成是因为"二国之君文章贤才不足",两相一对照,可知孔子能言便已在暗指其不能成了,其原因就是因为二国之君"文章贤才不足"。若如此,末一句简直就是一句赘语。依朱子之说言,"二国不足"显然指二国"文献不足",如此,其疏解中的"以其文献不足故也"亦为赘句。直接将前一句"而二国不足取以为证"改为"而二国文献不足取以为证也"便可以与下句文意相通了。可见,若仔细推敲的话,二家之说皆在疏通句意的过程中无意间偷换了概念,且将此章的末一句成为与前两句的重复之句了。

其次,如果与《礼记·礼运》[①]中类似的章句相比较,更可发现该章的问题。《礼记·礼运》云:

> 言偃复问曰:"夫子之极言礼也,可得而闻与?"孔子曰:"我欲观夏道,是故之杞而不足征也,吾得《夏时》焉。我欲观殷道,是故之宋而不足征也,吾得《坤乾》焉。《坤乾》之义,《夏时》之等,吾以是观之。"

与《论语·八佾》中的章节相比,此处的"观"夏殷之道显然就是《八佾》中的"言"夏殷之礼。而后面的"不足征"的话语简直与后者一模一样。《礼运》的成书时间,学者认为"大概写成于战国初期"[②],这与《论语》的辑录时间接近,

---

[①] 按,《礼记·中庸》云"子曰:吾说夏礼,杞不足征也;吾学殷礼,有宋存焉;吾学周礼,今用之,吾从周。"显然与《论语·八佾》字句类似,二者可能源于同一批材料。因二者文字内容相差不大,故不加以讨论。又按,今人对《中庸》与《论语》的关系探讨颇多,如郭沂《〈中庸〉成书辨正》(《孔子研究》1995年第4期)、李文波《〈中庸〉成书再辨正》(《南京社会科学》2005年第6期)等就认为《中庸》中的"子曰"部分可能就是原始形态的《论语》的佚文。

[②] 王锷《〈礼记〉成书考》,中华书局,2007年,第241页。

故二书的说法当来自同一批材料。然而二书亦有差异,首先,此处没有孔子"能征"的"文献",而换成了"观之"的《坤乾》《夏时》。① 其次,此处《坤乾》《夏时》贯穿整篇,故文意贯通。《八佾》则似断还续,不知所云。从此则材料看,孔子能"观"而不需"征"是因为得到了《坤乾》《夏时》,那么,联系到《八佾》的章节,既然已经得到了此二书,那么为什么还有"文献不足"之语呢? 由此可见,《八佾》中"文献"句与此则材料是有矛盾的。

总之,笔者以为,《八佾》中"文献"的具体所指与后世对它的训释都是需要重新探讨的。从《礼运》中的记载看,"文献"一词似乎指《坤乾》《夏时》一类的前代典籍,但是从《八佾》中的文意与句式结构看,其似乎又是别有所指。而且"文献"句与该章前两句颇有隔阂,故而前辈学者们将该句与前两句联系起来且作为后者的补充的做法并不合适,我们不妨将之当作"史之阙文"来处理。

虽然我们虽然无法得知"文献"一词的真正含义,后世对其意义的诸多讨论——无论是古代随文训释,还是今人从字源角度分别追溯"文""献"二字的本义及引申义,也无法有助于我们获得其确切意义。不过,相比追寻《八佾》中该词的本义而言,其在脱离《论语》语境之后被运用在各类书籍的意义反而更利于帮助我们把握该词的使用义。从"文""献"各自为义到"文献"凝固成一个固定词汇而产生的意义这个演变过程中,后者的影响显然远远大于前者。而文献学中所说的"文献",其意义显然应该从后者演变而来,而非源自其本义。所以,以下我们将进一步探讨该词在脱离《论语》语境之后历代的演变发展。

从笔者收集到的材料看,该词自汉代以后,在各类书籍中至少有以下几个义项。②

(1) 用作谥号,指死者才德兼备

此义项多出现在六朝以后,《十六国春秋·前赵录九》"刘殷"条云:"殷以聪嘉平二年卒,追谥曰大昌文献公。"卷四十八《后燕录六》"慕容熙"条云:"赠苻谟太宰,追谥文献公。"又,《魏书》卷十八列传第六《太武五王》云:"(拓

---

① 若此处"观"即《八佾》中的"言之",那么亦可见后者"吾能征之"即"吾能言之"。
② 按,《汉语大词典》《现代汉语词典》等大型词典对该词的义项较少,本文略参考之。

跂湛)薨,赠假黄钺大司马尚书令,谥曰文献。"卷十九上列传第七《上景穆十二王》云:"永安三年追赠(拓跋郁)尚书令司徒公,谥曰文献。"卷二十一列传第九上《献文六王》云:"叡弟诞字文发,……谥曰文献。"谥号虽然是使用在特殊场合下的词汇,但是其意义也是可以进行追溯的。据《唐会要》卷八十记载,关于是否要赠郑珣瑜谥号"文献",朝臣展开了一番论辩,博士徐复认为:"郑珣瑜令德清规,坐镇风俗。治人而善政浃洽,作相而谋猷密勿。其终始事迹,当时罕俦,所以表贤易名,实曰文献。夫文者,焕乎大行;献者,轩然高名。合而褒之,厥有经义。"此处强调了郑珣瑜品德、才能兼备,故谥曰"文献"。可见,用作谥号的"文献"的含义①其实与郑玄对《八佾》的训释是一样的,只不过对象略有不同而已。

(2) **典籍**

"文献"一词的词义指向典籍,其实比较晚了。比较早的材料如东晋范宁注《春秋谷梁传注》卷九"冬十有二月己卯,晋侯重耳卒"条云:"鲁政虽陵迟,而典刑犹存,史策所录,不失常法,其文献之实足征,故孔子因而修之。"按,此处"文献"显然指前面记录的典刑的史策。唐宋以来此义则渐渐出现在学者文集当中了,如唐代诗人陈子昂《修竹篇》云:"文章道弊五百年矣,汉魏风骨,晋宋莫传,然而文献有可征者。"②又,滕嘉跋陈东遗稿云:"且与大父云:在馆中尝见此书稿而余家不传,文献不足证也,观公真迹,又重愧云。"③又,南宋曹叔远在为《止斋先生文集》作的序中说陈傅良"官太学,倅闽府,诋

---

① 按,苏洵《谥法》云:"经纬天地曰文,道德博闻曰文,学勤好问曰文,慈惠爱民曰文,愍民惠礼曰文,赐民爵位曰文""聪明睿智曰献,知质有圣曰献"。谢灵运《撰征赋》云:"视冶城而北属,怀文献之收扬。"其中的"文献",据学者研究,指"汉献帝和魏文帝"(见李运富编《谢灵运集·文一赋》,岳麓书社,1999年,第185页。《历代赋广选新注》第93页云此句"指东汉末汉献帝禅让魏文帝故事"。但有学者认为此处"文献"为"文明之载籍",见陈刚《〈撰征赋〉注指谬》,杨国良主编《古典与现代》第四卷,漓江出版社,2012年,第107页),若如此,那么,此处"文""献"皆为谥号。

② 见(唐)陈子昂《陈伯玉集》卷一,《四部丛刊》本。按,卷七《大周授命颂》:"是故物有可则而道有可宗谓之文献,其原上也。"此处"文献",依文意推之,当从谥号的角度加以解释比较合理。按,苏洵《谥法》云:"经纬天地曰文,慈惠爱民曰文""聪明睿智曰献,知质有圣曰献"。此处正是盛赞元帝之德,与《谥法》之说暗合。若如学者依朱熹之训进行解释,恐怕文意不通(见彭庆生校注《陈子昂集校注》卷七,黄山书社,2015年,第1073页)。

③ (宋)陈东《少阳集》卷十《附录》,明天启间刻本。

劾却扫,勤十寒暑,抽绎文献,宏纲具举,则备于淳熙之丁未。"①以上两家所说的"文献"皆指典籍。

(3) 贤人

"文献"此义的出现和流行时间大概亦在中古以后。唐宋以来的书籍当中经常会出现"姓氏+文献""地名+文献"等词汇,这里的"文献"当指贤人。如南宋学者陈傅良《篆宝文官通议大夫参知政事陈骙转通奉大夫》:"具官某直内而方外,博文而约礼。及见故老,在绍兴文献之间,蔚为儒宗。"②又《湖南提举荐士状》:"窃见通直郎知潭州长沙县宋文仲,有通务之材而发于谦和,有及物之志而安于静退。盖文仲虽生长南土,其家学则中原文献也。"③明代学者杨士奇《桂严集序》:"昔者江氏世有闻人,瑕丘之经学,次翁之巨孝,应元、文通之文章,皆焯焯著称。而近数百年来,江氏文献特见衢、睦间,民表以正言直道动当世,子远以文学德望位宰相。"④

另外,宋代以来书籍当中常常会有"文献之家"(或称"文献之传"⑤)这一词汇,《汉语大词典》说"指博学多闻、熟悉典章掌故的人"⑥,然而据笔者考证,似乎并非这么简单。今将相关材料列于下:

  a.《章泉赵先生墓表》:"比年天不憖遗,诸老沦谢。文献之家,典刑之彦,肖然独存,犹有以系学者之望者,章泉先生一人而已。"⑦

  b.《送蒋远静山长序》:"四明文献之家,惟蒋氏最远,而克世其家如蒋君者,百不一二。"⑧

  c.《江村小隐记》:"公度以著德著称。江丞相建鹭州书院,首聘公

---

① 见(宋)陈傅良《止斋先生文集》,曹氏序,《四部丛刊》本。
② 见(宋)陈傅良《止斋先生文集》卷十四,《四部丛刊》本。
③ 同书卷二十。
④ 见(明)杨士奇《东里文集》卷三,明万历刻本。
⑤ 王记录《中国史学思想通论·历史文献学思想卷》(福建人民出版社,2011年,第40页)云:"那些饱读诗书、学识渊博、熟悉掌故的文化望族,更被看成是'中原文献之传''任一代文献之寄'。"
⑥ 汉语大词典编辑委员会汉语大词典编辑处编纂,罗竹风主编《汉语大词典》第六卷,汉语大词典出版社,1990年,第1546页。
⑦ (宋)刘宰《漫塘文集》卷三十二,民国《嘉业堂丛书》本。
⑧ (元)程端学《积斋集》卷三,民国《四明丛书》本。

度主讲席。懿哉,可谓文献之家矣!"①

　　d.《豊水续志序》:"君以硕学粹德起文献之家,居儒师之位,祠先贤,尊景行,育人才,无所不用其道。"②

　　e.《萧孚有诗序》:"孚有生文献之家,袭富贵之业,而性情温厚,辞气详雅,故其为诗,周旋俯仰,举相似焉。"③

　　f.《送太常大祝张敬方任满序》:"国家制礼作乐,方将征礼典于文献之家,敬方以有其才而适际其时。"④

　　g.《道园遗稿叙》:"公唐宋文献之家,幼从亲徙居临川,天性精敏而家训甚严。"⑤

　　h.《淄西毕氏世谱序》:"余惧数传而后族属远则渐疏遐,子姓夥则易涣散,以一体所分者遂化为痛痒不相关之人,安所称礼义文献之家也?"⑥

　　i.《高孝子先生像赞》:"簪缨文献之家,规矩准绳之士。眼前有景明月清风三百篇,胸次无涯往古来今十九史。"⑦

　　j.《阙里孔氏新谱序》:"吾门为海内文献之家,而家乘久稽缺而不修,可乎?"⑧

以上10例来自宋元明三朝,说明"文献之家"一词已经成为流行于当时士大夫阶层的一个常用词汇了。但是在具体用法上尚有差异,如a例可以用《汉语大词典》的义项进行理解,但e、h例显然无法以此为训释。所以我们必须重新考虑该词的意义。从众多例证可以看到,此词在古代至少有两层含义:

其一指博学多闻、德高望重的堪称典范的学者,如a例中"文献之家"与

---

① (元)何中《知非堂稿》卷九,清乾隆间写文渊阁四库全书本。
② (元)揭傒斯《揭文安公文集》卷八,《四部丛刊》本。
③ 同上。
④ (元)李继本《一山文集》卷四,清康熙间抄本。
⑤ (明)危素《危学士全集》卷四序,清乾隆二十三年刻本。
⑥ (明)毕自严《石隐园藏稿》卷二,清乾隆间写文渊阁四库全书本。
⑦ (明)蔡清《蔡文庄公集》卷四,清乾隆七年刻本。
⑧ (明)陈镐撰,孔允植重纂《阙里志》卷十五《附录》,明嘉靖间刻本。

"典刑之彦"对举，显然"家"与"彦"义近，"文献"与"典刑"亦当义近，联系到此文前云"闽、湘、江、浙师道并建，凡异时孔、孟之所传，周、程、张、邵之所讲，思之益精，语之益详，炳然斯文万世攸赖"等语，可知此处的"文献""典刑"之词指的是可以传儒家道统的学者。c 例引文中开篇便云"公度以著德著称"，末则为"可谓文献之家矣"，可知该词强调的是郭公度的道德修养之高。d 例李肖翁则因"硕学粹德"而属文献之家，可知此词兼指学行品德。其他如 f、i 等皆强调学者之重礼守德。

其二为诗礼传家的名门望族或官宦世家。如 e 例中萧孚有"生文献之家"，联系到开篇"庐陵萧氏世为达官，为能臣。至临江从事焕，有复以政事称"云云，可知此词绝非指萧孚一人，而是指其家世显赫。b 例提到的是四明蒋氏一族。g 例"公唐宋文献之家"，也是指危素之家族。其他 h、j 例中一在追溯其家世，一再强调"吾门海内文献之家"，显然都在强调其家世之非比寻常。

由上可知，此词已经在宋元以后凝结为一个固定的词汇，共同强调一个人或家族的品德与学行。这其实是"文献"的贤人之义具体化的体现。

(4) 特指典籍中记载的经史百家之文与后世诸家之言

元代马端临《文献通考序》云：

> 凡叙事则本之经史，而参之以历代会要，以及百家传记之书，信而有证者从之，乖异传疑者不录，所谓"文"也。凡论事则先取常时臣僚之奏疏，次及近代诸儒之评论，以至名流之燕谈、稗官之纪录，凡一话一言可以订典故之得失、证史传之是非者，则采而录之，所谓"献"也。其载诸史传之纪录而可疑，稽诸先儒之论辨而未当者，研精覃思，悠然有得，则窃著己意，附其后焉。

结合该书之具体内容可知，其分二十四门，每门之下又分若干部分，每部分先列经史百家之言，即其所谓"文"；继列后世诸家之论，即所谓"献"；末列一己之按语，即所谓"窃著己意"者。从渊源上看，马氏对"文献"一词的解释显然来自朱熹对《八佾》的训释。但是从上面的引文上，显然马氏之说仅仅适用于该书的具体内容，而不具有普遍性。也就是说，马氏之说特指"文献通考"这一书名之"文献"和《文献通考》中的"叙事""论事"所用的材料,而非泛泛的"文献"。所以,一般文献学教材将马氏之说当作元代对"文献"一词的通解的看法其实是值得商榷的。

以上我们花费了大量篇幅探讨"文献"一词在脱离《论语》本文之后词义的演变,那么,文献学上的"文献"到底如何理解呢?如上所云,笔者并不同意将学科意义上"文献"的意义追溯到《论语》本文,同时也认为考求"文""献"的本义的做法也没有必要,因为词汇的意义显然要比文字的本义更接近学科的本质。我们应该探讨该学科建立伊始时该词的意义,而不是脱离学科去追溯别的意义。

毫无疑问,二郑之《中国文献学概要》是中国最早以"文献学"命名的文献学著作①,其"基本构建了一个文献学的体系,奠定了文献学的基础……是学术界在20世纪20年代末成功地建构文献学理论的尝试"②,所以我们理应以它对"文献"的解释为基点。它才是学科意义上的词义。

该书在《例言》第一条引《文献通考序》后,接着说:

> 本编亦采其宜,结集、翻译、编纂诸端,谓之文,审订、讲习、印刻诸端谓之献。叙而述之,故曰文献学。

在这里,郑氏虽然明说采用马端临之说,但是实际上已经差异很大了。首先,从定义上看,马氏尚能从"文献"二字的字义出发进行引申发挥,但是到了二郑,则重在强调文献生成的方法。所以,其对"文献"的解释乃是一己之

---

① 据学者研究(如王记录《中国史学思想通史·历史文献学思想卷》,福建人民出版社,2011年,第47页),国内最早提出"文献学"一词的是梁启超,其在《清代学术概论》《读书法讲义》《中国近三百年学术史》等著述中多次论及。据其称,"文献学就是广义的史学,属于国学最主要的部分"。又云"明清之交各大师,大率都重视史学,或广义的史学,即文献学"。钱寅《"文献"概念的演变与"文献学"的舶来》(《求索》2017年第7期)经过详细的考证,认为此处的"文献学"指"古典文献的收集、研究和考证等方法的文本细读"。"文献学的本义就在于文本研究的文本学或语文学,而与书籍史、出版史等书志学的概念应该有所区别。"又,张伯伟《文献学与 Phiologie:旧领域的新认识及其可能的新未来》(《文献》2023年第6期)一文进而指出梁氏的"文献学"概念是从日本引进的,并具体将其内容归纳为"历史""国学""科学"三大类。由此,梁氏之说与我们的讨论便没有太大关系了。又,张伯伟先生该文认为东亚第一部以"文献学"命名的书是1928年富山房出版的芳贺矢一《日本文献学》。

② 张大可、俞樟华《中国文献学》,福建人民出版社,2005年,第285页。

见,并没有训诂依据。其次,从其内涵上看,前引《文献通考序》显然主要包含经史及百家著作,并未涉及佛道及集部著作,而二郑之说如果从其正文内容看,显然指古今一切文化典籍。所以,在这里,在追溯"文献"一词之来源和流变之时,必须要看到古今学者的微妙差异。而关于"文献学"的定义,二郑认为即对其所谓的文献(方法)进行论述的一门学问。如果不考虑该书的编纂质量等的话,那么,二郑对"文献"和"文献学"的解释显然已经被后世文献学著作直接或间接采纳进去了。20世纪80年代以来的诸多文献学著作中,虽然对文献学的研究内容和方法颇有争议(详见下文),但是基本没有脱离二郑之书的讨论范围。

综上所述,我们认为目前对文献学的研究对象虽然存在颇多争议,但是这并不是讨论的重点,重点是我们该如何理解研究对象,同时,该如何把握文献学的"文献"的涵义,否则便会无意中扩大文献学和文献一词的研究范围,从而使文献学失去其学科的独立性。

(二) 作为专科文献学的小学文献学的研究对象

据前文论述,我们并不认为文献学有所谓古今之分。二者并不仅仅是研究对象及方法等有差异,而根本是两门不同的学科,不可等量齐观,故而前面归纳的文献学诸家说中第三至五种观点仅仅是现代文献学的研究对象,与文献学的研究对象并无关系。同时,我们也认为不可将文献学的研究对象即文献的内涵和外延无限扩大,而应该结合学科的研究内容等加以确定。并且,在追溯"文献"一词的词汇意义的时候,也不可脱离学科而泛泛而谈。所以,我们也不完全同意第一、二种观点。总的来说,文献学的研究对象即文献,具体仅指古代的书籍①,这是从研究对象的内涵和学科的研究内

---

① 按,一些文献学著作(如张三夕《古典文献学》等)与笔者的观点相同,但是其多强调"古典文献学"的研究对象,笔者则认为并无所谓古典、现代文献学之分(所谓"现代文献学"属于另外一个学科,而非文献学中与"古典文献学"并列的一个分支学科),而仅有文献学和其现代化的问题,这是笔者与此类文献学的不同之处。又按,此处"古代"指通行的说法,即1911年前后。"书籍"是物理形态与内容信息的统一体,其内容信息兼有"相对客观的知识论"与"主观性价值论"双重内涵。(傅荣贤《中国古代目录学研究》,知识产权出版社,2017年,第106页)据此,我们可以区分书籍、档案、图画、录音、照相等。另外,王宏理《文献学新论》(中山大学出版社,2008年,第8—14页)对图书与图画的区别也有一些论述,可参看。

容等角度综合考虑而得出的。这意味着学科意义上的"文献"仅仅是有文字记录的资料①之一。依"现代文献学"者而言,这或许并不是一个逻辑严密且老生常谈的概念,但是却很符合文献学的实情。而关于其具体的内涵,我们将在下面结合小学文献学的研究对象加以论述。

首先,我们需要回答专科文献学的研究对象。

从目前出版的专科文献学看,很多都认为其研究对象为本学科之文献,而无意深入探讨所谓"文献"的内涵,故其或遵从古典文献学家的解释之一,或采用《辞海》《大百科全书》等的定义。鉴于此,我们不再专节列举诸书之说,而是根据以上讨论直接讨论小学文献学的研究对象。

其次,上文提及的文献学的研究对象仅仅是一个笼统的表述,而其具体内涵尚待继续深化。小学文献学作为一门专科文献学,其研究对象自然会受到文献学、专科文献学的制约,所以我们在小学文献学的研究对象的同时,将文献学研究对象的内涵也一并包含在内。具体体现在以下两个方面:

其一,从整体上看,小学文献学的研究对象是小学文献。

作为一门专科文献学,其研究对象显然是对某一专科文献的研究。具体到小学文献学,其研究对象毫无疑问是小学文献。

那么,什么是小学文献呢?

"文献"的概念前面我们已经讨论过了,"小学"这个概念其实是一个旧名称(从学科的角度看应该称为"语言文字学"),但是却能很好地与我们理解的"文献"融合在一起,因为它们的基本内涵皆指向古代。在笔者看来,"小学文献"并不仅仅指传统书目中的收入小学类的文献,同时也包括研究小学的其他类目中的文献。那么,如何判断哪些是小学文献呢?这里就需要把握其基本特征了。

---

① 按,此词可以有不同的理解,故有不同的称呼,有的叫"记录于知识的一切载体"(《文献著录总则》),有的叫"记录信息与知识的一切载体"(《中国大百科全书》),有的叫"记录有信息可作为存贮、利用或传递的过程中一个单元处理的人工固态附载物"(倪波《文献学概论》),等等。这些本来是为"文献"下的定义,但是笔者认为这就是本文所理解的资料。无论如何阐释,它们都是知识(信息)与载体的统一体,都是比我们理解的"文献"更大的范畴。

1. 从研究对象上看，小学文献是以字词为核心的一类古代文献

清代学者戴震在《与是仲明论学书》中说："经之至者道也，所以明道者词也，所以成词者字也。由字以通其词，由词以通其道，必有渐。"这里提及的可以明道的"字""词"，就是小学文献的研究对象。具体来说，就是指字形、字音、字义及语法，等等。这些内容似乎是所有文献都涉及的东西，但是只有小学文献是专门对之加以研究的。同时，这些内容又是识字、读经、求道的基础①，所以很多时候又与蒙书、法书等难以区分。

从历代书目看，小学文献主要收录在经部之小学类中，《汉书·艺文志》专列小学十家，收录识字解经之作四十五篇，成了后来各类书目"小学类"的滥觞。然而后世并非所有的书目都会严格遵循《汉志》对小学类的规定的，所以历代书目会在当时文化背景的影响下对小学类收录范围进行适当调整，如《隋书·经籍志》增加了韵书、石经等，《宋三朝艺文志》《崇文总目》等将《尔雅》等书正式归入了小学类，明代一些书目则设"韵书"一类当小学类，且入子部与法书相杂，等等。这些变化反映了小学文献在历代是变动不居的，也体现了不同时代的学者对该类文献的不同态度，这提醒我们要注意小学文献的文化背景，并根据其研究对象对不同时代的"小学类"所收的小学文献进行筛选。《四库总目》已经为"小学类"树立了一个标准，即排除了历代书目中在"小学类"收录的法书、蒙书、金石之后的剩下的著作，它们都是以"六书"为研究对象的。② 另一方面，古代书目的分类（无论是七分法，还是四分法）是从"学—术"的角度安排部类的，各个类名的设置理据"往往建立在个别或部分文献的基础上，而不是建立在该类全部文献的基础上"。③ 所

---

① 顾炎武《亭林文集卷四·答李子德书之一》云："读九经必自考文出，考文自知音始。"段玉裁《广雅疏证序》云："音韵明而六书明，六书明而古经传无不可通。"又，钱大昕《潜研堂文集》卷二十四《诗经韵谱序》云："古人以音载义，后人区音与义而二之，音声之不通，而空言义理，吾未见其精于义也。"诸家皆强调了字音、字形、字义对读经的重要性。

② 其实，关于小学类的收录范围，很多学者都已能分辨得非常清楚了，如章太炎在《小学略说》中云："尝谓钟鼎款识不得阑入小学，若与法贴、图象并列艺苑，斯为得耳。《四库书》列入艺术一类，其见精卓。其可勉强归入小学类者，惟有研究汉碑之书，如洪氏《隶释》《隶续》之类而已。"（章太炎著，吴永坤讲评《国学讲演录》，凤凰出版社，2008年，第4—5页）

③ 傅荣贤《中国古代目录学研究》，知识产权出版社，第237页。

以，只要与已经设为类名的文献内容相同或相近，便可归入此类，这叫"以类相从"。但是事实上，大量该类文献的内容只要再进行细分，就不可能只归属于某一类了。比如易类文献都是与《周易》相关的文献，但是如果属于易类的文献仅仅是研究《周易》不同版本的异文，那么就与小学类有莫大联系了。这就提醒我们不能仅仅注目于诸书目中的"小学"一类，还需要将专门研究某类文献字词的这些著作挑选出来作为一种小学文献。这样看来，基于小学文献的特殊研究对象，我们就必须同时关注历代书目当中的小学类与非小学类中的小学文献了。

2. 从研究内容看，小学文献是一种形、音、义互通互融的文献

按照研究的具体内容，将小学文献细分为训诂、音韵、文字等小类，自宋以来的书目（如《崇文总目》《郡斋读书志》等）基本如是，然其间杂有蒙书、金石之书，致使研究对象变得十分模糊。然自《四库》明确三者界限之后，"以《尔雅》以下编为训诂，《说文》以下编为字书，《广韵》以下编为韵书"，且具体规定了二级类目的收录范围，自此，"小学"一类方渐趋纯。以后公私藏目基本以此为圭臬收录小学文献。然而，这只能整体上体现三类小学文献之异，其实具体著录实践中，很多著作并不能完全归属于某一类，反而存在很多两类兼通的情况。这是因为文字是形、音、义的统一体，所以很多小学文献也不能单纯研究字词的某一方面，往往考形、明音、求义兼而有之。例如《集韵》是宋代编写的一部韵书，但一字之下收录了大量的异体，显然辨形已经掺杂在内了。《说文》被誉为"字学之祖"，然而许慎自叙其编纂的目的是"理群类，解谬误，晓学者，达神恉"，已经将解释字形与训释本义结合在一起了，所以训诂学家往往又将之当作训诂著作看待。如此种种，是仅就单一文献而言。自宋代以来，又出现了一些字书、韵书、训诂书相互搭配的情况，如宋代有按部列字的大徐本《说文》，继之便有按韵排列的《说文解字五音韵谱》与之呼应；有按韵收字的《集韵》，就有按部列字的《类篇》与之搭配，是谓元明称羡的众多"篇韵"组合文献之滥觞。像这种情形，自然可以体现诸类文献之异，但同时也可见其密切关系。由此可见，小学虽然三类，但三类之中诸文献的内容却是相互融通的。何况三类是依

研究的"侧重"而不得已划分出的,但很多时候究竟"侧重"哪一方面确实难以抉择,如焦竑《俗书刊误》①这类著作,考字、释词兼而有之,归入哪类皆不太合适。有时即便很明确,但也颇有为难,如刚刚提及的"篇韵"组合类文献,编纂者往往会将同一批材料同时编写一部韵书与字书,其主观目的便是为了让两部书籍起到互补作用:韵书研究字音,字书研究字形、字义,故韵书释义简,而字书则相反。倘若硬要将二者各归其类,显然无法体现这种相互照应关系。由此可见,看待小学文献,应该综合形、音、义加以考量,绝不能根据所属类目来简单作出判断。正如章太炎在《小学略说》中说的那样:"不求声、义而专讲字形,以资篆刻则可,谓通小学则不可。三者兼明,庶得谓之通小学耳。"②

3. 从编纂目的看,小学文献的出现是为了解决实际语言文字问题

从学史的角度看,较早的字书如《史籀篇》《仓颉篇》《爰历篇》《博学篇》等是为了更好地进行识字教育,《汉志》云:"《史籀篇》者,周时史官教学童书也,与孔氏壁中古文异体。《仓颉》七章者,秦丞相李斯所作也;《爰历》六章者,车府令赵高所作也;《博学》七章者,太史令胡母敬所作也;文字多取《史籀篇》,而篆体复颇异,所谓秦篆者也。"两汉以后的小学文献,"逐渐形成了解决古代书面语上实际问题的倾向,那是与经学的研究有关的",③所以一批专门辑录经典训释或字词的小学文献也随之出现,如《尔雅》《广雅》《说文解字》等。还有更为典型的,即那些附于本书之末可以相对独立为一书的一些"音义类"著作,如附于《诗毛氏传疏》之后的《释毛诗音》四卷,附于《春秋左传节文》之后的《音训》一卷,附于《晋书》之后的《晋书音义》三卷,等等。这

---

① 《四库全书总目》卷四十一《俗书刊误》提要云:"是书第一卷至第四卷类分四声,刊正讹字,若'丰'之非'丰'、'容'不从'谷'是也。第五卷考字义,若'赤'之通'尺','鼬'之同'犹'是也。第六卷考骈字,若'句娄'之不当作'岣嵝'、'辟历'之不当作'霹雳'是也。第七卷考字始,若'對'之改口从士本于汉文、'叠'之改晶从畾本于新莽是也。第八、第九卷考音同字异,若'庖犧'之为'炮羲'、'神农'之为'神由'是也。第十卷考字同音异,若'敦'有九音、'苴'凡两读是也。第十一卷考俗用杂字,若'山岐曰岔''水岐曰汉'是也。第十二卷考字形疑似,若'禾'之与'禾'、'支'之与'支'是也。"
② 章太炎著,吴永坤讲评《国学讲演录》,凤凰出版社,2008年,第5页。
③ 胡奇光《中国小学史(修订本)》,复旦大学出版社,2018年,第8页。

些都是为解释特定文本编纂而成小学文献,其训释脱离本书之后未必成立,属于一类特殊形式的随文作注的著作(一般的这种注释都附于一书的句末、章末或本卷之末)。

4. 从编纂方式看,小学文献有成系列衍生的特点

所谓"系列衍生",简而言之,即以某一部经典小学文献为中心而衍生出来的一系列小学文献。其又包括两种类型:

一为因内容衍生而产生的小学文献系列,即"以通过对前代某一部原创语言经典的注释,形成一个针对某一部原创语言经典的注本文献系列"。① 这里的"注本"不仅指对原文献直接注释的文献,也指对其进行研究的文献。如围绕《说文》,自宋代以来便出现了很多围绕其进行注释的文献,如南唐徐锴《说文解字系传》(小徐本),北宋徐铉重订《说文》(大徐本),元代包希鲁《说文解字补义》,清代段玉裁《说文解字注》、桂馥《说文解字义证》、王筠《说文释例》《说文句读》、朱骏声《说文通训定声》,等等。甚至还出现二次以上的衍生文献,如段注是对《说文》进行注释的文献,但是在嘉庆以后却出现了很多对其考证、纠谬等的文献,俨然形成一门"段注学"。

二为因形式衍生而产生的小学文献系列。这里又可分为两种情况,一种为对原文献进行改编、节略而形成的文献。如《说文解字五音韵谱》是变大徐本部首列字而为四声列字形成的文献,其基本释义皆与大徐同。同时,自南宋以来至清初,该书一直非常盛行,很多学者皆将之当作许氏原本进行研读。《新雕入纂说文正字》是在大徐本基础上减省注文而来的流行于普通士子间的通俗文献,②从一个侧面体现了大徐本在下层的流行。另一种为"仿照早期重要的原创语言经典的体例创作具有类似性质的语言文献"。③ 如自汉代以来便形成了模仿《尔雅》而成的诸多"雅学文献",《中国传统语言文献学》将之分成"仅仅围绕《尔雅》文本,以增广《尔雅》为目的而内容上已

---

① 杨薇、张志云《中国传统语言文献学》,崇文书局,2006年,第14页。
② 李庆《"北宋本"〈新雕入纂说文正字〉小考》,《中国典籍与文化》2008年第1期。
③ 杨薇、张志云《中国传统语言文献学》,崇文书局,2006年,第16页。

超越了《尔雅》经著编写的'仿雅'类语言文献"(如《小尔雅》《广雅》)和"体式上模仿《尔雅》,内容基本上与《尔雅》经著无多大关联只是书名上冠有'雅'字的'仿雅'类语言文献"(如《通雅》《支雅》)等两类。

此外,小学文献的版本也存在衍生的情况,这便涉及版本源流的梳理等知识了。

从整体看,文献的系列衍生也会发生在其他文献当中,如儒家经典。但是与其他文献不同的是,小学文献以字词为研究对象的特点决定了其在系列衍生的过程中出现了辗转摘抄、内容重复的特点,所以,大量的小学文献往往是在前代诸多经典文献的基础上叠砖加瓦而成的。这种文献在编纂上类似类书,即分门别类地将字词编排在一起,同时还往往采用传统训诂方式("某,某也")进行解说。①

5. 从文化背景看,小学文献随经学的兴衰而兴衰

自《汉志》以来,小学一直被认为是经学的附庸而存在,小学类所收的文献成了解经的工具,清代学者张之洞在《书目答问》所说的"由小学入经学者,其经学可信"等语正是此种观念的体现。也正因为如此,小学文献也随着经学的兴衰而兴衰,即经学兴盛的时代,其小学文献也会大量产生。反之亦然。如两汉时期经学一尊,故有《尔雅》《说文》之编纂。魏晋之时经学中衰,②故小学文献亦寥寥,观《隋志》可知。唐宋时期十三经注疏相继用于科举,相应地《说文》《字林》也大为流行,同时,还出现了大量整理儒家经典时编纂的解释经典用字的小学文献,如《经典释文》《五经文字》《九经字样》,等等。清代中叶出现的乾嘉考据学,更是在经学复兴的基础上产生的以小学为根基的学术潮流,大量的形式各样的小学文献在此时产生。当然,以上论述并非指所有的小学文献,与经学的兴衰最密切的当属其训诂类文献,其他类文献(如文字、音韵)则并不一定如此。

---

① 杨薇、张志云《中国传统语言文献学》,崇文书局,2006年,第19页。
② 按,此词来自陈延杰《经学概论》,商务印书馆,1930年,第86页。本田成之《中国经学史》(中华书局,1935年,第192—193页)云:"晋代要是继续三国时代,老庄佛教盛行,足称为经学者殆无有,只有杜预底《左传注》、范宁底《谷梁注》、郭璞底《尔雅注》,至今日止在经学上曾给与影响。严密地说,两汉以后,至赵宋止,纯真的经学可以说是没有。"

总而言之,小学文献虽然主要集中在小学类之中,但我们绝不能局限于此,而要根据该类文献的特征广采四部文献,并从历时的角度关注各个时代书目中小学类所收诸文献的变动,这样方能把握该类文献的真正内涵。

其二,从深层意义上看,小学文献学的研究对象是小学文献的外部形式,即文本与版本。

从学科的角度看,小学文献既属于小学文献学的研究对象,也属于语言文字学的研究对象。如果这样的话,小学文献学便没有存在的必要了。所以,我们需要更进一步去理解本课题的研究对象。

很多学者已经注意到将文献学的研究对象即文献作为一个整体来探讨的做法太过笼统,所以会试图从文献的组织结构的角度给文献进行分层。曾良《古典文献学》云:"从广义上讲,文献是人类知识和经验的记录,它具备两个特征,即外表特征和内容特征。外表特征包括文献的题目、作者、篇幅等,内容特征包括文献的主要内容、基本观点等。"① 又,孙钦善《中国古文献学》认为文献"就形式而言,包括语言文字和文本形态","就内容而言,分具体和抽象两个方面"。② 又,董恩林《论传统文献学的内涵、范围和体系诸问题》云:"'文献'至少有学术思想内容、有文本文字内容两大构成,虽然难以截然分开的,有时却是不一样的。……一种'文献'的学术思想内容是不变的,其文本的形式与文字内容则是有差异的,即使当今光电时代的出版物,其同一版本不同印次的图书,都可能因个别字词改变而致文本有差异,更遑论古代抄本、雕版、活字本的差别了,而这些差异可能影响其学术思想内容的理解。"③ 又,《传统文献学几个理论问题再探》云:"任何'文献',除了形态之外,其'内容'实际上可以分为学术内容(或者说思想内容)、文本内容(或

---

① 曾良《古典文献学》,中国文联出版社,2001年,第2—3页。
② 孙钦善《中国古文献学》,北京大学出版社,2006年,第20页。其实,这些内容早在其一系列论文如《关于中国古代文献与古文献学史》(《社会纵横》1994年第1期)、《古文献学及其意义与展望》(《南昌大学学报(人文社会科学版)》2005年第2期)、《古文献学的内涵与意义》(《江西社会科学》2006年第8期)、《关于古文献学的内涵的全面认识与具体贯彻》(《文献》2010年第3期)等及其《中国古文献学史》(中华书局,1994年,《绪论》第2—3页)里便有论述。
③ 董恩林《论传统文献学的内涵、范围和体系诸问题》,《史学理论研究》2008年第3期。

者说文字内容)两个层面。"①又,《简谈历史文献学的定位定性及其面临的几个问题》云:"'文献'既有学术内容,又有文本形态。其学术内容涉及文理百科,其文本形态包括纸质、文字、版式、校勘整理、编纂、书籍、档案等等,内涵都十分丰富。"②以上表述略有出入,但是综合考量,大致将文献分为内容和形式两部分,继而将内容分为学术思想内容和文字文本内容,最后认为文献学研究对象限定为"文本形态",即排除了学术思想内容后剩下的部分:文献文本形式和文字文本内容。以上诸家虽论述有异,但都将文献分为形式与内容两个层面加以理解。与以《大百科全书·图书馆学、情报学、档案学》③为代表的"现代文献学"学者对"文献"的结构分层相比,他们基本上是从传统典籍的角度立说的。

笔者非常赞同将文献剖析为内容与形式两个层面加以讨论,但是如果再进而分析的话,可以看到这两个层面其实是相对而言的。依孙钦善先生的观点而言,若从思想内容看,那么所有的语言文字、文本形态等皆为其形式。若从文内字句的角度看,那么版式、装帧等皆为其形式。所以我们需要站在对文献细致分析的基础上指出文献学所要研究的文献究竟是其哪一个层面。关于此,前文孙钦善先生对其所指的文献的内涵进行了详细分析,可见其所研究的显然是文献所有的层面的形式与内容,无所不包,所以其文献学几近于国学,非博学之士难以当之。董恩林先生的观点颇有见地,将孙钦善先生所说的具体和抽象的内容排除之后,只剩下了文本形式

---

① 董恩林《传统文献学几个理论问题再探》,《陕西师范大学学报(哲学社会科学版)》2008年第5期。

② 董恩林《简谈历史文献学的定位定性及其面临的几个问题》,《淮北师范大学学报(哲学社会科学版)》2011年2期。按,董氏主编的《中国传统文献学概论·绪论》(华东师范大学出版社,2011年,第11页)里也有相关的论述。

③ 按,据该书自称,其所指"文献"的内涵包括"所记录的知识和信息"(文献内容)、"记录知识和信息的符号"、"用于记录知识和信息的物质载体"、"记录的方式或手段"等四个要素。在该书前后的诸多"现代文献学"学者的论著多在此基础上进行省并或细化。其实细心观察,可知此四要素也是可以划分为内容和形式两部分的:其所指的"文献内容"已经抽象为虚化的"知识和信息",文献形式则是记录符号、载体和方式(手段)。这种定义下的"文献"其实泛指一切超越时空的各种形式的精神产品,与我们所说的"文献"并不相同,所以我们在此不予讨论,但其观点还是值得参考的。

和内容。在他看来,"如果研究的是学术内容,则等于说文献学研究所有的人文社会与自然科学,因为文献的学术内容涉及所有人文社会科学与自然科学"。① 笔者同意董先生的这个观点,但是根据其对"文本"的解释②,可知所指"文本"内涵虽十分丰富,但稍显混乱和不清晰。如在《中国传统文献学概论》中称文献学的研究内容有"对传统文献学文本的内容实证"提到了"文字义理"和"学术义理"的说法,其中,前者指"文献中的一个字、一个词、一句话,它表达的是什么音声,什么含义,这些音声与含义是否正确、是否真实"。③ 这里的"文字义理"指文本中字词之音义。而在"对传统文献文本的文字进行标点、注释与翻译"中讨论的内容显然已经不限于"传统文献文本的文字"而指整篇(部)文本内容了,之后的"传统文献文本的检索与典藏"及"二次整理编纂"更是如此。所以,虽然董先生在很多著述中提到"文献的文本"这个概念,但仅仅是为了明确将思想内容排除出去,至于"文字文本内容"则随其论述内容的不同而略有变化。究其原因,是因为该书将"标点、注释与翻译"等纳入了文献学研究内容,所以时时会无意间与校勘学相互比对。其实,此等研究属于古籍整理的一部分。古籍整理属于文献学的分支之一,但二者并不能完全等同。再如,据该书对"文本"的理解,可以其中既包含版本,也包含文字表现结构,其实二者是不对等的。况且,将版本包含在文本中也无法突出版本的特点。所以,笔者拟在董先生之说的基础上进一步讨论此问题。

西方分析书志学和新书籍史学者注重从物质形态的角度研究文献,其中法国学者罗杰·夏蒂埃的论述使笔者颇为受益。其将文本与版本的关系分为三种情况:"作品文字恒定不变,其印刷形式常变常新";"应新订单之需,版本形式变迁,文本被改造,形成新的读者群";"文本的文字和形式不

---

① 董恩林主编《中国传统文献学概论》,华东师范大学出版社,2011年,第11页。
② 董恩林《简谈历史文献学的定位定性及其面临的几个问题》,《淮北师范大学学报(哲学社会科学版)》2011年2期。据该文小注,所谓"文本"即"文献可见可感的文字表现结构,如字词符号,语句样式等。其外部有版本的不同,其内部有字体差异、字数多少不同等"。
③ 董恩林主编《中国传统文献学概论》,华东师范大学出版社,2011年,《绪论》第13页。

变,而新读者的读法却不同于老读者"。① 显然,夏蒂埃已经能将文本与版本进行明确的区分,其重在探讨读者的阅读与文本、版本三者的关系。

与此相关,冯国栋先生《"活的"文献:古典文献学新探》②是近年来利用西方新书籍史理论探讨文献学相关理论问题的最新研究成果。该文注意到了文献的"文本性"与"物质性"之间的区别,并进行了深入细致的探讨。但从整体上看,其尚未对"文献"进行明确的解释。

陈正宏、李开升等学者所提倡的"实物版本"和"文本版本"的说法亦对笔者启发很大。陈先生云:"中文中的'版本'一词,目前为止有两个层面的意思:一是指同一种书籍的不同实物,一是指同一种书籍的不同文本。前者可称为实物版本,后者可称为文本版本。""实物版本不同的书,文本版本可以完全相同","文本版本不同的,实物版本肯定不同","文本版本相同的,实物版本可能相同,也可能不同","任何一部古籍都是实物和文本二者的统一体。"③这里用"实物""文本"二词代替了通常说的"形式""内容",更加具有明确性。李开升进而指出其中的"实物"包括"字体、版式、纸张等方面,其中以字体最为重要",而"文本"包括两方面:"一部分是刊印信息,如牌记、刊记、刊刻者题名、写工题名、刻工题名、刻书序跋等,这部分直接与此书或此书底本的刊印有关。另一部分是此书的基本内容如正文、目录、序跋、附录等,这一部分一般与此书刊印无直接关系,但也常常会间接反映与刊印有关的信息。"④相比之下,这样的论述显然要比前辈学者的观点更加深入和详尽。但是仔细阅读后,其中也略有不尽人意之处,其中最明显的地方是,陈、李二家

---

① [法]罗杰·夏蒂埃著,吴泓缈、张璐译《书籍的秩序》,商务印书馆,2013年,第93、95、97页。
② 冯国栋《"活的"文献:古典文献学新探》,《中国社会科学》2020年第11期。
③ 陈正宏《实物版本、文本版本与古籍稿本的整理——以陈三立早年诗集稿本〈诗录〉的整理为例》,见复旦大学中华文明国际研究中心编《文本形态与文本阐释(论文集)》,2015年,第387—388页(此文蒙李开升先生赐予,特此志谢)。按,李开升《明嘉靖刻本研究·绪论》(中西书局,2019年,第17—18页)亦有相同的论述:"'书'有两种含义,一指文本内容,如'著书立说'之'书'。一指实物,如'书品宽大'之'书'。由此导致'版本'一词也有两种含义,一指书籍的不同文本内容,可称文本版本;一指书籍的不同实物形体,可称实物版本。"
④ 李开升《明嘉靖刻本研究·绪论》,中西书局,2019年,第20页。

往往在论述时会将古籍与版本混而不别,如前文陈先生云古籍都是实物和文本的统一体,但是从其探讨中可知其中的"实物和文本"其实是"实物版本和文本版本"的简称而已①。倘若如此,古籍与版本似乎就可以画上等号了②。同时,据李开升所云,既然"版本学的研究对象应该是实物版本,版本学即实物版本学",③那么,直接界定"版本"便可,何必前面加"实物"二字呢?从字面意思上看,"实物"一词很容易让人想到"文本"也属于其中之一。谨慎起见,笔者基本赞成以上二位学者的观点,但是暂时不用"实物"一词来讨论我们的话题。

我们认为,文献学的研究对象为文献,即古代的书籍④。从其构成要素看,作为古代书籍的文献可以从文本与版本两个层面加以把握。所谓文本,是责任者⑤用记录符号(主要是文字)依一定体例或艺术技巧编纂而成的具有一定内容、思想的精神产品。其又可包括文本形态、文本文字、文本内容及文本思想等四个方面。首先,文本内容和思想是文本中相对稳定且最为重要的要素,是辨识是否可以成为一部文献或与他书进行区分的标准。一部书只要文本思想和内容不变,那么无论如何改头换面,也只能将之当作原撰者的作品。其次,文本文字是记录文本内容和思想的符号和外在形式,即戴东原说的"明道"之词和"明词"之字。随着文本的流传,一部文献之文本文字可能会出现讹变、脱衍的问题,但整体上不会影响到文本内容和思想,所以本质上文本文字只能出现局部的变化,否则便会成为另一部文献。第三,文本形态即除去文本内容、思想及文字之外的所有信息,它是一部文献

---

① 如"实物版本不同的书,文本版本可以完全相同",这里很明显"书"是核心,"实物版本""文本版本"为其组成部分。李开升将此句改为"每一种书的每一个版本都是既有文本又有实物的",可证陈先生此句的"古籍"其实指古籍的版本。

② 李开升在其书《明嘉靖刻本研究》中其实如其师一样,对书籍与版本的关系有所忽略,且也有相混的情况,如其云实物版本学研究内容从宏观上看,"这种研究即版本史研究,亦即对书籍生产史的研究"。

③ 李开升《明嘉靖刻本研究》,中西书局,2019年,第18页。

④ 按,文献学中所说的"书籍"可以指文本与版本结合体,也可指与版本相对的文本。平时我们说的书与版本即指后一范畴。详见后文讨论。

⑤ 这里的责任者,不仅指实际作者,还指校者、参订者,甚至抄刻者,即凡是题于卷前的名字都可归于此。与西方学者所称的"造书者"相类似。

最直观却是最外层的组成部分,包括序跋、目录、题名、卷次、责任者、附录、批校、插图,等等,这些要素并不是一部文献必备的,但是却直接与文本内容、思想等相联系,尤其是题名、责任者。所以,即便一部文献没有明确展现这些要素,后世也一定会根据文本内容、思想等为之添加题名和责任者("佚名撰或编"也是对责任者的一种标识)。以上四个方面是从文本的结构层面由表及里、由视觉表层到实质内涵加以划分的。但在实际使用过程中,这些要素其实是统一在一起共同构建一个文本的。

所谓版本,既是文本的实物化的外在体现,也是文本的装饰性的附加成分。它其实也有两个层面:一为文本的装饰成分,包括封面、牌记、行款、尺寸、版式、句读、批校符号、装帧,等等。一为文本的外现手段,包括载体(纸张、简帛)、制作方式(刊印、书写)、字体①,等等。以上诸成分又可以细化为各个小成分,如刊印又可以分为雕版、活字等。后者能通过特定的技艺将概念化文本转化为视觉性的物质实体,前者则是对其进一步的美化。由此可见,文本与版本也是密不可分的。

综合观之,文献的这种研究对象可以从以下两个角度加以把握。

从宏观上看,一部文献之所以产生,根本上是为了记录或传播责任者的思想、内容的。相对而言,其他部分都是其外在形式。文献学所研究的正是这些相对的形式。而思想与内容则并非其所长,而是文献学的辅助工具。借用文艺学界的术语,这叫"内容形式化"②,即文献的文本思想和内容服务于外在形式,成为理解形式的工具之一。

从微观上看,文本层面的文献是将文献当作获取知识的途径来看待的,

---

① 按,此处制作时该选择什么风格的字体。
② 按,据童庆炳主编《文学理论教程》(高等教育出版社,2004年第三版,第177页)称,此词主要指"文学创造过程中内容转化为形式的过程"。本文主要是借用其词,具体内涵则并不相同。同样,我们还可以借用其"形式内容化"一词来指文本形态、版本等可以更好地理解文本内容。如二截版、三截版的文献将原典与历代注家通过板块化的结构(而非线性结构)引导读者缓慢阅读文本,从而更好地理解文本内容(这种解读参见何予明《家园与天下——明代书文化与寻常阅读》,中华书局,2019年,第22页)。再如插图本文献,将插图附于文本文字之上方,便于不同阶层的读者欣赏文本(文化水平低者可通过插图了解文本内容,文化水平高者可欣赏这种图文并茂形式下带来的文本阅读快感)。还有多色套印本,将不同评者的评语用不同颜色加以区分,以方便读者理解文本。形式对内容的影响由此可见一斑。

侧重于求真求善,体现的是文献的学术资料性;版本层面的文献是将文献当作鉴赏知识的方式来看待的,侧重于求古求美,体现的是文献的艺术文物性。所以,我们前面所说的文献的"文本与版本"可以看作是理解"文献"的不同角度。

整体上看,任何形式的文献都是真、善、美的结合体,所以也是文本与版本的统一体。如果不特意强调这些方面的话,文本即有版本的文本,版本即有文本的版本,二者完美地融于文献当中。我们通常所说的"读书""观书"等,就是从这个层面说的。我们不能说前者就是读或观某一书的某一版本,而在读或观的过程中已经将阅读和鉴赏无意识地结合在一起了。另一方面,严格地说,文本与版本也需要有所区分,根据前面陈正宏先生之说,同一文本的文献可以有相同的版本(如严格意义上的复本),也可以有不同的版本;不同文本的文献则其版本必然不会相同;版本不同的文献,文本可能会相同。

明白以上内容后,回头再来看小学文献学的研究对象便可进一步表述了,即小学文献的外部形式——文本与版本,这里的文本具体指文本文字和文本形态。至于小学文献的文本思想和内容,则属于语言文字学各分支学科的研究对象。

第二节　小学文献学的研究内容

一、文献学的研究内容诸家说

（一）各家文献学研究内容

文献学的研究内容是围绕研究对象展开的,所以学者们对研究对象的理解不同,那么其构建的研究内容也必然不同。以下我们将从诸家理解的研究内容和各内容的关系两个层面分别述之。

关于第一方面,我们选取有代表性的几家依出版年月先后列表于下:

作者及著述	研 究 内 容
二郑《中国文献学概要》	结集(著录与分类),审订,讲习,翻译,编纂,刻印
张舜徽《中国文献学》	记录古代文献的材料,记录古代文献的书籍,古代文献的散亡,整理古代文献的基础知识(版本、校勘、目录),前人整理文献的具体工作(钞写、注解、翻译、考证、辨伪、辑佚),前人整理文献成绩(主要成果,校雠学家、清代考证学家、近代学者的成果),未来整理文献的工作、目的和任务
吴枫《中国古典文献学》	文献类型、数量与散佚,文献源流与分类,文献的类别与体式,四部书,类书、丛书与辑佚书,目录与解题,版本、校勘与辨伪,收藏与阅读
王欣夫《文献学讲义》	目录,版本,校雠
罗孟祯《古典文献学》	不同载体的书,目录学,版本学,校勘学
周彦文《中国文献学》	周秦文献,两汉文献,魏晋南北朝文献,唐代文献,宋代文献,元代文献,明代文献,清代文献
洪湛侯《中国文献学新编》	文献的形体(载体、体裁、体例、体式),文献学方法(目录、版本、校勘、辨伪、辑佚、编纂),文献学史,文献学理论
程千帆、徐有富《校雠广义》	版本,校勘,目录,典藏
熊笃、许廷珪《中国古典文献学》	文献载体的形态(种类、记录方式、装帧体式),编纂体类,目录学,版本学,校勘学,注释学(标点、注释、今译)
杜泽逊《文献学概要》	载体,形成与流布,收藏与散佚,版本,校勘,目录,辑佚与辨伪,类书与丛书,地方志与家谱,总集与别集,出土文献,敦煌文献
曾贻芬、崔文印《中国历史文献学》	文献的著录,文献的版本,文献的校勘,文献的注释,文献的辨伪,文献的辑佚,类书、总集及丛书,历史文献学的新热点及其他
张三夕《中国古典文献学》	载体与类型,目录,版本,校勘,辨伪,辑佚,标点,注译,检索,出土文献
孙钦善《中国古文献学》	目录,版本,校勘,辨伪,辑佚,语文解读(文字、音韵、训诂),内容考证,义理辨析
张大可、余樟华《中国文献学》	文献载体,古文献,典籍类别文献,目录学,版本学,校勘学,考据学、辨伪学、辑佚学,古籍整理,注疏与今注今译,收藏与检索,理论建构

续 表

作者及著述	研 究 内 容
刘兆佑《文献学》	图书文献,非图书文献,文献的整理,重要的文献学家
董恩林《中国传统文献学概论》	文献的形体认知(载体、版本、体例),文献的内容实证(校勘、辨伪、辑佚),文献的文理注释(标点、注释、翻译),文献的检索典藏(分类、编目、典藏),文献的二次编纂(汇纂、类编、抄撮、选录、数字化与网络化)
董洪利《古典文献学基础》	总论,古籍版本学(版本、书册制度等),古籍目录学,校勘学,训诂学,辑佚与辨伪
郭英德、于雪棠《中国古典文献学的理论与方法》	古典文献形态学(物质形态、类型、体例),古籍版本学,古籍校勘学,古籍目录学,古籍注释学,古籍考证学,古籍编纂学和古籍检索学
王宏理《古文献学新论》	文献与文献学,文献的历史、载体及记录形式、体裁,鉴定学,校勘学,目录学,辑佚、抄纂、缀合、注释、析句、翻译
黄爱平《中国历史文献学》	历史文献的载体、类别和形式,分支学科,标点、注释与今译,典藏与编纂,阅读与检索,历史文献学史
踪凡《中国古文献概论》	古文献的聚散,外在形态(物质载体、装帧方式、版式),分类法,四部典籍,类丛书,出土文献,敦煌文献
司马朝军《文献学概论》	四部文献,出土文献
张升《历史文献学》	文献的生产(载体、记录符号、编纂、复制、形制),文献的流通,文献的收藏,文献的整理,方志、家谱、类书等文献的介绍
潘树广、黄镇伟、涂小马《文献学纲要》	文献的形态,分类,目录,检索,版本,校勘,标点与注释,汇编与辑佚,典藏与传播,计算机与文献的生产和检索

据笔者统计,自二郑《中国文献学概要》出版以来,一直到2024年,专科文献学之外的文献学著作①约有七十余部。从以上二十余家著述的研究内容看,基本上形成了以下几种观点:

---

① 其中,古典文献学著作有61部(贾二强《历史文献学》、王恩涛《文献学》具体信息不明),题作"古籍整理"的著作有10部,古今杂糅的文献学著作有3部。

1. 研究内容为版本、目录、校勘、辨伪、辑佚、注释等

持此类观点的又有广狭二义,广义者如二郑《中国文献学概要》,将研究内容分为结集(著录与分类)、审订、讲习、翻译、编纂、刻印等六部分,其中,结集、审订、刻印分别对应后来的目录学、校勘学、版本学,讲习为历代学术简史,翻译为注释学之一部分。诸部分"所讨论的问题仅仅是提出和介绍,没有深入",[①]多在罗列材料而缺乏理论的阐释,显示了文献学建立之初的粗疏。之后从此角度出发的著述多在这些研究内容的基础上加以增删而进行深入讨论。如孙钦善《中国古文献学》的研究内容包含十个部分(语文解读可分为三小部分),是去除了二郑之"讲习""翻译""编纂"之后又增加了辨伪、辑佚、语文解读(文字、音韵、训诂)、内容考证、义理辨析等七个部分。从目前来看,孙先生的文献学体系的研究内容是最为广博的。之后的董洪利《古典文献学基础》也是排除了二郑之三部分而新增了训诂学、辑佚、辨伪等内容。以上仅仅是从名称上进行比较的,并不是说孙、董二先生的著述直接在二郑讨论的基础上进行扬弃。其实,二书对各部分探讨的深度皆超出了二郑之书,显示了新时期文献学各个方面研究的成熟。

狭义者如王欣夫《文献学讲义》,认为广义的文献学(按,指马端临《文献通考》)"真是无所不包",而将其研究内容定为"一、目录,二、版本,三、校雠"。[②] 这便是其所说的"三位一体"的文献学研究内容。该书讨论的每个部分都非常深入细致,不仅为后来的相关研究打下了坚实的基础,同时也为其三位一体之"三位"奠定了文献学上的主体地位。[③] 从此,版本、目录、校勘之学成了大多文献学著述中必不可少的占绝对主导权的研究内容。

以上广、狭两义的文献学研究内容,司马朝军斥之为"什锦拼盘"结构模

[①] 张大可、余樟华《中国文献学》,福建人民出版社,2005年,第286页。
[②] 王欣夫《文献学讲义》,上海古籍出版社,1986年,第4—5页。
[③] 王先生之前虽有张舜徽、吴枫等二家之论著,但张氏将三者归入"整理古代文献的基础知识",沦为一种工具性知识。吴则分目录学为"目录与解题",校勘与辨伪并列,显示了其研究上的不足。

式。① 这是他站在自己的文献学编纂模式的角度加以批评的。从其著述的具体讨论看,显然他并不十分清楚这些内容对本学科建构的重要性。

2. 研究内容为文献形态＋版本、目录、校勘等

此种模式下的文献学著述,版本、目录、校勘等并非其唯一的研究内容,而是其中之一,有的甚至将之当作研究方法,如洪湛侯先生《中国文献学新编》等。所谓文献形态,即可以直观感受的外在表现形式,这是在不考虑思想内容的前提下对文献本身进行的研究。关于此,张舜徽先生在其《中国文献学》已经有了一些初步的探讨,如在第一编第二章《记录古代文献的材料》中,依次介绍了甲骨、金石、竹木、缣帛和纸等的相关知识,属于对载体的研究。而吴枫先生的《中国古典文献学》又专章介绍了文献的文体、体式等。之后洪湛侯先生的《中国文献学新编》归纳为载体、体裁、体例、体式等四个部分,成为后来很多文献学著述编写此一方面的主要参考,在其前后的著述大体上都是在此基础上进行增损的。此类文献学的代表有熊笃、许廷珪《中国古典文献学》,董恩林《中国传统文献学概论》,郭英德、于雪棠《中国古典文献学的理论与方法》,黄爱平《中国历史文献学》,等等。

3. 研究内容为文献形态＋版本、目录、校勘等＋文献类型(文献史/文献学史)

此类文献学著述其实是在上一类的基础上增加了应用的内容,即梳理和介绍相关的文献,本质上属于文献史(或文献学史)的内容。有的是分别概述四部典籍,有的则梳理传世或出土文献,有的或仅涉及某一类文献。如杜泽逊《文献学概要》介绍了地方志与家谱、总集与别集、出土文献、敦煌文献等。曾贻芬、崔文印《中国历史文献学》探讨了类书、总集及书等,其他如张三夕《中国古典文献学》,张大可、余樟华《中国文献学》,踪凡《中国古文献概论》等皆有专章论述这方面的知识。由于这部分内容旨在帮助读者了解各类文献,且可以根据编者的学识和专长进行灵活地调整,所以成为一些专科文献学竞相仿效的对象。

---

① 司马朝军《文献学概论》,武汉大学出版社,2011年,第16页。

4. 研究内容为历代文献

这类文献学是将文献学看作是一门"文献之学",所以其研究内容重点在介绍各类文献。从编纂方法上看又可以分为两类:一类依时间顺序梳理历代的文献,如周彦文《中国文献学》,将文献学分为周秦、两汉、魏晋南北朝、唐代、宋代、元代、明代及清代等八个时期,每个时期又分总论与分论两部分,总论概述其政治学术背景,分论则分别梳理古物文献和典籍文献的特色,其中典籍文献又主要通过书目中经、史等部及其诸类的变迁来体现。从其具体讨论看,该书至多可以称为一部历代文献概论。① 另一类依类目和载体详细介绍各类文献,如司马朝军《文献学概论》分传世文献(包括经、史、子、集、宗教、技艺、工具)与出土文献(包括甲骨、金石、简帛、敦煌吐鲁番)两大部分,依次介绍了这些文献的基本知识和代表著作的基本内容。再如刘兆佑《文献学》分图书文献(丛书、类书、政书、杂著笔记、域外汉籍刊本、古籍刊本中的域外地图)和非图书文献(甲骨文、金器、石刻),分别梳理这些文献的基本知识。此外,张传玺《中国历史文献简明教程》等也属于这类著述。

5. 研究内容杂糅古今

这类文献学著述试图将版本、目录等学问与可称之为文献工作包括文献搜集、组织、传播、检索等知识融合在一起,认为这就是文献学的研究内容,然而从其具体组织上看,各个部分仍然各行其是,显然并不令人如意(详见前文)。潘树广等所著的《文献学纲要》即是这方面的代表。

(二)现行研究思路存在的问题

以上我们从五个方面较为详细地梳理了众多文献学著述对文献学研究内容的看法。一方面可以体现出文献学研究内容的丰富性与多样性,另一方面也可见目前学界对这方面的研究存在颇多争议。为什么会这样呢?我们认为至少有以下几点值得思索。

---

① 王余光、汪涛、陈幼华《中国文献学理论研究百年概述》(《图书与情报》1993年第3期)一文称该书"重点叙述了民国以前的中国文学文献的产生、发展及整理情况,所以实际上只能算作一部简明的文学文献史"。其实通观全书,其典籍文献部分重点论述的是目录学著作中经史诸部文献的流变,不止文学文献。

1. 研究对象含糊不清导致研究内容支离破碎

所谓支离破碎，主要体现在两个方面：

(1) 相关知识不太集中

目前绝大多数的文献学著述都是采用上述第二或第三种观点进行编纂的，我们也正是以此为基础探讨下面的问题的。所谓相关知识，是指某些知识放在此处比较合适，结果被安排到彼处加以探讨，结果造成了知识之间的隔阂，无法相互照应，这主要体现在"文献形态"[①]这一部分。王余光在《论文献学》一文中说"文献是一定的物质属性（具体形态）与一定知识内容（抽象形态）的统一体。……文献学对文献构成的研究，不仅使人们具体认识了文献的各个组成部分，同时为文献的分类研究提供了基础"。[②] 然而从相关的文献学著述看，诸家所包含内容颇不一致。少者仅有"载体"一类，如张舜徽《中国文献学》、杜泽逊《文献学概要》，等等。多者则除此之外还有别的内容，如洪湛侯《中国文献学新编》在"形体编"中另有体裁、体例、体式三方面；董恩林《中国传统文献学概论》在"文献的形体认知"中另有文献版本、文献体例（体裁、义例）两方面；郭英德《中国古典文献学的理论与方法》在"古典文献形态学"中分物质形态、类型、体例三部分，载体属于物质形态之一，与图文符号、装订形式、版式装帧并列，等等。综而论之，诸家相同的内容有载体、体例、体式（装帧形式）、体裁（类型），它们都是相对于思想内容的外在形式。这种从文献结构的角度静态地探讨文献的各个方面的做法固然无可厚非，但是，如果将这些内容跟文献学的其他研究内容相联系，便会发现一些问题了。首先，载体指记录文献的材料。按理来说，文献学著述应该介绍这些材料记录文献的特点、制作方式、历史等内容，以方便学习者较为清楚地了解它们的基本知识。然而从目前的著述看，这部分内容显然比不上一部古文字学著作介绍的详尽而准确。且在介绍"纸"这一载体时，又往往与体

[①] 按，此一部分在不同的文献学著述中名称不同，包含的内容也不一，如洪湛侯《文献学新编》称为"形体编"，董恩林《中国传统文献学概论》称为"文献的形体"，郭英德、于雪棠《中国古典文献学的理论与方法》称为"古典文献形态学"，等等。

[②] 王余光《论文献学》，《武汉大学学报（社会科学版）》1988年第6期。

式(装帧形式)混在一起,而后者又与版本学知识密切相关。所以从版本学这一角度看,装帧的缺失显然不利于版本的探讨。同时,一些著述虽然在探讨载体,但是之后又不厌其烦地介绍从载体的角度分出的文献,这样的做法显然将两部分相关的知识分隔开来了,如杜泽逊《文献学概要》,载体部分介绍了甲骨、金、石等的内容,而又另辟出土文献介绍这类文献的整理成就。两部分内容本来密切相关,现在反而相隔千里了。有些著述似乎看到了这一问题,所以干脆不谈"载体",而直接介绍载体文献了,如项楚、罗鹭《中国古典文献学》,黄爱平《中国历史文献学》等。然而一旦这么处理,那么作为"文献形态"的载体还有存在的必要吗?其次,体例指文献的组织结构和表现形式。从目前的著述如洪湛侯《中国文献学新编》、刘青松《中国古典文献学概要》、董恩林《中国传统文献学概论》等看,这方面的知识基本来自余嘉锡先生的《古书通例》。可是余先生的论述针对的仅仅是古书,且内容博杂,如古书无书名和作者及序传的位置等等可以说是体例,但是单篇别行与文献的传播有关,子书与文集的流变则涉及了学术史的问题,显然全部将之纳入"体例"并不是很合适,只能使作为"文献形态"的"体例"失去了其纯粹性。整体上看,体例的问题跟编纂学相关。再次是体裁。体裁何谓也?从诸家的论述看,与该词的实际含义[1]无关,主要指文献的编纂方式和由这些方式编纂而成的具体文献类目,后者甚至有些学者认为即是经、史、子、集四大部类下的各个小类。[2] 很显然,编纂方式与编纂学直接相关,具体类目则与目录学相关。[3] 由此可见,文献形态下的四大组成部分实际上是从文献学的版

---

[1] 《辞海》(上海辞书出版社,1999年版缩印本,第275页)关于"体裁"的义项有二:文章的风格和文学类别。《汉语大词典》(汉语大词典出版社,1990年,第12卷,第417页)的义项有五:诗文的结构及文风词藻,文学的样式,字体结构,体制,风度姿态、风格。这些均与文献学家讨论的"体裁"无关。

[2] 如董恩林《中国传统文献学概论》第三章"文献体例"。

[3] 郭英德、于雪棠《中国古典文献学的理论与方法》(北京师范大学出版社,2008年,第23—24页)讲体裁时说到:"中国古典文献按照不同的标准,可以划分为不同的类型。本章重在分析古典文献的形态,因此主要以文献的编撰方式和文献的出版物形式为标准,分别介绍中国古典文献的各种类型。至于古典文献知识内容的传统类型,即习见的经、史、子、集四部分类,将在第四章第四节有关古典文献目录分类中加以评述。"从这句话中可见所谓文献体裁与目录学的关系。

本、目录及具体的文献类型等知识中抽绎出来的一部分内容。这些内容有必要单独进行介绍吗？笔者持怀疑态度。因为很多著述在介绍这方面内容时都比较简略，反不如将之放入所属的相关知识中一起探讨来得清晰。更重要的是，这种做法是人为地将其与相关知识进行分离，使得二者的关系变得十分模糊。从文献学的体系上看，文献学既然以文献为研究对象，那么首先就应该了解文献本身，然后才谈得上整理、研究文献。那么，文献学应该了解文献的哪一部分呢？这其实已经触及文献学的研究对象了。学者们归纳出的载体等四个方面，有人认为又可分为物质形态和抽象形态两方面，[①]或者称外部结构和内部结构。[②] 这样的划分至少可以告诉我们，文献是可以分层的，文献形态是从各个不同的角度研究文献的外部形式的。进一步说，与这些内容相关的版本、目录、编纂等是不是也可以从这些角度加以理解呢？可惜到这一步的时候，很多文献学著述已经默然了，反而很热衷探讨文献是否包含文物、有无文字等外延性内容了，而这些见仁见智的问题直接导致对文献的研究对象探讨变得争议不断，进而也使得研究内容变得十分琐碎。

(2) 新的知识无限膨胀

这里主要指以上第3种观点中的文献类型。文献类型是什么呢？其实是从不同角度来划分文献。这一部分其实要比文献形态的探讨更具有主观性，且往往容易与载体、体裁等混为一谈。综合起来，主要有以下两种类型，其一是从载体角度划分的类型。如张大可、俞樟华《中国文献学》分别以"文献载体""20世纪新发现的古文献及古今档案与考古文献""典籍类别文献"等为题探讨各类文献。细心观察，可知"文献载体"谈及印刷术通行前的古文献时仅及金石、缣帛、抄本等文献，而甲骨、简牍等文献则放到了20世纪新发现的古文献中了。难道甲骨、简牍等就不算载体了吗？显然这是以发现时代先后为序强行将这几类文献分开叙述了，其实都是从载体的角度探讨

[①] 见郭英德、于雪棠《中国古典文献学的理论与方法》(北京师范大学出版社，2008年，第23页)。王余光《论文献学》一文称为"物质属性(具体形态)"与"知识内容(抽象形态)"。

[②] 见董恩林《中国传统文献学概论》，华东师范大学出版社，2008年，第12页。

具体类型的文献的。这与洪湛侯、杜泽逊等先生的相关论述不无二致。而起始文献的载体和未来文献的载体皆是一个未知数,所以这种这方面的介绍是没有止境的。其二是从类目的角度划分出的文献类型,①包括四部类目的文献和由此细分出来的具体类目的文献。前者因有目录分类的约束不至于流于泛滥(虽然其主观性也很强②),后者则由于学者的研究领域不同而具有不同的范围。如洪湛侯《中国文献学新编》有文书、档案、总集、别集等十类文献,杜泽逊《文献学概要》有地方志、家谱等六类,郭英德《中国古典文献学的理论与方法》有单行文献、别集、总集等四类,黄爱平《中国历史文献学》有类书、丛书等六类,等等。从这个角度探讨文献类型,其实也是一个开放性的研究,每个学者都可以选择自己了解和擅长的文献类型加以介绍。这样一来,似乎其研究内容更可以随意增减了。

以上无论从哪个角度研究文献类型,都使得这方面的内容变动不居。这种变化着的内容就是我们所说的新的知识,因为它是由不同的文献学者根据自己的知识体系来设定的,而非之前就有的。如王余光在评价吴枫《中国古典文献学》时说"首次着重叙述了民族文献,成为该书的突出特色"。③"民族文献"就是该书新增的文献类型之一。其他如杜泽逊《文献学概要》增加了"地方志与家谱",等等。正是因为这类知识的不断涌现,文献学的研究内容变得不太确定了。究其根源,仍然是研究对象(尤其是外延)不明造成的。如果学者们无法就文献的边界达成一致,那么就意味着每部文献学著述都有自己设定的文献类型。然而这并不意味着文献学的研究前景一片光明,反而因此变得越来越分散了。如果从更广的角度上看,文献学上这种侧

---

① 有学者认为这就是文献之体裁,或称体式,如冯浩菲《中国古籍整理体式研究》很多是依目录分类的角度研究这些内容的,如所谓全集体、文集体、丛书体。

② 傅荣贤《中国古代目录学研究》(知识产权出版社,2017年,第184—185页)说:"中国古代的'类'是内涵类,不具明确的边界,不符合同一类别中的成员平等、子项之和必须穷尽母项等要求,具有全举的意义,它不是一个前提性存在,而是一个动态的、随个别元素的具体情况而变化的过程。……归入某'类'的若干文献,并不具有学科属性和逻辑类项上的本质性之'同',而只意味着文献内涵在编目者的主观心理现实之上可能形成的分组。由此形成的是兼具表义功能的类别,为了喻义深远,不仅不唯规范是图,甚至刻意省略或淡化规范,因为规范化的硬性规定,无助于表达言近旨远的意义功能。"

③ 王余光、汪涛、陈幼华《中国文献学理论研究百年概述》,《图书与情报》,1999年第3期。

重介绍文献类型的内容,其实可以看作是前面第四家观点的简略版。

2. 研究思路线性安排导致研究内容过分紧张

我们仍然以目前最为通行的上述第二和三种观点为例说明这个问题。从整体上看,持有这两种观点的学者其实有个共识,即文献学应该围绕自己的研究对象来设定其研究内容。那么,具体该如何实现呢？张舜徽先生《中国文献学》给我们建立一个初步的框架,即"对那些保存下来了的和已经发现了的图书、资料(包括甲骨、金石、竹简、帛书),进行整理、编纂、注释工作。使杂乱的资料条理化、系统化,古奥的文字通俗化、明朗化,并且进一步去粗取精,去伪存真,条别源流,甄论得失"。① 这里,围绕图书、资料这个研究对象展开的活动是一个线性活动：先条理系统化资料、通俗明朗化文字,然后再进行取精、存真等工作。

董恩林先生《中国传统文献学概论》说得更加详细,以文本文献为中心,"文献学家审查了文献文本的载体材料、装帧形式、著述体式、版本等外在形态后,接下来便要审察其内容的真实可靠性,即通过校勘、辨伪、辑佚、专题考证等方式来证实流传数千年的文献文本所载内容的真实可靠性、完整无遗性,以避免讹谬扩散、误导后人","古文献流传下来,即使文本可靠、内容真实,但时代的久远可能会令后人不解其中味,这需要文献学家对其文字文理进行标点、注释和翻译,以保证古文献能够明白易懂地、准确无误地为后人所阅读、理解","文献学家研究整理文献、在保证文献的文本可靠、内容真实、文理易懂的前提下,还要思考如何科学地保存它、快速地检索和利用它,因为整理古文献的终极目标是要让它更长久地流传下去,更广泛地传播开来"。② 很

---

① 张舜徽《中国文献学》,中州书画社,1982 年,第 4 页。
② 董恩林主编《中国传统文献学概论》,华中师范大学出版社,2008 年,第 13—14 页。按,该书最后还设立了"文献的二次编纂"章节,主要介绍文献编纂,类编,抄撮,选录,数字化、网络化等的基本知识。认为它们都是在"不改变原文献的字词句,只是通过摘录文句、抄撮篇章、汇编同类等方式改变原文献的结构形态、表现样式,以成适应新时代需要的新文献形式"。其实,这种情况下包含的各类文献并非那么界限分明的,而是互相融合的。如《历代纪事本末丛书》,将抄撮篇章的纪事本末类文献汇纂在一起就成了丛书,这样抄撮和汇纂便融合在一起了;《胡氏粹编》,将类编资料汇刻为一编,这样类书与汇纂也融合在一起了。而电子化、网络化文献只是改变了外在形态(如载体、版式)和人们的阅读习惯,似乎很难与汇纂丛书、类书等相并列。

明显,文献学的这些形体认知、内容实证、文献注译、检索典藏等研究内容的各组成部分是一个环环相扣,不断递进,最终达到某个研究目标的线性关系。其他如王余光先生《中国历史文献学》虽然有与董恩林先生的著述不同的研究内容,但是其研究思路是一样的。

如果追溯渊源的话,可知早在二郑《中国文献学概要》便有类似的做法了。该书叙述其各个研究内容时说:"典籍结集为文献学上最重大之事业,故首及之。然结集而不施以审订,则无以取精用宏,择要而弃微,故审订又次之。既审订矣,而不能'涉其流,探其源,采剥其华实,而咀嚼其膏味',则结集、审订皆虚事,仍不能发扬其光辉,故讲习又次之。……自外学输入,而后有翻译之事业,自印刷发明,而后有编纂之规模,皆吾国文献学上之伟大纪念物焉,并次而论之。"①其最终目的是"考文献而爱旧邦",即通过展示古代文献各个方面的成就来启蒙国人。

由此可见,线性思路从一开始就是文献学者探究文献学研究内容的一个思维定向,只不过诸家对具体包含哪些内容还有不同看法。在这样一种思考下,文献学研究的起点、过程、终点都已经十分确定了,各部分之间的顺序无法替换。如王余光《中国历史文献学》、董恩林《中国传统文献学概论》等展示那样,先有了形体的认识(起点),才有版本、目录、校勘等内容(又分不同的层次),最后到达了文献学的最终目标。这样虽然给人以井井有条的感觉,但是却有颇多商榷之处。

其一,研究内容各部分不一定需要线性展开。

多数学者认为,文献学首先需要从认识文献本身开始,所以就有了对文献形态的阐释,接着才是整理文献的各种方法,然而这只是从整理文献的角度展示整理步骤的。文献学并不只是整理文献的学问,所以学者未必非得按部就班地线性展开研究。比如文献检索和典藏,不一定非得等到"保证文献的文本可靠、内容真实、文理易懂"②等工作之后方可进行。因为实际上,

---

① 郑鹤声、郑鹤春撰,郑一奇导读《中国文献学概要》,上海古籍出版社,2001年,《例言》第1页。
② 董恩林主编《中国传统文献学概论》,华中师范大学出版社,2008年,第14页。

学者们直接面对的文献恰恰与之相反,即文本不一定可靠,内容不一定真实。其实,文献的检索和典藏只是从某一角度对文献的某一方面展开的研究,与其他研究内容或有关系,但关联并不是那么密切。

其二,研究对象模糊不清,抹去了研究内容之间的差异。

线性研究下的文献学研究内容,虽然指明了研究对象,但是并没有进行详细的结构分析。文献形态方面的内容虽然暗示了其具体在研究排除了文献的思想内容之外的其他方面,但是却忽略了文献形态部分其实也是有结构层次的,所以这在无形中导致了研究对象的模糊不清。比如王余光先生《中国历史文献学》所说的"文献的实证"部分所包含的辨伪、版本、校勘、辑佚等内容,① 难道它们都是"实证文献的真实性、原本性与完整性"吗?其所说的实证的"文献"到底具体指文献的哪一方面呢?② 显然,从对辨伪、版本具体论述上看,单纯以"文献"一词指代这方面的内容,已经抹去了这些方面的差异。

总而言之,文献学线性展开的研究内容看似十分明确,其实主要是指向文献整理的。在具体论述中,因为其研究的起点和终点都很清楚,所以很容易掩盖具体内容之间研究对象的差异。也正因为研究对象的模糊,使得文献学的发展举步维艰。很多文献学著述谈论的内容其实都是些老生常谈的知识,面对这样一种情形,文献学应该向何处发展呢?王宏理在《古文献学新论》中说:"文献学名存实亡的趋势是很明显的。"③笔者以为若研究内容如此安排的话,确实有可能。

3. 文献学的研究内容与研究方法相混

这一方面主要体现在版本、目录、校勘等方面。有的学者认为是研究内容,如二郑的《中国文献学概要》、吴枫《中国古典文献学》、张舜徽《中国文献学》、④王欣夫《文献学讲义》等,后来的很多著述皆主此说;有的则认为是研究方法,如洪湛侯《文献学新编》,⑤等等;有的则模棱两可,如王余光《中国历

---

① 王余光《中国历史文献学》,武汉大学出版社,1988年,第19页。
② 其云"版本"是"文献的实证",其实准确点说是"文献形式的实证"。
③ 王宏理《古文献学新论》,中山大学出版社,2008年,第52页。
④ 张先生称之为"整理古代文献的基础知识"。既然是基础知识,那便是研究内容了。
⑤ 按,该书专设"方法编"一编介绍这方面的内容。

史文献学》，将这些内容统称为"文献整理内容和方法"，到底哪些是内容，哪些是方法，显然并没有交代清楚。以上的不同观点其实显示了学界并没有明确这些方面在文献学这门学科的地位。如果这些算方法的话，那么文献学还剩下些什么呢？大致只能如上面的第4家观点一样只能研究文献类型了吧。

在笔者看来，这些应该都是文献学的研究内容，但是可以属于其他学科的研究方法。比如文学可以运用以上任何知识来研究文学现象，换句话说，这是将文献学的这些知识当作其研究方法使用的。

4. 未给语言文字学学科留有研究空间

传统的小学这一学问自民国以来走向学科化之后便统一称为语言文字学，包括文字、音韵、训诂等几个分支学科。这几个学科确实在文献释读等方面发挥了很大的作用，但是其自有其独立的研究对象和演变规律，所以并不能作为文献学的分支学科而存在。这样进一步扩大文献学的研究范围，只能使这门学科变得大而无当，同时也无形中抹杀了语言文字学诸分支学科的应有的学科地位。其实，如果仔细考察这类文献学著述，可以看到，其所谈论的这方面知识已经远远滞后于这些学科的前沿研究。所以，与其从文献学著述中获取这些知识，还不如阅读几部语言文字学著述。有些文献学著述虽然没有将这些内容直接纳入研究内容之中，但是却专门讨论了文献的注释，如董恩林《中国传统文献学概论》，郭英德、于雪棠《中国古典文献学的理论与方法》，等等。观其所述，基本上是训诂学的内容，属于语言文字学在文献整理方面的具体应用。文献整理涉及很多学科的知识，既包括版本、目录等知识的应用，也包括语言文字学知识的应用，它应该可以成为一门独立的应用性的综合学问，其研究对象已经深入到了文献的具体内容，这是文献学这门学科无法容纳的。

以上几个方面直接导致了文献学的研究内容分歧不断，从而阻碍了文献学的进一步发展，甚至渐渐丧失了作为一门独立学科存在的合法性。这使我们需要重新思考这门学科的研究对象和研究内容了。

(三) 我们的思考

前面我们已经重新探讨了文献学的研究对象，认为其研究的并非概念化的笼统的文献（古代典籍），而是文献的外在形式，即文本和版本。由此其研究内容也是围绕这两方面展开的。但并非线性展开，而是立体化展开的，也就是说，各研究部分之间固然有联系，但是地位是平等的。它们的具体研究并非面面俱到，而是各有侧重。因此，原来本属于版本、目录等的"文献形态"方面的知识可以各归其类了。同时，笔者也不同意将文献类型之类的内容纳入文献学，其实一部文献史即可容纳全部相关内容，何必文献学越俎代庖呢？这样就只剩下王欣夫先生所说的狭义的文献学内容了。但是这只是静态地观照这些内容，兴起于20世纪50年代的西方新书籍史①（包括阅读史）理论以及日本学者关于出版文化②的相关研究为我们展示了一个动态的发展过程。他们注重书籍的文本形态而非文本内容的整体研究，或将之当作一种商品，③或当作一种文化载体，④特别注重观照其生产、传播、接受等过程以及在这个过程中与政治、经济、文化等的互动关系。这种理论综合了社会学、文化学等多学科知识，实际上属于一种

---

① 按，中国的学者也有很多在研究文献史或书籍史，如《中国典籍史》等，但一般侧重从学术史的角度，将历代书籍的发展与当时学术的变动相联系，这种研究思路虽然很有必要，但是仍然需要进一步深化和改进。

② 此类著述有井上进《中国出版文化史》、大木康《明末江南的出版文化》等。大木康先生在书中（第115页）说："井上先生说出版文化研究的主要关注点应在于'出版的情况、其变迁过程及其与社会或学术的关系'。当然，出版文化研究与版本目录学有密切的关系。出版文化研究的基础就是版本目录学的知识与成果。我同意井上先生的观点，出版文化研究的关注所在就是出版的具体情况及其对当时社会、学术的影响。"

③ 西方新书籍史是在法国年鉴学派的影响下出现的，注重从社会史和文化史的角度探讨书籍（主要是印本书籍）的传播功能，即对社会各个层面的影响。其或将书籍当作一种商品，从社会史的角度探讨其整个生命历程。如其开山之作［法］费夫贺和马尔坦的《印刷书的诞生》从印刷过程、生产、传播、销售等各个角度对印本书籍进行细致的研究，后来丹顿又提出其著名的"传播循环"（communication circuit）模式，成了书籍史研究的主流。张升《中国历史文献学》是近年来不多见的一部文献学著述，就是从这个角度加以研究的。

④ 书籍史的一些学者侧重从文化学的角度加以研究。如周绍明《书籍是社会史——中华帝国晚期的书籍与士人文化》一书之中文版序《书史与士人书籍的非士人背景》说："明智的做法是将历史的关注点从确定和分析手写本与印本之间的差异，或印本与图像之间的差异中跳出来，把详细考察这些技术和交流方式的交叠变化对文化、社会和思想的影响包括进来。那么书籍作为一个对象就不仅仅被视为一种商品或一种信息载体，它还将被理解为一种组织信息和观点的方式，促进某些机构和社会群体形成的一个框架，这个框架对某些表达和论证方式的发展更为有利。"显然，正如其书名所揭示的，其是从社会文化角度探讨书籍的，而这个角度已经渐渐走向阅读史了。从书籍史（生产、传播）到阅读史（接受）的发展过程，体现了西方书籍史研究的转向。

广义文化①上的跨学科研究。而这正是当前文献学所薄弱的地方,故而有必要将其相关的理论和方法引入文献学的相关理论探讨当中,具体论述详见下文。

总而言之,以文献学的研究对象为中心,我们认为,文献学的研究内容主要有以下几个方面:

(1) **文献目录学**,以文本和版本为研究对象,研究其著录、分类等内容。其与英美之"列举书志学"(enumerative bibliography)、"描写书志学"(descriptive bibliography)②等相近。

(2) **文献版本学**,以版本为研究对象,探讨版本特征、类型、源流、价值等内容。其与英美之"分析书志学"(analytical bibliography)③相近,陈正宏等先生称为实物版本学。

(3) **文献校勘学**,以文本为研究对象,而以版本为前提,探讨文本校勘的特征、类型、方法等内容。其与英美之"文本书志学"(textual bibliography)④相近,陈正宏等先生称为文本版本学。

(4) **文献文化学**⑤,以书本和版本为研究对象,从社会文化史的角度探讨其编纂、传播、接受等过程。所以,其又有以下几个分支:

1) **文献编纂学**,主要探讨文献编纂的类型、方法,并探讨其编纂的内在原因及流变等。值得注意的是,我们所说的编纂,是一个动态的活动。其编

---

① 关于广义文化的概念,学者多有论述,梁漱溟《中国文化要义》(《梁漱溟全集》第三卷,山东人民出版社,2005年,第9页)云:"俗常以文字、文学、思想、学术、教育、出版等为文化,乃是狭义的。我今说文化就是吾人生活所依靠之一切,意在指示人们,文化史及其实在的东西。文化之本义,应在经济、政治,乃至一切无所不包。"钱穆《中国文化传统之演进》(《中国文化史导论·附录》,《钱宾四先生全集》第29册,联经出版事业公司,1998年,第241页)云:"普通我们说文化,是指人类的生活;人类各方面各种样的生活总括汇合起来,就叫它做文化。"

② 并见[美]G·托马斯·坦瑟勒著,苏杰译《分析书志学导论》,浙江大学出版社,2014年,《译者序》第4—5页。

③ 同上,《译者序》第5页。

④ 同上。

⑤ 按,程章灿先生主编的十卷本《中国古代文献文化史》于2021—2022年已经陆续出版。在《总序》中,程先生及其团队提出了"中国古代文献文化史"的概念,即"将文献与文化相互融合,从文献的实证角度阐释文化,从文化的宏观视觉审视文化,突破了已有研究成果奖文献史研究与文化史研究割裂的格局",见赵益《中国古代文献:历史、社会与文化》,南京大学出版社,2022年,《总序》第9—10页。本书提出的"文献文化学"虽然在研究视角等方面与其有类似之处,但研究内容和侧重点都不相同。

纂者,并非仅仅指最初的著者或编者,还指其进入流通阶段之后的校订者、刊印者等一系列与该文献相关的人物。是他们与最初的编著者一起完成了一部文献的生产过程。

2) **文献传播学**,主要探讨文献在编纂完成之后,在流通过程中的传播方式、方向及内在原因。

3) **文献接受学**,主要研究文献在进入拥有者手中之后出现的收藏、辨伪、阅读等活动。其中,文献的收藏实际上是一种鉴赏活动,所以需要关注收藏者的身份、兴趣及收藏的内容、特点、方式等。文献的辨伪是一种鉴定活动,所以需要考虑作伪的类型、方式、原因等;文献的阅读则是一种体验活动,其并不关心文献真正的内容意义是什么,而是注重读者(群)从中获取到了什么。所以,读者的身份地位、阅读方式、阅读内容、阅读目的等都是其研究的内容。

需要强调的是,以上几个分支同时也是一种文化行为,所以要考虑与当时社会、文化等的互动关系。

从目前的文献学著述看,如前文提到的第五种观点,其实也提到了文献的生产、传播等内容,这是从现代文献学那里吸收过来的内容。从其具体论述上看,基本上吸收了经济学的相关理论,与我们所说的内容几乎没有任何关系。其相关论述已经将文献学引入了图书馆学、情报学等领域,从而使其丧失了应有的学科地位。

总而言之,文献学的四大研究内容是从文献学的研究对象的各个侧面进行的研究。目录学、版本学、校勘学是静态地描写文献学,文献文化学则是动态地观照文献学,二者一静一动,共同建构了文献学的理论体系。值得一提的是,动态的研究与静态的描写其实在具体实践中是不可分割、互相促进的。前三者为文献文化学提供了最基础的相关知识,后者的方法也为前三者的发展打开了一个研究大门,如我们前面提到的文献学的现代化的问题。由此,我们可以为文献学下一个更加准确的定义:**文献学就是一门了解(目录)、整理(目录、版本等)、检索(目录)、阐释(文化)文献的一门学科**。这个定义克服了传统意义上将文献学仅仅作为文献整理的学问的局限,同时对其研究对象和研究内容进行了重新界定。这使其研究更具有张力和活力,但不流于空虚不实与了无边际。

另外需要补充的是,大多文献学著述往往会将辨伪学与辑佚学列入文献学的研究内容当中,笔者则另有想法。考察早期的文献学著述可知,二学并非文献学必须有的内容。二郑《中国文献学概要》、王欣夫《文献学讲义》、罗孟桢《古典文献学》等并无此等知识。吴枫《中国古典文献学》第五章有"辑佚书",与类书、丛书并列,明显是将三者当作特殊的图书类型。第七章有"辨伪",与版本、校勘并列。可见,辑佚与辨伪的地位是不相当的。张舜徽《中国文献学》则将二者作为"前人整理文献的具体工作",与钞写、注解、翻译、考证等并列,而将目录、版本、校勘作为"整理古代文献的基础知识",①显然二学与版本、目录等的地位也是不相当的。吴、张二书几乎同时出版,却在处理这些知识方面采用了不同的处理方式,显示了20世纪80年代前期的学者们对这类知识是有异议的。然而这种状况在80年代末至90年代便迅速有所改观,不仅文献学著述如洪湛侯《中国文献学新编》,而且专科文献学著述如王余光《中国历史文献学》,张家璠、黄宝权《中国历史文献学》,杨燕起、高抗国《中国历史文献学》等皆将二学当作文献学的研究内容或整理文献的方法来看待了。自此以后,二学取得了与版本、目录、校勘平起平坐的地位。然而,仔细考察可知,此二学与后三学实际很难达到平衡。首先,文献学上的辨伪主要是辨别伪书,具体包括书名、撰者、年代、内容等。这显然缩小了该学的研究范围。辨别伪书属于辨伪,那么置于版本学下的伪本何尝不是呢?② 校勘学上的讹字又何尝不是呢? 更何况还有那些与思想、学术有关的伪说呢? 再从历代研究成果看,历代皆有众多辨伪学者和辨伪工作,但是并无多少独立的辨伪著述,往往会依附于其他文献当中,这自然与其辨析的对象不无关系。那么,一个名不副实又无独立著述的辨伪学凭什么要自立于文献学当中呢? 笔者认为,其实将之当作一种文献学的研究方

---

① 按,张大可主编《中国历史文献学》也是如此处理这类知识的。
② 按,洪湛侯《中国文献学新编·绪论》(杭州大学出版社,1994年,第9页)说辨伪"包括对古籍名称、作者、年代、版刻真伪的考订",将"版刻真伪"归入了"辨伪",是其卓见,然而检《辨伪》一章的具体内容则仅有对伪书的相关知识的介绍,显然也未曾考虑清楚,只是偶尔一提罢了。

法更合适。方法探讨的实际上是如何研究的问题,辨伪是求真之学,文献学上的大多研究内容都会涉及真的问题,所以其作为方法是最合适不过的了。具体参看后文的讨论。

其次,文献学上辑佚的出现,学者认为是因为古书亡佚的缘故。实际上这并不能构成因果关系。辑佚源于阅读与研究,可能更符合实际,因为并不是所有的亡书都被辑录。从方法上看,辑佚在本质上属于一种特殊的编纂方式,其结果往往形成一部新的著述或新的版本,应当与类书、丛书之类并列。之所以如此说,是因为辑佚出内容并不能完全恢复原书面貌,多者可能辑出大部分,少者仅仅只言片语。这样的著述即便能严格按照原书章节编排内容,也已不可避免地掺杂了辑录者的个人思想,所以已经属于与原书有别的新的著作了。所以马国翰《玉函山房辑佚书》、黄奭《黄氏逸书考》之类著述并不应该当作汇编丛书而拆分子目,而只是一部采用辑佚手法编纂而成的著述,否则书籍的概念将无法把握了。总之,通常所说的辨伪与辑佚不应该如一些文献学说的"实质都是对文献文本内容的可靠性给予实证",①这仅仅是从文献整理的角度立言,并不能真正反映二学的真正内涵和功能。

二、专科文献学的研究内容

专科文献学②的研究内容其实与该学科发展的成熟度有关,笔者从目前所收集到的 62 部各科文献学著作③当中选出有代表性的 29 部加以讨论,而所选诸书尽量能涵盖到各个学科。

---

① 董恩林主编《中国传统文献学概论》,华中师范大学出版社,2008 年,第 13 页。
② 以下讨论包括各级学科的文献学(如一级学科的历史文献学和二级以下学科的档案文献学)、地域文献学等。
③ 按,笔者按照学科,将目前所收集到的相关专科文献学著述分别进行统计,其中历史文献学 6 部,文学文献学 10 部,艺术文献学 7 部,人文社科文献学 3 部,档案文献学 1 部,中共党史文献学 1 部,族谱文献学 1 部,教育文献学 1 部,法律文献学 3 部,地理文献学 1 部,医学文献学 20 部,经济文献学 1 部,植物饮品文献学 1 部,少数民族、宗教、域外文献学 6 部,以上不包括小学文献学(下节将会探讨,此略)和受现代文献学影响下的著述(如王秀成《科技文献学》,胡昌平、邱均平《科技文献学》等)及题名"文献学"却实非文献学(如徐近之《地理文献学浅论》、汪庆正《钱币学与碑帖文献学》等)的著述。另外,有些同一作者编写的著作如果内容不变仅题目略改,或章节名称略为调整,或略有增删者,只算 1 部。

作者及著述名	研究内容	编纂模式	观点
张君炎《中国文学文献学》1986	种类和体裁,类型,版本,目录,校勘和辨伪,注释和体例,体裁各异的文学文献(古代文学作品综合集文献、诗歌、散文、小说、戏曲、文学批评),检索方法和文学工具书	文献形态＋目录、版本、校勘等＋专科文献类型＋专科文献检索	(三)_1
王余光《中国历史文献学》1988	各类史部文献,历史文献的实证(辨伪、校勘与考证、辑佚与补阙),历史文献的解释(史注),历史文献的整序(史部目录)	专科文献类型＋目录、版本、校勘等	(一)_1
黄存勋、刘文杰、雷荣广《档案文献学》1988	档案文献概论,档案文献的整理和检索,档案文献的考据,档案文献的研究,档案文献的校勘,档案文献的标点,档案文献的编辑,档案文献史	目录、版本、校勘等＋专科文献史	(一)_1
张家璠、黄宝权《中国历史文献学》1989	历史文献的产生与聚散,表现形式与类别,目录学(第三节史部目录),版本,校勘,考证,辨伪,辑佚,标点,注释,今译,典藏与阅读,检索,回顾与展望	文献类型＋目录、版本、校勘等＋文献检索＋专科文献学史	(三)_1
杨燕起、高抗国《中国历史文献学》1989	历史文献学与中国传统文化、时代、历史学科,历史文献学史,目录学、版本学、校勘学、辨伪学、辑佚学、史源学、传注学、编纂学、藏书史,历史文献学相关学科与相关文献	历史文献学史＋目录、版本、校勘等＋与相关学科的关系	(三)_3
薛凤奎主编《中医文献学》1989	基础:源流,体式(书籍制度、体例、文体),分类,目录,版本,校勘,辨伪;研究内容及方法:句读,训释,语译,语言文字学知识的运用,研究课题与论文写作	文献形态＋目录、版本、校勘等＋研究课题	(三)
马继兴《中医文献学》1990	中医文献范畴论(目录、辑佚),中医文献源流论(文献史),中医文献结构论(版本),中医文献方法论(训诂、校勘、检索、考证)	目录、版本、校勘等＋专科文献史	(一)_1

续　表

作者及著述名	研　究　内　容	编　纂　模　式	观点
张大可、王继光《中国历史文献学》1991①	导论,历史文献的载体和印刷技术,历史文献类别,历史文献的整理(目录、版本、校勘、实证、注释、汇编、当代的古籍整理)与检索,历史文献学史	文献形态+(专科)文献类型+目录、版本、校勘等(检索)+文献学史	(三)$_1$
单淑卿、张春玲《中国经济文献学》1991	经济文献概述,经济文献目录,我国古典经济书籍的版本,我国古代经济文献的校勘与辨伪,古代经济文献的注释与体例,古代经济文献简介,近现代经济文献简介,经济文献的检索	目录、版本、校勘等+专科文献类型(古代、近现代)+文献检索	(三)$_2$
刘跃进《中古文学文献学》1997	总集编撰与综合研究,中古诗文研究文献,中古小说文论研究文献	专科文献类型	(四)
张伯元《法律文献学》1999	法律文献的类目,法律文献概况,法律编纂体例,整理和研究(版本,辑佚,校勘,标点,注释和今译)	专科文献检索+专科文献类型+目录、版本、校勘等	(三)$_2$
孙立《中国文学批评文献学》2000	历代(先秦、汉代、魏晋南北朝、隋唐五代、宋金元、明代、清代)文学批评文献	专科文献类型	(四)
查洪德、李军《元代文学文献学》2002	诗文文献,词曲文献,戏曲文献,小说笔记文献,诗学词曲学文献;元代文学研究相关文献,论著提要,文学史料的考订与钩稽,书目与工具书	专科文献类型+专科文献检索	(四)$_1$
严季澜、顾植山《中医文献学》2002	中医各类文献,中医文献的整理与研究(目录、版本、训释、校勘、辨伪与辑佚)	专科文献类型+目录、版本、校勘等	(一)$_1$

---

① 按,此书后来进行了修订改编,并于1999年在民族出版社出版,主编换成了谢玉杰和王继光。

续 表

作者及著述名	研 究 内 容	编 纂 模 式	观点
丁安伟等《中药文献学》2003	绪论;中药文献学基础知识:文献学基础知识(文献、文献学、目录学、版本学、校勘学、训诂学),中药文献的概况与分类(图书、期刊、特种文献),中药文献的检索途径;历代中药文献;代表文献及检索与应用;现代中药文献;外文中药文献;中药文献的计算机检索;中药文献的应用	目录、版本、校勘等＋专科文献类型＋专科文献检索	(三)$_2$
张显成《简帛文献学通论》(2004)	绪论,古今出土简帛史和文献介绍,简帛制度,简帛类别,简帛研究价值,简帛整理研究及其回顾与展望	专科文献史＋文献形态＋目录分类＋专科文献综述及价值	(三)$_1$
朱崇先主编《中国少数民族古典文献学》2005	绪论,中国少数民族古文字与古文献的源流及其特点,积聚与散失,载体种类及其特点,分类与编目著录,版本与装帧,校勘,翻译和注释,与其他学科的关系,调查,保护与开发利用	民族文字与文献类型＋文献形态＋目录、版本、校勘等＋文献应用(调查、保护与开发利用)	(三)$_1$
张铁山《突厥语族文献学》2005	绪论,突厥语族各民族文化史,突厥语族各期文字的起源与类型,载体形态,分期与分类,转写、翻译与注释,不同文字类型的文献(突厥文、回鹘文、察合台文),开发利用与现代化	民族文字与类型＋文献形态＋分类、翻译与注释＋专科文献类型＋文献应用(开发利用与现代化)	(三)$_1$
方宝璋《中国音乐文献学》2006	绪论,目录,版本与校勘,二十六史乐志、律志和艺文志中的音乐文献,会要会典中的音乐文献,《十通》中的音乐文献,类书中的音乐文献,古代音乐著作,古代著述中的音乐篇章,近现代音乐著作,乐谱类文献,报刊类音乐文献,佛教道教音乐文献,使用与音乐学相关的工具书,机读型音乐文献	目录、版本、校勘等＋专科文献类型	(一)$_1$

续　表

作者及著述名	研究内容	编纂模式	观点
董占军《艺术文献学论纲》2006	研究的对象范围,研究目的与方法,分类,艺术文献与艺术原理研究,艺术文献史研究中的作用	专科文献类型＋目录、版本、校勘等＋与相关学科的关系	(三)$_3$
孙崇涛《戏曲文献学》2008	戏曲目录学,戏曲版本学,戏曲校勘学,戏曲编纂学	目录、版本、校勘等	(一)
毛远明《碑刻文献学通论》2009	绪论,碑刻的形制及其分类,碑刻文献的内容,保存,著录和辑集,碑刻文献的研究成果,碑刻文献研究的展望	专科文献类型＋保存、著录等＋专科文献综述	(三)$_4$
李振宇、李润杰《法律文献学》2010①	理论构建,方法应用(目录、阐释、编辑、翻译、考证、版本、刊布、规范化、传播、收藏),文献查询(各类法律文献)	目录、版本、校勘等＋专科文献类型	(一)$_1$
黄爱平《中国历史文献学》2010	绪论,文献的载体、类别和形式,分支学科(目录学、版本学、校勘学、考证学、辨伪学、辑佚学、避讳学、标点、注释与今译、典藏与编纂、阅读与检索),历史文献学史	文献形态与文献类型＋目录、版本、校勘等(避讳学、阅读与检索)＋文献学史	(三)$_1$
张灿玾、张增敏、张鹤鸣《中医古籍文献学》2013	绪论,历代中医文献,书名与篇名,书体结构,文体,文字,标记符号,载体,著录,校勘,注释,类书与丛书,聚散与辑佚,辨伪	专科文献史＋文献形态＋目录、版本、校勘等	(三)
严季澜、张如青《中医文献学》2013	基本理论与方法(载体与形制、目录、版本、校勘、辨伪与辑佚),中医各类文献	文献形态＋目录、版本、校勘等＋专科文献类型	(三)

---

①　按,该书为李振宇编写的第三部文献学著作,之前有《法律文献学导论》(中国检察出版社,2003年)、《法律文献学》(中国检察出版社,2005年)。三书中,唯该书于"理论构建"新增了"法律文献基础","方法应用"新增了"版本",两章据《后记》云为李润杰所撰。余除章节名称和次序略有出入外,内容几乎一致。

续 表

作者及著述名	研 究 内 容	编 纂 模 式	观点
徐鹏绪《中国现代文学文献学研究》2014	中国现代文学文献的整理(版本学、目录学、校勘学、考证、辑佚、注释),中国现代文学作家生平文献,中国现代文学原始文献的编辑出版类型,中国现代文学研究文献类型,中国现代文学研究之研究文献	目录、版本、校勘等＋专科文献类型	(一)₁
严季澜、陈仁寿《中医文献学》2016	中医文献学的基本知识、理论与方法(命名、体式与载体形制,目录,版本,校勘,注释),历代中医文献	文献形态＋目录、版本、校勘等＋专科文献类型	(三)
田庆锋《中国法律文献学概论》2018①	学科概论,历史与现状,基本范畴(法律文献与法律文献学、载体、记录、分类、目录、版本、整理),综合类法律文献整理概述,历代法律文献的整理与利用(先秦、秦汉魏晋南北朝、隋唐五代、宋辽夏金元、明清、近现代),法律文献检索概论	文献形态＋目录、版本、校勘等＋专科文献类型(专科文献史)＋文献检索	(三)₁

说明:末列"(一)(二)"等表示前面所举的文献学著述的五种模式,而阿拉伯数字代表在某种模式下的具体小的变化。

董恩林《中国传统文献学概论》云:"只要翻开这些专科文献学著作,就可发现,它们在理论体系上如出一辙,无一能够脱离版本、目录、校勘、辑佚、辨伪这一传统模式,与此前出版的文献学、古文献学著作并没有什么不同。尤其是专科的历史文献学与古典文献学几乎没有任何不同之处,无非是增加了一些该学科的文献介绍,有的专科文献学实际上就是专科文献介绍。"② 从以上诸专科文献学看,董氏之书已经揭示了部分专科文献学的研究内容,

---

① 按,田庆锋编著了两部文献学著作,除了该书之外,另有与何青洲、邢文艳合编的《中国法律文献学引论》(中国政法大学出版社,2014年)。两书相比,该书新增了第十章"近现代法律文献的整理与利用"和第十一章"法律文献检索概论"两章内容,其余相同。所以,该书可以看作后者的增订本。

② 董恩林主编《中国传统文献学概论》,华中师范大学出版社,2008年,第8页。

然而显然不够详尽,所以我们有必要再加以深入探讨。如董氏所言,与文献学的研究内容相比,以上诸专科文献学大多与之相同,说明专科文献学是在参考了文献学研究内容的基础上进行编纂的。然而其往往也会呈现出自己的一些特点,主要体现在以下几点:

第一,侧重专科文献的揭示和应用。

从以上29部著述看,专科文献学主要是为专门学科提供其研究的基础知识而存在的,所以编纂者特别注重专科文献的揭示和应用。这里的文献揭示,即通过不同的文献类型来介绍本学科的文献,显然这里体现出的是为本学科服务的特点,如张君炎《中国文学文献学》从第八章开始便分体裁依次介绍了古代文学作品综合集文献、诗歌、散文、小说、戏曲、文学批评等多种文学文献的注释研究和目录资料等。张伯元《法律文献学》第二章则分文件类文献、法制史料类文献、法学论著类文献、法律文献学专家及其著述等对历代法律文献进行了详细的介绍。历史文献学著述则比较特殊,除若干属于文献学著述(如曾贻芬、崔文印《中国历史文献学》,张传玺《中国历史文献简明教程》)外,相当一部分介于文献学与专科文献学之间,即在采用文献学的某种编纂模式的基础上侧重介绍历史学文献(同时也在介绍其他文献)。以上所列除王余光《中国历史文献学》(1989)外,余三部著述皆是如此。如张大可主编之书基本上采用的是文献学的第五种模式,即在第三种的基础上增加了"检索"一门。其第二编"历史文献类别概述"中,第一章介绍了四部分类的古籍文献,第二至三章详细介绍了史部诸类文献,第四至五章分别介绍了古今原始资料文献和少数民族历史文献。较新出版的黄爱平主编之书,采用的编纂模式类似张氏,其分支学科下新增了史学范畴的避讳学,文献学史中很多都注重历代重要史学著述的介绍。这些历史文献学著述,究竟该如何定位其性质呢,实在有些难办。说它们是专科文献学著述吧,却在文献形态等内容上并不怎么强调史学文献;说它们是文献学著述吧,却又时不时地专门介绍一些史学文献。无论这些著述如何定义其历史文献学,从整体上看,将其当作一种对文献学知识简单应用的不太成熟的专科文献学著述应该不成问题。

除了侧重对本学科知识的揭示外，很多专科文献学还特别注重专科文献的应用，这里主要指文献的检索。在古代，公私藏目其实长期充当检索文献的工具，所谓簿录之学是也。但是目录学家常常对之心存鄙薄，反而高深莫测地大谈目录学"辨章学术，考镜源流"的崇高理想。其实，统观历代公私藏目，便检才是书目最基本的功能。① 书目检索主要是检索作为一部著作的"文献"的②（书名检索），当代的文献检索学当然不限于此，还包括检索文献的具体内容，包括篇名、人名、地名、关键字词等等，目的是为了能够方便快速地获得自己所需资料。③ 显然，这些内容已经大大超出了文献学的研究范围。从已出版的文献学著述看，将文献检索作为其研究内容的著作并不是很多，且位置不一，内容简略。除张三夕《中国古典文献学》、潘树广等《文献学纲要》等专章加以讨论外，其他如张大可、余樟华《中国文献学》，董恩林《中国传统文献学概论》，郭英德、于雪棠《中国古典文献学的理论与方法》，王宏理《古文献学新论》等往往将这部分内容与文献的收藏或编纂或目录一起加以讨论，显然大家对"文献检索"的认识还存在较大差异。反观专科文献学著述，则在这一方面较为突出。在上面所列的29部著述中，明确拥有这部分内容的就有12部，占了不到一半。从其内容上看，主要是介绍如何检索

---

① 余嘉锡先生《目录学发微》（商务印书馆，2011年，第18页）将目录之书分为三类，其中第一、二类并无多少书，反而第三类即"小序、解题并无，只著书名者"大量存于世。余先生认为即便是此类，其意义也在辨章、考镜，"所由与藏书之簿籍，自明赏鉴，图书馆之编目仅便检查者异也"。真是这样吗？显然并不是。余先生之所以这么说，是因为这类书目中的一小部分如《通志·艺文略》《书目答问》等比较注重"类例既分，学术自明"的做法，然而这只是以少概多，并不完全符合事实。姚明达先生《中国目录学史·体质篇》（上海古籍出版社，2002年，第136—137页）在详细梳理历代书目的演变过程中倒是能够重视这个问题，云："'三''七'之外，南北朝之秘阁目录，自荀勖'但录题及言，盛以缥囊，书用细素；至于作者之意，无所诠辩'后，介绍撰人，解释内容，批评得失之叙录，遂被屏弃不用。《隋志》所收南朝诸目，"盖原来皆在书库中备检寻之用，故各成一卷，合之四库，适为四卷也。此种四卷之四部目录，《隋志》讥其'不能辨其流别，但记书名而已'。晋、隋之间，目录学最为衰敝，正坐'但记书名'！唐初始稍稍革新，而明代又重蹈覆辙。如《文渊阁书目》仅有书名册数，并撰人亦不能尽列。此在目录之体质史中，实为仅有书名之一派，简陋之藏书楼目录每每如此，其旨只在备寻书之用，原非著作也。"观其语气，姚先生虽然也如余先生一样对这种书颇有非议，但却较为客观地描述了这类备检之书目流传状况，并且与后世图书馆之编目联系在了一起。从目录学的角度看，书目检索可以看作是目录学知识在应用领域中的延伸。

② 张三夕《中国古典文献学》称之为"书名检索"。

③ 古代的类书、字词典等都有这方面的功能，可惜并没有上升到理论层面，更谈不上学科了。检索学是一门专门的学问，古代这些具有兼职功能的著述无法与其比拟。

本学科的文献的,体现了为本学科服务的应用性目的。然而从各著述所讨论的文献学或专科文献学的研究对象看,检索这部分内容显得略微尴尬。以张大可、王继光《中国历史文献学》为例,其研究对象为"历史文献",此何谓呢?该书云:"广义历史文献,系指一切文献;狭义历史文献即历史学史料文献,其中历史学记注与撰述的典籍是狭义历史文献的主体。"此定义源于其对"文献"的界定:"广义文献,就是由一定载体所表现的全部人类知识记录;狭义文献,就是原本的含义,专指文字资料和言论资料。"[1]而该书所研究的"历史文献范围","从历史史料学角度以广义历史文献为对象,而重点突出史部文献"。[2] 换句话说,该书在取材上范围很广,但详加讨论的却是历史学文献。就研究对象而言,该书出入于历史文献的广狭定义之间,显得十分不明确。在其第四章《历史文献的检索》中,该书认为历史文献检索的对象有三:文献检索、事实检索和数据检索。文献检索显然可以与作为"典籍"的狭义历史文献相互对应,而后两种检索内容则混杂了太多的东西,无法与该书的研究对象明确照应。该章的很多内容其实流于泛泛,适合于任何一门学科的检索。研究对象的不明确导致了该书文献检索方面的知识针对性不太强,这显然并不利于历史文献学知识体系的建立。如果细心考察已出版的众多专科文献学,可以发现,很多持有广义文献概念的著述往往大篇幅地探讨作为典籍的专科文献,而作为典籍的专科文献究竟要研究其内容还是形式,往往又是模棱两可,语焉不详。这就直接导致了在文献检索方面是站在了解、研究专科知识的角度加以考虑,而非从学科的角度。换句话说,不管采用什么样的检索方式,只要能获取所需知识即可。这样的话,要文献学有什么用呢?改成文献检索学便可以解决一切问题了。这其实告诉我们,在探讨专科文献检索的过程中,需要明确和细化专科文献学的研究对象。

第二,与文献学的研究内容若即若离。

从以上著述可以看到,学者们在编写各自的专科文献学时基本上是以

---

[1] 张大可主编,王继光副主编《中国历史文献学》,陕西人民教育出版社,1991年,第4页。

[2] 同上,第9页。

某一文献学著述的知识体系进行编纂的,这自然无可厚非。但是除了少数著述如王余光《中国历史文献学》、孙崇涛《戏曲文献学》能够将学科知识与文献学研究内容较为完美地结合在一起外,大量的著述体现为文献学知识与专科文献知识若即若离的状态,即只有在涉及专科文献类型等内容时才详细加以介绍,而关于版本、目录等知识则大量摘自一般的文献学著述,有的仅仅在举例时换成了某些专科文献。如丁安伟主编《中药文献学》一书中,版本、目录等知识成了"文献学基础知识"偏处一角,大量的内容则在介绍古代、现代、外文中药文献。显然,版本、目录等在该书中是可有可无的知识,而能够体现其专科文献学特色的只有中药文献类型的介绍了。这种现象,董恩林先生称为"文献学"的泛化,并表示特别不理解。在他看来:"除了已有的史学文献学、文学文献学两大专科文献学外,目前所见,还有医学文献学、中医文献学、档案文献学、民族文献学、科技文献学、简帛文献学、地方文献学、方志文献学、佛教文献学、汉语言文字文献学、敦煌文献学、科举文献学、音乐文献学,等等,大有泛滥成灾的趋势。实际上,这些所谓'文献学'都是某一方面文献的概述,准确地说,应该称作'某某文献概说'。"①无疑,他指的就是如《中药文献学》这样的侧重于文献类型介绍的专科文献学。在他看来,这类著述"事实上是造成'文献学'学科界域模糊、混乱的原因之一"。董先生的话虽然有些过激,但却道出了目前专科文献学的一个困境,即如何将文献学基本知识与专科文献知识较好的融为一体,或者专科文献的哪些知识与文献学的知识相融合,否则一不小心就成了一部专科文献史了。

第三,编写方式五花八门。

前面我们介绍了文献学著述在研究内容方面的五种编纂模式。总体上看,专科文献学著述毫无疑问是在参考这些模式中的一种的基础上编纂完成的,所以在基本理论框架上能够与文献学知识体系保持一致。但是细心看来,还是有些变化的。上表的一些信息可以直接体现出这些异同。从表

---

① 董恩林《简谈历史文献学的定位定性及其面临的几个问题》,《淮北师范大学学报(哲学社会科学版)》,2011年第2期。

中可以看到,29部著述当中,绝大多数采用了文献学的第三种模式(共18部),其次为第一种模式(共8部),反映了这两种模式应该是最能代表文献学的知识体系的。而据前文可知,模式一是五种编撰模式当中最早出现的一种,王欣夫先生《文献学讲义》采用的即此。模式三是在其基础上不断完善而来的,由于其内容全面且丰富,成了后来众多文献学著述采用的模式。所以,专科文献学以此二种为主要模式自然在情理当中。但是,不可否认,在具体的编纂过程中,由于强调知识的应用性和服务性,所以不可避免地会加入文献检索和文献利用等内容。然而即便除去这些知识,我们的专科文献学仍然会对原有模式的知识重新进行调整。以上表中的第三种模式下的18部著述为例,以文献形态+版本、目录等知识+文献类型或文献学史构成了该模式的基本结构,其中该结构第三部分往往会在专科文献学著述中被换成专科文献,如严季澜、陈仁寿《中医文献学》等。然而我们说的变化并不在此,而在于该结构内容在一些专科文献学著述中的增减。统合起来,至少可以衍生出以下四种小模式:

(1)在该基础上另增文献检索(或文献应用),此以田庆锋《中国法律文献学概论》、黄爱平《中国历史文献学》、①张铁山《突厥语族文献学》等为代表;

(2)无文献形态,而另增文献检索,此以张家璠、黄宝权《中国历史文献学》、丁安伟等《中药文献学》为代表;

(3)无文献形态,而另增与相关学科的关系,此以杨燕起、高抗国《中国历史文献学》为代表;

(4)无文献形态和文献类型,而有著录、保存等内容和文献应用(文献综述),此以毛远明《碑刻文献学通论》为代表。

以上这些模式中,文献形态的介绍几乎荡然无存,版本、目录等内容虽然有却沦为一般性基础知识,文献类型渐渐成为叙述的主角,文献检索和应用逐渐崭露头角,这与前面所说的相关内容可以相互照应。编纂模式的变

---

① 按,此书第七章"历史文献的阅读与检索",其中"历史文献的阅读"介绍了西方阅读史方面的知识,这是之前文献学著述没有的内容。后来张升《历史文献学》(2016)则对西方书籍史有相关的介绍并进行了具体的应用,体现了西方书籍史和阅读史理论对中国文献学的影响。

化暗示了专科文献学著述的尴尬现状和未来走向：离文献学理论体系越来越远，而逐渐沦为专科文献（类型、历史）的介绍。同时也影响到了非文献学的学者对专科文献学的看法：一门介绍专科文献知识的学问。——这是一个十分危险的信号！

第四，目录学等内容分属于不同的章节。

前文提及，绝大多数专科文献学著述会涉及版本、目录等研究内容的，虽然很多时候其被当做一般知识而处理。其中，就目录学知识而言，本来便包含著录、分类等内容，这些内容本不应该割裂。但是有时却会在某些专科文献学中被进行分拆，具体体现在：(1) 分类与著录或取其一，或分而述之。前者如张铁山《突厥语族文献学》，张灿珅、张增敏、张鹤鸣《中医古籍文献学》等，后者如薛凤奎主编《中医文献学》，严季澜、陈仁寿《中医文献学》，田庆锋《中国法律文献学概论》等。(2) 主体知识集中讨论而在文献检索中也会涉及。如黄爱平《中国历史文献学》，在第三章"历史文献学的分支学科（上）"中有"目录学"的专节介绍，而在第七章"历史文献的阅读和检索"之"检索的途径"中又有"书目"一小节。后一种情况我们在之前便已论述过了，体现了专科文献学侧重文献检索的特点。前一种情况尤其是著录与分类兼载的现象，其实已经在潘树广等《文献学纲要》中有所体现，其专设"文献的分类""文献的整序与揭示"两章，明确将二者并列。为什么要这样的呢？潘氏分别以"文献的整序"与"文献的揭示"加以解释。前者"就是对一定范围的文献进行组织整理，按分类或字顺方式有序排列，形成检索工具的一项工作"，后者"就是对文献的外部特征和内容特征进行描述的工作"，二者皆"是展现文献面貌并服务于文献查寻的重要工作"。[①] 这样答案就很清楚了：持有这种观点的著述是将著录与分类当成了文献检索的对象，[②]二者都是为了便检而非传统意义上的"辨章学术、考镜源流"，所以原来具有崇高

---

① 以上并见潘树广、黄镇伟、涂小马《文献学纲要（增订本）》，广西师范大学出版社，2005年，第102—103页。

② 类似的著述尚有王余光《中国历史文献学》，仅有分类而无著录，第四编称"历史文献的整序"（指"解决文献的排列顺序"的书目和索引）。董恩林主编《中国传统文献学概论》亦仅有分类，第四编称"文献的检索典藏"，分文献分类、文献编目、文献典藏三部分。

使命的目录学内容也很容易变得支离破碎。由此我们可以看到,有些著述为何或仅有分类而无著录,或相反,或二者皆无(仅有文献检索),或与检索相融,因为在这类著述看来,它们都属于文献检索的内容。由此可见,专科文献学这种分拆目录学内容的现象同样也体现了侧重文献检索的特点。

以上可见诸专科文献学著述的研究内容的现状和不足。总体上看,应用性(检索)和服务性(本学科)是专科文献学追求的两大主要目的。为了这样的目的,也就会出现相应的编纂方式,从而具有了形式各异的研究内容。

三、小学文献学的研究内容

从目前的研究状况看,对小学文献学研究内容的研究成果可谓寥寥无几,主要有以下 3 部著述,①我们亦以表格形式加以说明:

作者及著述名	研 究 内 容	编 纂 模 式	观点
杨薇、张志云《中国传统语言文献学》(2006)	绪论,以《尔雅》为主体的训诂文献,以《说文解字》为主体的文字研究文献,以韵书为核心的音韵文献,其他语言文献	专科文献类型	(四)
高尚榘《汉语言文字文献学》(2007)	文献编,检索编,知识编	专科文献类型＋专科文献知识检索＋版本、目录等	(三)$_4$
张涌泉《敦煌写本文献学》(2013)	绪论编,字词编(字体、俗语词、俗字、异文),抄例编(讹文和正讹,脱文和补脱,衍文和卜煞,错乱和钩乙,重文符号,省代、省book和省文,标识符号,双行注文齐整化),校理编(缀合、定名、断代、辨伪、校勘)	文献类型及价值＋文字类型＋校勘类型及文献形态＋校勘、辨伪等	(三)$_5$

---

① 按,另有窦秀艳《雅学文献学研究》(2015)一书,分群书(《说文解字》、郑玄笺注、《经典释文》、《五经正义》、《文选注》、《汉书注》、《后汉书注》)引《尔雅》研究、雅学文献校勘研究、雅学文献辑佚研究、雅学文献刻印研究、雅学文献版本类型研究、雅学文献在朝鲜半岛的流布、韩国藏雅学文献版本类型研究等几大内容,性质上属于专类研究(雅学文献),不属于本文探讨范畴,故从略。

此外，邓声国《关于汉语言文献学研究的几点设想》①一文探讨了汉语言文献学的基本理论构想，提出汉语言文献学研究对象为语言学研究资料，包括早期的语言学文献，20世纪以来的汉语语言学学科的理论著作和单篇学术论文等。但对于研究内容的探讨仅涉及分支学科的设立。从其阐述中可以推测，似乎其所认为的汉语言文献学就是研究以上语言学文献的一门学科，②所以其研究内容也限于汉语言文献类型的研究。

从以上诸著述看，小学文献学的研究内容基本上遵循了专科文献学的编写模式。其中，杨薇、张志云《中国传统语言文献学》注意到了小学文献的衍生关系，这是胜过同类编写模式文献学著述之处，但是从目录分类的角度依次介绍诸类小学文献的基本内容、注本、价值等，又陷入文献介绍的简单模式当中了，其性质等同一部详版的小学文献目录提要，并没有真正系统地将诸书系联在一起。张涌泉《敦煌写本文献学》研究的是敦煌写本文献，其研究对象大大超出了小学文献的范围。但由于其侧重文字方面的探讨，故暂归于此。从其研究内容看，既有文字学方面的研究（字词编），又有文献学方面的研究（校理编），还有古文书学、敦煌学等方面的研究（缀合、定名等），范围十分广泛。而在各部分具体问题上又侧重相关知识方面的应用而非理论探讨。所以，这仍然是一部应用性很强的专科文献学。③

总而言之，以上诸书虽然自有其研究特点，但是既然未脱离专科文献学的研究模式，同样也具有无法克服的种种弊端，使得其与文献学研究内容渐行渐远，所以我们必须重新反思其研究内容了。首先需要有意识地回归文献学，重新思考二者的关系。其次需要深刻思考专科文献学的理论困境，理清研究的不足，并挖掘问题所在，这样方能真正建立起一门既与文献

---

① 邓声国《关于汉语言文献学研究的几点设想》，见《文献学与小学论考》，齐鲁书社，2007年，第61—65页。
② 按，据该文（第64页）称，汉语言文献学的分支可以有几个划分角度，从汉语言文字学学科体系划分，有古代汉语言文献学（训诂学文献学、传统文字学文献学、音韵学文献学等）、现代汉语言文献学（汉语音文献学、汉字学文献学）、边缘汉语文献学，等等。显然是从文献类型角度研究的，但具体怎么研究却语焉不详。
③ 严格地说，仍然属于专类文献学，因其仅研究众多写本文献中的敦煌文献（还有部分吐鲁番文书）。

学密切联系又有理论体系的专科文献学,否则便会成为一门如董恩林先生所批评的毫无用处的学科。基于前文对文献学和专科文献学的研究对象和研究内容的新的探讨,我们将小学文献学的研究内容分为以下几大内容:

(一) 小学文献目录学

主要探讨小学文献目录的著录(著录项)、分类(分类、归类)等问题。具体来说,可以分为以下几个方面:通过对古今、中外、公私目录的搜集和整理,(1) 探讨这些书目对小学文献的具体著录情况;(2) 探讨这些书目中小学文献的著录项的具体设置及变化;(3) 探讨这些书目对小学文献的分类异同及归类等情况;(4) 探讨这些书目对小学文献和相关文献(如法书、蒙书等)的具体区分;(5) 挖掘这些书目及相关资料对小学文献目录学理论的阐述;(6) 通过以上探讨,进而总结经验,探讨不足,重新探讨小学文献的著录和分类方面新的走向;(7) 挖掘不同时代和地区的书目中对小学文献不同的著录和分类等背后的隐藏的学术、社会文化等的动因和内涵。

(二) 小学文献版本学

主要探讨小学文献的版本特征、类型、源流、价值等内容。具体而言,包括以下几方面内容:(1) 从历时的角度梳理小学文献版本作为小学文献目录的著录项之一的演变过程,这个过程直接体现了不同时代的学者对版本的不同看法;(2) 通过总结中西版本学的研究成果,立足东亚汉籍版本学①的视野,梳理不同国家对版本术语的规定,进而探讨小学文献版本的一般特征和个性特征,并探讨如何较为准确全面地对其加以描写;(3) 结合版本学基本知识,立足于小学文献实践,尝试从不同角度对小学文献版本进行类型学研究;(4) 总结不同类型的小学文献版本鉴定和版本源流梳理的方法;(5) 挖掘不同时代、不同类型、不同区域小学文献的不同版本特征背后所隐藏的学术、社会文化等的动因和内涵。

---

① 按,该术语见陈正宏先生《东亚汉籍版本学序说——以印本为中心》,载《东亚汉籍版本学初探》,中华书局,2014年,第1页。

（三）小学文献校勘学

主要探讨小学文献文本校勘的特征、类型、方法等内容。小学文献是一种特殊的传统文献，长期以来一直作为工具性的文献而存在，其与其他文献关系密切，但其自身也有独特的价值，所以在文本校勘上也有自己的一些特征。小学文献校勘学所要做的工作有以下几方面：在梳理和总结校勘学的基本理论的基础上，(1) 探讨小学文献文本校勘的基本特征；(2) 总结小学文献校勘的类型；(3) 探讨小学文献校勘的基本方法及相关注意事项；(4) 尝试从社会文化史等角度探讨小学文献文本致误的原因及影响，从而为小学文献学目录学和版本学等提供有力的文本校勘证据。

（四）小学文献文化学

与文献文化学一样，小学文献文化学也是一门从社会文化史的角度动态地研究小学文献的学问。其分支学科有小学文献编纂学、小学文献学传播学、小学文献学接受学等。

(1) **小学文献编纂学**，这里并不仅仅指一般意义上的小学文献成书过程的研究，还指某一类或某一系列小学文献学的编纂过程、编纂方法，具体指挖掘在不同文化背景和职业背景的参与者（作者、编者、校订者）是如何共同完成一部文献的过程的。所以这里涉及的其实是小学文献的编纂类型和方法的研究。

(2) **小学文献传播学**，主要探讨一部小学文献在编纂完成之后进入流通阶段之时，通过什么样的方式、出于什么样的原因在不同的人、地域当中进行传播的。所以，这里涉及的是小学文献的传播内容、传播方式、传播原因等问题。

(3) **小学文献接受学**，主要研究小学文献进入拥有者手中之后是如何被接受的，这里涉及不同的接受者对小学文献的不同处理方式：有的当作古物，所以就有了小学文献的收藏或辨伪；有的当作精神食粮，所以就有了小学文献的阅读行为。小学文献接受学就是研究这些不同接受活动的基本特征等问题。

需要强调的是,以上四个分支并不是孤立的,而是紧密联系在一起。前三个分支自然不必说,第四个分支由于是从文化学的角度来研究小学文献的,所以在具体研究上,往往不可避免地涉及以上三个分支的内容。亦即小学文献的编纂、传播、接受等研究需要以小学文献的目录、版本、校勘学知识为基点和支撑。反过来,小学文献的目录、版本、校勘学也不能静态地进行研究,每一个研究内容都应该从小学文献文化学的角度挖掘,我们在前面的三个分支的研究内容后专门设置小学文献文化学即是考虑到了这一点。静态的研究和动态的挖掘相互结合,往往会产生新的研究方向,如小学文献的批校,涉及了版本学、校勘学和接受学等知识。从传统的文献学研究看,批校本是一种特殊的善本,其文物价值往往在底本之外,[①]同时具有极高的校勘价值。然而从接受学的角度看,其表现为一种阅读痕迹,选择底本、批校内容和方法、思想倾向都指向了不同身份和知识层次的阅读者,进而可以挖掘某种知识共同体[②]所共有的知识体系和学术倾向,同时还可以直观地体现底本的流行程度。

以上我们简要地介绍了小学文献学的研究内容,具体的研究详见后文。小学文献文化学是一门新的分支学问,也是颇难研究的一门跨学科学问。其来源于西方新书籍史和日本学者对出版文化等的研究成果,而这些研究在其原产地也是五花八门,然而研究方法和研究理念却是值得我们借鉴的。本书的探讨仅仅是一个初步尝试,代表了笔者对文献学和小学文献学理论体系建构的一点思考,而详细的内容还是在上面的三个分支学问。

第三节 小学文献学的研究方法、目的及意义

前面我们花费了大量篇幅探讨文献学、专科文献学及小学文献学的性

[①] 批校本之所以有这方面价值,很多时候(并非全部)得益于批校者的地位、名气和批校内容,而非底本。

[②] 按,该术语见[美]周绍明著,何朝晖译《书籍的社会史——中华帝国晚期的书籍与士人文化》,北京大学出版社,2009年,第119页。

质、研究对象、研究内容等问题，下面我们继续探讨研究方法、研究目的等内容。

一、研究方法

研究方法主要解决的是如何研究的问题，一般需要结合研究对象和研究内容展开。一门学科之所以建立，肯定有与其他相关学科相近的研究方法，同时也有其相对独立的研究方法。这就提醒我们，在探讨研究方法的时候，不能一味强调此学科的独特性，因为研究方法并非完全属于某一学科，只能是相对独特；同时也不能忽略其与邻近学科的关系，因为任何一门学科都多少与其他学科有关联，所以有些研究方法也是通用的。

（一）文献学和专科文献学的研究方法

从目前的文献学著述看，很多并没有涉及研究文献学方法[①]而有一些学习文献学方法，大多数著述只是强调文献整理内容和方法，即目录、版本、校勘等。关于此，洪湛侯在《中国文献学新编》中所说的具有代表性："目录、版本、校勘、辨伪、辑佚、编纂，都是文献整理的重要方法，再辅以标点、注释、翻译、资料搜集、文献保藏等方面的知识和方法，就构成了文献学方法论的完整内容。"[②]实际上，文献整理的方法并不等于文献学的研究方法，这里有偷换概念之嫌。而之所以将目录、版本、校勘等当作方法，显然又将文献学与古籍整理学相混了。[③] 当然，偶尔也有一二著述明确提到了研究方法，如司马朝军《文献学概论》归纳为文献考证法、二重证据法、三重证据法、五重证据法等四种。[④] 孙显斌《古文献学学科体系初探》一文归纳为文本解释（义

---

① 如吴枫《中国古典文献学》、张舜徽《中国文献学》、王欣夫《文献学讲义》等。
② 洪湛侯《中国文献学新编》，杭州大学出版社，1994年，第8页。其他如张大可、俞樟华《中国文献学》，刘兆佑《文献学》，踪凡《中国古文献概论》等皆有此种论述。
③ 王余光《中国历史文献学》云："文献学是以文献整理的各方面及其历史为研究对象的一门学科。具体说，文献学要研究文献整理的对象、整理的内容和方法及文献整理的历史。"由此可以明白为什么这类文献学会将版本、目录、校勘等当作文献整理的内容和方法了，那是因为它们确实将文献学当作了古籍整理学。
④ 司马朝军主编《文献学概论》，武汉大学出版社，2010年，第14—15页。

理)和文本分析(考据)两种方法。① 前者无论几重证据,显然皆属于考证法,后者则掺杂了更多的西方理论。

再看看专科文献学方面,情况也一样,根本不谈研究方法,偶有几部谈及学习方法②和文献整理的方法③。

显然,没有方法论的文献学是行之不远的,而将文献整理的方法等同于文献学的研究方法的做法也使其逐渐丧失了应有的学科地位而走向了名存实亡。为何会这样呢？笔者以为,主要原因是我们从一开始就没有对该学科的研究对象和研究内容进行明确定位。我们的前辈学者太过痴迷于刘向父子的校雠传统,总是把文献学的一切都追溯到他们身上,这是事实吗？他们只不过是奉敕做了一次系统的文献整理活动而已,何况当时校雠的不止他们两人。④ 他们真的都按照其所说的"雠校"⑤的方法亲自整理过每一部文献吗？还是只是统领其事,随校随奏呢？⑥ 毫无疑问,文献学源于校雠学。但是这只是源,并不能代替其流。文献学的重要工作是整理文献,但并不是其唯一的工作,学者们也并不一定是为了整理文献而去学习和研究该学问。所以,我们需要从校雠学的阴影下走出来,重新思考文献学的理论体系。但是也不能完全抛弃,否则就陷入了另一种困境(现代文献学)。如此我们方可探讨其研究方法。以下我们将结合小学文献学的研究方法加以讨论。

---

① 孙显斌《古文献学学科体系初探》,北京大学中国古文献研究中心编《中国古典文献学新生代研讨会论文集》,2019 年,第 70—72 页。
② 如孙崇涛《戏曲文献学》等。
③ 如王余光《中国历史文献学》等。
④ 《汉书·艺文志》云:"诏光禄大夫刘向校经传诸子诗赋,步兵校尉任宏校兵书,太史令尹咸校数术,侍医李柱国校方技。"
⑤ "雠校"一词,刘向对之进行过解释。《文选·魏都赋》李善注引《风俗通》所录《别录》云:"雠校者,一人读书,校其上下,得缪误为校;一人持本,一人读书,若怨家相对。"又《太平御览·学部·正缪误》云:"刘向《别传》云:'雠校者,一人持本,一人读析,若怨家相对,故曰雠也。'"
⑥ 其实我们并没有证据证明刘向父子亲自校雠过多少文献,《汉书·艺文志》云:"每一书已,向辄条其篇目,撮其指意,录而奏之。"注意这里是在转述,并非刘向自言。同时这里仅提及刘向"条其篇目"云云,"每一书已"到底是谁在具体做这些工作并未明言。从其对"雠"的解释看,显然并非刘向一人能做到。

(二) 小学文献学的研究方法

既然属于专科文献学，那么文献学与专科文献学的研究方法同样适用于此学科。前辈学者们由于将文献学等基本同于文献整理，所以就这一方面而言，其研究内容和研究方法几乎是不加分辨的。我们则并不这么认为。文献学的研究方法应该是研究文献学的方法，每种研究方法理论上应该是适用于大多数研究内容的。基于我们之前所讨论的研究对象和内容，我们认为其研究方法至少有以下几种：

1. 文献统计法

文献统计法是文献学研究的基本方法。文献统计的方法包括两方面内容，一为文献调查，一为文献整理和分析。显然这些方法是适用于文献学研究的各方面内容的。无论是目录学、还是版本学研究等，都需要占有大量的文献资源，或广泛地爬梳相关文献，或进行实地文献收集，这便是文献调查。调查的同时还需要对所收集的相关资料进行一番整理，考量轻重，去伪存真，这便是文献整理和分析。文献统计法是贯穿于文献学所有内容始终的一种研究方法。比如校勘某一文献，首先需要多方面收集与之相关的众多版本和资料，然后方能正式进入校勘工作。在采用某些校勘方法进行校勘的过程中，仍然需要不断补充新的文献资料，直到最终形成一部校勘文本。可见文献统计法是进行文献学研究不可或缺的方法。

2. 文献描写法

文献描写法指将研究对象的研究结果进行客观描述的方法。这种方法强调研究者尽量不要掺杂己见，尽可能详尽全面地将事物本来面貌书写下来，使读者想见其书，如见其人。比如版本目录学上的版本描述。如何能够通过书面形式将某一版本的特征形象地呈现出来，该如何呈现，呈现哪些方面，这显然需要描写法参与进来。并不是每部版本书志都能很好地呈现所藏版本的，相反只有极少数的书志才能做到。笔者在进行书目研究和编纂的时候，深感版本学虽然有一些固定的规范（如版框、尺寸、行款之类），但是这种规范是需要根据具体的版本特征采用灵活的方法进行呈现的。文本校勘同样也如此，采用什么样的校勘形式对不同版本之间的用字等差异客观呈现出来,显然也需要描写法的参与。

3. 文献辨伪法

张三夕《中国古典文献学》云:"如果说目录、版本、校勘这三大主干知识,主要解决文献著录的类别性及文献自身形态(如物质形态、文字篇章等)的可靠性问题,那么,辨伪则侧重于解决文献的作者及其所属时代的真实性问题。"①这句话足以代表当前文献学著述对辨伪的一般看法。但是前文我们已经提出自己的一些观点,此处再补充一些内容。我们认为,文献辨伪,换个词就是辨讹。《说文》卷三言部"譌"字云:"譌言也。"桂馥《说文解字义证》云:"'譌言也'者,当为伪言。"②显然譌即伪也,讹乃譌之异体。如果从这个角度看的话,辨伪真是一种适用于文献学基本研究内容的方法,如目录著录需要辨题名、卷次、撰者等之伪,版本鉴定需要辨析版本之伪,校勘文本需要辨析文字之讹。本质上来讲,运用辨伪之法研究文献学,目的就是要寻求文献之真,无论是文本,还是版本。

4. 文献考证法

文献考证即对文献进行细致考察并以翔实的证据加以严密论证的一种方法。广义上讲,文献辨伪也属于文献考证之一。但是后者并不着意于辨别真伪(是什么),而是解决关涉文献文本和版本的一切疑惑(为什么)。文献学上如文献归类、版本梳理、校勘讹谬、文化背景分析等皆属于考证的范畴。可以说,文献考证法是文献学研究方面运用最广的方法之一。考证的结果可能是无解的,也可能存在颇大争议,但这种方法却是非常必要的。

5. 跨学科研究法

此方法其实是一种研究视野,具体的方法论则根据文献学关涉的相关学科而定,专科文献学更是如此。就小学文献学而言,其所跨的学科至少有文献学和语言文字学,所以这两学科的研究方法都可以为它所用。

以上五种研究方法严格地说并非文献学独有的,但是由于它们是针对

---

① 张三夕主编《中国古典文献学》,华中师范大学出版社,2003年,第8页。
② (清)桂馥《说文解字义证》卷七,清道光至咸丰间刻《连筠簃丛书》本。

文献而言的,所以具有了独特性。关于文献学的"文献"的定义我们前面已经提及,其独特的内涵使得其研究方法也足以区别相邻和相关学科的研究方法。小学文献学作为一门专科文献学,以上研究方法相对于语言文字学而言也就具有了相对独特性了。

二、研究目的和任务

(一) 文献学与专科文献学的目的和任务

文献学(专科文献学)这一学科设置的目的是什么呢,它到底要解决什么问题,完成什么任务呢? 考察已出版的众多著述可知,学者们对之尚有一些争议。综合起来,有以下几种看法:

1. 了解中华民族的历史文化和文明。二郑《中国文献学概要·自序》云:"是编之作,粗具梗概,所谓门径之门径,阶梯之阶梯,不足以语高深,聊为国民进一解耳。"[①]该书认为文献学的目的是了解中国文化。

2. 提供可靠的文献资料。张舜徽《中国文献学》第一编《绪论》云:"我们今天自然要很好地继承过去校雠学家们的方法和经验,对那些保存下来了的和已经发现了的图书、资料(包括甲骨、金石、竹简、帛书),进行整理、编纂、注释工作。使杂乱的资料条理化、系统化,古奥的文字通俗化、明朗化。并且进一步去粗取精,去伪存真,条别源流,甄别得失,替研究工作者们提供方便,节省时间,在研究、整理历史文献方面,做出有益的贡献,这是文献学的基本要求和任务。"[②]张大可《中国文献学》则将这层意思说得更加直接明白:"文献学是为各种文化学术研究、各门学科提供信实可靠的历史文献资料。"[③]此外,黄爱平《中国历史文献学》[④]等亦有类似的说法。

3. 提供整理与利用文献的知识和方法。熊笃、许廷珪《中国古典文献学》云:"文献学应突出实际致用,把指导人们懂得如何有效地高度、充分利

[①] 郑鹤声、郑鹤春撰,郑一奇导读《中国文献学概要》,上海古籍出版社,2001年,第3—4页。
[②] 张舜徽《中国文献学》,中州书画社,1982年,第4页。
[③] 张大可、俞樟华《中国文献学》,福建人民出版社,2005年,第16页。
[④] 黄爱平主编《中国历史文献学》,中国人民大学出版社,2010年,第7页。

用文献为治学科研服务,作为重中之重的任务。"① 又,杜泽逊《文献学概要》云,文献学"目的在于：全面认识文献,学会在浩如烟海的文献中,用较少的时间,找到尽可能全的自己所需要的文献资料,同时还要有能力对这些资料的不同版本进行鉴别,确定较早的、较全的、较可靠的版本。而且有能力对原始文献作整理加工,自己使用以外,还可以供更多的人使用"。② 又,董恩林《中国传统文献学概论》认为传统文献学的"目的与任务是整理传统文献文本并总结其整理与利用的规律和方法,以提高传统文献文本的完整性、准确性、普适性,确保人们对传统文献的传承与利用"③。

此外,牛海桢《历史文献学理论与方法》,潘树广《文献学纲要》,郭英德、于雪棠《中国古典文献学的理论与方法》,张君炎《中国文学文献学》④等著述皆有类似的看法。

4. 读书治学。曾良《古典文献学》："学习古代文献学是为了读书,为学习和研究古代文学奠定基础。"⑤

5. 辨章学术,考镜源流。司马朝军《文献学概论》云："普通文献学的任务主要是考镜源流,辨章学术,最终为中国古典学的研究提供坚实可靠的平台。……具体来说,主要有以下几点：以学术分类为先导,重视解题工作,疏通古今源流,重估史料价值。"⑥

以上五家说法中,第一家显然是将文献学当作国学看待了。第二、三家

---

① 熊笃、许廷桂《中国古典文献学》,重庆出版社,2003年,第3页。
② 杜泽逊《文献学概要》,杭州大学出版社,1994年,第5页。
③ 董恩林主编《中国传统文献学概论》,华中师范大学出版社,2008年,第12页。
④ 按,牛海桢《历史文献学理论与方法·序论》(甘肃人民出版社,2001年,第3页)云,文献学"研究目的在于对文献资料的最后运用。"潘树广《文献学纲要(增订本)》(广西师范大学出版社,2005年,第16页)认为文献学"根本作用是促进知识的科学组织和知识的有效利用。"郭英德、于雪棠《中国古典文献学的理论与方法》(北京师范大学出版社,2008年,第8页)云："中国古典文献学的主要任务,是要综合运用各方面的知识,对中国古代文献进行一番去粗取精,去伪存真,条别源流,甄论得失的工作,力图通过对古代文献的实证、解释和揭示,准确、全面而系统地介绍有关古代文献的信息,帮助人们正确地、便利地阅读和利用古代文献,有效地推进学术研究。"张君炎《中国文学文献学》(江西人民出版社,1986年,第15页)认为中国文学文献学"就是通过对中国文学文献的查明、揭示和宣传,把有关文献信息系统地介绍给人们,帮助人们阅读和利用中国文学文献。"
⑤ 曾良《古典文献学》,中国文联出版社,2001年,第3页。
⑥ 司马朝军《文献学概论》,武汉大学出版社,2010年,第13—14页。

则强调文献学在文献整理和利用方面的目的,第四、五家又注重文献学对学术研究的作用。文献学研究目的的差异性体现了学者们对文献学体系的不同理解。从研究状况看,持有第二、三家观点的著述占有绝对比例,由此也可见该观点代表了当前文献学者对文献学目的和任务的一般看法。

(二) 小学文献学的目的和任务

文献学的目的和任务是以文献学的研究对象、研究内容等为基准进行确立的。结合以上诸家的探讨,根据前面对文献学和小学文献学相关知识的探讨,我们认为小学文献学的目的和任务有以下几方面:

1. 了解小学文献。这主要体现在小学文献目录学当中。举凡小学文献之存亡、类分、著录等情况,皆可从此找到答案。学者们据此可以了解历代小学文献的变化,并根据诸家书目收集到相关的文献资料,进而进行深入的研究。

2. 整理小学文献。这体现在小学文献学目录、版本、校勘诸学当中。前辈学者早有详细地讨论。

3. 检索小学文献。这体现在小学文献学目录学中。目录学的功能之一便是便检。通过目录学的了解和学习,可以掌握如何检索各类古今、中外、公私目录的方法,从而更加方便地获取文献。需要注意的是,随着计算机技术的发展,书目数据库这种虚拟的书目甚为流行,体现了传统目录学的现代化发展。所以这部分内容也应该是小学文献学目录学新的内容。

4. 阐释小学文献。这体现在小学文献文化学中。所谓的阐释,就需要从社会文化等方面加以考虑。版本、目录、校勘是一种对文献的静态观照,小学文献的文本、版本等在各方面的差异和变化都不是无缘无故的。文献在编纂、传播、接受过程都能有意无意地起到推波助澜的作用。所以,我们需要将这些差异和变化进行更广阔的视野之下加以思考,以挖掘隐藏其背后的真正动因,这样方可更加深入地研究小学文献。

总之,小学文献学就是一门了解、整理、检索、阐释小学文献的学问。从文献学角度看,它是一门应用性很强的专科文献学。从专科的角度看,它是一门与语言文字学相互补充和照应的基础性学科。

三、研究意义

有关文献学和专科文献学的研究意义（或称研究作用），诸家著述谈论颇少，有时与研究内容等不相区别，分别讲授各分支内容的功用。[①] 有时又与学习方法相混。[②] 事实上，明白了研究目的，其研究意义自然便显现出来了。以下我们不再如前文那样分节梳理，仅据相关文献简单介绍一下。

关于文献学的研究意义，孙钦善先生认为它对古籍整理和利用意义重大。[③] 董恩林先生认为它是正确了解、深入研究中华民族丰富的古文献的入门之钥。[④] 刘兆佑先生《文献学》则综合了以上二家之说，概括为三大意义：熟悉文献，以丰富研究成果；精确使用文献，以提升研究品质；以科学的方法整理文献。[⑤] 此外，冯浩菲《文献学理论研究导论》，[⑥]以及专科文献学如孙崇涛《戏曲文献学》，[⑦]李振宇、李润杰《法律文献学》[⑧]等皆有对相关文献学研究意义的探讨。以上这些文献学和专科文献学著述除了那些高屋建瓴的话语之外，大致皆强调了研究文献学和专科文献学对了解、使用、整理文献的重要意义。显然，这正与前面提到的研究目的和任务相呼应。前辈学者们的

[①] 如张三夕《中国古典文献学·导论》有"古典文献学的知识范围与功用"一节。
[②] 如《中药文献学·绪论》有"中药文献学的作用及学习方法"一小节。
[③] 孙钦善《中国古文献学》，北京大学出版社，2006年，第22—25页。
[④] 董恩林主编《中国传统文献学概论》，华中师范大学出版社，2008年，第16页。
[⑤] 刘兆佑《文献学》，三民书局，2007年，第7—11页。
[⑥] 按，冯浩菲《文献学理论研究导论》（山东大学出版社，2009年，第5页）称为文献学三大作用，认为文献学的作用应分综合和应用两方面加以考量，综合方面主要是研究、揭示文献学的各种原理和方法，为培养本专业的专门人才服务。应用方面则包括指导阅读、研习，推动科学研究，指导图书出版、收藏和交流等三方面。此外，偶有文献学著作讨论学习文献学意义的，如踪凡《中国古文献概论》（北京大学出版社，2010年，第8—9页）、杨燕起、高国抗《中国历史文献学》（书目文献出版社，1989年，第10—13页）等。因不属于本文探讨内容，故略之。
[⑦] 孙崇涛《戏曲文献学》（山西教育出版社，2008年，第8—18页）认为建立戏曲文献学的意义有三方面：出于戏曲研究的需要；出于戏曲文献工作本身的需要；出于建立戏曲国学体系的需要。
[⑧] 李振宇、李润杰《法律文献学》（湖南人民出版社，2010年，第11—12页）认为法律文献学的研究意义有五方面：可使政法院校学生对法律文献有一个宏观的把握和整体的认识；可满足不同背景的法律工作者学习了解某些专门法律文献的需要；可使学习应用法律文献的读者对法律文献整理有一个初步的了解；可使法律文献学的理论体系更趋于完备，应用更具广泛性、有效性；可提高人们学法的效率，促进普法活动的深入，加快依法治国的进程。

研究是值得参考的，但是尚需进一步根据学习者的身份来确定其意义。就小学文献学而言，其研究意义可以从文献学者、语言文字学者、一般学习者三个角度加以把握。具体而言，包括以下三个方面：

（一）就文献学者而言，小学文献学有利于深入了解小学文献的相关知识，并进而完善文献学知识体系。

理论上说，文献学者应该掌握文史方面所有知识，正如孙钦善在《中国古文献学》里所提倡的那样。然而由于文献学学科在学科设置方面尴尬的处境，专门的文献学学习者显然并不能成为文史兼通的学者，甚至连一门学科知识也无法掌握，这从目前由图书馆馆员所编写的各馆馆普通或善本书目与全国总目中就可以看得出。比如《说文解字系传》为南唐学者徐锴所撰的一部专门研究《说文》的著作，具体包括《通释》《部叙》等八部分。该书的第一部分为《通释》三十卷，卷端题"说文解字通释卷第一"，次行题"系传一"，显然这是遵从古书小题在上的书写惯例。然而一些馆目不知二者的关系，仅就卷端题名著录该书，故有《说文解字通释》四十卷的著录，与《说文解字系传》四十卷（盖据里封而录）并列，使得本为一书而误分两书，《东北地区古籍线装书联合目录》即有此误。再如《改并五音类聚四声篇》一书为金代韩道昭编写的一部字书，本应归入字书类，然而《北京师范大学图书馆古籍善本书目》《中国人民大学图书馆古籍善本书目》等皆将之归入韵书，大概馆员看到该书以三十六字母排列诸字，故有此误。殊不知，与该书配套合刊的《改并五音集韵》才是真正的韵书。其实关于此书，只要仔细读一下前面的序文即一目了然了。按韵排字，并非韵书独有，否则《干禄字书》《复古编》《龙龛手鉴》《字鉴》等皆被列入韵书了。小学文献学虽非小学文献史，但是重要文献还会被分散到相关研究内容当中加以介绍的。同时文献学者更会在小学文献学中了解到有关小学文献的目录、版本、校勘等文献学很少涉及的知识，这些足以能弥补文献学知识体系的不足。

（二）就语言文字学者而言，小学文献学有利于其了解文献学的基础知识，并进而深入了解、学习、研究语言文字学的相关文献。

语言文字学者重在学习、研究语言文字学知识和理论，他们属于这个领域的专业人士。然而从目前来看,由于长期求专求深的学科要求,大量的学习者缺乏学科历史观,即不仅不知道本学科的发展历史,更不熟悉本学科的重要文献,仅对其研究的某一部或一类文献感兴趣。即便是某一部文献,也仅仅停留在字形、音、义等方面的研究,而很少注意从其版本、目录等方面探讨。这使得在研究过程中,涉及这些知识的研究太过肤浅,甚至错误百出。王贵元先生《〈说文解字〉版本考述》①是较早研究大徐本版本的一篇文章,很多研究者多有引述。然观其所列大徐本之宋刻递修本凡三种,显然并未调查过相关书目。② 又云清代据宋本翻刻的有三家,其二为"嘉庆十二年额勒布刊鲍惜分所藏宋本","惜分"据额氏序所题,是鲍漱芳之字。其三为"光绪七年丁少山校刊汲古阁旧藏的宋监本",其中的"汲古阁旧藏的宋监本"是根据里封及背面的牌记所题,其实其底本当为孙刻平津馆本,叶德辉《郋园读书志》即有详细的考证。再如吕浩《〈玉篇〉文献考述》一书,应该是目前从文献学角度研究《玉篇》最新成果了,其第一章《〈玉篇〉源流考》收集了《玉篇》目前存藏于各地绝大多数版本,并一一进行考述。然其依时代分别叙述诸本的做法,显然已经割裂了不同时代版本之间的关系。而在具体的版本描述中也时有不准确之处,如"双黑顺鱼尾",当为"双顺黑鱼尾"。通行本《玉篇》"乃张士俊重刊毛氏汲古阁本",当为"毛氏汲古阁藏本"。版式著录标准往往不一,或为"詹氏进德书堂本",或为"铁琴铜剑楼藏本",或为"正德己卯本",或为"五山本"。显然该书在版本源流梳理和版本描写方面是值得商榷的。以上可见小学文献版本学、目录学在小学文献考证方面的作用。或有人认为这些知识仅文献学著述便足矣,无须小学文献学代庖。可是,一般的文献学著述整体架构文献学理论,显然是无法注意到专科书目、版本等知识的,语言文字学者最直接获取这些接近自己专业的知识还是需要专科文献学来做的。而那些直接来自语言文字学本身的文献学方面的特点也是一般文献学无法容纳的。同时,一些看似专业知

---

① 王贵元《〈说文解字〉版本考述》,《古籍整理研究学刊》1996 年第 6 期。
② 国图所藏宋刻残本凡三部,皆见录于 1987 年版《北京图书馆古籍善本书目》。

识方面的疑惑,其实可以通过小学文献学的研究加以解决。一般的语言文字学者在研究某一文献时,并不十分注重版本校勘,往往仅拿一个版本做静态的文字描写(即只分析是什么,而不关注为什么),这样如果该版本本身便有讹误的话,势必会影响其具体的研究的。如《改并四声篇海》为金人韩道昭所编的一部字书,元明时多次刊印,诸本之前亦颇多差异。其卷四土部十一画,正德间刻本有一"墮"字,而万历间刻本作"堕"。从形体上看,后者显然为讹字。同样,该书十二画中正德、万历二刻本所收"壇"字,在《详校篇海》中作"墰",从形体上看,前者也是后者之讹。元明时期针对一般士子编纂的大型字书颇多,坊间射利,刊刻多不谨严,故当广聚众本之后方可详加研究,否则仅据一本研究其文字诸方面的话,可能会把版本之讹误作编者之讹。再者,一些可做定论的研究成果也可以用文献学知识继续深化。《篇海类编》一书,学者们已经考证出其为《详校篇海》的改编本,二书除编排方式有异外,文字间并无太大差异。此项研究已经大大超过了《康熙字典》及四库馆臣之说了。然深究起来,还有很多问题未及探讨。如万历时期编撰的按笔画排字的《详校篇海》,为何在明末非要改成按类排字的《篇海类编》呢?《篇海类编》的做法按现在来看属于一部改头换面的抄袭之作,那么当时的人又是如何看待这种现象的呢?这些问题显然并不是《详校篇海》的研究者必须要解决的问题,但是这里却涉及了字书的编纂方式的演变,显然需要从小学文献文化学的角度加以把握。总而言之,对于语言文字学者而言,小学文献学不仅能为其专业研究锦上添花,更能让其触及专业之外的广阔领地。

(三)就一般学习者而言,小学文献学提供了文献学与语言文字学相关知识的纽带。

一般的学习者是指不专门研究文献学与语言文字学学科,但对这两门学科知识又有所了解的各行各业、各个年龄段的人士。对这些学者而言,这两门学科知识皆属其感兴趣,出于诸种原因愿意花费时间去学习、掌握的知识。这种带着兴趣学习之人,基本上都已掌握了相关基础知识,但尚需进一步融会贯通,这时就需要小学文献学来参与了。小学文献学既与两门学科紧密相连,又有自己的研究特色,恰好可以满足这方面的需求。

总之,小学文献学三个研究意义是从学者身份的角度进行归纳的。当然也可以按照传统的研究角度进行探讨,即对了解、整理、利用小学文献等方面意义颇大。然而这样的表述,似乎太过笼统了一些。

第四节　小学文献学的基本规律

以上我们依次探讨了小学文献学的性质、研究对象、研究内容、研究目的和任务、研究意义等,初步建立了小学文献学的基本理论体系。然而在具体研究过程中,其每一个研究内容和每一种小学文献都会不可避免地与当时的经济、政治、教育、文化政策等发生联系。关于此,杨燕起、高国抗主编《中国历史文献学》,黄爱平主编《中国历史文献学》等皆专节探讨过中国传统文化、历史时代与历史文献学的关系,然而这都是广义上的探讨。我们接下来讨论的是一些带有规律性的内容,它们在研究小学文献学过程中带有指导作用,值得注意。

一、古与今的矛盾

在研究某一小学文献(包括文本与版本)之时,需要从历时的角度加以把握。既要考虑时代不同造成的差异,也不能忽略前后的关系,尤其是传承关系。启功先生《古代字体论稿》关于文字演变的论述对笔者的研究颇有启发,其云:"每一个时代中,字体至少有三大部分:即当时通行的正体字;以前各时代的各种古体字;新兴的新体字或说俗体字。以人为喻,即是有祖孙三辈,而每一辈又有兄弟姊妹。例如秦时有祖辈的大篆,有子辈的小篆,有孙辈的隶书。而其他五体,各有所近,又是各辈的兄弟姊妹。前一时代的正体,到后一时代常成为古体;前一时代的新体,到后一时代常成为正体或说通行体。"[①]这就提醒我们特别注意相邻时期文字之间的前后连续的关系:

---

① 启功《古代字体论稿》,文物出版社,1964年,第37—38页。

大篆是春秋战国时期秦国使用的文字,但是秦王朝建立后推行小篆之时并没有完全消失,反而与小篆并存,只不过地位发生了变化,这正是古今字体矛盾的最好证据。将之扩展到我们的小学文献学研究同样适用。如《仓颉篇》《爰历篇》《博学篇》(秦三仓)是秦王朝以官方名义推行小篆的标准文本,这个文本在当时发挥着多种功能,既要规范社会用字(废除六国文字),又要规范官方文字(秦碑与以吏为师),还要规范前代古体(秦大篆)。虽然因为种种原因没有将小篆在全社会推行下去①,但是却在后世产生了深远的影响。入汉以后,秦三仓并未随着秦王朝的灭亡而亡佚,而是继续发挥作用,并不断被改编、续写,乃至仿作。秦三仓在秦王朝是为了推行小篆而产生的文本,汉代隶书通行,怎么还要继续流传,并衍生出不同文本和文献呢?显然它与汉代诸字书这种前后相续的联系是认识汉代字书发展的一个侧面,其间的原因是值得挖掘的。《汉志》称:"汉兴,闾里书师合《仓颉》《爰历》《博学》三篇,断六十字以为一章,凡五十五章,并为《仓颉篇》。"这是关于秦三仓在汉代流传的最早的文献记载。然而出土文献的记载则给我们提供了更多的信息。据学者考证,目前出土的《仓颉篇》共九种,其中既有闾里书师改编本(如居延旧简三菱觚 9.1),也有未经改编的本子(如阜阳汉简本),还有据改编本重编的本子(如水泉子七言本)。再从学习者看,秦三仓无疑是秦代以吏为师政策的产物,其学习者基本上属于刀笔吏及其学徒,《汉志》说的"太史试学童"、《说文解字叙》说的"学僮十七已上始试"、张家山汉简《二年律令·史律》说的"史、卜子年十七岁学"等提到的"学童""史子"即指此类人。然而到了汉代则不同,从出土地点及文本性质看,以上出土的诸《仓颉篇》有的是"边塞习字本",有的是"墓葬出土本"②。前者出自屯戍人员之手,书写潦草、随意,显然在汉承秦制之后,以吏为师的影响尚未消除,同时也显示了该书影响之广,已经扩展到遥远的边塞地区。后者则比较复杂,能入墓

---

① 一个明显的例子,秦代既然有小篆,为什么汉代坏孔壁还出现了六国古文?秦火不烧博士书,为何秦博士伏生不将《尚书》用小篆书之于策呢?这说明小篆的推行并不彻底,并未影响到学界和下层,只限于官文书。
② 梁静《出土〈苍颉篇〉研究》,科学出版社,2015 年,《前言》第 5 页。

的东西显然不是寻常之物。这类《仓颉篇》之所以用来陪葬,"一方面是由于其作为识字课本,还有练习书法的作用;另一方面则与其作为百科全书式的字汇这一特性有关"。① 据此,学习者显然已经不限于刀笔吏而有更广泛的使用范围了,"充分显示出此书代表着当时社会上层所应具有的知识结构"。② 传世文献所说的"闾里书师"本,只不过是汉代《仓颉篇》中的一个通俗文本之一,若不是出土文献的出现,我们根本无法很好地理解为何《汉志》在闾里书师本之后,紧跟着会有《凡将篇》《急就篇》《元尚篇》《训纂篇》这类由不同身份的人编纂的著作,也不会很好地解释为何在汉宣帝的时候仅仅张敞、杜业等少数学者才能"通《仓颉》读"。那是因为当时的《仓颉篇》已经摆脱秦代以来规范小篆的束缚,而成了当时不同阶层人士进行识字、博文的共同知识来源的文本了:不仅汉代刀笔吏等仍然从中取资,学习文字,进行文书工作,同时童蒙教育(不限于刀笔吏童子)也离不开它,更重要的是,经学之士也参与进来,使之成了汇集群经文字的字典。③《仓颉篇》之使用范围如此之广,以至于当时的人根本不知其编纂时代,出现了《说文解字叙》中所说的"见《仓颉篇》中'幼子承诏',因号古帝之所作也,其辞有神仙之术焉"的情况,其时的"俗儒鄙夫"(请注意这两个词所指人的身份)居然认为是古帝王(即仓颉)所编。由秦三仓到汉三仓,反映的并不仅仅是文字之间、内容之间的前后相承的关系,还有处在不同文化背景下的这些关系密切的文献的功能上的微妙变化。而文献之间古与今的这种深层变化是无法从史志目录当中找到答案的,只有将时段放缓拉长,结合当时的社会文化背景方能看得清楚。

---

① 转引自梁静《出土〈苍颉篇〉研究》引福田哲之《中国出土古文献与战国文字之研究》,科学出版社,2015年,《前言》第9页。
② 朱凤瀚《北大汉简〈苍颉篇〉概述》,《文物》2011年第6期。
③ 《说文解字叙》云:"孝平时,征礼等百馀人令说文字未央廷中,以礼为小学元士,黄门侍郎扬雄采以作《训纂篇》。凡《仓颉》以下十四篇,凡五千三百四十字,群书所载,略存之矣。"显然,作为黄门侍郎的辞赋家扬雄是在《苍颉篇》的基础上广采诸字书而编成《训纂篇》的,该书的作用是"群书所载,略存之矣",显然不是为了识字,而是汇聚众字。另外《汉志》记载有《仓颉传》《仓颉训纂》《仓颉故》之类的书,也暗示了《仓颉篇》在当时已经成了一部权威著述,否则用不着扬雄、杜林等人的注解了。

二、雅与俗的互动

小学文献在时间的长河之中会发生很大的变化,同样,在不同的阶层中也会发生变化。小学文献长期被认为是经学的附庸,这种认识其实已经让它处于一个不上不下的尴尬的地位:上不能与经学文献并称,下羞与史、子、集文献为伍。然而这只是一般学者的成见。其实,随着后世大量的小学文献的问世,目录著述当中的"小学类"已经不是那么纯粹了,而是容纳了除解经之外的更多与字词有关的文献。也就是说,事实上,目录著述中的"小学类"文献虽然仍然归入经部,然并不仅仅为了解经,其还有更多的功能:只要与字词有关,皆可归入此类。《隋志》之《发蒙记》《千字文》《要用杂字》《声类》《鲜卑语》之类,与解经何干?显然早已无形中扩大了"小学"的收录范围而使其具有了更广泛的功用。功用的广泛意味着编纂者身份地位的复杂,但无论怎么复杂,也不外乎两类人:一类雅人,即处在社会最高层的以天子为核心的官僚集团,和以士大夫为中心的知识阶层;一类俗人,即以一般士子为主体的识字阶层,包括科举士子、有一定知识的商贾、手工业者、方外人士等各行各业的人。一般而言,前一类编纂出的文献是高雅文化的体现,后一类则是俗文化的代表。然而两类文化下的三个阶层在历史之中并不是那么等级森严的,往往会相互转化和互动,这也就形成了文献之间雅与俗的变化:一方面,官僚集团和知识阶层在编纂那些高雅文献的时候会有意无意地靠近下层文化,向下层取资,此可谓由俗入雅;另一方面,识字阶层除了编纂一些通俗用书外,也会刊印或改编那些高雅文献,或者知识阶层受某些因素的影响而有意将高雅文献通俗化,此可谓由雅返俗。以上两方面便是由阶层之间积极的互动而导致的文献之间的雅俗互动。然而也有相反的走向,即雅阶层的内部矛盾导致雅、俗互动受阻:官僚集团所推崇的某些文献,知识阶层未必响应,致使其在下层流传不广;知识阶层所推崇的某些文献,官僚集团也未必提倡,致使下层有所顾忌。以上可称为消极之互动。究其原因,很多是跟政治等因素有关。以《康熙字典》为例,该书是康熙五十五年(1716)张玉书等人奉敕编纂的一部大型字书。关于此书的编纂,卷首之《御制序》仅云"爰命儒臣,悉取旧籍,次第排纂","旧籍"为何,不便明言;接下来《上谕》云"增《字汇》之阙遗,删《正字通》之繁冗",也是半遮半掩的。《四库提要》则明确提到该书是以《字汇》《正字通》为蓝本进行编纂的。而我们知道,这两部书乃是明代万历以后私人编纂的小学文献,与《四声篇海》《详校篇海》等一样属于士大夫所不齿的"兔园册",①然而在明末清初却受到了下层士子的追捧,连四库馆臣也承认其为世人"所通用者"。就是这种不登大雅之堂的著述,居然成了官方编纂《康熙字典》时的主要取资,由此我们也明白了为何该书一再遮掩所用底本,此可谓由俗入雅的一个典型例子。《四库提要》称《康熙字典》是"六书之渊海,七音之准绳",按理来说,既然为官修字书,且为科场备用之书,②应该会备受士子追捧的。可是奇怪的是,当时的学者很少引及,③下层也很少刊印,其刊印的高峰已经到晚清了。④ 相反,《字汇》《正字通》等则在当时社会上大量刊印。由此可见,官方推行的著述,知识阶层和下层识字阶层也因为种种原因未必买账的。由雅返俗的情况也很多,如北宋国子监刊印的始一终亥的大徐本,在南宋时为适应社会需求而被改编为始东终甲的《说文解字

---

① 朱彝尊《曝书亭集》卷四十三《汗简跋》云:"呜呼,小学之不讲,俗书繁兴。三家村夫子挟梅膺祚之《字汇》、张自烈之《正字通》以为兔园册,问奇字者归焉,可为齿冷目张也。"朱氏为康熙间达官贵人,其对《字汇》《正字通》的态度可以代表当时士大夫的一般看法。

② 按,《康熙字典》有规范科举楷书字形的功能。如(清)董沛辑《汝东判语》(清光绪正谊堂全集本)卷六《整饬文风示》云:"科场书写,恪守《御定康熙字典》,遵用当代之制,破体、俗体毋涉毫端,古文、篆、隶亦不宜写。"又《钦定大清会典则例》(清乾隆间写文渊阁四库全书本)卷六十七"礼部"云:"四年奏准,颁……《康熙字典》……,以上等书,各二部分交礼部顺天府收贮,俟乡、会两场之期移送内帘应用。"又《宝奎堂集》(清道光二十九年陆成沅刻本)卷六《饬禁书写俗文别字以正小学示》:"恭惟《御定康熙字典》,义例精详,穷源证讹,统汇百代,诸生自当祗遵恪守,无轶范围。""为此示仰该生童等知悉嗣后誊写文字,务各留心检点,遵循《字典》,悉依正文,纠订歧讹,祛除鄙俚。"

③ 按,此书道光以前学者很少引用,有之也颇为不屑,这大概是受到乾嘉考据学的影响。如陈寿祺《左海文集》卷五《答王伯申尚书书》云:"此书部分多依梅氏《字汇》之旧,与《说文》《玉篇》《类篇》异,每字音切,往往汇合群书为一,不易分别,不识今何以析之?"道光以后方有若干引用,如乔松年《纬捃》、平步青《霞外捃屑》、俞樾《茶香室丛钞》,等等。

④ 按,康、乾、嘉、道时期,《康熙字典》一书多为武英殿刻本(有康熙五十五年刻本和道光七年校刻本两种),而自光绪之后,此书才有大量的刊印,如光绪六年(1880)点石斋以石印技术刊印之后,至民间间,"至少有八家机构数十次采用照相石印技术印刷该字典"。(杨丽莹《清末民初的石印术与石印本研究——以上海地区为中心》,上海古籍出版社,2018年,第75页)新技术的引入,导致书价下降,从而也促进了该书的流通。

五音韵谱》，①此可谓体例方面的返俗；再如浙江图书馆所藏的《尔雅注疏旁训》一书，二截版，上栏为《释名》，下栏为《尔雅注疏旁训》。将数书合为一书的情况在明代坊间非常流行，然而将小学著述如此刊印则非常少见。② 此书可以看作是版式方面的返俗。再如明代流行的众多"海篇类"字书，很多都与当时的士大夫密切相关。《详校篇海》为万历时期大官赵钦汤在《四声篇海》的基础上增删而来的一部字书，后由李登校订刊印。明末该书为书贾改编为《篇海类编》，按类排字，显然为了适应当时通俗化的社会需求（可能受通俗类书的影响）。其书前作序的有陈继儒、屠隆等著名文士，明显已经参与到了具体出版当中了，此可谓编纂之返俗（士大夫及名士参与编纂或宣传）。

雅俗互动的规律有利于帮助我们立体、动态地看待不同时期或同一时期不同阶层之间对小学文献的编纂、传播、使用状况，也可以更好地解释小学文献目录、版本、校勘等方面的疑惑，从而避免了单一思维造成的研究上的弊端。

三、明与暗的交替

所谓"明与暗的交替"是指小学文献的演变与发展并不是一直光鲜明丽地展现在世人面前的。它有受到众人瞩目、人人追捧的时候，也有暗自潜伏、文献难征的时候。对于前者，流传的资料自然十分丰富，后世的学者得以深究精研。而后者看似与前一时期有断裂，其实并不一定是它的衰落期。此时它往往会改头换面，在历史长河里暗自流淌，直到再一次被发现，重现

---

① 按，此书的编者李焘虽然属于官僚士大夫阶层，但据此书《后序》可知，其改编大徐本的举动是在受《说文解字韵谱》《集韵》等影响下进行的，前者为了便检，后者则与科举关系密切，所以这是李焘有意将大徐俗化的举动。考（宋）魏了翁《经外杂抄》卷一（清乾隆间写文渊阁四库全书本）《说文解字五音韵谱后序》末按语云："其书始'东'终'甲'，不用许氏部叙，大类蜀中俗本《玉篇》，与先生初意不同。及读至《后序》，乃是虞仲房。"魏了翁乃经学之士，而将此书与"俗本《玉篇》"等观之，则可见他是根本看不上此类书的。且为了维护李焘的身份地位，他将改编的责任推给了地方官僚虞仲房，由此亦可见此本的阅读群体绝非如魏氏这样的知识阶层。

② 日本编纂和刊印了很多版式奇特的字书，可能也是书贾所为，值得进一步研究。

辉煌，又再一次被隐藏，静等机缘。在很多小学文献的生命历程中，都会有这种明、暗交替的时候。所以对待这种现象，我们需要用一个较长时段①的眼光看待它，不能仅看到它的显耀时期就判断其影响深远，也不能看到其隐晦时期就强调其走向衰落，而是完整地看待其生命历程，慢慢地观察其明与暗的交替，进而再去判断、辨析其价值与影响。以许慎《说文解字》为例，这部在语言文字学当中影响深远的经典著作，自东汉成书之后就颇受后人推崇。北宋雍熙三年(986)第一次雕版印刷之后，"大徐本"这一颇具版本学意味的名词就伴随着它走过了以后的历程。是书经皇帝授权修订，又经中书门下下牒"许人纳纸墨价钱收赎"，更被列入科考的参考用书之一，按理来说，应该会大行于世的。然而奇怪的是，北宋经此一刻之后，直至南宋孝宗时期才有重版的机会。而经南宋再刻之后，至入元以后方有补版重印的记载。几次刻印的时间跨度如此之大，实在让人有一种《说文》在宋元不受欢迎的印象。然而我们仔细考察当时的文化背景，方才明白，其实并不是《说文》不受欢迎，而是大徐本不太流行而已。其间的原因颇为复杂，涉及当时对《说文》的刊刻动机、学者对该书的看法及雕版印刷的流行程度及书价等问题，需要结合当时的社会文化背景加以探讨。总之《说文》在宋元的传播，并不是通过刊印、注解等形式实现的，而是通过影响、改编等潜在的形式发挥作用的。存世的很多宋元人小学著作，有相当一些是在《说文》的影响下编纂成书的，如《类篇》《复古编》等。而宋元时期大行于世的"六书学"，其理论基础则直接源于《说文》。改编的情况目前看来有两个方向，一个如南宋李焘《说文解字五音韵谱》那样，改《说文》始一终亥的编排体例为当时流行的按韵编排的始东终甲的体例，这或许能方便士子查阅；一个如宋代佚名所编《新雕入纂说文正字》②那样，从始一终亥之例但减省了注文，这显然是一

---

① 此处我们引入了法国年鉴学派的一个名词"长时段"，葛兆光先生《中国思想史·导论·思想史的写法》(复旦大学出版社，第二版，2015年，第14页)有很好的描述，笔者在此借用了这种思维。

② 按，是书今藏日本御茶之水图书馆，原德富苏峰成篑堂旧藏，严绍璗《日藏汉籍善本书志》对之有详细的版本描述。李庆《"北宋本"〈新雕入纂说文正字〉小考》(《中国典籍与文化》2008年第1期)对其递藏情况有详细的介绍，惜对该书的内容和价值的研究太过简略。

个《说文》当时的通俗文本。以上的情况足以说明大徐本虽然不甚流行,但《说文》却暗暗影响着当时小学书籍的编纂和流通。《说文》流传到明代,不仅没有相关的刊印记载,而且其地位一落千丈。原本附于宋元以前公私书目小学类的《说文》,至明代大多被收入"韵书",或与法帖等并列,①可见其地位之尴尬。这似乎又一次看到了《说文》的窘迫处境。然而我们详细考察当时文化背景,可知其时的《说文》一如宋元时期,是在暗暗地发挥作用。始一终亥之大徐本虽无刊印,但其改编本《说文解字五音韵谱》却被一再刊印,这就是毛扆在汲古阁本《说文》末跋中所说的"《说文》自《五音韵谱》盛行于世而始一终亥真本遂失其传"。同时,宋元时期流行的六书学,在明代是有过之而无不及。由此亦可见《说文》在明代之隐性影响。清代乾、嘉以前始一终亥的《说文》亦不流行,虽有汲古阁刊印之功,但依旧难觅。② 直至四库馆开,随着南北学者之交流,在考据学之推动下,始一终亥的大徐本方真正走向辉煌,开创了"说文学"的新境界。其时众多的学者投入到了《说文》研究当中,同时其刊印也提上了日程。考察清代的说文学,其实也有一个明、暗交替的过程,明处即乾嘉时期,学者多有论述。暗处则在两头,即清初和清末,学者多不着意。清初由于仍然笼罩在《说文解字五音韵谱》的影响下,再加上经学的流通,大徐本《说文》其实是暗自服务于解经的,后人辑录的惠栋之《读说文记》中,多有这种意味。清末考据学走向了衰落,《说文》似乎也不复以往的辉煌,然而其已经走向了另外的发展道路:传统的说文学由乾嘉时期多方面的研究走向了历史性的总结,《许学丛书》《许学丛刻》的刊印即是其证;甲、金文研究的兴起使《说文》真正脱离了许慎及其以经学解字的思维,而走向了释读前代文字的道路。以上我们粗略地梳理了《说文》的发展历程,可见该书在宋代和清代是明、暗交替发展的,明代则一直是通过其他

---

① 按,《文渊阁书目》收录"许氏说文"四部,其中两部归入"昃字号第一厨书目·韵书",另两部归入"辰字号第一厨书目·法帖"。《行人司重刻书目》"许氏说文",归入"杂部·书画类方技类"。

② 关于清代《说文》的流传情况,尤其是汲古阁本的刊印情况,参看笔者《毛氏汲古阁本〈说文解字〉刊印源流新考》(《励耘语言学刊》2019年第1期),更详细的考察见《小学文献学视野下的毛氏汲古阁本〈说文〉研究》一书的相关章节(花木兰文化事业有限公司,2020年)。

形式暗自发展的。考察一部小学文献的生命历程,需要结合当时的文化背景,将多种因素纳入进来。通过梳理发展过程中那些显性和潜在的交织在一起线索,方能更好地去理解文献。当然,并不是所有的小学文献都是这样,那些在历史上影响颇大的如《玉篇》《集韵》等小学文献皆可从此角度加以审视。

四、文字、音韵、训诂的渗透与搭配

除了以上种种总体上的变化外,小学文献各类内部也是有一定规律的。一般而言,小学文献分文字、音韵、训诂三大类。文字主形,凡与字形研究相关的文献皆归入文字类;音韵主音,凡与声韵有关的文献皆归入音韵类;训诂主义,凡与解释词义相关的皆归入音韵类。然而在具体使用过程中,三者并非那么森严,非此即彼的,有相当一部分是很难单独归入三类中的某一类的,然而大体可以如此归类。除去这种目录学上的问题,其实在文献演变过程中,古人对三者并没有如此严格的区别,①三类文献往往是互相渗透与搭配的。所谓渗透,有两种情况,一种指三类文献的知识汇聚(类聚)于一书,可称为文本渗透。小学文献是一类以文字的形、音、义为核心编纂而成的特殊文献,很多就是后世出现的字/词典。所以一书之中,一字(词)之下,形、音、义兼备。这种情况,许慎的《说文》早是如此了。段玉裁《说文解字注》"元"字下云:"《说文》,形书也。凡篆一字,先训其义,若始也、颠也是;次释其形,若从某某声是;次释其音,若某声及读若某是。合三者以完一篆,故曰形书也。"②一篆之下形、音、义兼备,显然与那些纯列字形而不加解释的著述有别。而且形、音、义又是相互配合的,所谓形义统一,显示了《说文》已经将汉字三要素完美地融为一书了。其他如《字林》《玉篇》《广韵》《集韵》《类篇》

---

① 按,《御制康熙字典序》云:"自《说文》以后字书善者,于唐则《广韵》,于梁则《玉篇》,于宋则《集韵》,于金则《五音集韵》,于元则《韵会》,于明则《洪武正韵》,皆流通当世,衣被后学,其传而未甚显者尚数十百家。"在这里,《说文》《玉篇》与《广韵》《集韵》等居然并称为"字书",可见古人韵书、字书并没有如目录学上那么严格的区分。《康熙字典》的这种看法很能代表古人的一般观点。

② (汉)许慎撰,(清)段玉裁注《说文解字注》,上海古籍出版社,第1页。

等多如此,①只不过限于体例,各有侧重而已。另一种情况指小学文献会因社会文化等方面的原因在形式上会出现不同程度的改编或重编,可称为版本渗透。所谓改编,即指对原书编排方式稍加改动即成另一类文献,如前面所举始一终亥之大徐本与《说文解字五音韵谱》,《详校篇海》之于《篇海类编》,等等,内容小异但形式大不相同。所谓重编,即以某一书为基础另增新的内容,从而变成新的文献。如《重校古本五音类聚四声切韵直音海篇大全》,其正文二截版,上栏为《韵类》,按四声排字;下栏为《四声篇海》之删减本,先按五音、字母分卷,后按部首、笔画归字。从编排上看,上下两栏地位是不平等的,上栏文字应该是在下栏的基础上增入的,所以这可以说是重编了一部《四声篇海》,是韵书向字书渗透的结果。再如《三台馆仰止子考古详订遵韵海篇正宗》等。该书正文为三截版,上栏为《韵律》,按四声排;下栏为《海篇正宗》,先按类分,后按部首、笔画排字,中栏则为下栏之疑难字注反切。显然下栏才是该书的主体内容。这是以分版的形式将韵书与字书容纳为一体的小学文献。而其下栏类目、部首、笔画之编排方式,又体现了训诂书与字书的相互渗透。其篇首、篇末所附的诸文,又可体现通俗类书对其的影响。这使其性质颇为复杂,既是一部形式多样的字书,又具有百科全书的性质。② 以上皆显示了在不同时代受文化背景的影响下韵书或训诂书编排形式③对字书的渗透。

所谓搭配,是指不同类别的小学文献(主要指韵书与字书)在一定时期内出现的配套使用的情况:字书配韵书,韵书辅字书。二者相辅相成,从而形成了一组关系密切的组合。这种现象,学界称之为"篇韵"。"篇韵"一词,

---

① 《说文》以下小学文献很少有明确解释形体的,但至少音、义兼备,这大概跟后出之字多已隶定或楷定,从而无法直接从形体上看出造字意图有关。不过经过探求字源,大多还是可以追溯到其早期形体,看出形义之间的关系的。

② 有些小学文献在下层有走向百科全书的趋向,除此类通俗字书外,尚有向其他类目文献渗透的趋向,如清乾隆间刻《江湖尺牍分韵撮要合集》之类,分上下两栏,上栏为各类尺牍的范文(即《江湖尺牍》),下栏为按韵列字的韵书(即《分韵撮要》),两书通过分栏并为一书,起到了"有疑于文者不妨取征于韵,或有疑于韵者不妨再质于文"的作用。从性质上看,这是韵书与应用文彼此渗透编纂而成的文献,其更具有实用性。

③ 一般而言,按部首或笔画排字是字书的体例,按声或韵排字是韵书的体例,按类编排是训诂书的体例。然而并不能说的绝对,字书按韵或类排字应该是两类文献体例影响的结果。目录学并不能从编排体例中截然对相关文献加以归类,而应当结合各自的研究对象慎重考虑。

宋代以前无有，金元以后的学者则多称之，或以为《玉篇》《集韵》之省文。如金代佚名所撰《大定甲申重修增广类玉篇海序》云："洎梁顾野王作《玉篇》，穷六经之文，达百氏之旨，缕分点画，区别偏旁，分其篇为五百四十二部，字之释文，庶其详矣。迨宋贤特编《集韵》而比于《玉篇》，字增之愈多。有阴佑者，取其《韵》有《篇》无者，编之以为《馀文》。"①或又推广其义，以为某类字书之诨称，如前序又云："然而详其数家篇韵，皆以包函音训。"又云："类八家篇韵，校其相犯者芟除之，考其当用者收采之。"其中"数家篇韵"②"八家篇韵"，显然是指《序》中所提及的《类玉篇海》以前编纂的《馀文》《省篇韵》等八家，故颇怀疑此处"篇韵"指或篇或韵这一类字书。③它们大都与《玉篇》《集韵》相关，故其题名、或体例、或内容多承袭此二书。或以为《集韵》《类篇》之总名，如宋仁宗宝元二年丁度等奏："别为《类篇》，与《集韵》相副施行。"④又，佚名《汉隶分韵》卷一云："小学不绝如线，字书行于今者，篇莫加于《类篇》，韵莫善于《集韵》。"又，明人万安《重刊考订五音篇韵总序》云："景祐中，丁度加修《广韵》为《集韵》，司马光为《类篇》，此'篇韵'之名所由始也。"⑤总之，金元乃至明之时，"篇韵"一词至少有两种用法，一种指可以相互搭配使用的字书和韵书，⑥一种指受《玉篇》《集韵》等影响之下编撰而成的大型字书。赵振

---

① 见（金）邢准《增修累音引证群籍玉篇》之附。按，此处既称"取其《韵》有《篇》无者"，显然《韵》即《集韵》，篇即《玉篇》。

② 按，邢准《增修累音引证群籍玉篇》自序云："逮我圣朝，弥文焕著，韵学尤工，是以洨阳王太集上数家篇韵，总之为一。"又云："旁搜广猎，采撷诸家篇韵数音之义，纂集编缀。"这里也提到了"数家篇韵""诸家篇韵"，显然"篇韵"一词已经指一类字书了。

③ （明）刘聪《篇韵贯珠集序》亦有数处提及"篇韵"，如"真空凤注心于篇韵者，惧其口有遗口，乃稽诸家篇韵，究其详略"。考其文义，似亦指这类著述。然而看此书内容如"贴五音类聚四声篇海捷法第四""订四声集韵卷数并韵头总例第五"，实为检《五音类聚四声篇》《改并五音集韵》而作。该书曾附二书之末刊印，也可见其与二书的关系。

④ 见《类篇》末附记，清乾隆间写文渊阁四库全书本。

⑤ 见《成化丁亥重刊改并五音类聚四声篇海》之附。

⑥ 按，元人刘鉴《经史正音切韵指南》多处提及"篇韵"，颇疑即韩道昭《五音类聚四声篇》和《改并五音集韵》。其自序称其书"与《五音集韵》互为表里"，则其蓝本即《五音集韵》。序后附《检篇韵法》，指出检索《篇》《韵》之方法，颇见二书关系之密切。又《检篇内卷数捷法》之口诀与《五音类聚四声篇》中三十六字母所属卷次一模一样。宁忌浮先生《汉语韵书史·金元卷》（上海人民出版社，2006 年，第 326 页）所提及的该书的思宜本"膠"字注云："《篇》《韵》皆转切上声，故于此新增之。"此处《篇》《韵》亦当指以上二书，因二书皆有此字也。倘若以上推测无误的话，那么这显示了"篇韵"在元代新的发展了。

铎、宁忌浮、王进安诸先生①所说的"篇韵"主要是指第一种情况。由上可知，第一种情况显然出现得较早，在这种模式下，无论是哪两部著述，它们一定是字书与韵书两两搭配的，且音系大致相同②，如《广韵》与《玉篇》，《集韵》与《类篇》，《改并五音集韵》与《改并五音类聚四声篇》，《并音连声韵学集成》与《直音篇》，《合并字学集韵》与《合并字学集篇》，等等。同时，二书基本上是由同一人或同一类人在大约同时编纂而成的，"这就更彰显了这类韵书与字书的联属关系"。③ 这种做法的目的是为了满足不同形式的检索：知形者检其字书，明韵者求其韵书，所谓"见字求声《篇》内检，知声取字《韵》中寻"④是也。显然，这种字书、韵书配套使用的模式是为满足当时社会不同阶层士人的需求而产生的。然而这只是一方面，另一方面（也就是第二种情况），当时的学者也尝试在一部书之中同时具备字书与韵书的功能，如韩道昭《改并五音类聚四声篇》一书每卷排字是有一定讲究的：五音三十六字母（分卷）—四声（分部）—444部首（归字）—笔画（排字）。前二者显然是韵书的一般体例，后二者又是字书的编写方法。两种方法同时出现在一部小学文献当中，更可体现韵书与字书之间的搭配。然而此书虽然在元明时期一再刊印，但这种数种检索法兼备的体例并未被受其影响下编纂的诸多字书继承下来，很多仅取其一或其二，显然该书的这种方法也不适应当时的社会需求。

总的来说，三类小学文献无论是渗透也好，搭配也罢，基本上都出现在下层与上层以及下层之间的互动当中。宋元明时期雕版印刷向通俗化、商业化的发展趋势已经将士大夫、普通士子、书商等如此紧密地联系在一起，迫使当时的所有文献再也无法严守本类门径而逐渐向外开放。在这种情形下，前代文献从内容到形式会得到改编、重编、删减、增补，新的文献也会在

---

① 分别见：赵振铎《中国语言学史》，河北教育出版社，2000年，第242页；宁忌浮《汉语韵书史·金元卷》，上海人民出版社，2016年，第365页；宁忌浮《汉语韵书史·明代卷》，上海人民出版社，2009年，第474—476页；王进安《字书韵书编纂中"篇韵"并行模式探索》，《古汉语研究》2014年第1期。
② 王进安《字书韵书编纂中"篇韵"并行模式探索》，《古汉语研究》2014年第1期。
③ 同上。
④ （元）刘鉴《经史正音切韵指南》附《检篇韵法》。

这个过程中不断得以生产。小学文献就是在这样一种情况。以前我们很少注意到那些不登大雅之堂的通俗字书,总是沉浸在清代士大夫所说的"明人刻书而书亡"[①]"有明一代之人,其所著书,无非窃盗而已"[②]等话语中不可自拔。现在看来,我们确实应该把眼光放到当时整个社会文化背景上中加以重新考虑了。

以上我们从四个方面归纳了小学文献在整个历史长河当中出现的一些带有规律性的东西,也可以说是看待和研究小学文献的一种角度和视野。以前我们总是静态地看待小学文献,现在从这些方面可以动态地关注它了。具体地说,在运用这些规律之时,我们需要同时考虑当时的政治背景、文化传统、学术阶层、编纂者的家族背景与职业背景等因素对小学文献的影响。

[①] 叶德辉《书林清话》卷七"明毛晋汲古阁刻书之一"条,辽宁教育出版社,1998年,第157页。
[②] (清)顾炎武著,黄汝成集释,栾保群、吕宗力校点《日知录集释》卷十八"窃书"条,上海古籍出版社,2006年,第1073页。

第二章 小学文献目录学研究

前一章我们用大篇幅详细探讨了小学文献学的基本理论体系。作为该学科的主要研究内容之一的小学文献学目录学,我们认为其"主要探讨小学文献目录的著录(著录项)、分类(分类、归类)等问题"(见前章的相关论述)。然而这只是一个概述,并没有进行详细的讨论。以下主要围绕小学文献目录学展开,包括对小学文献的著录项、著录方法及分类进行历时梳理和具体探讨。然而在详细探讨这些问题之前,我们需要对目录学和小学文献学目录学的相关理论知识进行详细的梳理。

第一节 目录学与小学文献目录学相关理论综述

小学文献目录学从大的方面来讲,其基本理论体系受文献学尤其是目录学(含专科目录学)理论的影响。从小的方面讲,又要受到小学文献学的制约。所以,这些学科的成熟度直接关系到该分支学科的发展程度。以下我们从研究对象、研究内容等方面加以探讨。

关于这些问题的研究资料,主要包括文献学著述、目录学著述及相关研究论著,等等。就目录学著述而言,据笔者调查统计,从20世纪初开始,截至

2024年,中国大陆和台湾地区公开发行和出版的目录学著述①共63部,其中传统目录学著述②32部,现代目录学著述③9部,专科目录学著述14部,目录学史著述8部。通过对这些著述和大量相关论文的研读,我们发现,时至今日,目录学的基本理论问题的研究已经在这些前辈学者们多方面的努力之下不断走向深入和细化,很多综述性、回顾性、反思性的文章已经向我们展现了这方面研究的丰富成果。然而不可否认的是,热火朝天的研究背后也隐含着层层危机。一方面,自民国以来,传统目录学在不断吸收西方目录学理论成果的过程中逐渐转向了现代目录学,从而使其基本知识体系被后者节次分解或完全取代。④ 如以20世纪60至80年代⑤武汉大学、北京大学图书馆学系联合编撰的《目录学讲义》(1962)、《目录学》(1979)、《目录学概论》(1982)等为代表的面向图书馆学系学习者的目录学教材,已经基本上确

---

① 按,文献学著述的出版状况见本书第二章相关章节,故此处从略;目录学的研究论文和著述较为分散,收集不易,故亦从略,不过在具体探讨当中会有所涉及。此外,日、韩亦有很多经典的目录学著述,不过笔者所集有限,仅以闻见在具体探讨中引用,而不做具体统计。

② 按,此处"传统目录学著述"指具有一定理论体系的围绕古代典籍或书目(偶涉西方编目法者亦列于此)展开探讨的目录学专著、教材,以及民国学者发表的论文后被重新出版或收入全集者。不包含以下几种资料:其一,研究目录学的论文集、资料汇编、辞典等;其二,专人、专书、断代等目录学研究;其三,目录学家研究;其四,目录学思想、学术等研究;其五,笔者未见,出版待考者6部,即南京大学图书馆藏佚名编《目录学讲义》、人大藏佚名著《目录学考》、湖南大学编《目录学讲义》、缪篆《中国目录学》、朱文俊《目录学概要》、张国朝《目录学概要》等。

③ 按,"现代目录学"(或称为"新目录学",见黎锦熙《新目录学及"类码法"之扩大应用》,《东方杂志》1945年第41卷第17号)这一词汇在民国时期便已出现,如姚名达《中国目录学史·结论篇》有"著者对于现代目录学之感想"一节。之后在图书馆学、情报学的学者那里得到广泛使用。本文所说的现代目录学著述即服务于图书馆学、情报学等专业且包含该学科知识的目录学著述。

④ 柯平、刘旭青《改革开放40年我国目录学研究的成就、问题与思考》(《情报资料工作》2019年第5期)一文认为改革开放40年"随着情报学等相关学科的发展和地位的不断上升,传统目录学面临着被'肢解''渗透'乃至'鲸食'的危机,几乎只剩下基本理论和目录学史这两项研究阵地"。然而这种危机其实早在民国就慢慢开始了。

⑤ 按,20世纪六七十年代中国大陆尚没有一部正式的文献学著述和目录学著述,仅有一些讲义,如王欣夫《文献学讲义》(1959)、赵振铎《古代文献基础知识(初稿)》(1978)等。偶有出版前辈学者著述的,如余嘉锡《目录学发微》,中华书局在1963年、艺文印书馆在1974年先后出版,汪辟疆《目录学研究》由上海商务印书馆在1955年出版,等等。中国台湾地区在当时则相对较好,不仅姚明达《目录学》(商务印书馆,1971)、汪辟疆《目录学研究》(文史哲出版社,1979)等有过重印,而且也出现了如昌彼得《中国目录学讲义》(1973)、许世瑛《中国目录学史》(1974)等目录学著作。80年代以后,随着二郑《中国文献学概要》(1983)等的重印,吴枫、张舜徽二先生的文献学著述的问世,以及来新夏《古典目录学浅说》(1981)的出版,传统目录学才逐渐走向正途,然而相应的"现代文献学"和"现代目录学"发展势头更猛。

立了(现代)目录学的理论体系和研究趋势。在这类著述当中,传统目录学的知识等仅仅作为辅助知识或目录学史的一部分存在,大量的内容则在探讨文献的揭示与组织,各类文献的编纂法,等等。另一方面,80年代以后,图书馆学的一大批学者如乔好勤、谢灼华、彭斐章、陈传夫、柯平等在吸收西方目录学理论的基础上不断建构中国现代目录学理论体系的同时,传统目录学研究者则几乎集体失声,仅仅在各自文献学和目录学著述中反复申述前辈学者的目录学研究成果而鲜有更进一步的发明。这两方面的表现使传统目录学长期处在尴尬的地位,"留给自己的研究领域,除了理论,就是目录学史"。① 其实,还有一个看似崇高、实际难行的"辨章学术,考镜源流"这个空头目标。② 在这种情况下,我们不由地扪心自问:传统目录学的出路在哪里?是否需要加强传统与现代目录学之间的融合?③ 还是就像一些学者分析的那样,目录学早已由传统目录学转向了现代目录学?④ 如果是这样的话,我们的前两个问题根本就不能成为问题。但是现实告诉我们,在20世纪30年代和80年代现代目录学两次高潮兴起的过程中,⑤传统目录学虽然不振,但仍然顽强地坚持自己的传统知识体系和理论框架,显示出了与现代文献学同名异趣的倾向。目录学的"传统"与"现代"之分,显然不仅仅是时间

---

① 乔好勤《我国近十年目录学研究的回顾与思考》,《图书馆学通讯》1988年第4期。
② 从《校雠通义》的论述看,章学诚提出的此口号其实是主要针对刘《略》班《志》的,后世学者不加拣择地将其当作目录学的崇高目标,这是违背章氏初衷的,且学者在具体解读的过程中有扭曲章氏本义的嫌疑。我们认为,此说虽然揭示了目录与学术之间的关系,但仅仅是部分揭示,因为这是在排除大量徒知部次甲乙的"簿录"之书的基础上探讨这个问题。这样的局部概括怎么能代表整个目录学的研究目标和任务呢?而且从具体实践看,民国以来的"目录学家一方面对'辨章学术,考镜源流'的众口称赞,而另一方面在书目工作中很少身体力行,只不过是做些'簿属甲乙'的工作"(贺修铭《20世纪目录学研究的两次高潮及其比较》,《图书馆》1994年第5期),显示了该目标从一开始就已经沦为口号。
③ 傅荣贤《中国古代目录学研究》第五章提倡"中西目录学的有机融合"(知识产权出版社,2017年,第332页),然而如何融合,显然还在思考当中。
④ 柯平、刘旭青在《中国目录学七十年:发展回溯与评析》(《中国图书馆学报》2019年第5期)一文中云:"中国目录学在七十年间经历了从古典目录学向现代目录学的真正转型,书目实践与学术研究也从传统聚合状态走向科学化的分离。"
⑤ 按,目录学两次高潮说见贺修铭《20世纪目录学研究的两次高潮及其比较》(《图书馆》1994年第5期)。王国强《二十世纪中国目录学研究纲要》(《图书与情报》1993年第1期)则认为20世纪目录学有三次高峰:"世纪初到四十年代,五十年代到七十年代末,七十年代末到世纪末。"

上的先后差异，更是知识体系和价值旨趣的完全不同，①如同前文所称的文献学的"古典"与"现代"之别一样。可见，走向现代目录学并非其最终出路。何况，现代目录学在21世纪初已经"面临着前所未有的严峻形势"，②《图书情报知识》2005年第3期刊登的数篇文章③便是最好的证明。学者称20世纪90年代以来，"一向以书目情报服务见长并有两千年悠久历史的目录学，也几乎是一夜之间江河日下，出现了目录学界不知所措、甚至自乱阵脚的现象。"④这样的状况一直延续到现在。2020年《图书馆》杂志第7期同样有感于"近年来目录学日趋式微，被调侃成'没落学'"的现状，特意推出"目录学新论"专题，分别刊登了《目录学的方向走错了》⑤《回归学术史：古典目录学在当代语境下的存在合法性》⑥《中国目录学传统的当今表现——目录学去哪了？》⑦等文章，它们在篇题上已经暗示了学者们努力的方向。此外，刘国华等《对目录学"危机""困境"论的回顾与述评》⑧、马楠《目录学再出发》⑨等文都有很好的论述。从其讨论上看，学者们都不约而同地将现代目录学的出路指向传统。然而具体该如何做，显然并没有完全想通。从最初的竭力想摆脱传统，⑩到当今的尝试回归传统，历史似乎给现代目录学开了一个大

---

① 关于这一点诸家多有讨论，如乔好勤《我国近十年目录学研究的回顾与思考》(《图书馆学通讯》1988年第4期)，尚志明《目录学理论研究存在的问题及对策》(《图书情报工作》1994年第5期)等。

② 王锦贵《对当代目录学客观定位的思考》，《图书馆情报知识》2005年第3期。按，骆伟《对当前〈目录学〉课程的思考》(《图书馆论坛》2001年第2期)、乔好勤《也谈〈目录学〉课程的教学改革》(《图书馆论坛》2002年第4期)等亦有类似的看法。

③ 按，这些文章包括王锦贵《对当代目录学客观地位的思考》，徐建华《目录学的学科定位、研究者心态及其他》，杨河源《目录学：困境与希望》，王新才、甘玲《从书目的目的、方法看今后的目录学研究》，柯平《数字目录学——当代目录学的发展方向》。

④ 王锦贵《对当代目录学客观定位的思考》，《图书馆情报知识》2005年第3期。

⑤ 王子舟《目录学的方向走错了》，《图书馆》2020年第7期。

⑥ 傅荣贤《回归学术史：古典目录学在当代语境下的存在合法性》，《图书馆》2020年第7期。

⑦ 陈志新《中国目录学传统的当今表现——目录学去哪了？》，《图书馆》2020年第7期。

⑧ 刘国华、李志、翁菊梅《对目录学"危机""困境"论的回顾与述评》，《重庆图情研究》2003年第2期。

⑨ 马楠《目录学再出发》，《文献》2019年第3期。

⑩ 如杜定友《校雠新义》卷七《编次第七》认为"中国无目录学也"，这是因为他认为"目录所以簿记图书而便检也"，而中国古代多书目，而非目录，且非为致用检索而设。之后，沈祖荣、裘开明、黎锦熙等学者都强调书目的这种功能。80年代以后，"对于古典目录学所执着的'辨章学术考镜源流'，学者们仍递有啮点，其中不乏推捡太过者。甚或认为，不仅考辨学术（转下页）

大的玩笑。然而,传统目录学自始至终都没有走出自己的困境,又如何能给现代目录学注入新的活力呢?难道仅仅回到辨章考镜、提要小序的传统就可以了吗?显然,这样的思维只是站在现代目录学的角度加以考虑的,并不能解决实际的问题。只有从传统目录学的角度出发,方能找到解决目录学困境的方法。

为了方便论述,以下我们先详细梳理目录学相关理论问题的研究状况,然后归纳并探讨目录学的出路问题。

一、目录学诸问题综述

(一) 研究对象

关于此问题,彭斐章、谢灼华《关于我国目录学研究的几个问题》总结出5家说法,① 孙二虎《目录学对象诸说质疑》归纳出10家,② 陈一阳《目录学研究对象和定义新探》归纳出8家,③ 黄建明《关于目录学对象问题研究的综述》归纳出7家④,肖红《近十年我国目录学基础理论研究概略》归纳出6家⑤。此外,一些相关的论文或著述⑥ 也有相关综述。诸家有分有合,大要不出以上诸学者归纳范围之内。从时间上看,这些探讨基本集中在20世纪60年代和80、90年代,21世纪以来几乎销声匿迹了。从作者身份看,学者们多为研究现代目录学者,传统目录学者基本无有。这大体符合目录学在新中

(接上页)的古代目录学在现代一无所取,在古代也是阴差阳错的选择"。(见傅荣贤《中国古代目录学研究》,知识产权出版社,2017年,第38页)

① 彭斐章、谢灼华《关于我国目录学研究的几个问题》,《武汉大学学报(哲学社会科学版)》1980年第1期。按,此说后来又分别收入彭斐章、乔好勤、陈传夫编著《目录学》(武汉大学出版社,1986年,第6—8页),彭斐章、谢灼华、乔好勤编《目录学研究资料汇编(修订版)》(武汉大学出版社,1996年,第5页),彭斐章主编《目录学教程》(高等教育出版社,2004年,第7—8页)等。

② 孙二虎《目录学对象诸说质疑》,《图书情报工作》1981年第6期。

③ 陈一阳《目录学研究对象和定义新探》,《图书情报工作》1983年第4期。

④ 黄建明《关于目录学对象问题研究的综述》,《广东图书馆学刊》1987年第3期。

⑤ 肖红《近十年我国目录学基础理论研究概略》,《西南师范大学学报(哲学社会科学版)》1995年第2期。

⑥ 如徐召勋《学点目录学》归纳出4家,罗孟祯《中国古代目录学简编》归纳出4家,周少川《古籍目录学》归纳出6家。

国成立以来的发展方向。笔者参考诸家论述，并结合所收集的资料，将有关目录学的研究对象的诸家说法归纳为以下几种。

1. 图书说

此说亦可分为两种情况：

(1) 泛说图书

如容肇祖《中国目录学引论》云："目录学的对象，简单来说，就是书籍。但从古到今书籍的材料式样，或者不同，然而都是文字的记载，都是前人的著述，皆可称之为书籍。"①杜定友《校雠新义》："目录学之对象为图书，其目的在致用。"之后持此说者颇多，且多为传统目录学者，如刘咸炘《目录学·弁言》、姚明达《目录学》《中国目录学史》、汪辟疆《目录学研究》、②伦明《目录学讲义》、周贞亮《目录学》、蒋伯潜《校雠目录学纂要》、昌彼得《中国目录学》等等。

其实，西方的学者也多持有此说者，③如英国的贺恩，法国的格列弋尔、宾诺、卡苗等，俄罗斯的В. Г. 阿纳斯塔谢维奇、В. С. 索必可夫，波兰的雅尔科夫斯基，德国的施业捷尔，比利时的奥特列，等等。

(2) 图书的形式

关于此，国内很少有论及者。19世纪末，英国学者福开森(J. F. Ferguson)在《目录学论略》中说："书的内容是好，是坏，或是平庸，都与目录学家无关。……目录学家应当研究书的版次，特点，出版地，印刷人，印刷时代，字体，图解，版之大小，校勘，装订，藏者，分类，收入何丛书，及见于何目录，他所关注的是书的客观的对象，而不是书的内容的道理。"④又，英国学者沃尔特·格雷格爵士(W. W. Greg)在《目录学——一点回顾》中说："为了避免歧义，我宁愿将'目录学'定义为对作为物质载体的书的研究。……书目

---

① 容肇祖《中国目录学引论》，《图书馆周刊》1928年第4期。按，此条转引自《目录学研究资料汇编(修订版)》，武汉大学出版社，1996年，第99页。
② 按，汪氏此说为刘纪泽《目录学概论》和李曰刚《中国目录学》等全文抄录。
③ 以下参考了彭斐章主编《目录学教程》，孙二虎《目录学对象诸说质疑》等。
④ [英] 福开森著，耿靖民节译《目录学论略》(竖排，仅前八节)，《文华图书馆专科学校季刊》1929年第1卷第4期。后来该刊又重印了一次(横排，前二十节，1934年第6卷第1期)。最后该文于1934年由武昌文华图书馆学专科学校出版，更名《目录学概论》。

与书的学科内容是毫不相关的。"①显然,这是认为目录学的研究对象是图书形式,而非图书内容。观其对目录学的定义,可知这应当是英国分析目录学家的一种观点。② 其主要重视印本书的外部形态的著录,涉及的范围相当广泛,与中国的传统目录学还是有一定区别。

2. 目录说

此说有三种情况:

(1) 图书目录

传统目录学家和文献学家所说的目录多指图书目录,如余嘉锡先生《目录学发微》称为"目录之书",然多论史志目录和公藏书目而排斥私家简目,③范围更窄。程千帆《校雠广义·目录编》则覆盖了所有的目录,其云:"目录学就是研究目录的产生和发展规律的科学。"④此外,周少川《古籍目录学》、刘兆佑《中国目录学》、曹慕樊《目录学纲要》,⑤吴枫《中国古典文献学》、王欣夫《文献学讲义》、洪湛侯《中国文献学新编》、杜泽逊《文献学概要》、张三夕《中国古典文献学》、董恩林《中国传统文献学概论》、孙钦善《中国古文献学》、郭英德《中国古典文献学的理论与方法》等皆主此说。另外,20世纪以

---

① 转引自[英]罗伊·斯托克斯著,刘圣梅等译《目录学的功能》,南京大学出版社,1993年,第5—6页。按,该文收入1945年伦敦目录学学会出版的纪念性著作《目录学学会(1892—1942)——回顾性的研究》。

② 准确地说,属于分析目录学分支之一"描述目录学"的观点。该学科"主要功能是对文献进行精确的形式描述。其研究的问题包括:图书形成的方法、铅字与纸张的类型、插图与图书结合的方法、图书装订的方法与装订材料、文献的主要形式特征"。(彭斐章主编《目录学教程》,第116页)苏杰在翻译美国学者坦瑟勒《分析书志学纲要》的《译者序》(浙江大学出版社,2014年,第5页)中则将"描述目录学"译为"描写书志学",并与"列举书志学""分析书志学"等并列,其认为该学科"就是将图书作为物质实体加以系统描写。在进行书志描写时有约定俗成的体例和程式。书名页、插图、字体、装订、纸张,以及其他所欲与识别图书有关的物质要素都要遵从规定的程式"。

③ 余先生《目录学发微》(商务印书馆,2011年,第9页)云:"凡目录之书,实兼学术之史,账簿式之书目,盖所不取也。"又云(同上,第18页):"盖吾国从来之目录学,其意义皆在'辨章学术,考镜源流'所由与藏书之簿籍自名赏鉴、图书馆之编目仅便检查者异也。"

④ 程千帆、徐有富《校雠广义·目录编》,河北教育出版社,2001年,第6页。

⑤ 按,从内容上看,该书既包括目录学史,还包版本知识、校勘学,辨伪与辑佚等。虽然竭力与文献学相区别,实际已经等同于文献学了。

来的西方学者亦有类似的看法,如法国马尔克雷《目录学》等。①

(2) 各种目录

现代文献学家在谈及目录时,有时不限于书目,如毛坤《目录学通论》认为"目录之录,凡杂志报章之类之目亦可概括之,因不只限于书"。②

(3) 泛说目录

周学浩《关于目录学的研究对象问题》云:"目录学既然是目录工作实践的理论总结和概括,所以只有以目录作为自己的研究对象,才能真正抓住目录工作的中心和本质,才能进而全面、深入地分析、研究和总结目录工作实践的全部内容。"③又吴明霞《目录学研究对象诸说新辨》云:"从一般意义上讲,目录学的研究对象,就是目录及其现象。"④

3. 图书与目录说

张遵俭《目录学初解》最早提出此说,其云:"当代目录学的任务是辨章学术,考镜源流,推荐好书,指导阅读。根据上述任务,当代目录学的研究对象首先是图书,其次是书刊目录。"⑤又吕绍虞《普通目录学》云:"我们认为目录学研究的对象是目录,而目录所记载的则是书籍(包括杂志、报纸、小册子、公报及其它出版物),因此,目录学也就很自然的必须研究书籍。"⑥

4. 目录工作说

王文杰《试论目录学的研究对象》较早提出该说,其云:"研究查寻、鉴别、著录、部次图书便构成了目录学的对象。"而这些内容"是贯串在目录工作中的一条线索,是目录工作的基本特征"。⑦ 又,毛明远、王涛《浅谈目录学

---

① 按,此处参考了柯平《西方目录学术语及其定义》(《图书情报知识》1985 年第 1 期) 一文。
② 毛坤《目录学通论》,梁建洲、廖洛纲、梁鳣如编《毛坤图书馆学档案学文选》,四川大学出版社,2000 年,第 73 页。
③ 周雪浩《关于目录学的研究对象问题》,《图书馆》1961 年第 3 期。
④ 吴明霞《目录学研究对象诸说新辨》,《贵州大学学报(社会科学版)》1992 年第 1 期。
⑤ 张遵俭《目录学初解》,《图书馆》1962 年第 2 期。
⑥ 吕绍虞《普通目录学》,武汉大学印,1957 年。按,此条转引自《目录学研究资料汇编(修订版)》,武汉大学出版社,1996 年,第 83 页。
⑦ 王文杰《试论目录学的研究对象》,《武汉大学学报(人文科学)》1964 年第 2 期。

的研究对象》云:"笔者认为目录学研究的对象应该是目录工作。"而"目录工作具体地讲,就是通过查寻、著录、部次、评介、揭示和报导文献信息,分析研究社会、读者对文献信息的需求,提供书目情报服务等全部活动"。① 又罗孟祯《中国古代目录学简编》云:"目录学的研究对象是书目工作。"②

5. 目录事业说

孙二虎《目录学对象诸说质疑》云:"目录学是研究目录事业及其产生、发展一般规律的科学。目录学研究对象是目录事业。"具体包括:"一、目录事业在社会文化事业中的地位、目录事业与其他事业的关系、目录事业组织和工作机构、目录事业管理等;二、目录学理论体系的建立与研究;三、目录事业干部培养。"③

6. 目录、目录工作和目录事业说

持此说者,有三者兼有者,如徐召勋《学点目录学》云:"我认为确切的提法应当是目录、目录工作和目录事业。"④有兼取其二者,如李瑞良《中国目录学史》云:"确切地说,目录学的内容包括目录的编纂和目录的应用,它的研究对象是图书目录和目录工作。"⑤又来新夏《古典目录学浅说》认为研究对象为"中国封建社会的目录事业、目录工作和目录学状况"。⑥

7. 矛盾说

陈光祚在1959年发表的《目录学的对象和任务》一文中最早将毛泽东"对于某一现象领域所特有的某一种矛盾的研究,就构成一门科学的对象"之说引入了目录学理论当中,提出"人类巨大的图书财富和读者对图书的一定需要之间,是存在着矛盾的。……目录学正是由于人类巨大的图书财富

---

① 毛明远、王涛《浅谈目录学的研究对象》,《图书与情报》1988年第1期。
② 罗孟祯《中国古代目录学简编》,木铎出版社,1986年,第7页。按,罗氏《古典文献学》与之同。
③ 孙二虎《目录学对象诸说质疑》,《图书情报工作》1981年第6期。
④ 徐召勋《学点目录学》,安徽教育出版社,1983年,第9页。
⑤ 李瑞良《中国目录学史》,文津出版社,1993年,第8页。
⑥ 来新夏《古典目录学浅说》,中华书局,1981年,第12页。按,来新夏、柯平《目录学读本》与之同。

和读者对于图书的一定的需要而产生和发展起来的"。① 这里虽然没有明确提出图书与读者之间的矛盾即是目录学研究对象,但是对这个"矛盾"的强调,已经成了后来诸多"矛盾说"的滥觞。20 世纪 80 年代以后,彭斐章、谢灼华在《关于我国目录学研究的几个问题》一文明确提出:"揭示与报导图书资料与人们对图书资料的特定需要之间的矛盾,构成了目录学领域里诸矛盾现象中最基本最主要的矛盾,也就是目录学的研究对象。"②之后,彭氏主编或参编的《目录学概论》③《目录学》④《书目情报服务的组织与管理》⑤《目录学教程》⑥等,以及撰写的《新中国目录学研究述略》⑦《我国当代目录学研究的综述与展望》⑧《20 世纪中国目录学研究的回眸与思考》⑨等文皆申述了类似的观点,从而形成了其他矛盾说。⑩ 诸多学者如孟昭晋、⑪柯平、⑫程千帆、⑬战文新⑭等亦纷纷响应。可以说,目录学研究对象"矛盾说"是 80 年代

---

① 陈光祚《目录学的对象和任务》,《武汉大学人文科学学报》1959 年第 7 期。
② 彭斐章、谢灼华《关于我国目录学研究的几个问题》,《武汉大学学报(哲学社会科学版)》1980 年第 1 期。
③ 武汉大学、北京大学《目录学概论》编写组编写《目录学概论》,中华书局,1982 年,第 10 页。
④ 彭斐章、乔好勤、陈传夫编著《目录学》,武汉大学出版社,1986 年,第 11 页。
⑤ 彭斐章主编《书目情报服务的组织与管理》,武汉大学出版社,1996 年,第 10 页。
⑥ 彭斐章主编《目录学教程》,高等教育出版社,2004 年,第 10 页。
⑦ 彭斐章《新中国目录学研究述略》,《武汉大学学报(社会科学版)》1984 年第 1 期。
⑧ 彭斐章、石宝军《我国当代目录学研究的综述与展望》,《武汉大学学报(社会科学版)》1992 年第 2 期。
⑨ 彭斐章、付先华《20 世纪中国目录学研究的回眸与思考》,《图书馆论坛》2004 年第 6 期。
⑩ 刘国华《评目录学研究对象"矛盾说"——兼论目录学研究对象》,《图书情报工作》1999 年第 3 期。
⑪ 孟昭晋《书目的本质和目录学的研究对象》《吉林省图书馆学会会刊》1980 年第 4 期)云:"目录学研究对象所具有的内在的特殊矛盾就是认识图书与揭示图书的矛盾。目录学就是研究、认识与揭示图书的规律的科学。"
⑫ 柯平《论目录学领域的革命》(《四川图书馆学报》1984 年第 1 期)云:"从书目工作发展看,揭示和报导文献与读者需要之间的矛盾一直是发展的主线,也就是书目工作的实质,与目录学领域的其他矛盾相比,这个矛盾是最主要的,只不过最初的目录学并未明显地表现出来。但是随着时代的发展,这个矛盾也就自然而然地成为目录学领域的中心。"
⑬ 程千帆、徐有富《校雠广义·目录编》(河北教育出版社,2001 年,第 6 页)云:"目录学就是研究目录的产生和发展规律的科学,或者说就是研究如何更好地解决不断增长着的文献与人们对它的特定需要之间的矛盾的一门学问。"
⑭ 战文新、顾长庆《试论目录学的研究对象》(《莱阳农学院学报(哲学社会科学版)》1988 年第 2 期)云:"笔者认为,上述矛盾构成了目录学研究领域中诸矛盾现象中最基本最主要的矛盾。它贯穿于目录事业的全部活动的始终,是目录学研究内容的核心,因而构成了目录学的研究对象。"

的主流观点。但不可否认,该观点在当时也遭到了一些学者的质疑。有学者认为彭、谢等所揭示的矛盾并非目录学的特有矛盾,而是"图书学、图书馆学、情报学、档案学、学术史以至出版发行事业等等,都含有这个矛盾"。所以需要另觅其他矛盾。这个矛盾,陈一阳认为即"图书文献的存储和检索的矛盾……也就是目录学的研究对象"。这应当说是矛盾说一系内部的争论。有的学者则完全否认矛盾说,如孙二虎在《目录学对象诸说质疑》一文中认为此说"仅把这一综合性的文化事业中的某一方面(尽管是重要的方面)所进行的理论抽象物作为指导整个目录事业的目录学的对象,这是削足适履、桎梏目录学发展的做法"。

8. 关系说

在矛盾说盛行的同时,关系说、规律说等也开始流行起来。本质上说,三家说法并无二致。矛盾即对立统一的规律,规律又体现为事物之间内在的本质关系。

(1) 图书、目录、读者三者关系

张克美《谈谈我对目录学对象、定义的看法》云:"目录学的定义,简单地说,是研究图书、目录、读者关系的一门学问。"①

(2) 记录图书与利用图书的关系

朱天俊《目录学对象浅探》云:"记录图书和利用图书之间的关系,就构成了目录学的对象。"②又,《目录学讲义》云:"目录学的研究对象是:研究社会生活中记录图书的关系的一般规律。具体说,就是研究如何根据社会需要,通过查明、揭示、评述与记载图书的方法,使人们借以认识、熟悉掌握与利用图书,从而有助于正确理解图书中所记载的思想和经验,有分析地利用其中有用的知识。"③

(3) 规律说

陈光祚《目录学的对象和任务》云:"目录学的研究对象是用书目索引的

---

① 张克美《谈谈我对目录学对象、定义的看法》,《中国图书馆学会第一、二次科学讨论会论文摘要》,书目文献出版社,1982年,第309页。
② 朱天俊《目录学对象浅探》,《图书馆》1961年第2期。
③ 北京大学图书馆学系《目录学讲义》编写组编《目录学讲义》,广东省中心图书馆委员会图书馆学业余大学,1962年,第1页。

方式通报图书和宣传图书的规律。它是由于人类巨大图书财富和读者对图书的一定的需要之间,存在着矛盾和解决这个矛盾的需要而产生发展起来的。"① 按,此说为陈氏 20 世纪 50 年代末提出,据学者称"揭开了一次关于目录学研究对象问题大讨论的序幕"。② 之后这种讨论虽然"文革"十年有所中断,但 80 年代之后又出现了高潮。90 年代,陈氏改变了之前的观点,重新提出了文献流的说法,详见下文。

9. 图书、目录与矛盾关系说

吴裕宪《试论"目录学研究对象"之分歧》认为目录说、图书说、图书和目录说、关系说等诸家"争论的分歧有着共同的基础,这就是从目录学的研究对象和内容是图书众多和人们对图书特定要求之间矛盾所产生的这一共同认识出发的,也即目录学要解决的问题和要达到的目的是掌握目录工作发生发展运行的规律,从而进一步指导目录工作"。进而认为诸家之说是可以分层的:前三家为"具体对象",后一家为"抽象对象",而其倾向目录学的研究对象"是图书、目录,以及二者在目录工作过程中所产生的矛盾关系"。③

10. 目录活动说

陈耀盛《目录学多层次研究对象的辩证思考——目录学理论学习札记》云:"目录学的研究对象是多层次、多维的目录活动。"包括目录活动实践领域、构成要素、本质(社会知识信息交流)、内外关系、内外矛盾、运动规律等。④

11. 文献流

陈光祚《目录学是研究文献流的整序、测度和导向的科学——对目录学对象的再认识》云:"目录学是研究文献流的整序、测度和导向的科学。""把文献流作为一个整体,探索其运动的规律、内部构成的变化,特别是研究文

---

① 陈光祚《目录学的对象和任务》,《武汉大学人文科学学报》1959 年第 7 期。
② 知寒《对建国以来目录学研究的评述》,《山东图书馆季刊》1984 年第 1 期。
③ 吴裕宪《试论"目录学研究对象"之分歧》,《图书馆学研究》1982 年第 3 期。
④ 陈耀盛《目录学多层次研究对象的辩证思考——目录学理论学习札记》,《图书与情报》1989 年第 1 期。

献流的整序、测度和导向,这就是目录学的对象与任务。"①其所谓"文献流",是指"一个国家、一个民族、一个地区、一个时代出现与存在的各种出版物的总汇";而"整序"指"为文献编制目录";"测度"指描述"文献的增长、老化、文献之间的相互引用关系,文献量与著者数之间的比例、各次文献之间的比例,以及核心文献的分布等等"的规律;"导向"指"向有关的读者和情报用户有的放矢地通报、推荐、宣传图书文献,使它们迅速准确地'即类求书、因书究学'"。

12. 书目情报说

书目情报的研究始于 20 世纪 80 年代,至 90 年代方建立书目情报理论。② 该理论最初是"借鉴前苏联的书目情报研究成果的基础上产生的",③ 经过彭斐章、柯平等一批学者的努力,最终取得了很多重要成果。至此,目录学的研究对象,开始转向了"书目情报工作"。④ 其"突破了传统的界限,不再以文献整体作为反映对象,而是以知识单元为揭示对象","书目情报的提出,……确立了现代目录学研究的基点"。⑤

总的来看,以上 12 家有关目录学研究对象的说法皆出现在 21 世纪之前,之后则几乎走向了总结。在传统目录学无甚起色的情况下,现代目录学经历了多次论争之后,最后走向了书目情报之学。然而,这并不意味着已经解决了目录学的研究对象问题,而是之后再无能力提出新的观点了。站在前辈学者的肩上,倘若重新审视这个世纪难题的话,可以发现,以上诸家的

---

① 陈光祚《目录学是研究文献流的整序、测度和导向的科学——对目录学对象的再认识》,《图书情报工作》1990 年第 1 期。
② 1983 年,彭斐章、谢灼华在全国第一次目录学讨论会上提交的《发展我国书目工作的几个问题》一文中,首次提出"书目情报服务"的概念。之后 1986 年的《目录学》(武汉大学出版社,1986 年,第 193 页)又专章介绍了该知识,指出其狭义概念为"书目情报检索和利用的服务"。1990 年出版的《书目情报需求与服务研究》(武汉大学出版社,1990 年)方以专著的形式深入探讨了书目情报理论。
③ 柯平《中国目录学的新观察》,《高校图书馆工作》2004 年第 3 期。
④ 柯平《试论以书目情报为基础的书目控制》,《图书馆理论与实践》1991 年第 3 期。该文认为"以书目情报为核心的各种活动——书目情报工作就是目录学的对象"。
⑤ 秦明、吴家玲《论当代目录学的失衡》,《图书情报工作》2003 年第 7 期。

观点的差异是由于以下原因导致的。正是这种差异,使得这些学者既能对此前的诸家进行批判和支持,同时也成了后来学者批判和支持的对象。而深刻挖掘这种差异的原因,可以为我们下面的讨论提供一些线索。这些原因主要体现在以下几个方面:

首先,对"图书(文献)""目录"的解读不同。

"图书"是什么,各家虽未明言,但从其具体讨论看,与对"文献"的理解大致是相同的,所以我们以后者为主。而根据我们上一章的梳理可知,"文献"亦是一个见仁见智的词语。详者从"文""献"各自本义出发追溯该词的发展演变,略者则直接引用郑玄、朱熹、马端临之说归纳总结。传统的学者多以古代典籍释"文献",或者以此为出发点扩大其范围。① 图书馆学、情报学学者则一般以"记录有知识的一切载体"定义"文献"。对"文献"的这种不同解读显然对目录学研究对象的探讨产生了很大的影响。同持有"图书说"的学者,汪辟疆《目录学研究》认为的"书",②与张大可《中国文献学》认为的"一切文献"③及王重民认为的"印刷品"④显然在范围上是有广狭之分的。而持有"图书与目录说"的张遵俭、吕绍虞诸学者所认为的"图书"又是另外一回事。主张"文献流说"的陈光祚认为的"文献"和主张"书目情报说"的彭斐章、柯平等认为的"文献"内涵显然又与以上诸说有差异。

同样,"目录"是什么,诸家也有不同的理解。有的学者认为"目录"即书目,主要指群书之目,有的则不限于此,还包括"杂志报章之类之目",⑤所以,

---

① 如吴枫先生《中国古典文献学》(齐鲁书社,1982年,第2页)说:"我们所说的古典文献,一般指'五四'运动以前雕版、活字版和手抄的古籍文献,同时包括文书、卷册、碑铭、拓本等。"又张舜徽先生《中国文献学》(中州书画社,1982年,第3页)认为除了传世图书之外,还包括"古代实物上载有文字的,如龟甲、金石上面的刻辞,竹简、缯帛上面的文字"。吴枫先生《中国古典文献学》(齐鲁书社,1982年,第2页)说:"我们所说的古典文献,一般指'五四'运动以前雕版、活字版和手抄的古籍文献,同时包括文书、卷册、碑铭、拓本等。"

② 汪辟疆《目录学研究》,商务印书馆,1934年,第11页。

③ 张大可、俞樟华《中国文献学》,福建人民出版社,2005年,第144页。

④ 王重民《普通目录学》,彭斐章、谢灼华、乔好勤编《目录学研究资料汇编(修订版)》,武汉大学出版社,1996年,第82页。

⑤ 毛坤《目录学通论》,梁建洲、廖洛纲、梁鱣如编《毛坤图书馆学档案学文选》,四川大学出版社,2000年,第73页。

程千帆等《校雠广义·目录编》所认为的"书目"①与毛坤《目录学通论》认为的"目录"②在范围上也是有广狭之分的。有的学者更加严格,将目录(书目)限定为古籍目录,有的则泛泛而言,所以,郭英德等《中国古典文献学的理论与方法》认为的"古籍目录"③与潘树广等《文献学纲要》认为的"目录"④也是有所区别的。

由此可见,从上述角度看,以上12家之说都是站在自己对"图书(文献)"或"目录"的理解的基础上探讨目录学的研究对象的。毛明远、王涛说目录学的研究对象是目录工作,孙二虎说目录学的研究对象是目录事业。目录工作和目录事业难道不都是在围绕"图书(文献)"或"目录"开展吗?他们对该词的理解难道不影响他们所谓"工作""事业"开展的范围吗?主张"矛盾说"的学者("关系说"者亦类似)认为"具体的感性事物不能构成目录学的研究对象",⑤所以提倡抽象的研究对象。可是翻开《目录学概论》《目录学》《目录学教程》等著作,相当的篇幅都在介绍中西目录的产生和发展史、目录类型及编制法,试问既然研究对象是某种"矛盾"或"关系",它们到底体现在哪里呢?如果像《校雠广义·目录编》所说的:"目录所要解决的是不断增长着的文献与人们对它的特定需要之间的矛盾。目录学就是研究目录的产生和发展规律的科学,或者说就是研究如何更好地解决不断增长着的文献与人们对它的特定需要之间的矛盾的一门学问。它着重研究如何编制和利用各种目录。"⑥那么,所谓的"矛盾说"不就是"目录说"在新时期的改头换面的一个新说法吗?这样看来,以上诸家分歧的共同基础并不是如学者所说的"皆

---

① 程千帆、徐有富《校雠广义·目录编》,河北教育出版社,2001年,第6页。
② 毛坤《目录学通论》,梁建洲、廖洛纲、梁鱣如编《毛坤图书馆学档案学文选》,四川大学出版社,2000年,第73页。
③ 郭英德、于雪棠《中国古典文献学的理论与方法》,北京师范大学出版社,2008年,第239页。
④ 潘树广、黄镇伟、涂小马《文献学纲要(增订本)》,广西师范大学出版社,2005年,第107页。
⑤ 彭斐章、谢灼华《关于我国目录学研究的几个问题》,《武汉大学学报(哲学社会科学版)》1980年第1期。又彭斐章、贺剑峰、司莉《试论21世纪中国目录学研究的基本特征》《图书馆杂志》2001年第5期云:"目录学也就成了以研究具体书目成果为核心的一门学科。"
⑥ 程千帆、徐有富《校雠广义·目录编》,河北教育出版社,2001年,第6页。

是从'目录学的研究对象和内容是图书众多和人们对图书特定要求之间矛盾所产生的'这一共同认识出发的",①而是从对"图书（文献）"或"目录"的理解的基础上出发的。此二概念的广狭虚实，直接影响学者对研究对象具体内涵的看法，以及对诸家说的看法。首先传统目录学认为目录学的研究对象即"图书"或"目录"，在民国以来随着西方目录学的引介而外延开始扩大了，即出现了不限于此的印刷品、报刊杂志等之说（如吕绍虞、毛坤、张遵俭等），这引发了"图书说""目录说"内部观点的分裂。② 进而"图书""目录"这种泛化的概念逐渐被淡化，即不再强调这两个概念具体包含什么（如徐召勋、朱天俊等），而是在此基础上突出相关的目录工作或事业；③甚至倾向于抽象化，即强调泛化的"图书"（或"目录"）与读者或目录工作内部的某种关系（以上"矛盾说""关系说"即是），由于所强调的具体所指不同，所以构成了诸家研究对象观点的差异。最后在这些抽象化"矛盾""关系"中坚决走向了虚化④，即获取泛化的"图书"（或"目录"）中有价值的知识、情报，而非具体的内容、形式（持书目情报说者即是⑤）。至此，原来包含在诸家观点中的完整的"图书"（或"目录"）变成了虚拟化的知识、情报，这个研究对象与"记录有知识的一切载体"的"文献"概念，构成了当前图书、情报与目录学界最为流行的观点。由研究实体的"图书"（或"目录"）始，经过一番泛化、抽象化之后，由研究虚化的"图书"之知识、情报终，目录学似乎已经完成了自己的使命。然而，这个使命并不是整个目录学的，而是属于现代目录学的。仔细考

---

① 吴裕宪《试论"目录学研究对象"之分歧》，《图书馆学研究》1982年第3期。
② 按，关于此，学者们早已有所察觉。如孙二虎先生在其《目录学对象诸说质疑》一文就说："需要指出的是，图书说论者中，互相又不尽相同。目录学对象的各派学说互相交叉、互相渗透的情况也不少。""通常被认作图书说论者，实际上他们的观点与图书说是不同的。"
③ 所谓的"目录工作"或"目录事业"其实也可以看作是一种关系，即目录与目录利用或管理之间的关系。
④ 此处强调"坚决"，是从彭斐章等先生在其论文中体现出来的，如在《试论21世纪中国目录学研究的基本特征》中说"原有的以具体书目为核心的研究体系尚未彻底打破"，言下之意，该体系应该"彻底打破"。
⑤ 柯平《中国目录学的新观察》（《高校图书馆工作》2004年第3期）云书目情报理论"破了传统的界限，不再以文献整体为反映对象，而是以知识单元为揭示对象，真正体现出了书目的情报特征"，"书目情报服务提供的不仅仅是书目、知识，而是真正意义上的且具有一定价值的情报"。

察，可知目录学研究对象的这个过程从一开始便是以先验的现代目录学理论[①]（吸收和借鉴西方目录学理论）为支撑的。该理论根本上是服务于现代图书馆（非公、私藏书楼）和广大读者（非特权人士）的，所以其研究目的、研究内容、研究对象等都是围绕这个中心展开的，都是开放性的。就研究对象而言，正是由于现代目录学的服务对象与传统不同，所以其必然会突破传统目录学家的有关研究对象的理解而容纳更多的内容。由此可见，新中国成立以来出现的几次目录学研究对象的讨论高峰基本上都是现代目录学内部之争，他们在现代目录学理论和视野的支撑下，在继承民国以来将"图书""目录"泛化的前提下，在立足服务广大读者（用户）的目标下批判传统旧说，辨析现代新论。

了解这一点后，便可明白，新中国成立以来学者们对传统的"图书说""目录说"的批评的理由为何形成了惊人的共识，那是因为他们都是站在以上的角度加以考虑的。如果我们跳出现代目录学的思维习惯，重新看待这些学者的批评的话，便可发现，其理由是值得商榷的。如果说"图书说"之缺点是"失之过广，并有片面之不足"，[②]因为"研究图书的一切方面的科学是没有的"，[③]这样"等于把目录学的范围扩大到茫无边际、无所不包的地步"[④]的话，那么，再"广"也比不上虚化了的"书目情报说"吧？同样，如果认为"目

[①] 这种理论一开始可能与传统目录学相融合，所以出现了学者称道的"介于三者之间的新旧俱全者"（李小缘《中国图书馆事业十年来之进步》，1936年石印本，第15页）或"融合派"（余庆蓉、王晋卿《中国目录学思想史》，湖南教育出版社，1998年，第255页。按，观其分类和内容，似乎承袭了李说），然而很快便抛弃了传统而迈向了现代。按，学者们归纳的属于此一派的学者有容肇祖、毛坤、姚明达等，然而观其著述，只是将传统、现代之说综合起来加以介绍，称其"新旧俱全"则可，称其"融合"则言过其实。

[②] 孙二虎《目录学对象诸说质疑》，《图书情报工作》1981年第6期。按，此说其实也值得商榷。从诸家论述看，明确提到目录学研究对象是关于图书的一切的学者似乎是西方学者，中国学者并没有如此强调，更没有如此做（传统目录学著述在研究内容上有自己明确的界限，并没有泛化到研究书籍的一切）。所以，该说其实是用西方学者明确的观点来包含中外所有持"图书说"学者的观点的。同时，西方的学者真的认为目录学是这样的吗？至少从研究内容和包含的流派上看（参看《目录学教程》《分析书志学》等），西方的目录学与中国传统目录学并不一致，而更接近中国文献学（然而并不能等同）。

[③] 彭斐章、谢灼华《关于我国目录学研究的几个问题》，《武汉大学学报（哲学社会科学版）》1980年第1期。

[④] 陈光祚《目录学的对象和任务》，《武汉大学人文科学学报》1959年第7期。

说"之不足是"以偏概全"①"比较表面和形式的",②因为"目录并不是目录工作的全部",这样会"取消了目录学许多研究任务"③的话,那么,再"偏"也偏不过连名称也改了的"书目情报说"吧?当然,这里并不是批评该说,而是说站在现代目录学理论的角度去批评传统,而不是从传统目录学的实际出发思考传统,这样的批评只能是隔靴搔痒,并不能真正解决传统目录学的症结。

其次,对目录学④的功用理解不同。

目录学功能直接关涉目录学的理论体系方面的内容,所以它会影响学者们对"图书""目录"的看法,当然也会影响对目录学研究对象的观点。

那么,目录学的功能是什么呢?不同的学者具有不同的观点。传统的学者中,余嘉锡、汪辟疆二先生之说具有代表性,余先生《目录学发微》云:"盖吾国从来之目录学,其意义皆在'辨章学术,考镜源流',所由与藏书之簿籍自名赏鉴、图书馆之编目仅便检查者异也。"⑤具体体现在考辨学术和引导读书两方面。汪先生《目录学研究》则将目录学的功能分为纲纪群籍、簿属甲乙;辨章学术、考镜源流;鉴别旧椠、雠校异同;提要钩玄、治学涉径等四种,⑥不仅涉及了余先生提及的两种,还将其斥责的赏鉴、检寻囊括在内了,虽然其仍然对后二者颇有微词。⑦ 由此可见,传统的目录学者虽然看到了目录学的一些功能,但是更倾向于考辨与治学这两种功能。这种观念使目录学更加趋向封闭,学者们只能利用目录进行类例之探求、学术之考辨,以及读书之引导。由此,目录学的研究对象只能局限于有解题、提要之目录,⑧又

---

① 孙二虎《目录学对象诸说质疑》,《图书情报工作》1981年第6期。
② 彭斐章、谢灼华《关于我国目录学研究的几个问题》,《武汉大学学报(哲学社会科学版)》1980年。
③ 孙二虎《目录学对象诸说质疑》,《图书情报工作》1981年第6期。
④ 按,一般而言,目录学的功能即是目录的功能,所以很多传统的目录学著述谈及此事,往往不会详加区分的。以下诸先生著述皆如此。
⑤ 余嘉锡《目录学发微》,商务印书馆,2011年,第18页。
⑥ 汪辟疆《目录学研究》,华东师范大学出版社,1934年,第1—3页。
⑦ 按,该书云:"目录学者,综合群籍,类居部次,取便检寻,是其粗也。辨别流,详究义例,使载籍之存亡可稽,学术之盛衰可考,是其精也。至于记撰人、标卷第、别真伪、拾漏遗、明校勘、研版刻,是其末而已矣。"从"其粗""其精""其末"这些用语便可看出汪先生对不同书目功能的态度。
⑧ 余嘉锡《目录学发微》(商务印书馆,2011年,第9页)云:"凡目录之书,实兼学术之史,账簿式之书目,盖所不取也。"

如何能容纳更多新的内容呢？后来研究传统目录学的学者虽然不再鄙薄那些"账簿式目录",但是考辨、治学之观念亦时时萦绕脑中,故谈论的重点与民国诸先生无异,乃至多有承袭之语。① 关于这一点,只要翻翻新中国成立以后出版的诸多文献学、目录学著述便可清楚。

与这些传统目录学家相比,民国以来受到西方目录学理论影响的学者,在反思传统目录学的过程中提出了截然相反的观点。这里可举姚明达、杜定友二先生②之说加以说明。姚先生在《目录学》中,根据使用者身份的不同,将目录学的功用总共归纳为5种,③对图书馆和读者④而言有三种功能：采买时可备查考,阅览时可备稽录,插架时可备依循;对作者(一切学者)而言"可以随意获得参考资料";对藏书家而言可便查寻。⑤ 由此可见,这里虽然仍然强调目录学读书治学的功能,但是已经将查考、稽寻等实用性功能放到了与之同等的地位了,这与他所认为的目录学的目的是一致的,⑥体现了与传统目录学者不同的风貌。然而,整体上看,姚先生之目录学仍然是偏向传统的,只不过眼界已经对外开放了。杜定友先生《校雠新义》虽以"校雠"题名,但其思想却是全新的。其云："目录之用,首在检查,若无甲乙部次,何以备稽核。"⑦又云："目录惟便检查,于学术源流、文章派别无所与焉。"⑧又云："目录学之对象为图书,而其目录在致用。"⑨可见,目录学的实用功能在杜先生这里已经

---

① 有些文献学著述的"目录学"章节当中在谈到目录体制的时候,多承自余嘉锡先生《目录学发微》。在谈及古书体例的时候,多承自余嘉锡先生的《古书通例》。
② 按,论二先生之生年,杜(1898)略长于姚(1905)。论其著述,杜书在前(1930),姚书在后(1934)。然为论述方便,下文先论姚,后论杜。
③ 姚名达《目录学》,《民国丛书》第一编,上海书店,1989年,第11—14页。
④ 姚先生《目录学》虽然单列"对于读者的功用"一节,但云："目录对于任何读者的功能,和对于图书馆一样,至少也有三种用处。"(第13页)据此,我们将图书馆和读者功用合为一条。
⑤ 姚先生《目录学》"对于藏书家的功用"一节,云："藏书家和图书馆不同,他是不大公开的;但其需要目录却是一样,因为没有目录便找不到书,这是不必详言的。"(第14页)
⑥ 姚先生在《目录学》中说："目录学的目的,是把繁杂的书籍编成简明的目录,使得读者据目录以寻求书籍,从书籍以研究学问。"(第9页)又《中国目录学史》云："浅言之,将繁富乱杂之书籍编次为部别州居之目录,使学者自求之,目录学家之职务也。深言之,不特使书籍有一定之位置,且能介绍其内容于学者,使学者了然依南针以前趋,尤目录学家之功勋也。"(第7—8页)
⑦ 杜定友《校雠新义》卷一,《民国丛书》第三编,上海书店,1991年,第7页。
⑧ 同上,第2页。
⑨ 同上卷七,第16页。

放到了突出的地位了,这与传统的目录学所强调的全然不同。姚、杜二先生的关于目录学功能的观点使学者不再将目录学当作考辨、治学的工具,而是让其发挥便检、稽查这种实用的功能。这让学者在对待目录学的研究对象上也发生了微妙的变化,即由传统侧重研究有解题、提要的图书目录,转向所有图书目录。至此,目录学之功能不再像传统目录学家那样区分粗与浅了。不可否认,姚、杜的观点代表了当时目录学新的走向,同时对之后的学者产生了很大的影响。时至今日,学者们是如此的痴迷于这种实用功能①,乃至将之扩大到跟目录学相关的一切领域:具有这种功能的不止书目,所以将索引、书评、综述、搜索引擎等亦纳入其中;这种功能不只通过分类来实现,所以将主题、字顺等法尽收囊中;这种功能针对的不是某一类人,所以读者(用户)的需求(文献、信息或是知识)也是其关注的对象;这种功能的实现离不开具体的组织和管理,所以这些内容也理所当然地成为研究的范围。由此可见,围绕目录学的实用性功能,学者们对目录学展开了一系列的探讨。而对这种实用性的理解不同,导致了研究对象上出现了一些差异。学者们站在自己的立场上去批驳先前诸说,并不是前说真正具有某些问题,而是用自己强调的一面去指责他人研究的那一面。如孙二虎先生云:"目录说的不足之处是过于片面,因为目录并不是目录工作的全部,更不是目录学研究的全部,把目录学的对象限制在目录上,或者只是研究目录编制的理论、方法或技术上,这就取消了目录学的许多研究任务:例如,目录事业史、目录学基础理论、目录事业组织等等方面的研究任务。"②以上两个"更不是"显然是其站在自己对目录学实用性理解的角度上加以批判的,所以他的观点包含更广的目录事业。

  民国以来,随着目录学从传统转向现代,其功能也随即发生了根本性的转变,原来为学者所鄙薄者,转眼变成了受人追捧的对象,进而影响了学者们对目录学研究对象的看法。其间的缘由,颇值得挖掘。笔者以为,根本上

---

  ① 如朱天俊《中国目录学本是致用之学》(《图书情报工作》1983年第6期);彭斐章主编《目录学教程》第九章第一节有"目录学本是致用之学";王锰、郑建明《从目录学的致用性看当代目录学的发展》(《图书馆杂志》2013年第12期)。
  ② 孙二虎《目录学对象诸说质疑》,《图书情报工作》1981年第6期。

讲,是受到当时的经济、政治、社会的变化引起的经世致用之风气导致的。具体来说,目录学中所说的目录乃是指群书目录,而群书目录又离不开众多图书,群书的收藏离不开的藏书机构。所以藏书机构如果发生变化,便会导致目录发生变化。民国以来,随着传统的藏书机构(皇家图书馆、私家藏书楼等)逐渐转向公共图书馆,大量的图书不再专由特殊人群(士大夫或私人)收藏而是由图书馆专职人员负责管理,①读者也不再由传统士大夫(士子)独自享用而面向了更多的普通大众。② 面对如此海量的图书和不同层次的读者大众,必然要涉及编目、组织、管理等新内容。封闭的传统目录学显然无法承受这样一种开放的现实,所以新的目录学理论在吸收西方目录学理论的基础上也势必会出现。据文献显示,民国以来持有新说的学者很多都或多或少与图书馆等有关系,如杜定友、毛坤等本为图书馆学出身;姚名达曾就职于商务印书馆,其目录学著述的直接目的与图书馆颇有关系;③王重民、张遵俭等为图书馆员,等等。显然,这些学者的知识或职业背景已经注定让目录学与图书馆紧密联系在一起了。

诸家关于目录学的研究对象的差异及原因详见于上,接下来便要探讨在如此众多的观点中,究竟哪一家更为合理呢? 还是都不合理呢? 其实,从上述讨论中,也可以看到,现代目录学从最初发展到现在,虽然经历了诸多变化,但是其朝着实用、满足用户等等基本理念是没有发生变化的。在这样一种情形下,其研究对象由泛化的"图书""目录"最终走向虚化的知识情报也是一种必然,这似乎已经是其目前所能看到的极限了,除非新的技术工具出现。④ 那

---

① 按,这意味着目录活动由原来的私人藏书活动转变成国家管理活动,所以后来引进的书目控制理论也属于自然而然的事。

② 按,这意味着目录活动由原来的服务个人或特定群体转变成服务用户,从此,个人的收藏鉴赏活动转变成群体阅读活动。所以,后来书目情报理论这类围绕用户展开的理论也就出现了。

③ 按,《目录学》一书,据姚氏称是"给一般图书馆的馆员和读者做一只开门的钥匙用的",显然已经与图书馆结下了不解之缘。

④ 据称,现代目录学之所以成为"研究文献与读者间书目情报传通的科学",是因为"计算机技术、通讯技术的发展,使得信息能够大量存贮并传播,使得人类的联系得到加强,使得文化得到综合"(王心裁《从古典目录学到现代目录学——中国目录学产生发展演变的轨迹》,《图书情报工作》1999年第4期)这样看来,技术工具的改进会影响目录学的发展的。

么,这是否意味着"书目情报"便是目录学的研究对象呢?从已出版的书目情报著作看,①题名"书目情报"的这门学科的名称、研究对象、研究内容等已经与民国以来的目录学颇有不同了,而与传统目录学更少关联。唯一可能关系密切的,恐怕便是虚化的文献、书目,实用检索,读者用户这些名称了吧。这样一种情况,恐怕现代目录学者也不会完全同意这种观点真的能引领目录学走向现代化的。带着这样的思考,回头再看现代目录学的发展历程,可以看到,现代目录学挖掘出并实际发挥目录学的实用功能,是其最大的特点,也是其最大的功劳。但是后来太过强调这一点,反而使之渐渐偏离目录学本体而走向了另一个极端,如:由于目录学可以揭示、报导文献知识和信息,所以将凡具有揭示、报导功能的出版物都归入了目录学,同时文献知识和信息还不足以满足用户需求,所以出现了书目情报(有价值的知识);由于目录学是致用之学,所以凡是跟这种"利用"相关的诸如组织管理、用户服务等等内容全部纳入目录学。当目录学容纳的内容太多、太泛的时候,其必然会与诸多学科产生联系,也意味着其研究对象走向了虚化而失去了针对性、明确性。如果说这是"数字化和网络化"等等使之不得不如此做的话,那么,目录学真的是一门随波逐流、难以捉摸的学科了。因为随着时代的变化,它的研究对象、研究内容等等根本性的东西都在变化。那么,它的"根"究竟在哪里呢?

如同前一章我们讨论文献学的研究对象一样,笔者并不同意将目录学的研究对象抽象化和虚拟化,因为这里的不确定性因素太多了。所以,我们还是回归传统吧。所谓的"现代目录学"之理念从根本上来自西方目录学,所以中国的目录学不应该将之作为一个分支,而是借鉴的对象。彭斐章等先生在21世纪初说"至今也还有人认为目录是目录学的研究对象",②笔者就是这里"还有人"中的一员。虽然如此,笔者也并不敢完全苟同传统的"图书说"和"目录说"。

首先,我们要排除这两说中泛化的意义,即包括所有的出版物、文摘索

---

① 如彭斐章《书目情报需求与服务研究》(武汉大学出版社,1990年)、彭斐章主编《书目情报服务的组织与管理》(武汉大学出版社,1996年)、柯平《书目情报系统理论研究》(书目文献出版社,1996年)、彭斐章主编《书目情报需求与服务组织》(武汉大学出版社,2000年),等等。

② 彭斐章、贺剑峰、司莉《试论21世纪中国目录学研究的基本特征》,《图书馆杂志》2001年第5期。

引,等等。因为这里有将古代文献与现代出版物,古代书目与现代的文献揭示类型(文摘、综述、索引等)等同的嫌疑,而这正是现代目录学学者的一种视野。事实上,这只能较好地揭示出以现代机器排印出的一切出版物,但并不能适用于传统的文献。一个简单的例子,《古籍著录规则》(GB/T 3792.7—2008)虽然制定了一系列古籍的著录规则,为古籍的规范著录提供了一个标准范式。但是实践表明,这种著录项目和著录形式大概只适用于馆藏古籍简目,如《北京图书馆普通古籍总目》等,馆藏善本书目与国外汉籍书志几乎很少采用。《规则》中"附注项"对"出版发行附注"之"版本鉴定的特征依据"等未作详细规定,这是其主要失误之一。目前各馆馆藏善本书目(或书志)对所藏古籍的行款版式等最基本的外部特征也著录不全,也与该《规则》有莫大关系。从渊源上看,该《规则》的著录项目、著录单元以及著录标识符等基本上与稍后的字段式机读古籍著录格式[①]所规定的相关字段具体名称是一致的。其形式大致同《韩国所藏中国汉籍总目》等,[②]而后者所收诸馆的汉籍数据库之著录项与其馆目一般无二[③],由此可证我们的推测是合理的。《规则》所依据的是《国际标准书目著录(总则)》(ISBD(G))和《国际标准书目著录[古籍(善本)]》(ISBD(A)第二修订版)[④]等,更能体现现代目录学的特征,所以也就可以理解为何在各馆馆藏书目中不太流行了[⑤]。总而

---

① 按,目前比较权威的著作是《汉语文古籍机读目录格式使用手册》(鲍国强、程有庆主编,中国国家图书馆编,北京图书馆出版社,2001年)。该手册将汉语文古籍的字段分为著录信息块、附注块、款目连接块、相关题名块、主题分析块、知识责任块等几大板块,各板块又细分为若干子字段,就相关子字段的具体名称看,与《规则》所规定的著录项大致相同(因为其制订依据之一为《中国文献编目规则》1996版,而该《编目规则》所依据与《规则》所依据的国际和中国著录标准是一致的,所以本质上二者在著录项上是无甚差异的)。一般的图书馆在建设各自的古籍书目数据库时,一般用该手册规范书目数据,并兼用《古籍著录规则》规范著录内容。

② 按,据该目录,其著录体例为:① 书名;② 撰者/编者/注释者等;③ 版本/刊地/刊行年度/册数、卷数/书式/板式等;④ 刊记、序跋、备考等余他事项;⑤ 所藏处。见全寅初主编《韩国所藏中国汉籍总目》,学古房,2005年,凡例第25页。与《古籍著录规则》相比,二者基本相同。如后者"出版项"的一般结构为"版本类型.—出版地:出版者,出版年",前者为"版本类型/出版地 出版者/出版年"。

③ 比如高丽大学图书馆汉籍数据库:https://www.nl.go.kr/korcis/。

④ 中华人民共和国国家质量监督检验检疫总局中国国家标准化管理委员会《古籍著录规则》(GB/T 3792.7—2008),中国标准出版社,2009年,第1页。

⑤ 笔者所见国内各馆古籍书目,无论简目,还是善本书目,很少有严格按照《规则》著录者。近年出版的古籍普查登记目录亦是如此。

言之,古代文献与现代出版物决不能依一套标准加以限制,二者并非一个层面上的东西。同样,探讨"图书说"和"目录说"之时,也不能将"图书""目录"的意义泛化。笔者所要探讨的是古代文献和著录古代文献的目录。

其次,我们需要对已被限定的"图书(文献)""目录"进行辨析。上面将"图书""目录"限定在古代,这就排除了现代机器出版的具有现代内容特征的出版物了。所以以上"图书说""目录说"中的某些观点自然也需被剔去。那么,目录学的研究对象究竟是古代文献呢,还是著录古代文献的目录呢?笔者以为是前者。从持"目录说"的诸家著述看,其基本上是以历代目录(特别是史志、公藏书目)为研究对象的。具体地说,主要研究目录的体制、类型、分类等内容。然而,这些内容其实都与诸目所收的文献密切相关:研究目录的体制,其实是研究所收文献在书目当中的著录情况;研究目录的类型,其实是根据所收文献的类型进行区分的;研究目录的分类,其实是研究所收文献在书目当中的归属问题。由此可见,目录学的一切工作都是围绕目录所收文献展开的。目录在这里只是记载文献的工具而已。同时,如果仅将目录学的研究对象限于历代目录的话,其实已经缩小了其研究范围。因为我们知道,历代目录本质上也是一类文献,多数是收录在四部分类法下史部的目录类当中的。① 若如此,目录学充其量是研究一类特殊的文献。② 那么,它如何能成为一门部叙群书的学问呢?所以,笔者并不认同"目录说",其有掩盖目录学具体研究内容之嫌。

接下来,如果不是研究目录,那应该就是图书了吧?笔者以为也不完全

---

① 艺文志、经籍志之类一般作为史书的一部分存在,但也有单篇别行的情况,如收入《八史经籍志》中的《前汉书·艺文志》《隋书·经籍志》等。在这种情况下,这些志其实已经是一部部独立的文献了。

② 这类文献的特殊性在于,其是著录文献的文献。现代目录学者称之为"二次文献"(《目录学教程》,第3页),这是相对于直接记录知识、信息的文献而说的。如果忽略这个特殊性,目录与其他文献一样,有自己的思想内容和物质形态。比如我们说要研究《崇文总目》的版本源流和内容结构(有无小序、凡例之类),这是将该书当作一种文献来看待的;如果说研究该目的分类和著录等,这就涉及所收的文献了,显然并不能将之当作一部普通的文献,而是著录文献的特殊文献。前者可以称之为研究某部目录,后者则为研究目录学。一般情况下,学者多对二者混而不别,所以我们觉得"目录说"似乎无可辩驳。

是。由前可知,持"图书说"的学者可以分为两派,一派为泛谈图书。其实从具体论述看,很多学者都强调了图书的内容,可以称之为"图书内容说",这是因为他们比较关注群目所收诸书中解题的作用。然而群书解题不过是在揭示图书的思想内容,①并不等同于群书内容。同时,有解题之目录其实在历史上并不多有,观《目录学发微》便可明了。所以,我们并不认为目录学是泛泛地研究图书或图书的内容。另一派为图书形式说,此一派中国学者承之甚少,多为西方目录学家所为。今观其说,颇有见地。然中西典籍在形式上多有差异,故研究传统目录学时需要细心择取,决不能盲目取用。

总之,我们认为,目录学的研究对象应该是图书(文献)的形式。从前一章对文献结构的分析看,具体包括文献的文本与版本(参见第一章第一节中"研究对象"一小节)。整体来看,这个研究对象也符合目录学的具体实践。历代学者的研究著述显示,目录学的研究内容,主要包括文献的著录、分类,等等。前者主要是研究文献之篇目、卷次、撰者、版本等著录项之设置与沿革,后者主要是探讨文献之归类与分类等内容。然而,对于一部文献而言,与其具体的思想内容相比,这些显然都属于其外部形式。而其思想内容,只不过是这些目录工作之参考资料,而非研究对象。如果从这个角度研究目录学的话,一些问题其实都可以得到很好的解决。

(二) 研究内容

与目录学的研究对象直接相关的便是其研究内容了。一般而言,研究内容是围绕研究对象展开的具体研究,所以研究对象的古与今、虚与实、广与窄等直接关系着研究内容涉及的范围。由于我们已经明确了目录学的研究对象,所以下面就不再罗列和辨析诸家之说。笔者以为,围绕目录学的研究对象,即文献形式,其研究内容包括以下三个方面:

1. 文献的著录项目研究

此部分主要是探讨著录文献的哪些方面的问题,目的是为了更好地描

---

① 按,从存世的有解题的目录看,解题其实并不是仅仅在揭示图书思想内容,还包括价值评判、版本流变等等。

述和呈现文献外部特征,以方便学者初步了解和快速检索文献。从历代学者研究看,文献的著录项有详略之分,略者不过书名、卷次、撰者等,详者兼及版本、序跋、提要①等内容,这些项目的增删、次序及具体的规定内容都能体现时代特色。所以此方面的研究包括著录项的项目研究,著录项的历时演变研究,中西②汉籍书目著录项比较研究,某一著录项的个案研究,等等。

2. 文献的著录方法研究

此部分主要是研究著录文献的具体方法。古代文献浩如烟海,形态多样,如何有效地让这些文献各归其类,显然需要一定的方法。古代学者提倡"互著""别裁"之法,然而并不是针对实际文献立意的。后世学者虽推崇二法,然见仁见智,且多从理论上加以发挥。即便有践行者,亦颇不便行(详见后文)。所以,文献之著录法尚需进一步研究,此类研究包括中国古代文献著录方法研究,中西汉籍著录方法比较研究,等等。

3. 文献的分类研究

此部分主要研究文献的分类等相关内容。古人讲究"类例既分,学术自明",虽然针对的并非当时实际现存的文献,但是这种对"类例"的重视和"学术"指导作用的强调为后世的编目活动产生了很大的影响,从而也导致了西方思想影响下的现代分类学很难介入其中,自然也谈不上完全取代。然而这种状况其实也颇有弊端,所以我们必须对之进行反思和改进。基于此,此方面的研究包括文献的分类史研究,中西汉籍书目分类比较研究,文献的类目设置研究,某一类目个案研究,等等。

以上为目录学围绕文献这一研究对象进行的三大主要研究内容,它们

---

① 《古籍著录规则》(GB/T 3792.7—2008)对"提要"的解释是:"又称'解题'、'叙录'等,是根据一定的体例编写的关于所著录书籍的作者、卷次、内容和版本源流及其考证、评价等的简要说明。"(第3页)从功能上看,提要是对文献内容和形式的进一步描写和揭示,可以使学者未见其书,先识其书,终检其书。然而从当前的书目编纂看,馆藏的善本书目或善本书志显然无法做到这一点。沈津先生提出一种编写书志的"哈佛模式",善则善矣,然未尽善(如版本特征描写尚未划一),所以如何撰写提要尚是一个需要研究的课题。

② 按,此处"中西"指的是中国大陆、中国港澳台、日韩等东亚文化圈、欧美西方文化圈等四大板块,其所编的汉籍书目具有不同的特点,所以可以进行对比。下亦同。

都能在理论上和文本上使杂乱无序的文献走向规整有序化。① 同时,在具体研究过程中,学者们主要的参考资料无疑是目录著作(这是其作为一种特殊文献决定的)。② 这两方面正是该学问之所以称为"目录学"的原因。需要注意的是,学者们在研究的时候,往往会将研究对象和研究内容混而不别,所谓"目录工作说"即是如此。

(三) 研究目的

关于此问题,学者们的观点基本一致,但略有侧重。传统目录学者基本上认为目录学有了解文献、读书治学、辨章考镜等三方面的目的,③尤其强调最后一点。现代目录学家则更强调目录学的检索文献方面的作用。根据前面对目录学的研究对象和研究内容的探讨,我们认为,目录学是一门以文献的文本和版本为研究对象,探讨其呈现(著录)、部次(分类)等内容、方法及演变规律的一门学科。由此出发,目录学主要有以下三个目的:

1. 了解文献

所谓"了解文献",包含两方面的内容,其一,通过了解不同时代的文献在历代目录的著录情况,进而了解当时文献的总体存藏和流通状况;古代的典籍浩如烟海,又流散各地,想要统计存世古籍之总量,谈何容易!④ 之前虽

---

① 这意味着,在具体排放文献的时候,并不一定严格按照这些规定会做,也就是说,这只是学术分类目录,而非实际排架目录。孙从添在其《藏书纪要》中认为,"大凡收藏家编书目有四,则不致于错乱颠倒遗漏草率",其四目包括大总目录,宋元刻本、钞本目录,分类书柜目录,书房架上书籍目录。其中,前两类显然并不实用,是为了纸上检阅的,带有鉴赏的性质;后两类方是为实际检阅而服务的目录。古代学者多鄙薄后两类,认为其为簿录之书,"一掌故令史足矣",这种观念将编目工作与文献整理工作混为一谈,已经导致传统的书目走向了不适用,从而使目录理论家只能在《汉志》《隋书》这类史志目录中大谈目录学的宏伟目标,其所谓义类是在记载的典籍当中静态归纳的,从而也看不到存藏的丰富复杂的文献典籍的实际状况。这些史学背景出身的目录学家长期控制着目录学研究的话语权,使得目录学也蒙上了一层考辨学术的外衣,并逐渐渗透到具体的编目当中。

② 同时也包括与之相关的其他文献。正因为如此,郑樵《通志·校雠略》、章学诚《校雠通义》这些探讨目录分类、著录方法等知识的著作方能进入目录学视野。

③ 有些著述认为这是目录学的任务、作用、功能等,其实具体探讨大同小异,今一以"目的"一词该之。

④ 按,方厚枢《从目录学入手》(《光明日报》1962年3月6日)和来新夏《古典目录学浅说》(1981年,第44页)认为有"七八万种之多",吴枫《中国古典文献学》(第15页)估计存世古籍"不能少于八万种",曹之《中国古籍版本学》(第7页)统计"总数当不少于10万种",杨殿珣《谈谈古籍和古籍分类》(《北图通讯》1979年第1册)认为"可能有十五万种左右",以 (转下页)

有《中国古籍总目》(2009)的编纂出版，虽名"总目"，然仅收若干馆之藏书，实为联合目录，①故未能反映全国汉籍的实际存藏数量。近年虽有《海外中文古籍总目》(2015)、《全球汉籍合璧》(2018)、《中华古籍总目》(2010)等重大项目的相继启动，和各批《国家珍贵古籍名录》、省级珍贵古籍名录、各馆古籍普查登记目录等的陆续出版，以及"全国古籍普查基本数据库"、"全球汉籍分布GIS系统"等的不断开发，然非一朝一夕之功所能完成，诸馆之开放程度提高亦尚待时日。且诸家对书籍、汉籍的概念见仁见智，拆分丛书与合函书、附刻书等亦颇难审定，所以，笔者以为目前对存世汉籍数量给出一个明确答案并不实际。然而通过历代各类书目和中外各种馆目等倒是可以大体了解一时、一地、一馆、一人所藏书籍之基本情况，进而了解不同时代书籍之递藏演变过程。如从《汉志》《隋志》当中可以分别了解汉代和唐初的书籍总量，同时从《隋志》所注明的"残缺""亡"等字样可以了解六朝至唐初各类书籍的流通情况。② 再如《文渊阁书目》著录了明代文渊阁贮存的残全书籍，这批书籍虽然历经官员盗窃和朝代更替而多有散佚，但其剩余部分仍然较为完好地保存在清内阁大库而从未被清王朝征用过，直到民国时学者清点内阁大库时方归今国图所有。如果我们用保存下来的清代官员编纂的

(接上页)上诸家所依据的资料有《中国丛书综录》《贩书偶记》《续编》《中国地方志综录》，等等，这种统计法是建立在有限的纸本数据的，且仅为中国大陆所藏，故与实际存藏数量相差甚远。《中国古籍总目》之《前言》号称"第一次将中国古籍书目著录为约二十万种"，然这个数字并非全球汉籍之实际数量，所以也值得商榷。

① 按，据该目《编纂说明》称其"由国家图书馆、北京大学图书馆、上海图书馆、南京图书馆、天津图书馆、湖北省图书馆、复旦大学图书馆，及中国科学院图书馆、辽宁图书馆、山东省图书馆、浙江图书馆等十一家图书馆先后参与编辑"，又"采录海外公藏之中国古籍稀见品种"。从其具体著录看，所采录的海外稀见品种有限，很多有价值的书籍或版本其实并未收入，如被日本定为"重要文化财""日本国宝"的那些重要汉籍文献等。而且所收海外收藏单位之名称或用旧名，其实原藏地之书早已移交他馆了。总体上看，该目实为国内11馆之藏目(仔细查看，该目所收诸书也并非这些馆全部古籍，只要与诸馆馆目比较一下便一目了然了)。

② 按，关于《隋志》所用"旧录"，学者们有不同的看法，王重民《中国目录学史论丛》(中华书局，1984年，第90页)、李瑞良《中国目录学史》(文津出版社，1993年，第117页)认为"是指隋代国家藏书目录《隋大业正御书目录》。"倪士毅《中国目录学史》(杭州大学出版社，1998年，第68页)认为"是指隋代收藏的官私书目，如《开皇八年书目》《香厨四部目录》《大业正御书目》，以及阮孝绪的《七录》、丘宾卿的《天监四年书目》、殷钧的《天监六年书目》、刘遵的《东宫书目》、刘孝标的《文德殿书目》等等，不单单是《七录》。"姚名达《中国目录学史》(上海古籍出版社，2002年，第174页)、吕绍虞《中国目录学史稿》(丹青图书有限公司，1986年，第88页)等则以为是梁、陈、齐、周、隋五代之官私目录。

《内阁大库书档案旧目》和国图诸目相互对比的话，应该可以看到明代以来宫廷藏书的流传状况[①]。

其二，了解某类或某部文献的基本特征和流传状况。我国古代目录的主流是分类目录，所有与类目相关的书籍基本都会归入该类，如经部所收皆为研究群经之著述，易类之下所收诸书皆为与《周易》相关之著述，文字之属所收皆为与文字形体结构相关之著述。这样，倘若需要了解某一类或某部文献，便可按类求书了。同时，一些有解题和小序之书目，还可以提供关于这些文献的基本内容、外部特征，以及篇卷分合、递藏源流等信息，从而方便读者初步了解所需文献而进行进一步的研究或阅读。

2. 揭示文献

了解文献这一目的主要是针对读者，揭示文献则主要服务于编纂者或研究者。学者们为什么要研究目录学呢？直接的目的便是要通过各种方式，尽可能地将文献的基本信息揭示出来。就文献本身而言，主要是通过著录来完成的。著录项该如何设置、设置多少、如何对文献进行描述等，都影响文献揭示的准确、完整与清晰度。一般而言，对文献的揭示有详、略之分，略者不过书名、卷次、撰者等等，唐宋以来诸史志目录及明代以来私家简目多如此。详者则另有版本、提要等，诸家善本书目多如此。就提要一项，亦有详、略之分，略者仅记撰者小传、存亡残缺、原书序跋，等等，详者兼及内容概述，以及版本描述、比勘、源流，等等。总之，著录项无论详略，都能对文献具有揭示作用。目录学所要做的，便是研究如何改进著录项，以便更好地揭示文献。

3. 检索文献

目录学之实用目的便是帮助读者便捷地检索文献。关于此，古人不甚强调，因为类目已经具备检索之功能了。自四部分类法盛行以来，延绵上千年，至《四库总目》之后，部、类（即经史子集一级目录和诸部之下二级目录）

[①] 笔者曾经用《文渊阁书目》《内阁大库书档案旧目》及国图书目对国图所藏元刻残本《六书故》的递藏经过做过一番梳理，见笔者《国图所藏元刊残本〈六书故〉考论》（《文献》2015年第6期）一文，而藏于台湾"国图"的另一部元刊残本《六书故》的递藏源流也可以进行如是梳理。

基本定型，公私藏目多奉为圭臬，诸文献也基本能够据之归入相应的类目当中，这意味着学者们只要熟悉这种分类法，便可检索到自己所需文献。同时，一藏之中，简目、善本目录以及排架目录等相互配合，完全可以实现藏书之有序化。所以，民国学者如杜定友①等斥中国分类法之不实用，是站在今人和西方的角度（图书馆半开放②）来理解古代目录文化的，其过多地强调检索实地藏书，而忽略了古人据目检书也是检索一法。③ 同时，在批判古人时，多据刘《略》、隋《书》、郑《志》、清《四库总目》及章氏《通义》等立说，而对古人鄙薄的仅供备检"簿录之书"同样视而不见。④ 所以，我们认为，现代目录学者之批判是有失偏颇的。目录学上的"检索"，不应该仅仅指实地索书。凡能求得所需文献者，皆可谓之检索。从渊源上看，今人所乐道的除分类法之外的诸种文献组织之法，如主题法、时序法、地序法、字顺法（形序法、号码法、音序法）等⑤其实古代早已有之，只不过多用在字词典和类书的编纂上了。古人之所以不用后者，大概是因为分类法已自足检用。今人之所以用之，是因为时代已不同往日，藏书机构、藏书者、求书者、所藏书之种类及性质等皆已发生变化，所以不得不兼用多种文献组织之法以方便各类读者检索。然而无论古今对目录学的检索目的有何不同理解，追求便检毫无疑问是目录学的目的之一。

---

① 杜氏《校雠新义》卷一云："古之言类例者，于'辨章学术'三致意焉，而于图书之应用未尝及也。夫古之藏书重于典守，今之藏书重于致用，势所然也。类例不分则图书散乱，图书散乱则无以致用，故今之分类所以求图书之便于应用而已。"

② 按，这里强调"半开放"，是指与古代藏书楼相比，读者可以从图书馆中获得大量书籍，然而并不是所有的书籍都能获取。相当多的善本古籍仍然为图书馆秘而不宣或仅对少数人群开放（虽有一些馆有胶片、影印、数位化之举，然这种再造之质量显然不尽如人意），这在一定程度上不利于学术研究。所以，资源共享之理念仍难以完全落实。

③ 按，古人据目检书，并不一定是如现在一样，根据目录求得实存之书后，进而去实际藏地去访书，而是根据各类目录对书籍的记载，去读书治学。所以，现代之据目访书与古人之据目求书是两种不同的检索方式。

④ 杜定友《校雠新义》分上下二册，上册论四分法下诸类之不足，多引刘《略》、隋《书》等史志目录，而对《四库总目》之二级分类多有斥责。下册辨目录（卷七，指馆目）与书目（卷八）之别，并云"中国无目录学也"，其实都在强调现代目录学这种据目检馆、因馆求书的实用目的。从其将古代书目分为史家书目、学术书目、引用书目、书目之书目、版刻书目、考订书目、题跋、毁阙书目八类看，缺少的正是"簿录之书"，如《文渊阁书目》等。

⑤ 彭斐章主编《目录学教程》，高等教育出版社，2004年，第143—145页。

二、目录学的出路：目录学现代化

传统目录学自民国以来便一蹶不振，虽不乏研究者，然多谨守前贤之说，鲜有改易，当前出版的诸多文献学著述和目录学著述大多如此，如论目录之定义全袭汪、姚之语①，谈目录之体制多承余氏之言，②语目录之功能不脱辨章考镜之说。虽有融合中西之说者，亦不甚理想。③ 现代目录学在民国以来发展甚速，而至新中国成立以后一直是目录学之主流，其研究内容之广深，研究成果之多样，均为传统目录学者望尘莫及。然而在20世纪90年代以后，渐渐走向了衰落。先前那种围绕目录学"研究对象""定义"等讨论的百家争鸣式局面已经一去不复返了，代之而来的是各种回顾、综述、反思类文章的大量涌现。④ 这其实已经代表了现代目录学发展的一种焦虑，即站在世纪之交的十字路口，面对着数字化和网络化浪潮的冲击，目录学应该怎么走。从当前的研究看，⑤现代目录学者不约而同地倾向于继承古代目录学考

---

① 按，汪即汪辟疆《目录学研究》，姚即姚名达《目录学》《中国目录学史》，二家之说后世一些学者多有因袭，前者如李曰刚《中国目录学》，后者如罗孟祯《中国古代目录学简编》，许世瑛《中国目录学史》等。

② 按，余氏即余嘉锡《目录学发微》。

③ 如姚名达先生在《中国目录学史·结论篇》中指出传统与现代目录学之优缺点之后，进而认为目录学之分类应该"依事物而标题"，编目应该"精撰解题"。同时在插架目录与寻书目录兼有的基础上，"插架不妨略依学术而排列，而寻书必循事物以追求"。到目前为止，姚先生之理想已经基本实现甚至有所改进，然而仅在于现代出版物。

④ 据不完全统计，20世纪80年代以前，学者多能各抒己见，回顾、综述类的文章也有，但是不多(代表性论文如乔好勤《我国近十年目录学研究的回顾与思考》，彭斐章《迎接信息时代的科学——目录学的现状与未来》等)。90年代之后则大量出现，如余庆蓉《1915—1949年目录学研究综述》(1990)，柯平《目录学的八十年代与九十年代》(1990)，彭斐章、曾令霞、王惠君《论当代目录学的发展趋势》(1991)，朱天俊《目录学研究若干问题的思考》(1992)，彭斐章、石宝军《我国当代目录学研究的综述与展望》(1992)，柯平《关于目录学文化研究的思考》(1993)，彭斐章《世纪之交的目录学研究》(1995)，彭斐章、王心裁《20世纪中国目录：发展历程、成就与局限》(1999)，彭斐章、付先华《20世纪中国目录学研究的回眸与思考》(2004)，柯平《中国目录学的新观察》(2004)，彭斐章、陈红艳《改革开放30年来目录学实践的回顾与思考》(2009)，王锰、郑建明《从目录学的致用性看当代目录学的发展》(2013)，柯平、刘旭青《中国目录学七十年：发展回溯与评析》(2019)，柯平、刘旭青《改革开放40年我国目录学研究的成就、问题与思考》(2019)，等等。

⑤ 最新的研究有2020年《图书馆》杂志第7期专栏刊登的王子今《目录学的方向走错了》，陈志新《中国目录学传统的当今表现——目录学去哪了》，傅荣贤《回归学术史：古典目录学在当代语境下的存在合法性》等。另外，柯平、刘旭青《中国目录学七十年：发展回溯与评析》(《中国图书馆学报》2019年第5期)也有很好的论述。

辨学术源流和撰写解题、小序的优良传统。然而,学者们对前者一直存在或多或少不同的理解,①而对后者的书写方式也没有进行统一的规定。② 这样一种情形下,这些优良传统又该如何继承呢？同时,久困学林的传统目录学自身还举步维艰,又如何为现代目录学指明方向呢？

由此我们知道,目录学要想发展,首先应该让传统目录学找到出路,然而才能让现代目录学有所借鉴。那么,出路在哪里呢？笔者认为,总的一条路,便是让传统目录学走向现代化。

关于"目录学现代化"的问题,有的学者早已提过,如柯平在《中国目录学的新观察》中说："目录学必须坚持走现代化的道路。这包括理论的现代化和应用的现代化,既要引入新学科和新方法研究目录学,又要敏锐地吸收现代科技特别是信息技术实现书目工作的现代化。还包括研究者观念的现代化,树立信息化、网络化目录学的新观念,冲破旧框框的束缚,解放思想,创建适应发展需要的目录学的新体系。"③这主要是针对现代目录学而言的,

---

① 按,该命题学者具有不同的理解,以下所列乃几位图书馆学出身的学者之说。如傅荣贤《中国古代目录学研究》(知识产权出版社,2017年,第42页)云："'辨章学术'和'考镜源流'两者互文见义,所'辨'者乃学术之'源流'(而非学术的其他方面);所'考'者乃'学术'之源流(而非学术之外的其他源流),'辨章学术'和'考镜源流'皆矢志于学术源流的清晰呈现。"而学术包括"'三代盛时'之'源'的理想境界和'三代而后'之'流'不复三代法度的现实"。(第44页)这是将此命题理解为以三代学为标准的源流的探讨,而非泛泛的学术源流和具体的学术考辨。又余庆蓉、王晋卿《中国目录学思想史》(湖南教育出版社,1998年,第209—210页)认为："所谓辨章学术,从横向说,就是通过目录辨清百世九流的诸家学术流派及其重要著述;所谓考镜源流,从纵向说,就是通过目录弄清各家学派的发展历史及其著述在学术史上的地位和作用。"又王子舟《目录学的方向走错了》(《图书馆》2020年第7期)云："依我的理解,'辨章学术'是指厘清一种学术或文本的性质、特征及其在学术体系中的位置,要求对研究对象进行空间上、静态上的理解;'考镜源流'是指察明一种学术或文本是怎样产生的、经历了怎样的发展过程,现状如何等,要求对研究对象进行时间上、动态上的理解。一横一纵,动静结合,就将目录学追求的本质特征表达出来了。'辨章学术,考镜源流'关照的是文本内容、学术体系,强调的是对象的内在性而非外在性,表现出中国目录学在内容与形式之间更青睐内容,即'道'先'器'后。"以上两家是将该命题理解为考辨文本的内容价值和学术源流。

② 姚名达先生《中国目录学史》(上海古籍出版社,2002年,第346—347页)认为中国目录学"优于西洋目录者,仅恃解题一宗",并提倡将来目录学应该"精撰解题"。然而解题具体包括什么内容,并未进行进一步规定。彭斐章主编《目录学教程》(高等教育出版社,2011年,第131页)指出提要撰写有三个重点:一是内容,二是作者,三是版本。然而从"要善于用概括性的语言突出文献的主题思想、重要论点及主要特色,而不必面面俱到"一语推知,以上三个内容是有选择性的。而且从该书具体阐述看,以上任何一点的撰写都非专业人士不能完成,所以在具体操作上还是有相当大的困难的。

③ 柯平《中国目录学的新观察》,《高校图书馆工作》2004年第3期。

直接指向书目情报理论。我们认为,这样的现代化必定会使目录学走向虚拟化。所以,我们所说的"现代化"并非如此,而是指在立足于传统目录学基本理论体系的前提下,通过借鉴现代目录学的理论成果和吸收新的研究成果,不断对传统目录学加以深化。所以目录学的现代化,其实就是传统目录学的现代化,与现代目录学没有关系。

为了方便理解上述观点,以下我们具体加以论述。

首先,我们认为,传统目录学与现代目录学应该进行明确分隔。所谓现代"目录学"其实是在译介过程中出现的一个名词,其内涵与外延并不能与传统"目录学"完全等同。① 而且,从上面的讨论中可以看到,其无论在研究对象、研究内容、研究目的,还是学科渊源、发展方向上,都与传统目录学存在很大的差异。所以,二者只是在偶然场合下出现了名同实异的情况,并不能因此强行为其进行联系。二者的研究对象,笼统地说都在研究文献,然而具体所指完全不同:一在古代典籍,一在现代出版物。在内涵上,前者采用传统的制作方式和装帧方式,内容与古代文化息息相关。后者则采用西方活字印刷和装帧方式,内容与现代思想密不可分。研究对象的这种差异导致了研究内容、研究目的的差异。所以,现代目录学者发现传统目录学的分类法和著录方法并不适用于现代出版物的整理。同时,现代目录学者在研究古代目录的时候,往往认为其不便检索,不太实用。却不知这是他们在受传统目录学家思维模式(即无视簿录之书)的影响下得出的结论,同时也忽略了古代学者对"检索"的理解与现代学者是存在差异的(见前)。以上诸种差异证明了传统目录学与现代目录学绝不能等量齐观。民国以来学者们企图站在图书共性上②弥合二者之差异,显然是不太理想的。所以,中国目录

---

① 据英国罗伊·斯托克斯《目录学的功能》(徐有富等译,南京大学出版社,1993年)介绍,西方目录学(Bibliography)有列举目录学,分析目录学,描述目录学,版本目录学,历史目录学等多个分支,其范围涉及了目录学、版本学、校勘学、书籍史等多个领域。苏杰在翻译美国学者托马斯·坦瑟勒《分析书志学》(浙江大学出版社,2014年)时的序言中则将西方的目录学译为书志学,认为其包含列举书志学,描写书志学,分析书志学,文本书志学等四个分支,与前稍异。

② 姚名达《目录学》(《民国丛书》本,第148页)云:"吾人理想中的分类法,不但能实用在中国,并且能实用到美国,甚至全宇宙。"

学并不是从传统目录学走向现代目录学,后者并非传统目录学的最终走向。二者在研究对象和功能的相近导致其在知识、方法上可以相互借鉴,这也就是为什么传统与现代目录学家在研究之时总会拿二者进行比较的原因,然而这并不意味着二者可以相混。

其次,在排除现代目录学的影响之后,传统目录学自身的研究也存在一些不足,这直接导致目录学长期举步维艰。总的来说,主要体现在以下几点:

1. **太过强调考辨治学之用**。作为一门专门读书治学的学问的"目录学"一词,可以追溯到清代中期。① 而学科意义上的目录学(即所谓"理论目录

---

① 关于"目录学"一词的出现时间,学者们有两种不同的看法:有的认为出现在清代中期王鸣盛《十七史商榷》,如姚名达《中国目录学史》、蒋伯潜《校雠目录学纂要》等。有的认为早在北宋苏象先《魏公谭训》卷四就出现了,如来张舜徽《广校雠略》、来新夏《古典目录学》等。今按,"目录之学"一词在宋代仅见此书,颇以为另有他义,非今日之目录学也。推测其文,"目录之学"与前句"检书史"一词彼此照应,故知后者,便可知前者之义。考"检书史"一词为唐宋时习用,如《北史》卷八十三《李文博传》云:"披检书史,并察己行事,若遇政教善事,即抄撰记录。""书史"一词则出现更早,葛洪《抱朴子》外篇卷五十《自叙》云:"洪者,君之第三子也,生晚,为二亲所娇饶,不早见督以书史。"又《十六国春秋》卷二十六《前燕录四·慕容儁上》云:"博览书史,有文武干略。"据此,"书史"泛指群书,"检书史"者,翻检文献也。那么,"目录之学"乃翻检群书之才学。再读《谭训》此条,当时是苏颂与王钦臣谈论"政事"时让王钦臣"检书史"的,那么,王氏所翻检的必定与政事相关的书。所以,这只能证明王氏自己熟悉文献掌故(徐度《却扫编》卷下记载,王氏曾与宋敏求"相约传书,互置目录一本,遇所缺则写寄",可能正是因为如此,王氏才有这种才能),却不能说"目录作为一种专门学问已始于北宋初年"(来新夏《古典目录学(修订本)》,中华书局,2013年,第9页)。当时官修目录的编纂由馆职负责,私家多有书无目(范凤书《中国私家藏书史》统计当时收藏万卷以上的藏书家有214人,但各种目录仅64种,这说明书目之编纂是一件并不严肃的事情),故目录编纂工作算不上一门学问(清人对目录的作用颇为重视,王鸣盛之语即是其证),且其常被包含在"校雠"之内,故其名不显。指称整治群书之目的学问的"目录之学"一词或许始见王鸣盛《十七史商榷》一书(全祖望《丛书楼书目序》云:"今世有所谓书目之学者矣,记其撰人之时代,分帙之簿翻,以资口给。"按,此序作于乾隆九年(1744)。其"书目之学"同于"目录之学",比初刊于乾隆五十二年的《十七史商榷》要早),然该词与"簿录之学""目录学"等词的大量出现则在清代嘉、道之时,说明其时已经作为一种专门的学问走向兴盛了(或许在乾隆时期就已出现了),这与当时版本目录学的成熟颇有关系。版本目录的出现,使得目录学从校雠学中分化出来。洪亮吉对藏书家的五等分类,是以一位考据学家的眼光看待当时与书相关的不同身份的人的,可以代表当时的主流观点(段玉裁对钱景开等亦颇为不屑,见《汲古阁说文订叙》)。从中可以看到,与后世说的目录学相关的收藏家、赏鉴家、掠贩家等与考订、校雠根本就不在一个层次上,所以可以推知,大概在洪氏一类学者眼中,这些人的编目活动也与传统的校雠学无法相提并论。

学"①),则是在民国时期开始建立的。也就是从这个时候起,探讨目录学起源、意义、分类、体例、历史等的著述开始渐渐增多。就传统目录学而言,当时的研究者大多为学贯经史之学者,如刘咸炘、李笠、余嘉锡、姚名达、汪辟疆、蒋伯潜,等等,他们都不免从史的角度研究目录学,②所以会追根溯源,由最早出现的刘《略》、班《志》入手,以郑氏《通志》、章氏《通义》为圭臬,重视目录学之考辨学术和读书治学之功能,不断挖掘刘氏校雠工作的内容旨趣,③揭示诸目中类例、提要、小序的学术价值。从这些角度来看待历代之书目,那些只供翻检的簿录之书自然不为学者重视。所以,诸家的著述当中,基本上很少涉及这些书目。即便有,也是被鄙薄的对象,如《目录学发微》明确说"凡目录之书,实兼学术之史,账簿式之书目,盖所不取也"。④ 而其所推崇之书目,即便没有小序、解题,也会曲意维护,云:"苟出自通人之手,则其分门别类,秩然不紊,亦足考镜源流,示初学以读书之门径。"⑤然而,何谓"通人",显然是一个见仁见智的问题。这种倾向也会影响到当时研究西方目录学的学者,如杜定友《校雠新义》,虽然一再斥责传统的考辨之说,大力提倡目录学之实用功能,但观其论述,亦不过是在《汉志》《隋志》《四库》等史志、官修

---

① 余庆蓉、王晋卿《中国目录学思想史》,湖南教育出版社,1998年,第239页。
② 目录学与史学的关系,学者多有论之。如汪辟疆《目录学研究》(商务印书馆,1934年,第9页)云:"《汉志》其体例则为书目,其用意则固一著作史也。……彼郑、章二氏,深慨刘、班之学不传,学术之条贯不辨,独抒说臆,本史家志艺文之旨,衡量后世目录之书,其论诚卓矣!岂知目之学,固在彼不在此乎?"
③ 按,民国时期的学者,对刘向父子之校雠事业的推崇几近疯狂,相当一部分学者都会根据流传下来的刘向的残存叙录,推测刘氏校雠工作内容,这样就有了蒋伯潜《校雠目录学纂要》"十端说",姚名达《中国目录学史》的"五项说",孙德谦《刘向校雠目录学纂微》的"二十三事"。其实从当时的文化背景看,刘氏不过是在特殊情况下("书脱简缺")做的一次大型的皇家图书整理活动,且只负责整理一部分文献(六艺、诸子、经传),何至于将一切美辞尽归其一身呢?章学诚不承认刘氏父子"甲乙部次"的工作,所以也不理解"何用父子世业,阅年二纪,仅乃卒业乎?"只是一个劲地向考辨的方向抬高刘氏之事业。可是,后世之人是怎么想的呢?从《隋志》经部之序可知,刘氏之后,即为班固等"依《七略》而为书部",魏秘书郎郑默"制《中经》",秘书监荀勖"更著《新簿》",东晋著作郎李充"以勘旧簿"校群书,宋秘书监谢灵运"造《四部目录》",直至《隋志》"远览马《史》、班《书》,近观王、阮《志》、《录》"而成篇。这些汉代以后的整理核对图书工作前承后继,目录亦应世而作,显然《隋志》的编者是将刘向父子的工作和《七略》等与那些"掌故令史"的工作和其簿录之书等量齐观的,哪有什么考辨的学术意味呢?
④ 余嘉锡《目录学发微》,商务印书馆,2011年,第9页。
⑤ 同上,第15页。

目录当中一反前人之说。而所分的八类目录①当中,居然没有提及如明《文渊阁书目》《菉竹堂书目》《百川书志》《红雨楼书目》之类的簿录之目。由此可见,如同传统目录学者一样,杜氏是在无视这些简目的前提下用西方目录学的视野去批判古代目录学的,其思维模式仍然未跳出传统学者的疆域。就这样,一方面是对传统簿录之书的完全无视,另一方面是对西方目录学思想的艰难吸收,传统目录学者一直顽强地坚持目录学的考辨、治学的功能,并将这些知识传播到每个研究目录学的学人当中,现在流传下来的多部目录学讲义②便是最好的证明。同时,现代目录学家也一直视这些知识为传统目录学的一大特征,并形成了刻板效应,可见其影响之广、之深。

传统目录学家的这种理论体系显然不利于目录学的发展,后世学者所编的诸多文献学、目录学著述在很多内容上多承袭前人之说而少有发明便已经验证了这一点。一些目录学家在立足西方目录学思想的基础上,认为"我国古代目录学之最大特色为重分类而轻编目,有解题而无引得"。③ 说明白一点,便是杜定友的"古之言类例者,于'辨章学术'三致意焉,而于图书之应用未尝及也"。④ 这显然为传统目录学的发展指明了一条出路。然而,在传统目录学那种按类究书的自足的检索方式下,⑤究竟该如何实现据目检书(即实地检索),显然是需要认真思考的。

2. 重视静态的二级分类。从接受的角度看,传统目录学的考辨、治学的功能体现了目录学者十分注重读者的阅读体验。章学诚云,古人"部次流

---

① 按,据该书卷八称,有史家书目、学术书目、引用书目、书目之书目、版刻书目、书目考订、书目解题、毁阙书目。
② 如周贞亮《目录学(讲义)》、刘异《目录学》、伦明《目录学讲义》,等等。
③ 姚名达《中国目录学史》,上海古籍出版社,2002年,第346页。
④ 杜定友《校雠新义》,上海书店,1991年,第1页左半叶。
⑤ 姚名达《中国目录学史》(上海古籍出版社,2002年,第346页)云:"编目之法,仍依类别为序;同类之中,多以时代为次。活页编次之道,检字引得之术,编号插架之方,皆素不讲究,殊不便于寻检,非熟于目录学者莫能求得其所欲见之书。"在这里,姚先生清楚地认识到传统的分类法只是针对"熟于目录学者",而非一般读者。所以,"不便于寻检"并非说传统目录学真的不方便检索(因人而异),而是不方便一般读者的检索。我们说其"自足",是因为传统目录并不针对全社会开放,而是属于特殊知识人士所享用的,对于他们这个阶层来说,传统分类法在检索群书上是方便的。

别,申明大道,叙列九流百氏之学,使之绳贯珠联,无少缺逸,欲人即类求书,因书究学"。① 其中,"求书""究学"显然是针对读者而言的。王鸣盛说:"凡读书最切要者,目录之学。目录明,方可读书;不明,终是乱读。"②目录学是"读书最切要者",显然也是针对读者而言的。张之洞云:"读书不知要领,劳而无功。知某书宜读而不得精校精注本,事倍功半。今为分别条流,慎择约举,视其性之所近,各就其部求之。"《书目答问》明确提到其编纂的目的是"令初学者易买易读,不致迷惘眩惑而已",③显然更是针对读者立说的。在这种视角里,编目与分类都是为了方便读者、使读者有所取径而服务的。其服务的读者到底是哪类人呢? 显然不是泛泛之读者,至少应该是《书目答问略例》中提及的"生童""诸生好学者""初学"吧。这些读者是在传统思想文化的滋润之下成长起来的一批人,所以略示之义例,便可按类检书,因目求本,④因书、本而究学。⑤ 如此情况下,二、三级分类即已足矣。再增子目,反有"饾饤"之嫌,⑥所以,传统之四部(或五部)目录之二级类目为常设,三级则或有之。后世学者所讨论的四部之类目,也多在二级类目中彼此争执,如郑樵、章学诚、刘咸炘、杜定友,等等。更甚者,诸家在讨论类目分合之时,所据资料为历代书目,主要集中在《汉志》《隋书》《通志·艺文略》《四库全书总目》等有限的几部古代目录上。显然,这是对前代书目的类目和所收文献进行静态的分析,并没有注意到丰富复杂、形态多样的文献实物,所以在具体

---

① (清)章学诚著,王重民通解,傅杰导读,田映曦补注《校雠通义通解》,上海古籍出版社,2009年,第15页。
② (清)王鸣盛《十七史商榷》卷七《汉书一·汉书叙例》,第45页。按,此说从语境上看,并不是专门论述目录学的功能的,而是谈论读《汉书》之法的。其所说的"目录",是指《汉书》之《叙例》。后世所引王鸣盛之说,如"目录之学,学中第一紧要事,必从此问达,方能得其门而入"等,都是在具体语境下阐发的,多为读史之要,其"目录"亦有特定含义。学者们只是将这种观点扩展到了目录学范畴内。
③ (清)张之洞撰,范希增补正,徐鹏导读《书目答问补正》,上海古籍出版社,2001年,第3页。
④ 即根据目录所示找到相应的版本,这是针对版本目录而言的。
⑤ 此处主要指那些史志、国家及导读目录。私家藏目多服务于个人及其家族,二、三级类目对他们检阅、夸耀等来说也是足够的。
⑥ 《四库全书总目》卷首三《凡例》第五则(广西师范大学出版社,2019年,《卷首》第58页)云:"焦竑《国史经籍志》多分子目,颇以饾饤为嫌。"

的研究对象上就已经陷入了被动,又怎么能够有研究进展呢?

再者,民国以来的传统目录学显然已经失去了原有的文化环境,原来的藏书楼大多转向开放的公共图书馆,原有的特定读者群基本转向更为广泛的各种类型的读者群。出于不同的阅读目的,①这些读者首要的是要获取实地所藏的实物文献,而非记载过的文献信息,这就要求编目者思考如何进一步改良原有的分类书目,同时,还需要考虑如何增加或配套更多的辅助检索工具。

3. 强调提要对文献内容的揭示。姚名达《中国目录学史》云:"我国古代目录学之最大特色为重分类而轻编目,有解题而无引得。"又云:"(古代目录)优于西洋目录者,仅恃解题一宗。"②古代目录的解题,俨然已经成了其一大特色。那么,又该如何撰写解题呢? 姚先生并未详加讨论,仅仅强调说"其编目也,与其详列篇目,不若精撰解题"。③ 余嘉锡先生《目录学发微》综合诸家叙录,择长去短,讨论了解题的三方面内容:论考作者之行事,作者之时代,作者之学术。④ 换句话说,即概述撰者生平事迹(有附录、补传、辨误之分),注明撰者仕履、生卒年月等,揭示书籍旨趣、据实立言。从整体上看,《四库提要》其实已经做到这一点了,⑤只不过其左汉右宋,不能持中之习气颇遭后世学者斥责。然而考辨作者之学术,进而揭示一书之旨趣这种工作非博学通达之士难以胜任,观《续修四库全书总目提要(稿本)》之诸提要,虽多为名家所为,然精粗杂陈,颇有可商榷之处。⑥ 余嘉锡先生说得好:"自揣

---

① 按,我们所理解的"阅读"是广义的,既包括实际阅读,也包括形式鉴赏。
② 姚名达撰,严佐之导读《中国目录学史》,上海古籍出版社,2002年,第346页。
③ 同上,第347页。
④ 余嘉锡《目录学发微》,商务印书馆,2011年,第46页。
⑤ 《四库全书总目》卷首三《凡例》第九则(广西师范大学出版社,2019年,《卷首》第60页)云:"今于所列诸书,各撰为提要。……每书先列作者之爵里,以论世知人;次考本书之得失,权众说之异同,以及文字增删、篇帙分合,皆详为订辨,巨细不遗。"
⑥ 如该书经部小学类所收《汲古阁说文订》之提要,首述编撰缘由,袭自《订叙》;继举《订》中"芇""瀫"二例,以说明该书之义例。其实该书以辨版本异同为主,故每字之下多以"初印本如此"开篇;辨析词义则在其次,故或有或无。该提要仅举二例便云为"全书义例",盖未明该书题目之"订"的含义也。再如论《说文论正》"是编于许氏说解,悉仍原本,而部次则以建首字分韵编次,其论正逐义分疏",实则该书以《说文解字五音韵谱》为底本而加按语而成,所以才有"分韵编次"的体例,又云"其精到固当出戴侗、周伯琦、杨桓、魏校之右也",实未精读该书也。

学识未足衡量百家,不如多考证而少议论,于事疑误者,博引群书,详加订正。至于书中要旨,则提要钩玄,引而不发,以待读者之自得之。"①然即使不论思想内容之善否优劣,订正疑惑亦需博学与精专。所以,传统目录学家虽然反复强调解题应该重视内容旨趣的揭示,但是在具体实践上颇为困难,试看民国以来诸馆目之编写情况便可知晓。当时众多古代典籍已经由私家藏书楼逐渐聚入公共图书馆了,在便检致用的目录学功能逐渐成为主流的时候,编目者又怎么能编写出一部有解题的目录呢?《明清以来公藏书目汇刊》(2008)、《民国时期公藏书目汇编》(2010)是两部目前专门收集公藏书目的大型影印丛书。从其所收民国时期诸馆馆目看,多为便于翻检之简目,这已经反映出当时编目的主流了。因此,传统目录学家所重视的,多停留在研究当中;倒是其所鄙薄的自清代中期发轫的"赏鉴家"的版本提要,在清末民初一直呈现于诸收藏家之善本书目当中。直到现在,诸馆馆目多简目与善本书目并用,显示了这种类型的提要方是世人所需要的。然而从具体的撰写看,显然尚有值得进一步改进之处,沈津先生提出的"哈佛模式"已经证明了这一点。

第三,基于以上对传统目录学研究不足之讨论,目录学的现代化问题也可以得到进一步的解决。

总的来看,传统目录学自民国以来至今,之所以一直处于低迷状态,表面上看似乎出自现代目录学的冲击,实际上其自身的研究便存在各种各样的痼疾。其不仅限定了学者们的思维模式和书写习惯,而且还排斥了相关"边缘"知识和新方法的引入。所以,目录学的现代化便是要在立足传统目录学知识体系的基础上,克服这些固化的症结,使其不断向广、深、新方向发展。具体体现在以下四个方面:

1. 在思维上,从目录学的学术考辨目标向致用便检的功能转变。通过以上讨论可知,百年以来,传统目录学者一直将章学诚提出的"辨章学术,考

---

① 余嘉锡《目录学发微》,商务印书馆,2011年,第61页。

辨源流"①这句话当作目录学的终极目标,并不断加以深化和合法化,然而目录学是否能够承担如此重任,恐怕还值得商榷。实际状况是,学者们一方面打着辨章考辨的旗帜,宣扬目录学的伟大使命,另一方面则以自己的方式解读此一命题。所以,此也一辨章,彼也一辨章,那么,哪家之说才是其真正的涵义呢?试看以下几家说法:

(1) 容肇祖《中国目录学引论》云:"研究中国目录学'辨章学术,考镜源流'是我们此时所需要的,或者可以作我们的目的。"又云:"目录学的目的,是在知晓现在学术的发达,及往古学术的存亡。我们治目录学者,当考证学术的源流和盛衰,提要钩玄,给学者以考寻古今学问的门径。我们记叙或簿录一种的书籍,皆当有历史的系统,使治学者便于穷竟源委,因类而得,这就是目录学家所要达的目的。"②

(2) 余嘉锡《目录学发微》云:"其所最推重者,《汉志》总计部目之后条辨流别之语也。其所谓辨章学术,考镜源流者,亦即指此类之序言之,其意初不在解题之有无。"③

(3) 昌彼得《中国目录学史》云:"目录的目的有二:第一,在将凌乱繁杂的图书,予以分类部次,使得井井有序;第二,要区辨各书的学派,考述各门类学术的渊源流别,也就是章学诚所谓的'辨章学术,考镜源流'。此两者不可缺一,因为目录的编著,是以书籍为对象,而不是以学术为对象。"④

(4) 李致忠《古书版本概论》:"编目这个环节,也有两道工序。章学诚说的'辨章学术,考境⑤源流'既是对中国传统目录著作功能的高度概括,也是对编制这种传统目录的明确要求。'辨章学术',主要指的是图书的学科分

---

① 按,章学诚《校雠通义自序》云:"校雠之义,盖自刘向父子部次条别,将以辨章学术,考镜源流,非深明于道术精微,群言得失之故者,不足与此。"又卷二《焦竑误校汉志》第十二之一条云:"郑樵氏兴,始为辨章学术,考镜源流,于是特著《校雠》之略。"此为目录学考辨之说之所由出。章氏之学显于20世纪初,故该说亦被推崇于是时。
② 容肇祖《中国目录学引论》,《中山大学图书周刊》1928年第5卷第4期,第5—6页。
③ 余嘉锡《目录学发微》,商务印书馆,2011年,第14页。
④ 昌彼得《中国目录学史》,文史哲出版社,1986年,第11—12页。
⑤ 按,"境"字原书如此作,今如实录之。

类；'考境源流'，主要指的是同类图书的排列体系。两者一横一纵，纲举目张，条分缕析，目录著作的学术性也就表现出来了。"①

(5) 傅荣贤《"辨章学术，考镜源流"正诂》认为此句互文见义，指："辨别学术（及其源流），使学术（及其源流）彰显、透彻；考订（学术）源流，使（学术）源流镜现、明晰。简而言之，即别白学术和揭示源流。"②而学术包括"'三代盛时'之'源'的理想境界和'三代而后'之'流'不复三代法度的现实两个层次，学术研究的主要目标即在于通过'源''流'的疏浚，返本三代之'道'。而……目录学可以能动地改造三代以降的学术之'流'，使其上达'三代盛时'学术之'源'的理想境界。"③

以上五家说法，代表了不同时代、不同学术背景学者对章氏之说的理解，或以为即指考辨学术源流（有泛指和特指之分），或以为指《汉志》之小序之功能，或以为指目录之分类与排序，等等。显然，自民国以来，直至现在，无论传统目录学者，还是现代目录学者，大多④都承认目录学具有辨章考辨的功能，但是如何理解这一命题，又有不同的解读。对该命题这种不同的解读，意味着对章氏之原意有曲解的可能。而唯一让学者们达成共识的，便是章氏此命题所强调的是目录学（校雠学）具有考辨学术的功能。沿此思路，目录学俨然成了一门具有崇高历史使命的大学问，而为章氏力捧的刘向父子顺理成章地成了后世仰望的一代宗师，其具体的文献工作也被众多学者

---

① 李致忠《古书版本学概论》，书目文献出版社，1990年，第269页。按，张升《历史文献学》（北京师范大学出版社，2016年，第194页）亦有类似的看法。
② 傅荣贤《"辨章学术，考镜源流"正诂》，《图书馆理论与实践》2008年第4期。按，此说又收入其《〈汉书·艺文志〉研究源流考》（黄山书社，2007年，第303页）
③ 傅荣贤《中国古代目录学研究》，知识产权出版社，2017年，第44页。
④ 当然，也有持否定者，如吕绍虞先生在《中国目录学史稿》（丹青图书有限公司，1986年，第223—224页）中指出章氏之"辨章学术，考镜源流"主要体现在类例、叙录和部次条别等方面。就类例而言，其所认为的"官守之分职，即群书之部次"的分类体系除了能适用一时外，至今并没有多少实用价值；其虽然主张目录用叙录来辨章流别，但"讨论流别，必使之恍然于古人官师合一之故，那就未免迂腐了"；而其主张部次条别，"必须依据学术源流，更是不合理的"，由此他认为章学诚"在目录学方面的成就，远远不及郑樵"，而《校雠通义》这部书"根本没有什么新颖的见解，可为后人学习之资"。吕先生的说法显然具有很强的主观性，仅代表一家之言，多数学者还是认可章氏之说的。

从零散的资料中归纳出来,[①]成了目录学者追求的理想目标。至此,传统目录学者完成了自己的思维模式和知识体系的完美构建,也深刻地影响了后世众多目录学研究者。从 20 世纪 80 年代以来出版的众多文献学和目录学著述看,很多都是沿着民国时期学者的思路编写而成的,所以其知识内容都或多或少有相似之处。现在看来,这种思维模式显然并不利于目录学的长足发展,因为它并不能提供更多新的内容来充实原有的目录学知识体系,同时,也只能让更多的研究仅仅停留在刘《略》、班《志》、《隋书》、《四库》等少数的几部经典著作之上。因此,我们必须从传统的研究思维中转变过来,方能进一步开拓目录学的新领域。而民国以来兴起的目录学之致用说无疑为传统目录学注入了一股新的血液,所以我们应该沿着前辈学者开拓的此一领域而不断将之深化。该说的首要功绩便是将传统目录学者的思维从学术考辨中转向了致用便检,从而至少能给目录学研究指明以下三方面的方向:在关注经典文本的基础上,更多地挖掘"账簿式书目"(余嘉锡语)的各种价值,并正确评价这类数量庞大的书目的学术地位;在关注国家、名家所编的有解题之书目的同时,更多地重视私家、非名家所编的形式多样的各类书目,并给予其应有的历史位置;在关注单一的分类目录的基础上,更多地思考开发方便检索文献的各种检索工具和相关的古籍数据库。总之,便检思维使传统目录学学者不再仅仅局限于有限的国家(名家)的、有解题的、正统(四部)的书目之内,而是将视野扩展到更加广阔的研究领域之中,乃至虚拟化的计算机检索领域,可称为目录学的思维现代化。

思维现代化之所以能够顺利实现,并不是仅仅由于时代使然,更重要的是,传统的很多目录本来便兼有考辨和便检这两种功能。《隋志》云:"魏秘书郎郑默,始制《中经》。秘书监荀勖,又因《中经》,更著《新簿》,分为四部,

---

[①] 民国时期的学者很热衷根据刘向《别录》的残篇遗文构建刘向的文献工作内容,如姚名达《中国目录学史》归纳出五项,孙德谦《刘向校雠学纂微》归纳出二十三项,蒋伯潜《校雠目录学纂要》三步八项(按,此虽不是专门针对刘向校书,但多处涉及刘向之《别录》,故亦可列于此),王重民《中国目录学史论丛》归纳出四项。这些工作内容是这些学者自己追溯出的,是否符合实际情况已无从知晓,但至少可以暗示出当时学者对刘向父子事业的推崇。

总括群书。"又云:"东晋之初,渐更鸠聚。著作郎李充以勖旧簿校之,其见存者,但有三千一十四卷。充遂总没众篇之名,但以甲乙为次。自尔因循,无所变革。"这些魏晋时期的书目,为学者斥之为"账簿式目录",显然不是为了考辨学术源流而编的,而是以备检寻的。① 然而从诸分类标记下所收诸书看,似乎又非随意安排,而是已有分类的意识了。之后的那些公私藏目,虽然类名屡经改易,类目亦繁简不一,然而备检始终是其主要功能之一,② 而且是显性的。而具有史学背景的目录学者所尊奉的目录学考辨功能反而是隐性而随意的,因为其必须经过一番挖掘方能呈现出来,同时能够体现此功能的小序与解题并非大多数目录均有,相反,此有彼无或二者兼无者,大有其书。因此,我们这里强调思维现代化,只不过是将原来不受学者重视的目录学便检功能凸显出来,使由民国以来学者们原本重视的部分向其忽略的部分转化而已。

然而这里需要指出的是,重视目录学的便检功能并不意味着走向现代目录学。因为后者所谓的致用检索功能已经脱离了本章所规定的内容。而我们所认为的便检,不仅包括以传统分类目录为基础开发现代检索工具,还包括改进传统分类目录本身的分类和著录法。

2. 在具体分类上,从以三级分类为主向三级以下类属合理设置的方向上发展。传统的分类目录之所以能够延续数千年而成为传统目录学的主流,是因为其比较合理地实现了目录学考辨和便检二功能的平衡。而此种目录中的以《四库总目》为代表的四部分类法(或在此基础上建立起来的五部分类法),虽然其具体的类目为后世一些学者③所不满,然终不能撼动其权

---

① 如荀勖部伍群书以甲乙为名,而甲乙显然不是一个正式类名,而只是一个分类标记,类似于朱彝尊跋《竹垞行笈书目》时说的"殆行笈之记号也"。

② 如元《秘阁监志》元至正二年(1342)王道关奏云:"窃惟古之书库有目,图画有题,所以谨储藏而便披玩也。"又《文渊阁书目题本》云:"近奉圣旨移贮于文渊阁东阁,臣等逐一打点清切,编置字号,写完一本,总名曰《文渊阁书目》。"又徐㶿《家藏书目序》云:"暇日遂仿郑氏《艺文略》、马氏《经籍考》之例,分经史子集四部,部分类聚,著为书目七卷,以备稽览。"三者所云"便披玩""打点清切""稽览"等皆指向了目录的实用功能。

③ 如杜定友《校雠新义》上册"四库第二"、刘咸炘《续校雠通义》下册、李致忠《三目类序释评》等著述都在详细探讨《四库》类目的基础上重新勘定新的类目。

威地位,所以至今仍是最能适应传统典籍著录的分类之法。

在目录实践上,清末民国以来,虽然一些馆目试图参合西法重新设定类目,然影响有限,反因不便检而为四库分类法所淹没。时至今日,国家图书馆所编十五卷本《北京图书馆普通古籍总目》以刘国钧先生所编分类表为基础重新编目,虽分类上打破了四部分类法,然其所收诸书在著录和归类上实颇有失误,如其《文字学门》中《六书略》,与《六书故》等本属一类,后者还深受前者的影响,而该目则将前者归入"总记",后者则归入"说文·六书",从而将二者之渊源关系强硬切断了。再如编号1193-1195之《五音集韵》,共有三个版本,本与编号为1196.1198-1199之《重刊改并五音类聚四声篇》等合刻,但是此目则未做任何说明,使得二书失去了联系。此外,此目之分类法据其《前言》称已在该馆"使用已久",①则其馆员已对此法熟稔,然一般读者未必熟悉。所以,对于后者来说,此分类法反不如传统分类法便检。值得一提的是,较该馆普通古籍总目稍早出版的《北京图书馆古籍善本书目》采用的是传统分类法。为何同一馆对于馆藏古籍采用不同方法进行编纂,显然值得我们深思。

总之,民国以来诸馆编目实践活动已经证明了传统四部分类法(或者五部分类法)在部伍传统文献当中是具有优越性的。虽然其在具体类目上确实存在一些值得商榷的地方,比如多数学者所关注的二级类目。然而,更大的问题恐怕不在二级,而是三级以下的细目。传统目录的"部—类—属"三级类目显然是特定时代的产物。从藏书量上看,历代的公私藏书虽然有递相增多的趋势,然而在数量(包括书种与版本)上仍然有限②,所以三级类目足矣。同时,传统知识分子在便检方面也不会存在太大的问题。然而随着民国至今藏书机构和读者层次发生了翻天覆地的变化,三级类目显然在编目和检书方面渐显捉襟见肘之势。一方面,大量的公私藏书日益集中在公

---

① 北京图书馆普通古籍组编《北京图书馆普通古籍总目》第一卷《目录门》,书目文献出版社,1990年,第1页。

② 按,从杜定友《校雠新义》卷九《藏书第九》所列历代国家藏书情况看,清代国家藏书是最多的。这还是仅仅《四库全书》所收的书籍。如果加上如天禄琳琅、内阁大库等藏书机构,数量将会更多。然而跟民国以来各大型图书馆的藏书相比,仍然数量不算多。

藏机构,使得这些机构在编目上不得不面临较以往更多难题,即如何更加合理地安排这些藏书。卡片目录、四角号码查字法、古籍数据库等固然能够满足一时检索之需,然而却使得目录丧失了部伍群书、考辨源流的学术功能,所以传统的分类目录仍然不可或缺。然而如果严格遵从四部(五部)分类法著录超越以往的各种类型的书籍,是否能够实现便检呢?显然是有些难度的。事实是,失去原来文化背景的现代读者群,即便是能够翻阅到馆藏目录的"属"一级,有时仍然很难快速找到自己所需文献(专门的文献学者也不例外)。这是因为传统四部分类法本来就没给三级以下的文献安排明确的小类,而仅仅按传统采用如"以登第之年、生卒之年"等时间顺序安排文献。以《中国古籍善本书目》为例,据其《编例》称分类"大体依《四库》分类排列,各部类目酌予增删修订",显然是一部三级分类目录①。其"经部—小学类"下有"汇编""训诂""字书""韵书"四属,为第三级类目,属之下不再分细类,所以诸属之下所统摄群书在具体著录上便成了问题。如"训诂"之属下诸书自《尔雅古义》至《畿辅方言》凡收书 80 部,版本 211 个。从《四库总目》所收 20 部(包括存目的 8 部)训诂学著述看,首先在文献数量上已经增加了六倍之多,同时所增之书大多都与《四库总目》所收诸文献有增续、衍生等关系,如《方言》与《续方言》,《广雅》与《广雅疏证》之类。这就要求必须在原有的三级类属之下再划定四级小类,否则按其《编例》,一依"著者时代先后为序"②排列诸书,将使各书之间的关系完全打乱,反而起不到部伍群书的效果。《善本书目》虽然没有明确给以上诸书进行分类,但是却进行了暗分,如《尔雅》之下皆为与之相关的雅学著作,《方言》之下亦然,显然其已意识到三级分类的不足,惜未将四级类目进行具体的规定,所以在检索三级类目下的群书上稍有不便,必须配以相应的数据库方能达到便检的目的。在此之前出版的《中国丛书综录》虽是一部专门收录丛书的大型书目,但是其第二册《子目分类目录》可以看作是一部全国古籍总目。该目已经实现了四级分类,有

---

① 按,此书如同《四库》类目一样,第三级类目并非常设。
② 中国古籍善本书目编辑委员会编《中国古籍善本书目·经部》,上海古籍出版社,1989年,《编例》第 7 页。

的类目甚至达到了五级。因此其在检索群书的便利性和准确性来说，已经远胜《善本书目》了。然而就目前看来，该目在四级以下类目的设置和一书的归类方面尚有值得商榷之处，如"经部·小学类·说文之属"下的"传说""专著"二小类中的诸书，便有互换类目亦可相通的情况，甚至有些著述可以归入他类。如收入"传说"的王夫之《说文广义》，是一部摘取《说文解字五音韵谱》所收诸字以沟通《说文》正字与俗字之关系，以明引申、辨俗讹的著作，①与收入"专著"的《说文新附考》《经典通用考》之类相近，故入"专著"亦无不可。此种出入两类的情况在该目中颇多，所以二小类的设置是否合理尚待进一步探讨。同时，也暗示了分类目录的类目的细化问题尚需进行深入研究。来新夏先生在《古典目录学》中说："时代推移，学术思想领域发展开拓，四库所定类目，不完全适应日益增多的书籍，需予以相应扩增。"②说的便是增设细类的必要性。

郑樵云："类例既分，学术自明。"这是说目录分类是与学术密切相关的。然而，类例已分，检索亦可明。所以，分类其实关涉目录学的两种功能。郑氏又云："类例不患其多也，患处多之无术耳。"③这说明类目不惮细化，关键在于如何合理分类，此说为我们划分更下一级类目提供了理论依据。④ 然而由于传统目录大多没有在三级以下设置细目，所以今日重设细目几乎是从头摸索，故《中国丛书综录》等书的四级以下类目的设置与诸书的归类虽颇有商榷之处，然而其做法却是值得大加肯定的。总的来说，笔者以为，如果

---

① 按，《续修四库全书总目提要》（中华书局，1993年，第1061页）称"此书奉六书为宗，以广《说文》之义。部次以《集韵》为序，始于东终于甲，与程德洽《说文广义》略同。不同的是，旨在发明字的本义，对《说文》之篆体则置而不论。"按，此说乃取王氏《发例》之说敷衍而成，但有误读之嫌。王氏云："许氏始制始于一、终于亥，今旧本部次，无所可考，一以《集韵》为序，始于东、终于甲。每部一从平、上、去、入四声次第为序，不能如今俗字书以画多少为序，而审知未精，增紊乱也。"据此，"一以《集韵》为序"者并非《说文广义》有意创设，而是其条件有限，所见所据之《说文》即当时通行的始东终甲的《说文解字五音韵谱》。
② 来新夏《古典目录学（修订本）》，中华书局，2013年第2版，第281页。
③ （宋）郑樵撰，王树民校点《通志二十略》下册，中华书局，1995年，第1806页。
④ 按，这里说的"类目不惮细化"并不是说类目分得越细越好（否则便走向了另一个极端），而是说需要根据实际藏书数量和种类来确定需要划分几级类目，而不必尽守三级类目之规定。实践证明，盲目细化类目与粗略划分类目弊端是一样的，都不便于翻检。关于此问题，我们将在下面一些章节如著录方法上谈到。

想较为合理分类,应该首先认识到传统目录学在分类上最大的特点是讲究因书设类。某一时代此类书多便设此类目,此类书少便附益于其他类目。除经、史、子、集四大部外,二级类目很多都是随世损益的,这说明古代的分类具有很强的主观性。这个特点也启发我们在设类和归类之时,不能完全照搬西方那样的客观分类标准,①而是需要斟酌古今,细加推敲的。

3. 在书目著录上,从简单而随意著录向灵活而规范著录发展。部伍群书是目录学的主要研究内容之一,与之相应的,还有著录群书。前者可以部分揭示群书的研究主题或内容,如"易"类下所属诸书都与《周易》相关,等等。后者则可以直接揭示群书的基本内容或特征,尤其是解题。文献的著录本质上是一种揭示文献的方式,具体包括著录范围(什么时间段、什么类型的文献)、著录内容(著录文献的哪些款项)、著录顺序(如何安排著录项)、著录方法(采用什么方法著录),等等。就著录内容(即著录项)而言,从《汉志》以后,历代目录整体上体现为逐渐增加的趋势。其中,书名、卷数、撰者为基本常设项,体现了侧重揭示文献内容的特点。直至清代中期以后,尤其是《天禄琳琅书目》以后,版本也逐渐成了一个常设项,同时著录项也变得丰富起来。也从那时开始,版本目录成了目录学的主流。② 这类目录从一开始便带有鉴赏的性质,是将文献当作文物来看待的,这跟当时的版本赏鉴之风的盛行不无关系。同时,乾嘉考据学不仅影响了当时的学术,也影响了目录编纂。学者称我国历来重视解题,然而清代以后之解题则走向了版本化。③也就是说,之前与同时的那些有解题的目录,基本上侧重概述一书之主旨内容及撰者之生平履历,兼及考证卷数之分合,品评一书之价值,等等。版本目录兴起之后,解题之内容开始转向描写一书之版式,鉴定版本时代,品评版本优劣,等等,从此,目录学由理论上的考辨学术源流向实际上的考辨版本源流方向发展,目录著录走向了形式化。直到现在,大量的馆藏目录,无

---

① 有关中西方分类差异以及中国古代分类情况,详见傅荣贤先生《中国古代目录学研究》第四章《中国古代目录的文献组织》(知识产权出版社,2017年)。
② 江曦《清代版本学史》,中国社会科学出版社,2013年,第18页。
③ 严佐之《近三百年古籍目录举要》,华东师范大学出版社,1994年,《代前言》第1页。

论普通馆目,还是善本书目,基本上都采用版本目录的形式,显然这是目录学发展的一大趋势。

然而,在具体著录之时,无论在著录项的设置,还是解题内容,历代公私藏目都有不同的规定,显示出文献的著录是随意而灵活的。直到今日,虽然《古籍著录规则》(以下简称《规则》)的出台已经规定了具体的著录项,但是并没有规范各款目之下的具体内容。如"正题名"一项,《规则》8.1.1.1 云:"正题名是本项第一个著录单元,一般依正文首卷卷端所题著录"。又 8.1.1.4 云:"正文首卷卷端所题题名不能代表全书或未题题名,应依次从其他各卷卷端、各卷卷末、目次、凡例、题名页、版心、序跋、原印书签及文献中其他部分选择适当的正题名著录,置于方括号'[ ]'中,并在附注项说明"。然而如果一书所题题名能代表全书,但是各卷题名不一,且都能代表该书时,又该如何选择正题名呢? 再者,依 8.1.1.4 所言,如何在文献如此多的题名当中选择适当的正题名,如何选择才算适当的正题名呢? 同时,二截版、三截版之著作该如何题名也没有进行明确说明。此外,"其他题名信息"并未规定正文卷数与附刻书卷数连编时该如何处理,如《说文解字注》有的版本与《六书音均表》会连编成三十二卷。再如"责任说明"8.1.5.4 只规定如何著录责任者,但是未说明著录多少责任者。就版本实物看,有很多书责任者甚多,有原撰者、有纂者、校者等多人,甚或不同卷次之责任者亦或有变化。若再加上版式之变化(如二截版)则题名更为复杂,如此该如何著录呢? 以上诸著录项之不明确情况有吹毛求疵之嫌,然而最需要规范之处莫过于解题之内容。① 就版本目录的版式描写而言,《规则》8.7.1 附注项之"出版发行附注"对之进行了说明,然而只是说"版本鉴定特征依据,如:避讳、刻版挖改、作伪、行款、版框版心形式、版框尺寸、刻工姓名、字体、牌记、纸张等均在此注明。每半叶行数按半叶行数计算;每行字数按满行字数计算。版框尺寸的高度以正文第一卷第一叶右半框上边外沿至下边外沿的距离为准,宽度以

---

① 按,《规则》8.7.1.10 有对"提要"的专门说明,分叙述型提要、推荐型提要、评介型提要、罗列型提要、辑录型提要、考证性提要等多种类型,这些类型都侧重文献内容主旨的揭示,非博学通达或学有专门之人不可为之,否则只能流于泛泛。

同一半框版心正中至右边外沿的距离为准",并没有对复杂版本的版式进行进一步的规定。所以,至今没有一部馆目在这一方面进行过统一著录,即便是如《美国哈佛大学哈佛燕京图书馆中文善本书志》这样有明确著录意识的名作也不例外。所以,笔者以为,在版本目录的具体著录上,如何规范的问题是一个亟待解决的问题,惜学者们太过沉溺于考辨学术源流的理想之上,而不大重视书志之规范编撰,致使馆藏善本书目看似井井有条,实质颇有可商。

4. 在研究视野上,从重视目录学经典著述的研究向对国外相关理论的借鉴和吸收的方向发展。 从历代的目录学著述看,民国以来多数传统目录学学者的研究基本上都集中在了《汉志》《隋志》《四库全书总目》《通志·校雠略》《校雠通义》等少数的目录学经典著述之上了。他们将章学诚提出的"辨章学术,考镜源流"的说法提到了目录学目标和任务的高度,并在这种思想之下,侧重对历代经典目录在分类、解题、小序、互著与别裁等方面的总结与归纳。在这里,考辨学术源流与目录学之间便有了密不可分的关系。也正是如此,传统目录学的理论成果往往很少被付诸实践。一个显著的例子是,民国以来很少有馆藏目录会有目录学家推崇的小序和解题,私藏善本书目也很少有如《四库全书总目》那样考辨学术的解题[①]。那么,这是否意味着传统目录学必然会走向衰落呢?显然也不是。其中的原因,除了我们在前面提及的思维上没有实现转化外,理论上的枯竭也让我们无法看到比民国学者所涉及的更广阔的研究领域,所以新中国成立以后的大多数目录学专著和文献学著述在理论体系和知识内容上与民国时期的目录学著述并无二致,倒是国外的相关理论能给我们一些借鉴和启示。

我们知道,民国以来的一些学者在吸收西方目录学理论的时候强调了目录学的便检功能,这已经为传统目录学研究指明了一个新的发展方向,但

---

① 从《明清以来公藏书目汇刊》《书目类编》等大型书目丛书所收民国以来公藏书目看,诸馆目大多为简目。再从《书目类编》《中国著名藏书家书目汇刊》《中国历代书目题跋丛书》《民国时期私家藏书目录丛刊》《国家图书馆藏古籍题跋丛刊》等大型书目丛书所收民国以来私藏书目看,诸私藏目录大多为版本目录。

是他们却把此功能推向了极致，乃至与传统目录学渐行渐远。其实，西方目录学并不只有这些内容。比如将书籍当作物质载体加以研究的描写书志学（描述目录学①），其书籍描写"在著录图书基本项目之外，主要对图书物质载体进行全面细致地描写，描写的项目包括开本、折叠、页数、封面加装、书名叶、内容细目、用纸、插图、印刷、检核过的拷贝及其藏家，等等"。② 虽然中西方书籍在诸多方面存在差异，但是可以看出西方描述目录学的具有著录内容与中国古代的解题目录（尤其是版本目录）颇有相同之处。尤其在对同一书的不同版本或同一版本的不同复本或印本之间的在细节上的描写上对中国的解题撰写颇有启发。③ 另一方面，西方新书籍史（包括阅读史）是近年来一些文献学学者比较关注的内容，很多青年学者都不约而同地在构建文献学体系过程中加入了新书籍史的知识和研究方法，④显示出学者们已经意识到传统文献学在理论上的不足和西方理论在充实文献学理论方面的优势。西方书籍史最大的特点就是将书籍当作一种物质载体，关注其生产、流通、接受等一系列过程，以及其与政治权力、社会阶层、学术文化等方面的复杂

---

① 按，"描写书志学"一词来自苏杰翻译美国学者坦瑟勒《分析书志学纲要》一书《译者序》（浙江大学出版社，2014年，第5页）。"描述目录学"一词来自彭斐章主编《目录学教程》（高等教育出版社，2004年，第116页）。另外，刘圣梅等翻译英国学者罗伊·斯托克斯《目录学的功能》有"描述性书目"（南京大学出版社，1993年，第84页），亦与前面两词所指相同。

② 苏杰《译者序》，[美] G·托马斯·坦瑟勒著，苏杰译《分析书志学纲要》，浙江大学出版社，2014年，第8页。

③ 西方描写书志学得益于分析目录学的研究成果。据坦瑟勒《分析书志学纲要》一书介绍，西方学者对一书之诸本（版本、印本、复本）的制作过程和设计要素各方面分析的如此细致，乃至在书志描写时也具有了充足的科学证据。反观中国古代的目录，由于藏书者在版本鉴定和分析上多停留在观风望气的经验性阶段，且在态度上有鉴赏之习气，所以在版本目录的具体版本描述上相对粗略和主观。近年来有若干学者如郭立暄等试图将版本研究科学化，但显然并没有在馆目的著录上得到广泛使用。显然，未来的目录学工作仍需要努力。

④ 如张升《历史文献学》（北京师范大学出版社，2016年，第7页）认为"文献学是研究有关文献生产、流通、收藏与整理一般规律的专门学科。"史睿《从传统文献研究到现代文献学的转型》（《文献》2019年第3期）认为现代的文献学"应当是一门以研究文献的生产、流传、利用、管理等为主要内容，兼及文本与载体之间在时间、地域、组织、权利、学术等几个维度之间的张力及其变化的学科。"同时马楠在《唐宋官私目录研究·后记》（中西书局，2020年）中认同《史睿谈数字人文与现代文献学研究》（《上海书评》2020年8月9日）一文对文献学的定义，即"文献学应当是以研究文本在不同载体上如何生产、使用、管理、流变为主要内容，它为我们提供有关人类记录知识的基本类型与方法，研究跨载体的文本转移与人类文化、文明延续之间的关系，乃至文献本身的文化价值和文明意义。"

关系,而这正是我们文献学研究很容易被忽略的地方。而作为文献学的分支学科之一的目录学,一向注重经典目录的成书背景、体制、分类、影响等的静态研究,同样也不太重视对这些目录多角度的动态探讨,①更谈不上对那些被视为簿录之书的目录的多方面挖掘。

以上分别从思维、分类、著录、视野等四方面具体讨论了目录学在未来的发展方向,虽然未必涵盖所有研究内容,但是可以看到,目录学自身便有向广、深方向发展的可能,只不过我们受制于种种因素未曾仔细考虑而已。上面的思考仅仅是粗略描述,具体的内容我们将在下面几小节中详加探讨。

三、专科目录学与小学文献目录学的研究状况

姚名达先生《中国目录学史》云:"专科目录为记载各种学术之书目,必自成系统之学科始有独立之目录。"②从历史渊源看,专科目录出现较早。据《汉志》记载,早在汉初,张良、韩信便有"序次兵法"之举,姚先生认为"专科目录,莫之或先"。③ 其后,专科目录代有其书。至民国之时,随着目录学逐渐成为一门学科之后,此种目录已经俨然成了一种目录学研究不可忽略的分支庞大的目录。《中国目录学史》专设"专科目录篇",将历代此种目录分为十五类:经解目录、译书目录、哲理目录、宗教目录、文字目录、教育目录、社会科学目录、自然科学目录、应用科技目录、艺术目录、文学创作目录、地

---

① 20世纪90年代以来,很多学者其实已经开始由体制、分类、辑佚、影响等方面的分析转向编纂活动及其与学术背景等方面的关系的探讨。如对《别录》《七略》的研究,早期的学者注重探讨刘向父子的校雠工作、《七略》《汉志》的具体分类和体制等,90年代以来如傅荣贤《〈别录〉〈七略〉的经学意识及其成因》(《盐城师专学报》1992年第1期)、刘大军《〈别录〉〈七略〉与今古文之争》(《图书馆理论与实践》1994年第1期)、韩高年《刘向〈别录〉的体例及其学术渊源》(《古籍研究》2001年第2期)、孙显斌《〈七略〉〈别录〉编撰考》(《图书馆杂志》2011年第2期)、李景文《刘氏父子与古文经学的兴起:以〈别录〉〈七略〉为个案》(《大学图书馆学报》2013年第1期)、《〈别录〉〈七略〉建构西汉学术谱系的理路分析》(《郑州大学学报(哲学社会科学版)》2013年第5期)等开始挖掘《别录》《七略》的编撰过程及二书与经学的关系。但这仅仅是从学术的角度研究二书的。从书籍史的角度看,具有物质形态的《别录》《七略》二书的编纂活动与当时的政治、学术、知识以及编者之职业等密切相关,其成书之后在不同社会角色和不同载体之间的传播、接受等过程及其背后的文化动因也是值得挖掘的。
② 姚名达《中国目录学史》,上海古籍出版社,2002年,第319页。
③ 同上,第268页。

理目录、金石目录、历史目录、国学论文目录，等等。以上分类在现在看来，虽然有些并非按学科划分而出（如"经解目录"等），有些则属于索引一类（如"国学论文目录"），但是基本上已经囊括了当时的学科门类，同时也可看出历代专科目录的基本状况。后来的目录学著述很多都有"专科目录"之设，如来新夏《古典目录学浅说》（1981），许世瑛《中国目录学史》（1982），倪士毅《中国古代目录学史》（1986），程千帆、徐有富《校雠广义·目录编》（1988），李瑞良《中国目录学史》（1993），等等，这说明此种目录已经广泛进入了目录学家研究的视野了。然而这种对专科目录的专章介绍并不等于专门研究。据资料显示，在学者们构建传统目录学理论体系的同时，专科目录学的研究也早已展开了，如1933年商务印书馆出版的郑鹤声编《中国史部目录学》等。截至2020年，除众多文献学著述所设的目录学一章外，目前已版的专科目录学著述凡14部，其中历史目录学7部，余则属档案、法律、文学、中医、文艺、科技等诸学科，显然这方面的研究并不丰富。同时，从诸著述编排上看，其基本上呈现两方面的倾向：一方面按目录学体系建构专科目录学，如郑鹤声《中国史部目录学》、陈秉才等《中国历史书籍目录学》等。另一方面侧重介绍所属专科目录在历代的基本情况，可以分为三类：一类依次介绍各时代的专科目录情况，如何新文《中国文学目录学通论》等；一类依次介绍各体裁下的专科目录情况，如谢灼华《中国文学目录学》等；一类依次介绍历代专科知识的古籍书目的情况，如高潮、刘斌《中国法制古籍目录学》等。第一种倾向下的诸书可以看出是有意在建构专科目录学知识体系，故专科目录的基本理论知识，专科目录的分类沿革、专科目录史等都有涉及。第二种倾向下的诸书则为历史专科目录的介绍，故偏重于专科目录的应用与检索，在理论知识方面相对不足。从具体分布情况看，第二种倾向下的专科目录学著述比例较大，就以上14部著述而言，除若干历史目录学外，余多为此类，这说明学者们大都将专科目录学看作是一门目录学知识（主要是专科目录）在各门学科中应用的学科了，显然这种趋势并不利于专科目录学的长足发展。如果专科目录学仅剩下对专科目录的介绍，那么，一部目录学史著作便可以做到，何必建构专科目录学呢？

相较于其他学科的目录学,小学文献目录学显得更加尴尬。虽然其自清代乾隆以来便有《小学考》这样的大型小学目录问世,直到当今亦有如《文字音韵训诂知见书目》这样的语言文字学目录的编纂,但是至今也没有一部真正意义上的专科目录学著作。所以笔者以为,建构小学文献目录学基本理论体系迫在眉睫。基于我们之前对文献学和目录学理论体系的讨论,笔者以为,作为专科目录学之一,小学文献目录学主要是一门以小学文献的形式(文本和版本)为研究对象来探讨其分类(包括归类)、著录等问题的专科目录学。其具体内容主要包括:小学文献著录项研究、小学文献分类(归类)研究、小学文献著录方法研究等。以几方面内容我们将在下面几节分别讨论。

第二节 小学文献著录项研究

何谓文献著录?李致忠先生在《古书版本学概论》中说得很清楚:"所谓著录,就是按照一定的规格和方法,将图书的有关事项,如书名项、著者项、版本项、稽核项等,如实地描绘和记录下来。"其中的"规格"是指"记录上述各项时所取的格式","方法"是指"著录图书的各个项目时所遵循的方法","著录事项"是指"对构成书籍的几个基本要素,如书名、著者、版本、册数等,分项加以记录,也称为著录项目。"①由此可知,文献的著录本质上是一种揭示文献的方式。具体包括著录范围(什么时间段、什么类型的文献)、著录内容(著录文献的哪些款项)、著录顺序(如何安排著录项)、著录方法(采用什么方法著录),等等。本节主要是对小学文献的著录项进行研究的,首先回顾历代目录书对著录项的基本规定,继而探讨小学文献目录在著录项方面的一些问题。

一、历代目录书对著录项的基本规定和阐释

目前关于古代目录书的著录项研究的成果,除了对《文献著录总则》《古

---

① 李致忠《古书版本学概论》,书目文献出版社,1990年,第267—268页。

籍著录规则》的研究①外，比较集中的，如孙学雷硕士论文《中国汉语古籍著录研究》(2005)对中国境内古籍著录、境外汉语古籍的著录等进行了较为详细地梳理。傅荣贤《中国古代目录学研究》(2017)第三章《中国古代目录的文献标引》在第二节便分别就著录范围、著录内容、著录格式等进行了比较深入的研究。此外，一些文献学、目录学著述也有相关的介绍。这些都对我们下面的探讨提供了宝贵的经验。

从现存最早的史志目录《汉书·艺文志》开始，到民国时期，古籍目录的著录项一直处于一个不断变动的状态。在古代目录书中，哪些项目需要著录，哪些则不需要著录；哪些项目必须以大字著录，哪些则可以出现于解题之下，这些现象始终贯穿在古代目录学的发展过程中。但是，不可否认的是，其中总有某些著录项自始至终处于稳定状态，之后的目录书则在此基础上进行适当修正。所以，根据著录项在不同时代的增损状况，我们拟分以下几个阶段对本研究展开探讨。需要说明的是，在整个目录学史中，私家目录的著录总是或多或少受到公藏目录的影响，而公藏目录则又往往在某种特定的文化背景下编纂而成，可能也会受到史志目录的影响。所以，著录项的变化也能从一个侧面反映出当时的文化动态。

(一) 宋元以前各类目录书著录项的规定

一般认为，汉末之向《录》、歆《略》为目录学之祖，惜皆亡佚。前者有清人之辑佚残篇，后者则为班固删并入史，故从今之《汉志》，可得《七略》之概貌。从著录项来说，《汉志》之体例并不统一，大致包含书名、篇(卷)数、撰者、小注等四个项目。具体而言，可分四种情况："有先著书名而后系撰人、篇数者，如'《易经》十二篇，施、孟、梁丘三家'是也；有先著撰人而后悉书名篇数者，如'刘向《五行传记》十一卷'是也；有仅著书名、篇数而不录撰人者，

---

① 此方面的研究如萧新《文献著录原则浅议》(《图书情报论坛》1994年第3期)、萧新《"文献著录"新议》(《江苏图书馆学报》1994年第6期)，以上是针对《总则》(GB 3792.1—83)的研究。陈博《〈古籍著录规则〉管见》(《大学图书馆学报》1995年第6期)、王元庆《有关国家〈古籍著录规则〉商榷二题》(《图书馆论坛》2001年第4期)，以上是针对《规则》(GB/T 3792.7—1987)的研究。

如'《周书》七十一篇'是也,有即以撰人为书名,径系篇数者,如'《太史公》百三十篇'是也;有加文体与撰人后,即以为书名而系以篇数者,如'《屈原赋》二十五篇'是也。"①其中,篇(卷)数偶有缺载,如《六书八体》;撰者体例不一,如上所揭;而小注则或有或无,说明《汉志》最重视者乃书名、篇(卷)数两项,故每略和小类之末均有"凡某多少家多少篇"之言。究其原因,大概与刘向"条其篇目"的整理秘中书籍有关。刘向等人的工作,与唐宋以来馆臣奉旨校勘群籍的工作颇有不同。首先,从书写载体上看,刘向时代的书籍基本上书写在竹帛上,不同于后世书写在纸张上。载体的不同,意味着具体的工作也有差异。其次,从整理结果看,刘向等所整理的书籍,有相当一部分为未定之书,或篇目未定,需诸本互参,去重定篇,如《管子》之类;或书名未定,需综合诸篇,新编成书,如《战国策》之类。而唐宋以来的校勘对象基本上都是既定之书,所以只考虑一书之不同版本便可。总的来看,刘向校书与今日之整理地下出土文献类似,故过程颇为复杂。② 这也就容易理解《七略》《汉志》为何其格外强调篇(卷)数了。盖篇(卷)不明,则无从定一书之内容,更无从考一代之经籍存亡。

魏晋及六朝之时,目录编纂之风逐渐兴盛,但皆亡佚无存。西晋荀勖之《新簿》,《隋志》云:"但录题及言,盛以缥囊,书用缃素。至于作者之意,无所论辩。"余嘉锡先生云:"'但录题'者,盖谓但记书名;'盛以缥囊,书用缃素',则惟侈陈装饰,是其书并无解题。"③据此,似乎该目仅有书名一项而已。但《隋志》云该目"大凡四部合二万九千九百四十五卷",若每书下无卷数,则如何统计出这四部的总数呢?所以,我们认为该目亦至少有题名、卷数两项的。之后的东晋李充之《晋元帝书目》及六朝公藏诸目,虽然在类目等方面有异,但著录项上则大致与《新簿》等相同,故《隋志》讥之为"不能辨其流别,但记书名而已"。王俭《七志》、阮孝绪《七录》则除了以上两项外,还有小

---

① 姚名达《中国目录学史》,上海古籍出版社,2002年,第135页。
② 按,后世学者多推崇刘向校书工作,孙德谦《刘向校雠学纂微》将其工作归纳为二十三条,可谓备矣。然而后世馆臣校书,多无法严守其例,这其实已经说明刘向校书活动与后世之校书是很有差异的。我们不能忽略刘氏父子在整理群书方面的成绩,但也不能将其过分推崇。
③ 余嘉锡《目录学发微》,商务印书馆,2011年,第100页。

注以记撰者生平,所谓"不述作者之意,但于书名之下,每立一传",①是此两书至少有书名、撰者、小注三项。

之后的《隋志》与《汉志》之著录项大致相同。不同者,此目"始一律首列书名及卷数为纲,改以撰人为注。对于撰人不复详介,而只叙其时代官衔。书之内容真伪,亦仿《汉志》之例,间或注明。但特创分别存亡残缺之注,一以《七录》为准"。② 据此,则《隋志》虽然亦有书名、篇(卷)数、撰者及小注等四项,但顺序开始固定,尤其是撰者,不像《汉志》那样,倏然在前,忽焉在后了。且小注有所省并,仅记撰人时代官衔,偶记书籍内容真伪。

唐时毋煚所编《群书四部录》③《古今书录》④《开元内外经录》⑤等,著录项目及次序一如《隋志》,而《旧唐志》则删去小注,仅存书名、卷数及撰者三项,其云:"煚等四部目及释道目,并有小序及注撰人姓氏,卷轴繁多,今并略之,但纪篇部,以表我朝文物之大。"可见,在《旧唐志》看来,其删并之理由,乃一方面因为所据底本即毋煚《古今书录》等卷帙太繁,另一方面是这样可以显示出一代藏书之盛。这是出于政治目的而对著录项做出的调整。而唐代释智升《开元释教录序》云:"夫目录之兴也,盖所以别真伪,明是非,记人代之古今,标卷帙之多少。"可见,当时的佛教目录的著录项同诸史志目录。

宋元之时,无论是史志目录,还是公私藏目,均四项兼有(撰者及小注或有或无)。⑥ 姚名达先生云:"宋制:国史皆有艺文志,且每类皆有小序,每书皆有解题,迥异于历代史志,盖根据当时馆阁书目以为之也。"⑦《三朝国史》

---

① 余嘉锡《目录学发微》,商务印书馆,2011年,第9页,其云:"盖王俭之《志》,惟详于撰人事迹,于旨归讹谬,少所发明,阮氏《七录》,或亦同之。"
② 同上,第136页。
③ 按,姚名达《中国目录学史》(上海古籍出版社,2002年,第175页)云:"篇幅既巨,必有提要。"
④ 同上,第176页,其云:"煚《录》之不同于旧录者,盖删去过于繁芜之各书序跋,而撷其要旨,撰为简明之解题耳。"
⑤ 同上,第176页,其云:"亦具翻译名氏,序述指归。"
⑥ 按,段莹《宋代书目著录探析》(《图书馆学刊》2011年第7期)一文曾把"版本项的增加"也算作宋代著录项变化的一个特点,我们认为其说并不准确,详见下文。
⑦ 同上,第177页。

《两朝国史》《四朝国史》等即是其例,但著录项之次序则不明。而从《新唐志》看,撰者位置并不固定,或冠于题名之前,或在卷数之下。可知,当时的国史艺文志在著录项上大概亦不太严格。《崇文总目》《宋史·艺文志》亦大致同之。同时,私家目录《郡斋读书志》《直斋书录解题》等,著录项及次序皆依《隋志》,其解题虽然亦在叙述撰者生平、内容等,但较诸书详尽,且杂以考辨。而《遂初堂书目》的主要著录项为书名,还偶尔于书名前冠以撰者或版本。叶德辉《书林清话》卷一云:"自镂板兴,于是兼言版本,其例创于宋尤袤《遂初堂书目》。"以后学者并多从之。但尤氏为偶记,称之为"初创",恐怕未必是其本意。笔者曾推测这些题有版本的经史典籍,大概即为其已校、参校或待校之书,故于书前标明版本以注明出处,与《九经三传沿革例》相似。观该目所录这些书,多为同一种书之不同版本,鲜有仅录一书者,如十三经中诸经中,既有成都石刻本,又有单行之本;《史记》有川本、严州本两种;《山海经》有秘阁本、池州本两种等。从整体上看,该目之著录项应该是宋代目录中最简单者。此外,宋郑樵之《通志》、元马端临之《文献通考》二书,虽然均为政书,但前者之《艺文略》、后者之《经籍考》,均为参考诸目而编,其著录项亦与诸史志目录大体相同。

综上所述,自汉至元,目录著作虽然出现不少,但著录项大体相同。多者有题名、卷数、撰者、小注或解题等四项,少则仅有题名一项,一般只包括题名、卷数两项。这些著录项顺序自《隋志》之后渐渐固定,但之后的目录书亦有将撰者置于书名之前者。其小注或解题多叙撰者生平,或仅简单记录撰者姓氏、里爵,或详细考证撰者和介绍品评内容,大体皆仿向《录》或王《志》而作。这些均显示出当时目录著录方面并不成熟。究其原因,大致当时的目录书侧重反映书籍内容,故而特别重视书名和卷数的著录,小注则略次之,盖无此两项则无法统计一朝或一家之藏书种数和卷数。《旧唐志》所云"今录开元盛时四部诸书,以表艺文之盛"即是其例。

(二) 明代各类目录书著录项的规定

有明一代,目录学发展进入了兴盛时期。李万建先生《明代目录学的发展和成就》一文归纳该时期目录学有三个特征,即书目著作数量多,书目品种多及对书目的分类、著录理论和方法多有发展创新。① 而在著录项上,亦显示出有别于以往的新特征。王国强《明代的书目著录》一文认为明代书目的著录项主要有两种类型:"一是仅录书名、卷(或册、本)数、著者姓名,这以《文渊阁书目》《赵定宇书目》《脉望馆书目》为代表。……另一类则除了基本的著录内容外,尚有注释,这以《宝文堂书目》《国史经籍志》《红雨楼书目》《内阁藏书目录》《千顷堂书目》为代表。"②这是按照有无注释来划分的,但是并不能显示该时期著录项的新变化。而在《明代目录学的发展及其成就》一文则认为有著录过分苟简、少数书目有简明的注释和解题、著录版本和残阙情况、表格式著录、互注和别裁的著录方法等五个特点。③

我们认为,要看著录项是否变化,不仅要参照前代目录,也应该兼顾后世目录,毕竟越近当代,著录项越全面和标准。有些著录项,参考前代目录时,会发现仅有小注内容有变化,而反观后代目录时,却发现这些内容成了主要著录项之一了,所以需要综合考虑。基于此,我们将明代目录分为以下三类:

其一,著录项有书名、卷数、撰者、小注等其中两项以上,且撰者冠于卷首,小注记录撰人姓氏里爵或篇目内容者,此为延续宋元之旧制者,如《国史经籍志》、《百川书志》、《玄赏斋书目》(书名前或有撰者)等,其小注或有或无,非常例。

其二,著录项有书名、册(本)数者,此较第一类增多"册(本)数",如《秘阁书目》《菉竹堂书目》《行人司书名》等。

其三,著录项除书名、卷数、撰者、小注等之外,还记册数残全、版本、复本等三项。其中,小注除了记录撰者姓氏等之外,有时又将后三项注于下。如公藏目录中,《文渊阁书目》有书名、部(套)数及册数全或缺、复本等四项,其中复本单列;《内阁藏书目录》有书名、册数、撰者、小注(或注撰人姓氏里

---

① 李万健《明代目录学的发展及成就》,《图书馆》1994 年第 2 期。按,该文亦为《明代书目题跋丛刊》(冯惠民等选编,书目文献出版社,1994 年)之序。
② 王国强《明代的书目著录》,《图书与情报》1998 年第 4 期。
③ 王国强《明代目录学的新成就》,《山东图书馆季刊》1988 年第 4 期。

爵,或注篇目,或注残缺卷数或册数,或注序跋,或注版本)、复本(以"又"字紧列书后)等五项。私家目录中,《晁氏宝文堂书目》《濮阳濮汀李先生家藏目录》《赵定宇书目》《近古堂书目》有书名、册数(部数)、版本等三项。其中,版本偶记,册数(部数)或记残全,此两项或在小注下。而《红雨楼书目》有书名、卷数、小注(异名、主旨、版本等)等三项。《世善堂书目》有书名、卷(本)数、撰者(偶记)、小注(异名或内容,或记版本)等四项。其中,凡钞本皆记本数,如"文公要语 一本 熊禾","象山语录 抄一本""健康实录 抄五本"等。《澹生堂藏书目》有书名、卷数、撰者、版本(或有或无)、册数等五项,《脉望馆书目》有书名、卷数(详列小注下)、本数(兼有复本)、版本(宋元版标于书名前)等五项。

综上所述,我们对明代目录书的著录项的变化有以下几点认识:第一,该时期目录著录项除了少数(主要是公藏和史志目录)仍然延续宋元之前旧制外,大多公私目录均有新增项目。其中,册(本)数、版本及复本等著录项是以往目录书所没有的。其中原因,王国强先生认为是明代书籍以线装为主的装帧方式引起了册数的著录,刻钞书籍的盛行导致了版本的著录。我们认为恐怕还有更深层的原因。因为宋元之时流行的蝶装及包背装同样也可以用册(本)数计算,其版刻之兴盛亦为后人津津乐道。其时的目录书不著录册数和版本者,乃是时人多将目录编纂当作学术史来看待,故而那些能够反映书籍内容的题名、卷数及小注(提要)等项多有著录。明代史志目录尚延此制,公私目录则间或有之。而册数、版本则为书籍之外部形式,明代目录对之著录,反映了当时重形式而轻内容,重鉴赏而轻学术的文化风气。而事实也正是如此,历来学者评论明代学风时,均认为其空疏浮泛,目录明显成为簿录之书[1],大致就是在这种风气下形成的。虽然有学者认为万历之后考据之风已经渐渐露出端倪[2]。第二,新增著录项目多不能始一而终,而

---

[1] 此处说"明显",是相对宋元之前重视小注(解题)而说的。其实,我们认为目录从一开始便是簿录之书,详见本书相关章节的论述。
[2] 参见杨绪敏《明代经世致用思潮的兴起及对学术研究的影响》(《江苏社会科学》2010年第1期)、亢学军《明代考据学复兴与晚明学风的转变》(《河北学刊》2005年第5期)等文。

是时有时无，很是随意。① 特别是版本项，始见于明代中期之后的私家目录，多注宋元版或抄本，或被放入小注内。这一方面说明当时赏鉴宋元版的风气已经渐渐兴起，另一方面也说明此项虽为诸家所录，但并不严格，尚未成为目录之常设项，故而既不能名正言顺地与题名等并列，又不能详细反映版刻时间、刻者、刻地等信息，而只能如宋本、抄本这样简略记之。第三，这一时期的题名、卷数、撰者等的顺序已经基本稳定，除《脉望馆书目》等少数目录外，大多目录均已不再把撰者冠于篇首（此即所谓以著者标目），真正做到了"以其人之姓名注于其下，无有不安之理了"②。清代以后的目录书均延此例，遂成目录之定制。

（三）清代各类目录书著录项的规定

清初大多目录尚延续明代之旧，著录随意且简略。如史志目录《明史·艺文志》及其底本《千顷堂书目》，有撰者、书名、卷数及小注等四项，小注或叙撰者生平，或介绍内容，与明人目录相同；私家目录如钱谦益《绛云楼书目》、《季沧苇书目》等，大致有书名、撰者、版本、册（本）数等四项，其中，后三项时有时无，中间两项均标于书名之前，版本仅记宋元版及钞本。钱曾《述古堂书目》之著录项依次为撰者、书名、卷数、本数、版本（宋元及钞本或影抄），凡五项，间注明异名等。徐乾学《传是楼书目》依次著录有书名、本数、撰者、版本、复本等五项，后两项间或有之。值得一提的是，钱曾另有《读书敏求记》，虽然著录项仅有撰者、书名、卷数、版本、提要等五项，但提要项"重在版式装潢、纸张墨色等形式特征的记录和鉴赏，重于对古书刊印、抄写、藏弆源流的考述"，③已开清中期注重揭示书籍形式的先河。

清代中期则渐渐有所变化，公藏目录如《天禄琳琅书目》，以版本分类，

---

① 这种态度亦可以从他们对"目录"的归类中看出来。如《国史经籍志》将之归于"史部·簿录"，《万卷堂书目》卷二、《玄赏斋书目》卷三均设"书目"一类，《澹生堂藏书目》卷三"续收"将时人所著归之于"国朝史·典故"，又将前人目录归入"史类·书目"。而《晁氏宝文堂书目》将之归入"类书"，《脉望馆书目》又归之于"子部·书目图籍"类，可见，在明人藏书家眼中，"目录"一类位置是不固定的。对前人目录书的归类尚且如此，自己在编目时的随意亦就可想而知了。所以，从这一点也可以看出其编纂目录时的态度在整体上并不严谨。

② （宋）郑樵撰，王树民点校《通志二十略》，中华书局，1995年，第1821页。

③ 严佐之《近三百年古籍目录举要》，华东师范大学出版社，1994年，第23页。

以提要考证,依次著录了版本、题名、函册数、卷数、撰者、提要、钤印、卷数残缺等八项,基本囊括了后世目录之基本著录项。同时,提要不仅注重记录撰者生平、书籍内容、题跋信息等,而且还重视考证撰者里爵、版本异同、钤印真伪等,之后的《四库提要》著录项虽然主要有书名、卷数、撰者、提要等四项,但提要方面注重考证则同之。与此同时,私家目录如吴骞《拜经楼藏书题跋记》、黄丕烈《士礼居藏书题跋记》、张金吾《爱日精庐藏书志》、周中孚《郑堂读书志》、孙诒让《平津馆鉴藏书记》等,不仅书名、卷数、撰者、版本、提要等一应俱全,而且版本项著录全面,且已经渐渐成为著录主体,而非如之前目录那样属于或有或无之项了,提要项则或注重记录序跋内容、版本藏弆等,甚至还开始记录版式行款,这是之前目录所没有的内容。严佐之先生称前两种为"读书题跋记目录体裁",后两种为"藏书志目录新体制",尤其是后者,被誉为是"清初以来书目著录和题跋双重发展的合理集合""是清代目录学迅速发展到一定阶段和趋于成熟完美的标志"。① 可以说,目录的著录项,尤其是提要项,到此阶段已经由前代侧重书籍内容、撰者生平的介绍,渐渐转向侧重书籍形式如序跋、行款、钤印、版本藏弆等的揭示了。需要说明的是,以上几种均可称为善本书目,一般的普通书目的著录项虽或有缺,版本的著录亦占有很重分量,如《孙氏祠堂书目》等。而且这种做法还受到时人之赞赏,如顾广圻为秦恩复所编《石研斋书目》作的序云:"今先生此目,创为一格,各以入录之本详注于下,既使读者于开卷间目憭心通,随事立例,惟精惟当也。特拈出之,书于后,为将来撰目录之模范焉。"② 而孙从添《藏书纪要》第六则"编目"更是从理论上对当时目录的著录项作了精要的总结,其云:"每一种书分一类写某书若干卷,某朝人作,该写著者、编者、述者、撰者、录者、注者、解者、集者、纂者,各各写清,不合混书。系宋板、元板、明板、时刻、宋元钞、旧钞、明人钞本、新钞本,一一记清,校过者写某人校本,下写几

---

① 严佐之《近三百年古籍目录举要》,华东师范大学出版社,1994年,第3页。
② (清)顾广圻《石研斋书目序》,收入《思适斋书跋》,上海古籍出版社,2007年,第168页。

本或几册,有套无套。"①又章学诚《论修史籍考要略》:"十二曰版刻宜详……板刻之书,流传既广,讹失亦多。其所据何本?较订何人?出于谁氏?款识何若?有谁题跋?孰为序引?版存何处?有无缺讹?一书曾经几刻?有何异同?惜未尝有人仿前人《金石录》例,而为之专书者也。"②

清代后期之私藏目录,善本目录占了很大比例。如杨氏《楹书隅录》、瞿氏《铁琴铜剑楼藏书目录》、陆氏《皕宋楼藏书志》、丁氏《善本书室藏书志》、潘氏《滂喜斋藏书记》等,虽然特点各有千秋,但在著录项上,均延续清代中期之特点,基本完备且详尽。尤其在提要项上,版本辨析、序跋摘录、版式记载等已经成为其必备之内容。如果说版式行款在前一时期只是部分目录书的偶尔记录,那么这一时期则几乎在每部善本目录中随处可见了。而普通总目如丁丙《八千卷楼书目》、丁日昌《持静斋书目》、邵懿辰《四库全书简明目录标注》、张之洞《书目答问》等,除了依次著录常设项外,更注重备列每书版本。可见,当时无论是何种目录,标注版本已经是一种惯例了。

(四)民国各类目录书著录项的规定

民国时期,社会形势的变化,也导致了文化的变革,反映到目录上,便形成了藏书家目录与图书馆目录等两种不同类型的目录。前者如杨守敬《日本访书志》、叶德辉《郋园读书志》、莫友芝《宋元旧本书经眼录》、缪荃孙《艺风藏书记》、傅增湘《藏园群书经眼录》《藏园群书题记》、李盛铎《木犀轩藏书书录》等,在延续前一时期的著录体制的同时,又对版本特征的著录和考证上更加深入了。如《日本访书志》一书,以考订版本为主,"先是注记版本形式特征,对国内久佚,仅存日本的版本记录尤详。而后视各书具体情况考其原委",③如考订版本源流,校比文字异同,辩证别家目录著录或考订失误,评价版本价值等,这些均比《爱日精庐藏书志》等考辨性强。又如《艺风藏书记》,不仅对珍贵罕见之书详记题识印记或序跋,考订文字异同等,还在版式

---

① (清)孙从添《藏书记要》,收入《澹生堂藏书约(外八种)》,上海古籍出版社,2005年,第43—44页。
② (清)章学诚著,王重民通解《校雠通义通解》,上海古籍出版社,2009年,第161页。
③ 严佐之《近三百年古籍目录举要》,华东师范大学出版社,1994年,第182页。

上著录书的高广尺寸、版心题字等，在反映书籍形式上又进一步。而《藏园群书经眼录》不仅在著录项上体制整齐详尽，"首标书名、卷数，其下小字记作者和存卷，正文列载时代、版本、版式、本书序跋、刻书牌记、后人题识、收藏印记，最后是作者的鉴定意见或评论"，[1]而且考辨精当，或考内容，或辨版本，形式灵活。值得一提的是，从清代后期开始，当版式、序跋等的著录成为一种惯例时，即便是仍然处于提要下，其实也不应该算作是提要的一部分了。此时的提要其实应该指那些除此之外的考辨版本或内容的部分，故而有的目录在此部分上或有或无，随书而设。同时，图书馆馆目虽然在分类上有传统四部分类法和西洋分类法之别，在体例上有传统式、卡片式、年表式之分，但无论哪种分法和体例下的馆目，在著录项上均与清代以来逐渐形成的著录体例是一脉相承。需要说明的是，比起那些有提要的私藏目录，图书馆馆目多数是著录项简单且详略不一的目录，多者有书名、卷数、撰者、版本、存卷、题跋、钤印等诸项，如《北京大学图书馆善本书录》《北京图书馆善本书目》等，少者仅有书名、卷数、撰者、版本等若干项，如《天津图书馆书目》等，而有提要者则仅有如《清学部图书馆善本书目》等有限几种。而且，民国以后，随着藏书家的藏书渐渐流向书肆和图书馆，很多编目活动也逐渐交付书店店员和图书馆员来完成。所以，民国时期编纂的大部分古籍目录书其实均是我们上面所说的简目。

（五）新中国成立后各类目录书著录项的规定

新中国成立之后，古籍目录著录项基本沿民国时期所确定的方向发展。有变化者，只是民国诸目有很多并不著录索书号和册函数，新中国成立后诸目则基本上都有，如《复旦大学图书馆善本书目》《北京师范大学图书馆中文古籍书目》等。尤其是20世纪80年代以后，随着1987年《古籍著录规则》（GB/T 3792.7—1987）的开始颁布和1989至1992年之间《中国古籍善本书目》诸部的陆续出版，古籍著录开始走向规范化和标准化。前者规定古籍著录项包含有书名与著者项、版本项、文献特殊细节项、出版发行项、载体形态

---

[1] 严佐之《近三百年古籍目录举要》，华东师范大学出版社，1994年，第217页。

项、丛书项、附注项、装订与获得方式项、提要项、排检项等十大项,后来又多次进行修订,到目前(GB/T 3792.7—2008)为止已经固定为题名与责任说明项、版本项、文献特殊细节项、出版发行项、载体形态项、丛编项、附注项、标准书号及获得方式项等10个大项。后者则依次有书名、卷数、编著注释者、版本、批校题跋者、编号等6个项。① 此两书基本奠定了之后诸目的著录项的基础,所以20世纪90年代之后大陆出版的各馆馆目、联合目录等的著录项大致不出此范围②。

在此之前或之后的一段时期里,中国港台地区、日韩欧美等国的公私图书馆皆编纂有自己古籍目录(日韩欧美等汉籍目录的著录项研究详见下文)。其中,除了美国哈佛大学燕京图书馆、柏克莱加州大学东亚大学图书馆、美国国会图书馆、普林斯顿大学葛思德东方图书馆、台湾"国家图书馆"、台湾大学图书馆、香港中文大学冯平山图书馆、日本宫内厅图书寮、静嘉堂文库等若干图书馆有比较详细的解题外,其他馆目如之著录项皆与中国大陆的大同小异。

综上所述,从汉至今,我国的古籍目录书的著录项经历了一个由少数到多数,由位置不固定到位置固定,由侧重反映书籍内容到侧重揭示书籍形式的一个演变过程。这个过程并不是一蹴而就的,也不是随意变化的,而在特定学术文化背景的影响逐渐完成的。所以,不同阶段的著录项便呈现出不同的特点,而这些特点又深深打上了当时学术文化的烙印。我们在探讨目录书的著录项的变化时,决不能仅仅看到具体项目的增多或减少,顺序的置前或列后,而是应该深入考察这种变化背后的文化动态。最后需要说明的是,以上是对目录著录项的历时的梳理,但并不代表某一个时代所有的目录书均有那个时代的特征,毕竟我们还得考虑当时目录编纂者的编纂目的、方式、体例及知识水平。所以,即便是版本著录盛行的清代及民国

---

① 题名与责任说明项,本文将之析为二项。标准书号及获得方式项亦如之。
② 按,国家古籍保护中心办公室编《国家珍贵古籍书志体例(附释例)》(《书志(第二辑)》,中华书局,2020年,第29—40页)也是参考《古籍著录规则》(GB/T 3792.7—2008)原则的基础上编纂出来的专门服务于《国家珍贵古籍名录》所收录的诸珍贵古籍的一个体例。在著录项上包括藏书机构及索书号、国家珍贵古籍名录号等十个著录项,大体上同《古籍著录规则》。

时期,亦会出现若干著录简略如宋元明时期的目录书,如《经义考》《小学考》之类。

(六) 国外各类汉籍目录著录项的规定

以上为中国境内古代目录书的著录项情况,下面我们准备从横向的角度梳理一下其他国家汉籍①目录的著录项情况。

1. 日本

日本的汉籍目录编纂时间相对较早。据学者研究②,早在奈良时代(710—794),日僧吉备真备便根据自己从中国携回的汉籍编写了"日本汉籍目录史上最早"③的目录学著作——《将来目录》。其书虽早已亡佚,然从后来日本文献所引的零星记载看,该书是有解题的,解题内容至少包括不同抄本之间篇卷之分合等。④ 之后平安时代有藤原通宪的《通宪入道藏书目录》,从其具体著录看,依次包含书名、部数、卷数、解题,其中书名、卷数是两个常设项,余二项则偶见,其中解题内容为略注诸卷内容或完整情况(如《周易》一部十卷;《周易略例》二卷:一卷注,一卷疏,虫蛀)。以上两部为个人私藏目录。

在私藏目录逐渐兴起的同时,公藏目录⑤编写也随着汉籍在日本传播而

---

① 按,此处"汉籍"取陈正宏先生之说,即"古代世界用汉文(主要是汉语文言文)撰写、刊行的书籍"(见《东亚汉籍版本学序说——以印本为中心》,《东亚汉籍版本学初探》,中西书局,2014年,第1页)。

② 按,以下论述参考了严绍璗《汉籍在日本的流布研究》第二章《日本的汉籍目录学著作研究》(江苏古籍出版社,1992年,第66—120页)、大庭修《江户时代中国典籍流播日本之研究》第二章《唐船持渡书的资料》(杭州大学出版社,1998年,第99—142页)以及胡宗英《日本古代汉籍目录述论》(《学术月刊》1996年第8期)的相关内容,特此说明。

③ 严绍璗《汉籍在日本的流布研究》,江苏古籍出版社,1992年,第69页。

④ 按,据《日本国见在书目录》"正史家类"《东观汉记》小注(《古逸丛书》本,第470—471页)云:"右《隋书·经籍志》所载数也,而件《汉纪》,吉备大臣所将来也。其《目录》注云:'此书凡二本,一本一百廿七卷,与《集贤院见在书》合;一本百册一卷,与《见书》不合。又得零落四卷,又与(雨)〔两〕本目录不合。真备在唐国多处营求,竟不得其具本,故且随写得如件。'"按,以上标点见孙猛《日本国见在书目录详考》(上海古籍出版社,2015年,第565页),严绍璗《汉籍在日本的流布研究》(江苏古籍出版社,1992年,第70页)与孙氏标点略有不同,今从孙。又按,关于此目的性质,大庭修《江户时代中国典籍流播日本之研究》(杭州大学出版社,1998年,第6页)推测其"不是单纯的书籍目录,而是留学生、留学僧例行的回国报告"。

⑤ 按,此处公藏目录包括朝廷藏目、皇室藏目等,与私家藏目相对。

提上了日程。目前所知存世①最早的此类目录是宽平三年(891,唐昭宗大顺二年)②藤原佐世任陆奥守时奉敕所编的《本朝见在书目录》。存世的该目③的著录项依次为书名、卷次、撰者、小注。其中,前三项为常设项,而小注或有或无,孙猛先生将其内容归纳为七个方面④:对卷帙数作补充说明,补注、提示著者,补注别本、附属本、文本特征,说明著录的根据,提示著录书内容,说明著录书收藏情况以及著录的根据和理由,抄录或调整《隋志》之小注内容。总的来说,该目在很多地方参考了《隋志》,如改撰者为注等,其小注亦如《隋志》一样(但更丰富),侧重内容方面的揭示,惜是偶记,非常例也。

该目对后来的编目产生了很大的影响,"自平安时代至江户时代,有多种汉籍综合目录学著作问世"。⑤ 如在日本文政六年(1823)文荣堂刊行的近藤守重《正斋书籍考》,除著录书名、卷次等常设项外,其解题部分(题作"考文")也成了不可或缺的著录项,其内容大致"先考其篇章分合,再考其版刻,后引文考核在日本的流传"⑥。很显然,这跟同一时期中国的版本目录的解题倾向是一致的。

17世纪初的江户时期,汉籍主要靠中国商船在长崎港输入。中国商船抵达港口后,须向日本官方申报货物品名。同时,日方官员也要登船记录。而过关后的汉籍,有的在就地拍卖时也要做成记录。这类目录,学者统称

---

① 按,据孙猛先生《日本国见在书目录详考》考证(上海古籍出版社,2015年,第2186—2187页),《本朝见在书目录》在编撰之时曾经参考过一些书目,如朝廷藏目《图书录》、皇室藏目《泠然院录》,惜皆早佚。
② 按,据孙猛先生《日本国见在书目录详考》(上海古籍出版社,2015年,第2174页)考证,是书最终成书、奏进的时间为宽平三年的"三月九日至四月十日之间、三月九日至十月八日之间、四月十日至十月八日之间"。
③ 按,据孙猛先生考证(上海古籍出版社,2015年,第2226页),是书有三个本子,最初称"本朝见在书目录","很可能是一部尚未完成的私撰目录"。后来藤原氏更名为"日本国见在书目录",其修订誊清之本上奏于天皇(佚),而誊清前之稿本则献给了兴福寺(佚),此本后来有佚名据之传抄的本子(抄录时间在13世纪以前),即今藏于宫内厅书陵部的室生寺本(按,此本今存40种江户后期的传抄本,见孙猛《日本国见在目录详考》末附中安真理《室生寺本〈日本国见在书目录〉传抄本之系统》一文)。中国国内通行的版本为清光绪间遵义黎氏日本东京使署影刻《古逸丛书》本(影旧抄本),笔者所据即此本。
④ 孙猛《日本国见在书目录详考》,上海古籍出版社,2015年,第2183—2184页。
⑤ 严绍璗《汉籍在日本的流布研究》,江苏古籍出版社,1992年,第73页。
⑥ 同上,第74页。

"舶船书目录"。其与上面两类目录的性质并不相同,故在著录上颇有不同。据严绍璗先生归纳为四小类①:(1)中国商人的《赍来书目》,如天理图书馆所藏的《赍来书目 正德》1册等,著录项一般包括书名、部数、本数、套数等四个,如"《易经传义》一部十二本二套""《许氏说文》一部四本一套",但也有无部数者,如"《汉书》廿四本三套";(2)日本海关的《外船书籍元帐》,其著录项包括书名、部数、套数(册数)、售价(右侧朱笔)等;(3)汉籍发卖的《落札帐》,其著录项包括书名、部数、本数等;(4)入境汉籍《大意书》,其著录项一般包括书名、部数、(套数)、本数、(撰者)、解题等,其中的解题或摘抄大意,或记录阙脱、版本等。总之,从著录项上看,此类目录以书名、部(本、套)数等为常设项,本质上是一种在特殊情况下编撰用于特殊场合的账簿式目录。

江户时期还出现了一类"和刊汉籍书目录著作",②如日本元禄十五年(1702)幸岛宗意编撰的《倭版书籍考》,著录项包括书名、卷数、解题,其解题略记撰注者姓名和附录的相关信息等。再如日本天保十五年(1844)编撰的《官板书籍解题目录》,著录项包括书名、卷数、册数、撰者,解题,其解题内容包括撰者小传、成书背景等。

日本江户时代大致相当于中国的明代中期至清代中期,其时中国的目录呈多样化趋势,既有如"舶船书目录"类似的账簿式目录,也有如"和刊汉籍书目录著作"一样的略记内容的解题目录,同时还有在清代中后期逐渐成熟的版本目录。两个相邻国家的目录在不同时期居然有类似的著录项,这是不是体现了同一文化圈内不同国家在书籍层面的相互交流和传播呢?

就目前资料看,日本的解题目录出现的较晚,学者称日本澁江全善、森立之于嘉永五年(1853)编撰的《经籍访古志》是"最早的日本藏汉籍善本书志"。③该书《附言》自称:"凡所胪列旧钞旧刻,每必先标其时代,次注储藏之家,缺笔旧藏印记等逐一录之,盖全书体例一遵依《天禄琳琅书目》及《爱日

---

① 严绍璗《汉籍在日本的流布研究》,江苏古籍出版社,1992年,第76页。
② 同上,第84页。
③ 贾贵荣辑《日本藏汉籍善本书志书目集成·编辑出版说明》,北京图书馆出版社,2003年,第1册,第2页。

精庐藏书志》。"而从具体著录项上看，每书先大字题书名、卷次，小字题版本、藏所，末为解题，凡五个项目。其解题包括述撰者、行款版式、序跋，考版本及其价值，考卷次分合、考钤印或印主，录名家题跋，等等。该目是一部著录相当成熟的解题目录，足以与其所仿之目相媲美。学者称该书"就其表述的关于汉籍版本目录学的知识来说，它无疑应该成为日本古代汉籍目录学著作的一个总结"，①此说毫不为过。

日本明治维新以后（特别是大正、昭和以来）是日本目录编纂的高峰期。目前所能见到的各类汉籍目录，②基本上都是在这个时期陆续问世的。从总体上看，该时期的目录延续了上一个时代的特征，即以版本目录为主，无论是分类目录，还是善本书志。前者如20世纪五六十年代出版的成为后来"日本汉籍目录编纂之样本"③的两部目录著作《内阁文库汉籍分类目录》(1956)、《京都大学人文科学研究所汉籍分类目录》(1963—1965)，从著录项上看，前书包括书名（大字）、（批校题跋者）卷数、撰者、版本、藏所（简称）、册数、函、号④（以上皆小字）等八项，如"说文解字"下小字："一五卷 汉许慎撰 宋徐铉等奉敕校 文政九刊（官版）昌（藏所）一〇（册）二七八（函）四三（号）。"后书包括书名、卷数（此二项大字）、撰者、版本、批校题跋者或钤印、册数（以上皆小字）等六项，如"重刊埤雅二十卷"下小字："宋陆佃撰 新安毕效钦校刊本 有独山莫氏图记 八（册）。"后者如《静嘉堂秘籍志》(1917)、《图书寮汉籍善本目录》(1926)等。在著录项上，前书包括书名（大字）、撰者（小字）、版本、本数（此二项大字）、《皕宋楼藏书志》著录情况、解题（此二项大字）等六项，其解题以"案"字提示，多节引《仪顾堂题跋》《续跋》《四库提要》

---

① 严绍璗《汉籍在日本的流布研究》，江苏古籍出版社，1992年，第119页。
② 关于日本目录的编纂情况，比较详细的见高田时雄《近代日本之汉籍收藏与编目》（收入陈捷、钟翀、瞿艳丹等译《近代中国的学术与藏书》，中华书局，2018年，第284—306页）一文。另外，罗志欢《日本汉籍目录知见录》（《中国典籍与文化》1993年第1期），严绍璗《日藏汉籍善本书志》附录四《〈书录〉编著参考书目》（中华书局，2007年，第2118—2127页）也可以参考。
③ ［日］高田时雄《近代日本之汉籍收藏与编目》，［日］高田时雄著，陈捷、钟翀、瞿艳丹等译《近代中国的学术与藏书》，中华书局，2018年，第286页。
④ 按，据该目《凡例》，这里的"函"并非装原书之书函，而是所在文库的以供翻检的函架。"号"是指同一函架上的番号。

等目录以补《藏书志》之不足。后书包括书名(大字)、卷数、册数(此二项中字)、架号(小字)、解题(中字)等五项,其解题记录撰者、版本、序跋、行款版式、原藏地、钤印等内容。

总之,从奈良时代的《将来目录》开始,至当今各馆汉籍馆目,日本汉籍目录的著录项发生了颇多变化。在这漫长的岁月中,《本朝见在书目录》和《经籍访古志》二书对之后的汉籍目录编纂产生了深远影响。前者是简目的代表,书名、卷数等为其主要著录项,即便有小注,也非常设项,侧重书籍内容的揭示。后者是善本目录的代表,版本已经成了突出著录项,解题成为常设项,且侧重外部特征的描述,这为后来的各类馆目的汉籍著录奠定了基础。《经籍访古志》的问世时间相当于我国的清朝咸丰年间,在此前后大量的版本目录已经相继问世。该书明确说依《天禄琳琅书目》《爱日精庐藏书志》体例编纂成书,显然已经受到了当时中国版本目录编纂之风的影响,后来那些侧重版本著录的馆目的编纂不过是顺理成章的事情。

2. 韩国

韩国诸机构所藏汉籍不亚于日本,其编目活动也很早就开始了。考《高丽史·成宗世家》九年十二月下教曰:"沈隐士二万余卷,写在麟台;张司空三十车书,藏在虎观。欲收四部之典籍,以畜两京之府藏。"① 高丽成宗九年,当中国宋太宗淳化元年(990)。此处既云"四部之典籍",可知其已知四部分类法,虽然当时是否有目录编纂活动已不可考。目前保存下来的高丽时期的目录不是很多,② 但朝鲜时代的目录"大约有八十种之多"。③ 由于语言不通等客观原因,笔者对韩国的汉籍目录缺乏系统收集,故以下仅就张伯伟先生主编《朝鲜时代书目丛刊》(以下简称"《丛刊》")所收 26 种朝鲜时代汉籍目录和笔者所见的韩国 20 世纪 60 年代以来出版的若干馆藏汉籍目录的著录

---

① 张伯伟编《朝鲜时代书目丛刊·前言》,中华书局,2004 年,第 1 页。

② 据《朝鲜时代书目丛刊·前言》所引诸家列举,仅有《大藏目录》《新编诸宗教藏综录》《大藏经目录》等三种,皆为专科目录。笔者所见两个版本的《大藏目录》(见 https://www.nl.go.kr/NL/contents/search.do?pageNum=1&pageSize=30&srchTarget=total&kwd=%E5%A4%A7%E8%97%8F%E7%9B%AE%E5%BD%95#),一为抄本,一为刻本,内容大同小异,有书名、卷数、撰者三个著录项。余二书则未见,不敢妄下断言,故从略。

③ 同上,第 8 页。

项进行一些探讨。①

公元1392年(明太祖洪武二十五年),李成桂在众朝臣的拥护之下即位开京,是谓朝鲜太祖,李氏王朝自此开始。其时是否有编目活动已无从知晓,目前存世的多种目录已晚至朝鲜正祖时代(1776—1800)及以后了。

以正祖五年(1780)六月前编撰的皇家藏目《奎章总目》为界,之前的目录多为所谓的藏板目录,即"其内容是关于某地有哪些版本的纪录",如"何地藏有何板,以及其存佚情况、用纸多少等"。② 比较早的这类目录有刻于明宗九年(1554)的《考事撮要》,该书包括《书册市准》(后改为《书册印纸数》)、《册板目录》等两部分,前者每书之下,先大字著书名,继小字双行小注,注明纸之帖、张数、价格等,凡两个著录项,如"韵会 纸四十九贴十二张○价棉布二疋半"③。后者依附于《八道程途》之中,仅有书名,严格意义上说不算是一部目录。之后英祖年间《庆尚道册板》的著录项包括书名、卷数、纸张之张折数等三个常设项,如"诗传白纸五卷""周易二十七卷十二张三折"等,偶尔还在书末有小注,注明"刓""微刓"等情况。正祖二十年的《镂板考》的著录项则除了书名、卷数、各藏所印纸牒张数等三个外,还有解题(含撰者),主要记录编纂原委、内容主旨等。此外,《诸道册板录》《完营册板目录》《宝文阁册目录》《各道册板目录》等在著录项上虽然各有自己的特征,④但书名、册板纸(张数等)基本上是两个常设的著录项。朝鲜时代的藏板目录与日本江户时代的舶船书目录类似,属于一种特殊目录。古代的中国亦有类似的,

---

① 按,《丛刊》所收朝鲜时代的书目中,最晚至1944年。全寅初主编《韩国所藏中国汉籍总目》(学古房,2005年)所依据的28种汉籍目录,最早至1967年韩国民族美术研究所《涧松文库汉籍目录》。以上两书所收诸目大致可以衔接上,可以总体上呈现韩国所编汉籍目录的整体面貌。全氏《总目》为新订体例重编的总目,无法反映原目面貌,但是笔者却有幸见其所据的若干目录,故可弥补此一遗憾。
② 张伯伟《二十六种朝鲜时代汉籍书目解题(下)》,《文献》2005年第1期。
③ 按,"册板目录"在崇祯九年(1636)本更名"书册印纸数"之后,其著录项包括书名(大字)、卷数、纸张之张数三个著录项,如"大学 纸一卷十二张"。从功能上看,两种目录并无差别。
④ 按,诸目著录项如下:《诸道册板录》包括书名、小字注册板(刓缺)、容入纸卷张数,《完营册板目录》包括书名、卷数,《宝文阁册目录》包括书名、纸型及尺寸,小字注册板(刓、缺不用、阙失、无、失火)或(撰者),《各道册板目录》包括书名、(册数)、小字注册板(完、刓缺、新板等)、容入纸卷张数(偶有小字注明容入纸错乱等情况),《庆州府校院书册目录》包括书名、卷数,《岭南各邑校院书册录》包括书名、卷数、撰者(小字偶记)等。

但不多,①显然这种目录可以作为一种朝鲜特有目录加以研究。

相比之下,以《奎章总目》为代表的王室书目虽然出现的稍微晚一些,但是能体现该国汉籍目录的主流,且可以与中国古代目录进行衔接。现存该目凡四卷,徐浩修奉敕为奎章阁编纂。其《凡例》称:"凡各书之下,必标其撰人姓氏及所著义例。"②而具体地说,著录项包括书名、(部)本数(偶注版本)、撰者、解题等四个,其中解题"或节取序跋,以见其规模之概略;或援引评骘,以明其编摩之得失;又或以简帙之废兴,俾资其沿革之考据",其辑录序跋、征引诸家说③的形式似辑录体;而不时点明主旨内容的形式又似叙录体。

该目之后的王室目录可以分为繁、简两种目录。繁目基本继承了《崇文总目》的著录项和解题方式,如《群书标记》的著录项包括书名、卷数、版本、解题等四个,其中的解题方式一如《崇文总目》;《内阁访书录》的著录项包括书名、卷数、解题等三个,其解题侧重点名主旨内容。简目亦有小注,但较繁目之解题略耳,侧重注明一书各件卷数、残缺、版本等情况,如《西库藏书录》《摛文院奉安总录》《大畜观书目》《隆文楼书目》《宝文阁册目录》《承华楼书目》《书香阁奉安总目》④等,其著录项除了小注外,基本上包括书名、卷(件)数等两个,偶尔有撰者。

此外,朝鲜时代的史志目录和私家目录虽然不是很多,但却贯穿于各个

---

① 按,据张伯伟先生《二十六种朝鲜时代汉籍书目解题(下)》所举,宋代有周应合《(景定)建康志·文籍志》、罗濬《(宝庆)四明志·学校志》,元代有袁桷《(延祐)四明志·学校考》、张铉《(至大)金陵新志·学校志》等。

② [朝鲜]徐浩修编《崇文总目·凡例》,张伯伟编《朝鲜时代书目丛刊》第1册,中华书局,2004年,第13页。

③ 所征引者,如晁氏《郡斋读书志》、陈振孙《止斋书录解题》、马端临《文献通考·经籍考》等。

④ 按,以上诸目的著录项具体如下:《西库藏书目》包括书名、件数、册数、小注(注明版本、是否有悬吐、件的不同册数、用纸等);《摛文院奉安总录》包括书名、件(册)数、小注(注明各件卷数);《大畜观书目》包括书名、套(秩)、(套)册数、小注(注明各秩册数、残缺、谚文等情况);《隆文楼书目》包括书名、卷数(件数)、小注(注明各件卷数、残佚、版本等情况);《宝文阁册目录》包括书名、(件)卷数,偶有小注(注明各件卷数)和撰者;《承华楼书目》包括书名、册(轴、帖、封)数;《书香阁奉安总目》包括书名、件数、册数,偶有小注(注明各件用纸、版本、用匣、附录等情况)。

时代,所以也能体现某一时代的这两类书目的特点。两类目录中,前者如同一般的史志目录一样,依附于史书当中,代表如正祖二十年李万运奉敕续补的《增补文献备考·艺文考》、纯祖年间韩致奫编纂的《海东绎史·艺文志》以及高宗五年(1868)朴周钟编纂的《东国通志·艺文志》等①。其中,李氏《艺文考》的著录项包括书名、卷数、撰者、解题等四个,其解题并非常设项,内容侧重点不一,或略记编撰过程(如《典录通考》)、或节录序跋(如《乡药济生集成方》)、或辑录诸家之说(如《宣祖朝诗》)、或简述撰者履历(文集类比较集中),或小字注明篇卷次第(如《集庆堂编辑》),等等。朴氏《艺文志》的著录项与之全同,解题内容亦同,惟书名、卷数为大字,撰者、解题为小字耳。韩氏《艺文志》的著录项则包括撰者、书名、解题等三个,其中解题或节录序跋,或辑录诸家之说,若有考证,以"按"字提示。以上三书在著录项上大致相同,解题多侧重内容的揭示和资料的收集,与中国的史志目录区别不大,或许是在与《崇文总目》一系同一文化背景的影响编纂而成的。②

后者如金烋《海东文献总录》,其成书于仁祖十五年(1637),较前述诸史志目录都早。其包括书名(大字)、卷数(小字)、撰者(在解题内)、解题四个著录项。其中,解题首叙撰者事迹,或有辑录序跋及诸家评说,整体上侧重"作者生平及思想"③的揭示,解题类型基本属于辑录体。此类目录之后在纯祖十年有洪奭周《洪氏读书录》,日据时期有李仁荣《清芬室书目》。前者著录项包括书名、卷数、撰者、解题等四个,解题侧重内容主旨的揭示、撰者人品的品评、注本的推荐等。后者著录项包括书名、残缺情况、卷数、

---

① 按,《朝鲜时代书目丛刊》另收史志目录《燃藜室记述别集·文艺典故》,今观其著录颇为杂乱,故从略。

② 按,《崇文总目》成于正祖五年(1780),《增补文献备考·艺文考》的续补工作始于正祖六年,二书前后相续,但不知是否互相影响。然而据《崇文总目·凡例》所列古今诸家目录,应该深受中国古代史志、公私藏目影响,尤其是清代以前的解题目录。《增补文献备考·艺文考》之初修本,据《英祖实录》四十五条十二月壬申条云:"其书凡例悉仿《文献通考》。"又李万运补续本,《群书标记》六云:"规模则一遵原书,叙述则博考群籍,勘证其讹谬,补直其阙略。"则该书至少是受到《文献通考》的影响。综合以上资料,笔者以为朝鲜这些有解题的皇家、史志目录都是在同一文化背景下编纂而成的,故著录项也大致相同,解题内容亦无太大出入。

③ 张伯伟《二十六种朝鲜时代汉籍书目解题(上)》,《文献》2004年第4期。

册数、版本、撰者(此两项在解题内)、解题等七个,解题包括版式尺寸描述、诸卷内容、事迹考证、钤印、前代目录著录情况等。以上三家皆为解题目录,但由于编目目的和所处时代不同,其解题的侧重点也有差异,进而也影响了著录项的设置。大致来说,金氏《总录》旨在收集壬辰倭乱兵燹之后近邑名家所藏文献以备博考,深受《文献通考·经籍考》的影响;洪氏《读书录》旨在为其弟洪宪仲推荐群籍以读书,深受《四库总目提要》的影响;李氏《目录》旨在揭示朝鲜古活字和古刻本的个人收藏以存本国古本,从该目自叙及诸解题看,①大致深受近代以来《经籍访古志》《日本访书志》等版本目录的影响。该目其实已经反映了当时目录编纂的一个新的方向,即向版本目录发展。

  总的来说,朝鲜时代的各类目录多为馆臣或官员编纂的抄本,显然这是出于为特殊人群服务以保持私密的目的。② 也正是如此,在分类、著录上更有类型化倾向。就著录项而言,朝鲜的大多数目录都在三至四个,而很少有固定的版本著录和版本项的设置。相当一部分有解题(包括简略的小注),则多为点名内容主旨,或辑录诸家之说。这种侧重文献内容揭示的目录在中国唐宋以前多有之,而朝鲜时代的很多目录正是以此阶段的中国目录③为参考编纂而成的。就时间而言,朝鲜时代的编目活动主要集中在正祖前后,相当于中国的乾嘉时期,当时清代的公私藏目很多已经转向了带有鉴赏性质的版本目录。相较之下,朝鲜时代的编目显得很保守和滞后。从历史上看,明王朝亡于朝鲜仁祖二十二年(1644),此后华夏大地便进入了清王朝的统治时期。按理来说,作为附庸国的朝鲜也应该随着朝代的更替而在各方

---

  ① 按,《清芬室书目叙》(《朝鲜时代书目丛刊》第 8 册,中华书局,2004 年,第 4342—4343 页)云:"又自庚戌合并以后,有《朝鲜图书解题》及《朝鲜古图书目录》,俱系旧奎章阁所藏书目。而至于宣祖壬辰以前古刊本,则唯有日本几个人收藏目录,曰森氏《经籍访古志》,曰《图书寮汉籍善本书目》,曰《内阁图书目录》,曰《尊经阁文库汉籍分类目录》,曰《蓬左文库朝鲜本目录》,曰《东洋文库朝鲜本分类目录》,曰《成篑堂善本书目》,曰清国杨氏《留真谱》,曰杨氏《访书志》。"其解题中亦偶有提及,如《周易传义大全》云:"《图书寮汉籍善本书目录》是书完一部二十四卷九册。"

  ② 正祖时代相当于我国乾嘉时期,刊印技术已经非常成熟,但《崇文总目》却以抄本的形式流传下来,显然不是技术原因,而与其编纂目的有关。

  ③ 如《直斋书录解题》《郡斋读书志》《文献通考·经籍考》《千顷堂书目》等。

面尊奉新宗主。但是恰好相反,他们仍然顽强地坚持着自己固有的传统。反映到文化上,便是"直到清乾隆三十五年(1770)五月十日,当时的朝鲜国王英祖还在公开祭祀明朝开国皇帝朱元璋"。[①] 反映到书籍上,便是当时很多刊印的版本的序跋时间都使用明代的年号。由此,我们便可以找到为什么朝鲜时代的目录仍然延续中国前代的著录内容,而无法与同一时代的清王朝的目录同步的原因了。

如果我们将前面的日本也一起考虑的话,可以发现,该国的目录,与朝鲜在同一时期一样滞后。两个与中国同处于一个文化圈的国家,在汉籍目录编纂方面有着惊人的相似,这不得不让人深思。不可否认的是,在日本明治维新以后,特别是大正以来大规模编撰汉籍目录的同时,日据时期(1910—1945)的朝鲜也陆续展开了大量的汉籍目录编纂活动,如《朝鲜图书解题》(1919)、《朝鲜总督府古图书目录(中国图书)》(1921)以及前述《清芬室书目》(1944)等。这些目录在日本目录的影响之下,逐渐转向了版本目录。自此,同处汉文化圈的中、日、韩三国的汉籍目录开始步调统一地向同一方向前进。20世纪五六十年代以后是韩国汉籍目录的编纂的高峰期,全寅初主编的《韩国所藏中国汉籍总目》所参考的28种目录无一例外均属于这一时期。整体上看,这些目录在著录项上都趋于统一。就笔者所收集的韩国诸汉籍目录而言,如高丽大学校中央图书馆所编的多种目录[②],其所收的每一书之下,《痴庵文库目录》(1983)、《高丽大学汉籍目录(旧藏)》(1984)依次包括标目、请求记号(索书号)、书名、著者表示、版本表示(版本类型)、出版事项(刊印时间、刊印地)、对照事项(册数、原书尺寸)、版式注记(行款版式和版框尺寸等)、一般注记(原书序跋、牌记、残存情况、钤印等)共9个著录项[③]。《石洲文库目录》(1973)、《景和堂文库目录》(1975)等则另有内容注

[①] 陈正宏《朝鲜本与明清内府本——以印本的字体和色彩为中心》,《东亚汉籍版本学初探》,中西书局,2014年,第149页。

[②] 按,该馆馆目颇多,《韩国所藏中国汉籍总目》仅收7种,其实还有《景和堂文库目录》《痴庵文库目录》《海史文库目录》等文库。

[③] 按,以下著录项名称根据该目的《凡例》(高丽大学校中央图书馆编《高丽大学汉籍目录(旧藏)》,《高丽大学校藏书目录》第18辑,高丽大学校中央图书馆,1984年)。

记,共 10 个著录项。再如私家藏目《诚庵文库目录》《山气文库目录》的著录项包括书名、撰者表示、版种、刊行事项(刊印时间、刊印地)、书写事项、对照事项(册函数、行款版式、装帧情况等)等 6 个著录项。以上诸目虽然在著录项上多寡不一,名称亦或有不同,但具体著录内容则基本相同,如"版本表示"之于"版种","版式注记"之于"对照事项"等。在描述版本时,所采用的术语也基本相同,如"内向几叶花纹鱼尾""标题""表题""悬吐"等等。这些著录项名称及具体著录顺序、著录时采用的术语等都是韩国汉籍目录所特有的,所以值得我们进一步研究。其实前面提及的日本汉籍目录在具体著录上也有很多颇具特色的描述版本的术语,如"见返""袋缀"等。

总之,日韩之汉籍目录提醒我们,在目录的著录项研究过程中,我们绝不能仅仅注目于中国境内的古代典籍和著录古代典籍的历代目录,同时也需要将眼界扩展到邻国的汉籍目录,这样可以更加全面地反映汉籍的整体面貌。

3. 越南

越南也有汉籍目录的编纂,笔者未曾寓目,然刘玉珺《越南汉喃古籍的文献学研究》有相关的介绍。① 据该书称,越南的古籍目录虽然不是很多(约 19 种②),但史志(2 种)、政府(12 种)、私人(4 种)、书板(1 种)目录兼备。具体情况如下:

首先,两种史志目录均有解题,其中《历朝宪章类志·文籍志》(1820 以前)的著录项似包含书名、卷数、撰者(在解题内)、解题等四个,解题则包括"著者简介、书籍概要、序文转录、作品征引评论、存佚状况等"③。

其次,政府目录中,《史馆书目》(1900)、《史馆守册》的著录项包括"书名、卷数、张数、存阙、抄刻方式"④等五个。此二目应该如《史馆书目》前附裴春煊等七人所进奏折说的,是阮朝国史馆馆臣清点藏书后编的簿录,故对张

---

① 刘玉珺《越南汉喃古籍的文献学研究》,中华书局,2007 年,第 169—183 页。
② 该书正文有 16 种,为刘氏知见(经眼 14 种);余 3 种脚注提及,未见。
③ 刘玉珺《越南汉喃古籍的文献学研究》,中华书局,2007 年,第 171 页。
④ 同上,第 174 页。

数、存阙等特别加以著录①。《内阁书目》(1908)、《内阁守册》(1914)包括"书名、部数、卷(本)数"②等三个著录项,《新书院手册》(1914)包括"书名、部数、本数、作者、抄写或刊印方式、残缺状况"③等六个著录项,《聚奎书院总目录》包括"书名、作者、朝代、部数、本数、存阙状况"④等六个著录项,《古学院书籍守册》(1924—1925)包括"书名、存阙、主要内容、作者、原有卷数、分合情况、书籍编号、刻印或抄写日期、书籍来历、装订形式"⑤等十个著录项,该目是"唯一一种记有版本和书籍主要内容的越南古典书目"。⑥

再次,私人目录⑦中,陈文理《北书南印板书目》《大南书目》《南书目录》的主要著录项为书名。其中"《大南书目》书后择要注明作者、存阙、书籍性质等,以及'无味''佳''阅了'之类的评语;《南书目录》在书名下用钢笔择要注明作者、内容、体裁等"。⑧ 陈维垣《南书目录》(1938)包括书名、卷数、撰者小传三个著录项,其小传主要记录撰者之字号、籍贯、科第、官职等。

第四,《各寺经版·玉山善书略抄目录》是"越南各地寺庙所刻佛经及河内玉山祠所刻书籍的书板目录"⑨,其的著录项包括书版、版数、纸张数等三个。

越南现存的汉籍目录大多成书于阮朝(1802—1945),相当于中国的清代中后期至民国时期。其时中、日、韩三国的编目在19世纪以后都已经趋向以版本目录为主,但是越南多为登记性质的簿录之书,显示了其保守的

---

① 按,据该奏折称(《越南汉喃古籍的文献学研究》,第173页):"成泰八年,经奉片准并与在馆原奉守诸集,何系微有穿蠹,仍亦尚堪留守者,摘凑务得全部,各壹集,欠者补印,余均奉献化。兹均奉补辨事完,并继辨续认数干,请均著为守册。"
② 同上,第175页。按,《内阁书目》的卷数,《内阁守册》为"本数"。
③ 同上,第175页。
④ 同上,第177页。
⑤ 同上,第178页。
⑥ 同上,第178页。
⑦ 按,此处为"私人目录"而非"私藏目录",意指个人编的非个人藏书目录。据刘玉珺考证,陈文理所编三目为《河内远东博古学院图书目录》的三个分目,故其编目反映的是该图书馆的藏书。陈维垣的目录据其序称,是他在读书之时"凡有记贤哲平日所撰述何书"而随手记录成的。
⑧ 同上,第179页。
⑨ 同上,第180页。

一面。

4. 欧美

欧美很多国家所藏汉籍并不在少数，其编目活动也相对较早。据学者们介绍，[①]早在17世纪七八十年代，欧洲便有汉籍目录编纂之举，如德国米勒所编的《勃兰登堡选帝侯藏中文书籍目录》和《中文书目的其它部分》便是其中的代表。而19世纪初期之后，很多国家的藏书机构都陆续编写了自己的汉籍目录，如德国《柏林皇家图书馆藏汉满文图书目录》(1822)，英国《马礼逊手稿书目》(1824)、《大英博物馆藏中文刻本、写本、绘本目录》(1877)，法国《中文、朝鲜文、日文等书籍目录》(1902—1912)、《国家图书馆中文藏书中的"伯希和藏品A"和"B"目录》(1913)，梵蒂冈《梵蒂冈图书馆所藏汉文写本和印本书籍简明目录》(1922)，瑞典《瑞典所藏中文书籍》(1931)，等等。整体而言，在著录项上，主要有以下两种情况：

其一，纯外文目录，如以黄嘉略编的《皇家图书馆写本目录》(1739)为代表的拉丁文汉籍目录，包括拉丁文书名和说明两个著录项，其说明包括"书籍的作者、内容以及与此书有关的故事等等"。后来傅尔蒙编的《皇家图书馆藏中国图书目录》(1742)仅仅增加了索书号，成为三个著录项而已。《林赛文库中文印本及写本目录》(1895)[②]包括顺序号、对译书名(威妥玛拼字及英文)、卷数或本数、尺寸、刊印时间等四个著录项，较前面诸目多一些。此外，《勃兰登堡选帝侯藏中文书籍目录》《(法国)皇家图书写本目录》《已故雷慕沙先生藏印本与写本图书目录》等都是类似的目录。

[①] 相关的研究还是比较多的，如：荣新江《梵蒂冈所藏汉籍目录两种简介》(《明清之际中国和西方国家的文化交流——中国中外关系史学会第六次学术讨论会论文集》，1997年)，谢辉《英国图书馆所编汉籍目录初探》(《新世纪图书馆》2015年第2期)和《欧洲图书馆所编早期汉籍目录初探》(《图书馆理论与实践》2016年第2期)，李国英、周晓文、张宪荣《曼彻斯特大学约翰——瑞兰德图书馆所藏汉籍概述》(《河北师范大学学报(哲学社会科学版)》2015年第3期)，陈恒新《法国国家图书馆藏汉籍研究》(山东大学博士论文，2018年)，王辉《法国国家图书馆所编汉籍目录研究》(北京外国语大学硕士论文，2019年)，王域域《法国国家图书馆古恒〈中文、朝鲜文、日文等书籍目录〉及著录汉籍研究》(山东大学博士论文，2020年)，齐星《马礼逊藏书书目研究》(上海师范大学硕士论文，2019年)，张西平主编《欧洲藏汉籍丛编·出版说明》(广东人民出版社，2020年)等等。

[②] 按，以下不包括该目所附"数字索引(Number Key)"。

其二，中、外文对译目录，又可以分为以下两种情况：

(1) 以书名为单位的目录。如马礼逊编《马礼逊手稿书目》(1824)的著录项包括中文题名、书目编号、藏书卷数、英文评语（包括内容、种类、版本、印刷状况等）等四个著录项①。再如儒莲编《帝国图书馆新基会专藏中文、满文、蒙古文、日文目录》(1853)的著录项包括书名之法文标注及中文书名、主旨内容（含撰者）简介、开本（书籍编号）、卷数等四个著录项。再如古恒编《中文、朝鲜文、日文等书籍目录》(1902,1910,1912)的著录项包括典藏号、书籍类目、书名（中文、法文）、作者（生卒年）、序跋作者及年份、版本、卷数、开本、精装合订本册数、旧典藏号等九个著录项②。再如伯希和编《国家图书馆中文藏书中的"伯希和藏品 A"和"B"目录》(1913)的著录项包括索书号、法文音译书名、册（本/卷）数、中文题名、内容简介等五个著录项。此外，《剑桥大学图书馆威妥玛文库汉、满文书籍目录》《皇家亚洲学会图书馆藏中文典籍目录》《印度事务部图书馆藏中、日、满文典籍解题目录》等多馆之汉籍目录皆为此类目录，其著录项大致相近。

(2) 以人名为单位的目录。如《大英博物院图书馆藏中文刻本、写本、绘本目录》(1877)，③大致包括作者及相应的译名（马礼逊拼字法）、书名及相应的译名（马礼逊拼字法及英文）、刊刻者、卷数、刊刻或成书年代、小注（残/全状况）等著录项。

跳出东亚汉籍文化圈之后，可以看到欧美国家早期在著录汉籍方面呈现出别样情形。究其原因，主要是因为欧洲早期的汉籍目录是由传教士（如法国的傅尔蒙）、汉学研究者④（如法国的雷慕莎、儒莲）、汉学家（如法国的古恒、英国的道格拉斯）等编写的，其直接目的为方便本国读者（而不是中国读者）通过了解该馆所藏汉籍的基本情况进而去了解汉籍内容，所以大多都从

---

① 齐星《马礼逊藏书书目研究》，上海师范大学硕士论文，2019 年，第 12 页。
② 王域域《法国国家图书馆古恒〈中文、朝鲜文、日文等书籍目录〉及著录汉籍研究》，山东大学博士论文，2020 年，第 10 页。
③ 按，此处不包括该目后面所附按书名排列的索引。
④ 按，这里的汉学研究者主要指通过各种方式学习汉语但未曾踏足中国的学者，与后面去过中国的汉学家相对而言。

西方书籍的角度出发,①采用西方分类法和著录方法,同时还使用了多种语言。然而这样的著录不可避免地会出现一些问题,比如中外文对译偏差、版本著录失误、分类和归类失当②、内容介绍不确,等等。这些问题一直持续到20世纪末方稍稍有些变化,这是因为若干中日学者③参与到了具体编目当中了。他们基本依据中国传统分类法和当前古籍著录规则进行编撰汉籍目录,可以说已经与中国的版本目录一般无二了。具有代表性的如法国魏安(Andrew C.West)编《马礼逊中文图书馆目录》(1998),④田涛主编《法兰西学院汉学研究所藏汉籍善本书目提要》(2002),⑤杜文彬编著《西班牙藏中国古籍书录》(2015),⑥笔者与恩师合编《英国曼彻斯特大学约翰·赖兰兹图书馆中文古籍目录》(2018),⑦[英]莫福特、陈正宏主编《英国剑桥李约瑟研究所东亚科学史图书馆藏汉籍善本图目》(2020),⑧等等。然而与日韩、美国等

---

① 其实各馆馆目的题名就能体现出来,如《大英博物馆藏中文刻本、写本、绘本目录》《博德利图书馆新入藏中、日文刻本与写本目录》等,这些馆目将刻本、写本分别作为目录题名的一部分强调出来,正体现了西方写本学(古文书学 paleography)和书志学(古印本学 palaeotypography)是互有差别的学问。中国则将包括写本在内的所有刊、印、抄本都当作版本学、目录学的研究内容来看待。不过,随着敦煌文献、出土文献研究的深入,有学者还是提出了"写本学""写本文献"的概念,其侧重内容、文字等方面的研究,与文献学侧重形式方面的研究还是有差异的。

② 谢辉《英国图书馆所编汉籍目录初探》,《新世纪图书馆》2015年第2期;谢辉《欧洲图书馆所编早期汉籍目录初探》,《图书馆理论与实践》2016年第2期。

③ 按,日本学者很注重为欧洲各馆所藏日本刻本和写本编目,如川瀬一馬、冈崎久司合编《大英图书馆所藏和汉书总目录》(1996),D. G. Chibbett、B. F. Hickman、松平进(Matsudaira Susumu)合编《亚非学院图书馆藏1868年前日本典籍写本刻本解题目录》(1975),等等。中国学者近年来也很注重欧洲各馆所藏汉籍的介绍和研究,但编目相对落后,以下所列为专为汉籍所编的目录。

④ 按,该目的编撰者虽然非中国学者,但其目录的著录内容显然受到了东方汉籍目录的影响,其著录项包括主标题(英译)、出版日期(英文)、是否马礼逊原石收藏、书名(中文)、作者、版本、解题(版式、图像、扉页、题识、序跋等)等七个。

⑤ 按,该目的著录项包括索书号、书名、卷数、撰者、册数、解题等六个。

⑥ 按,该目的著录项包括书名、馆藏号、卷数、撰者、版本、函册数、行款版式、书品、版框尺寸、序跋、钤印、藏所、函套书签题字及中文译名、访书日期等十四个。需要指出的是,据该目后记介绍,马德里自治大学东亚研究中心编《西班牙图书馆中国古籍书志》(上海古籍出版社,2010年)虽然出版时间早,但是却是该目的一个未经作者同意而私自出版的未定稿,所以本文不再将之列入正文。

⑦ 按,该目的著录项包括正题名,卷数(包括附录、附刻等),索书号,责任者(时代或国别、姓氏、著作方式),其他责任说明,版本,册函/本数,尺寸,版式,序跋,复本,按语等十二个。

⑧ 按,该目的著录项包括索书号、书名、卷数、撰者、版本、函册数、版式、开本、正文首叶版框、藏书印、小注等十一个。

地的汉籍目录相比,欧洲各国的汉籍目录显然十分滞后。

比起欧洲各国收藏汉籍的历史,美国要晚很多。据学者介绍,美国各馆所藏汉籍"从十九世纪末叶才开始,大部由赠送或交换而来。在二十世纪初期,美国主要的中文书藏约有十所,……总计藏书约二十万册",[①]故对汉籍的编目也相对晚一些,但发展很快。据相关资料显示,比较早的如邓嗣禹《燕京大学图书馆目录初稿·类书之部》(1935)、裘开明《美国哈佛大学哈佛燕京学社汉和图书馆汉籍分类目录》(1939)、王重民《美国国会图书馆藏中国善本书录》(1939—1947)、袁同礼修订《美国国会图书馆中文善本书录》(1957)、王伊同《加拿大英属哥伦比亚大学宋元明及旧钞善本书目》(1959)等。大量的汉籍目录编纂则在20世纪七八十年代以后了,如李直方《华盛顿大学远东图书馆藏明版书录》(1973),王重民著、屈万里校订《普林斯敦大学葛思德东方图书馆中文善本书志》(1975),沈津《美国哈佛大学哈佛燕京图书馆藏中文善本书志》(1999),李国庆《美国俄亥俄州立大学图书馆中文古籍书录》(2003),等等。这些目录,除了裘开明《分类目录》以撰者姓名为首著录群籍外,余多以书名开篇。然无论哪种类型,其著录项基本上少者包括书名、卷数、撰者、索书号、版本、册数等六项,多者则另有或简或繁的解题。显然美国的汉籍目录并没有如欧洲那样复杂,而是从一开始便在中国学者的参与下使之成为单一的版本目录。

近些年,随着国家图书馆出版社"海外中华古籍书志书目丛刊"(2014)和中华书局"海外中国古籍总目"(2015)等的相继启动,海外各国汉籍目录的编纂也日渐提上了日程。从目前来看,美国各馆的编目已经在如火如荼地进行着,欧洲各馆则尚待时日。希望通过这些海外汉籍目录的编纂,全球汉籍目录的著录体例能够大致归于统一。

二、历代小学目录对著录项的规定和阐释

整体上看,对于专科目录的著录项的研究成果并不多见,虽然我们目前

[①] 钱存训《欧美各国所藏中国古籍简介》,《中国图书馆学报》1987年第4期。

收集到了各科目录学著述14部,但大多在介绍专科文献体裁、专科目录及检索等,如谢灼华《中国文学目录学》(1986),王锦贵主编《中国历史文献目录学》(1994),高潮、刘斌《中国法制古籍目录学》(1993)、何新文《中国文学目录学通论》(2001),等,有的可能还加上一些分类,如郑鹤声《中国史部目录学》、陈秉才、王锦贵《中国历史书籍目录学》(1984)等,显然这些学者是将专科目录学当作一门目录学应用于特定学科的学科了。而目录学史和通论性的文献学虽然也涉及了专科目录,但同样也侧重介绍这些目录。基于此,我们将不打算就这一部分详加探讨了。

小学文献目录学作为一门专科目录学,与之相关的小学文献目录其实并不多,所以学者们对它们的研究也甚少。以下我们针对笔者收集到的相关目录梳理一下小学文献目录的著录项问题。

姚名达《中国目录学史》、[1]日本学者长泽规矩也《中国版本目录学书籍解题》[2]等目录学著述都有专节介绍小学目录。这些目录最早者为清乾隆间谢启昆的《小学考》五十卷,清末至民国时期则有黎经诰《许学考》等多部说文学目录,以及胡云玉《雅学考》、周祖谟《重印雅学考跋·续雅学考拟目》雅学目录等。

从著录项上看,这些目录可以分为两类:一类为仿《经义考》辑录体形式著录群书者,以《小学考》《雅学考》《许学考》等为代表。其中谢氏《小学考》包括撰者、书名、卷数、存佚状况、节录诸家序跋、按语等六个著录项,胡氏《雅学考》包括撰者、书名、撰者(注者)事迹、节录序跋、案语等五个著录项。以上二书以揭示内容为主,并不涉及版本。黎氏《许学考》虽然在其跋文中称仿自谢氏《小学考》,但已经将版本作为一个主要著录项了,其包括书名、卷数、著录来源和存佚状况、版本情况、撰者或刻者、解题(撰者或刻者小传、节录序跋)等六个著录项,所以此书是一部兼有揭示内容和版本的过渡性目录。

---

[1] 姚名达撰,严佐之导读《中国目录学史》,上海古籍出版社,2002年,第276页。
[2] [日]长泽规矩也编著,梅宪华、郭宝林译《中国版本目录学书籍解题》,书目文献出版社,1990年,第183—185页。

一类为简目,基本为版本目录,以周祖谟《重印雅学考跋·续雅学考拟目》、丁福保《说文目录》等为代表。其中周氏《拟目》包括书名、卷数、撰者、版本、小注等五个著录项,丁氏《目录》之著录项与之相同,二目之小注或略辨内容主旨,或注明来源。前者如《尔雅注疏本正误》下小字注:"正经文、注文、疏文音释之误。"《尔雅纠葛》下小字注:"附郎刻《五雅》后。"后者如《许书发凡》下注:"此书发明许书注例,以为说字、用字初阶。"《说文疑》下注:"藏钱塘丁氏八千卷楼。"

整体上看,以上两类目录虽然编写形式不同,但是有向版本目录靠拢的趋向(从乾隆末的《经义考》到清末的《许学考》便是一个很好的证据),故而在著录项上十分强调版本的著录,显然这是清代目录学向专科目录渗透的结果。新中国成立以后的小学目录并不是很多,比较典型的有20世纪90年代末出版三部:《北京图书馆普通古籍总目·文字学门》(1995)、刘志成《中国文字学书目考录》(1997)、阳海清等《文字音韵训诂知见书目》(2002)。其中,第一种著录国图一馆之藏书,后两种则兼记亡书或存亡不明之书。在著录项上,刘氏《考录》包括书名、卷数、来源、撰者、解题等五项,其解题包括撰者小传、内容简介、版本状况等;国图目录包括顺序号、书名、卷数、著者、版本、册数、附注、复本、索书号等九项,其附注注明残存卷数或合刻信息等;阳氏《书目》包括顺序号、书名、卷数、撰者、版本、藏所、附注等七项,附注非常设项,偶记合函合刻情况、撰者异名、文献来源等。整体上看,此三种小学目录延续了民国以来著录惯例,首先有详目和简目之分,详者有较为详细的解题,简目则侧重著录项的完备设置。其次无论繁简目录,都属于版本目录。由此看来,以版本为核心的目录已经成为编纂各国所藏汉籍和各科文献的首选,这其实更方便我们集中探讨小学文献的著录情况。

三、小学文献著录之反思

总的来说,文献的著录项只有随时代、国别、编纂目的等的不同而名称、多寡不同,而在不同学科的文献之中并没有太大差异。换句话说,小学文献的著录项设置与文学文献、史学文献的著录项没有什么区别。所以,研究小学文献的著录项问题也就是在研究文献的著录项问题,反之亦然。

文献著录的主要目的之一便是更好地揭示文献,然而如何揭示文献,揭示文献的哪一方面(内容或形式),显然是目录学家特别需要解决的问题。前者属于文献著录方法的研究,我们将在下一节详谈。后者则是我们接下来探讨的问题。

从前面的梳理可知,文献的著录项在不同时代和类别的目录当中往往是变动不居的,但是在变动的著录项中总有一些是固定的,我们称之为常设项。除此之外的其他项目,我们称之为非常设项,以下分别对之进行探讨。

(一) 常设项的反思

常设项是文献著录当中最能揭示文献的居于核心地位的项目。从历代目录的著录项看,常设项包括书名、卷数、撰者、版本等四项。[1] 而此四项亦有轻重之别。其中,书名、版本应该是处于最核心地位的。

首先,一部文献不可能没有书名,否则将无法进行著录,无论该书名是撰者原题的,还是后人拟定的。从功能上看,书名可以在某种程度上部分地揭示一书之内容或者主旨,所以看《说文解字注》便可初步知道该书是为《说文》作注的著作,观《埤雅》便可了解该书是受《尔雅》影响成书的著作。书名与文本内容的这种关系,是一种名与实、呈现与被呈现的关系,所以无论出于什么目的编纂的目录,可以没有任何其他著录项,但是不可能没有书名。然而这只是在不考虑版本的情况下从"书籍——阅读"的角度进行的探讨。换一个角度,如果从文献结构[2]的角度看的话,就必须把版本加入进来。文献的结构可以分为文本与版本两个层面,文本是一部文献中稳定的部分,是判断此文献之所以成为此文献的根本标准。版本则是一部文献的外在形式,虚拟的文本通过版本得以取得物质实体。从这个角度看,文献中的文本与版本是互相依存、缺一不可的。只不过写本时代文献的制作方式(抄写)、

---

[1] 傅荣贤先生《中国古代目录学研究》(知识产权出版社,2017年,第126页)认为"古代目录的著录主要包括书名、著者、篇卷三大主要方向",从其具体探讨看,主要是从《汉志》《四库总目》等目录上立意的,没有涉及大量的版本目录。

[2] 按,有关文献结构的探讨见第一章小学文献的研究对象的那一节,此从略。

传播方式（辗转传抄）、利用方式（以阅读为主）相对单一，所以文献的版本在当时是处于隐性的，是与文本合二为一的。只有在这些方式趋于多样化的情况下，版本方能相对脱离文本而逐渐成为学者关注的主角，进而进入目录学家的视野。所以，目录中版本这一著录项的设置是历史的必然。在目录当中，它并非一个可有可无的一个项目，而是与揭示文献文本内容的书名一样重要的项目。书名可以初步告诉我们某一文献叫什么名字、反映什么内容，版本则具体告诉我们该文献是以什么形式呈现的。书名、版本从不同侧面共同构筑着一部文献的整体，所以它们是目录当中揭示一部文献的核心著录项。

其次，卷数、撰者是颇受书名、版本影响的两个著录项，所以相对处于次要地位，很多时候具有补充和区别作用。有两种情况可以很好地体现这一点：一种是同名异实，一种是同书异名。第一种情况不太强调版本，卷数、撰者的功能体现了对书名的进一步补充。如《说文释例》一书，有江沅的二卷本和王筠的八卷本；《说文新附考》一书，有钮树玉的六卷本和郑珍的六卷本，如果单题书名，显然有将二书误当作一书的可能，只有将卷数和撰者著录清楚，方能知到底是谁所撰的著作。第二种情况其实与版本关系密切，同一部文献在不同的版本之间有可能会出现不同的书名，卷数与撰者在一定程度上可以起到区别不同版本的作用。如明赵新盘、李登合编的《详校篇海》一书，初刻本题作"重刊详校篇海"，崇祯年间重刻，改为"重刊订正篇海"，二题名虽有二字之差，却属于同一部文献。然而前者为五卷，后者为十卷，卷数的差异已经初步显示出了二者不同题名、不同版本的差异。

总体上讲，同名异实与同书异名是文献流传过程中出现的常见现象，大多数文献尽管有颇为复杂的版本系统，但是卷数、撰者（包括校者）基本都能保持最初的原貌而延续至后代，这说明这些项目可以脱离具体的版本而存在。如果问二者对书名和版本到底哪个更加依赖，答案无疑是前者，相对于文献的外部形式，其更侧重对文献内容的揭示。

说清楚以上四个著录项的关系之后，这里便有一个问题需要深思：目录的功能之一是揭示文献,那么揭示文献的哪一方面呢? 是文献内容,还是文献形式? 如果都要揭示的话,该如何在目录当中呈现呢?

前面谈及,在版本目录尚不成熟之前,大多的目录的常设项仅具备除版本之外的三项或其中的两项。在这段时期,一部目录基本上是一代、一国、一家的文献记录,后人可以借此了解一代(国/家)之文献状况。换句话说,除了辨章考辨的功能外,这些目录主要揭示的是文献内容。然而版本目录兴起之后,情况便发生了改变。学者们在著录文献的同时,还得顾及其版本,所以这时的目录在揭示文献内容的同时,还得兼及其文献形式。很多时候文献形式甚至比内容更为重要。

揭示文献的内容和形式的方法很多,比如下面我们谈及的解题项。然而就常设项而言,由于容纳文字数量有限,所以需要一种新的呈现方式,即设置文献序号(即流水号)。文献序号的功能类似分类学上的分类代码,其对于一书(版本)而言具有唯一性和固定性,所以一书(版本)只能对应一序号,这样便可以更有效和直观地反映文献(版本)的基本状况了。本质上,文献序号反映的基本状况体现为文献的种数(即书种)和版本的数量。同时,它在客观上也起到固定文献或版本位置的功能。

从整体上看,我国的目录并不会将书种或版本数量这些内容体现在具体的著录项上。有之,只是在各部类之间进行一个小的总计,如《汉志》于"六艺略"末云:"凡六艺一百三家,三千一百二十三篇。入三家,一百五十九篇;出重十一篇。"再如《隋志》于"经部·易类"末云:"右六十九部,五百五十一卷。通计亡书,合九十四部,八百二十九卷。"又于"经部"末云:"凡六艺经纬六百二十七部,五千三百七十一卷。"这些数据在一部目录当中自然可以通过以上方法已经统计,但是显然需要费一番功夫。后人也无法准确获知其在统计时出现的问题。如《汉志》在各类家数和书数上便有出入,非得后世学者做一番梳理和揭示才能拨云见日[①]。显然,倘若彼时在著录项上增设一文献序号,不至于如此。

---

① 李零《兰台万卷:读〈汉书·艺文志〉》,生活·读书·新知三联书店,2011年,第10页。

当前以版本为著录对象的版本目录有一些有意会在书名前增设此著录项，但有的直接体现的是版本数量，如《文字音韵训诂知见书目》的第一个著录项便是为统计版本设置的，其《编例》中所说的"全书共收各类著作4813种12067部"，部数（即版本数量）直观可见，种数（即文献种类）则只能另行统计了。有的则体现的是文献种数，如《中国古籍总目》，其《编纂说明》云："各条目前均列有编号，编号由分部、册次、类次及序次号组成，形成唯一代码。"该"唯一代码"从其具体著录看，显然直接体现的是书种，版本则附列诸书书名之下，需要另行统计。由此可见，出于不同目的编纂的版本目录虽然增设著录项在有意揭示书种和版本数量，但仍然是顾此失彼的。

难道便没有更好的办法可以使二者共同呈现在一部目录中吗？

笔者在2011至2012年有幸参与了恩师主持的北师大"中华字库——版刻楷体字书文字整理"项目，负责项目所需小学文献的调查和编目等工作。该项目的《资源调查研发报告》中附录1为《文献著录细则》，具体规定了项目所编《古代字书选目》的19个著录项。其中"分组编号"规定：①

> 如果项目所收的某一种字书有多种版本，则以"XXX.X"的形式编号："."前的数字代表本项目所收录的书种的序号，亦即"统一题名"的序号；"."后的数字代表同一书种的不同版本的序号。

比如该项目收录了大徐本《说文解字》的九个版本，该书在项目的《古代字书选目》中属于第三种书，那么这几个版本便依刊印先后标注为"3.1""3.2"……。如果某一版本另有据其翻刻者，那么便在该版本之下继续标注为"XXX.X.X"，以此类推。在这里，"XXX.X"的形式中的"XXX"对应的是一种书，"X"和"X.X"对应的是每一种的一个版本，这些都是唯一的。显然，"分组编号"这一著录项不仅可以直观地显示出文献种数和版本数量，更可以有效地体现出版本之间的层级关系。实践告诉我们，该著录项应该是较《中国古籍总目》《文字音韵训诂知见书目》等更加行之有效的。

---

① 见《中华字库工程资源调查研发报告》（非公开），2011—2012.4，附录1《文献著录细则》，第9页。

(二) 非常设项的反思——以解题项为例

非常设项是指相对于常设项来说,在众多目录当中处于或有或无的著录项。从功能上看,大多对常设项起补充和描述的作用,故有之,可以使所著录的文献的特征更加明显和完备;无之,也对整体的著录没有太大影响。这类著录项包括其他题名信息、其他责任说明、文献数量、解题,等等。下面所要探讨的是其中的解题项。

解题,古代目录或称之为叙录、书录或提要,①前辈学者多将之溯自刘向《别录》,并对之推崇备至。按照编纂方法和内容,一般将解题目录分为三类:②叙录体(叙述作者生平和学术,揭示书籍原委和旨趣,评介书籍内容得失),传录体(传述作者生平事迹③)和辑录体(辑录原书序跋及相关资料)。这些目录的解题整体上多侧重内容的揭示、价值的判断以及撰者生平的介绍。但明清以来随着版本目录日益兴盛,很多解题目录都渐渐走向了"解题内容版本化"的道路,即"更趋意着力于版本鉴赏和版本校雠"。④ 直到现在,绝大多数善本馆目和专科目录都延续着清代以来的传统,走向了版本目录,其解题亦以描写行款版式、辨析版本异同、考证刻印时代、梳理版本源流、品评版本优劣等为主。

以下举几部清末以来明确提及其编写体例的目录加以说明。

1. (日)澀江全善、森立之《经籍访古志附言》(1885)云:"凡所胪列

---

① 来新夏《古典目录学浅说》,中华书局,1981年,第41页。
② 按,傅荣贤《中国古代目录学研究》划分得比较细,有以《汉志》《隋志》为代表的小注、以《七志》为代表的传录体、以《综理众经目录》为代表的译才体、以《出三藏记集》《史略》《文献通考·经籍考》等为代表的辑录体、以《崇文总目》《郡斋读书志》《直斋书录解题》《四库提要》为代表的提要体,以及清代出现的题跋记、藏书志等多种。
③ 一般文献学、目录学著述如程千帆、徐有富《校雠广义·目录编》(按,该目没有单列传录一体,而将之归入叙录体,但有专门的介绍),周少川《古籍目录学》,董恩林主编《中国传统文献学概论》等皆如此理解传录体的。但来新夏《古典目录学浅说》却认为其"是比叙录体内容简略的一种体例",《隋志》所称的荀勖《中经新簿》"但录题及言"之"言"、王俭《七志》"不述作者之意,但于书名之下每立一传"之"传",都是指简要的内容提要。这样看来,传录体只是叙录体的一种,并没有与叙录体、辑录体并列的必要。可能也正是如此,一些著述如《校雠广义·目录编》《中国传统文献学概论》等虽然提及该目录类型,但并没有将之作为一个独立的类型。
④ 严佐之《清代私家藏书目录琐论》,《近三百年古籍目录举要》,华东师范大学出版社,1994年,代前言第2页。

旧抄、旧刻，每必先标其时代、次储藏之家，次载撰人名氏、卷帙完缺，及其行数字数、界栏尺寸、讳字缺笔、旧藏印记等逐一录之。盖全书体例一遵依《天禄琳琅书目》及《爱日精庐藏书志》云。"

2. 杨守敬《日本访书志缘起》(1899)云："《经义考》每书载序跋，体例最善，《爱日精庐藏书志》遂沿之。兹凡《四库》未著录者宋元以上并载序跋，明本则择有考证者载之，行款匡廓亦详于宋元而略于明本。"

3.《中国善本书提要·编辑说明》(1983)"提要"云："本书提要重在版本记述，故多录校刻者或刻书故实。所据底本与各本之同异，刻本之优缺点，以及刻工姓名、刻书地方及收藏印记等；有时亦兼述著者事迹和图书内容。"又"卷数、行款、板框之著录"条云："此为本书着重著录之内容，补旧上书目之所未备，以反映每一刻本所有主要物质条件，作为参考上的标准，以便据以鉴定其他相同或不同的刻本。"下面又对各个款目进行了详细的规定。

4. 沈津《美国哈佛大学哈佛燕京图书馆中文善本书志·凡例》(1999)云："书志之撰写，为一书之书名、卷数、撰著者、版本、册数、行格字数、板框之高宽、序跋、书之大体内容、版本源流、刻工姓名、收藏情况、钤印等。"

5. 陈先行、郭立暄《柏克莱加州大学东亚图书馆中文古籍善本书志·凡例》(2005)云："本书志重在版本考订，如一书之版本源流与一同，原刻抑或翻刻、初印抑或后印，稿、抄、校本之面貌与价值，均竭尽所能，予以揭示，以符于版本目录之实。"又云："本书志著录内容，包括书名、卷数、著者、版本、册数、行款、版匡高广、牌记（含封面）、刻工、写工、原书序跋、著者仕履、内容提要、版本考订、收藏或经眼者批校题跋、收藏概括、钤印诸项。或因所著录书之差异略加增损。"

6. 严绍璗《日藏汉籍善本书录·凡例》(2007)云："'按语'在文中用'按'表示，将书款版式、序跋题记、刻工、印玺以及相关的文献论述等记录于此。"

以上六部目录著作,分别代表了清末、民国时期[①]、新中国成立以后特别是20世纪80年代以来长达百年中版本目录的成果。在这百年中,无论中国还是外国,其目录多以版本为核心,目录之解题亦多围绕版本展开。从上面诸家的叙述看,行款版式、版框高广、刻工藏印、序跋牌记等已经成了版本目录之解题常著内容。而版本异同之比勘、版本之鉴定依据、版本刊印源流之梳理等则有详略有无之分,这也构成了诸目在解题上最大的不同。整体上看,版本之解题内容也有差异:行款版式等版本特征可以称作对版本的客观描写,版本比勘等则可称为对版本的主观考证。前者虽然在版本流传过程中可能有所改易,但基本上是静态的、可通过固定的统一的术语描写清楚的,后者则非博学深思之学者不能为之,且具有很强的主观性,所以详略皆可。然而从目前的诸版本目录看,解题中即便是客观描写部分也很难在一部目录中完全做到统一,更多地体现为或有或无,或多或少这样一种情况。所以,诸目之凡例所云,是就整体而言,并没有完全贯彻到所著录的每部文献当中。如《柏克莱加州大学东亚图书馆中文古籍善本书志》在(1)《六书故》下对行款版式的描写为:"半叶七行,行十七字,小字双行同,四周单边,白口,无鱼尾。"(2) 明刻本《六书正讹》下描写为:"半叶五行,小字双行,行二十字,左右双边,白口,单鱼尾。"(3) 崇祯七年刻本《六书正讹》下描写为:"半叶五行,大字篆书,字数不等,小字双行,行十八字;序文半叶七行,行十六字。四周单边,白口,单白鱼尾。"(4) 明嘉靖九年李宗枢刻本《汉隶分韵》下描写为:"半叶八行,行二十二字,四周单边,白口,版心镌'隶韵'。"以上四例,(1)中对半叶行字数、版框、象鼻、鱼尾等都有描述,(2)中虽亦有之,但无大字的统计,(3)中有对大小字的具体描写,更有对鱼尾的描写(鱼尾为白色),(4)中有版心镌字记录,却没有对鱼尾的描写。显然,在对四本行款版式的描写上,该目是不统一的。

前文提及,国家相关部门编制了很多著录规则,但是如《古籍著录规则》

---

① 王重民先生《中国善本书提要》虽然出版时间在20世纪80年代,但是其撰写时间却在民国时期,反映的是民国时期美国国会图书馆、原北平图书馆、北大图书馆等馆的藏书情况,所以可以说它代表了民国时期的目录成果。

等虽然规定了具体的著录项,但并没有对解题(称为"附注")进行详细的规定,这是一大遗憾。在其前后的众多有解题的版本目录也在客观描写版本上显得很随意,所以这一方面尤其要加强。客观上来讲,不同制作方式生产的版本确实在版式上有很大的不同,即便是同一制作方式下的同一文献,在流传过程中因受到诸如断版、磨损、改易等在版式上也有不同,但大体上还是可以进行客观描写的。笔者在编写《曼彻斯特大学约翰·赖兰兹图书馆中文古籍目录》时,曾颇对此方面进行过详细的规定,今将该目《著录凡例》①中涉及的相关内容录于下:

> "版式"是指某一版本的外部特征,本书将之统一格式,包括以下五个部分:
>
> (1) 每半叶的行数和每行的字数;
>
> (2) 边栏:单边或双边;
>
> (3) 象鼻:白口或黑口;
>
> (4) 鱼尾:单鱼尾或双鱼尾;
>
> (5) 尺寸:版框的宽度与高度(单独著录)。
>
> 以上除了尺寸置于最前外,其他依次为:
>
> ① "每半叶几行,行多少字"或"每半叶几行,大小字不等,行大字多少字,小字双行同,行多少字"等;
>
> ② 四周单边或左右双边;
>
> ③ 白口或黑口(上下粗或细黑口);
>
> ④ 单黑(白)鱼尾,或双对(顺)鱼尾,或线鱼尾,或鱼尾等;
>
> ⑤ 若为单鱼尾,则题"鱼尾上记书名或篇名,下记卷次及叶数"等;若为双鱼尾,则题"上鱼尾上记……,版口记(两鱼尾之间的部分)……,下鱼尾下记……";"下书口"一词则适用于单鱼尾之时。需要注意的是,本目在描述此部分时,凡是作"题某某"者,皆录原文,凡作"记某某"

---

① 李国英、周晓文、张宪荣编著《英国曼彻斯特大学约翰·赖兰兹图书馆中文古籍目录·著录凡例》,中华书局,2018年,第2—3页。

者,皆为略述;

⑥ 若无鱼尾,则可使用"上书口题(记)……,下书口题(记)……"等;

⑦ 版本学上有二截版或三截版之说,本目录为了较为清楚地描述这类著作之版式,统一改为"几截版,分几栏""上栏……""中栏……""下栏……"等等。

以上对行款版式的规定基本上已经贯穿于该目的每部著作当中了,也成了该目特色之一。但是其中亦有不足。笔者在为"中华字库——版刻楷体字书文字整理"项目①编纂所藏小学文献《小学文献图录》之时,又重新做了调整和补充,今录于下:

版式一般依次客观描述半叶行数和每行大小字数、界栏、版心、卷端题名、里封、牌记等,但特殊版式不在其中。

A. 行款的著录:一般格式:半叶多少行,行多少字。

若有大小字,则著录为"半叶多少字,大小字不一,大字一当小字几,小字双行(同),行多少字"。注意:每行之字数为大(小)字单行的字数。

若行款字数不统一,则著录为行约多少字。若无法统计,则阙如。

B. 界栏的著录:一般依次著录界栏(单边/双边)、书口(黑口/白口)、鱼尾(单/双/无)。若界栏、版心、鱼尾阙其中之一,则注明"无"。

特别注意:稿本形态不一,版式著录分情况而定:a. 无界栏、无版心;b. 无界栏,有版心;c. 有界无栏,无版心。

C. 以下特殊版式可以在上面规定的基础上根据具体情况灵活著录:a. 二截以上的版面需注明"几截版";b. 半叶独立版面,如佛经音义著作;c. 无界栏版心者,如《华夷译语》等对译著作;d. 界栏宽窄相间者,如《尔雅注旁训》;e. 小字单行,大字占两行者,如《六书正讹》等;f. 天头

---

① 按,该项目所收诸小学文献除了一部分为项目购买外,大多数扫描或复印自国家图书馆、北大图书馆、天津图书馆、浙江图书馆、上海图书馆、台北"国家图书馆"、日本内阁文库等国内外图书馆所藏,所以该目其实是一部全球小学文献书志。目前该目正在编纂过程中,尚未完成。

另起一栏注音释字者；g. 版面不规范者，如嘉永本《增续大广一会玉篇》等。

以上我们根据不同的版本形态对版式进行了进一步规定，但是仍然对所有不同类型的版本的版式进行统一规定，特殊版式的版本虽然占所有版本的比例相对要小，但毕竟对版本著录具有破坏性。然而由于我们暂时无法对存藏在世界各地的所有这类版本进行穷尽性的收集，所以未来对解题项的版式规范之路尚很遥远。但毫无疑问，目录中的解题项是需要进行具体规范，且一定有可能做到整齐划一的。

第三节 小学文献的著录方法研究

一、"互著""别裁"在历代目录书或目录学著作的阐释或应用[①]

我们的古人不仅拥有丰富的目录编纂实践，给我们后人留下了很多体制多样的、内容丰富的目录著作，而且在研究目录的过程中，阐释出不少对后世目录活动产生很大影响的目录观点。尽管它们尚未形成一套有系统的理论体系，但是足以让我们享用不尽。就目录著录而言，最受人关注的莫过于"互著""别裁"两种著录方式了，所以我们详细梳理之。

学界一致认为，目录学中所说的"互著""别裁"之法，最早见于明人祁承㸁《澹生堂藏书目·庚申整书例略》，而对之进行深入探讨者，是清人章学诚之《校雠通义》。但是最早实际运用此方法者，则见仁见智。综合起来，大致有以下几种：

1. 始于刘歆《七略》说

清人章学诚首创此说。其在《校雠通义·互著第三》云："刘歆《七略》亡矣，其义例之可见者，班固《艺文志》注而已。""自班固并省部次，而后人不复

[①] 按，以下部分内容曾以"关于'互著''别裁'法的重新检讨——以祁承㸁与章学诚之说为中心"为题发表于香港《新亚论丛》2019年第20期。

知有家法,乃始以著录之业,专为甲乙部次之需耳。"①又《别裁第四》云:"《管子》道家之言也,刘歆裁其《弟子职》篇入'小学',七十子所记百三十一篇,礼经所部也,刘歆裁其《三朝记》篇入'论语'。"②可见,在他看来,刘歆《七略》已经开始使用"互著""别裁"这两种著录方法了,但是却对班固"省并"的做法持有批评态度。此说一出,民国以来之目录学者对之多有讨论。有怀疑者,如姚名达先生认为《七略》是否有采用此两种方法"尚为疑问",③王重民先生《校雠通义通解》、吕绍虞先生《中国目录学史稿》则通过详细的论证驳斥章氏之说,认为那些重复著录之书实际上是当时的单行之本,而并非真的使用了这两种方法,其中最明显的证据就是《七略》"兵书略"所"省"的十家之书的篇数与"诸子略"所重复之书的篇数并不吻合。所以,《七略》是既无"互著",又无"别裁"。

同时,亦有从之者,如张之洞《书目答问略例》云"《汉书·艺文志》有互见例",④他所说的《汉志》,大概亦指《七略》。张舜徽先生《广校雠略》卷三下认为章氏"力主互著之说,其言是也",⑤并在《汉书艺文志释例》中设有"彼此互著例""单篇则行例"。孙德谦先生《汉书艺文志举例·互著例》亦认为"其说是也",但又以为章氏所云"自班固并省部次,而后人不复知有家法"云云所言非实,"班氏虽于六略中以其分析太甚或有称省者,然于诸家之学术兼通仍不废互著之例"。⑥可见,孙先生已经看出章氏对班固是有所批评的,故专门对之加以响应,这与前两家笼统从之是有所区别的。

20世纪80年代以后,这些讨论亦有存在。如杨新勋《〈七略〉"互著""别裁"辨正》一文否认"互著"法存在于《七略》,但却认为其有不成熟、不完善的"别裁"。⑦而李景文《"互著""别裁"起源时间考辨——读王重民先生〈校雠

---

① (清)章学诚著,王重民通解,傅杰导读,田映曦补注《校雠通义通解》,上海古籍出版社,2009年,第16、17页。
② 同上,第23页。
③ 姚名达《中国目录学史》,上海古籍出版社,2002年,第43页。
④ (清)张之洞撰,范希增补正《书目答问补正》,上海古籍出版社,2001年,第4页。
⑤ 张舜徽《广校雠略附释例三种》,中华书局,1963年,第67页。
⑥ 孙德谦《汉书艺文志举例》,《二十五史补编》本。
⑦ 杨新勋《〈七略〉"互著""别裁"辨正》,《史学史研究》2001年第4期。

通义通解〉》则认为"'互著''别裁'法起源于刘歆《七略》是毋庸置疑的"。①

2. 始于元马端临《文献通考·经籍考》说

王重民先生《校雠通义通解》云:"谈到互著的起源,就我现在掌握的材料,暂可以马端临的《文献通考·经籍考》作为滥觞,到祁承㸁才纯熟的使用,到章学诚才提到一个较高的理论程度。"②很明显,他认为"互著"法最早见于《文献通考·经籍考》。之后,叶树声先生《也谈互著与别裁的理论探讨始于谁》举《文献通考·经籍考》"史部"小注为证,亦认为该书使用了互著之法,但细读之,实是理解有误。③ 刘石玉《〈经籍考〉互著小考》则引11例进一步申述了王氏看法④,杨新勋《〈七略〉"互著""别裁"辨正》在否定《七略》有互著法的同时,引《文献通考·经籍考》中所录《焦氏易林》《纪蒙》《孟东野集》下小注,证明这些例证是"互著法产生的先兆"。⑤

而王承略先生《试论〈文献通考·经籍考〉的著录依据和著录方法》又认为该书同时采用了互著与别裁两种方法⑥,王国强先生《中国古代书目著录中的互著法和别裁法》则认为王说"论据并不充分",但并无进一步的解释。傅荣贤先生《中国古代目录学研究》与王说相同,然认为互著和别裁的"实例可追源到马端临,其理论可追源到祁承㸁",⑦又与王说有异。

此外,与上述学者的意见不同的是,有些学者认为《文献通考·经籍考》中出现的"一书而重见"的现象实际上是重复著录,应该删除。如清人钱大

---

① 李景文《"互著""别裁"起源时间考辨——读王重民先生〈校雠通义通解〉》,《图书情报工作》2012年第7期。

② (清)章学诚著,王重民通解,傅杰导读,田映曦补注《校雠通义通解》,上海古籍出版社,2009年,第20页。

③ 叶树声《也谈互著与别裁的理论探讨始于谁》,《图书馆界》1985年第3期。按,该文对马端临之小注实有误解。如马书云"然固有名为一人一事而实关系一代一时之事者",叶氏则认为这是说"有的书虽纪'一人一事',同时也是纪'一代一时之事'",显然是忽略了"固有名为""而实关系"这几个字了,实际上是指名似纪一人一事而实是纪一代一时之事之书,二者关系并非并列,而是侧重后者的。

④ 刘石玉《〈经籍考〉互著小考》,《图书馆学研究》1987年第2期。

⑤ 杨新勋《〈七略〉"互著""别裁"辨正》,《史学史研究》2001年第4期。

⑥ 王承略《试论〈文献通考·经籍考〉的著录依据和著录方法》,《古籍整理研究论丛》第2辑,山东文艺出版社,1993年。

⑦ 傅荣贤《中国古代目录学研究》,知识产权出版社,2017年,第278页。

昕《十驾斋养新录》卷十三"文献通考"条云："予读《唐》《宋史·艺文志》，往往一书而重见，以为史局不出一人之手之弊。若马贵与《经籍考》，系一人所编辑，所采者不过晁、陈二家之说，乃亦有重出者。"①又，清人卢文弨《群书拾补·文献通考经籍校补》亦举出十多条"重出"者，并注明当删②字样。如《诸蕃志》二卷下，小注："二百六卷，亦重出，此处应删"等。钱、卢二人均为清代著名小学家，他们均是站在目录学之外的角度来探讨《文献通考·经籍考》中出现的"一书而重见"的问题的，所以应该值得我们注意。

3. 始于明祁承㸁《澹生堂藏书目》说

此说据王重民先生《校雠通义通解》称，始见于清人文廷式《纯常子枝语》卷二六，其认为章氏之说乃是蹈袭祁承㸁之文而成的。昌彼得先生《互著与别裁》亦认为章氏之说"窃取了明代祁承㸁的编目方法"。③而王先生承认"别裁"之法始于祁氏，但并不认为章氏有窃取之心，反而以为祁氏之"互"的观点，"在目录学理论上的心得和造诣，则是远不如章学诚的"，④其"通"的观点亦"欠鸿通"。⑤

此外，姚名达先生《中国目录学史》、吕绍虞先生《中国目录学史稿》、武汉大学图书馆学系和北京大学图书馆学系合编《目录学概论》、乔好勤先生《中国目录学史》、程千帆《校雠广义·目录编》等专著及罗友松、朱浩《"互著""别裁"的理论探讨始于谁——与徐召勋同志商榷》、⑥顾志华《祁承㸁在历史文献整理工作中的贡献》⑦等文均认为"互著""别裁"来自祁氏，但对于祁、章之间的关系多持中立态度。

---

① （清）钱大昕《十驾斋养新录》，陈文和主编《嘉定钱大昕全集（柒）》，江苏古籍出版社，1997年，第360页。
② （清）卢文弨《群书拾补》，民国十二年（1923）北京直隶书局影印本。
③ 昌彼得《互著与别裁》，收入《蟫庵论著全集》（上），台北故宫博物院，2009年，第46页。按，该说又见其《祁承㸁及其在图书目录学上的贡献》一文，同前，第133页。
④ （清）章学诚著，王重民通解，傅杰导读，田映曦补注《校雠通义通解》，上海古籍出版社，2009年，第16页。
⑤ 同上，第25页。
⑥ 罗友松、朱浩《"互著""别裁"的理论探讨始于谁——与徐召勋同志商榷》，《图书馆界》1985年第3期。
⑦ 顾志华《祁承㸁在历史文献整理工作中的贡献》，《华中师范大学学报（哲社版）》1988年第4期。

4. 始于明高儒《百川书志》说

王国强先生在《中国古代书目著录中的互著法和别裁法》一文认为①，互著法始见于《文献通考·经籍考》而别裁法始见于《百川书志》。同时认为，这两种方法在明代书目中得到了较为广泛的应用，如高儒《百川书志》、晁瑮《宝文堂书目》、徐𤊹《红雨楼书目》和祁承㸁《澹生堂藏书目》等。而对这两种方法的理论探讨，则见于祁承㸁《庚申整书略例》和章学诚《校雠通义》，但二者的阐释角度是不同的，前者着眼于便于检阅文献，后者则在于辨考学术和著述源流。李丹《明代私家书目的传承与开拓》一文则认为率先使用互著与别裁两种方法的"应该是编于嘉靖十九年的《百川书志》。其后，嘉靖中期的《宝文堂书目》、万历三十年的《红雨楼书目》以及万历后期的《澹生堂书目》。有的采用了互著法或别裁法，也有两法并用者"。②

5. 始于宋陈振孙《直斋书录解题》说

张守卫《"互著""别裁"兼用始于〈直斋书录解题〉》一文举出多条例证证明"互著""别裁"之法最早源自《直斋书录解题》。并认为，其"不仅在使用'互著'的时间上要早于元代马端临《文献通考·经籍考》，而且在使用'互著'的范围和意识方面也大大超过了马端临及其《文献通考·经籍考》"。③同时，温志拔《论〈文献通考·经籍考〉的重出与互著》一文亦承认《直斋书录解题》创立了"互著"之法，④惜无进一步说明。

此外，段莹《宋代书目著录探析》认为宋人高似孙《史略》最早使用了"互著"之法，⑤王昕《郑樵的互著倾向》一文则认为宋人郑樵《通志·艺文略》亦有"互著"的倾向。⑥

由上可见，关于"互著"与"别裁"的始创者，自清人章学诚于《校雠通义》

---

① 王国强《中国古代书目著录中的互著法和别裁法》，《郑州大学学报（哲学社会科学版）》2002年第4期。
② 李丹《明代私家书目的传承与开拓》，《中国典籍与文化》2007年第1期。
③ 张守卫《"互著""别裁"兼用始于〈直斋书录解题〉》，《图书情报工作》2009年第11期。
④ 温志拔《论〈文献通考·经籍考〉的重出与互著》，《图书馆理论与实践》2010年第10期。
⑤ 段莹《宋代书目著录探析》，《图书馆学刊》2011年第7期。
⑥ 王昕《郑樵的互著倾向》，《图书馆学刊》1991年第1期。

中提出以后，自民国至今，学者们均未有一个统一的看法，反而想方设法地上溯宋元明三代的目录书那里去寻找答案。其心可嘉，其功则甚微。原因很简单，大家都承认目录学上有"互著""别裁"这两种著录方法，但是并不承认《七略》已经拥有了这种方法。而章氏云："自班固并省部次，而后人不复知有家法，乃始以著录之业，专为甲乙部次之需尔"，又"自列传互详之旨不显，而著录亦无复有互注之条，以至《元史》之一人两传，诸史艺文志之一书两出，则弊固有所开也。"又："然《隋书》未尝不别出《小尔雅》以附论语，《文献通考》未尝不别出《夏小正》以入时令，而《孔丛子》《大戴记》之书，又未尝不兼收而并录也。然此特后人之幸而偶中，或《尔雅》《小正》之篇有别出行世之篇有别出行世之本，故亦从而裁之尔，非真有见于学问流别而为之裁制也。不然，何以本篇之下不标子注，申明篇第之所自也哉。"这似乎在说只有《七略》才有这两种著录方法，而且后世之史志目录虽有"一书两出"之例，但并非其所说的"互著"之法；《隋志》《文献通考》虽然有"兼收并录"之例，但亦非真正意义上的"别裁"之法。所以，诸家在否认《七略》有这两种方法的同时，其实已经否认这两种方法本身的存在了。其实，《七略》在事实上到底有没有"互著"与"别裁"之法并不重要，关键是我们要明白章学诚想要通过创立这两个名词来说明什么，或者说他为什么要这么做。所以，王重民、昌彼得等先生虽然多方面找证据想否认章氏之说，其他学者又想从别的目录书中给这两种方法寻找新的源头，其实已经违背章氏之本意了。从一方面说，他们是取章氏之术语来解释诸目录书中偶尔出现的重复著录的现象的。而诸家所说的某目录中的这种现象，到底是否或者说有多少条符合章氏之定义，又是一个见仁见智的问题。所以，我们有必要重新对之进行梳理。

(一) 章学诚对"互著""别裁"之法的阐释

1. "互著"之法

"互著"一词，见于章学诚《校雠通义》"互著第三"，或又称作"互注""互见"。①

---

① 按，"互注"一词见《校雠通义通解》卷一《互著第三》，"互见"则见《校雠通义通解》卷四《和州志艺文书序例》之《家法篇》。以下讨论时因为诸文献表述不同，所以三个概念可能会参互使用。

章氏认为,在具体著录图书时,"至理有互通,书有两用者,未尝不兼收并载,初不以重复为嫌,其于甲乙部次之下,但加互注,以便稽检而已"。① 可见,"互著"实际上是将兼有两种功能的书籍分别着于两类的一种目录著录方式。如果再结合其相关论述可知,"互著"大致有以下几个特点:首先,"互著"的对象是那些"理有互通、书有两用"之书。其中的"理"即章氏强调的"九流百家之学",它既是图书分类的目标,所谓"欲人即类求书,因书究学";也是图书归类的标准,即是否属于"一书两用"。所以,凡一书关涉两家之学,或两家之学可以相互通用者,皆可使用"互著"之法。就章氏所举之例言之,前者如《汉志》"兵书权谋家"之下重出的九家,后者如"书之易淆者""书之相资者"之下诸书等。其次,互著的方式是"兼收并载",重复互注。也就是说在"家学"相通的两个类目下重复著录某书,所以章氏竭力推崇他所认为的《七略》之法。而对于省并了《七略》相重之书的《汉志》、《金石》《图谱》《艺文》三略中诸书易混相资的《通志》②及"义类"有所阙的"诸史艺文志",③章氏皆持有批评态度。第三,互著的目的是"便于稽检"。此"稽检",亦是指"即类求书,因书究学"。第四,前文仅云一书重复著于两类之中,但从其后文云"别类叙书,如列人为传,重在义类,不重名目也",又"部次群书,标目之下,亦不可使其类有所阙,故详略互载"等等所云,似乎是说他所创的"互著"之说取法于《史记》之传人"互见"之法。但《史记》之一人两载,有详略之分,章氏既然仿之,亦应该是一书两见而有详略之分才是。可是,他前面所举的《七略》的例子无一依此法著录者,显然其说前后是有差异的。对此,我们推测,章氏在此仅仅想为他的"互著"之法寻找理论根据(即所谓"义类"),而并

---

① (清)章学诚著,王重民通解,傅杰导读,田映曦补注《校雠通义通解》,上海古籍出版社,2009年,第15页。
② 按,"互著第三"中所说的"书之易混""书之相资"者,大致是针对《通志·艺文略》而言的。观其所举诸书所归之小类,如"易家""五行阴阳家""乐府""艺术""地理""兵家"等,大致皆来自该略,故而我们认为此段所云仍然是针对郑樵之书所出现的不合"互著"之法的例子而来的,并非诸目之通例。
③ 按,章氏在此条说得很清楚,后世诸史艺文志所出现的"一书两出"的现象并非其所说的"互著"现象,因为他认为它们没有"义类",没有"互注之条"。所以,我们认为,如果依照章氏所说,《文献通考·经籍考》之重复条目应该也非"互著"之法。

非真正取法于《史记》。他的"互著"之法是"互注"(两类之下重复注释),而非《史记》之"互见"(两类之下详略有别)。前者不避重复,后者则相反,这是需要注意的。所以,章氏之"互著"之法自始至终都是围绕"类—书—学"展开的,与其开篇所说的"校雠之义,盖自刘向父子部次条别,将以辨章学术,考镜源流"一脉相承。

2."别裁"之法

依此我们再看其"别裁"之法,章学诚《校雠通义》于"别裁第四"中云:

> 盖古人著书,有采取成说,袭用故事者,其所采之书,别有本旨,或历时已久,不知所出;又或所著之篇,于全书之内,自为一类者,并得裁其篇章,补苴部次,别出门类,以辨著述源流,至其全书,篇次具存,无所更易,隶于本类,亦自两不相妨。盖权于宾主重轻之间,知其无庸互见者,而始有裁篇别出之法耳。……不然,何以本篇之下不标子注,申明篇第之所自也哉!

据此,我们知道,章氏之"别裁"之法有以下几个特点。

首先,"别裁"的对象主要包含两种,其一为"采取成说,袭用故事"者,也就是说这类书是采辑旧有数据而编纂成的,比如《吕氏春秋》中的《月令》便是。"像古书中这样的部分(或篇章)既然是从别的地方编入的,也就可以裁出别行,编入其他有关类目"。[①] 其二为"所著之篇,于全书之内,自为一类"者,也就是在全书中主题能自成一类的那一部分或篇章。

其次,"别裁"的方式是裁篇别出,归于别类,而且要标明子注,与本类并存。这样做的目的是为了"辨著述源流"。所以,《隋志》于《孔丛子》别出《小尔雅》,《文献通考》于《大戴礼记》别出《夏小正》,均非真正意义上的"别裁"之法,而可能是单行而并载之书,因为它们并未"于本篇之下标明子注"。在这里,从全书中别裁而出之部分,可能正如王重民先生所说的,强调的是非单行之本。

再次,"别裁"的前提是"权于宾主重轻之间,知其无庸互见",即在充分

---

① (清)章学诚著,王重民通解,傅杰导读,田映曦补注《校雠通义通解》,上海古籍出版社,2009年,第24页。

考虑好全书是否可裁,不需重复著录的基础上,方可进行"别裁"。所以,从这一方面看,别裁是对互著之法的进一步补充。但是如何"权于宾主重轻之间",其实在实际著录上,分寸是很难把握的。一不小心,便会犯了如刘师培在《校雠通义箴言》所说的成了一部类书①的毛病。对此,章氏的答案是"学贵专家,旨存统要。显著专篇,明标义类者,专门之要,学所必究",即那些能反映一家之学,有一篇之旨者,方可别裁,而类书乃裁字厘句,破坏原书而已。而刘咸炘先生则认为:"若如章氏之说,虽自辨为非类书,其弊不至似类书不止。割《尔雅》之分篇,冠专门之首简,不似类书而何似也?"②可见,章氏虽然说了一堆冠冕堂皇的话,但是总有学者不买他的账。王重民先生尽管竭力想弥合章氏之说的漏洞,但是也并没有提出一个可行的方案。

那么,为什么会出现这么一种情况呢?原因很简单,此法仍然是针对《七略》立言的,故无论是别裁对象,还是别裁方式,均是从该目推衍出来的。而后世学者在研究过程中总是将这种方法扩展到别的书目,所以这里就出现了阐释者(章学诚)与研究者(后世学者)之间的思维断层。所以,章氏说"权于宾主重轻之间"或"显著专篇,明标义类"的时候,还是站在《七略》的角度上解释其"别裁"之法的,而后世学者则是站在另一个角度来指责章氏之非的,显然并没有达到批评效果。

综上所述,章学诚所说的"互著""别裁"之法是源于《七略》并服务于《七略》的。他所说的"即类求书,因书就学"的目的是一个专门针对《七略》一书的封闭的内循环系统,所以他总是排斥《七略》之后的其他目录。进而言之,其所谓的"辨章学术,考镜源流"的"校雠之义"也是这样一种情况,与其说是"目录学的目的任务"③还不如说是《七略》的目的任务,所以他总是反复强调刘向父子与后世学者之间的差异,如认为后世编目者繁多,但是能够如刘氏

---

① (清)章学诚著,王重民通解,傅杰导读,田映曦补注《校雠通义通解》,上海古籍出版社,2009年,第27—28页。
② 刘咸炘著,黄曙辉编校《刘咸炘学术论集(校雠学编)》,广西师范大学出版社,2010年,第345页。
③ (清)章学诚著,王重民通解,傅杰导读,田映曦补注《校雠通义通解》,上海古籍出版社,2009年,《自序》第2页。

父子那样推阐学术源流的"千百之中不十一焉",郑樵虽然有志于此,但仍然"于古人大体,终似有所未窥"①。所以,章氏在《校雠通义》"互著第三""别裁第四"中所举的来自《七略》的那些例子,即便如学者们指责的那样有种种错误,但是却能阐释清楚他自己的这两个观点,这可能正是他所要达到的目的。同时,也是本文在上面所说的理解章氏之说的关键点。

(二) 祁承㸁之"互""通"之法

前面提及,有学者认为,章氏的"互著""别裁"思想来源于明人祁承㸁《庚申整书例略》中所提及的"互"与"通"。如昌彼得先生曾多次撰文阐述这一观点,②其理由有二,其一,章、祁同为会稽人,且相距仅一百七十五年。以章氏之博闻,应该可以看到祁氏之《澹生堂集》和知道祁氏这位大藏书家之名。其二,即便未见到此集,祁氏所编之书目在清代一直流传,章氏不可能不知其编目方法。但是我们知道,这些理由并不充分,即便祁承㸁与章氏是同乡,即便祁氏是著名藏书家、撰有《澹生堂集》和编有《澹生堂藏书目》及提出先进的编目方法等,章氏为什么非要听说祁氏之大名,又凭什么要剽窃祁氏之编目方法呢? 我们的理由有三:首先,从《校雠通义》的思想看,章学诚是极力推崇刘向父子的校书事业的,认为他们的目录编纂活动达到了"辨章学术,考镜源流"的高度。同时,他还以此为出发点,对班固、郑樵、焦竑这些备受后人推崇的学者的目录思想大加指责,而对那些"部属甲乙"的目录编纂更是不屑一顾。所以,在章氏眼里,祁氏再出名,大概也比不上郑樵、焦竑这样的学者;其藏书目录再流行,大概也胜不过那些史志目录。所以,我们认为,章氏是不可能过多关注祁氏这个人的。其次,如果我们将《校雠通义》"互著第三""别裁第四"所列的那些类目与《澹生堂藏书目》相比较,也会发现有诸多不符,却与郑樵《通志·艺文略》大致相同。所以,如果他袭用了祁氏之编目方法,那么也不可能无视其目录的分类方式和著录内容。而结果

---

① (清)章学诚著,王重民通解,傅杰导读,田映曦补注《校雠通义通解》,上海古籍出版社,2009年,《自序》第1页。
② 昌彼得《祁承㸁及其在图书目录学上的贡献》,收入《蟫庵论著全集(上)》,台北故宫博物院,2009年,第133页。

恰好相反，那也就证明他并没有参用过祁氏目录。第三，如果我们再重新审视祁氏所说的"互""通"之法，也可以发现与章氏之说是貌同实异。为了阐释方便，我们将《庚申整书略例》所论全引于下，并依内容分段：①

先看"互"法，祁氏云：

（1）一曰互。互者，互见于四部之中也。

（2）作者既非一途，立言亦多旁及。有以一时之著述，而倏尔谈经，倏尔论政；有以一人之成书，而或以摭古，或以征今，将安所取衷乎？故同一书也，而于此则为本类，于彼亦为应收；同一类也，收其半于前，有不得不归其半于后。

（3）如《皇明诏制》，制书也，"国史"之固不可遗，而"诏制"之中亦所应入；如《五伦全书》，敕书也，既不敢不尊王而入"制书"，亦不可不从类而入"纂训"；又如《焦氏易林》《周易占林》皆五行家也，而"易"书占筮之内，亦不可遗。

（4）又如王伯厚之《玉海》，则玉海耳，郑康成之《易》《诗地理》之考、《六经天文》、《小学绀珠》，此于《玉海》何涉，而后人以便于考览，总列一书之中，又安得不各标其目，毋使溷淆者乎？

（5）其他如《水东日记》、《双槐岁钞》、陆文裕公之《别集》、于文定公之《笔尘》，虽国朝之载笔居其强半，而事理之诠论亦略相当，皆不可不各存其目，以备考镜。

（6）至若《木钟台集》、《闲云馆别编》、《归云别集》《外集》、范守己之《御龙子集》，如此之类，一部之中，名籍不可胜数，又安得概以"集"收，溷无统类？故往往有一书而彼此互见者，同集而名类各分者，正为此也。

余所诠次大略，尽是聊引其端，庶几所称详而核杂而不厌者乎？

由上所述可知，所谓"互"，即"互见"之简称，指按照书籍之内容性质将

---

① （明）祁承煠《庚申整书略例》，《澹生堂藏书目》附，《绍兴先正遗书》第33册。

某书有主次详略地重复著录于相应的四部类目之下的一种著录方式。具体包括以下几个方面：

首先，由(2)可知，互见的标准主要是根据书籍的内容性质来确定的。祁氏认为，由于作者撰写的目的不一，所以在内容上亦多所旁涉，故而可以根据其所涉及的内容将之分别著录于相应的类目之内。这与章氏所说的以理(家学)归类的"互著"之法是有区别的。正因为前者是以内容分类，所以更能注重反映书籍的实际情况；正因为后者是以学术分类的，所以对除《七略》之外的所谓"不复知有家法"的后世诸目录批评不遗。

其次，由(2)至(6)可知，依照书籍之内容结构，可以将"互见"之书籍分为三类：有单书之互见，如《皇明诏制》一书，分别著录于"史类第一·国朝史类·御制"和"集类第一·诏制·王言 代言"之内；有附刻书之互见，如收录于"子类第十二·类家·会辑"中的《玉海》一书，祁氏著录为"玉海八十册"，小注"二百四十卷，王应麟纂，附录五十卷"，其中的"附录五十卷"，又包含多种书籍(根据存世《玉海》所录，共有 14 种)。其在内容上与《玉海》无关，仅仅是因为均是王氏所撰，故而附于其后。所以可以根据内容性质将这些书分别各入其类，如《诗考》《诗地理考》二书收于"经类第三·诗·考正图说"之内，等等；有丛书之互见，[①]其中又分两小类，其一丛书之间的互见，如《征信丛录》一书，既收于"子类第十三·丛书·国朝史"(题作"国朝征信丛录"五十三册)，又收入"史部第一·国朝史·汇录"(题作"皇明征信丛录"五十五册)内。其二为丛书子目之间的互见，如《肤语》一书，来自《御龙子集》，一著录于"子类第一·儒家"，一著录于"子类第二，诸子·杂家"内。需要注意的是，此一类下，少数复杂的丛书往往有个分层的过程，即先丛书之间的互见，继为丛书子目之间的互见，如"集类第六·别集上"中有《陆文裕公集》十六册八十一卷，《续集》二册十卷，《外集》"，而《陆文裕公外集》又见"子类第十

---

① 按，《澹生堂藏书目》中"丛书"收入"子类第十三"内，其下分"国朝史""经史子杂""子汇""说汇""杂集""汇集"等六类，其中既包括后世的汇编丛书等，又包括后世的部分类编丛书，而四部之下又收入后者，如"史类"下有"国朝史·汇录"，"集类"下有"文编""诗编""别集"等。

三·丛书·汇集类",同时,《陆文裕公外集》中的《传疑录》《同异录》等书又著录于"子类第二·诸子·杂家"。由此可见,祁氏在互见方面确实下了很大功夫,虽然其中有些互见之书下并没有进行小注,如《玉海》之附刻书之一《小学绀珠》《汉艺文志考证》等。

第三,互见的著录方式是书名重复著录,其余著录项则详略有别。一般而言,《澹生堂藏书目》是大字题书名和册数,小字注卷数、撰者及版本。而对于互见之书来说,著录项便有了很大变化。因为同一种书要被归入不同类别,所以如果该书在被重复著录时,如果连同其他著录项原样照录的话,反而既显得繁琐,又无法体现该书所属类目的主从关系,这时便需要根据情况对著录项进行省并了。如《皇明诏制》,于"史类·御制"中著录为"八册 八卷,自洪武至嘉靖十八年止",而在"集类·诏制"中则仅题"八册 八卷",一详一略,显示出该书是以"御制"为主类,而"诏制"为互见类的。又如,《于文定公笔尘》一书,在《国朝征信丛录》中仅列书名和卷数,而被单独著录时,则有书名、卷数及版本,可见该书是以"史类·国朝史·杂记"主类,而以"子类·丛书·国朝史"为从类的。

第四,互见的目的是便于后人"考览"或"考镜",所谓"即类求书",与章学诚"互著"之"因书究学"的目的是有区别的。

次看"通"法:

(1) 一曰通。通者,流通于四部之内也。

(2) 事有繁于古而简于今,书有备于前而略于后。故一《史记》也,在太史公之撰著,与裴骃之注、司马贞之索隐、张守节之正义皆各为一书者也,今正史则兼收之,是一书而得四书之实矣。一《文选》也,昭明之选与五臣之注、李善之补皆自为一集,今行世者,则并刻之,是一书而得三书之用矣。所谓以今之简可以通古之繁者,此也。

(3) 至于前代制度特悉且详,故典故、起居注及仪注之类不下数百部,而今且寥寥也,则视古为略矣,故附记注于小史,附仪注于"国礼"(史类·礼乐类·国礼),附"食货"于"政实"(卷五政实类·食货),附

"历法"于"天文"(天文家类·历法),此皆繁以摄简也。

(4) 古人解经,存者十一,如欧阳公之《易童子问》、王荆公之《卦名解》、曾南丰之《洪范传》,皆有别本,而今仅见于文集之中。惟各摘其目,列之本类,使穷经者知所考求,此皆因少以会多者也。

(5) 又如《靖康传信录》《建炎时政记》,此"杂史"也,而载于李忠定之《奏议》;《宋朝祖宗事寔及法制人物》,此"记传"也,而收于朱晦翁之《语录》;如罗延平之"集"而《尊尧录》则"史"矣,张子韶之"集"而《传心录》则"子"矣。

他如琐记、"稗史"(杂史类)、"小说"、"诗话"(卷十四别集类下诗文评类)之类,各自成卷,不行别刻而附见于本集之中者,不可枚举。

(6) 即如《弇州集》之《艺苑卮言》《宛委余编》,又如《冯元敏集》之《艺海泂酌》《经史稗谈》,皆按籍可见,人所知也。而元美之《名卿迹记》①、元敏之《宝善编》,即其集中之小传者,是两书久已不行,苟非为之标识其目,则二书竟无从考矣。

(7) 凡若此类,今皆悉为分载,特明注原在某集之内,以便简阅,是亦收藏家一捷法也。

据此,我们知道,所谓"通"即"流通"的简称,即"以今之简可以通古之繁",是指将那些曾经单行而今则仅见于撰者本集内的书籍别裁出来归于相应的类目之内的一种著录方式。具体来说,其包含以下几个方面:

首先,"通"针对的是那些"世久不行,载于本集"的前代贤人的书籍。这些书籍可能在当时单篇别行过,但之后便被编入了其诗文集而不再单独流行。所以祁氏认为,像这类书,在著录时就应该将之别裁出来,而各归其类。如《易童子问》,见于《欧阳文忠公全集》,今则别出,归入"经类第一·易·拈解";又,《洪范传》,收入《曾南丰文集》,今则别出,归入"经类第二·书·传说"。由(4)至(6)条看,此类书大多都满足以下四个条件:先贤著述;独立成书;曾经单行;今入别集,如果用祁氏的话,就是"各自成卷,不行别刻而附见

---

① 引者按,当作"名卿绩纪"。

于本集之中"。至于其所属类目,则是"流通于四部之内",经史子集均有收录。

其次,"通"的著录方式,据(4)(7)等条所述,是"各摘其目,列之本类",并且于所裁之书下注明"原在某集之内"。但检其所录诸书,其实其仅将别裁之书列于本类,而很少如其所说的在所裁书下作那样的注释,更多的是仅简略注出"某集本",如《易童子问》下注"欧阳修本集本",其实应该是《欧阳文忠公全集》本。而《艺苑卮言》《宛委余编》等书则连这样的注释也被省略了。(6)条所云《弇州集》,准确地来说应该是《弇州四部稿》。如此可见,其在理论上虽然阐释完备,但实际著录则并不严密。

再次,"通"的目的是考求原书,以便检阅。为了不至于让前贤之著作淹没于其本集之内,所以才用"通"法来从诗文集类别裁出来单独著录。

最后,如果我们细心比较上述对"通"与"互"的阐释,可以发现,无论从著录方式,还是从著录内容看,二者的关系都是十分密切的。从内容上看,如果用现代目录学术语来说,"见"法之下的书多为出入四部的"汇编丛书"和"国朝"之自著丛书,[①]而"通"法所从之书多来自"集部·别集"之"前贤"之自著丛书。从祁氏著录看,前者多列详细子目,后者则很少有子目。二者本来很清楚的,但是祁氏又在(6)条下列出了《艺苑卮言》《宛委余编》《艺海泂酌》《名卿绩纪》等书后,情况就有些复杂了,因为《名卿绩纪》来自《纪录汇编》,此丛书既收入"史类第一·国朝史·汇录",又收入"子类第十三·丛书·国朝史",很显然是丛书之互见,既而是丛书与子目之互见,所以此书虽然符合"通"之标准,但也符合"互"之标准。同样,前三种书所属丛书均来自"集类第六·别集上·国朝分省诸公诗文集",而此类之下诸丛书是很难确定到底是使用哪种方式分裁子目的。因此,从这一点看,祁氏之"互""通"两法的界限并不是很严格,特别是涉及"国朝"诗文集的时候。再从著录方式上看,二者本质上均是使用别裁之法分列丛书子目的,而子目又使用互见的

---

① 按,此处采用《中国古籍善本书目·丛部》的说法,指汇辑一人之全部著作之丛书。该书"丛部"分"汇编丛书""地方丛书""家集丛书""自着丛书"等五类。本文使用这一名词时包括该目的后两类。

方式沟通其与"本集"的关系(或者根本不互见)。

综上所述,如果不考虑丛书著者时代和子目是否曾单行的话,"通"法其实即"互"法之一部分,二者在本质上是一种著录方式,均是使用别裁的方式对丛书中可以独立成书之子目进行互见著录。祁氏单独将别裁前贤著作之法称为"通",可能考虑到这些大多数"本集"中的各卷内容有的可以别裁,有的不能,且它们均已由编者连续编订,与"互"下丛书诸独立成卷之子目不一样,故而需要独立出一法来别裁出这些久不流行之著作,故所谓"通"者,大概首先有通古今之意识(将今存于本集中的内容与曾经单篇流行之著作进行沟通),其次才是用通部类之方法(一书从某"别集"裁出而流入四部某类)。这可能便是祁氏将"互""通"当作两种著录方法的原因吧。

由上我们再回过头来看章学诚之"互著""别裁"之法,如果撇开其仅为《七略》张本这一主观目的,而直接看其对这两种方式的解释的话,可以发现,无论从著录内容、方式及目的上,其与祁氏之论其实并不在一个层面上。二者虽然在表面上有神似之处,但很显然在具体阐释上,章氏并没有那么详尽具体,反而高深莫测地一直向他的"辨章学术,考镜源流"那里靠。就拿"别裁"一法来说,章氏仅仅粗略将别裁之书籍分为两类,祁氏已经很具体地列出了至少三类。就著录方式上看,祁氏大多数能在别裁之书下注明来源,章氏所采自《七略》的几本书则没有一本符合他所说的"本篇之下不标子注"标准的。所以,我们认为,章氏非但没有袭用祁氏之理论,而且还因为过分强调其所说的"校雠之义"而自乱其说。王重民先生认为祁氏之说"理论上的心得和造诣"比不上章氏,可能实际情况正好相反。但不可否认的是,祁氏在具体著录时,确实存在一些问题,如子目与丛书或附刻书时有脱节,故而子目下或不注明来源丛书,或注释不用丛书全名,甚至有子目下所注册数、卷数与丛书下所列互有出入。再如重复著录之单行本书,其册数与卷数等分载两类,这些均是该目的著录没有走向规范的证据。以下将祁氏之"互"与"通"二法列表呈现,以便观览:

祁氏"互"法

书　名	类　目　1	类　目　2
皇明诏制	史类第一·国朝史类·御制	集类第一·诏制·王言 代言
五伦全书		
焦氏易林	经类第一·易·卜筮（四册四卷）	子类第九·五行家类？
周易占林	经类第一·易·卜筮（四册四卷）	子类第九·五行家类？
玉海	子类第十二·类家·会辑	
水东日记	"史类第一·国朝史类·杂记"，四册四卷，叶盛，金声玉振摘本	"子部第十三·丛书·国朝史"《金声玉振》，详列子目；又，"史类第一·国朝史·汇录"，《金声玉振》"二十册，五十三卷，凡四十八种"
双槐岁钞	卷三史类第一·国朝史类·杂记："六册，王瑜，征信丛录本"	《国朝征信丛录》下题"十卷"
陆文裕公别集	未见，有《陆文裕公集》十六册八十一卷，《续集》二册十卷，《外集》收入"集类第六·别集上·国朝分省诸公诗文集（南直）"	未见，但有《陆文裕公外集》、《陆文裕公杂著》，见"子类第十三·丛书·汇集类"
于文定公笔尘	"史类第一·国朝史类·杂记"："十八卷，于慎行征信丛录本 刻本"	《国朝征信丛录》五十三册，小注：二百十二卷，臣燨手辑皆钞本，凡家藏刻本不载。详列子目，著录为"十二卷"，见"子类第十三·丛书·国朝史"；《皇明征信丛录》五十五册二百二十卷，澹生堂辑，"史部第一·国朝史·汇录"
木钟台集		"经类第十·理学·语录"：《木钟台语录》一卷《因领录》一卷《六咨言集》一卷，唐枢俱，木钟台集本
闲云馆别编	"集类第六·别集上·国朝阁臣集"："二十册十九卷"	

续　表

书　名	类　目　1	类　目　2
归云别集	子类第十三·丛书·汇集	
归云外集	子类第十三·丛书·汇集	《俚言解》一册二卷，陈士元，归云外集本，见"经类第十一·小学·蒙书"
御龙子集	"子类·续收·丛书"："七十六卷"	"集类第七·别集·国朝分省诸公诗文集(北直河南山东秦晋)"："《御龙子集》三十册"小注："七十八卷，《肤语》四卷，《天官举正》六卷，《琐谈》四卷，《曲洧新闻》四卷，《吹剑草》五十三卷，《造夏略》，《参两通极》六卷，《挥麈雅谈》，《嘉隆臣略》。"

祁氏"通"法

书　名	类　目	本　集　类　目
易童子问	"经类第一·易·拈解"："三卷，欧阳修本集本"	"集类第六·别集上·宋诗文集"："欧阳文忠公全集二十册，一百二十二卷，欧阳修"
卦名解	"经类第一·易·拈解"："《王荆公卦名解》一卷，《王荆公易象论》一卷，王安石，具本集本"	"集类第六·别集上·宋诗文集"："王荆公临川集十六册，一百卷，王安石"
洪范传	"经类第二·书·传说"："《曾南丰洪范传》一卷，曾巩本集本"	"集类第六·别集上·宋诗文集"："曾南丰文集八册，五十卷"
靖康传信录、建炎时政记	"史类第九·杂史类·野史稗史"："靖康传信录一册三卷，建炎进退志一册四卷，建炎时政记一册三卷，李纲，李忠定公奏议集本"	"集类第二·章疏·奏议"："李忠定公奏议集十册，六十九卷，李纲。"无子目
宋朝祖宗事寔及法制人物	"史类第十·记传类"，未见	朱晦翁语录，未见(朱子五经语类，二十八卷，语类大全本，传说)

续表

书　名	类　目	本　集　类　目
尊尧录	"史类第十二·野史 稗史":"罗氏尊尧录二册,八卷,罗延平集本"	"集类第六·别集上·宋诗文集":"罗豫章集三册,十七卷,罗从彦"
传心录		"集类第六·别集上·宋诗文集":"张横浦集五册,二十卷,张九成"
艺苑卮言、宛委余编	"子类第十二·类家·笔丛":"宛委余编十九卷,王世贞";"集类第八·诗文评·文式文评":"艺苑卮言八卷,王世贞"	"集类第六·别集上·国朝分省诸公诗文集(南直)":"弇州四部稿六十二册",其中有"艺苑卮言十二卷、宛委余编十八卷"
艺海泂酌;经、史、稗谈	"集类第八·诗文评·文式文评":"艺海泂酌十一卷,冯时可"	"集类第六·别集上·国朝分省诸公诗文集(南直)":"冯元成全集六十册,八十三卷",其中有"艺海泂酌汉乘十卷,谈经二卷,谈经录一卷,谈史一卷,稗谈二卷"
名卿绩纪	"史类第一·国朝史·人物":"名卿绩纪四卷,王世贞,纪录汇编",又"人物考十册,四十卷,王世贞著"	"史类第一·国朝史·汇录":"皇明纪录汇编四十册,二百十六卷,沈节甫辑,凡一百二十三种";"子类第十三·丛书·国朝史":"国朝纪录汇编",有"名卿绩纪四卷"
宝善编	"史类第一·国朝史·人物":"宝善编,四卷,冯时可即集中名公小传"	"集类第六·别集上·国朝分省诸公诗文集(南直)":"冯元成全集六十册,八十三卷",其中有"宝善编二卷"

(三) "互著""别裁"法的流传

自章学诚推崇《七略》有"互著""别裁"之法,及清末学者发现祁氏书目之"互""通"之法,至民国以来目录学者将两家之说混为一谈,并大加提倡以来,"互著"与"别裁"的内涵便不断被挖掘出来而成了古代书目的主要著录方式之一,所以很多学者均以此为出发点,去进一步探讨它们在其他目录书中实际运用情况,因此才有了我们前面所列的有关这两种著录方法起源的多种说法,此为理论探讨。而清末以来,实际运用这两种方法进行编目的也有若干。

如张之洞于《书目答问略例》中云:"《汉书·艺文志》有互见例,今于两类相关者,间亦互见,注其下。"检其所录书籍,《素问王冰注》二十四卷,于"周秦诸子"类下小注云:"互见下医家类,医",又于"医家"类下小注云"互见前古子";又,《周髀算经》二卷,于"周秦诸子"类下小注"互见下天文算法类,天文算法",而于"天文算法"类下小注云"互见前古子"。此两书分别重复载录于两类之内,且加小注注明,很明显是一书两见之互见法的实际运用。同时,此书之"互见"法还有另一种情况,如收于"尔雅之属"的《释宫小记》一卷,《释草小记》一卷,《释虫小记》一卷下小注"《通艺录》内,学海堂本,互见",而检"诸经总义之属"下《通艺录》四十三卷,仅注"程瑶田,自刻本";又,"小学类音韵之属"下《六书音韵表》五卷,小注"附段注《说文》后,互见",检"小学类说文之属"下有"《说文解字段氏注》三十卷,《六书音韵表》五卷",此二例中并非一书两载,而是将可单行之子目和附刻之书分裁出来录入相应的类别内,并加小注注明出处。很明显,这是先使用别裁法裁出单书,然后再以本类下注明"互见"。由以上明确注明"互见"的诸例可以看出,张之洞所说"互见"法是既有单书互见,又有附刻或丛书子目互见,是兼有互注与别裁两方面的。很显然,其与祁氏所说的"互"法更加接近而与章氏之说有所区别。不仅如此,《书目答问》于每书之下,还有注明来自某某丛书本者,同时,其又将"丛书"独立为一大类,惜不列子目。很明显,这是在暗用别裁之法。而且这种别裁,并非简单的分裁丛书子目,而是已经把丛书当作子目之版本项进行著录了,而这也是与祁氏"互""通"之法相一致的。所以张氏说"互见"之法在《汉志》里便有,显然是袭用了章氏之说,但是实际上使用的是祁氏之法。当然,如果我们细心观察,可以看到,张氏的"互见"也有一些新的内容。如在单篇互见时,互见于两类的某书大多都加小注提示,且著录项一详一略,主从类目一览便知,这较祁氏之书目在著录项上规范清晰得多。如上引《素问王冰注》一书,在"周秦诸子"和"医家类"分别被著录,但除卷数外,前者仅有互见小注,后者则详载撰者和版本,显然,"医家类"才是该书的主要类目,"周秦诸子"则仅为互见类。祁氏书目虽然也大体能看出互见书类目之主从关系，但著录项并不统一。所以，至少从这一点看，《书目答问》要更成熟一些，可惜该目未将此例一贯到底。

需要说明的是，由于清末以后的很多目录书已经普遍采用丛书子目之互见法了（即于别裁子目的版本项注明某某丛书本，且丛书独立成类），所以我们下面说的主要是那些单篇互见之法。

整体上看，民国以后采用此种互见法的并不多见。① 有之，如《天津图书馆书目·凡例》云："一书有可收入两类者，则兼收之，例如《一切经音义》可入'经部·小学类·音韵之属'，亦可入'子部·释家类'；又如《理学宗传》《宋元学案》《伊雒渊源录》等书，应入'子部·儒家类'，亦可入'史部·传纪类·名儒之属'，今则兼收，下注'互见'某部某类。"按，考《一切经音义》，在该目内"经部"著录有慧琳、玄应两种共三个版本，小注皆作"互见子部释家"，而于"子部"皆注"互见经部小学训诂"，与其凡例所云略有出入。且由此两书的著录情况看，该目下互见诸书，大多在两类之中详细注明相同的著录项，而很少有通过著录项的详略互见以体现类目主从关系的情况，这与《澹生堂藏书目》《书目答问》等书的互见方式略有差异，显得有些繁琐。

又，《江苏省立国学图书馆图书总目》亦有采用互见之法的，大体有以下两种，一为单书互见，此法下之单行书籍，仅在其中一类下注明"互见某类"，且互见方式不一，或一书下作此小注，或多书末作此小注，类末另有统计互见种数。如"经部·小学类·字书之属·古契文"与"史部·金石类·甲骨之属"中有很多书都是如此，《殷契说存》一卷，于"小学类"下注"今人丹徒陈邦福 石印本 经一七"，于"金石类"下注"石印本 互见经部 经一七"，此为一书下之互见注；又，《殷虚书契待问编》《籑室殷契类纂》《殷墟文字类编》三书，于"小学类"下皆单列，于"金石类"末则另有小注"以上字书 互见经部"。以上互见诸书著录项各有详略，但应非强调其所属类目之主次。如《籑室殷契类纂》一书的版本项，于"小学类"题作"天津博物馆石印本"，于"金石类"则题作"石印本"，前详后略；而《殷虚书契待问编》一书的版本项，于"小学

---

① 按，以下诸书见《明清以来公藏书目汇刊》（北京图书馆出版社，2008年）。

类"题作"石印本",于"金石类"则题作"民国十五年石印本",前略后详。同一类的书在另一类下则有详有略,很显然与类属主次无关,而更大可能是不同的编者所为。另一种互见法是丛书互见,由于该目设丛部专收所有丛书,但又在四部之内收录类编丛书,所以就造成了丛书之间的互见。如"经部·小学类"收丛书十五种,又互见于"丛部·类刻类",二者著录属性基本一致,惟后者多出二种。此目的情况与《天津图书馆书目》大致相同,甚至较之更加繁琐。

以上两种为图书馆总目,下面两种所谓目录之目录,即专收目录书的馆目。

其一为《国立清华大学图书馆中文书目》,其《凡例》云:"凡一书意兼两类者,则互著之,并于书名之下,载明编入某类某号;若意有偏重者,则就其着重之点分编之,不复互著,以省繁琐。"又:"某书之一部分,而与某类有关者,则裁篇别出,如《汉书·艺文志》,原从《汉书》卷之三十裁篇别出是也。凡别出者,则载明见于某书之某卷,并注其书号,以便检阅。"今检该目,如《皇清经解提要》,在"甲一一九 叙录 论文索引"下详细注明卷数、附录、撰者、版本、册数及索书号等,而在"甲一五〇·九 经学书目"下则略去了版本、册数等项,仅注明"编入甲一一九·一七〇一四",此即该目所谓"互著";又,《汉书·艺文志》,于"甲一三一·史志"下除了记录卷数、撰者外,还注明"见巳一一〇·九〇六六《廿二四史》内《汉书》及巳二二二·一二四九《汉书》卷三十",此即该目所谓"别裁"。由此可见,该目所谓的"互著",是指将兼有两类之书互著于诸类目下,且两类下之著录项有详有略。而其所谓"类",是该馆自己所确定的类。所以,分类越细,自然互著之书越多。该目所谓的"别裁"(裁篇别出),即将原属某书某卷,今已有单行本之书别裁出来,另归一类,而以"见某号某书"为标识,此即章学诚所谓"所著之篇,于全书之内自为一类者,并得裁其篇章,补苴部次,别出门类,以辨著述源流"者。此与前面诸书裁丛书及附刻书不同。如果细究起来,其实该目也在使用别裁丛书,并子目互见之法,只不过该目将之省略不说而已。如"甲一三一·史志"下有《前汉书艺文志》,其实即"甲一三一·二·汉三国艺文志"下的《汉书艺文志》。后者为《八史经籍志》下子目,故别裁之后特注"在《八史经籍志》第一册",此即祁氏以来所使用的互见别裁之法。从整体上看,该目注重分类,且有意强调章氏之互著别裁之法,所以应该是章氏理论的实践者。但是,正如其《凡例》所云"本编分类法之类名颇繁",类目繁多意味互著亦多,最后也导致了翻检不便。可能正因为如此,所以之后该馆所编的《清华大学馆藏善本书目》等均将此法弃而不用了。

其二为《国立北平图书馆书目·目录类》,其《凡例》云:"一书占有两种性质或两种以上者,本编特出'互见'例以明之。"而从其具体著录看,大致包含以下两种情况,即丛书子目之互见和单书之互见。前者如《全唐诗未备书目》,为"丛书目录·子目·附丛刻"《潜采堂目四种》之子目之一,小注云:"互见文学 互见引用",检"存毁书目·引用"下此书下注"互见丛刻 互见文学","学科专目·文学"下此书下注"互见丛刻 互见引用",此一丛书子目互见于三类者。有单书互见者,如《竹汀先生日记钞》《古书经眼录》皆于"存毁书目·知见"下注"互见题跋",又于"存毁书目·题跋及读书记"下注"互见知见",此同一大类下单篇互见于不同小类者;再如《朝鲜总督府古图书目录》,于"图书目录·乙、收藏·公藏·外国"下注"互见邑志·外国",又于"图书目录·甲、著述·艺文志·邑志·外国"下注"互见邑志·外国",此不同二级分类下单篇之互见;再如《图书年鉴》,于"图书目录·甲、著述·刊行书目"下注"互见普通图书馆概况",又于"图书馆学·普通图书馆·概况"下注"附见刊行",此为不同一级分类下单篇之互见。由此可见,该目的互见范围是出入于不同级别的类目的。同时,如果我们再看其著录项时,可以发现,互见书籍的著录项在不同的类目下一模一样,没有详略主次之分,这与前面所引的两个图书馆总目是一样的。但在类目的繁琐上与《国立清华大学图书馆中文书目》是一致的,颇不易翻检,所以《北京图书馆普通古籍总目·目录门》虽然收书1948种,但并无使用此例。

此外,日本学者长泽规矩也的《中国版本目录学书籍解题》是一部目录之目录,亦使用了互见之法。其《凡例》第八条云该目"参考前人分类法分类排列,设有互见"。今检其目,皆为单书之互见。如《郘园读书志》,于"家藏"

下有详细解题,而于"读书题跋"类下则仅注"互见家藏类";又,《观海堂书目》,于"图书馆、学校"类下有详细解题,而于"家藏"下仅注"互见图书馆类";又,《国立清华大学图书馆中文书目甲编一》《国立北平图书馆书目目录类》,于"图书馆、学校"类下有详细解题,而于"版刻"下仅注"互见图书馆类";又,《四库全书简明目录标注》,于"官藏"类下有详细解题,而于"版刻"类下仅注"互见官藏类"。由上可知,该目互见之例大致出入于"官藏"、"图书馆、学校"、"家藏"、"读书题跋"、"版刻"等五大类。诸书之互见详略有致,主次分明,比较简明。

新中国成立以后,"单篇互见"已经不再使用于古籍著录上了,丛书与附刻书之互见并不像上面所举的几本目录那样明确注明"互见",而是仅题"某某丛书本",其实仅仅是别裁而已①。但"互见"在分类法上仍然流行,《中图分类法》即是其例。

由上可见,章学诚虽然创立了"互著""别裁"这两个术语以揭示《七略》的著录特征,但是却被后世的目录学家拿来研究古代目录书和构建传统目录学的理论体系。明代祁氏之"互"法("通"法亦可包含在内)其实是兼用重复互见和裁篇别出两法的,这主要是因为其著录了丛书和附刻书,而这正是影响章氏互著、别裁法推行的最大障碍,所以必须先别裁出单书,方可进行

---

① 《"国立故宫博物院"善本旧籍总目》除了别裁丛书子目外,另外还会别裁篇目,其《凡例》第七条云:"古人著书,有采取成说袭用故事者,其所采之书别有本旨,又或所著之篇卷,于全书之内自为一类者,其内容或足以资经助史,或可以弘扬诸子百家之义,补苴诗文集之不足,若不裁其篇卷,学者便无所考求详尽之资料,本目为方便检寻亦仿明祁承㸁、清章学诚别裁之例,将书中自为一类之篇卷,予以裁出,分别部次于适当之门类中,并于书目下,标明见于某书卷几,以示区别。至于所熟悉之书,如正史之列传、方志之人物志等,则不予别出以节省篇幅。"据此可知,该目是遵从章学诚之说(非祁氏),对群书进行裁篇别出的,如《刘给事经义》一卷"见清四库全书本《给事集》卷五",《刘左史经义》一卷"见清四库全书本《刘左史集》卷三",《类大学》五卷"见《朱子语类》卷十四—卷十八"。这类做法或许可以将裁出诸篇各归其类,但是却使原来完整的著作变得支离破碎,这是在著录"旧籍",还是著录"旧篇"呢?而且该馆馆目并不关心从诸集中裁出的篇章是否能独立成书,也不关心从某书中裁出的篇章与未裁的内容或整部著作之间的关系,更不关心裁出的篇章与独立著述是否能并列著录,反正自己觉得"内容或足以资经助史,或可以弘扬诸子百家之义,补苴诗文集之不足"皆分拆出来,那么这是在编纂资料汇编,还是在编写目录呢? 要知道某些书中诸篇卷看似独立,其实合起来方能构成一部完整的著作,如《朱子语类》中诸卷,裁分出来反而让人认为朱子别有一部《类大学》。所以笔者并不认为该目之做法能做到有补于学术,且便于翻检,事实可能正好相反。

一书两见的互著，而这正是章、祁二说在形式上的不同之一，前面已有论及。后世的学者虽然多推崇章氏之说，但对后代编目活动产生影响的却是祁氏之论（主要是别裁丛书）。后世之编目者是暗用祁氏之法而明赞章氏之功的。

最后补充一下，日本很多汉籍分类目录都采用互见之法著录馆藏典籍。如日本《静嘉堂文库汉籍分类目录》(1930)于《(满汉合璧)周易》四卷，既著录于"易类"之下，又著录于"小学类·语学"之下，并于后者加括号注明"易类参照"。《(满文)小学集注》六卷，既著录于"子部·儒家类"之下，又著录于"小学类·语学"之下，并于后者加括号注明"子部儒家类参照"。互见于两类的文献在著录上几乎没有区别。偶有相异处，便是凡是注明"某类参照"者一般无册数的著录，未注明者则有（此处指单刻本，不包括丛书本），这或暗示出编者关于此类互见的看法：互见两处之同一文献是有主次之分的，并非重复著录。另一类互见是类名互见，如经部"二 书类"之"(一)书"下加括号注明"子部术数类参照"；子部"四 农家类"之下加括号注明"史部时令类参照"，子部"一〇 杂家类"之下加括号注明"小学家类参照"，等等。类名互见之下的诸书多不会重复著录，仅仅注明互见类名即可。所以以上"(一)书"下所收诸文献皆不见于"子部术数类"。但是如果两类之中只有部分文献互见，那么便会在互见之文献下注明"某部参照"，这其实与第一种情况相同了。如子部"一〇 杂家类"之"(六)杂编"下虽然加括号注明"丛书部参照"，但又于该类之下的《修山外集》《少室山房笔丛》分别加括号注明"丛书部参照"。今"丛书部"即有此二书，且有具体的子目。需要指出的是，此目大量别裁了丛书子目，但并不被认为是互见。其是目前所知较早以"分类目录"为题名的汉籍目录之一。[①] 何为分类目录呢？该目未加以说明，但吉川幸次郎在为《东方文化研究所汉籍分类目录·坿书名人名通检》(1945)所作的跋文中明确说："曰分类者，丛书子目不复系于大题之下，分别部居，不相

---

① 在其之前的还有《帝室和汉图书分类目录》(1916)、《增加帝室和汉图书分类目录》(1926)。

杂侧，某部有某书，一览可得。"其中"丛书子目不复系于大题之下"显然是指别裁丛书子目的做法。那么，所谓的"分类目录"当指这一类目录①，这其实已经把我们提到的别裁之法上升到了一类目录的高度。可惜在此之后的诸目虽有分类之名，但已多不别裁丛书子目了，仅为依中国传统四部（五部）分类法著录汉籍之目录。再如《内阁文库汉籍分类目录》(1956)于"经·春秋类·谷梁传"《春秋左国公谷分国纪事本末》末注明"史部纪事本末类参照"，今检该类下此书，除全部抄录前类之下该书的所有著录内容外，另增了藏所和册数。显然这是承袭了静嘉堂文库目录的文献互见之法，但整体上该目之互见不多见。

此外，欧美一些汉籍目录虽然未明言采用互见之法，但实际上有类似的功能。杜定友《校雠新义·互著论七之六》有类例之互见、类次目录之互见、种类之互见、书名之互见、著者之互见等多种，②实际已经突破了文献互见的范围，而将索引、辞典的编纂纳入进来了，可以称之为广义互见法。欧美早期的汉籍目录便有这个特点。由于编目者不大熟悉汉籍的特点，且面对的读者是西方学者，所以编目时采用了这类互见之法。

如英国道格拉斯编《大英博物馆藏中文刻本、写本、绘本目录》(1877)便是一部很有代表性的目录。其《前言》云：

（1）本《目录》中著录的书籍根据作者姓名归类，并按照字母排序。

（2）如果作者的姓名没有出现在书名或书籍中的其他任何部分，则该作品将书名中出现的任何人名或国名进行归类。

（3）如果该作品的书名中既无人名又无国名出现，则将书名中的主题词或主要词语作为分类条目。③

这种以人名为单位著录文献的做法是西方人编写西人文献目录时采用的常用方法，而该目的编者亦将之用在了汉籍目录的编纂上。从其著录方法上，

---

① 此类目录还有《尊经阁文库汉籍分类目录》(1934)等。
② 杜定友《校雠新义》卷七，中华书局，1991年，第11—12页。
③ ［英］道格拉斯编，管宇译，彭萍校《大英博物馆藏中文刻本、写本、绘本目录·前言》，张西平主编《欧洲藏汉籍目录丛编》，第1册，广东人民出版社，2020年，第8页。

其广义互见法采用"See 某(人名或书名)"的形式加以表述,具体有以下几种情况:首先是人名与其字、号之间的互见,如"徐介立"条注"See 徐霞客《霞客游记》",此条前面正有"徐霞客"的条目。再如"野鹤老人"条注"See 李坦《增删卜易》",而前面亦有"李坦"的条目。其次是目录中人名与索引中书名的互见,如索引"《茶经》"条注"See 陆羽",而目录"陆羽"条注"《茶经》"。再次是丛书子目与丛书互见,如"张渼"条注"《云谷杂纪》See 叶志诜《海山仙馆丛书》",而后面"叶志诜"条注"《海山仙馆丛书》"。很显然,以上三种情况是为方便检索设置的,即便如第三种,看似与民国以来的别裁丛书的方法一般无二,但实际上这是无意识的。如上面的例子,是先有意识地提取出丛书子目的撰者名"张渼",然后才有这种方式的互见。

再如《林赛文库中文印本及写本目录》采用的是目录之音译书名与索引之中文书名之间的互见,如目录"33.—BRAMCATI, FRANCIS"注"See T'ien shên hui k'o",检其索引中对应的译名便可找到相应的中文书名。①

再如《皇家亚洲学会图书馆藏中文典籍目录》采用的是文献之间的互见,但与中国汉籍目录之互见略有不同。该目诸书以流水号排序,然而由于同一题名之书并没有类聚在一起,所以凡是题名相同或略异而相隔较远者,皆以"See NO. 几"的形式互见,如"404.小学"下云"See NO.129",今检"NO.129"之下为《小学正解》,二书题名略异,但小字解说内容相同,均注明相应的译名和册数。互见之下的二书之注解似乎亦有详略之分,如:

(1)"126.好逑传"下云"See NO.118",今检"NO.118"下《好逑传》下小字解说除了有相同译名、册数的记录外,另有一句"A Tale of Social Life",似为点名主旨,且云"See NO.125②"。

(2)"131.通鉴纲目"下云:"See NO.165, 240",小字解说包括译名、函数及残存卷数等,今检"NO.165"仅有函数和残卷的记录,且云:"See NO.131"。

---

① 然而有的时候目录中本有"See 几"的形式,但在索引中并没有找到相应的记录,如"31.—BEAUVOLLIER, ANTOINE"下注:"See K'ang His",然检索引中无此条。据该目前《引言》所知,这种情况属于书名未知或无书名,且是被图书馆丢弃的来自范·阿尔斯坦藏书中的图书。

② 按,当为"NO.126","NO.125"对应的书名为《鉴史提纲》。

再检"NO.240"小字解说包括译名、撰者、册函数及出版年等,且云"See NO.165"。

从以上诸条可以看到,此种情况下同一文献的互见诸本之下虽有此无彼有的内容,但更有很多重复著录的内容。从频率上看,前者属于偶然,后者方是常态,所以该目的互见与我们所说的互见形同实异,其真正目的是为了使分隔两处的同一题名下的诸本互相照应而已。如果将诸本归于一处,应该不会出现这种"See NO.几"的情况了,而该目后所附按书名编纂的索引正好证明了这一点。

整体上看,西方汉籍目录中体现出的互见之法(偶有别裁)大多与索引密切相关。无索引之目录所收诸文献之互见不过是相互参看,有索引之目录之互见也多为同一书名在不同语言之间的互相对照,这与中国古籍目录互见法(含别裁)中体现出来的文献之间的主次关系和著录上的详略关系是有区别的。而民国以来,现代目录学者在吸收西方目录学的时候,大力倡导索引之法,并因其不显而"苛责中国古代目录学",[①]显然是值得商榷的。

二、"互著""别裁"之法的反思

前面提及,"互著"与"别裁"这两个术语虽然最早由章学诚提出,但是其实际的运用则至少在明代已经开始流行。明人祁承㸁的"互"法不仅与章氏之说有类似之处,而且还较之有更广泛的内涵,并且在实际编目中进行了较为普遍的运用。后世编目很多都在使用祁氏之法别裁丛书,但是很少使用章氏"一书重见"之"互著"法和"裁卷别出"[②]的"别裁"法。即便在民国时期部分图书馆馆员用之进行实际的编目活动[③],但显然成效并不是很大。所

---

① 傅荣贤《中国古代目录学研究》,知识产权出版社,2017年,第37页。
② 为了与前面所说相区别,此处暂用此语,指从某书某卷中别裁出篇章,《国立清华大学图书馆中文书目》便有使用,如从《汉志》中别裁出《汉书·艺文志》而单独著录,这种方法在后世也不使用。影响也不大,故略之。
③ 如程千帆先生主编《校雠广义·目录编》中说:"现代图书馆目录也普遍采用了这两种著录方法。"(河北教育出版社,2001年,第269页),又云:"刘国钧先生在《中文图书馆编目条例草案》《中国图书目条例》确立别裁、互著二例以后,这两个著录方法得到了更广泛的运用。"(同上,第270页)其实实际运用这两种方法的书目屈指可数。

以，我们不得不对这个问题进行深刻反思，即为什么目录学者们均在竭力提倡"互著""别裁"之法，但是实际编目却得不到广泛使用呢？

我们认为，其中最主要的原因就是这两种著录方法从一开始便是从《七略》那里归纳出来，怀着"即类求书，因书就学"的目的进入目录学的。随着后世学者的不断挖掘，变得越来越远离实际，而走向学术层面。那么，如何实现这一崇高的目的呢？关键就是分类，所谓"类例既分，学术自明"是也。所以，一书需要互著，起码就应该有类可归；一书要被别裁，同样也需要找到自己的类属。古人无此类目，可以就该书内容新设一类目；古人类目简略，可以就书籍内容再分一小类，所谓"类例不患其多也，患处多之无术耳"。[①]所以，我们可以看到，有一书两见的书目往往类目众多，看来似乎井井有条，实则翻检甚是不易。同时，一书究竟互见于哪个类目更为合适，诸家之目录往往出入很大。所以得先了解该目的分类法，然后才能看懂该目之互见法。而类目划分本来便不是一件容易的事情。事实上，对于读者而言，"即类求书"才是其最直接的目的，所以类目越合理可行，翻检可能越容易。而不是如某些学者所说的，类目越细，[②]检阅越便。因为后人是去求书的，而不是去求类的。同样，对于编者而言，尤其是编辑一馆目录的馆员，也不是一开始就抱着学术的态度去整理馆藏古籍的，而是想尽可能地详尽全面地反映该馆藏书面貌。因此，无论是对于读者，还是对于编者而言，因类求学均不是其最迫切的需求。同样，与分类直接挂钩的互著与别裁之法也并不是那种馆藏或家藏目录所必须采用的。用之，反而会时时顾忌类目的划分；不用，同样也能较为清晰地反映书籍内容。所以，这里体现的不仅仅是目录学家与实际编目者之间的矛盾，更是体现了目录的编纂究竟是为了辨章学术，还是为了簿录甲乙这两种不同功能的对立。

其次，从著录内容上看，互著与别裁之法主要反映的是书籍内容，而对书籍之外部特征如版本等则有所忽略，也就是说它是在不考虑书籍形式的

---

① （宋）郑樵撰，王树民校点《通志二十略》，中华书局，1995年，第1806页。
② 参见本章第一节相关内容的解释。

前提下进行书籍内容的揭示的。所以，有此两法的目录，往往对版本进行合并著录，如《书目答问》《天津图书馆书目》等。而自从清中期以来，版本项已经成了书目的最为重要的一部分，尤其是善本书目，更以鉴赏版本为第一要务。所以，在这种情况下，如果使用这两种著录方法著录的话，势必会削弱对书籍外部形式的反映，而这正是编目者所无法容忍的。

最后，从著录效果上看，目前明确提出采用了"互著"之法的书目，或多或少均会有以下两弊。一为繁琐，前面已经提及，这种书目十分看重分类，故而为了让这些著录法能够落到实处，他们费尽心思设置了很多很多类目，故而不仅使得一书的著录越来越趋向繁琐，而且也使得读者在翻检时程序繁琐，显得似乎是为了分类才著录书籍，而不是为了著录书籍才分类，如《国立清华大学图书馆中文书目》一目，设类之多，连其编者都认为很繁多，所以不得不另编各种索引以辅助之。二为不科学，一书两见或单卷别出的目的是为了能通过归类来体现书籍的基本内容的，然而这些类目究竟能否或多大程度反映出该种书籍的内容，本身也是一个值得怀疑的事情。一书应该归入哪一类，本来便是见仁见智的，这与编者的学识、能力及编纂态度有关，这里就带有了很强的主观性。例如章氏认为，《尔雅》与本草类可以相资为用，可是刘咸炘先生则云："如《尔雅·释天》《释草》记名物之书，非天文农家专门也。若《释草》可入农家，农家固不止草，《释木》亦可入矣，医家亦需草木，二篇又可入医家也。"①即便编者认为其分类很合理，但是对于别人来说，还是有值得商榷的地方的。

由此可见，传统的互著与别裁之法并不是两种为实际编目过程服务的著录方法，而是与学术研究息息相关的，或者是从学术的土壤里滋生出来的著录方式。正因如此，如果严格遵循章氏之论进行书籍著录，那便会产生很多问题，民国以来的目录实践活动便证明了其不适用性。所以只能进行改良，方可实用。需要说明的是，后世对丛书的别裁在本质上不属于章氏所

---

① 刘咸炘著，黄曙辉编校《刘咸炘学术论集（校雠学编）》，广西师范大学出版社，2010年，第103页。

说的别裁之法,子目与丛书的两见也不是其互见之法,因为这两种形式并不是从书籍内容上进行的,很多丛书子目本来就是原本独立的著作。祁氏将之归入了"互"法,与单篇互见并列,这是他在长期的编目实践中总结出来的规律,是符合书籍的实际的。所以清代以来一直使用之。

三、"互著""别裁"之法的改进

传统的文献著录之法既然如前所说存在一些缺陷,很多学者对之存在一些误解,那么,这是否意味着该著录方法在文献著录上并不合适呢？答案自然是否定的。前文说到,我们现在所说的"互著""别裁"之法,其实是祁氏的"互""通"法,主要用来别裁丛书子目的。但其由于在具体使用过程中存在一些不足,所以需要在此基础上稍加改进。

首先,互著、别裁之后的文献在著录上需要标准化。

前文提及,祁氏之法虽然在实际著录中很实用,但是其自己的书目却无法做到规范著录,然而新中国成立以来的很多目录在采用这种方法拆分丛书时基本能够做到这一点。所以在遇到一部文献来自某丛书,它们大都会在其版本项注明"某某丛书本",或者在附注中稍加注明。如《文字音韵训诂知见书目》编例第 3 条云:"(丛书)子目属本书目所录范围者均予析出,各入其类;合刻而无总名以及附刻之书,其内容跨类者视需酌予析出,俾便省览。"此为该目对著录方法的说明。具体到所著录的文献如 02243《大广益会玉篇》版本著录为"清康熙四十五年曹寅扬州使院刻曹楝亭藏书五种本",而在 00004《曹楝亭藏书五种》子目下又著录此书,显然前者是从后者那里别裁出来的。① 这是用别裁的方法将丛书子目从丛书中分离出来。然而换个角度看,它还是一种互著,就《大广益会玉篇》一书而言,其在该目中被当做一部文献单条列出,同时又作为子目出现在《曹楝亭藏书五种》中,这相当于一部文献被同时著录了两次,但这并非重复著录,而是有主次之分的著录。同

---

① 该目在处理这方面问题上做得很好:凡别裁出的子目没有注明藏地,而所属丛书则既详列子目,也有相应的《丛书收藏单位表》注明藏地。

时，这种著录旨在子目与丛书之间建立一种关系，使得此种文献与其相关文献能够彼此呼应。

但是这里需要注意，如果某一藏书单位仅仅藏有来自某丛书的一部文献，而没有藏有该丛书，那么这种情况只属于丛书零种，相应地，这种著录方法也不属于互著、别裁之法。即便某一藏书单位两种情况都有，那么也需要考虑该馆是否有别裁丛书的动机，否则也会将丛书零种当作别裁出的丛书子目看待的。

其次，互著、别裁之法在解题目录中的运用。

除了这种常见的互著别裁之法外，还可以将此法拓展。笔者在编目实践中发现，这种方法还可以使用在文献的解题当中。

第一，在使用别裁之法的时候，我们需要分清哪些丛书需要拆分子目，哪些不需要。不当拆者如《小学钩沉》《小学搜逸》等所谓的辑佚丛书，虽然辑录了多种前代亡佚字书，但每种字书多为只言片语，已非原书面貌。倘若用别裁之法一一著录这些子目，有名不副实之嫌，因为每一子目已经不是一部完整、独立的著作了。所以，这类丛书最好当作一种文献看待为好，而不应该将其当作丛书。《中国丛书综录》《中国古籍善本书目》等大部分古籍目录将之作为丛书的一个类别亦不甚妥当，因为似乎它们并没有看到这类书所收子目的特殊性。

第二，当裁之丛书便是那些汇聚内容完整且可以单篇别行子目的丛书。被裁之丛书与裁出之子目除了如上进行互著之外，其版本解题上尚可进一步实现互著。这里还需要分为两种情况：

第一种情况是丛书诸子目之行款版式完全一致或基本一致，此种情况下可以在丛书之下详细描写该丛书之基本版本状况，而在诸别裁之后子目下注明"行款版式见某丛书"。若有差异，仅将差异之处列出即可。行款版式完全一致者如清嘉庆十八年(1813)刻士礼居丛书本《三经音义》，包括《孝经今文音义》《论语音义》《孟子音义》等三种，行款版式基本一致，皆为半叶十行，行约十七至十八字不等，大小字不等，左右双边，白口，线鱼尾(偶有单黑鱼尾)。那么在该丛书之下将这些信息分别著录清楚便可，而相应的诸子目之下仅注云"行款版式见《三经音义》"和其差异之处如卷端题名等。行款版式基本一致者如清康熙四十五年(1706)曹寅扬州使院刻《楝亭五种》，包括《大广益会玉篇》三十卷、《大宋重修广韵》五卷、《集韵》十卷、《类篇》十五卷、《附释文互注礼部韵略》五卷等五种，诸子目版式有两类：前四种为一类，皆为半叶八行，行约十六至十七字不等，大小字不等，左右双边，白口，线鱼尾；后一种为一类，为半叶九行，行约十二字，左右双边，白口，双对黑鱼尾，末卷有"楝亭藏本丙戌九月重刊于扬州使院"的牌记。那么在该丛书之下将这些信息分别著录清楚便可，而相应的诸子目之下仅注云"行款版式见《楝亭五种》"和其差异之处如卷端题名、里封等。再如清康熙间张士俊泽存堂刻《泽存堂五种》，包括《大广益会玉篇》三十卷、《广韵》五卷、《佩觿》三卷、《群经音辨》七卷、《字鉴》五卷等五种文献，其行款版式有两类：前四种为一类，皆半叶十行，大小字不等，左右双边，白口，单黑鱼尾；后一种为一类，为半叶八行，大小字不等，四周单边，白口，单黑鱼尾。那么，在该丛书之下将这些信息分别著录清楚便可，而相应的诸子目之下仅注云"行款版式见《泽存堂五种》"和其差异之处如卷端题名、里封等。此种情况下的丛书之子目多为同一主持者在同一理念之下上版开雕的，所以在版式、文字上能够基本保持一致，这使其在别裁之后可以进行统一著录。

第二种情况是丛书诸子目版式大多不一致，这种情况下则在丛书之下注明"诸子目行款不一，详见子目诸条"即可，而在别裁出的子目之下详细描写其版本情况。如清嘉庆九年(1804)姑苏王氏聚文堂重刻《十子全书》，包括《道德经评注》等十种文献，行款版式上有半叶九行、十行、十一行三种类型，而同一行款之下诸书版式亦有不同，如九行之下又有单白鱼尾和单黑鱼尾之分。此外，尚有天头有评点和无评点之别。此种情况下，只需在《十子全书》下注明"诸子目行款不一，详见子目诸条"，而在诸子目下分别描写各自版式即可。再如清嘉庆道光间刻《陈氏丛书》，包括《屈辞精义》等八种文献，行款版式上亦有半叶八行、九行、十行三种类型，而九行之下又有左右双边和四周双边之分，所以这种情况之著录方式亦同上书。

由上可见，通过以上处理之后，解题上的别裁、互著之法不仅能够做到主次之分,也能避免重复著录。丛书之别裁子目并非一件容易之事,稍一不慎,便会误裁,所以一定要详加斟酌。此外,附刻、合函文献也可进行类似的处理。

小学文献在著录方法上并没有什么特别之处,所以以上诸讨论皆适合该文献的著录。我们前面有意多选相关小学文献为例加以说明,是为了更能够结合本节主题。

第四节 小学文献之分类研究

分类之"类"①的本字,学者认为是"頪"。②《说文》卷九上页部"頪"字云:"难晓也,从页米。一曰鲜白皃。从粉省。"段注云:"谓相似难分别也。頪、类古今字。类本专谓犬,后乃类行而頪废矣。"又云:"页犹种也,言种繁多如米也,米多而不可别,会意。一说黔首之多如米也,故曰元元。"③朱骏声《说文通训定声》云:"此字从页米声,谓相似难分别,皆以类为之。"④由此可见,"頪"之本义为难晓,后引申为类似、类比⑤之义。关于其本义,传世文献用例难寻,然而出土文献却可得到很好的证明,⑥试举几例加以说明:

(1)《叔尸镈》:"造而佣剢,毋或丞**頪**。"(《集成》285.8b—7)⑦
(2)《叔尸钟》:"造而佣剢,毋或丞**頪**。"(《集成》277.2b—6)⑧

---

① 按,为论述该字之来源及字际关系,以下部分引文会使用繁体。
② 按,王筠《说文释例》推测今本《说文》"盖本文或有夺误,从米不可晓也",马叙伦怀疑"頪本是颣之重文"(古文字诂林编纂委员会编《古文字诂林》,第 8 册,上海教育出版社,2003 年,第 34 页)。又下文"类"字,王筠《说文释例》认为《说文》解说"似涉迂曲",并推测许氏原本如《庄子》之说,而"今本乃烂脱之后人杜撰乎?"马叙伦进而推测"种类字当为伦"(同上,第 609 页)。然伦、类字虽义近,但"伦"亦为后起分化字,其本字为仑。
③ (汉)许慎撰,(清)段玉裁注《说文解字注》,上海古籍出版社,第 421 页。
④ (清)朱骏声撰《说文通训定声》,武汉古籍书店,1983 年,第 575 页。
⑤ 按,林义光《文源》(《古文字诂林》第 8 册,第 33 页)云:"页米者视米之象,米繁碎难审视,故训为难晓,类从頪得声,类似之义,亦从难晓引申。"
⑥ 按,该字形最早出现于西周中期《頪簋》:"頪作旅彝"(《集成》865),但用作器主名,意义不明,故略之。
⑦ 中国社会科学院考古研究所编《殷周金文集成释文》第 1 册,香港中文大学中国文化研究所,2001 年,第 253 页。
⑧ 同上,第 246 页。

(3)《郭店简·缁衣》:"为上可望而知也,为下可**頪**而志也。"(第3简)

(4)《郭店简·尊德义》:"仁为可亲也,义为可尊也,忠为可信也,学为可益也,教为可**頪**也。"(第3简)

以上四例中,(1)(2)为春秋晚期时器,其中"丞頪"一句,郭沫若《两周金文辞大系》引《说文》"頪,难晓也",认为"'丞頪'犹言痴迷"。① 于省吾、杨树达等学者都有类似的看法。② 若此说无误,那么,"頪"之难晓义便有较早的用例了。之后,该字的意义在战国晚期楚简里出现了变化。如(3)(4)例之"可頪"之"頪",皆为类比之义。同时,相似之义又很容易引申出物类、种类之义。换句话说,即"指具有某种共同属性的个别事物的集合",③如《郭店简·性自命出》:"圣人比其頪而论会之。"(第8简)又"爱頪七,唯性爱为近仁。智頪五,唯义道为近忠。恶頪三,惟恶不仁为近义。"(第13简)④再如《清华简八·邦家之政》:"上下绝德,如是,其頪不长乎?"(第11简)

秦汉以后,类似、物类等义多由"類"字承担,⑤而"頪"字则逐渐被废止,这在出土文献中便有体现,如《睡虎地秦简·封诊式·穴盗》"其所以埱者類旁凿"(第76简)、"類足距之之迹"(第80简),《张家山汉简·奏谳书》"阑与清同類"(第24.25简)"其齿類贾人券"(第202简),等等⑥。传世的先秦典籍则无一例外都用此字形表示以上诸义,如《周易·系辞传》"方以类聚,物以群分",《左传·成公四年》"非我族类,其心必异",《韩非子·难言》"多言繁称,连类比物",等等。考《说文》卷十犬部"類"字云:"种类相似,唯犬为甚,

---

① 郭沫若《两周金文辞大系图录考释·叔夷钟》,《郭沫若全集·考古编》第八卷,科学出版社,2002年,第441页。
② 于省吾《双剑誃吉金文选》卷上之一(中华书局,1998年,第92页)《叔弓镈铭》亦引《说文》,认为"毋或丞頪"句为"好士养客毋受其愚惑也"的意思。杨树达《积微居彝器铭文说·叔夷钟跋》(《岭南学报》1950年第2期,第44页)认为此句中"丞……騃也,痴也。頪,难晓也。二字义同"。
③ 俞君立、陈树年主编《文献分类学》,武汉大学出版社,2001年,第1页。
④ 以上又分别见《上博简·性情》第8简和第19简,文字皆同。
⑤ 当然,亦有不作此形,但为该形之异体者,如定州汉墓竹简《论语》"有教无類"之"類",作"額",等等。但比起"類"形,显然与"頪"形差异较大。
⑥ 此外,《马王堆汉墓帛书竹简》、《居延新简》(E.P.T51:341)等都有此字。

从犬頪声。"①显然为解释"類"字之造意。从形义演变的角度看,该字形当为秦汉时期由"頪"形分化出来承担其引申义的一个后造字形。②

以上是"类"字形义演变之基本状况,而所引诸文献同时也展现了我国古人很早就重视通过一定的关联将万事万物进行分类和归类,进而认识和区分事物并把握规律以指导社会生活,由此也逐渐形成了"类"的观念。在这种观念之下,社会、文化皆有自己的类属,所以《荀子·礼论篇》云"礼有三本……先祖者,类之本也",③此为族类;《荀子·劝学篇》云"草木畴生,禽兽群焉,物各从其类也",④此为物类;《周易·系辞传》云:"子曰:夫易,……其称名也小,其取类也大",⑤此为象类;《尚书》云:"洪范九畴",伪孔传:"畴,类也。"孔疏云:"畴是辈类之名,故为类也,言其每事自相类者有九。"⑥此为事类;《郭店简·性自命出》云"爱頪七,唯性爱为近仁。智頪五,唯义道为近忠。恶頪三,惟恶不仁为近义",⑦此为德类。这些在不同领域中所反映出的类属观念在书籍的编纂中都有所体现。以小学文献而言,训诂之祖《尔雅》便是一部按义类编纂的经典著作,《释诂》《释言》《释训》以类聚一般词语为主,《释亲》以下十六篇以类聚专有名词为主。之后《方言》《释名》《广雅》等

---

① 按,段注云:"《广韵》引无'声'字。按,此当云'頪亦声'。"
② 按,《章太炎说文解字授课笔记》(章太炎讲授,朱希祖、钱玄同、周树人记录《章太炎说文解字授课笔记》,中华书局,2008年,第370、409页)中"頪"字,【朱一】【钱二】云:"既有此'頪',从犬之'類'可不用。"【钱一】云:"頪,通語;類,别言。种類。"又"類"字,【朱一】云:"种類指犬,其他当作頪。"【朱二】云:"類训善者,古以子肖父为善,不肖为不善,肖与類同。"【钱一】云:"類,犬類(别);頪,一切之類(通)。毛传训善之义,段注不错。"由此可知,章太炎虽然将二字的关系理解为泛指与特指之别,但其实已经暗指二者都有种类、相似之义。然而《文始》又认为"類"训"种類相似",为"靁"之孳乳字,"頪"训"难晓/相似"又是"類"之变易字。二字之关系又与《笔记》之说有异。后来王宁先生《释类》(收入《训诂与训诂学》,山西教育出版社,1994年,第212—213页)认为,"'类'的音义来源于'雷'。……'类'由'雷'派生,二字在古代同源通用。……雷声相同而连续,所以有'雷同'之义,'类'即是将相同的东西归纳到一起,称为同类。"显然本自章氏《文始》之说。
③ (清)王先谦撰,沈啸寰、王星贤点校《荀子》,中华书局,1988年,第349页。
④ 同上,第7页。
⑤ (魏)王弼、韩康伯注,(唐)孔颖达等正义《周易正义》,清嘉庆间阮元校刻重刊宋本十三经注疏本。
⑥ 传(汉)孔安国传,(唐)孔颖达等正义《尚书正义》,清嘉庆间阮元校刻重刊宋本十三经注疏本。
⑦ 荆门市博物馆编《郭店楚墓竹简》,文物出版社,1998年,第180页。

皆以类聚某些词语为主而编纂的文献,渐渐形成了训诂一大类别。而《说文解字》以五百四十部据形系联群字的一部文字学著作,其《叙》称"分别部居,不相杂厕。万物咸睹,靡不兼载",①《后叙》称"其建首也,立一为端。方以类聚,物以类分。同条牵属,共理相贯。杂而不越,据形系联",②显然据形分部的做法也有分类的观念存在。之后的《字林》《玉篇》等皆是按部编排的文献,渐渐形成了文字一大类别。除了这种字书编纂外,类的观念之下还形成了为方便检寻而编成的"类事之书",即类书。此种书自《皇览》之后历朝皆有,宋明以来更加兴盛,成了一种"兼收四部而非经、非史、非子、非集"③的特殊文献。有文献编纂,必有文献的分类,而类的观念亦对之深有影响。姚名达先生云:"分类之应用,始于事物,中于学术,终于图书。"④反过来可以说,图书之分类,源于学术思想之分类;学术思想之分类,源于世间万物之分类。而事实也正是如此。一代之目录分类,莫不受当时学术文化的影响。如《七略》六分法之于汉代经学⑤,南朝目录四分法之于宋文帝时文、儒、玄、史四学并立,等等。故而,欲探讨古代目录之分类演变,首先应该明确其分类渊源及思想。

那么,什么是文献(图书)分类呢?孙冰炎《图书分类学》云:"图书分类是以图书的科学知识内容和其他某种属性为划分标准,按照一定的图书分类法,把相同属性的图书归在一起,区别于其他类的图书。也就是用分类的方法科学系统地组织和揭示图书。"⑥俞君立、陈树年《文献分类学》云:"文献分类就是以文献分类法为工具,根据文献所反映的学科知识内容与其他显

---

① (汉)许慎撰,(清)段玉裁注《说文解字注》,上海古籍出版社,第764页。
② 同上,第781页。
③ 见《四库全书总目·子部四十五·类书类》小序。
④ 姚名达《中国目录学史》,上海古籍出版社,2002年,第49页。
⑤ 按,傅荣贤先生《中国目录学研究》(知识产权出版社,2017年,第217—218页)认为"《七略》之六分,主要是从'尚六'思想以及学术二分的基本部类推衍而来的""《七略》的六分体系,当是'汉承秦制'的'尚六'思想在文献分类中的反映"。可备一说。但"汉承秦制"之说言西汉初尚可,《七略》成书已晚至西汉末年,为何还要远承秦制呢?笔者以为,《七略》六分法是否来源于古文经学逐渐兴盛之时的《周礼》之"六义"或"六书"呢?无论从时代,还是文献的关系上(刘歆《七略》与刘歆《周礼》之学),《周礼》中"六"的观念比秦制之"尚六"更能直接影响到刘歆《七略》的分类。
⑥ 孙冰炎《图书分类学》,高等教育出版社,1992年,第15页。

著属性特征,分门别类地、系统地组织与揭示文献的一种方法。"①李致忠先生亦云:"所谓分类,是指在著录图书项目时,就要把一书所应归入的部、属、类详细注明,以便编目时类归图书。"②同时,李先生还把章学诚所说的"辨章学术,考镜源流"也当成了分类的要求,即前者指"图书的学科分类",后者指"同类图书的排列体系"③。以上诸家所论,均在强调图书分类的科学性或系统性,对我们古籍分类的研究具有很大指导性和启发性。

而目录分类之重要性,诸家亦多有强调。如姚名达先生云:"目录之两大要素,曰分类,曰编目。有书目而不分类,未得尽目录之用也。"④来新夏先生亦云:"在古典目录书中,分类和目录几乎成了骨肉不可分的关系。如果只有分类而没有形成目录,那么所分之类只能是一时的安排,而不能比较稳定地自成体系;如果只有随意登录的图书目录,而并未加以分类编排,那么这种目录必然是混乱杂陈,无法区别和检用。"⑤可见,目录分类在目录学家眼中的地位是很重要的。宋代的郑樵和清代的章学诚应该是对图书分类最为推崇的两位学者。郑樵于《通志·校雠略》中多次强调"类例"的重要性,如于《编次必谨类例论六篇》开篇便云:"学之不专者,为书之不明也。书之不明者,为类例之不分也。"又,"士卒之亡者,由部伍之法不明也。书籍之亡者,由类例之法不分也。类例分则百家九流各有条理,虽亡而不能亡也。"又,"欲明地者在于明远迩,欲明书者在于明类例。"⑥又,"类例既分,学术自明,以其先后本末具在。"⑦章学诚《校雠通义》于"宗刘第二"亦云:"然家法之不明,著作之所以日下也;部次不精,学术之所以日散也。"⑧以上两家虽然重

---

① 孙冰炎《图书分类学》,高等教育出版社,1992年,第2页。
② 李致忠《古书版本学概论》,书目文献出版社,1990年,第269页。
③ 按,李先生对"辨章学术,考镜源流"的解释虽为一家之言,但恰好却适合我们的讨论,故引述于此。
④ 姚名达《中国目录学史》,上海古籍出版社,2002年,第48页。
⑤ 来新夏《古典目录学浅说》,中华书局,第153页。
⑥ 以上均见(宋)郑樵撰,王树民校点《通志二十略》,中华书局,1995年,第1804页。
⑦ 同上,第1806页。
⑧ (清)章学诚著,王重民通解,傅杰导读,田映曦补注《校雠通义通解》,上海古籍出版社,2009年,第7页。

在从学术史的角度探讨典籍分类的重要性,其所提出的"类例"亦在强调隐藏在分类背后的学术源流,但是这无疑从学理上为我们指出了分类在目录编制中的重要性。

我们的先人很重视典籍目录的编制,故而流传下来的目录亦多不胜数。前面亦已提及,如果按照编制时间分,宋代以来均有目录;如果按照编纂者来分,又可分为史志目录、公藏目录和私家目录等三大类。由于学术背景、编制目的及编纂者身份的不同,诸种目录在具体的分类上便呈现出不同的分类特点。故而本章首先综述历代目录书中"小学类"的分类状况和不同研究者对"小学类"的分类态度。

一、"小学类"在古代目录书中的分类状况

我们论述历代目录书的分类状况时,主要是介绍那些对分类状况有明确说明的目录书。故而以下所论,虽不能一一列举诸朝目录分类之基本状况,但足以反映一代目录分类之一般风貌。

关于这个问题,学界亦有所讨论,如赵丽明《附庸与反附庸的"小学"——"小学"在历代书目著录分类中的地位》二文(《清华大学学报(哲学社会科学版)》1988年第4期、1989年第1期)、李甦《我国古代小学类文献著录发展源流考述》(《图书馆工作与研究》2008年第3期)、任娟《明代书目著录之小学类韵书的变化》(《绵阳师范学院学报》2011年第12期)等,但多在从整体上梳理"小学"类在历代书目著录的整体分类或归类状况,考辨甚少,故本节略参考之。

(一) 唐以前目录书对"小学类"的分类状况

学界一致认为,最早的目录著作当是刘向《别录》和刘歆《七略》,可惜皆已亡佚,前者仅有若干佚文存世,[①]后者则为《汉书·艺文志》所删并(以下简称"《汉志》"),所谓"今删其要,以备篇籍"是也,故从《汉志》也可以看到《七

---

① 姚振宗有《七略别录佚文》一书,辑佚有关《别录》佚文最为完备,收入《师石山房丛书》内,可参看。

略》的分类特点。今考《汉志》虽然设有"小学"一类,但是并无对其分类的具体阐释。但从其所收录的诸多文献看,其将《尔雅》归入"孝经类",而"小学类"仅收起《史籀篇》至杜林《仓颉故》共十二种有关六书的文献。严格来说,此"小学类"并无明显的次级分类。后人多认为《汉志》于此类专收童蒙识字之书,故往往与蒙书相混。

今按,《汉志》于该类末附有一篇小叙,专门梳理"小学"之源流和小学文献的在汉代的流变,一则曰"《周官》保氏掌养国子,教之六书",再则曰"太史试学童,能讽书九千字以上,乃得为史",三则曰"《史籀篇》者,周时史官教学童书也",似乎这些书真的最初皆为童蒙识字而编。但是,细究起来,实有可疑。

首先,该叙首引《周易》所云书契兴起之功能和原因,次论六书、六体的内容,然后论述汉代几部小学书。细心推究,该叙与其说是在论述童蒙书的演变过程,还不如说是探讨字书的演变过程。而且,该叙还云:"古制,书必同文,不知则阙,问诸故老;至于衰世,是非无正,人用其私。"很明显,此句是探讨文字的变化的。又,"臣复续扬雄作十三章,凡一百二章,无复字,六艺群书所载略备矣。"班固之书是续扬雄的《训纂篇》而作的,作的目的是"六艺群书所载略备",专门收集六艺群书的文字的,由此逆推,《训纂篇》亦大概以此为目的。所以倘若此类书专为童蒙而作,也用不着如此备载六艺之典籍中字了。

其次,从这些典籍的撰者身份来看,《史籀篇》为史官所作,《仓颉篇》为丞相所为,《爰历篇》为车府令,《博学篇》为太史令,《急就篇》为黄门令,《元尚篇》为将作大将,可以看到,这些人身份不一,有高有低,那么他们是出于什么目的来编纂这些典籍的呢?如果这些典籍仅为童蒙而设,那又用得着如丞相之类的人来编纂它们吗?

再次,在现在发掘的墓葬中,有很多均发现了《仓颉篇》《急就篇》的残简。倘若这些典籍专为童蒙而编,那么墓主为何要将之带入墓中呢?有此三疑,足证《汉志》所设的"小学类"中的文献并非仅仅是童蒙识字之书,而是还有别的用途。那么,它是哪种性质的文献呢?我们认为,这类文献从一开始便是规范用字的字书,即后世所说的形体笔画之书,不仅为童蒙识字所用,一般文法吏也要参考。其收字的来源是"六艺群籍",故多存古字。武帝以后随着儒学之独尊,此类书也被用于解释经典,故后世陆续有所增续。大概当六艺诸书成为儒家经典以后,小学诸书因为是辑自前者而成,刘歆《七略》、班固《汉志》便将"小学类"附于"六艺略"之末了。

考《汉志》此叙云:"汉兴,萧何草律,亦著其法,曰:太史试学童,能讽书九千字以上,乃得为史。又以六体试之,课最者以为尚书、御史、史书令史。吏民上书,字或不正,辄举劾。"①《史记·太史公自序》云:"于是汉兴,萧何次律令。"又,《汉书·刑法志》云:"于是相国萧何捃摭秦法,取其宜于时者,作律九章。"文献中多有萧何制汉律的记载。萧何所作《九章律》,乃是损益秦律而成,而据上引《汉志》,萧何也效法周代保氏教育国子的六书制定法律,并且运用于测试学童、选拔官吏,这不能不让人联想到秦代"以吏为师"的教育制度,而汉初大概亦承袭其制。由此可以推断,当时所谓六书、六体等均与律令文书相关,其中的"学童"也是学习法令的那部分人。而上文的"丞相""太史"等的司职亦证明了这一点,据傅荣贤先生研究,西周"太史"的"职掌总体上关乎礼、法两个层面……从法的角度看,太史主要是通过职掌'法'类文献及其复本以供'辨法者考焉''辨事者考焉'",②而"秦至汉初充任丞相、御史大夫者往往都是明习法律之人"。③ 既然李斯、胡毋敬等均是法律出身,那么可以推断,其所作的《仓颉篇》《博学篇》等应该也是教育官吏的习字之书。而现在出土的《仓颉篇》《急就篇》之墓的墓主们,据学者研究,也多为掌管法律文书的官吏。而庆幸的是,张家山汉简中出土的《二年律令》内,有《史律》一书,其中有些字句恰好可以与《汉志》之文相互印证。④其云:"史、卜子年十七岁学。史、卜、祝学童学三岁,学佴将诣大史、大卜、大祝,郡史学童诣其守,皆会八月朔日试之。试史学童以十五篇,能风(讽)书五千字以上,乃得为史。有(又)以八体试之,郡移其八体课太史,太史诵课,取最一人以

---

① 此段文字亦见于《说文解字叙》,文字略有出入。
② 傅荣贤《出土简帛与中国早期藏书研究》,知识产权出版社,2013年,第62页。
③ 同上,第164页。
④ 按,《说文解字叙》云:"学僮十七已上,始试,讽书九千字,乃得为史",与《汉志》、张家山汉简内容相似,略有出入,大概许氏参之诸书而成此叙。

为其县令史,殿者勿以为史。三岁壹并课,取最一人以为尚书卒史。"①两文相校,文字有出入,内容大致相当,但汉简提供了更丰富的细节。首先,《汉志》于《周礼》保氏教国子六书之后,接下来便是"太史试学童,能讽书九千字以上,乃得为史",似乎学童便是儿童,但是通过汉简我们才知道,这些学童从十七岁开始学习,三年之后即在十九岁时才参加太史的测试,可证此学童定非童蒙。其次,汉简虽然未云"十五篇"具体指哪些内容,但从太史所试八体推知,大概也是文字笔画之书,大致与《仓颉篇》等书相当。再次,学童测试通过后,会担任"县令史""尚书卒史"等职,《汉志》称作"史书令史",其中,"令史"一职,据学者研究,在秦代主管文书档案、司法审判等工作②。汉承秦制,大致也任这方面工作。所以,由以上三点可证,《仓颉篇》诸书,具体而言,是供学习法律文书之人学习字形笔画之字书,或称之为正字之书。③ 法律文书乃治国之要,一字一词均关系到案件的审判,故而特别强调文字之规范,所以《汉志》所说的"字或不正,辄举劾"便可理解了。而且,《仓颉篇》《急就篇》的出土也因此可以得到解释,正因为那些墓主多为掌管法律文书之官吏,而这些书又是规范文字之书,故而他们生前需要时时翻阅,死后也就作为陪葬品入墓了。

《汉志》以后,目录遂多。至晋荀勖《中经·新簿》分四部,李充更乙丙之后,四部分法便大行其事。南朝代有目录,或遵四部,或依《七略》,虽于目录学贡献颇大,但对"小学类"之分类说法甚少,④故略之。

---

① 张家山二四七号汉墓竹简整理小组《张家山汉墓竹简〔二四七号墓〕(释文修订本)》,文物出版社,2006年,第80—81页。按,赵平安先生引《史律》文认为《史籀篇》为太史教史学童的教材,非字书,见《新出〈史律〉与〈史籀篇〉的性质》(收入《隶变研究》,河北大学出版社,2009年,第169页)。我们则认为,《史律》为汉代律法,引此以证《史籀篇》的性质有点不妥。如果要证明,也只能说明《史籀篇》为学法之人的习字之书,而非史之书。观该简文中太史试学童的内容便可知。
② 刘向明《从秦律看县'令史'一职》,《齐鲁学刊》2004年第3期。
③ 范国强《论史游章草〈急就章〉之真实性》(《东方艺术》2007年第12期)云:"汉代字书,合识字习书为一体,务适时要,其书体不一而类。虽为习教之资,实亦以正定文字,规范书写。"其说可供参考。
④ 据《隋志》称《中经·新簿》"一曰甲部,纪六艺及小学等书",王俭《七志》"一曰《经典志》,纪六艺、小学、史记、杂传"。又释道宣《广弘明集》卷三所辑阮孝绪《七录·经典录内篇一》:"小学部七十二种,七十二帙,三百一十三卷。"以上诸目皆有"小学"一类,但都没涉及具体的小类。

目录学史上明确对小学类再进行分类说明的，应首推《隋书·经籍志》（以下简称《隋志》），其小序云：

(1) 其字义训读，有《史籀篇》《仓颉篇》《三仓》《埤仓》《广仓》等诸篇章，训诂、《说文》、《字林》、音义、声韵、体势等诸书。

(2) 自后汉佛法行于中国，又得西域胡书，能以十四字贯一切音，文省而义广，谓之婆罗门书，与八体六文之义殊别，今取以附体势之下。

(3) 又后魏初定中原，军容号令，皆经夷语，后染华俗，多不能通，故录其本言，相传教习，谓之"国语"，今取以附音韵之末。

(4) 又后汉镌刻七经，著于石碑，皆蔡邕所书。魏正始中，又立三字石经，相承以为七经正字。后魏之末，齐神武执政，自洛阳徙于邺都，行至河阳，值岸崩，遂没于水。其得至邺者，不盈太半。至隋开皇六年，又自邺京载入长安，置于秘书内省，议欲补缉，立于国学。寻属隋乱，事遂寝废，营造之司，因用为柱础。贞观初，秘书监臣魏徵，始收聚之，十不存一。其相承传拓之本，犹在秘府。并秦帝刻石，附于此篇，以备小学。

上引《隋志》之文可分为四部分，其中第(1)部分可称为总论，明确将"字义训读"之书分为"诸篇章"与"诸书"两部分，而(2)至(4)部分则又分别将婆罗门书附于"体势"，国语附于"音韵"，石经附于篇末，可见，其的确有明显的分类意识。今再检其所录小学类文献，自《三仓》至《草书千字文》诸书，即其所谓"诸篇章"；自《字指》至末附石经，则其所谓"诸书"，而该类之下所录文献，亦大体遵小序之说进行排列。故而我们可以说，《隋志》对小学类文献的分类是有理论指导的。

姚名达先生《中国目录学史》云："自《隋志》规定四部四十种之分类法后，乾封、开元、天宝、贞元、开成，秘府几经校理，其所著录，殆无不一准《隋志》。"[①]故探讨小学目录分类，应该从五代目录起。五代后晋时官修《旧唐书》卷四六《经籍志上》"总序"云："十一曰诂训，以纪六经、谶候；十二曰小

---

① 姚名达《中国目录学史》，上海古籍出版社，2002年，第83页。

学,以纪字体、声韵。"观此语,似乎小学类有"字体""声韵"两类;而小学类之末云:"右小学一百五部,《尔雅》、《广雅》十八家,偏傍、音韵、杂字八十六家,凡七百九十七卷。"则先分两大类,而后者又细分偏傍、音韵、杂字等三小类。但检其所录之书,总数不止一百五部,而《急就章》《凡将篇》《千字文》之类又非以上诸类所能容纳,故可知其分类前后抵牾,书种亦不合实际,后世学者斥其记载粗糙,于此可见一斑。

《隋志》不仅影响到了之后的公私藏目,同时也影响到了海外汉籍目录,最早也是最直接的便是日本藤原佐世编的《本朝见在书目录》。该目虽然没有明确提及其分类思想,但从其分类实践看,与《隋志》大致相同:《尔雅》《广雅》《释名》等书归入"八 论语家",余诸字书皆入"十 小学家",诸书之顺序亦大致同前文所说。但亦有相异者,如开篇《博雅》十卷,《注博雅》十卷,按其例,当附论语家。今入小学家,显然是自乱其例。再如小学类之末有《诗经》十八卷,《诗品》三卷等多部品评诗文之著作,《隋志》归入集部·总集类,而该目"总集家"有《文心雕龙》十卷,又与《诗品》等相出入,显然也是自乱其例。这些问题的存在,显示出该目在分类上是不够严密的。

附:《尔雅》在《汉志》《隋志》中的归属问题研究

《汉志》《隋志》是古典目录学成立的基础,故而历来对其各方面的研究都很全面而深刻。而对某书的具体归属问题上,最为受人关注的便是《尔雅》之属了,该类唐宋之后归于训诂类,而《汉志》附之于《孝经》之后,《隋志》附之于《论语》之后,均不将之归入小学类,其间原因,诸家见仁见智。归纳起来,主要有以下几点:

其一,认为二者合为一类是后世流传或缮书者致误。

章学诚《校雠通义》于"焦竑误校汉志第十二"中认为:"《汉志》于此一门,本无义理,殆后世流传错误也。盖《孝经》本与小学部次相连,或缮书者误合之耳。"在他看来,《汉志》将该《尔雅》等附于《孝经》后,是后世流传或抄书时所误。这是他过分推崇《汉志》所致,将错误归之后人而开脱刘氏父子。同样,《汉志》中与《尔雅》同归附《孝经》的《古今字》和《小尔雅》两书在他看来也归类不当,因为《小尔雅》,训诂类也,主于义理;《古今字》,篆隶类也,主于形体。则《古今字》必当依《史籀》《仓颉》诸篇为类,而不当与《尔雅》为类矣。"王重民先生《校雠通义通释》同意此观点,云:"要以章学诚所说的'或缮书者误合之耳',较为近之"。

其二,认为《尔雅》与《孝经》同为解六经而作,故合为一类。

如刘咸炘先生认为:"《孝经》本记也,六艺之附庸,以立学官,不得不别为一目耳,故凡经训经字皆附入之。《尔雅》者经之训诂,因经而作,非字书之体,入之小学固可,出之小学,亦未为不可也。"①又,"《尔雅》本非经,《七略》以其为诸经训诂之别纪,故附之于《孝经》,后世《十三经》牵连入之,以其有通经之用也。"②在他看来,《孝经》本是六艺之附,因被立于学官,故而在讲究学术源流的《汉志》中不得不给它别立一类,而那些训诂经字的书也就相应地附于其后了。《尔雅》为训诂六经而作的,自然也就被附于《孝经》后了。而《隋志》"以《孝经》居前而以《尔雅》、五经附《论语》,《论语》固群经之钤键,孔子议论六艺之言也,易之未为无义。《尔雅》不入小学,五经总义不别立部,犹存《七略》之遗。《广雅》《方言》《释名》附之《尔雅》,固当,其体例固同于《尔雅》而非字书也"。③ 在他看来,《隋志》附《尔雅》之属于《论语》之后,与《汉志》附之于《孝经》之后道理是一样的,《论语》《孝经》都与六艺有关,附之于后均有意义。并且《隋志》"《尔雅》不入小学"的做法还有《七略》的遗风。无独有偶,余嘉锡先生《四库提要辨证》亦云:"且即以《汉志》言之,训诂莫早于《尔雅》,而《汉志》在《孝经》家,不在小学家。所以然者,郑氏《六艺论》云:'孔子以六艺题目不同,指意殊别,故作《孝经》以总会之。'驳《五经异义》云:'《尔雅》者,孔子门人所以释六艺之文言,盖不误矣。'近人王先谦《汉书补注》引叶德辉说,谓'据此则《尔雅》、《孝经》同为释经总会之书,故列入《孝经》家',其说是也。"此外,王棻《〈汉志〉尔雅入孝经家说》(《柔桥文钞》卷三)、胡元玉《汉志以尔雅附孝经家说》(《璧沼集》)等均大致同此说。

---

① 刘咸炘著,黄曙辉编校《续校雠通义》上册"汉志余义第五",《刘咸炘学术论集(校雠学编)》,广西师范大学出版社,2010年,第17—18页。
② 同上,《续校雠通义》下册"四库经部第十",第55页。
③ 同上,《续校雠通义》上册"明隋志第七",第26页。

其三，认为《尔雅》与《史籀》《仓颉》等字书有体用之别，故二者不能并为一类。

这一观点以章太炎先生为代表。他在《国学讲演录·小学略说》中说："迨乾嘉诸儒，始究心音读训诂，但又误以《说文》《尔雅》为一类。段氏玉裁诋《汉志》入《尔雅》于《孝经》类，入《仓颉篇》于小学类，谓分类不当。殊不知字书有字必录，周秦之《史》《仓》，后来之《说文》，无一不然。至《尔雅》乃运用文字之学。《尔雅》功用在解释经典，经典所无之字，《尔雅》自亦不具。是故字书为体，《尔雅》为用。譬之算术，凡可计数，无一不包。测天步历，特运用之一途耳。清人混称天算，其误与混《尔雅》、字书为一者相同。"①

其四，认为《孝经》亦为训蒙书，其所附《尔雅》诸书亦书识字书，故二者归为一列。

如清人刘光蕡《前汉书艺文志注》："《孝经》《论语》均类于六经后，六经为大道之全体，《论语》言其作用，《孝经》探其本原也。孝经类有《尔雅》《小雅》《古今字》《弟子职》各书，则古今训蒙各书悉统于《孝经》。《孝经》以端其本，识字、习算以习其艺，洒扫、应对、进退以贞其行，据此可以推明古小学之法。"②

以上四家可代表学界对此问题的主要观点。综合言之，第一家观点由于理由不足，故后来多不被采纳。第二家是从《尔雅》《孝经》与经学的关系角度来探讨，由于符合当时的文化背景，故而多被学者采用。第三、第四家观点则从《尔雅》等书与小学类诸书的性质方面来探讨，其实也可以说是第二家观点的补充。故而诸家的观点主要集中在《汉志》之分类是否有误还是有意为之。第一家认为《尔雅》附《孝经》乃无意义之事，其本不附《孝经》，乃后人误合。后几家则认为既然班氏如此分类，自然有其分类的道理，故而从各个角度阐明之。

我们认为第二家观点较为合理。章、王二人乃出于过分尊崇刘氏父子

---

① 章太炎著，吴永坤讲评《国学讲演录》，凤凰出版社，2008年，第2—3页。
② （清）刘光蕡《前汉书艺文志注》，《烟霞草堂遗书》本。

之事业而又看到后世训诂多归小学类的事实而得出的结论,故而在承认训诂应归小学类的基础上,进而认为今本《汉志》乃归类有误。宁愿相信此误出于后世缮写,亦不愿承认是刘氏所为,便很好地证明了其对刘氏父子的推崇之意。

关于第二个观点,笔者认为从当时社会的学术背景进而推出《尔雅》等的性质是可信的,今再从时人对《尔雅》本身的看法引申之。

按,考唐以前诸家对《尔雅》的看法,[①]如郑玄《驳五经异义》云:"《尔雅》者,孔子门人所以释六艺之旨,盖不误矣。"又,张揖《进广雅表》曰:"昔在周公,……六年制礼,以导天下,著《尔雅》一篇,以释其义。"又,刘勰《文心雕龙》曰:"《尔雅》者,孔徒之所纂而诗书之襟带也。"陆德明《经典释文序录》曰:"《释诂》一篇,盖周公所作,《释言》以下或言仲尼所增,子夏所足,叔孙通所益,梁文所补,张揖论之详矣。"又,贾公彦《周礼疏》曰:"《尔雅》者,孔子门人作,以释六艺之文。"以上五家明言《尔雅》乃孔子门人所作,用以解释六艺的。

《汉志》于论语类、孝经类下小序语焉不详。今考《隋志》论语类小序云:"《论语》者,孔子弟子所录。孔子既叙六经,讲于洙、泗之上,门徒三千,达者七十。其与夫子应答,及私相讲肄,言合于道,或书之于绅,或事之无厌。仲尼既没,遂缉而论之,谓之《论语》。……其《孔丛》《家语》,并孔氏所传仲尼之旨。《尔雅》诸书,解古今之意,并五经总义,附于此篇。"原来《论语》独立一类,是因为其与孔子有关。六经为孔子所编,述先王之道,故列之于首。《论语》乃记录孔子应答之言,《孔丛》《家语》亦传述孔子之旨,故而可以为一类。《尔雅》乃解释诸经之言,五经之书亦传述诸经之义,虽与孔子本人无关,但与其所述之经有关,故而附于《论语》之后。[②] 如果我们再联系上面诸家对《尔雅》的看法,可以看到,《隋志》之说是承袭此而来的。所以,《尔雅》

---

① 以下均见《小学考》卷三"《尔雅》"下。
② 按,对于此序的断句,笔者与《四库提要》略有异。笔者认为此云"附于此篇",乃针对《尔雅》以下诸语而言的,其不云归于一类,可见是有意与专门载录孔子言行的《孔丛》《家语》相区别,亦可证明其归论语类非正统,而是别枝。

不归《汉志》《隋志》之小学类,正是因为当时的《尔雅》还承载着"解古今之意"的重任,还没有从孔子之六经那里解放出来;待唐宋之时,当它被认为并非是周公或孔子门人之作后,才渐渐归入小学类。所以,至少就史志目录而言,《尔雅》应该归入哪一类,与当时社会的学术背景有关(私家目录除此之外还受个人的学术背景影响)。

又,李零先生云:"《尔雅》《小尔雅》皆训诂书,在汉人看来,都是讲经义的书。"①又,"《小尔雅》在今《孔丛子》中,是训诂书,也叫《小雅》。而《古今字》是古今字的对照表。《小尔雅》是竹书,《古今字》是帛书。汉代训诂,不光以今语解古语,也包括古字的破读,包括古文和今文的对读。"②李零先生虽然没明确说出《尔雅》等的归类问题,但是却暗示出了这类书与经学的关系,并且点明了它们的实际功用,是对《汉志》所云"《尔雅》诸书,解古今之意"的进一步引申和发挥,所以我们亦将之列于此,以备一说。

(二) 宋元时代目录书对"小学类"的分类状况

《旧唐志》之后,吕夷简等所上的《宋三朝艺文志》对小学分类有了新的看法,其曰:"《汉志·六艺》以《尔雅》附《孝经》,六书为小学,隋沿其制。唐录有诂训、小学二类,《尔雅》为诂训,偏傍、音韵、杂字为小学,今合为一。自齐、梁之后,音韵之学始盛,顾野王《玉篇》、陆法言《切韵》尤行于世。"③该志将自《汉志》以来诸家对小学的分类阐释的很清楚,且认为小学类应该分诂训、偏傍、音韵、杂字等四类。特别需要主要的是,历来徘徊于诸类之间的《尔雅》等书被认为是训诂之书且在该目中已正式归小学类了。

之后庆历元年欧阳修等所修的《崇文总目》则有更详细的说明,其卷一云:

> 《尔雅》出于汉世,正名命物,讲说者资之,于是有训诂之学;文字之兴,随世转易,务趋便省,久后乃或亡其本,《三仓》之说始志字法,而许慎作《说文》,于是有偏旁之学;五声异律,清浊相生,而孙炎始作《字

---

① 李零《兰台万卷:读〈汉书·艺文志〉》,生活·读书·新知三联书店,2011年,第57页。
② 同上,第58页。
③ 见《文献通考》卷一八九《经籍考十六》所引。

音》,于是有音韵之学;篆、隶、古文为体各异,秦、汉以来,学者务极其能,于是有字书之学。①

据此,我们至少可得出两个结论,其一,《崇文总目》将小学类文献分为训诂、偏旁、音韵、字书四类。其中,训诂以《尔雅》为首,偏旁以《三仓》为始,音韵以《字音》为始,字书以各类字体为主。这样的分类法,我们可以看到其大体是同于《旧唐志》《宋三朝艺文志》等史志目录的;其二,该目详细地解释了其分类的原因,较前代诸志对小学分类之辨析更加明晰。如《尔雅》等书,上引《宋三朝艺文志》仅云归小学类,但该目则具体说明了原因。从其解释看,《尔雅》不再如前代一样认为其出于周公或孔门之徒,而是出于汉代,且是为解释名物而作的。这与唐宋以来之辨伪之学的兴盛相关的。从文献记载看,唐宋很多学者已渐渐怀疑《尔雅》不是圣人之作了,如裴肃《大唐新语》曰:"《尔雅》博通训诂,网罗六经,为文字之楷范,作诗人之兴咏。"又,欧阳修《诗本义》曰:"《尔雅》非圣人之书,不能无失考,其文理乃是秦汉之间学诗者纂集说诗博士解诂。"由此可见,《崇文总目》将《尔雅》列入训诂作为小学类之一分支是有学术背景的。再如,该目明确将《三仓》《说文》与篆隶古文之书分为偏旁与字书两类,所谓偏旁者,正字之书也;所谓字书者,书法之书也。这比《旧唐志》笼统将二书归入偏旁类要合理得多,而这亦可能与唐宋以来书法理论的兴盛与《说文》等字书的刊刻有很大关系。

晁公武《郡斋读书志》卷一云:"经之类凡十,……十曰小学……又《艺文志》有小学类,《四库书目》有经解类,盖有补于经而无所系属,故皆附于经,今亦从之。"②认为小学书之所以自成一类归于经部,是因为其能够羽翼诸经才将之附于经部之末的,这与《汉志》《隋志》等追溯保氏教童子是有区别的。故而卷四"小学类"下"尔雅三卷"条解题云:

> 文字之学凡有三:其一体制,谓点画有纵横曲直之殊;其二训诂,谓称谓有古今杂俗之异;其三音韵,谓呼吸有清浊高下之不同。论体制之

---

① (宋)欧阳修等纂,钱东垣辑释《崇文总目》,台北商务印书馆,1967年,第41页。
② (宋)晁公武撰《郡斋读书志》,清光绪十年长沙王氏刻本。

书,《说文》之类是也;论训诂之书,《尔雅》《方言》之类是也;论音韵之书,沈约《四声谱》及西域反切之学是也。三者虽各名一家,其实皆小学之类。而《艺文志》独以《尔雅》附《孝经》类,《经籍志》又以附《论语》类,皆非是。今依《四库目》置于小学之首。

可见,晁氏是明确将小学类分为"体制""训诂""音韵"三类的,但观其所录诸书,《方言》之下依次为《玉篇》《广韵》,《集韵》之后是《龙龛手鉴》,大凡该类之下著录的训诂、音韵、书法、字书、金石诸书,均杂乱排列,显然在实际著录时并未严格遵从其分类,可见上述解题中所分三类是停留在理论层面的。而之后的《直斋书录解题》卷三小序又云:

自刘歆以小学入六艺略,后世因之以为文字、训诂,有关于经艺故也。至《唐志》所载《书品》《书断》之类亦侧其中则庞矣。盖其所论书法之工拙,正与射御同科,今并削之而列于杂艺类不入经录。①

据此,我们可以肯定,至少在分类上,已将书法之书排除于小学类之外了。但观其所录古籍,有文字、训诂、音韵之书,且排列亦颇杂乱,故大体与《郡斋读书志》一般无二。依此再检《遂初堂书目》,虽未说明其分类之法,但观其所录书及排列顺序,亦同上两书。故我们可以得出以下结论:宋时"藏书之目",②在小学一类上,多已突破《汉志》《隋志》之束缚,而将《尔雅》之属纳入其中,并大致收录训诂、音韵、文字、书法等书。但在具体的著录上却颇为杂乱,似乎暗示出编目者均将之看作是有补于经学之书,故而不再继续划分小类。

与之相反,郑樵的《通志·艺文略第二》:"小学类第四"下小注则将小学之书细分为八小类:"小学、文字、音韵、音释、古文、法书、蕃书、神书。"③并于"音韵"类后云:

---

① (宋)陈振孙撰《直斋书录解题》,《武英殿聚珍版丛书》本。
② 该词见《目录学发微》(商务印书馆,2011年,第106页),即仅著录存世藏书之公私目录书。
③ (宋)郑樵撰,王树民点校《通志二十略》,中华书局,1992年,第1513页。

切韵之学，起自西域，旧所传十四字贯一切音，文省而音博，谓之婆罗门书，然犹未也，其后又得三十六字母，而音韵之道始备。中华之韵，只弹四声，然有声有音，声为经，音为纬。平、上、去、入，四声也；其体纵，故为经。宫、商、角、徵、羽、半徵、半商，七音也；其体横，故为纬。经纬错综，然后成文，臣所作韵书备矣。释氏谓此学为小悟，学者诚不可忽也。①

总体上看，郑氏多从《隋志》以来史志目录，但在具体分类上较诸书更加精细，如《隋志》仅将婆罗门书附于音韵之末，而郑氏则认为此类书乃韵书之起源，而将之别列一类。从具体的著录看，其弃《尔雅》于小学之外，收法书等（书品、书断等另入书录）入其内，也同于这些史志目录。所以，从宋代开始，已经出现了余嘉锡先生所说的"甲乙之簿与学术之史，本难强合为一"或"检查之目与学术门径之书愈难强合"②的局面。后世元代马端临之《文献通考·经籍考》总聚宋以前各公私藏书目、史志目录之有关文字而成一志，实乃另类史志目录。③ 从其对小学类的分类观点看，亦是参合了诸志之说而成的。如在《经籍考十六》"《汉志》十家，四十五篇（入扬雄、杜林二家二篇）"下云："《汉志》《尔雅》以下四部，二十六篇。《汉志》元附《孝经》，今厘入小学。"此条乃遵从唐宋以来分类法而来。又，《经籍考十七》中《韵略分毫补注字谱》一书下认为《直斋书录解题》将此书归入小学类是不对的："窃谓小学当论偏旁尚矣，许叔重以来诸书是也；韵以'略'称，止施于礼部贡举，本非小学全书，于此而校其偏傍，既不足以尽天下之字，而欲使科举士子尽用象籀点画于试卷，不几于迂而可笑矣哉！进退皆无据，谓之赘可也。"又，《书苑菁华》一书下按语云："以字书入小学门，自《汉志》已然。历代史志从之，至陈直斋所著《书录解题》，则以为《书品》《书断》之类，所论书法之工拙，正与射御同科，特削之，俾列于杂艺，不以入经录。夫书虽至于钟、王，乃游艺之末

---

① （宋）郑樵撰，王树民点校《通志二十略》，中华书局，1992年，第1517页。
② 余嘉锡《目录学发微》，商务印书馆，2011年，第166页。
③ 汪辟疆先生《目录学研究》称之为"别史之属"，包括《通志·艺文略》《文献通考·经籍考》，详见商务印书馆，1934年，第51页。

者,非所以为学,削之诚是也。然六经皆本于字,字则必有真行草篆之殊矣,且均一字也,属乎偏旁音韵者则入于小学,属乎真行草篆者则入于杂艺,一书而析为二门,于义亦无所当矣。故今并以入小学门,仍前史旧云。"据此,马氏认为那些法书不应该如《直斋书录解题》那样被列入杂艺类,而应该如历代史志那样归入小学类。而我们知道,《郡斋读书志·附志》《遂初堂书目》等均设有"杂艺类"或"杂艺术类"专门收录这些法书,可见马氏将此类书并入小学类是遵从历代史志之体例的。

综上所述,宋元两代,在小学分类上,史志目录多从《汉志》《隋志》等分类法,但已经将《尔雅》等视为训诂书之首,且正式纳入了小学类。公私藏书目录则进而能将《说文》等字书与《书断》等法书分别条理,或仍归小学类但已不再混而为一,或别列一列,归于子部。小学类的分类的变化,不仅仅体现的是不同时代类别的分合,更是体现了不同时代学术的变迁。

(三) 明代目录书对"小学类"的分类状况

有明一代,目录编纂进入了一个新高潮。公藏目录有明英宗正统六年杨士奇等所编的《文渊阁书目》,明万历三十三年张萱所编《内阁藏书目录》;史志目录有焦竑《国史经籍志》,私家目录则有《百川书志》《晁氏宝文堂书目》《红雨楼书目》《赵定宇书目》《澹生堂书目》等 167 种,①可谓较以前各代有过之而无不及,但可惜的是仅有丰富的编目实践,却无明确的分类思想,后人只能凭其目录书前所附目录与所录古籍来阐释其分类状况。稍有可观者,莫过《国史经籍志附录·纠谬》,②举有数条以供参考:

(1)《尔雅》、《小尔雅》入"孝经",非,改"小学"。(《汉艺文志》,第 434 页)

(2)《尔雅》十一种入"论语",非,改"小学"。(《隋经籍志》,第 434 页)

(3) 王范《续蒙求》、白延翰《唐蒙求》、李伉《系蒙》入"杂",非,改"小

---

① 范凤书《中国私家藏书史》,大象出版社,2001 年,第 263 页。
② (明)焦竑《国史经籍志》,冯惠民等选编《明代书目题跋丛刊》,书目文献出版社,1994年,以下页码均为此书。

学"。(《唐艺文志》,第436页)

(4)《鼎录》入"小学",非;玺谱并记入"小学",非;荆浩《笔法》,"小学"、"艺术"两出……《蒙求》诸书入"类"(引者按,即类书类),非,改"小学类"。(《宋艺文志》,第436—437页)

(5)《蒙求》六种系小学书,入"类家",非。(《崇文总目》,第437页)

(6)《小学篇》两出;荆浩《笔法记》、《论画》入"法书",非;……《论蒙》六种入"杂",非,附"小学"。(郑樵《艺文略》,第437—438页)

(7)《考古图》、《博古图》、《宣和博古图》、《钟鼎款识》入"礼",改"小学";唐藏经音义入"小学",非,改"释家";……算经、算法六种入"艺术",非,改"小学"。(马端临《经籍考》,第438—439页)

以上七条为《国史经籍志》对历代诸家目录书的批评,也从反面可以说明它对小学目录分类之看法。据(1)(2)条,可知焦竑认为《尔雅》等训诂类应该归小学类,《汉志》入《孝经》与《隋志》入《论语》类的说法是错误的,这是延续唐宋以来的分类法而来的。据(3)(4)(5)(6)条,可知焦竑认为蒙学类应该归入小学类,《唐艺文志》《通志·艺文略》将之归入杂家类,《宋艺文志》《崇文总目》入类书类是错误的,这是从历代公私藏书目录而来的。据(4)(6)(7)条,可知焦竑认为金石、书画、算数等书都应该归入小学类,这是从《通志·艺文略》而来的。总之,训诂、蒙学、金石、书画等书,在焦竑看来,均应该归入小学类。而其正文"小学"下小注注明"《尔雅》、书、数、近世蒙书"①也说明了这一点。而其卷二末小序则更加清楚地说明了这样分类的理由,其云:

> 《尔雅》津涉九流,标正名物,讲艺者莫不先之,于是有训故之学;文字之兴,随世转易,讹舛日繁,《三仓》之说,始志字法,而《说文》兴焉,于是有偏傍之学;五声异律,清浊相生,孙炎、沈约始作字音,于是有音韵之学;保氏以数学教子弟,而登之重差、夕桀、勾股与九章并传,而乡三物备焉,于是有算数之学。盖古昔六艺乘其虚明肆之以适用,而精神心

---

① (明)焦竑《国史经籍志》,冯惠民等选编《明代书目题跋丛刊》,书目文献出版社,1994年,第247页。

术之征寓焉矣。古学久废,世儒采拾经籍、格言作为小学以补亡。夫昔人所叹,谓数可陈而义难知,今之所患,在义可知而数难陈,孰知不得其数则影响空疏,而所谓义者可知已,顾世所显行不能略也。今悉次于篇,以备小学。①

按,检上引《崇文总目》小序,训诂、偏旁、音韵之说均同此文,故知焦氏之说渊源有自。而其又认为"算数之学"亦归小学类,不知是否亦采自此《总目》。可惜此目亡佚不少,我们无从验证了。但可以肯定的是,焦氏之分类法之理论依据来自《周礼》保氏所教国子之六艺。但自《汉志》以来,诸家目录均无将算数之属归入小学类者,而其认为蒙学类归属的看法,亦出于其集一代之经籍的意图,但后世学者对此颇不以为然,如刘咸炘先生便云:"焦竑谓《唐志》蒙求当小学,《四库》亦收《六艺纲目》,是不知变也。若如其说,将尽收礼、乐、射、御、书、数之书入小学邪?"②可见,焦氏之分类法并不是很理想的。

(明)方以智《通雅》卷首之二"小学大略"云:"小学有训诂之学,有字学之书,有音韵之书。从事《仓》《雅》《说文》,固当旁采诸家之辨难,则上自金石钟鼎,石经碑帖,以至印章款识,皆所当究心者。谨略其源流,以便省览。……永叔以偏旁、字书为二,则以字书为笔法;智以笔法乃字学之余绪,故明六书之源流,谓之字书之学。吴敬甫分三家,一曰体制,二曰训诂,三曰音韵。"③据此,方以智认为《崇文总目》之分体制与偏旁为二类是有失偏颇的,应该合为一类。故而他认为小学类应分为训诂、字学、音韵三类。但其所谓"字学"一类,不仅有《说文》等字书,又有金石钟鼎、石经碑帖、印章款识等,实际混淆了诸多类别,反不如《崇文总目》辨析清晰,考其间原委,方氏盖侧重于从学术研究的角度来看待小学书的,其意并不在分类,故而其虽云分小学为三类,但实际上与清代《四库提要》之"字书"不可比拟。

---

① (明)焦竑《国史经籍志》,冯惠民等选编《明代书目题跋丛刊》,书目文献出版社,1994年,第252—253页。
② 刘咸炘著,黄曙辉编校《刘咸炘学术论集(校雠学编)》,广西师范大学出版社,2010年,第56页。
③ (明)方以智《通雅》,清康熙十五年浮山此藏轩刻本。

此外,祁承㸁《澹生堂藏书目》云:"小学之目为《尔雅》,为蒙学,为家训,为篆训,为韵学,为字学,计六则。"①观其分类,皆异于历代书目,大抵将后世之蒙训、家训之书亦包含于内了,比我们前引的《郡斋读书志·附志》收书范围更广,所以这只是一个特例。而明代之书目,多在目录分类上变动很大,小学书收入"韵书"类而不入经部,又杂见于法书等其他类别内,从中可见明人对小学类文献的态度。

(四) 清代目录书对"小学类"的分类状况

清代乃小学兴盛之时,亦是目录之学大力发展时期,相关研究资料也颇为丰富,但最为集中的主要体现在以下几部著作中,故而我们分别述之。

清代对小学类文献分类理论阐释最早、最为详尽且影响最大的莫如《四库提要经部四十·小学类》的小序了,其云:②

(1) 古小学所教,不过六书之类,故《汉志》以《弟子职》附《孝经》,而《史籀》等十家四十五篇列为小学。

(2)《隋志》增以金石刻文,《唐志》增以书法、书品,已非初旨。

(3) 自朱子作《小学》以配大学,赵希弁《读书附志》遂以《弟子职》之类并入小学,又以《蒙求》之类相参并列,而小学益多歧矣。

(4) 考订源流,惟《汉志》根据经义,要为近古。

(5) 今以论幼仪者别入儒家,以论笔法者别入杂艺,以《蒙求》之属隶故事,以便记诵者别入类书。

(6) 惟以《尔雅》以下编为训诂,《说文》以下编为字书,《广韵》以下编为韵书,庶体例谨严,不失古义。其有兼举两家者,则各以所重为主(如李焘《说文五音韵谱》实字书,袁子让《字学元元》实论等韵之类),悉条其得失,具于本篇。

从(1)(4)条可知,四库馆臣认为小学所教乃六书,那么,何为六书?原来《汉志》所录《史籀》等十家才是,而且最为"近古"。从这一点上看,该目是主要

---

① (明) 祁承㸁《澹生堂藏书目》,手抄本。
② 按,为方便论述,该小序以意分为数条。

是遵从《汉志》分法的。从(2)(3)条可知,四库馆臣是反对将"金石""书法""幼仪""蒙书"等归入小学类的。而我们知道,这几类只有《唐志》《郡斋读书志·附志》《国史经籍志》等少数目录书才有的,就连挑剔的郑樵,亦未在其《通志·艺文略》中将"蒙求"等归入小学类,可证其并非当时通行的归类法,而《四库提要》不过针对某些特例来说明后世小学类内容复杂而已,但亦可看出其分类的态度。从第(6)条可知,《四库提要》从一级分类上,将小学类分为训诂、字书、韵书三大类。其中,《尔雅》以下为训诂类,据该类末小序云:"《旧唐书·经籍志》以诂训与小学分为二家,然诂训亦小学也,故今仍从《汉志》,列为小学之子目。又,《尔雅》首《释诂》《释训》,其余则杂陈名物,盖析其类而分之则虫鱼草木之属,与字义门目各殊。统其类而言之,则解释名物亦即解释其字义,故训诂者通名也。《方言》《释名》相沿继作,大体无殊。至《埤雅》《尔雅翼》,务求博洽,稍泛滥矣。要亦训诂之支流也,故亦连类编之。《埤雅广要》之属,芜杂已甚,则退之小说家焉。"据此,训诂之所以归入小学类,是因为它们从根本上为"解释其字义"之书,而且更为重要的是,此释义并非附经而作,故而在《尔雅注疏》一书下之《提要》云:"今观其文,大抵采诸书训诂名物之同异,以广见闻,实自为一书,不附经义。……盖亦《方言》《急就》之流,特说经之家多资以证古义,故从其所重,列之经部耳。"正是因为四库馆臣认为《尔雅》之属乃"自为一书,不附经义",故而才敢于突破《汉志》《隋志》的分类体例,将之归入小学类。而我们知道,这种归类从宋代便开始了。

又,《说文》以下归入字书类,该类末小序云:"案,字体与世为变迁,古文籀文,不可以绳小篆,小篆不可以绳八分,八分不可以绳隶,(隶即今之楷书)然其相承而变,则源流一也。故古今字书统入此门。至《急就章》之类,但有文字,而不讲六书,然《汉志》列之小学家。观陆羽《茶经》所引司马相如《凡将篇》,亦以韵语成句,知古小学之书,其体如是。《说文解字》犹其后起者也,故仍与是书并列焉。"据此,字书之所以成为一类,是因为该类书主要与字体有关,所谓字体即《崇文总目》之字法,《郡斋读书志》"点画有纵横曲直之殊"之体制,本应与六书相关才可归入此类,故上引小序有"至《急就章》之类,但有文字,而不讲六书"云云,揣其意,似乎对《急就章》归入此类不甚满意。但因为此为《汉志》之体例,故又云"韵语成句,知古小学之书,其体如是"为之弥合,又在《急就章》提要下云:"其书自始至终,无一复字。文词雅奥,亦非《蒙求》诸书所可及。……不仅为童蒙识字之用矣。"既然《急就章》等与《蒙求》不同,又是对文字的收集,从此角度看,同于《说文》《玉篇》,故而与之并归小学类。由此,我们才明白,其小序首句云"古小学所教,不过六书之类",真正的含义在于只有讲六书之书才可算作是小学书,其云"不过",乃泛指,非确指,故而余嘉锡先生《四库提要辨证》①据此批驳四库馆臣之失是没有必要的。而四库馆臣的这一看法,也正是清人一向所主张的观点。而《六艺纲目》之提要云:"六艺皆古之小学。而自《汉志》以小学一类惟收声音、训诂之文,此书转无类可归。今附录于小学之末,存古义也。"此处"六艺皆古之小学"之"小学"与上述"古小学所教"之"小学",因为针对对象不同,故而所指含义并不相同,所以绝不能以此驳彼。

又,韵书之下收古今韵书,该类末小序云:"案,韵书为小学之一类,而一类之中,又自分三类,曰今韵,曰古韵,曰等韵也,本各自一家之学。至金而等韵合于今韵,(韩道昭《五音集韵》,始以等韵颠倒今韵之字纽。)至南宋而古韵亦合于今韵,(吴棫《韵补》始以古韵分隶今韵,又注今韵某部,古通某部之类。)至国朝而等韵又合于古韵,(如刘凝、熊士伯诸书。)三类遂相牵而不能分。今但通以时代次之,其篆韵之类本不为韵而作者,则仍归之于字书。"据此,此韵书类又可分为三小类。按,音韵之学至清乃至完善,黄季刚先生云:"清代小学,音韵最盛"②,该时期不仅对《广韵》《集韵》之研究日臻精深,而且对古韵之研究亦是宋明之时所无法比拟的,故而该提要能清晰地将韵书成三小类亦在情理之中。

总之,《四库提要》的小学分类和分类思想是以往历代书目所无法比拟的。历来备受推崇的《汉志》《隋志》之小序,尽管对小学源流梳理得很清楚,

---

① 见该书卷二经部二"小学类小序"(中华书局,1980年,第85页)。
② 黄侃《文字声韵训诂笔记》,上海古籍出版社,1983年,第2页。

但是在具体分类上仍然语焉不详。宋明各种目录虽然在分类上日趋合理,但是并没有完善的分类思想。而清代则不然,随着小学渐成显学,对此类书的性质和归类的认识更加客观和科学,体现在了目录上。故而该目一出,公私藏书目莫不奉之为圭臬。

较之稍前的《经义考》虽有两卷专录《尔雅》诸书,惜无具体阐释。而翁方纲《经义考补正序目》云:"《尔雅》类下宜备列训诂、六书诸目,今以颜氏《匡谬正俗》、张氏《五经文字》等入是书矣。而小学未能自为一类,宜与讲立学同补,拟以愚得续录成帙,附识于此。"①观此数语,似乎认为小学类至少应该包括训诂、六书两类。惜其太过简略,我们只能从谢启昆的《小学考》那里寻找答案了。关于该目之分类状况,详见本节之第三小节,此略。

又,段玉裁《广雅疏证序》云:"三代小学之书不传,今之存者,形书《说文》为之首,《玉篇》以下次之;音书《广韵》为之首,《集韵》以下次之;义书《尔雅》为之首,《方言》《释名》《广雅》以下次之。"又,《说文解字注》"元"字下注云"凡文字,有义、有形、有音。《尔雅》已下,义书也;《声类》已下,音书也;《说文》,形书也。凡篆一字,先训其义,若'始也'、'颠也'是;次释其形,若'从某,某声'是;次释其音,若'某声'及'读若某'是。合三者以完一篆,故曰形书也。"段氏将小学书分为形书、音书、义书三类,实际上是以一个小学家的身份在对小学进行深入研究的基础上作出的专业分类。他不用字书、韵书、训诂这三个词,而用形音义代替之,是有意强调这三类文献的本质区别。若与《四库提要》小序相比,我们可以看到,《提要》小序是从古代小学教育的对象来归纳小学的类别的(但也涉及了文字的结构,如文字、训诂类下的小序),而段氏则完全从文字的构成的角度引申出小学的分类的。前者有深厚的文化渊源,后者则有更清醒的科学理据,故而段氏的分类思想实际上已经摆脱了汉代以来的经学背景的束缚。尤其他认为《说文》之所以为形书是因为它是形音义的结合的观点,直接启发了《书目答问》的"说文之属"

---

① (清)翁方纲《经义考补正》,《丛书集成初编》本。

的设置。

清代私家藏书书目存世甚多，但可惜分类思想绝少。稍有可观者即《孙氏祠堂书目·序》所云："曰小学第二，先以字书，次及声韵。六义不明则说经不能通贯，或且望文生义。文字之变，隶楷递改，滋生日多，既集汉魏字书，亦及后世，以尽其变。声音反切虽起六朝，或推本读若、旧音而作，且引古字书，足资校证，亦宜兼列。"①孙氏此书目之分类法素来为人所赞赏，认为其是突破四部分类法的典范。据上引数据所称，其似乎分小学类为"字书"与"声韵"两类，但检其所录书籍，《方言》《说文》《小尔雅》相互混杂，乃知其所云"字书"一类，实际兼有训诂与字书两类书。所以，从这一点上看，孙氏是大致给诸书分类，其在意的是读书之次序，而非分类的精细。

同样，清末张之洞的《书目答问》②亦为当时流传甚广的书目，其对其分类法的说明亦有数条：

（1）"以上尔雅之属"下小注："讲《尔雅》不通小学者不录。"（第41页）

（2）"小学第三"下小注："此小学谓六书之学，依《汉书·艺文志》及四库目录。"（第51页）

（3）"以上小学类说文之属"下小注："元明人讲《说文》者，多变古臆说，不录。《说文》兼形声义三事，故别为一类。"（第57页）

（4）"以上小学类古文、篆、隶、真书、各体书之属"下小注："古今各体形属。《康熙字典》道光七年重修，人人皆知，不赘列。"（第60页）

（5）"右小学"下小注："此类各书，为读一切经史子集之钤键。"（第66页）

由（2）可知，《书目答问》之对小学类之分类是斟酌《汉志》《四库总目》而设的，故（1）条中《尔雅》之属不入小学类，但其又云"讲《尔雅》不通小学者不

---

① （清）孙星衍《孙氏祠堂书目》，清光绪九年李氏木犀轩重刊本。
② （清）张之洞撰，范希曾补正，徐鹏导读《书目答问补正》，上海古籍出版社，2001年。以下页码均为此书。

录",似乎又认为该类是与小学相通的,这种藕断丝连的关系,刘咸炘先生解释云:"张氏因首列十三经为正经注,故后不得不列《尔雅》为一目,实则入之训诂为当也。训诂之书皆继《尔雅》而起,张氏所附诸释甚当。"①由(3)可知,其之所以分"说文之属",是因为他认为《说文》兼有形声义,故独立为类。此乃清人对《说文》的普遍认识,故此类分法甚有卓识。由(4)可知,其之所以分"古文、篆、隶、真书、各体书之属",是因为它们皆为"形属",即专门研究文字形体之书。由(5)可知,《书目答问》之所以设"小学"一类,是因为它们认为此类书均为读一切书之关键。由上可知,张氏对小学书的分类并不是很严密,而是大致分法,但对具体某一类却有自己的真知灼见,故刘咸炘先生云:"……然其(按,指说文之属)书甚多,张氏暗分,甚有条理,著录者宜取之。"②评价不可谓不高。《书目答问》对后世目录产生了深远影响,范希曾跋说其成书之后,"翻印重雕不下数十次,承学之士,视为津筏,几至家置一编"。③ 其分类法不仅影响到清末民国以后的目录(如《古越藏书楼书目》《浙江藏书楼甲编书目》《天津图书馆书目》等),而且还经由《贩书偶记》影响到了日本《东方文化学院京都研究所汉籍简目》等系列目录。④

  以上为清代以前小学分类思想的概况,从整体上看,目录编纂活动要远远胜于目录思想的阐释。大致唐代之前受经学的影响,小学多从学术角度分类,故《尔雅》不入小学,字书多为启蒙。唐宋之后,学术辨伪空前活跃,公私藏书日益丰富,小学分类渐趋合理,训诂始入小学,蒙学退出经类,但小学仍然被视为关涉经义之学。清代以来,受朴学的影响,学者对小学书有了更

---

① 刘咸炘著,黄曙辉编校《刘咸炘学术论集(校雠学编)》,广西师范大学出版社,2010年,第55页。
② 同上,第55页。
③ (清)张之洞撰,范希曾补正,徐鹏导读《书目答问补正》,上海古籍出版社,2001年,第272页。
④ 按,关于《书目答问》的影响,学者多谈及对康有为、胡适、汪辟疆、陈垣、余嘉锡等名家学者的影响(徐雁《〈书目答问〉传世百年三论》,《出版史研究》2001年第6期),而鲜谈对坊间的影响。谈及《贩书偶记》的分类,也多云仿自《四库全书总目》,其实这是误读该目《略例》所致。从其具体的著录和类目设置看,其应该直接是受《书目答问》的影响的,只是在收录范围上与《四库全书总目》上有关系(《略例》第三条云:"凡见于《四库全书总目》者概不录,有之必卷数互异者。")。而《贩书偶记》直接影响到了吉川幸次郎等主持编纂的《东方文化学院京都研究所汉籍简目》等系列目录。

深入的认识,他们不再着意于小学在先秦典籍中记载的文化渊源,而是更加汲汲于探索文字或六书的起源,在对文字的形音义方面作了很大的努力,故而对小学的分类也显得更加合理和科学。《四库提要》之训诂、字书、韵书的三分法便是在这种学术背景下作出的分类,其合理性自然不待言,得到之后的公私藏书目录普遍采用。在这段时期内,特别是晚清以来,学者们渐渐认识到小学书不仅仅是解经之始基,更是读书之门径,《许学考》之"音义"有意扩大小学收书范围,《书目答问》则直接视小学为"读一切经史子集之钤键"[①]等,便是最好的证明。故而民国时期章太炎先生以"语言文字之学"取代"小学"一词,推其源,清代时期已经为其做了很好的理论准备。

二、"小学类"在近现代目录书和目录研究上的分属

民国以来,学科分类愈见明显,表现在小学分类上,便相应地有了图书馆馆员、私家藏书家、文字学家及文献学家等四种不同的分类法。学者们站在各自的专业角度上,对小学类文献进行了专门的分类。从整体上看,前两者多遵四部分类法,故无论在具体分类还是分类思想上,多继承旧制而很少有发明,故本节仅选可观者讨论一二。[②] 后两者尤其是文字学家,对"小学类"的分类则多所创见,故而以下多详论之。

(一)文字学家对"小学类"的分类阐释

从整体上看,文字学家虽然大多没有完整的研究"小学类"分类的著作,但是即便是单篇文章或只言词组,亦对我们的研究具有很大启发。文字学家们站在自己的研究领域的角度上,对小学文献的分类提出了各种不同的意见。或注重对某一类小学文献进行专门分类研究,如吴承仕《经籍旧音序录》,辑录了自毛公《毛诗故训传》至《经典释文》有关注释、音义之著作。不过该书以撰者为主,下列其所撰书名,且书名下仅列卷次,不录版本,故也能

[①] (清)张之洞撰,范希曾补正,徐鹏导读《书目答问补正》,上海古籍出版社,2001年,第66页。

[②] 需要说明的是,民国至今,图书馆员及部分学者吸收西方分类法改制而成的古籍分类法,如《中图分类法》等不在本书讨论范围,故编纂《中国古籍善本总目》时引发的古籍分类讨论的那些成果本书亦略之。我们认为四部分类法是古籍分类长期实践经验的总结。

勉强算得上是一部目录列表。又如对说文类文献的分类研究，翁敏修《清代〈说文〉校勘学研究》从校勘学的角度，依据著作的主要校勘对象进行分类，在该文第三章之"说明"中云本章"分为'校唐写本''校大徐本''校小徐本''二徐互校''群书引说文''其他'六大类，'删汰、待考'置于最后"，①大类之下不再细分，凡收书103种，每书之下有对撰者、内容等的简单介绍，并注明出处或藏所。由于此文所取诸书多来自诸馆目及研究著作，故有很多未见之书，且其意在校勘，故在分类上较前书要简略很多。这个时期音韵学家对音韵类书目分类的研究也取得了很好的成就，这种分类主要体现在各自的著作当中，如耿振生《明清等韵学通论》②从语音角度将明清等韵音系分为三类：反映时音的一类；反映古音的一类；混合型音系的一类。但在具体论述中又将第一类实际分为官话区和南方方言区两大类。每类之下各举代表性著作进行分析，故而亦可以看作是一部研究"等韵"的目录学著作。该书第五章第五节为《见于古今著录的部分明清等韵著作》，收集了见于文献的等韵类著作34部，每部之下均有简单提要，惜其未将之进行分类，故而略说之。类似的著作还有赵荫棠《等韵源流》（商务印书馆，1957年），李新魁《汉语等韵学》（中华书局，2004年）、《汉语音韵学》（北京出版社，1986年），张世禄《中国音韵学史》（商务印书馆，1936年），等等。③ 此类著作虽不为编目而作，但由于他们多据其专业知识对音韵类进行详细的二级分类，且各类之下对每部古籍又有详尽的提要，故而对每类书的认识要比其他专业的研究者深刻得多。尤其在类别的划分上，本身就具有很强的学术性。值得一提的是，2012年出版的《中华大典·语言文字典·音韵分典》虽然是一部类书，但是在分类上却有很多值得参考的地方，在该书《条目总目录》④大致有三级分类，先依时代分"先秦两汉音总部""魏晋南北朝音总部""隋唐两宋音总部"

---

① 翁敏修《清代〈说文〉校勘学研究》，收入《古典文献研究辑刊 九编》第3册，花木兰文化出版社，2009年，第51页。
② 耿振生《明清等韵学通论》，语文出版社，1992年，第140页。
③ 李无未先生《音韵学论著指要与总目》上卷收罗音韵学著作294部，可供参考。
④ 中华大典编辑委员会编《中华大典·语言文字典·音韵分典》，湖北教育出版社，2012年，第4437—4450页。

"元明清音总部""等韵总部""音论总部"等五大总部,每总部之下又根据情况分若干部,如"先秦两汉音总部"下分"总论部""叶音部""诗经音部""群书音部""谐声部""汉经师音读部""声训部"等七部,每部之下又分"论说""综述""传记""纪事""著录"等五类。以上虽然不是专门对独立的小学著作进行的分类,而是将诸书中有关音韵的部分析出之后再依内容重新划分(其中也有完整的著作),但是在某书的归类上还是有很多参考价值的。

此外,还有对小学分类进行整体研究者。如刘盼遂先生《古小学书辑佚表》①依据历代书目分训诂、文字、声韵三类,分别著录现已亡佚之小学书,惜仅列书名、出处,并无具体的分类说明。而沈兼士先生《文字学书目提要叙录》②则分小学书为三大部(后附音义类),每部之下又各分三小属,并解释云:"第一部为说文以前之古字书,其第一类为杂字歌括,乃一切字书之祖。第二第三两类相当于四库之训诂,以其字义、语音各有偏重,故特别为二类;第二部为《说文》以降之字书及他古文字之属,第一第二两类,相当于四库之字书,以关于说文之书过夥,故独立一类,第三类为研究宋代以来所发见之古文者;第三部相当于四库之韵书。而以分韵字书及论等与古音者区为三类。又,谢启昆《小学考》,于四库三类之外别增音义一门,窃谓《经典释文》《一切经音义》诸书,固为研讨古代文字音训之渊薮,然究非文字学专书,今拟附录于三部之后,用备参考。"此纯为沈氏文字学书目编纂而设,并未行之实践,故而可体现其分类思想。观其所述,其分类盖参照《四库》与《小学考》分类法而成。在大类上,基本上仍然是训诂、文字、音韵三类,其虽设"音义"一类,但依然认为是前三类之附录,与《小学考》的观点一般无二。而较《四库》分类法为胜者,在于二级分类划分更加精细。如其第一部中分三小类,其中第一小类是从《四库》之字书中移植而来的,因为沈氏认为字书应依时代之先后(即其所云"注重史观不偏拘于家法")分类,《仓颉》《急就》等杂字歌括之书,乃"一切字书之祖",又兼有解诂之能,故与其他两小类并列。第

---

① 刘盼遂《刘盼遂文集》,北京师范大学出版社,2002年,第470页。
② 沈兼士《沈兼士学术论文集》,中华书局,1986年,第50页。

二部分为三小类,其虽云"第一第二两类,相当于四库之字书",实际上第三类亦在四库之字书中,如其所举《古文四声韵》《汗简》等诸书,只不过沈氏将此类扩展到了民国以来新发掘的甲骨文字中了。而第三部则全遵四库之分法。所以我们说沈氏之胜于四库分类法之处,不在于大类,而在于细目。四库馆臣之所以细分韵书为三小类,而训诂、字书之属均不再分,是因为当时小学之研究中音韵最为精致。沈氏之所以可以细分训诂、字书各为三小类,亦是因为当时地下出土文献之丰富发掘与小学分科日益明显,故而文字学家不得不将之尽收囊中。

与此同时,黄季刚先生则从读书治学之主次的角度划分小学类文献,《文字声韵训诂笔记》"小学所需之书籍"条云:"若小学书,则当分主要与辅助二者。"①其中,主要书籍共十书,有"以朝代次序之""以类别次序之""以轻重次序之"之别,其中类别之下又分《尔雅》《小尔雅》《广雅》《方言》《说文》《释名》等四小类;而辅助书籍亦分二期:一为唐以前之书,如《经典释文》之类;二为唐以后及清世之书,又分金石、音韵、训诂三小类。其中,音韵之下又分研究音韵入门之书如《切韵指掌图》和研究古音之书如顾氏《音学五书》。季刚先生之分法由于只是针对读书治学而设,故而虽然在分类上独辟蹊径,但不能尽囊所有小学类书。而"字书分四种"条下又按编排体例将字书分为四类,其云:"字书分四种,一、读本式字书,如《史籀》《仓颉》《急就章》(歌括法)下至《千字文》《南唐五百字》等;二、分形之字书,自《说文》始,《玉篇》同之。《说文》字叙,大抵先名后事,排列皆有意义,其不以意义为次者,即以声音为次。《三仓》《急就》,特以韵文教学僮识字之书,而《说文》则据形系联之字书;三、分韵之字书,用韵书法编排字书,寓字书于韵书中,如《干禄字书》《类篇》(用《说文》部次,而字以韵次。)《切韵》《集韵》《五音集韵》;(金韩道昭以三十六字母编次。)四、编画之字书,计画编字,始于金人韩道昭,《康熙字典》则由明人《字汇》《正字通》增减成书。"②又,周祖谟先生在《许慎

---

① 黄侃《文字声韵训诂笔记》,上海古籍出版社,1983年,第5页。
② 同上,第13页。

及其说文解字》中也认为："中国古代的字书,主要有三类,一类是通俗的教童蒙识字的'杂字'书,一类是按部首来编排的有系统的字书,一类是按声韵来编排的韵书。"①据此,此类分法似乎将训诂之外的小学类文献进行专门分类,已弃四库分类之法,而将字书与韵书混而为一,独从编排体例上对之重新分类。这种分法是在对文字结构和字词关系深刻认识的基础上得出的结论,故而让人耳目一新。如果说段玉裁与沈兼士诸前辈对四库之分法尚有若即若离之关系的话,那么黄、周二先生的分类法则是完全从文字学的角度作出的新的分类法。这是值得每一位目录学者借鉴和学习的。

此外,这一时期还出现了一些通论性的著作,虽然没有明言小学分类思想,但是排比罗列各类小学文献甚有条理,故而亦有参考价值,如《古代辞书讲话》(曹先擢、杨润陆编,上海教育出版社,1990年)、《中国小学史》(胡奇光著,上海人民出版社,2005年)、《中国古代字典辞典概论》(钱剑夫著,商务印书馆,1986年)、《中国字典史略》(刘叶秋著,中华书局,1983年)、《中国古代语言学史》(何九盈著,河南人民出版社,1320年)、《中国文字学史》(胡朴安著,中国书店,1983年)、《古文字学导论》(唐兰著,齐鲁书社,1981年),等等。

(二) 文献学家对"小学类"的分类研究

与此同时,文献学家则仍然在固守传统分类法的基础上而对之进行适当改进,较有代表性的著作如余嘉锡先生云:

> 《三仓》既亡,《急就》亦不行,然在学校未兴以前,村塾小儿所读之书,即古之小学,未尝绝也。析而言之,可分三派。一曰字书,其源出于周兴嗣,积字成篇,篇无复字。初学籀诵其文词,临摹其形体,其后有《百家姓》、杂字之类,此《三仓》《急就》之嫡嗣,小学之正宗也。二曰蒙求,其源出于李翰,属对类事,编成音韵,易于讽诵,不出卷而知天下。其后有《三字经》《幼学琼林》《龙文鞭影》之类,此《三仓》《急就》之别子,小学之支流余裔也。三曰格言,其源出于《太公家教》,广陈法戒,杂以俗语,使童蒙于次养正,浅识资为蓍蔡。其后有《神童诗》《女儿经》《增

---

① 周祖谟《问学集》上册,中华书局,1966年,第714页。

广》之类,此则因《三仓》《急就》之体而推广之,于古者幼童读《孝经》之意弥近,小学之滥觞也。盖自唐宋以来,幼童之所讽诵,不出三者。世儒不明斯义,独以《尔雅》《说文》《切韵》等书蒙小学之名。于是蒙求、格言之属乃无类可归,或入类书,或入儒家,甚且薄视之,以为俗书不著于录,非所以辨章学术也。①

余嘉锡先生此论是站在学术史的角度对古代童蒙教材进行的分类,其虽云"小学",却与我们说的六书之学的小学关系不大。因为在他看来,古小学所教非文字训诂之类,而《三仓》《急就》之后的字书、蒙求、格言等书,这些才是真正意义上教授童蒙的小学书,后世反认为"《尔雅》《说文》《切韵》等书"为小学书,而将前者诸书归入其他类中,这并不符合辨章学术之道。我们认为余先生之说是很有道理的,但是这种说法是延续《汉志》小序之说而来的。小学最初可能是负责教育童蒙的机构,因此,蒙学教材也被称为小学书。但是小学教育是为进入大学学习儒家经典打基础的,故而其又与经学关系密切。六经既为《汉志》之"六艺略"之主体,那与之相关的小学书附之于后也在情理之中。童蒙所学,主要学习蒙学书的偏旁点划,大体不离字体,故而后来凡与之相关的书亦被称为小学书。杂字、字诂、《说文》、《玉篇》等被录入《隋志》,钟鼎、法帖等被收入晁志、陈录大概便是如此。这样,小学书便开始变得复杂起来,有的与童蒙有关,有的则为释字之书。随着《说文》等诸书成为小学之主体,后起的蒙学之书也渐渐被排挤于经部之外了。此为蒙书之大概,但可以看出小学之名只有在特定的阶段才与蒙书有关,长时期则仅指后来的文字之书。余先生只是据小学最初之名而绳后世之书,并非求小学真正之实,仅仅是为蒙学书分类而已。但是由于蒙学分类与我们所讨论的小学分类容易相混,且余先生之说又精辟独到,故列于此,以备一说。

刘咸炘先生则又有一说,其云:

小学有三统,曰形声义,此不易之理也。《提要》分训诂、字书、音韵

---

① 余嘉锡《余嘉锡文史论集》,岳麓书社,1997年,第568—569页。

三子目,谢启昆《小学考》分训诂、文字、声韵三门,皆依三统之义,然后由当辨者。自《说文》以来,诸字书出,皆兼该形声义,如张揖《杂字》《字林》《玉篇》以下是也。至于辨正形体,别有专书,……今定字书、形体、音韵、训诂四目,庶无不该。外国语、外国字统依《隋志》之法,附于字书,郑樵以外国语附《方言》,入《尔雅》,不可从也。其近世专论小学三统兼说者别为总论一目。

今议定经部十类,……八诸经总义,分总义、目录、文字、音义、石经五子目,九纬,十小学,分字书、形体、音韵、训诂、总论五子目。①

据此,刘先生是将小学书分为五类,其依据在于小学之形声义理论。据其所称,《说文》《字林》《玉篇》等,皆形声义兼备,是为字书;《干禄字书》《五经文字》《钟鼎款识》皆主辨形,是为形体。此两类直接源于张之洞《书目答问》,只不过具体书籍之归类略有变化而已。由此可见,刘先生之分类法是承继清人之说而来的。但《龙龛手鉴》并不释形,《西域同文志》主在切音,《六书故》重在求义,故其云张氏有误,亦不确。且观其所列文献,大多出于《四库全书》,刘先生盖依之驳张氏之非,却不知字书中形声义兼备者,《说文》以下绝少,而声义兼备者反在多数。而其所分"总论",因为并无实例举出,所以我们只能大概揣测应该是近代以来的研究《说文》《玉篇》等的文字学著作。若是这样,反不如《书目答问》合理了。总之,刘先生之分类在于大类上的辨析,且重在斥《书目答问》之非,而在细目之下则有所忽略,这与以往学者如出一辙。

以上,我们从研究者的身份的角度来探讨民国以来不同学者对小学分类的不同观点。文献学家则仍然徘徊在辨析小学大类上。最有成就者要数文字学家了。他们能站在自己的专业角度上,对小学各类进行详细的二级分类,所以应该最值得我们关注和重视。

(三) 图书馆学者对"小学类"的分类研究

文字学家、文献学者对"小学类"多有较为明确的探讨,而图书馆学者之

---

① 刘咸炘著,黄曙辉编校《刘咸炘学术论集(校雠学编)》,广西师范大学出版社,2010年,第54、56页。

分类说明则多体现在诸馆目的凡例之中,或者仅有分类而无说明。下文以类分详明之馆目加以说明。总体上看,民国以来的馆目之分类有两个趋势:其一遵从传统分类法,其二采用西式分类法。后者已无传统类名而走向了现代分类,故略之。以下则谈谈前者。

以"小学类"为例,前者也有两个方向:第一为《四库》分类法一系,分训诂之属、字书之属、韵书之属,如《北平图书馆善本书目》《江西省立图书馆图书目录》等。更有在此基础上设立四级以上细目者,如《江苏省立国学图书馆图书总目》卷七小学类分训诂、字书、韵书三属,又于训诂之下分尔雅、群雅、方言、字诂、译文等五目,字书之下分说文、古契文、字典、字体、杂说、训蒙等六目,韵书之下分集韵、图说、字母拼音等三目。又于尔雅之下分白文读本、传说、图说、文字音义四小目。说文之下分传说、声训、校订三小目。此目为目前所知最早将类目划分至五级的目录。另外,卷八"经总类"之末"丛书之属三"为"小学类刻"①,专收小学丛书。

第二为《书目答问》分类法一系,裁尔雅类于小学类之外,分字书为说文、各体书二目。如《浙江藏书楼甲编书目·例言》便明确称"兹拟暂依南皮张氏《答问》体裁,辑成《甲编书目》一卷",故其分类一依《书目答问》。亦有在此分类法基础上加以变化者,如《天津图书馆书目》卷六经部七小学类分说文、小学各体书、小学训诂、官韵、古音、切韵等六属,这是又将韵书分为三属。《古越藏书楼书目》分学部、政部二大类,似乎别开生面,但从卷四学部有尔雅学第八,卷八学部考证学第二十三有说文、古周篆隶真书各体书、训诂、官韵、古韵、切韵六属看,其分类根底仍然是《书目答问》一系。

此外,《陕西图书馆书目》虽然经部不设小学类,但其经部之末的"群经类"分源流、音注、说文、字典、音韵五属。尔雅类则置于群经类之前,孝经类之后。显然这是在《四库》分类法基础上做出的改动,但颇有商榷之处。据该目《叙例》第一条称:"四部区类,率本先例。其于四库目例异者,凡类似而

---

① 按,此类有目无书,诸书互见卷四十四"丛部·类刻类·经部之属三·小学"。

体析者则分之,尔雅、字典之类是也。"尔雅、字典体析,那么尔雅类又凭什么跟群经类并列呢?

民国时期是一个中西文化大碰撞的时期。那个时代中,各种思想相互交融,各类学者彼此交流,故在目录的编纂上呈现出多样化趋势。

20世纪80年代之后,学科之分愈加明显,故而文献学者、图书馆学者及文字学者之研究内容互不涉及,这样一来,虽然专业研究愈见精深,但对目录之研究反而不如民国之时,所以在目录分类的研究上大多承袭旧说而少有发明;更有采用西方分类之法而改良古籍分类法者,但实际效果并不明显;甚至在80年代编纂《中国古籍善本书目》时有专门探讨古籍分类之大讨论者,但最终还是采用了旧法。可见,传统分类法虽然在具体类目上有不尽人意处,但总体上还是符合古籍分类之发展规律的。

当今目录书几乎各馆均有编制,但在分类上,创新者并不多见。稍有可观者,不过十之一二。比较有代表性的有以下五种:

第一种为《中国丛书综录·子目分类目录》(1982)(以下简称"《综录》"),其《编例》云:"采用四部分类,部下又析为类、属,其繁简、组织和命名,以确切反映所属图书的性质为原则。"①其小学类先分说文之属、字书之属、音韵之属、训诂之属四小类,各小类之下又分若干小目:说文之属分传说、专著二小目,字书之属分通论、古文、字典、字体、蒙学五小目,音韵之属分韵书、古今音说、等韵、简字拼音四小目,训诂之属分群雅、字诂、方言、译文四小目。尔雅类则独立于小学类之外,位于孝经类与群经总义类之间,其分正文之属、传说之属、分篇之属、专著之属四小类。从渊源上看,该目之三级及以下类属可能受到《东方文化研究所汉籍分类目录》(1945)②和《江苏省

---

① 上海图书馆编《中国丛书综录(二)》,上海古籍出版社,1982年,《编例》第1页。
② 按,据顾廷龙先生称:"编此目(即《中国丛书丛录》),我是由日本京都大学汉籍分类目录而得到启发。我在燕京时,为章式之先生遗书编目,一日吉川幸次郎先生来访,赠余《日本京都东方文化学院汉籍分类目录》,又另编一册,有书名及子目索引。凡丛书子目均分别各类,作者、版本著录甚详,使用方便,余甚好之。"(转引自沈津《顾廷龙年谱》,上海古籍出版社,2014年,第536页。同页顾先生又云:"《综录》的分类为:沈文倬主经部。")又据《顾廷龙年谱》,顾先生与吉川先生早在1932年秋便相识了(同书,第28页),1963年12月11日在京都二人又相见,吉川赠《知非集》(同上,第555—556页),可见二人颇有交情。

立国学图书馆图书总目》等的影响。

第二种为《中国古籍善本书目·经部》(1989)，其《编例》称，该目分类"大体依四库分类排比，各部类目酌予增删修订。……同一部类之书汇编为丛书者，俱入所属部类"①，其小学类分汇编、训诂、字书、韵书四属。

第三种为《中国古籍总目·经部》(2012)，据其《前言》云："《中国古籍总目》沿用四部分类法类分古籍，并参酌《中国丛书综录》《中国古籍善本书目》等增损类目，部居类分，有条不紊。"②就小学类而言，分说文、文字、音韵、训诂、文法、译文、总义、丛编等八属③，每属之下或有四级小类，如"说文之属"分二徐本、注解、音释、六书、部目、总义、丛刻七小类，"文字之属"分字典、正字、字体、训蒙、字学、丛刻六小类，"音韵之属"分韵书、音说、等韵、拼音、总义、丛刻六小类，"训诂之属"分群雅、字诂、方言、总义四小类。尔雅类则位于四书总义与群经总义类之间，分正文之属、注解之属、图赞之属、文字音义之属、丛编之属五小目。从该目与以上二目的关系看，三级类目"丛编之属"的设置显然受到了《善本书目》"汇编"的影响，而散于各属之下的"丛刻"是其新设的小类。其四级小类则是在斟酌《综录》的基础上做出的调整，而尔雅类的位置及具体小类亦是受该目的影响。

第四种为《"国立中央图书馆"善本书目》(1958)，小学类分训诂之属、说文之属、字书之属、韵书之属、启蒙之属、总义之属等六小类。尔雅类独立于小学类之外，位于四书类之后，分白文之属、传说之属二小类。而之后的《"国家图书馆"善本书志初稿·经部》(1996)小学类于以上六小类之外另增方言一小类，尔雅类则不再细分属类。

第五种为《"国立故宫博物院"善本旧籍总目》(1983)，其《凡例》第三条云："本目分类，大体依据《四库》，而仿《书目答问》例增丛书一部。惟本院藏书略有体裁特异，非《四库》所能范围者，则仿《江苏省立国学图书馆书目》

---

① 中国古籍善本书目编辑委员会编《中国古籍善本书目·经部》，上海古籍出版社，1989年，《编例》第5页。
② 中国古籍总目编委会编《中国古籍总目·经部》，中华书局、上海古籍出版社，2012年，《前言》第3页。
③ 同上，《编纂说明》第2页。

例,酌增类目以部次之。"①其小学类分训诂之属、字书之属、韵书之属、汇编之属四小类。从前述《江苏省立国学图书馆总目》的分类看,此目是将江苏之目的"经总类·小学类刻"归入了小学类。

以上五目或多或少都受到民国以来编目的影响。其在三级和四级类目的设置上虽然亦有值得商榷之处,但毕竟是在有意识地划分更细的类目,使得各书更好地归于适当的位置,所以这是值得肯定的。

总而言之,小学目录分类发展到现在,已经越来越趋向科学和合理了。每朝每代的目录分类思想与当时的学术背景、编目者的编纂目的和学术修养等是有莫大关系的,《汉志》《隋志》之小学不收《尔雅》,唐宋间之小学摒弃蒙学,清代之后《四库》三分法最终定于一尊,莫不与当时的学术背景等密切相关。古代目录编纂在于实践有余,而理论不足,故而分类思想仅存于《汉志》《四库提要》等有限的目录之中,理论研究则散见于《通志》《文史通义》等书之内。后世学者如余嘉锡、姚名达诸先生,亦不过从这几部书中取法,而遵从西方图书学分类法者,又不能正确评价《四库》之分类法之优劣。今按,《四库》对小学类之分类应该是历代最科学之分法,其将清代朴学之研究成果纳入分类之中,故而对诸小类辨析最精。而其最大的缺点在于在二级分类上没有如韵书那样细分小类,故而显得收录失当。今日能真正补《四库》不足者,应该是文字学家之分类法及分类思想了。正如李致忠先生所说:"四部分类法盖是历代目录学家精心策划、不断调整、与时俱进的分类法;盖是历代目录学家从中国历代学术传扬、学科演化、图籍实际中类归出来的最适合中国古籍、最能反映中国传统学术文化部居的分类法;盖是历代中国学者,包括今天搞中国传统学问、传统文化的学者最熟悉最习惯使用的分类法。"②笔者认为李先生所论至为精辟。不错,四部分类法乃是千百年来古籍目录编纂实践的最大成果,我们绝不能弃之,反而应该对其细目进行进一步

---

① "国立故宫博物院"编《"国立故宫博物院"善本旧籍总目》,台北故宫博物院印,1983年,《凡例》第 2 页。
② 李致忠《四部分类的应用及其类表的调整》,《昌平集》,上海古籍出版社,2012年,第231 页。

划分(尤其是全国总目、联合目录,以及藏书丰富的藏书单位的馆藏目录),使它得到最大程度的发挥。如想实现这一点,绝不能依靠编目者和文献学者独自完成,因为他们并不能对每类古籍之性质把握得很准确,更重要的是各个专业研究者的参与和配合。惠世荣先生曾云:"从现在的情况看,我们面临的苦难固然很多,但主要的恐怕还是人才的问题。我的想法,搞这项工程,没有三五十个像王重民、余嘉锡这样的大学者作为骨干或者带头人,是很难进行的,而现在到底有多少这样的人,实在是说不上来。"①惠先生说的虽然是针对编纂《中国古籍总目提要》而来的,但是亦适合与我们的所说的目录分类和目录编纂,希望此语与学界共勉。

此外,国外诸汉籍目录虽很少有具体的分类说明,但作为博学之资,亦可略谈一二。

首先是日韩。从目前收集的资料看,两国在其早期的目录中很少对小学文献进行详细的分类。朝鲜正祖时期所编的皇家藏目《奎章总目》(1780)为一部影响颇为深远的目录,其卷一"皆有窝甲库经"下虽设置小学类收录了 20 部小学文献,但排列上颇为混乱:《埤雅》为训诂书,《小学》为蒙书,《说文解字》《五音类聚》为字书,《韵府群玉》为类书,《洪武正韵》为韵书,然《正韵》之后又有《说文长笺》《海篇心镜》②,《字汇》《会海字汇》后又接《音学五书》,《佩文诗韵》之后又续《增补字汇》,等等,显然该目虽有小学一类,亦隐约有暗设小类的意识,但并无细心安排所属诸书。之后的《内阁访书录》《宝文阁册目录》等著作亦有此特点,前者"经史类"下没有明确设置小学类,但却暗设之,但属于此类之下的诸书亦显杂乱,如《急就篇》之下依次为《韵补》《汉隶字原》《六书故》《古今韵会举要》等。后者虽明设"小学"一类,但多收蒙学著作,末有《增补韵考》《正音通释》《三字经》《韵会》四部著作,其中《三字经》杂于其中,显得不类。《西库藏书录》较前面诸目略为特别,该目之"字

---

① 惠世荣《对〈中国古籍总目提要〉编纂工作的几点意见》,《图书馆论坛》1995 年第 6 期。
② 按,此书全称为《玉堂厘正字义韵律海篇心镜》,今韩国中央大学图书馆收藏,乃按类排字之通俗字书。

书类"在"诗家类""天文类"之间,专收朝汉韵书(除《训蒙字会》外),似乎与前面提及的明代的一些目录有类似之处。总体而言,朝鲜时代的诸汉籍目录虽有小学类之设,但并无明确的二级类目,这可能跟诸目所收诸书数量有限有关。同时从诸目所收诸书混乱排列情况看,目录编纂者显然并没有将蒙学著作与小学著作进行区分,也没有对文字、音韵、训诂等著作的差异有明确的认识。显然,这跟同一时期的中国目录的分类相比是滞后的,而这一情况在日据时期《清芬室书目》(1944)还在延续着。一直迟至20世纪五六十年代以后,这种情况才稍有改观,但似乎也没改多少。一些汉籍目录如《高丽大学汉籍目录(旧藏)》《韩国所藏中国汉籍总目》等将蒙学著作排斥在"字书类"之外,①此其较朝鲜时代诸目而长者。而该类之下诸类小学文献杂乱排列之弊仍然存在,且已通行于诸馆汉籍目录中,显然韩国汉籍目录在分类上仍然任重道远②。

　　次看日本,该国早期的目录在分类上并不着意,如前面介绍的《本朝见在书目录》等。江户时期虽然有大量的目录问世(如"舶船书目录"),但其分类亦一如从前。该时期比较典型的著作是《经籍访古志》,该目"经部"下设"小学类"一类,收小学文献21部,分归训诂、字书、韵书三小类内。据其《附言》称"全书体例一遵依《天禄琳琅书目》及《爱日精庐藏书志》"。此二目中,前者以版本为单位著录,仅分四部,不设二级类目;后者则在小学类之下分诂训、字书、韵书三小类,《经籍访古志》之三级类目盖仿自该目。而张氏之目深受《四库全书总目》的影响,所以,《经籍访古志》虽然后出,但在分类上却与清代中后期的诸目步调一致了。日本大正、昭和以来是汉籍目录编纂的高峰期,分类目录更是受到公私收藏的欢迎。其于小学文献的分类情况具体可以分为三种情形:

　　第一种以《静嘉堂文库汉籍分类目录》(1930)、《内阁文库汉籍分类目录》(1956)为代表,其分类大体依《四库全书总目》而略加取舍,其小学类主

----

① 但收录蒙书之汉籍目录仍然有很多,如《薪庵文库汉籍目录》《景和堂文库目录》等。
② 按,韩国在八九十年代以来还有按韩国十进分类法(1966年修正版)编纂的汉籍目录,其将小学文献列入"语学"类,此类下诸书排列亦十分随意,如《南山图书馆藏书目录·古书解题编》(1981)、《钟路图书馆藏书目录·古书解题编》(1983)等。

要分训诂、字书、韵书、语学四个小类。其中，新设的"语学"小类所收文献包括满、蒙文字词典（有部分华英字典），满汉合璧文献和纯满文文献（内容遍及四部）等。与四库类目及其所收诸书相校，该类显然是从《四库全书总目》"字书之属"中独立出来的。从效果上看，与专门讲六书的《说文》等文献相比，此类文献是因语言不同造成文字差异而形成的特殊文献，其内容已涉及语言的方方面面，其对象亦不限于探讨文字形体和结构，所以设"语学"类收录此类文献显然要比《四库》将这些书依附于"字书"要合理很多。另外两目于四小类末有一"附录"，从静嘉堂目录（内阁文库有目无书）看，包括《六艺论》《六艺纲目》二书，显然是从《四库全书总目》继承过来的。《四库全书总目》于"小学类三·附录"《六艺纲目》之末云："六艺皆古之小学。而自汉志以后，小学一类惟收声音训诂之文。此书转无类可归，今附录于小学之末，存古义也。"显然并非小学类的一个类目。其后《东洋文库汉籍分类目录》(1978)虽然无"语学"一类，但分类思想与此二目同。

　　第二种以《东方文化学院京都研究所汉籍简目》(1934)、《东方文化研究所汉籍分类目录》(1945)、《京都大学人文科学研究所汉籍分类目录》(1963—1965)等为代表。① 三目渊源有自，故分类亦一脉相承，其分"小学类"为训诂之属、说文之属、各体字书之属、音韵之属、目录丛刻之属等五个小类。其中对译文献虽然没有独立成类，但已附于"各体字书之属"之末了。从渊源上看，此类目录之三级类目应受到《书目答问》一系（尤其是《贩书偶记》②）的影响。其新设的诸小类是适应当时的学术背景和文献现实的基础上对传统类

---

　　① 按，二目所属机构"(京都)东方文化学院"与"京都大学人文科学研究所"渊源有自，故分类亦同。

　　② 按，《贩书偶记》于其小学类之下分"说文""篆隶字书各体""音韵""训诂"四类，与《书目答问》基本一致。而据吉川幸次郎《东方文化研究所汉籍分类目录跋》介绍，京都的东方文化研究所最初整理汉籍和编纂目录的工作是由吉川幸次郎等学者完成的，《东方文化学院京都研究所汉籍简目》末题"吉川幸次郎、渡边幸三、笠原仲三、仓田淳之助校"即其证。据吉川氏《琉璃厂后记》(《我的留学记》，光明日报出版社，1999年，第99页)回忆，他是知道孙殿起及其《贩书偶记》一书的，并且该书出版后曾经获赠一部，吉川氏复函并赠言"备见苦心，琳琅满目"八字。而目前尚无直接资料证明其是否使用过《书目答问》一书。所以从渊源上看，吉川氏在编纂东方文化学院诸目的时候，最直接参考的目录应该是《贩书偶记》。当然在具体类目上还是有所调整的，比如"尔雅类"，《贩书偶记》从《书目答问》之例单独设立，此目则统归入训诂类。

目的合理调整的结果,是小学类目后出转精的具体体现,所以是值得肯定的。该目之分类法要比第一种影响更大,《八户市立图书馆汉籍分类目录》(1977)、《悠然楼汉籍分类目录》(1977)、《长崎大学附属图书馆经济学部分馆汉籍分类目录·熊本大学附属图书馆落合文库汉籍分类目录》(1980)、《广岛大学斯波文库汉籍目录》(1999)等皆是该目的追随者。

值得一提是,《东京大学东洋文化研究所汉籍分类目录》(1973)[①]亦是一部此类目录,但在小类之下又增设了下一级细目:

一　训诂之属:尔雅,小尔雅,方言,释名,辨释名,广雅,宋,明,清初,清中叶初期,清中叶后期,清季,近人,丛刻,常言,今方言,称谓;

二　说文之属:大徐,小徐,五代,宋,元,清初,清中叶前期,清中叶后期,清季,近人,目录,丛刻;

三　各体字书之属:先秦,汉,三国,晋,刘宋,梁,后魏,隋,唐,宋,辽,元,明,清初,清中叶初期,清中叶后期,清季,近人,丛刻,附千字文,满蒙文;

四　音韵之属:三国,晋,刘宋,北齐,隋,唐,宋,金,元,明,清初,清中叶初期,清中叶后期,清季,近人,重刻,满蒙文;

五　目录丛刻之属:目录,丛刻。

在传统目录当中,"部—类—属"三级类目是常设,很少有汉籍目录能突破其藩篱,只少不多,直至现在。所以,以上细目之设是否合理,我们暂且不论,但该目之四级细类的设置是绝对值得肯定的。此外,《早稻田大学图书馆所藏汉籍分类目录》(1991)虽在《凡例》称类目遵从京大人文研目录,但从四级类目看,与《东京大学东洋文化研究所汉籍分类目录》别无二致。

第三种以《尊经阁文库汉籍分类目录》(1934)为代表,其"字书类"不入四部之经部,而归入四部之外新设的"杂部"。该部分类纂类、字书类、目录类、金石类、器物类、服食类、动植类、合编合刻类、分抄分选类、书抄丛编类、辑逸丛编类等十一类,从这些类目可以推知,此部应该是在丛书部的基础上

---

① 按,该研究所之藏书来自东京的东方文化研究所,故在渊源上本来就与京都大学人文科学研究所一样。

将经部之小学类(经学之附庸)、史部之目录(史部之附)、金石类(目录之附),子部之杂归子书之著作(类纂、器物、服食、动植等)统聚于此,使四部之书归于纯粹。其意甚明,然归类却有些杂乱。如该类之下专设"字书类一"收录小学文献之单行本,"字书类二"则收录其丛书本,显然是按版本类型划分的二级类目。二级类目之下不再明设三级小类,但却暗将训诂、字书、韵书大致类聚在一起,惜诸书归类颇有不尽如人意者。

总体而言,日本明治以来的汉籍目录在分类上基本能与中国境内的古籍目录保持一致,大正、昭和以来的目录甚至在某些类目的设置上胜过同时代的中国目录,这是中日两国学者在清末至民国间频繁交流的结果。

其次是欧美。欧洲汉籍目录的编纂时间虽然较早,但是由于编目者多为传教士或汉学家,其预想的读者为西方人士,所以所编汉籍目录要么仅按流水号收录诸书,要么多采用西方分类法,但是也有参考东方传统汉籍分类法者。今将足资考证者分为两类:

第一类为采用西方学科分类之法者,如法国儒莲《皇家图书馆中文、满文、蒙文和日文的新藏书目录》(1853)"Ⅷ. 文学"下分十三类,其中"A. 汉字字符""B. 拼写艺术及汉字构成""M. 中欧词典"三小类中收录小学文献。或有兼参考四部(五部)分类法者,王重民《伯希和 A 藏 B 藏目录》(1935—1939)是在参考儒莲目录的基础上用法文抄写的目录,其第八章辞书之第一部分为图示词典,第二部分为语音词典,当分别对应中国传统分类法之下的字书和韵书。法国古恒《中文、朝鲜文、日文等书籍目录》(1902—1910)第一卷历史类下"古文字学""正宗典籍",第二卷词典学下皆收录小学文献。诸类之下还有三级类目,如"正宗典籍"下又分"文本节选《尔雅》""尔雅论著"二小目,"词典学"下又分"图示词典""语音词典""近义词典等"等三个小目。① 该目《前言》明确称"我们编纂的目录是给欧洲人看的,所以我会尽量采用一个清晰

---

① 按,以上诸目类名参见王辉《法国国家图书馆所编汉籍目录研究》(北京外国语大学硕士论文,2019年)和王域铖《法国国家图书馆古恒〈中文、朝鲜文、日文等书籍目录〉及著录汉籍研究》(山东大学博士论文,2020年)。

有序的藏书分类法。但是我在说明文字末尾所标出的对《四库全书总目》的精确参考,足以让读者们在两个目录之间建立一致关系"。① 可见,该目是以西方学科分类法为主,并参考《四库》分类法而成的一部目录。

第二类为采用东亚传统汉籍分类法者,亦即五部分类法。如英国何大伟的《牛津大学中文旧籍书目》第一卷《巴克豪藏书》(1983)和第二卷《伟烈亚力藏书》(1985)之"小学类"下分训诂、字书、韵书、满蒙藏文四个小类。该目书前列有《京都大学人文科学研究所汉籍分类目录》,学者们据此推测其分类法当借鉴过后书。② 但就小学一类而言,两书相校,差异颇大,笔者更倾向其参考的是《内阁文库汉籍分类目录》一系的目录。魏安的《马礼逊藏书书目》(1998)之"经部·小学类"收书 38 种,但却分了训诂、字书、韵书、字体等六个小类,而字体一类下"又设诸体、古文、篆书、隶书、草书、异体俗体六个四级类目"③。

总体上看,欧洲汉籍目录的主流一直是西式的,即便有采用东方传统分类法者,亦不过寥寥几部。直到现在,虽然亦有几部由中国学者编写的(见第二章第二节),但仍然屈指可数。所以,西方汉籍的编目应该是亟待加强的。

美国汉籍目录的编纂相对要晚,但由于多由中国学者编定,所以基本采用传统的五部分类法。其于小学文献,或于小学类下分训诂、字书、韵书三属,如屈万里《普林斯顿大学东方葛斯德图书馆中文善本书志》(1984)等。或经部之下仅有小学类而三级小类,如沈津《美国哈佛大学哈佛燕京图书馆藏中文善本书志》(1999),陈先行、郭立暄《柏克莱加州大学东亚图书馆中文古籍善本书志》(2005)等。甚或仅有经部而不设小学类,如李国庆《美国俄亥俄州立大学图书馆中文古籍书录》(2003)等。由于各馆所藏小学文献有限,所以美国诸汉籍目录多不设小学类,即便设小学类也不再细分小类了。

从上文讨论可知,历代公私藏目对小学文献的分类是有多寡详略不同

---

① [法]古恒编,王辉译《中文、朝鲜文、日文等书籍目录·前言》,张西平主编《欧洲藏汉籍目录丛编》第 3 册,广东人民出版社,2020 年,第 1528 页。
② 谢辉《英国图书馆所藏汉籍目录初探》,《新世纪图书馆》2015 年第 2 期。
③ 同上。

的,具体表现在:小学文献的分类由仅分一类,不设小类,渐渐走向了二级乃至更细的分类;其所包含的文献由兼含蒙书、法书、金石等著作中取向纯粹的语言文字著作;其在四部的位置也是时有变化,这些都跟当时的学术特点、文化风气等分不开的。今择要作表于下:

历代主要公私藏目及诸家之小学文献分类表

时期	分类	文献性质	特点	原因
《汉书·艺文志》	仅分一类	非专为童蒙而设,还是文吏规范文字和经学之士训释经典之字书	附于六艺略之后,非完全独立的类别	经学的影响;文献典籍的整理;文吏与经学之士身份
《隋书·经籍志》	明分一类,暗分"诸篇章""诸书"两小类,下或细分若干类	既有蒙书,又有字书、法书、声韵、石刻之著作	对经学的依附性减少;小学文献内容扩大;有明确的分类意识	民族融合与佛经翻译;经学衰落;学术分类意识成熟;目录编纂兴盛
《郡斋读书志》	分为三小类	字书、法书、音韵、金石皆有	小学类独立;《尔雅》入小学类;理论层面的分类	辨伪学、金石学、书法学兴盛;刻书事业发达
《通志·艺文略》	分为八小类	与《隋书·经籍志》大致相同	总体上从《隋书·经籍志》以来的史志目录,但较之精细	除了同上原因外,与郑樵个人编纂思想有关
《国史经籍志》	分为四小类	字书、法书、蒙书、金石皆有,另有算术著作	在《周礼》六艺体系下进行分类;分类思想来自《崇文总目》《通志·艺文略》	考据学的发展;焦竑的个人的文献学思想
《四库全书总目》	明分三属,属下暗设目	基本上皆为文字、音韵、训诂之书	有明确的理论指导;与当时的学术密切相关;归类仍然混乱	推崇汉学;小学走向鼎盛

续　表

时　期	分　类	文献性质	特　点	原　因
《书目答问》	分为四小类	同上	兼取《汉书艺文志》《四库全书总目》之分类法；分类粗略	清代汉学的发展；张之洞的编目思想
文字学家	多从《四库全书总目》	同上	站在本专业研究的角度进行分类，但缺乏体系	学术走向分科；专业研究向纵深发展

三、"小学类"在专科目录中的分类状况

专科小学目录在古代出现较晚，目前所知最早者且影响最大者为清乾隆末、嘉庆初谢启昆所编的《小学考》五十卷。其《小学考序》云：①

> 秀水朱氏撰《经义考》，有功经学甚钜，但止详《尔雅》，余并阙如。吾师翁学士覃溪先生作补正，又欲广小学一门，时为予言之。……卷首恭录敕撰，次训诂，则续《经义考》尔雅类而推广于《方言》《通俗文》之属也。次文字，则《史篇》《说文》之属也。次声韵，则《声类》《韵集》之属也。次音义，则训读经史百氏之书。训诂、文字、声韵者，体也；音义者，用也。体用具而后小学全焉。

据此，谢启昆是应翁方纲所托而作《小学考》的，该目分小学类为五类，除"敕撰""音义"二类出于特殊目的而独立设类外，其余三类均从《四库》之分类法。

而卷四十五《王氏周易音》末云：

> 音义为解释群经及子史志书，故诸家著录不收入小学，然其训诂反切，小学之精义具在，于是实可与专门著述互订得失。且《通俗文》《声类》之属世无传者，散见于各书音义中至多。则音义者，小学之支流

---

① （清）谢启昆《小学考》，艺文印书馆，1974年，第1页。

也。昔贤通小学以作音义,后世即音义以证小学,好古者必有取焉。今从晁氏《读书志》载《经典释文》之例,别录音义一门以附于末。

据此,谢氏具体阐释了《小学考》设立"音义"的理由:其一,音义之书的训诂反切可以与专门小学书互相补充;其二,散见于各书的音义可以见久已亡佚的小学书之文。前者为其辅助之功,后者即其辑佚之能,故而谢氏称其为"小学之支流"。但是这两个理由只能说明这类书有助于小学,并不足以说明它便可归于小学类,故而其又有"从晁氏《读书志》载《经典释文》之例"云云,既然古有先例,那么设音义归小学也就理所当然的了。所以,此句话才是重点。今考《郡斋读书志》卷四末有《经典释文》,但均不合晁氏所分小学之三类,故知该书乃无所归系,暂附小学之书。今谢氏既从晁氏例,则此音义亦非小学之正,故云"别录音义一门以附于末",由此可知,谢氏设立此类纯粹是供小学书取资,或者有意扩大小学的研究范围,称之为小学类之附录亦无不可,而非真正将之纳入小学类。故而后世学者大加推崇其音义之设,乃溢美之词,并未看到此类真正的性质。其分类法实际上仍然是《四库》之训诂、字书、韵书三分法。

谢氏《小学考》对后世专科小学目录影响颇大,之后光绪间胡元玉有《雅学考》一卷①,周祖谟先生《重印雅学考跋》云:"光绪间,湘潭胡元玉子瑞欲广辑前人雅注,兼匡传讹之缪,乃有《雅学考》之作,叙列宋代以前雅学诸书,次为五种(注十二家,序篇一家,音十五家,图赞二家,义疏二家),博稽众说,订正纰缪,成书一卷,并作祛惑一篇,驳正淆乱。"②认为《雅学考》分雅学著作为五类。该目所收雅学著作截至宋代,而周先生之《续雅学考拟目》则收宋代以后雅学著作。周氏《拟目》按著者对《尔雅》的编撰方式分列十类,每类之前均有简单的分类说明,如第一类为校勘,下云:"校雠众本,正其讹误者",则凡此类者均为校勘《尔雅》之作。而窦秀艳《中国雅学史》则不仅研究《尔雅》类著作,而是对训诂类中包括《尔雅》在内的所有"雅学"著作进行研究,

---

① 见《续修四库全书》"经部·小学类",第189册,上海古籍出版社,2003年,第271页。
② 周祖谟《问学集》下册,中华书局,1966年,第689页。

其认为应包含"广雅之作,仿雅之作,注释研究之作"等三大类①,书后附有《历代雅学注述考目》,详记题名、撰者及出处或版本。

除了雅学文献目录外,清末以来尚有诸多《说文》目录。林明波《清代许学考》云:"顾自清末以来,作许学书目者,有尹彭寿《国朝治说文家书目》、叶铭《说文书目》、王时润《许学考目》《研究说文书目》、丁福保《说文目录》、李克弘《说文书目辑要》、马叙伦《清人所著说文之部书目初编草稿》等多种,诸家各有所得。而黎经诰之《许学考》,一本谢氏《小学考》之例,纂辑诸书之序跋,并考撰人之始末,搜罗宏富,尤为此中之巨擘。"②林氏对清代以来流行的说文目录进行了简单的综述,应当收罗较为完备。但此类目录多侧重于罗列书名,很少对其进行详细的分类。即便有之,也没有详细的分类说明。如丁福保所撰《说文解字诂林引用书目表》③分大徐本及校勘字句之属、小徐本及校勘字句之属、段《注》及考订段《注》之属、桂氏《义证》及辨订之属、王氏《句读》《释例》及补正之属、朱氏《通训定声》及《补遗》之属、杂诂别述之属、引经引古语之属、释某字释某句者之属(于各家文集中采出)、金石龟甲文字之属、逸字外编之属等十一类。该目并非独立的《说文》目录,而是为《说文解字诂林》一书服务,所以其分类具有特殊作用。我们不能据此批评其不足,也不能完全据此对说文著述进行类分。后来的林明波《清代许学考》是一部专门研究清代说文著述的著作,其《凡例》云:

> 本编著录各书,分隶六类:古籍首重校雠,立校雠类第一。校勘而后可注可疏,立笺释类第二。其剖析一端,而通贯全书者,立专考类第三。而随笔札记,所述既非一事,别立杂著类第四。六书未必局限于《说文》,要以许学为大宗,故次立六书类第五。就许学以声音相类次,或专发其声训之精微,明其古音之部目,而兼涉字书韵书两类者,则立辨声类第六以为殿。

---

① 窦秀艳《中国雅学史》,齐鲁书社,2001年,《前言》第1—2页。
② 林明波《清代许学考》,嘉新水泥公司文化基金会,1964年,第7页。
③ 丁福保《说文解字诂林》,民国二十年诂林精舍重印本,第133页。

该书先将清代研究《说文》的著作分为六大类,每类字下又详分几小类,每大小类前均有详细的说明文字,故而理论性较同类书目强得多,但实际操作起来并不能做到如此泾渭分明。

新中国成立以后专科小学目录有以下两种:①

首先是《北京图书馆普通古籍综目·文字学门》(1995),据其《编例》称"书目正文按刘国钧先生1929年编制的《北京图书馆中文普通线装书分类表》分类",②而该《分类表》是在受杜威分类法影响下,③"把四库分类法原有类目参考现代科学的性质,加以分散或合并,又增加了一些新的类目(如'自然科学''社会科学'等)"④编纂而成的,故使用该《分类表》的《文字学门》具有新旧杂糅的特点。具体来说,从其编号上看,大类上除"字书(字130)""外国文字"有类无书之外,该目之类目如下:

一级类目:包括总记,训诂,尔雅,说文,其他字书(各种字典等),中国境内其他各种文字,音韵,唐韵,广韵,集韵,其他,简字、速写、注音字母,方言(扬雄方言及其研究),其他方言俗语,文法及修辞,蒙求,亚洲各国文字,欧洲各国文字等20大类;

二级类目:(1)总记之下分总记、论丛、丛书等2类;(2)训诂之下分训诂、丛书等2类;(3)说文之下分书目(已入目录门,故有类无书)、丛书、大徐本(徐铉)、小徐本(徐锴)、注释、六书、声韵、专著、新附及逸字、部首及启蒙、杂论等11类;(4)音韵之下分音韵、丛书等2类;

三级类目:说文·注释之下分元明人注、清乾隆以前人注、段氏注、清乾

---

① 按,刘志成《中国文字学书目考录》(1997)也是一部专科小学目录,但其基本上是按时代顺序著录诸文字学著述的,属于一种较为详细的列表式目录,而很少涉及分类,故此略之。

② 北京图书馆普通古籍祖编《北京图书馆普通古籍综目·文字学门》,书目文献出版社,1995年。

③ 黄建年、胡唐明、侯汉清《古籍分类的典范:〈中文普通线装书分类表〉源流、演化与时代的适用性》,《上海高校图书情报工作研究》2018年第3期。另外,徐蜀《刘国钧〈中文普通线装书分类表〉源流考(二)》又补充了该《分类表》1929年初版《国立北平图书馆普通图书分类表》、1957年再版《国立北京图书馆中文普通线装书分类表》、1964年再版重印《国立北京图书馆中文普通线装书分类表》等不同版本之间的重要信息,见其博文:http://blog.sina.com.cn/s/blog_d24baca10102yz6m.html。

④ 中文编目组《国立北京图书馆中文普通线装书分类表》,北京图书馆,1957年重印,《再版前言》。按,该表书影见前引徐蜀文。

嘉间其他各注、清道光以后注、现代人注等 6 类。

该目共有三级类目,而一、二级类目划分较细。从渊源上看,该目中很多类名其实延续着民国以来的分类传统,只不过将原来的二级、三级类目上升到了一级类目,如尔雅、唐韵、广韵、集韵诸类。从整体上看,这样的分类并不见得比民国时期四部分类法下的诸属目科学得多,反而十分凌乱。首先,类目之间缺乏关系和层次,如一级类目下尔雅之于训诂,唐韵、广韵、集韵之于音韵,方言等置于训诂之外,外国文字等与诸字书相隔,等等。其次,很多类目的设置颇值得商榷,如总记之"论丛"一类仅收《学文溯源》《小学金石论丛》二书,二书为何要单独设类呢?再如三级类目下大致依时代分小目,但"段氏注"为何偏偏设类呢?设类之随意导致诸书归类亦非常随意,如《六书略》为何归入"总记"而不归"六书"呢,不知该书乃是元明六书学之祖。《检字一贯三》《汉语古文字字形表》为何归入"总记·丛书"之中呢?难道它们是丛书?总之,该目虽然类目划分很细,但并不尽如人意。其虽然著录一馆之藏,但其却影响了据其著录群书的其他目录,如《文字音韵训诂知见书目》等。故此目有误之处,彼目亦延续其误。

其次是《文字音韵训诂知见书目》(2002)(以下简称《知见书目》)。此目是目前收录小学著述最为完备的且体例较为谨严的专科小学目录。[①] 其《编例》称"本书目分类大体以《中国丛书综录·子目》所设有关类目为基础,部分类目根据传统小学的性质、范围与收书实际情况等酌加损益、调整,俾便检寻"。[②] 据此可知其分类来源。从其具体类目看,该目先分总类(主收类编丛书)、文字、音韵、训诂、音义等五个一级类目,而受《综录》影响的主要是文字、音韵、训诂三个的二级以下类目。下面我们分别列出该目的二级以下类目。

二级类目:(1) 文字分总类、说文解字、其他字书、甲骨金文等四类;(2) 音韵分总类、广韵、其他韵书、其他音说、等韵 注音等五类;(3) 训诂分总

[①] 按,有关该书的详细研究,参见笔者《〈文字音韵训诂知见书目〉研究》(北京师范大学博士论文,2015 年)。

[②] 阳海清、褚佩瑜、兰秀英编《文字音韵训诂知见书目》,湖北人民出版社,2002 年,《编例》第 3 页。

类、尔雅、其他雅书、字诂、名物、方言、文法修辞、译文等八类；(4)音义分总类、专著等二类。

三级类目：(1)文字·说文解字类分总类、大徐本、小徐本、其他传说、专著等五小类；(2)文字·其他字书类分字典、字体、简字、蒙学等四小类；(3)文字·甲骨金石类分总类、甲骨、金、石、简 陶 印等五小类；(4)训诂·尔雅类分正文、传说、专著等三小类；(5)训诂·名物类分总类、专著等二小类；(6)训诂·方言类分扬雄方言、其他方言等二小类。

四级类目：(1)其他字体·字体类分辨正、各体二目；(2)说文解字·专著类分校勘 辨字、六书、重文、新附 补遗、释例、部首 检字、征引、声韵、古籀等九小类；(3)方言·扬雄方言类分正说、传说、续补三目。

与其所参考的《综录》相比,该目之分类有以下几个特点：

首先,在类、属层面上,虽然《知见书目》有所增益调整,但整体调动不大,大致遵从了《综录》的类目。即便有所改动,也是在大类不动的基础上,进行局部的拆分。如将"群雅"分为"尔雅"和"其他雅书"两类。究其原因,并不是《尔雅》与诸"雅"类文献有异,实因为该目"尔雅"类所收诸书过多(严格来说是版本太多),不得不另设一类而已。据此可证,该目"编例"所云"本书目分类大体以《中国丛书综录·子目》所设有关类目为基础"云云所说不诬。但这样的承袭也是有所失误的,即《综录》所收的某些书,有归类失误者。《知见书目》或一一照录,或虽有改动,亦有不当。

其次,从整体上看,《知见书目》对《综录》的最大突破就是类目的细化和新类的增加,前者具体表现在类属之下的第三、四级的类分,如"方言"类下又细分为"扬雄方言"和"其他方言"两小类,此为三级分类,而"扬雄方言"下又分为"正文""传说""续补"三细类,此即四级分类。后者则或在"小学类"中某些大类内部拆分出一部分而重并为一类,如"名物"类即是；或者从别部内某些类属中移入一部分而另设为一类,如"甲骨金文"便是来自《综录》之"史部·金石类",观其所收诸书便知。但是需要指出的是,这种细分,实乃其诸类所收书籍众多所致,《综录》仅录丛书子目,自然二级分类便可游刃有余了。同时,所谓增类,亦与该目之收录范围有关,至于所增之类是否合理,尚需进一步讨论。所以,我们绝不能因为《知见书目》之类目之细化与增益,而否认《综录》之价值,更应该看到二书之承袭关系和《知见书目》之突破的原因。

附:《知见书目》与《综录》分类对照表(仅列二级分类)

	《综录》		《知见书目》	
	—		总类	
文字	说文之属	—	说文解字	总类
				大徐本
		传说		小徐本
				其他传说
		专著		专著
	字书之属	古文	其他字书	—
		通论		
		字典		字典
		字体		字体
		蒙学		蒙学
		(归入"音韵"类)		简字
	(史部·金石类)	总志之属	甲骨金石	总类
		甲骨之属		甲骨
		金之属		金
		石之属		石
		玺印之属		简陶印
		匋之属		
		钱币之属		—

续 表

	《综录》		《知见书目》	
文字	（史部·金石类）	玉之属	甲骨金石	—
		竹木之属		—
		郡邑之属		—
音韵	—		总类	
	韵书		广韵	
			其他韵书	
	古今音说		古今音说	
	等韵		等韵 注音	
	简字拼音		（归入"文字·其他字书"）	
训诂	—		总类	
	群雅		尔雅	
			其他雅书	
	字诂		字诂	
	（部分归入"字诂"）		文法修辞	
	方言		方言	
	（散入诸类）		名物	
	译文		译文	

最后是杨薇、张志云《中国传统语言文献学》(2006)。该书虽不以小学文献分类为目的，但是在分类上却具有自己的一些特点。

1. 根据小学文献的分布特点和具体内容，该书先将小学文献分为四大类：①

---

① 杨薇、张志云《中国传统语言文献学》，崇文书局，2006 年，第 9 页。

以《尔雅》为核心的训诂学类文献,以《说文解字》为核心的文字学研究文献,以《切韵》《广韵》为核心的音韵学类文献,其他研究汉语语言现象和探讨汉语言学理论的文献。

2. 继而根据文献衍生方式,将《尔雅》文献分为《尔雅》及其注本系列、"仿雅"文献系列和"类雅"文献系列三类;《说文》文献分为《说文解字》及其注本系列、文字研究系列、字典系列三类;《切韵》《广韵》文献分为《切韵》以前的早期韵书、《切韵》系韵书、《中原音韵》系韵书、等韵图、其他韵书(其他语言)等五类;①其他语言文献分为集释传统四部文献中其他各类著作语词音义的文献,总结训诂成果及文例的文献,集中解释虚字的文献,集中训释词语的注本类文献(单本单类语词注疏类文献)、专门著录传统语言文献的目录专书(辑佚、著录类传统语言文献)五类。②

3. 继而根据不同的研究方面继续划分三级文献:

(1)《尔雅》及其注本系列按编纂方法分通注本、辑注本、校释本、补注本、图注本五小类,或按研究的侧重点分为考辨类、普及类、专释类、论释类等四小类。③"仿雅"文献系列根据与《尔雅》的亲疏关系分与《尔雅》关系密切的"仿雅"类文献和体式上模仿《尔雅》的"仿雅"类文献二小类,包括《小尔雅》及其注本、《广雅》及其注本、《埤雅》及其注本、《尔雅翼》及其注本、《汇雅》、《通雅》、《支雅》、《义府》、《骈雅》及其注本、《迭雅》、《别雅》及其注本、《比雅》、《毛雅》、《说雅》、《选雅》、《拾雅》等十六类文献。"类雅"文献系列又根据不同的研究对象分为《方言》及其衍生文献、《释名》及其衍生文献等二类。

(2)《说文》及其注本分《说文》四大家、校勘《说文》的专著、研究六书的著作、研究部首偏旁的著作、研究《说文》引经的著作、考证经字的著作、研究新补新附的著作、专门搜集逸字的著作、其他著作等九类。文字研究系列分

---

① 按,该书《绪论》(第9页)将此类文献分为《切韵》《广韵》及其注本系列、音韵研究系列、韵书和韵图三类。
② 同上,第504页。按,该书《绪言》(第9页)将此类文献分为集释群书语词的文献,总结训诂成果及文例的文献,单本、单类语词注疏类文献,辑佚和著录类文献四类。
③ 同上,第80页。

宋代、元明时期、清代、研究石刻文字的著作、研究金文的著作、研究甲骨文的著作等六类。字典系列分直承《说文》传统的著作、辨正文字的字典、其他字典(方言俗语字典和专书字典)等三类。

（3）《切韵》系韵书分《切韵》、《切韵》增订本、《礼部韵略》及其系列增订之作、宋代以后的诗韵(供作诗检韵选字之便)等四小类。等韵图根据语音系统的不同又分为宋元时期的韵图和明清时期的韵图(时音)两小类。

（4）集中训释词语的注本类文献分专门以某一部典籍中的语词作为训释主体的文献,专门以某一部经著中的某一类语词作为训释的主体的文献(名物)两小类。辑佚、著录类传统语言文献分为辑佚类和著录类两小类。

4. 继而再进行进一步的划分：

（1）如《尔雅》通注本根据注释方法的不同分为义注本、音注本、音义合注本等三小目,[①]《尔雅》考辨类根据考辨的侧重点分为汇释性考辨、补释性考辨、辑释性考辨、校释性考辨、音注性考辨、考释性考辨等六小目,《方言》及其衍生文献根据与《方言》的远近关系分为《方言》的注本、《方言》的续广之作、专事整理或辨正方言俗语的专著等三小目,《释名》及其衍生文献亦根据与《释名》的远近关系分为《释名》的注本和《释名》的续广、演绎之作。

（2）校勘《说文》的专著分为对前代诸种《说文》版本进行总校勘的著述,专校徐铉本的,专校徐锴本的,校二徐本异同,其他校勘《说文》的著述等五小类。研究《说文》引经的著作又分研究《说文》引经异同的著作、研究引经体例的著作等二小类。考证经字的著作又分以经典、《说文》互不相见的字彼此互勘、各求得其字,根据《说文》研究经典文字、考证文字的通假等二小类。

---

① 杨薇、张志云《中国传统语言文献学》,崇文书局,2006年,第22—23页。

（3）研究石刻文字的著作分资料汇编、石刻文编、兼收异体别字的著作等三小类。

（4）明清时期的韵图按内容分为时音韵图（反映明清时代的读书音系统为主的韵图、以表现当时口语标准音为主的韵图、表现各地方音的韵图）和今音韵图（继承宋元时期韵图特点、表现《广韵》音系的韵图）两小类。

5. 继而再继续细分，如专事整理或辨正方言俗语的专著又分整理考证一般方言俗语的专著、整理考证某一地区的方言俗语的专著、考证方言俗语的来源的专著等三细目。①

由上可知，此书已经将小学文献分为五级，但是由于其并非一部目录学著作，而是在类分小学文献的基础上重点展现原生文献与衍生文献之间的相互关系。并不仅仅研究某一部文献的基本特征，更要呈现某一类文献的整体特点，这使得我们更容易把握其分类标准和文献的归类依据。然而由于该书是站在学科的角度类分小学文献的，所以在把握小学文献时标准略宽，即"集中研究汉语形音义的专著型语言文献""集中针对其他文献的语言文字进行注疏而形成的语言研究性文献""集中著录传统语言文献的专科目录"，②尤其是第二类，虽然撰者明确说"本书只选取集中对被注经典的字词意义进行注释，并单独成书的文献作为研究对象"，③但具体探讨时不免还会收录一些与研究语言学相关的实非小学文献的其他文献，如《毛诗故训传》等。同时，即便是第一类，也有看似小学文献而实非的，如《考古图》《宣和博古图》《啸堂集古录》《西清古鉴》等金石文献，四库馆臣在《历代钟鼎彝器款识法帖》下提要云："此书虽以'钟鼎款识'为名，然所释者诸器之文字，非诸器之体制。改隶字书，从其实也。至《博古图》中之因器及铭者，则宜入谱录，不在此例。《隋志》并石经入小学，以刻文同异，可资参考之故。然万斯大《石经考》之类，皆但溯源流，不陈字体，与小学无涉，今仍附之金石焉。"显

---

① 杨薇、张志云《中国传统语言文献学》，崇文书局，2006年，第196—197页。
② 同上，《绪论》第7—8页。
③ 同上，《绪论》第8页。

然对谱录、金石与小学文献的异同有清晰的认识。同时,该书对《韵府群玉》《佩文韵府》这些类书的收录,也显示了其忽略了小学类与其他相邻类目之间异同的清晰辨析。另外,如《声音倡和图》为《皇极经世》卷四《观物篇》中第三十七图,《字母切韵要法》为《康熙字典》卷首之附图等固然是研究韵学不可或缺的内容,但并非一部独立的小学文献,将这些篇章与同类韵书并列于一类,显然又忽略了篇章与图书之间的关系。倘若如此,那么其所谓的"中国传统语言文献学"也不过是一门类分的传统语言文献史料学而已了。之所以出现以上这些问题,主要是由于全书并没有对"传统语言文献"的定义和范围进行明确界定导致的。不过整体上由于著者能在深入了解诸类小学文献性质和特点的基础上类分诸书,所以很多类目较以往目录学者划分得相对合理一些。

为便于直观展现该书之分类情况,以下将上文提及的该书五级类目列于下:

1 以《尔雅》为核心的训诂学文献
  1.1《尔雅》及其注本系列
    1.1.1 通注本
      1.1.1.1 义注本
      1.1.1.2 音注本
      1.1.1.3 音义合注本
    1.1.2 辑注本
    1.1.3 校释本
    1.1.4 补注本
    1.1.5 图注本
  1.2 "仿雅"文献系列
    1.2.1 与《尔雅》关系密切的"仿雅"类文献
    1.2.2 体式上模仿《尔雅》的"仿雅"类文献
  1.3 "类雅"文献系列
    1.3.1《方言》及其衍生文献

1.3.1.1 《方言》的注本

1.3.1.2 《方言》的续广之作

1.3.1.3 专事整理或辨正方言俗语的专著

1.3.1.3.1 整理考证一般方言俗语的专著

1.3.1.3.2 整理考证某一地区的方言俗语的专著

1.3.1.3.3 考证方言俗语的来源的专著

1.3.2 《释名》及其衍生文献

1.3.2.1 《释名》的注本

1.3.2.2 《释名》的续广、演绎之作

2 以《说文》为核心的文字学文献

2.1 《说文解字》及其注本系列

2.1.1 《说文》四大家

2.1.2 校勘《说文》的专著

2.1.2.1 对前代诸种《说文》版本进行总校勘的著述

2.1.2.2 专校徐铉本的

2.1.2.3 专校徐锴本的

2.1.2.4 校二徐本异同

2.1.2.5 其他校勘《说文》的著述

2.1.3 研究六书的著作

2.1.4 研究部首、偏旁的著作

2.1.5 研究《说文》引经的著作

2.1.5.1 研究《说文》引经异同的著作

2.1.5.2 研究引经体例的著作

2.1.6 考证经字的著作

2.1.6.1 以经典、《说文》互不相见的字彼此互勘各求得其字

2.1.6.2 根据《说文》研究经典文字、考证文字的通假

2.1.7 研究新补新附的著作

2.1.8 专门搜集逸字的著作

2.1.9 其他著作

2.2 文字研究系列

  2.2.1 宋代

  2.2.2 元明时期

  2.2.3 清代

  2.2.4 研究石刻文字的著作

    2.2.4.1 资料汇编

    2.2.4.2 石刻文编

    2.2.4.3 兼收异体别字的著作

  2.2.5 研究金文的著作

  2.2.6 研究甲骨文的著作

2.3 字典系列

  2.3.1 直承《说文》传统的著作

  2.3.2 辨正文字的字典

  2.3.3 其他字典

3 以《切韵》《广韵》为核心的音韵学文献

3.1 《切韵》以前的早期韵书

3.2 《切韵》系韵书

  3.2.1 《切韵》

  3.2.2 《切韵》增订本

  3.2.3 《礼部韵略》及其系列增订之作

  3.2.4 宋代以后的诗韵

3.3 《中原音韵》系韵书

3.4 等韵图

  3.4.1 等韵图宋元时期的韵图

  3.4.2 等韵图明清时期的韵图

    3.4.2.1 时音韵图

    3.4.2.2 今音韵图

3.5 其他韵书

4 其他语言学文献

    4.1 集释传统四部文献中其他各类著作语词音义的文献

    4.2 总结训诂成果及文例的文献

    4.3 集中解释虚字的文献

    4.4 单本单类语词注疏类文献

        4.4.1 以某一部典籍中的语词作为训释主体的文献

        4.4.2 专门以某一部经著中的某一类语词作为训释的主体的文献

    4.5 辑佚、著录类传统语言文献

        4.5.1 辑佚类语言文献

        4.5.2 著录类语言文献

四、小学文献分类之反思

与西方文献依学科分类不同，中国古代文献的分类向来充满着很强的主观性。早在民国时期，一些学者[1]试图从西方分类法那里取经而对古代文献重新进行分类，但多不如人意。甚至在新中国成立后还出现了围绕"四部分类法"展开的论争，[2]结果仍然是各行其是。事实证明，中国古代文献与其分类法是具有密切关系，是不可分割的。尽管以《四库全书总目》为代表的四部分类法之下的诸类目在民国以来遭到一些学者的批评，但是该分类法本身及其基本部类仍然被历代的目录延续下来。即便是类目有所调整，[3]也仅仅是在不影响基本部类的前提下进行的局部调整，这说明该分类法具有很强的自足性和合理性。

---

    [1] 如王云五《中外图书统一分类法》、刘国钧《中国图书分类法》、皮高品《中国十进分类法》等。

    [2] 曹之《关于古籍分类的几个问题》(《武汉大学学报(社会科学版)》1987年第2期)一文中总结了当时学者们对《四库法》的两种意见，一种认为古籍分类法应沿用《四库法》，一种认为应统一使用新法。姚伯岳《试论中国古籍分类的历史走向》(《图书馆理论与实践》1993年第4期)一文提到在编写《中国古籍善本书目》时展开了一场有关"古籍分类应采用何种分类法"(主要是《四库法》和中图法)长达近十年的学术论争。

    [3] 如杜定友《校雠新义》、李致忠《三目类序释评》等。

整体上看，四部分类法之下的一级类名即经、史、子、集是不可变动的，只能再增"丛书类"或者其他，但不可在四部之内进行删减。这是因为四部之下的这四个名称并不仅仅是一个部伍群书的部类，更暗含有古人对文献秩序和目录功能的深刻理解。从文献秩序上看，经、史、子、集系统反映了"一个以经为中心并以与经举例远近、亲疏程度安排其他三部次序的差序格局"：①"以水喻之，则经者文之源也，史者文之流也，子者文之支也，集者文之派也。流也、支也、派也，皆自源而分。集也、子也、史也，皆自经而出。"②从目录功能看，经、史、子、集的远近亲疏关系不仅体现了古代目录"弘道设教"的政治功能，而且也体现了读书治学的文化功能。③古代目录中的四部类名与政治、文化如此密切的关系，造就了其在目录中不可撼动的地位。受其影响，很多二级类名（尤其是以某一经典文献为类名的）在历代目录中也是基本不可变动的，如经部之易、书、诗等诸类，等等。这是因为二级类名相对于一级类名而言，就是其所属的文献；相对于其所统摄的其他文献来说，则既是其原生文献，也是一个直接统辖的类名。如"易类"，相对于一级类名"经部"来说，《易》就是其所属的文献。相对于其他易类文献而言，《易》是一部原生文献，也是一个统摄相关文献的一个类名。从功能上看，这种以某一经典文献为名的二级类名，起着指明某部中具体含有哪些文献的作用，同时也起着引导后人应该阅读和如何阅读该部中哪些文献的作用。但是，四部分类法之下除了这类二级类名之外，还有一些其他的类名，它们或辨体（包括按文体特征设类，如史部之编年、纪事本末之类；或按编纂方式设置，如史部之史抄、子部之类书之类等），或辨义（包括或按对象、内容设置，如史部之职官、地理志之类；或按学术

---

① 蒋永福《尊经重教以成"为治之具"——中国古代文献分类活动的思想宗旨》，《中国图书馆学报》2012年第2期。
② 清乾隆皇帝御撰《文源阁记》，李希泌、张淑华编《中国历代藏书与近代图书馆史料（春秋至五四前后）》，中华书局，1982年，第17页。
③ 周彦文《中国目录学理论》（学生书局，1995年，第27—28页）云："中国书目的这种编辑观念，使得中国的书目不在检阅图书，而变成了一种读书的指引。历来使用书目的人，从来不会有人希望有某一个图书馆与之相互配合，并可即求书。大家面对书目时，是以探求类别有多少、侦知各类之内有哪些图书的心态来'阅读'的，而非拿来检索的。这一方面，和西方'目录'和上架书籍要相互配合，并且不是供人'阅读'，而是要便于供人'检索'的基本观念，是完全不同的。"

旨归和流派设置,如子部之儒家、道家之类等),①而且还随代损益,变动不居。这使得古代目录的类目显得主观随意,且标准不一。然而也正因如此,古代目录的分类不会仅仅停留在便检这一层面,还承载了更多的文化内涵。所以,民国以来的学者或竭力突出古代目录的便检功能,或竭力挖掘目录的考辨功能的做法,其实都是偏执一角。一些学者根据自己的理解对《四库总目》二级类目做出调整的做法跟四库馆臣斟酌古今书目、损益合并类目的做法在本质上是一样的,因为他们在思维模式上是一致的,同时也不会采用西式分类。

基于以上的讨论,笔者认为对于古籍目录的分类,采用四部分类法(含五部分类法)的形式是符合古代文献实际的。在此分类法之下的二级以下的类名并不适合采用西式思维模式来统一分类标准,而是需要采用以上所说的灵活的传统分类标准调整或细化类目。至于该采用哪种形式的标准,或者孰先孰后,需要根据馆藏文献的实际情况进行判断:古有此文献而馆内无者,其类目应该废置;古多此文献而馆内少者,其类目应该合并;古少此文献(故不设类)而馆内多者,其类目应该细化。分类的另一面是归类,学者称"一书之续编及他人有关该书的撰述,除设有专类者外,凡能查明者均接次于该书之后",②这是经数代学者编目实践总结出来的一个原则,所谓以类相从是也③,这其实主要用于以经典文献为名的类名。其他文献的归类仍然需

---

① 按,辨体与辨义的标准在《四库全书总目》便已提出,后来成了目录学家认为的古代目录分类的基本标准,如杜定友《校雠新义》卷一《类例条别论》一之三(上海书店,1991年,第3页):"类例条别,有辨体辨义之分。体者,书之体裁也。义者,书之内容也。"刘国钧《四库分类法之研究》(《刘国钧图书馆学论文选集》,书目文献出版社,1983年,第26页)云:"图书分类,或以体,或以义。体谓著作之体裁,义谓著作内容之实质。"傅荣贤《中国古代目录学研究》(知识产权出版社,2017年,第268页)云:"我们认为,中国古代目录的分类标准主要包括客观的事实标准和主观的价值标准两个维度,这是由作为分类对象的古籍兼具知识论内涵和价值论内涵决定的。《四库总目》曾将具体文献的分类标准概括为'辨体'和'辨义'。所谓'辨体'属于文献形态的范畴,所谓'辨义'既包括文献的知识论内涵,也包括文献的价值论内涵。而知识论内涵与'辨体'一样,都是根据文献的客观信息取值的,因而属于事实标准;价值论内涵是根据主体化的原则取值的,因而是价值标准。"

② 阳海清、褚佩瑜、兰秀英编《文字音韵训诂知见书目》,湖北人民出版社,2002年,《编例》第4页。

③ 按,《四库目·凡例》第八条(《四库全书总目》,广西师范大学出版社,2019年,《卷首三》第60页)云:"诸书次序虽从其时代,至于笺释旧文,则仍从所注之书,而不论作注之人。"

要斟酌于辨体、辨义两个标准而以辨义为主。以上正是我们接下来探讨小学类之分类的基础。

从设类标准看，小学类是经部当中少数非依某部经典文献为名而设置的类名之一（此外还有"群经总义类"），其之所以设类，综合《汉志》《隋志》《四库总目》等的说法，是因为小学文献所涉为六书之学，而六书之学又是通经之基，所以设小学以附经学之末，显然这里有两层标准：其一根据其内容（六书之学），位列经部；其二根据其价值，位列群经之末。经部之下诸原生文献对四部文献起着领导作用，而位居经部之末的小学类偏偏没有一个起主导作用的明确的文献，这使得其在经部中处于一个尴尬的地位。而随着后世对小学类认识的不断深入，其在目录中的位置也有时会有所变化，如明《文渊阁书目》卷十二之"韵书"位于"法帖""画谱"之前，大概认为其不过六艺之一；清《孙氏祠堂书目》之小学第二与经学第一并列，虽孙氏仍然认为其为通经之用，但该类独立于经学之外的做法已经说明孙氏已不认为其仅仅为经学之附庸了。整体上看，直到现在，虽然在绝大多数的目录中，小学类仍然依附于经部，但已经突破了经学附庸这一认识，而容纳了更多的与文字之形、音、义相关的文献。

时至如今，小学类这一个二级类目之设置是否合理已经不再重要，因为它已经被容纳到了整个四部分类法的框架当中了。故我们主要探讨的是三级以下的类目。限于篇幅，以下我们选择一二个案加以探讨。

（一）"音义类"的设置

1.《知见书目》"音义类"的基本情况

《书目答问》问世之前，小学类之三级类目基本上遵从《四库总目》的三属分法，即训诂之属、字书之属、韵书之属。《书目答问》之后，小学类之三级类目开始出现了除尔雅类之外的四属分法，即说文之属、古今各体形属（古文篆隶真书各体书）、音韵声属、训诂义属。民国以来，诸公私目录大致沿着此二种分法设置三级类目，后来或另增"语学"等三级类目，或退说文、古今各体二属为四级类目，类目逐渐增多，暗示了学者们对小学类的认识逐渐加深。然而有一个类目颇值得探讨，即《知见书目》所设置的三级类目"音义类"。

该类为此目新设的类目,也是编者认为的此目的一大亮点,甚至有学者还专门撰文进一步证明此类设置的合理性。① 据该目称除设置文字、音韵、训诂三类之外,"又录入历代研究群籍音义之书而设置音义类,构成四大部分"。② 同时,该目还强调"于语言文字专科书目设置音义类尚属尝试。虽然我们遴选较严,仅将部分讲经、史、子、集四部中经典著作音义者录入,但毕竟未能逐一审视原书,或有误收之虞。对于同一品种之各种版本,限于闻见,亦难免失收之嫌。至于由经部他类及史、子、集部析入之著作,也或未尽当"。③ 从这两段话里,我们至少可以知道以下两点:其一,音义类是与文字、音韵、训诂并列的第四大类,它收录范围是"历代研究群籍音义之书",即"讲经史子集四部中经典著作音义者",所以此类所收诸书是出入于四部之书,但是对什么是"音义",哪种著作才算是"历代研究群籍音义之书"并未加以说明。其二,从第二段里可知,该目可能会存在书籍误收、版本失收及别裁不当等三个问题。这是该类可能存在的最大问题,也是该目编纂的最诚恳之处,体现出编者的严谨作风。但具体情况怎样呢? 我们还得详细研究。

首先,从文献数量上看,该类收书凡293种,版本则著录有1111条。

其次,从类目看,此类分"总类"与"专著"两小类,两类之下不再继续分类。其中,前者主要收录辨析十三经音义的文献,这些文献后来书目多归入"群经总义类",如《中国古籍善本书目》便是如此归类的。在这一类中,共收书85种,④版本291条。后者则收录辨析四部某书音义之著作,在一般目录书中,通常有两种情形著录这些文献,或直接归入某部某类之下,中间不再继续划分细目,如《中国古籍善本书目》《北京师范大学图书馆中文古籍书目》等,一般的馆藏书目均如是著录;或收入此类下专设之"文字音义之属"

---

① 万献初《〈文字音韵训诂知见书目〉增置"音义类"的学术意义》,《出版科学》2004年第3期。
② 阳海清、褚佩瑜、兰秀英编《文字音韵训诂知见书目》,湖北人民出版社,2002年,第770页。
③ 同上。
④ 统计时一般以撰者为单位,因版刻时出现的异名同书者算作一种书。其中,《经典释文》之影唐钞本(10957)因情况特殊算作一种书,而11235、11236、11238、11239因无缘查看亦暂算作不同种书。

内,如《综录》《东北地区古籍线装书联合书目》,一般的联合书目和日本馆目均如是著录。在这一类中,共收书208种,版本820条。其中,传统的经部有125种,版本378条(《易》19种,《书》11种①,《诗》21种,《周礼》21种,《仪礼》8种②,《礼记》10种,《春秋》三传共20种,《论语》4种,《孟子》7种,《孝经》3种);史部有14种,版本158条;子部有57种(佛经音义15种),版本251条;集部有12种,版本33条。所以,从整体上看,传统的经部文献占了相当大的比例(总类85种加上专著经部125种,共210种),其次为子部,史集两部所占甚少。这也从一方面反映出传统重视儒家经典的阐释与研究的倾向。

再次,从其所参考的诸书看,此类中1111条版本中,其来源有如下几种情形:

(1)拆自丛书者,共707条(其中,辑佚丛书包括《玉函山房辑佚书》《黄氏逸书考》《汉魏遗书钞》等计69条,新中国成立后影印丛书37条)。其中,"总类"160条,"专著"中经部288条,史部97条,子部148条,集部14条。

(2)来自某书之附刻或合函者,共276条,其中来自单刻本者有96条,来自丛书者有180条。

(3)来自某目录书者,主要集中在"总类",凡8条,其中,《贩书偶记》共7条,有3条其实可当作三种书,因为《知见书目》在它们下仅列出著录于《贩书偶记》的一种版本;《中国丛书广录》1条,亦是一种书。这几条均是存亡不明之书或版本,故《知见书目》并未注明藏所。

(4)有来自现存馆藏者1 103条(即除去来自《贩书偶记》《中国丛书广录》的8条)。以上各处来源之统计数目多有重复,主要是因为统计的角度有异。

可以发现,拆自丛书和附刻书者占据了绝对比例,而单刻仅仅占了308条。从而可以看出,《知见书目》分拆丛书和附刻书以增加"音义类"条目(主要是版本数量)的做法是成功的。

---

① 11324—11328算作一种书。11331亦算作《尚书蔡传音释》之异名书。
② 11484《仪礼古今文异同》与11485《仪礼古今文异同疏证》等算作一种书。

最后,从所录文献的内容和体例上看,该类之下诸书大致可以分作以下几类:

(1) 仅释音者,如《明本排字九经直音》。

(2) 主考义者,如《五经小学述》《四书考异》,乃疏通群经注疏词义之书,类同《经义述闻》。

(3) 音义兼释者,以《经典释文》《群经音辨》为代表,摘取群经文字,进行释音或辨字,其他如《十三经音略》《九经辨字渎蒙》《五经四书明音》《四书考异》《十三经不贰字》《十三经集字音释》等。

(4) 侧重文字校勘者,如《九经误字》《十三经注疏校勘记识语》《六经正误》《十三经注疏正字》《五经异文》《九经考异》等。

(5) 解释条例者,如《相台书塾刊正九经沿革例》《经典释文序录疏证》等。

(6) 类似字典者,如《十三经集字》,先楷字,继小篆,继释义和释音。其《凡例》云"是编原为初学字画音韵未清,特为校正字体,详载音韵,以作摹本,前列韵目,先为摹习,平上去入不至混淆"。据此,该书本为童蒙而编,但体例颇同字书。其他如《四书字诂》《群经字诂》《经书字音辨要》《四书不二字音释》《读书正音》《经典通用字考》《群经字类》《十经文字通正书》等。

(7) 名似而实非者,如《孔贾经疏异同辨》,主要在辨别孔颖达、贾公彦之注疏之异同,非辨别文字;《经读考异》,非纠正群经读音,乃是疏通经文句读。《四书集字音义辨》乃文内注释。《五经今文古文考》,非考古今文字,乃疏通五经今古文之源流。《五经同异》,非辨析五经文字,而是考证经文。

以上选取该目"音义类"之"总类"中笔者可以目验之书进行归类,而征之以"专著"类下诸书亦大致相合。故而我们从中可以归纳出以下几点:

首先,《知见书目》的"音义类"虽然无明确的分类说明或收录标准,但是从其所收诸书来看,我们可以大致归纳出此类的特点,即:① 所收诸书大多为辨析字词形音义之著作。② 这些音义大多专门针对某部著作或某类著作而作,目的是为了便于解读原书,《经典释文·条例》所谓"注既释经,经由注显"是也。如《经典释文》中的《周易音义》《礼记释文》等篇目是摘取《周易》

《礼记》中的字词而作的音义,玄应《一切经音义》是针对佛经群书作的音义。③ 这些音义均与原书有千丝万缕的关系,舍弃原书则音义无所依存。也就是说,这些音义并不如字书所存音义那样处于存储状态,而是根据具体语境作出的解释,是使用状态中的音义。① 准此,那么以上(1)(3)(4)条所举之书大致可归入此类。(2)条则似归入训诂模拟较合适,(5)条则为条例,本不应该归入此类。(6)条诸书虽摘录经典用字,但已经不是针对某种书或某类书而作,其中音义已经从原书独立出来变成了一部纯粹字词典了,所以我们认为其应该归入文字或训诂类内。

其次,虽然该目对散于四部的"音义"书经过"慎选",但是仍然有不少非小学类书掺杂进去,如(7)条中诸书,从书名看似乎是辨析音义之书,但内容实际并不如此,由此可见该目《后记》所云"或有误收之虞"的问题确实是存在的。但需要明确的是,这种误收并不仅仅是如《后记》所云"未能逐种审视原书"之故,而且还包括收录标准的含糊不清。

标准的不明确导致了收录范围不可避免的扩大,也就使得该类与其他大类界限亦并不清晰,所以我们也就自然可以看到如(6)中的那些出入于其他类目中的文献了。

以上我们从四个角度介绍和分析了《知见书目》之"音义"这一大类的基本情况,可以看到,该类虽然所收条目众多,但是大部分是来自丛书和附刻书的,而在别裁之时,亦不免出现一些问题,比如对辑佚书子目的处理等,因为这会影响对实际书种的统计。更重要的是,其所收录的诸书是很容易与其他类别相混的。而这一切都使得我们有必要对该类重新反思。

2. "音义"类的归类问题

我们认为,类目的设置是需要满足一些条件的,一是所设新类应符合所属大类的一般特征,这是基础。就"小学类"下诸类而言,无论是"文字"类,还是"训诂"类,均是汇集或研究群书字词形音义之著作,故而可以归入"小

---

① 此处使用"储存状态"和"使用状态"两个术语来源于王宁先生《训诂学原理》(中国国际广播出版社,1996年,第37页)。

学类"中。二是新设类目与同层次的类目有明显的区别特征,如"文字"类与"音韵"类之分,便是一为收集侧重分析字形之文献和研究此文献之著作,一为收集侧重研究字音之文献和研究此文献之著作。三是该类目下诸书需要在大类中占有一定数量,太少则无需分类。如"尔雅"与"其他雅书"之分,即是因为后世研究《尔雅》之著作太多,不得不分出一类单独著录而已。满足以上三个条件,也就大致可以进行分类了。

观此"音义"类,首先,其主要收录"辨析字词形音义之著作",与小学类诸书特征一致,所以,其设立是有可能的。其次,如前所述,其所收文献多为针对某部或某类著作而编纂的,其释音辨义并不是独立的,其目的在于释读经典。故而可以与字书、韵书相区别,但是却与同样是为释读经典的"训诂"类难以区分。再次,该类之下虽录有293种文献,但除去误收、误拆之书外,其实并没有多少著作,故而设一大类似乎并不合适。鉴于此,我们认为,有必要重新反思以下两个问题:"音义"类到底能否自成一类?"音义"类究竟应该归属哪一类?

要解决以上问题,我们认为,首先应该明确什么是音义。考"音义"之义,学者所有论述,今试举几例:

(1)(清)谢启昆《小学考》卷四五云:"音义为解释群经及子史之书。"①

(2)黄焯云:"释文即为群书作音,因古代文字多以声寄义,注音即等于注义……虽然主要目的在于考证字音,但也兼及字义的解释,惜为后人删掉不少,其音义兼载的,往往存音去义。"②

(3)周祖谟云:"音义书专指解释字的读音和意义的书。古人为通读某一部书而摘举其中的单字或单词而注出其读音和字义,这是中国古书特有的一种体例。"③

---

① (清)谢启昆《小学考》,艺文印书馆,1974年,第714页。
② 黄焯《经典释文汇校》,中华书局,1980年,《前言》第1页。
③ 中国大百科全书总编辑委员会编《中国大百科全书·语言文学》,中国大百科全书出版社,1988年,第452页。

(4) 黄坤尧云:"音义或称音,是古书注释的一种形式,辨析字音,因音辨义;此外疏通文理,辨明句读,校勘异文,解释古今词义变迁及当代词语等。音义又称音训、音解、音证、音隐、音义隐等。"①

(5) 徐时仪云:"'音义'本为训诂学中术语之一,辨音之书称为'音',释义之书叫作'义',合起来就是'音义'。"②

据以上五条材料可知,首先,学者们大多都认为,"音义"是古书注释的一种形式,亦即属于训诂学的术语。而所谓"音义"书即为通读某部古书而对之进行注释之著作。其次,所注释内容即对该书中之难解字或词注音释义,而以考辨字音为主,且兼录异文。

其实,关于上述观点,古人早有论述:

(1) (唐)陆德明《经典释文·序录》云:"文字音训,今古不同。前儒作音,多不依注,注者自读,亦未兼通。今之所撰,微加斟酌。若典籍常用,会理合时,便即遵承,标之于首。其音堪互用,义可并行,或字有多音,众家别读,苟有所取,靡不毕书,各题氏姓,以相甄识。义乖于经,亦不悉记。其或音、一音者,盖出于浅近,示传闻见,览者察其衷焉。"

(2) (唐)颜师古《汉书叙例》云:"《汉书》旧无注解,唯服虔、应劭等各为音义,自别施行。……字或难识,兼有借音,义指所由,不可暂阙。若更求诸别卷,终恐废于披览。今则各于其下,随即翻音。"

(3) (唐)司马贞《史记索隐后序》云:"然古今注解者绝省,音义亦希。始后汉延笃乃有《音义》一卷,又别有《音隐》五卷,不记作者何人,近鲜有二家之本。宋中散大夫徐广作《音义》十三卷,唯记诸家本异同,于义少有解释。……南齐轻车录事邹诞生亦撰《音义》三卷,音则尚奇,义则罕说。……伯庄……遂作《音义》二十卷。音乃周备,义则更略,

---

① 黄坤尧《音义阐微》,上海古籍出版社,1997年,第2页。
② 徐时仪、梁晓虹、陈五云《佛经音义研究通论》,凤凰出版社,2009年,第3页。按,类似的表述又见徐时仪《汉语语文辞书发展史》一书(上海辞书出版社,2016年,第259页),其云:"'音义'本是古书注释的一种形式,也是传统训诂学中的一个术语。'音'为辨析字音,'义'为诠释词义,以'音义'为名的书即专指解释字的读音和意义的书。"

稀哉!"

(4) 终南太一山释氏《大唐众经音义序》云:"宗经正纬,资为实录,因译寻阅,捃拾藏经,为之音义。<u>注释训解</u>,援引群籍,证据卓明,焕然可领,结成三帙。自前代所出<u>经论诸音,依字直反</u>,曾无追顾,致失教义,寔迷匡俗。今所作者,全异恒伦,随字删定,随音征引,并显唐梵方言,翻度雅郑,推十代之纰紊,定一期之风法。"

(5)(唐)释慧苑《新译大方广佛华严经音义序》云:"且夫音义之为用也,鉴清浊之明镜,释言诰之旨归,匡谬漏之揩摸,辟疑管之钤键者也。至如低佪为迟回,彷徨乃成稽返;俾倪代乎僻堄,轼环遂作女墙。拆书矫形,正斜翻覆;幹存榦体,树木参差。"

以上五条,虽然均来自唐人撰述,但是却反映了六朝以来音义之书的共同特征。首先,由(1)至(4)可知,学者们均认为音义即是为某书之注释,如《汉书叙例》所云"《汉书》旧无注解,唯服虔、应劭等各为音义,自别施行"等,这与前面我们所提及的现代学者认为音义即训诂术语的理解是一致的。既然音义属于训诂学范畴,那也就可以说音义书即属于训诂书。那么,它属于哪类训诂书呢?

我们认为训诂学家的意见是最值得参考的。如章太炎先生《国故论衡·明解故上》最早将训诂书分为通论、驸经、序录、略例等四类,惜论述不详。周大璞先生《训诂学初稿》则将之分为文献正文里的训诂、随文释义的注疏、通释语义的专著及杂考笔记中的训诂等四类[①]。其中间两类关系较近,周先生认为第二类"所释的义常被局限在某种语言环境中,是某一词语在某一书或某一句中的意义,它和这个词语在别的书或别的句中的含义不一定相同",第三类则与之相反,"所释之义并不局限于某一书,更不局限于某一句中的含义,而是某一词语常用的、基本的或全部的含义"。[②] 这样,两类区别就很明显了,但是该书又云"有些书既随文释义,又通释群书,其体式

[①] 周大璞《训诂学初稿》,武汉大学出版社,2011年,第23页。
[②] 同上,第54页。

介乎注疏与专著之间,如《经典释文》《读书杂志》《经义述闻》《群经平议》《诸子平议》等",①这样又把两类书给弄混了,所以在这两类中同时出现了音义之书。同时,许威汉先生《训诂学导论》亦将训诂书分为五类,即解释语义的专著、音义兼注的专著、形音义合解的专著、注释书及其他等。② 其中,第二类即指音义书,又分为单注一书的音义和注释群书的音义(《经典释文》)两小类。而苏宝荣、武建宇先生《训诂学》则将之分为两大类型,"一种是随文释义的注释书,一种是通释语词意义的专著",③前者包括有音义等八类,后者由包括按义编排的雅书、《方言》《释名》,按形编排的《说文》《康熙字典》等,按音编排的《广韵》《经籍籑诂》《经传释词》等。可见,该书是将所有的小学书均纳入了训诂类中了。又,王宁先生《训诂学》将"随文注释的训诂材料的体式"分为传注类、章句类、义疏类、集解类、征引类及音义类等六大类。④ 此外,杨薇、张志云《中国传统语言文献学》虽是一部专科文献学著述,但却是从语言文字学专业的角度进行分类的。其第六章"其他语言文献"分集释群书语词的文献、总结训诂成果及文例的语言文献等五类,第一类指"那些将群书的词语汇集起来,用训诂的方法进行训释的文献",特点是"以传统经典文献,特别是经学文献为训释对象。训释已不囿于释经义,而明显地表现出语言研究的特征,其中大多数文献以研究经典文献中词语的音义为核心内容"。⑤ 从所收诸书看,有《经典释文》《玄应音义》《慧琳音义》《经籍籑诂》《十三经音略》等多部文献,大多都是音义之书,但《经籍籑诂》一书与前三书相比,无论其编纂体例,还是目的等都差异很大,所以显得有些异类。然而该书一方面将此类著作排除于训诂诸书之外,另一方面却处处提及训诂,显然又与训诂诸书有千丝万缕的关系。

以上诸书虽然观点或异,但大多将"音义"列入了随文释义之书内,并且

---

① 周大璞《训诂学初稿》,武汉大学出版社,2011年,第54页。
② 许威汉《训诂学导论(修订版)》,北京大学出版社,2003年,第23—26页。
③ 苏宝荣、武建宇《训诂学》,语文出版社,2005年,第19页。
④ 王宁主编《训诂学(第2版)》,高等教育出版社,2010年,第42—50页。
⑤ 杨薇、张志云《中国传统语言文献学》,崇文书局,2006年,第505页。

明确与独立汇集群经训释词汇的"尔雅"类著作①和汇集方言词汇的"方言"类著作等进行区别。

所以,我们认为,音义书如果成一类,应该归入训诂类,与"尔雅类""方言类""语法类"等并列在一起。同时,从目前来看,佛教音义书存世很多(亦可将道家书容纳进来),"除收释大量的音译名词这一特色外,在着重解决佛经词语的形音义间的关联方面,还示音变、析异读、辨异文、破通假、明故训,具有不少独有的特色和创新之处,开辟了后来典籍注疏和辞书编纂的广阔天地",②故可以与传统出入四部之可称为儒家音义书并分两小类。又,于亭《论"音义体"及其流变》一文中通过考察历史上音义体的流变,认为"从隋唐开始,作为音义撰作的'范式',《经典释文》和《玄应音义》各自提供了不同的理路。沿承经学训诂传统,集前代之大成的《经典释文》,是儒家经史音义的典范;而以字书训诂为内核的《玄应音义》,成为唐五代盛极一时的佛典音义写作的范本,从而隐然形成音义体式中'训诂的'音义和'字书的'音义两大分野"。③ 所说虽然不无商榷之处,但亦可证明我们所云之两类分法是可信的。可列成图表如下:

训诂	雅类	尔雅类
		其他雅书
	音义类	儒家音义
		佛道音义
	方言类	
	文法修辞类	
	……	

---

① 王宁先生于《训诂学原理》(中国国际广播出版社,1996年)中认为,《尔雅》"尽管列入'经'部,就其内容和作用说,却只是一部训诂数据集"(第169页),"是将不同时期、不同经传中的故训汇集在一起的"(第170页)。

② 徐时仪、梁晓虹、陈五云《佛经音义研究通论》,凤凰出版社,2009年,第106页。

③ 于亭《论"音义体"及其流变》,《中国典籍与文化》2009年第3期。

其次,由以上诸条可知,音义书似乎是指既有释音,又有释义之书。如《经典释文·序录》云"其音堪互用,义可并行",《汉书叙例》云"字或难识,兼有借音,义指所由,不可暂阙",等等,均音与义并言。同时,对于那些仅偏重其中一方者,则受到后世的批评,如《史记索隐后序》批评邹诞生所作《音义》是"音则尚奇,义则罕说",刘伯庄所作《音义》是"音乃周备,义则更略",等等,说的是这些书有音备而义略的缺点。不仅如此,音义之书还兼有记录异文之功能,如《史记索隐后序》云徐广所作音义"唯记诸家本异同"。而《新译大方广佛华严经音义序》说得更清楚:"且夫音义之为用也,鉴清浊之明镜,释言诂之旨归,匡谬漏之揩摸。"即音义书之功能,有辨音(鉴清浊)、释义(释言诂)及录异文(匡谬漏)三种作用。所以,我们认为,音义之书应该也大致可以分考辨群书之音者,音义兼释、但侧重考音者及校勘群书者等三个小类。而那些摘句辨义如同读书笔记者及类似字典之书,本不应该归入此类。

综上所述,我们认为《知见书目》所设的"音义"类是值得肯定的,但是却不应与文字、音韵、训诂等三类并列为第四大类,以音释义,而且是随文释义,本质上应该归入训诂类,与"尔雅"等类并列。同时,如果从内容和对象上看,大致可分为仅释音、音义兼释及校勘等三个小类。

(二)"说文类"下四级类目的设置

从目前资料看,"说文类"之设置最早见于《书目答问》,而且该类在此目中位居首位,张之洞云:"《说文》兼形、声、义三事,故别为一类。"[①]结合后文"古今各体形属""音韵声属""训诂义属"可知,"说文类"在张氏眼中具有自己独特的特点("兼形、声、义三事"),同时在小学类中发挥着总类的作用(余三类各侧重研究文字的某一方面),这是清代说文学渗透到目录编纂的最直接体现。从民国以后的目录编纂实践看,该类之设置是比较合理的,而且是必要的。但是其究竟该归入几级类目,后世目录尚有不同的意见。一种如《书目答问》将该类与古今各体形属、音韵、训诂等并列为三级类目,一种如《知见书目》将之作为

---

① (清)张之洞撰,范希曾补正,徐鹏导读《书目答问补正》,上海古籍出版社,2001年,第57页。

四级类目归入文字类,其中的关键点便是如何看待作为此类原生文献的《说文》的性质。若从《说文》的说解体例("先训其义,次释其形,次释其音"①)看的话,《书目答问》之分法无疑是合理的。若从其《说文》的研究对象("今叙篆文,合以古籀"②)看的话,《知见书目》的分法显然也是正确的。不过,古代的文献分类是从辨体、辨义等角度划分下级类目的。就小学类而言,"六书之学"(文字)是其研究对象,文字的不同侧面(形、音、义)是其划分次级类目的基本依据,而《说文》作为一部小学文献,也不过是主要研究众多文字当中的一种,所以在整体上无法与韵书、训诂相提并论。然而与其他字书相比,其不仅体例独特、说解精辟,而且支脉众多、影响深远,故能在字学当中独立为一类,与其他字书并驾齐驱。所以,我们比较赞同《知见书目》这一类目录的分法。

此三级类目确定之后,接下来便是如何给"说文类"进行下一级的分类了。通观整个说文学史,虽然在清代前中期以前并没有流传下多少说文学著述,但是清代乾嘉及道光时期却出现了大量此类文献。丁福保《说文解字诂林自叙》曾详细梳理了这一时期说文学的盛况:

> 许氏《说文解字》一书,沉霾千载,复发光辉。若段玉裁之《说文注》、桂馥之《说文义证》、王筠之《说文句读》及《释例》、朱骏声之《说文通训定声》,其最杰著也。四家之书,体大思精,迭相映蔚,足以雄视千古矣。其次若钮树玉之《说文校录》,姚文田、严可均之《说文校议》,顾广圻之《说文辨疑》,严章福之《说文校议议》,惠栋、王念孙、席世昌、许槤之《读说文记》,……稽核异同,启发隐滞,咸足以拾遗补缺,嘉惠来学。又有订补段注而专著一书者。……此外又有钱坫之《说文斠诠》……等不下数十家,靡不殚心竭虑,索隐钩深,各有所长,未可偏废。六书之学,浸以备矣。③

---

① 见《说文解字注》卷一上"元"字条(上海古籍出版社,1981年,第1页),原文为:"《说文》,形书也。凡篆一字,先训其义,若始也、颠也是;次释其形,若从某、某声是;次释其音,若某声及读若某是。合三者以完一篆,故曰形书也。"
② 见《说文解字叙》,(汉)许慎撰,(清)段玉裁注《说文解字注》,上海古籍出版社,1981年,第763页。
③ 丁福保《说文解字诂林自叙》,《说文解字诂林》,中华书局,1988年,第67—70页。

《说文解字诂林》不仅汇集历代说文学家解释文字的内容,前面还开列引书目录,并汇编相关叙跋,从中可以看到说文一类确实是一个庞大的家族,并有必要对其所属的相关著述进行进一步的分类。

有关该类四级及以下类目的设置的相关文献,前文已经有详细的介绍了,以下不再详述,仅列诸家对四级、五级类目的分法于下表:

《图书总目》(1933—1935)	东大东文研 (1973)	《综录》(1982)	《知见书目》(2002)	《总目》(2012)	《文字学门》(1995)	杨氏《文献学》(2006)
—	丛刻	—	总类	丛刻	丛书	—
—	目录	—	总类	总义	目录(入目录门)	—
传说	大徐	传说	大徐本	二徐本	大徐本	《说文》四大家
传说	小徐	传说	小徐本	二徐本	小徐本	《说文》四大家
传说	五代,宋,元,清初,清中叶前期,清中叶后期,清季,近人	传说	其他传说	注解	注释(元明人注、清乾隆以前人注、段氏注、清乾嘉间其他各注、清道光以后注、现代人注)	《说文》四大家
—	五代,宋,元,清初,清中叶前期,清中叶后期,清季,近人	专著	专著(校勘辨字、六书、重文、新附补遗、释例、部首检字、征引、声韵、古籀)	—	专著(引经、古语、古籀、重文、引《说文》考)	引经
—		专著	专著	六书	六书	六书
声训		专著	专著	音释	声韵	
校订		专著	专著	—	—	校勘
—			专著	部目	部首及启蒙	部首、偏旁

续 表

《图书总目》(1933—1935)	东大东文研(1973)	《综录》(1982)	《知见书目》(2002)	《总目》(2012)	《文字学门》(1995)	杨氏《文献学》(2006)
		专著			—	经字
					新附及逸字	新补新附逸字
					杂论	其他著作

注：《图书总目》指《江苏省立国学图书馆图书总目》(1933—1935)；东大东文研指《东京大学东洋文化研究所汉籍分类目录》(1973)；《总目》指《中国古籍总目·经部》(2012)；《文字学门》指《北京图书馆普通古籍综目·文字学门》(1995)；杨氏《文献学》指杨薇、张志云《中国传统语言文献学》(2006)。

上表七目横跨了从民国至今的各个时期，也反映了不同时期对说文类的不同看法。总体上看，该类之四级分类经历了由相对粗略到比较详尽的一个过程。很多类目在此过程中逐渐被固定下来，使得很多相关文献能够较为合理地各归其类。笔者以为，以下几个类目值得注意：(1) 总类；(2) 二徐本；(3) 其他细类。

首先是说文类之下设置总类。总类之设，追根溯源，大概仿自丛书。丛书一类虽然在《书目答问》中已经开始设置，但从张之洞"丛书最便学者，为其一部之中可该群籍，搜残存佚，为功尤巨，欲多读书，非买丛书不可。其中经史子集皆有，势难隶于四部，故别为类"推测，该类设置的直接动机是方便读书，其次才是形式上的难隶四部，故其设类标准已经与四部不可同日而语。从该目该类下所收诸书看，排列杂乱，显得十分随意。然而其影响甚远，学者亦鲜考其设类动机，只是一味遵从，由是丛书一类逐渐固定下来。后经学者对丛书之深入探讨，渐渐有类编与汇编之分。随着类编丛书各归其类，与其形式相近又难以归入其他小类的著作也开始与其合类，东大东文研之"丛刻目录"，《文字学门》之"目录""丛书"①等大概皆是在此等理念下设置的，否则丛书(丛刻)与书目(目录)怎么能归入一类呢？《知见书目》之"总类"则较之范围更广，既包括专收

---

① 按，该目中"书目"编号为"字131.01"，"丛书"为"字131.04"，显然都是"字131.0"一类下的两个小类。

《说文》著述的类编丛书,也包括说文类专目,还包括综合研究《说文》各个侧面的著述(如《说文五翼》等),甚至还有清代以来学者关于《说文》的讲义(如宋育仁《说文讲义》)、笔记(如王国维《说文练习笔记》)等,"总类"遂有了一些"杂类"的意味。

那么,此类的设置到底有没有必要呢?笔者认为很有必要,因为从存世分众多说文学著述看,确实存在相当一部分类编丛书和综合性著述,对于这些文献而言,归入其他的哪一类都有些不伦不类,所以不如将之统归一类更好一些。至于该类之下要不要再继续划分下一级类目,则需要根据实际情况加以调整。但该类整体上是从辨体和辨义的角度划分出来的,其主要特点是汇编群书(辨体)和综合研究(辨义)。

其次是二徐本(或分大徐本、小徐本)。从说文学的整个历史看,二徐本无疑是影响最大的两部说文学著述。尤其大徐本,是《说文》有史以来第一次在官方主持下系统整理的一个校订本。自北宋初刊印以来,历经宋元明三朝,尤其是清代乾嘉时期,学者们所使用的《说文》文本多为该本或其改编本。小徐本问世较早,但入宋以后经一刻之后再无刊印,明清时期多为学者辗转传抄,至乾嘉时期方与大徐本一同流行。可以说,清代乾嘉以来很多研究都是围绕大、小徐本或者在二书的基础上展开的。所以从影响和诸家研究上看,"二徐本"应该是可以独成类的。但是从与许氏《说文》的关系上看,二者又是不同的,小徐本四十卷,分通释、部叙、通论、祛妄、类聚、错综、疑义、系述等八个部分对《说文》进行全面研究,基本上是一部说文研究专著。大徐本则不同,主要是在《说文》本文的基础上进行增订补阙的,所以属于《说文》的一个增订本。从这个角度看,在无法获知许书原本的前提下,大徐本无疑是许书的一个重要版本,在某种程度上肩负着传播《说文》的使命。在这个角度上看,大徐本可以独立为一类,小徐本则不可。同时,与大徐本相关的其他著作《唐写本说文解字木部残卷》《说文解字五音韵谱》都应该归入一类[①](姑称其

---

① 按,《木部残卷》虽然现世较晚,但其文本却较大徐本要早很多。徐铉校订《说文》时可能参考过这类唐代写本。《五音韵谱》虽是大徐本的一个改编本,但其影响却遍及宋元明,乃至清代前期,这个阶段的很多说文著述都是在其基础上加以研究的。从其影响和与大徐本的关系看,它应该与大徐本归为一类。

为"说文诸本类"),共同构成许慎《说文》的三个相对独立的准原生文本。至于如《文字学门》之"注释"、《知见书目》之"其他传说"、《总目》之"注解"中所收诸书,只是以上三书之支脉而已,根本难以与其并列。

再次是其他细类。这里主要指以上诸目中所说的"专著"或与其相关的类目。诸家划分标准不一,故在设类上多互有出入,但总体上指侧重研究《说文》某一方面的专门著述。然而类名已经确定了,但到底该如何设类,设类依据是什么,显然还是一个大的问题。如《知见书目》将"校勘 辨字"归为一类,"部首 检字"归为一类,为何要如此做呢?设类的不明确导致了文献归类的混乱,所以我们可看到在"校勘 辨字"一类中既有《汲古阁说文订》《说文校议》《说文解字校录》,也有《说文解字未详说》《说文解字觕诠》《说文辨字正俗》,还有《古俗一览》,三类文献混杂排列,并不能体现诸书的研究特点。

笔者在整理说文类著述时,颇对该类之细目设置感触良深,今结合诸家之说与笔者整理实践,将此类文献分为说文校注、校勘·征引、札记·答问、引经·引书、古籀·重文、新附新补·逸字、字原·检字、体例、声韵、童蒙·游戏等十类,基本可将该类文献囊括于内。依据有三:

其一,根据诸《说文》综合性研究著述之编次。如《说文五翼》分证音、诂义、拾遗、去复、检字等五部分,《说文外编》分经字、俗字、补遗等三部分,《说文拈字》分考经、辨体、审音、订误、校附、正俗、序志等七部分,这些分卷研究《说文》各个侧面的做法本身已经具有了分类研究的意识,所以可以作为我们探讨的依据。其二,根据诸书研究的内容主旨或编写体例等,这个角度向来是古人部类群籍的标准。其三,根据诸书与《说文》以及诸书研究各个侧面之间的远近亲疏关系。

据此我们分别说明以上十类的缘由:

(1) **说文校注类。**古人对《说文》进行全面注释者,这是对该书最直接的研究,是为"说文校注"类,次于原生文献之后。此类著作有很多是以校代注、校注合一的,故开篇即是校勘,随后便是注解,如《说文解字注》《说文解字觕诠》之类。

(2) **校勘·征引类。**参考《说文》诸本,辨别文字同异,以求恢复《说文》

真面貌,此为对校,如《汲古阁说文订》《宋本说文解字校勘记》等。前代群书或有征引《说文》者,一一辑录而出,辨其与传世《说文》之异同,此为他校,如《一切经音义引说文笺》。无论对校,还是他校,皆以校勘为主,兼及注解,故可次于说文校注之后。另外,两本互校者亦可归入此类,如《说文二徐笺异》之类。而《汪刻系传笺正》之类,专校一书者则可按类归于所校书之下。

(3) **札记·答问类**。古人读《说文》,有进行局部注解者。或在《说文》天头、行间批注之后为后人摘录成书者,如《惠氏读说文记》等;或摘录部分文字进行注解,按条编辑成书者,如《说文辨疑》《读说文杂识》等。亦有虚设答问,辨析文字,沟通关系者,如《说文答问》等。此一类文献非专门为注解《说文》而编,而兼有更多的考证,涉及范围往往会遍及本字本义、经典假借、通用俗字等。此外,凡是专门研究《说文》某一文字现象(如假借、读若之类)的也可归入此类,如朱珔《说文假借义证》,据卷二十二"霰"字下注云:"余辑此编,专为假借,岂妄欲作全部《说文》断案耶?"李富孙《说文辨字正俗自叙》云:"富孙少读大徐《说文解字》本研究有年,后得宋本及小徐本参校,尚苦多舛讹,窃谓三代文字,惟赖许君以传,逖世假借通用,其本义转缊霾不可知。"据此可知二书之研究重点。

(4) **引经·引书类**。《说文叙》云:"今叙篆文,合以古籀。博采通人,至于小大。信而有证,稽撰其说。"该书说字,广征群籍。而所引群籍,或已亡佚,或与传世文本有异。后人研究《说文》,便有辑录其所引群书条目,一一加以辨正者,如《说文引经考》《说文群经正字》等。此类著述之思路与前面的"征引"类正相反。引经者,《说文》所引五经;引书者,《说文》所引群籍。无论引经,还是引书,所涉及的文字多为传世文字,或有俗体、讹字、假借等,所以此类著作重在沟通《说文》本字本义与传世文字之字际关系,所谓引经、引书只是形式而已。与第(3)类相比,二者在研究内容上颇有相通之处,但此类是以《说文》证经典,不如前者紧扣《说文》,故次于其后。

(5) **古籀·重文类**。《说文》以小篆为主,古文、籀文则其辅也。学者们亦有关注此类文字者,或就《说文》所收古籀文进行辨析,如《说文古籀考证》等;或据其他资料补《说文》古籀之遗漏,如《说文古籀补》等。在具体考补的过程中，或有辨析字形、沟通关系之研究，但与第(4)类相比，与《说文》相隔略远了。

(6) **新附新补·逸字类**。新附者，大徐之新增"经典相承及时俗要用"之俗字也。新补者，大徐据《说文》注义序例所载而不见诸部之字加以补录之俗字也。逸字者，不见于《说文》正字之字也，亦多为俗字。故二者可以合为一类。此几类文字已在许慎《说文》篆籀之外了（新附新补来自大徐本），故或意在沟通字际关系，亦与第(5)类不可并列。按，此类及上一类乃笔者受到雷浚《说文外编序》的启示下设置的。该序云："凡经典字，《说文》不载。非不载也，读钮氏《说文新附考》可以知其大概。顾新附四百二字，钮氏就所附考之，未附者弗及焉。浚偶取四子书以《说文》校之，……皆钮氏《新附考》《续考》未及者，用钮氏法补所未及，虽不能尽得其实，然未得其实者不多矣。"由此笔者认为，"新附""逸字"一类应该是可以归并一类的。从收字看，二者其实均在收录《说文》之外的文字。不同在于一在大徐本内，一在大徐本外，其实均重在沟通字际关系。如果这样的话，那么"重文""古籀"也应当归为一类，一为《说文》内重文研究，一为补《说文》所逸者，研究对象是一致的。所以本文设此二类。

(7) **字原·检字类**。以上诸类多在就《说文》本文文字进行注解补缺，此类则就说文部首、说文检字而设。字原者，对说文五百四十部进行研究也。说文部首既是所属诸字得义之源，也是组织诸字之法，本类以后者立意。检字者，五百四十部外另觅检寻《说文》本文之法也。故二类可以并为一类。

(8) **体例类**。此类不以注解考证《说文》文字为重点，而是以归纳《说文》体例为主，是一种整体上的有理论指导的宏观研究，故与以上诸类研究异趣，如王筠《说文释例》等。

(9) **声韵类**。此类可称作对《说文》之跨领域研究，《说文》形书也，声韵非其重点，但仍有研究《说文》文字之声韵者，如《说文双声》《说文叠韵》等。

(10) **童蒙·游戏类**。说文学之兴盛，其明显证据，便是大量的精英学者对《说文》各个方面进行深入研究后编撰出了大量说文学著述。但还有一个隐性证据，便是另外一些学者将之删减或改编后普及其他阶层当中，这便有了如《文字蒙求》《说文楬原》之类的训蒙之作，有了如《新雕入纂说文正字》

之类的通俗之作，有了如《说文凝锦录》之类的游戏之作。此类基本上脱离研究的领域，与之前所有说文学著作异趣，故列于末。此外，其他无关学术之《说文》著述皆可归入此类，如《说文正字》等。

以上十小类分类标准不一，但基本上都有一定依据，或许可称一家之言。在与诸《说文》著述进行归类的时候，我们不仅需要注意其编纂体例和内容主旨，同时尚需斟酌其序跋，尽可能探求作者之编纂意图。《说文》虽为字学之祖，但每字形音义兼备，故学者在研究过程中往往会形音义互求，使得其著作亦充满了一定的综合性，这对我们的分类和归类造成了一定的麻烦，故需要一再谨慎，最重要的是不能见书名便仓促归类，否则便会出现很大问题，如《说文解字五音韵谱》之类，见"韵谱"可归入"音韵"否？

关于小学类之分类个案，我们只详细探讨了以上几类，其实诸如六书类、雅类等都有值得深入探讨之处。小学一类在四部当中是一个小类，但是一直是多为学者忽略的类目，就连小学类的收书范围尚是一个见仁见智的问题，何况其具体类目呢？

以上我们从著录项、著录方法、分类等角度对小学文献目录学进行了较为详细的梳理和研究。从功能上看，小学文献目录学并不排斥目录学的便检功能，也不否认其考辨功能。所以我们认为，所谓的目录其实有三个作用，首先是方便检索；其次是类聚图书，形式上起到一个资料汇编的作用；最后是为学术深入研究做前期准备，因为同类型的书类聚一起本身就意味着它们有相同的研究内容和主旨。古代的目录不等同于西方式的索引，也不等同于当前的目录数据库，而是兼具便检和考辨的功能。传统目录学者重视目录的考辨功能，鄙薄那些账簿式目录，认为它们无益于考辨。我们则认为可能有失偏颇。历史上大量的这类目录的出现本身便体现了其存在的合理性，其隐含的文化背景值得进一步挖掘。在形式上，它们并不是杂乱无章地排列诸文献的，而是按类汇聚群籍的，其多样化的分类法是无意识地从四部分类法那里继承下来的，虽然著录简略，但仍然可以反映一朝一家之藏书。所以从这些角度看，它们是有必要在目录学史上占据一定位置的。

第三章　小学文献版本学研究

由前文可知，中国的文献学及其分支学科——目录学在理论建构方面是存在颇多争议的，有些至今尚无定论。相比而言，版本学与校勘学（这里取狭义）并不存在那么多的争议，这是因为二者在我国古代很早就作为工具性知识被运用到具体实践当中了，几千年来，前辈学者积累了大量的版本校勘经验，并流传下丰富的版本校勘成果。虽然从目前看来并不系统，且与目录学、考据学、注释学等密不可分，但是稍加总结，便可其自成一套体系。更重要的是，民国以来，西方分析书志学与文本书志学①并未太多地影响到这两门学问，所以能保持其原有的知识体系而一直发展到现在。

据笔者统计，从目前的版本学著述出版情况看，自民国至2024年为止，中国大陆及港台地区出版的理论性版本学著述（论文集和诸版刻史除外）凡22部，②其中专科版本学著述3部。版本学史的内容则多依附于诸版本学著

---

① 两术语引自苏杰译美国学者坦瑟勒《分析书志学纲要》时所作的序言（浙江大学出版社，2014年，第5页）。彭斐章主编《目录学教程》中有"分析目录学（校雠目录学）"这个学科，其三个分支学科分别为：版本目录学、历史目录学、描述目录学，其中，第一个据该书称"与校雠学是同义的"，第三个据其描述，大致与版本学相同。然中西学问终究是有差异的，所以这种比较并不意味着完全等同。

② 按，此处并不将叶德辉《书林清话》算入其中，而归入雕版印刷史之内，与孙毓修《中国雕版源流考》同类，这是因为该书虽然被誉为中国版本学的奠基之作，但多为藏书家取供谈论版本之资，并不在于建立版本学体系，与钱基博《版本通义》在编纂目的上有所差异。另外，吴则虞《版本通论》因为连载于期刊而未结集成书，故亦未算入。此外，张京华《版本之版本——被遗忘的叶长青》（《中华读书报》2012年12月12日第13版）介绍叶俊生《版本学》印于民国十四年（1925），较钱基博先生之书要早。笔者未见其书，但从张氏文引述的该书有"版本学与校勘学之关系""版本学与目录之关系""闽本考"等章名看，似乎有建立学科的意图（按，（转下页）

述之中，或杂于众多版刻、印刷、图书馆学史之中，并不独立。[①] 版本史亦多依附于诸版本学、文献学著述，或有独立著述，但多论某一时期或地区或类型的版刻情况，而与版本学密切相关的版本鉴定、[②]印刷出版史、书籍史等著述亦有多部。可见，虽然目前版本学研究尚有一些不足之处，但经过百年的历史发展，版本学这门古老的学科还是有深厚的知识和理论积淀的。本章即以上述众多著述为基础，并结合相关研究论文及自己的实践经验，在详细梳理和重新探讨百年来版本学研究成果的基础上，对小学文献版本学的基本理论进行较为深入地阐释。

第一节　小学文献版本学的研究状况及基本理论问题

一、版本学(含专科版本学)的研究现状

作为一门学问的版本之学在很早的时候便已经出现了。叶德辉《书林清话》卷一"板本之名称"说："私家之藏，自宋尤袤遂初堂、明毛晋汲古阁，及康雍乾嘉以来各藏书家，断断于宋元本旧钞，是为板本之学。"[③]这里，叶氏认为"板本之学"是那些宋代以来私人藏家讲究宋元旧抄的知识，其可以追溯到南宋时期。显然，这是以一个传统藏书家的身份来看待此一问题的。其所说

(接上页)《版本学与校勘学之关系》曾单独发表于《国学专刊》中，今即文考之，多言校勘之法，其云："校勘学者，以科学方法校正版本之错误也。"可见其版本学实际是服务于校勘学的)，故今以此书为版本学著述之始。

　①　有一个例外，江曦的《清代版本学史》是专门探讨清代这一时期的断代版本学史的著述。从目前看来，独立的版本学史著述尚未出现，吴仲强等《中国图书馆学史》(湖南出版社，1991年，第236页)第七章《中国版本学史》说："版本学在中国虽然是一门传统的学问，但是截至目前为止，还无人对中国版本学史进行过专门的研究。"三十余年后的今天情况仍然类似。

　②　按，此类书也可以分为两类，一类如魏隐儒《古籍版本鉴定丛谈》《古籍版本鉴赏》和李致忠《古籍版本鉴定》等，谈鉴定而先论版本史，形式上与前面的版本学著述有类似之处，另一类如李清志《古书版本鉴定研究》和陈正宏、梁颖主编《古籍印本鉴定概说》等，直接论述各种类型版本的鉴定角度和方法。

　③　叶德辉撰，刘发、王申、王之江校点《书林清话附书林余话》，辽宁教育出版社，1998年，第21页。

的"板本之学"是指讲究版本的学问,并无学科方面的意识。而顾廷龙先生在《版本学与图书馆》中则认为不应该将"版本之学"局限于"宋元古籍",指出:"在九世纪以前,经过不断的传写,在印刷术发明以后,经过不断的刻印,因而产生了各种不同本子。有了许多不同的本子,就出现了文字、印刷、装帧等等各方面的许多差异。研究这些差异,并从错综复杂的现象中找出其规律,这就形成了'版本之学'。"①这是从文献流传的角度将此一学问的研究范围扩大到了"古今中外图书"了,从时间上看,其已经将该学问追溯到"九世纪以前",认为"刘向为校雠学之创始者,实亦为版本学之创始者"。② 这些观点比较符合现代学界的看法,已经从学科的角度考虑问题了。以上叶、顾二家的说法共同代表了当前学界对版本学涵义的主要看法,无所谓谁对谁错,只不过是站在不同的角度加以分析而有所差异而已。但二者亦有共同的倾向,即都强调了版本学是一门在中国古代特定历史文化背景下滋生出的具有悠久历史的学问。然而该学问虽然悠久,但争议却一直存在。如何能够更好地发展该学问,显然需要我们不断地对其历史成就和状况进行反思、总结和重建。

　　事实上,自 20 世纪 80 年代以来,很多学者已经对之进行过历时的总结和反思,相关的成果足以形成一个连续的研究系列,如谢国桢《明清时代版本目录学概述》(1981),杨钢《试论民国时期古籍版本学的成就》(2011),朱太岩《建国四十年来版本学成果述要》(1989),石洪云、桂胜《建国以来版本学研究综述》(1995),周铁强《近年来古籍版本学理论研究评述》(1995),曹之、司马朝军《20 世纪版本学研究综述》(1999),郝润华、景雪敏《二十世纪九十年代以来版本学研究综述》(2011),③等等。以上这些文章或通论历代版本学的发展状况,或专论某一时期版本学的研究情况,大多较好地梳理和归

---

　　① 顾廷龙《版本学与图书馆》,《图书馆》1962 年第 1 期。按,此文又载《四川图书馆》1978 年第 11 期,后收入阳海清主编、中国图书馆学会学术委员会古籍版本研究组编《版本学研究论文选集》(书目文献出版社,1994 年,第 103—110 页)和《顾廷龙全集·文集卷》(上海辞书出版社,2015 年,第 258—267 页)。
　　② 同上,第 105 页。
　　③ 以上诸文的来源如下:谢国桢《明清时代版本目录学概述》,《齐鲁学刊》1981 年第 3 期;杨钢《试论民国时期古籍版本学的成就》,《图书馆理论与实践》2011 年第 6 期;朱太岩《建国四十年来版本学成果述要》,《古籍整理研究学刊》1989 年第 5 期;石洪云、桂胜《建国(转下页)

纳了一段时期内版本学的发展状况。

整体而言,民国以前只有作为一门学问(或技艺)的版本之学,而无学科意义上的版本学。学科意义上的版本学研究是从民国时期开始的,其时学者们已对版本学的基本概念如版本、版本学等初步进行了讨论(如叶德辉《书林清话》),对版本史的内容也进行了较为清晰的梳理(如钱基博《版本通义·历史第二》),但这种研究显然尚不系统,"总的来说,版本学理论还是一片空白"。[①] 然而也正是从此时期开始,学科意义上的版本学研究逐渐出现了两种倾向:一种延续了明清藏书家之习气,以版本鉴赏和鉴定为主,侧重版本形式方面的阐述;另一种则继承了乾嘉考据学之风,将版本学视为校雠学之分支,成了目录、校勘之学的工具,但却有意地构建学科。钱基博先生在《版本通义》中说:"版本之学,其始以精校雠,其弊流为骨董。"[②]其中,"精校雠"者,后一种也。"骨董"者,前一种也。这两种倾向一直延续到今天,且自始至终影响着版本学学科的理论建设。

新中国成立以后的前三十年中,版本学研究其实并不发达。从诸家的综述看,其时的一部分学者着力于雕版印刷史的研究上,如张秀民《中国印刷术的发明及其影响》(1958)、刘国钧《中国的印刷》(1960)、赵万里《中国版刻发展过程》(1961)、冀淑英《中国古代书籍的发展》(1979),等等。另一部分学者则继续延续着版本鉴赏和鉴定的路子构建着版本学理论,如屈万里、昌彼得《图书版本学要略》(1953),陈国庆《古籍版本浅说》(1954),中国书店《古书版本知识》(1961),毛春翔《古书版本常谈》(1962)等,这些著述旨在为版本学习者(多为图书馆、书店学员)提供一些基本的版本学知识,以方便其鉴定、管理、收购版本。值得注意的是,以上诸学者基本上都有在图书馆任

(接上页)以来版本学研究综述》,《版本学研究论文选集》,书目文献出版社,1995年,第389页;周铁强《近年来古籍版本学理论研究评述》,《上海高校图书情报学报》1995年第1期;曹之、司马朝军《20世纪版本学研究综述》,《图书与情报》1999年第3期;郝润华、景雪敏《二十世纪九十年代以来版本学研究综述》,《古籍整理研究学刊》2011年第1期。

① 曹之、司马朝军《20世纪版本学研究综述》,《图书与情报》1999年第3期。
② 钱基博著,严佐之导读,严佐之、毛文鳌注《版本通义》,上海古籍出版社,2007年,第83页。

职的经历，所以此一时期的版本学理论基本都是由这一职业背景的学者所继承与发展。从研究效果来看，很多观点和知识基本上承自民国时期的学者，研究风气"偏重于版本的特征、版本鉴别的内容与方法等方面"，[1]版本知识体系基本上是围绕唐宋代以后的刻本一系构建的。有些时候书籍与版本混在一起谈论，显示了当时理论发展的薄弱。此时期的版本学可以看作是民国时期的延续。

直至20世纪70年代末至90年代末之间，特别是1978年以后乘着《中国古籍善本书总目》编制的东风，作为一门相对独立的有理论体系的版本学才真正走向了百花齐放。这主要体现在以下几个方面：首先，对版本学的基本理论体系的各个方面都进行了全面而深入的讨论，不仅民国以来有关版本、版本学的定义与起源等课题进行了重新探讨，而且版本学的研究对象、内容、方法以及版本学史、版本体系等也被纳入了讨论范围之内（详见后文的相关讨论），甚至西方目录学（或译作书志学）的知识也被引入到这些研究之中了。[2] 这一时期对理论建构热情的空前高涨一方面有力地推动了版本学各个方面研究的深化，另一方面也带来了研究对象和范围的无限扩大化，学者提出的版本学有广狭二义的观点便是其中典型的代表。[3] 这种情况显然对版本学这门学科的建立来说是一面双刃剑。其次，此一时期中综述、反思及展望的论文增多，如谢国桢《明清时代版本目录学概述》(1981)、朱太岩《建国四十年来版本学成果述要》(1989)、曹之、司马朝军《20世纪版本学研究综述》(1999)等。这里既有对明清版本学的历史总结，也有对民国以来特别是新中国成立后版本学发展的阶段性分析，并且在不断总结和分析中反

---

[1] 石洪云、桂胜《建国以来版本学研究综述》，中国图书馆学会学术委员会古籍版本研究组编《版本学研究论文选集》，书目文献出版社，1995年，第390页。按，曹之、司马朝军《20世纪版本学研究综述》(《图书与情报》1999年第3期)在总结此一时期的版本学时也提到"从本世纪初至七十年代中期，大多局限于'经验说'，即'观风望气'的经验总结"。

[2] 师道刚《版本与目录之关系浅释——中西目录学分类比较观》，《山西大学学报》1984年第2期。按，该文有关目录学的介绍受到了《目录学教学参考资料》的影响，也意味着西方目录学对中国版本学的初步渗透。

[3] 邵定胜《版本学有广狭二义论——从版本学的研究对象说起》，《图书馆杂志》1985年第4期。按，邵氏后来在《版本学目的任务谭》(《四川图书馆学报》1988年第1期)一文中又重申了此一观点。

思前代版本学的得与失，展望未来版本学的发展路途，这与本时期第一个特点恰好可以互相照应。第三，理论性较强的版本著作相继问世。本时期的学者除了继续探讨雕版印刷史的内容之外，版本学著述则大多面向高校师生，具有很强的理论体系建构意愿。根据各著述具体研究内容的差异，可以自然将其分为两大类，一类为侧重版本鉴赏和鉴定的著述，①如黄永年《古籍版本学》、魏隐儒《古籍版本鉴定丛谈》、李清志《古书版本鉴定研究》等。一类为侧重版本史和版本源流的考订，简者如严佐之《古籍版本学概论》、李致忠《古书版本学概论》、姚伯岳《版本学》，繁者如程千帆、徐有富《校雠广义·版本编》、曹之《中国古籍版本学》等。前者虽然延续了上一时期藏书家或图书馆学者的研究路子，但探讨的内容更加深入细致且更具有体系性和操作性。后者则更热衷于学史方面的考订，故而很多著述既有版本学史、版本史的等方面的梳理，也有考订版本源流的详细介绍。即便有版本鉴定的知识，也多着墨于所谓内容考订，而对前者提倡的"观风望气"的版本形式鉴定之法持有批评意见。②值得一提的是，专科版本学在此一时期也开始崭露头角，如郭君双、田思胜编《版本学》（1994）一书，分上下两篇，上篇结合中医古籍论版本学理论，下篇介绍中医古籍的版本状况。其版本学理论和知识都与当时通行诸书如李致忠《古书版本学概论》、严佐之《古籍版本学概论》等一致（见该书《编写说明》），但更侧重版本学知识在中医古籍中的应用。以上诸著述中，版本学理论体系最严密的应该推先后出版的曹之《中国古籍版本学》和姚伯岳《版本学》（修订后更名"中国图书版本学"），二书在章节的安

---

① 按，以下诸著述虽然强调结合版本史或通过版本考订来探讨版本鉴定，但这些不过都是版本形式鉴定的辅助。

② 如李致忠在《古书版本鉴定》（文物出版社，1997年，第75页）、《古书版本学概论》（书目文献出版社，1990年，第7页）、《古书版本学的起源和演变》（《版本学研究论文选集》，书目文献出版社，1995年，第145页）等著述或论文中几乎以同样的内容批判了这种"直观判断只能说出个大概，绝难以说得具体，更难依此做出科学的结论"。又，曹之《中国古籍版本学（第三版）》（武汉大学出版社，2015年，1992年，第452页）说："对于古籍版本鉴定来说，人们往往习惯于从外在特征鉴定版本，而忽略了版本内容的鉴定，应当纠正这种不良倾向。"（按，该书第三版"外在特征"改为"'耳鉴'和'揣骨听声'"）后来又在《20世纪版本学研究综述》（《图书与情报》1999年第3期）中明确提到"观风望气说""这种经验至上的方法，不利于版本学学科体系的建立，会把'版本学引上十分狭窄的版刻欣赏和版本认定的玄而莫测，不可捉摸的邪路'"。

排上颇为考究,在具体内容是探讨上也较以往有所突破。如曹氏书有意对"经厂""书帕本""版式""藏板"等版本小知识进行了详细的梳理,其书信息量颇大,而且处处充满了考证的味道。姚氏书专门对影刻、仿刻、覆刻等术语进行了界定和对近现代版本进行了介绍,这使得该书突破了古籍版本的范围,而容纳了更多的现代书籍版本。总之,该时期是版本学理论体系逐渐走向成熟的时期,也是众多研究人员参与并进行大量版本实践的时期。在理论和实践过程中,原来的版本鉴赏一派与版本考订一派围绕版本学的研究对象、研究内容、研究方法及作用等多个方面展开了激烈的讨论,最终使得版本鉴定和源流考订互相渗透,成了版本学著述共同研究的内容。而在具体实践中,《中国古籍善本书目》的编纂及其善本标准虽然明显突出了版本的文物鉴赏价值,但"学术资料性"的强调同时也暗含对版本内容的重视,这是持有不同观点的学者相互协调的产物。①

此后到了 21 世纪初,版本学自然沿着 20 世纪八九十年代开创的道路继续前进,但理论成果明显不足。如新编写的通论性著述几乎没有,皆是上一个时代著述的重印再版②和地域刻书的著述,而仅有的两部专科版本学③的内容也基本侧重版本知识的实践性运用。这一方面说明当时的版本学著述在理论体系和知识方面已经达到了很高的水平,同时也暗示了后来的研究必须从新的角度运用新的方法重新审视版本学这门学科了。近年来陈先行、陈正宏、郭立暄、石祥、李开升等诸学者的研究颇能代表版本学研

---

① 黄永年先生《古籍版本学》对《中国古籍善本书目》所论的"三性""九条"颇有微词,这是其以一个侧重版本形式鉴定学者的角度来看待的此一问题的,并没有注意到版本学界的这种争议。《中国古籍善本书目》是集南北诸藏书机构之力编纂而成的一部全国性善本书目,参与的诸学者的出身差异决定了其知识体系的不同,也自然影响到该书在编纂上必须总体上保持协调一致但又能体现各方面观点。从这个角度看,"三性""九条"之善本观原本就是为方便当时各类学者暂时放下争议而进行版本鉴定的统一标准而已,但并不意味着是一个放之四海而皆准的标准。此外,诸家提到的张之洞、丁丙的观点也应该注意到其适合的语境,不能将之无限扩大。

② 如黄永年《古籍版本学》自 20 世纪七八十年代油印之后,正式增订出版了两次,曹之《中国古籍版本学》自 1992 年出版后又重版了 2 次,严佐之、李致忠、姚伯岳等诸家书在 21 世纪皆有重版。

③ 即吉文辉、王大妹主编《中医古籍版本学》(上海科学技术出版社,2000 年)和王宗芳、孙伟红《现代文学版本学》(珠海出版社,2002 年)。

究的新方向①。在版本内容和版本源流的研究逐渐走向应用性的同时，以上诸君则更加重视版本形式鉴定方面的理论探讨，他们不仅将上一时代颇受非议的"观风望气"的鉴定方法重新加以阐释，同时还将这种方法运用到国内汉籍乃至东亚汉籍的具体鉴定之上，从而取得了令人瞩目的成就。其中，郭、李二家的理论建构颇有见地，他们同时受到了中国考古学的类型学②的影响（后者更受西方分析书志学的影响），郭氏书将类型学引入到对原刻与翻刻、初印与后印等关系的理论探讨上，李氏书则将之运用到从字体风格分析嘉靖本的类型之上了。这些从版本实物（而非版本目录、诸家论说）中归纳演绎出来的理论与方法本身便具有很强的实践性和可操作性，而且也促使后来的研究者更加注意从细微的方面去反思传统版本学并不断对之加以深化。以上的研究角度代表了版本形式鉴赏一派已经给自己打开了一条新的出路，而事实上这也正是传统版本学的应有之义！

二、版本学（含专科版本学）的基本理论问题

以上我们从版本鉴赏与版本考订两个角度花费了一些篇幅梳理了版本

---

① 按，陈先行有《柏克莱加州大学东亚图书馆中文古籍善本书志》（2005，与郭立暄合编）等，陈正宏有《东亚汉籍版本学初探》（2014）等，郭立暄有《中国古籍原刻翻刻与初印后印研究》（2015），李开升有《明嘉靖本研究》（2019），石祥则有《古籍写样本及其鉴定》（2017）、《"观风望气"、类型学与文史考证：版本学的方法论问题》（2020）等多篇论文。这些学者都是师友关系，又与顾廷龙、潘景郑先生交好，具有相同的研究倾向，足可形成版本学的一个流派。

② 按，两家所提倡的类型学严格地说并非瑞典学者蒙德留斯的类型学，而是俞超伟等提倡的中国化的类型学（见俞氏《关于"考古类型学"的问题——为北京大学七七至七九级青海湖北考古实习同学而讲》一文，收入其所编《考古类型学的理论与实践》，据《先史考古学方法论》前附林沄《为类型学正名（代序）》（商务印书馆，2019年）和段天璟《导读：〈先史考古学方法论〉与类型学中国道路的开端》等文介绍，蒙德留斯所说的类型学是根据"发见物"（即一群群密切的有共时关系的器物）的"体制"（器形和纹饰）的差别运用逻辑思维进行分类，进而确定遗存相对年代的方法。其所说的类型是"单重遗存外在特征的分类概念"，而俞氏所说乃是"考古遗存群总体特征上的分类概念"（第14页）。据此可知，郭立暄认为《明代版本图录初编》"结合图录来分代、分地区，进而研究版本风格演变规律的方法"与类型学相似（第9页），这个类型学正是俞氏所说的类型学而非蒙德留斯的类型学（林沄序，第14页）。李开升《明嘉靖刻本研究》在对类型学认识上要深刻一些，但是并没有将之运用对嘉靖刻本的具体探讨上面。虽然其明确说根据版刻风格将嘉靖本分为三种类型（第35页），但在具体分析中又是分时间分地域探讨三种类型的发展演变及相互影响，并不是如蒙德留斯类型学那样为"确定遗存相对年代"而服务。从具体探讨看，其应该受到西方校勘学和分析书志学的影响更大一些。

学的发展历程,较为清晰地展现了版本学在各个时期内的具体特点。以下我们将针对版本学理论的各个方面(研究对象、研究内容、研究方法、研究目的和作用,以及版本学与相关学科的关系等)分别进行梳理和阐述,进而探讨小学文献学的基本理论。

(一)"版本"与"版本学"的词义演变

1. 版本

欲谈版本学理论,先明版本之词源。

关于此,自民国以来便有多家说法。叶德辉《书林清话》卷一"板本之名称"条云:"雕板谓之板,藏本谓之本。藏本者,官私所藏未雕之善本也。自雕板盛行,于是'板本'二字合为一名。"①据此可知,所谓"雕版"者,即模印之刻本也。所谓"藏本"者,即未雕之写本也。在雕版印刷未盛之前,二者各自为词,各有所指;盛行之后,则开始合为一词。相合之后,据该条后文"私家之藏,……断断于宋元本旧钞,是为板本之学"一句推知,应当兼有刻本和抄本二者。而何时合二为一,据"刻板盛于五代"条"雕板肇祖于唐,而盛行于五代"可知,在叶氏看来,自五代以后②,"板本"已经凝结成一个固定的词开始兼指了。这是一位民国的藏书家从"板本之学"的角度对"板本"一词的来源的考证,是否正确暂且不说,不过新中国成立以后的版本学著述却沿着叶氏之说走上了另外一条考证之路。陈国庆《古籍版本浅说》在谈及"书本和版本名词的固定"时,首先引《说文》和《书林清话》"书之称本"条来探讨"本"的本义及"书本"的含义,继而暗引《书林清话》"板本之名称"条来说明"版""本"以及"版本"的含义。③ 虽然在基本观点上与叶氏之说完全一致,但是其考证过程却将叶氏原书从不同角度探讨的两则不同的知识硬生生联系在了一起。而且从逻辑上看,该书从"本"及"书本"的探讨尚有关联,但从"书本"

---

① 叶德辉撰,刘发、王申、王之江校点《书林清话附书林余话》,辽宁教育出版社,1998年,第21页。

② 按,叶氏在谈论版本盛行的时候,颇为模糊。此条所引认为刻板盛于五代,但在"古今藏书家纪板本"条说"自镂板兴,于是兼言板本,其例创于宋尤袤《遂初堂书目》",似乎又指刻板盛于宋代。故本文在此处探讨时也笼统地作"五代以后"。

③ 陈国庆《古籍版本浅说》,中华书局,1964年,第10—11页。

至"板本"的讨论却似乎失去了联系。从其书中,我们知道"书本"一词自《颜氏家训》至《九经三传沿革例》皆有出现,且已固定为一个名词,但为何接下来便转而谈"版本"了呢? 由此可见,陈先生最初只是想从语源上追溯"本"和"版本"的本义及演变,可惜并没有成功。不过其思路却对以后的学者产生了很大的影响。如张舜徽《中国文献学》、施廷镛《中国古籍版本概要》、戴南海《版本学概论》、程千帆等《校雠广义·版本编》、曹之《中国古籍版本学》、姚伯岳《版本学》等著述皆先从考证"版""本"之本义入手,渐及"版本"之本义和引申义。同时,也多将《书林清话》中两条联系在一起谈论。除施、戴二家等少数学者仍然坚持叶德辉之说外,大多学者都认为版本最初指与"藏本"相对的雕版印本,后来才兼及写本、抄本等一切形态的本子,是为板本之广狭二义之说的来源(如严佐之、李致忠)。这是版本学家对"版本"成词之后的共识。但成词之前书籍意义上的"版""本"各自的含义,尤其是"本"的含义,学界颇有争议。最大的争议有二,其一,书籍为何称本? 其二,诸书转引的刘向《别录》①(一说《别传》)中提及的"持本"之"本"到底何意? 一般认为,书籍称本,始于刘向《别录》,所以两个问题可以并为一个进行讨论。

叶德辉《书林清话》"书之称本"最早论及此一话题,他说:"书之称本,必有所因。《说文解字》云:'木下曰本。'而今人称书之下边曰书根,乃知本者,因根而计数之词。"又曰:"吾谓书本由卷子折叠而成,卷不如折本翻阅之便,其制当兴起于秦汉间。"又引刘向《别录》曰:"夫不曰持卷,而曰持本,则为折本可知。"②以上论述,学者或有不同的看法。有学者继承之,如陈国庆《古籍版本浅说》、戴南海《版本学概论》等。有学者引申之,如张舜徽《中国文献

---

① 《文选卷六·魏都赋》"雠校篆籀",李善注云:"《风俗通》曰:'按,刘向《别录》:雠校,一人读书,校其上下得谬误,为校;一人持本,一人读书,若怨家相对(为雠)'。"[按,此条又见(清)姚振宗辑《七略别录佚文·七略佚文》,上海古籍出版社,2008年,第16页。五臣注《文选》引作"《风俗通》曰:'案,刘向《别录》'",后文有阙]按,此文尚有异文,《太平御览》第六百一十八卷"正谬误"条云:"刘向《别传》曰:'雠校者,一人持本,一人读析,若怨家相对,故曰雠也。'"又,(宋)姚宽《西溪丛语》卷上(《涵芬楼秘笈》本)云:"刘向《别录》云:'雠校书,一人持本,一人读,对若怨家,故曰雠书。'"诸书所引略异,但"持本"一词则同。

② 以上诸句并见:叶德辉撰,刘发、王申、王之江校点《书林清话附书林余话》,辽宁教育出版社,1998年,第11—12页。

学》认为叶氏"因根计数"之说是对的,进而认为"因根计数,起于卷轴,就卷子中的木轴而言,可以称根,也可称本。……'本'的名称,原于缣帛"。① 后来姚伯岳《版本学》、张大可《中国文献学》等并从之。有学者则批驳之,如余嘉锡《目录学发微》认为叶氏"折本"之说有误(或"绝可笑"②),因"折叠之制,起于卷子之后,蝴蝶装以前,亦绝非两汉之时所有也"。③ 进而推测"持本"之"本"本指"杀青治竹所书,改治已定,略无讹字,上素之时,即就竹简缮写,以其为书之原本,故称曰本"。④ 此说后世学者多遵从之,如李致忠《古书版本鉴定》、曹之《中国古籍版本学》、姚伯岳《中国图书版本学》、⑤吴枫《古典文献学》等。由上可知,叶氏以后,80年代以来的学者们其实已经渐渐由探讨书为何称本这个问题转向讨论刘向《别录》里的"持本"之本的具体所指。其间的关键是大家都默认了《别录》提到的"本"即书籍,也就是书籍称本之始见,剩下的只要沿着叶德辉的讨论找到此"本"为哪类书便可。然而由此又出现了两个问题:

第一,叶德辉所论是否属于"本"的本义?

第二,《别录》所说是否符合事实?

从目前资料看,叶氏是第一个从版本学的角度考证"本"与书之关系的

---

① 张舜徽《中国文献学》,中州书画社,1982年,第54页。按,又见《中国校雠学分论(上)——版本》一文(《华中师院学报》1979年第3期;收入《版本学研究论文选集》后改题《论版本》)。

② 余嘉锡《余嘉锡论学杂著·书册制度补考》,中华书局,2007年,第541页。

③ 余嘉锡《余嘉锡论学杂著·书册制度补考》(中华书局,2007年,第541—542页)云:"刘向时固绝无墨版,即折叠本亦起于唐末,唐人写书皆用卷子,其事班班可考。今敦煌所得六朝唐人书,何尝有一折叠本,而谓其制关于秦汉之间,不知何据。"按,严格地说,汉代的帛书亦可折叠(如马王堆帛书),见李零《简牍帛书与学术源流》,生活·读书·新知三联书店,2007年,第130页。敦煌写卷也有折叠之本,见邵国秀《关于敦煌文献中几种装帧形式的研究》(《图书与情报》2004年第5期),李致忠《敦煌遗书中的装帧形式与书史研究中国的装帧形制》(《文献》2004年第2期)、《中国古代书籍的装帧形式与形制》(《文献》2008年第3期)以及方广锠《从敦煌遗书谈中国纸质写本的装帧》(《文献》2018年第1期),等等。叶氏论"书之称本"之时当然未见这些实物,但其称"折本"云云实别有所指,非学者们所指责的那样。

④ 余嘉锡《目录学发微》,商务印书馆,2011年,第79—80页。按,类似的说法又见《余嘉锡论学杂著·书册制度补考》"书本"条(中华书局,2007年,第542页),云:"'一人持本'者,持竹简所书改易刊定之本……竹简之书为原本,故呼曰'本'。"又《文献学讲义》(上海古籍出版社,2005年,第63页)云:"这里所持的本是什么呢?是汉时通行的竹简和帛素。……竹简和帛素,都便于手持。"

⑤ 按,该书之初版《版本学》从叶德辉、张舜徽之说,进而认为"所持之'本'当为帛书,而不是简策之书"(姚伯岳《中国图书版本学》,北京大学出版社,2004年第2版,第4页)。后来在《中国图书版本学》则尽弃其说,而改从余先生之说。

学者。但从其所论可知，他探讨的并非是"本"的字义演变过程，也就是说探讨的并不是"本"字是如何由"木下"这个意义逐渐用来指称书籍的，而是"本"的"因根计数"的量词义与书籍折叠形制演变之间的关系：秦汉时期用来指称折叠的卷子，魏晋以后用来指称梵夹本及受其影响出现的唐宋行卷（卷轴装），唐宋以后用来指称旋风叶子、蝴蝶、线装等书，至此无论何种装帧书都用"本"来记录其数量了。由此看来，学者们从书籍装帧的角度来批驳叶氏之说有违叶氏撰写此条的本意，其实他并不在意秦汉时期到底有没有经折装，也不在意《别录》所说的"持本"之本是不是经折装，他在意的是跟书籍挂上钩的量词"本"最初是记录哪种形制①的书籍，最后又是如何一步步地泛指一切装帧的书籍的。而对于前者，他应该是通过后世的册页书籍逆推出来的，所以为什么他非要说秦汉时"书本由卷子折叠而成"，而不认为卷子也能用"本"来表示（如一本卷子书），那是因为后世流行的册页书都是折叠而成的，往前推，秦汉的书籍也应该与折叠有关才符合书籍演变规律（是否与事实有关倒在其次）。这里的"折本"应该理解为折叠的书（而非后世的经折装），卷子应该理解为被卷起的书。沿着这个思路，为此他不惜对各种资料曲为解说，将《战国策叙录》中的"国本"，《太平御览》所引《别传》中的"持本"皆与折叠挂上了钩。又说魏晋以后佛经梵夹使"其用益宏"，此"梵夹"盖指后世经折装，当然与折叠形式有关了，同时意味着"本"的使用范围的扩大。所以"书之称本"的真正含义是书为何或如何用"本"来计数，犹如"书之称叶""书之称部"之类，而非"本"为何有书籍的含义或者具体指哪类书。也正是出于这个目的，他对这些文献的词义解释是随意的。因此，并不能用作考证"本"义演变的材料，当然也不能用来解释"持本"之"本"的含义，因此学者对他的指责也是没必要的。

既然叶氏之说不可据为典要，我们就必须重新梳理"本"的词义演变了。也就是说"本"由其本义出发是如何（何时）一步步出现新义，最后与书结合在一起成为书籍的代名词或书籍的物质形态的。关于这一点，很多版本学

---

① 按，此处用"形制"，是避免与后世所说的装帧制度相混。严格地说，叶氏说的"折本""卷子"等指的是一种摆放方式：对缣帛是折起来，还是卷起来的。

著述都有意为之，虽多引《说文》《玉篇》等字书，但无法直观展现字义之间的演变关系。如曹之《中国古籍版本学》中引《说文》后说："'本'的本意是树根，引申而为根基、原始、本原等。'本'作为书籍讲，始见于刘向《别录》。"①"本"由其本义及引申义多少还能看出点关系来，但"本"的这些意思与作书籍讲的意思之间就直接省略掉了。我们并不清楚二者是什么样的关系，又是如何演变的。再如程千帆《校雠广义·版本编》亦引《说文》，随后云："引申其义，则据以校书的书的原本也可称本。"②这里也省略掉了由"树根"义向"书的原本"义引申的过程。

由"本"的本义引申到与书籍有关的意义这个过程显然是一个很关键的地方，可惜很多版本学著述在这里都一笔带过了。以下笔者拟根据相关文献加以梳理。

考"本"字，《说文》卷六上木部云："木下曰本。从木，一在其下。"此从字形上训释"本"之本义。但"木下"之说不甚明晰。王凤阳《古辞辨》"本 株"条云："所谓'木下'，指的是树冠以下，包括树根、树干两部分。……'本'本来是树木的基础，后来引申来比喻一切事物的基础。"③故"本"的本义虽为"木下"，但具体语境中所指不同：一是指树根，与"根"同义；④二是指树干，与"干""株"⑤同义，而与"末"相对。由第一义引申出凡草木之根，继又引申出

---

① 曹之《中国古籍版本学(第三版)》，武汉大学出版社，2015年，第8页。
② 程千帆、徐有富《校雠广义·版本编》，齐鲁书社，1991年，第3—4页。
③ 王凤阳《古辞辨》，吉林文史出版社，1993年，第80—81页。
④ 按，"根"字云："木株也。"又"柢"字云："木根也。"《老子》"深其根，固其柢"，《韩非子》卷六《解老》第二十曰："树木有曼根，有直根。直根者，书之所谓柢也。柢也者，木之所以建生也。曼根者，木之所以持生也。"戴侗《六书故》"根"字概本之，曰："凡木，命根为柢，旁根为根，通曰本。"则在树根义上，根、柢、本三者相通。
⑤ 按，《古辞辨》"本 干 枝 柯 条 枚"条(吉林文史出版社，1993年，第80页)云："古人利用板筑法筑墙时，植立于一堵墙两端的、逼住木板的木桩叫作'干'，引申开来，事物中直立的、起支撑作用的部分也称作'干'，……如'树干'。……'干'和'本'都指树木的同一部位，所以可以连用，……其不同仅在于'本'是本义，'干'是由桢干产生的，指树的直立、支撑部分，是其后生义。单'本'经常用于主体、原本义之后，它的树的主体义就被'干'所代替了。"又"根 株"条(第81页)云："'株'，古字应作'朱'，字象在'木'的树干部分作一标记。'朱'被借去表红色之后，表树干的'朱'加木旁，分化为'株'。《说文》：'株，木根也。'这是解释颠倒了，正确的解释应是'木本也'。《说文系传》'入土为根，在土上者曰株'，这一纠正是完全正确的。不过因为树干部分已经习惯用'本'来表示了，所以词义发生了内部的调整，'株'就专指伐后露出地面的树桩了。"

原本、根本、开始等抽象意义。由第二义引申出主体、主干、基础等抽象意义。这些意义很多都在先秦时期就已经产生了。如：

(1)《周易·系辞下》："其初难知，其上易知，本末也。"孔颖达疏："'本末'者，其初难知，是本也；其上易知，是末也。以事本，故难知；以事末，故易知。故云'本末也'。"

(2)《诗·大雅·荡》："枝叶未有害，本实先拨。"

(3)《管子·权修·经言三》："天下者，国之本也；国者，乡之本也；乡者，家之本也；家者，人之本也；人者，身之本也；身者，治之本也。"

(4)《论语·学而》："君子务本，本立而道生。孝弟也者，其为仁之本与！"何晏集解："本，基也。"

(5)《庄子·逍遥游》："吾有大树，人谓之樗，其大本臃肿而不中绳墨。"

(6)《荀子·富国》："然后瓜、桃、枣、李一本，数以盆鼓。"杨倞注："一本，一株也。"①

(7)《吕氏春秋·辨土》："是以亩广以平，则不丧本茎。"高诱注："本，根也。"

以上7条中，第(1)条据孔疏，指开始；第(2)条"本实"与"枝叶"相对，可知"本"或兼指树干与树根。② 第(3)(4)条，指基础、根本等，此三条中"本"的含义已经是其引申之抽象义了，而且带有了某种语境义。第(5)条从"臃肿""不中绳墨"等词看，"大本"指树干。第(7)条据高诱注，指树根。第(6)条据

---

① 按，检先秦传世和出土文献，"本"在先秦时期作量词者仅见《荀子·富国》。此篇"本"字出现过十次之多，或云"天下之本"，或云"伐其本，竭其原"，或云"本末源流"，或云"草木枝叶必类本"等，皆为引申义。此"一本"从上下文看确实是修饰前面的瓜桃诸树，但从数量词的发展演变看却不太符合当时的使用情况，或有文字窜乱（从后文"以泽量"等句式推，此文或原作"以盆鼓"，另有校语"一本作数"窜入正文，但此不过为推测），故暂时存疑。从诸家研究看，其时计量植物的量词并不多见，如《睡虎地秦简·封诊式》"门桑十木"中的"木"，就是一个表示桑树单位的一个个体单位量词（张显成、李建平《简帛量词研究》，中华书局，2017年，第163页）。另外，稍稍有关者还有"秉""把""握"以及"斗""斛""盆""鼓""亩""畹""畦"等一些计量单位等，但皆非表示个体之词。

② 按，郑笺云："言大木揭然将橛，枝叶未有折伤，其根本实先绝。"则郑氏认为仅指树根。

杨倞注,可知"一本"修饰前面的瓜、桃、枣、李等名词,已作量词用了。追其语源,其盖由树干义虚化而来。①

另外,先秦出土文献中虽然"本"字出现有限,但亦可作一考察对象,如:②

(1)《殷周金文集成·本鼎》:"本肈作宝鼎。"(2081)③

(2)《郭店简·成之闻之》:"不求诸其本而攻诸其末,弗得矣。是故君子之于言也,非从末流者之贵,穷源反本者之贵。"④(第十至十一简)

(3)《清华简·管仲》:"桓公又问于管仲曰:'仲父,起事之本奚从?'管仲答曰:'从人。'"(第二至三简)⑤

(4)《清华简·管仲》:"管仲答:'从人之道,趾则心之本,手则心之枝,目、耳则心之末,口则心之竅。'"(第三至四简)⑥

(5)《清华简·管仲》:"言则行之首,行之首则事之本也。"(第五简)⑦

(6)《清华简·厚父》:"曰民心惟本,厥作惟叶。"(第二简)⑧

(7)《清华简·殷高宗问于三寿》:"民之有晦,晦而本由生光。"(第二十七简)⑨

(8)《上博简·孔子诗论》:"见其美,必欲反,一本夫葛之见歌也。"

---

① 按,刘世儒先生《魏晋南北朝量词研究》(中华书局,1965年,第 97 页)认为"量植物的'本'是直接地由'根本'义引申出来的",然从其所引"百本薤""五十本葱""菜二本""甘蕉二本"等,似乎并非指植物的根,而是指其茎。

② 按,为引述方便,以下出土文献中若出现难认之隶定字或假借字,皆改用通行字形。

③ 按,该鼎"本"字作"📷"(见中国社会科学院考古研究所编《殷周金文集成(修订增补本)》,第 2 册,中华书局,2007 年,第 1104 页)。张日昇认为《本鼎》此形"两旁隆然,乃字体繁饰"(周法高主编,张日昇、徐芷仪、林洁明编纂《金文诂林》卷六,香港中文大学,1975 年,第 3710 页。按,"本"字编号为 0751)。又,季旭升《说文新证》(福建人民出版社,2010 年,第 498 页)引高鸿缙之说,认为此形"圆点所以指示树根的部位"。

④ 按,该简"本"字作"📷"。荆门市博物馆编《郭店楚墓竹简》,文物出版社,1998 年,第 167 页。

⑤ 按,该简"本"字作"📷"。清华大学出土文献研究与保护中心编,李学勤主编《清华大学藏战国竹简(陆)》下册,中西书局,2016 年,第 111 页。

⑥ 按,该简"本"字作"📷"。同上。

⑦ 按,该简"本"字作"📷"。同上。

⑧ 按,该简"本"字作"📷"。清华大学出土文献研究与保护中心编,李学勤主编《清华大学藏战国竹简(五)》,中西书局,2015 年,第 110 页。

⑨ 按,该简"本"字作"📷"。同上,第 151 页。

(第十六简)①

(9)《上博简·孔子诗论》:"《清庙》王德也至矣。敬宗庙之礼,以为其本;'秉文之德',以为其蘖。"(第五简)②

(10)《睡虎地秦简·秦律十八种·仓律》:"其有本者,称议种之。"(第三十八简)③

(11)《睡虎地秦简·封诊式·治狱》:"丙无眉,艮本绝,鼻腔坏。"(第五十三简)④

(12)《睡虎地秦简·为吏之道》:"君鬼臣忠,父慈子孝,政之本也。"(第四十七简)⑤

以上12条中,除第(1)条用作人名外,余皆不用其本义。其中,第(2)条"本"与"末"相对,第(4)条"本"与"枝""末""窥"相对,第(6)条"本"与"叶"相对,第(9)条"本"与"蘖"相对,从语意上看,这里的"本"义显然用的是比喻义,而非本义。第(3)条"起"字注释者引《礼记·孔子闲居》郑注"犹行也","从"字引《国语·吴语》韦昭注"随也",⑥可知,其中的"本"当指基础、根本。第(7)条注释者云:"本,本性。《吕氏春秋·尊师》'必反其本',高诱注:'本,本性也。'"⑦则又为根本、基础等义再引申出的意义。第(8)条李零先生云"反指反本溯源",⑧可知此"本"亦指本性。第(10)条"本"字,注释者引《周礼·大司徒》注"犹旧也",认为"有本,疑指田中已有作物"。⑨但"本"训旧乃语境义,实源于"本"之原本义。第11条注释者云:"艮,疑读为根。根本,疑即山

---

① 李零《上博楚简三篇校读记》,中国人民大学出版社,2009年,第16页。
② 同上,第31页。
③ 按,该简"本"字作"[图]"睡虎地秦墓竹简整理小组编《睡虎地秦墓竹简》,文物出版社,1990年,第29页。
④ 按,该简"本"字作"[图]"。同上,第156页。
⑤ 按,该简"本"字作"[图]"。同上,第169页。
⑥ 清华大学出土文献研究与保护中心编,李学勤主编《清华大学藏战国竹简(陆)》下册,中西书局,2016年,第113—114页。
⑦ 清华大学出土文献研究与保护中心编,李学勤主编《清华大学藏战国竹简(五)》,中西书局,2015年,第159页。
⑧ 李零《上博楚简三篇校读记》,中国人民大学出版社,2009年,第18页。
⑨ 睡虎地秦墓竹简整理小组编《睡虎地秦墓竹简》,文物出版社,1990年,第29页。

根,医书中对两眼间鼻梁的名称。一说,根本绝指眉毛的根断绝,不能再长。"①据此,此"本"亦为比喻义,非本义。第(12)条之"本"显然是根本、基础之义。

综上可知,无论在传世文献,还是在出土文献中,先秦时期,"本"之意义除了其本义继续通行外,其各种引申义(含语境中的比喻义等)也已广泛开始使用了,而与书籍似乎没有什么关系。这种情况一直延续两汉时期也是如此,从当时的文献看,似乎其引申义使用的频率更多一些。以下略举四例:

(1)《北大汉简·仓颉篇》:"尚未根本,荣叶蒡英。"②
(2)《春秋繁露·奉本第三十四》:"其犹著百茎而共一本。"
(3)《说文解字叙》:"假借者,本无其事,依声托事,令、长是也。"
(4)《说文解字叙》:"盖文字者,经艺之本,王政之始。"

以上数例,第(1)条用本义,指树木之根。第(2)条指蓍草之根,使用"本"之引申义。第(3)条指原本、本来,第(4)条指根本、基础,皆为抽象的引申义。这些意义都能在先秦文献中找到用例,但似乎尚未用在书籍上。

另外,此一时期"本"的意义已经逐渐趋向虚化,其与数词相结合产生的数量词"某本"多次出现在各种文献中,但主要用来修饰草本植物。如:

(1)《论衡·验符》:"忽生芝草五本。"
(2)《论衡·吉验》:"有禾生景天备火中,三本一茎九穗,长于禾一二尺,盖嘉禾也。"
(3)《汉书·循吏传》:"令口种一树榆,百本薤,五十本葱,一畦韭。"
(4)《武威汉简》:"即鼻不利,药用藜芦一本。"(第七十至七十一简)③

---

① 睡虎地秦墓竹简整理小组编《睡虎地秦墓竹简》,文物出版社,1990年,第156页。
② 按,该简"本"作"▆"。北京大学出土文献研究所编《北京大学藏西汉竹书 壹》,上海古籍出版社,2015年,第131页。
③ 按,该简"本"作"▆"。张延昌《武威汉代医简注解》,中医古籍出版社,2006年,第24页。

以上4例中"某本"所修饰的是芝草、禾、薤、葱、藜芦等草本植物,显然这个"本"字已经虚化为量词了。但即便如此,也没有看到用在书籍上的例子。当时修饰书籍的量词有"编""篇""章""卷"等,①"本"并没有参与其中。

由此可见,两汉时期的"本"字在延续先秦诸种词义的同时,在使用范围和词性上有所扩大,但尚无明显证据显示其与书籍有关。

笔者认为,"本"指书籍,应该是从语境义而来的,并非直接从"本"的本义或抽象引申义而来,继而脱离具体语境而泛指各种书籍,进而泛指各种书籍的物质形态,最后才能与其他词汇相搭配而衍生出相关的词。与此同时,"书"也应该由其本义"书写"(《说文》:"书,箸也。")引申出文字、文书、书籍等义,进而指其文本形式,这样方能与"本"紧密结合起来。而这两方面的发展,应该晚至东汉末以后了。

今举几例:

(1)应邵《风俗通》:"雠校,一人读书,校其上下得谬误,为校;一人持本,一人读书,若怨家相对。"

(2)刘向《战国策叙录》:"中书本号或曰《国策》,或曰《国事》,或曰《短长》,或曰《事语》,或曰《长书》,或曰《修书》。臣向以为,战国时游士辅所用之国,为之策谋,宜为《战国策》。其事继《春秋》以后,讫楚、汉之起,二百四十五年间之事,皆定以杀青,书可缮写。"

(3)郑玄注《周礼》,有"故书""今书"之别,②如《醢人》"雁醢",郑注:"故书'雁'或为'鹑'。"又《乡师》"巡其前后之屯",郑注:"'屯'或为'臀',今书多为'屯'。"

(4)《蔡中郎集》卷四《刘镇南碑》云:"探微知机者又求遗书,写还新者,留其本故,③于是古典集必旧。"

(5)《后汉书·延笃传》云:"(延笃)少从颍川唐溪典受《左氏传》,旬

---

① 《简帛量词研究》"第六组 编、篇、章、卷、牒、终"条,中华书局,2017年,第120—130页。
② 向宗鲁《校雠学》,商务印书馆,2014年,第32页。
③ 按,版本学著述中首次引用者为曹之《中国古籍版本学》(武汉大学出版社,2015年第3版,第55页),但其引用时将"本故"误作"故本",从而影响了解读。

日能讽之,典深敬焉。"唐李贤注:"《先贤行状》曰:笃欲写《左氏传》,无纸,唐溪典以废笺记与之。笃以笺记纸不可写《传》,乃借本讽之,粮尽辞归。典曰:'卿欲写《传》,何故辞归?'笃曰:'已讽之矣。'……"

以上5条中,第(1)条广为学者所引,但多以为刘向《别录》本文。然据学者研究,实为应劭《风俗通》解释刘向《别录》"雠校"之语。① 而《风俗通》之编纂时间,据王利器先生《风俗通义校注叙例》考证,"当在归袁以后",②即东汉灵帝时期了。从此条内容看,"持本"与"读书"相对,显然此"本"即后面的"书"。从句意上看,所谓"持本"者指的是书籍之物质载体,"读书"者指的是书籍之文字内容。而此处"本"与书籍挂上钩,笔者以为应该来自其与文字之关系。上引《说文解字叙》云"盖文字者,经艺之本",已经将文字作为了经艺之根本或基础了,那么进而将承载文字的书籍视为"本"之意义之一也在情理之中。此种情况与在一些文献中将"本"指为农业等义是一样的。然而需要指出的是,此处"本"之书籍义是一种临时语境义,非常用义。因为从当时的文献看,"本"还不具备后一种用法。当时无论是书籍中的文字,还是书籍载体形式,都统统用"书"来表示,而不用"本"。如上面的第(2)条所示,刘向所校的《战国策》,是参合《国策》《国事》《短长》《事语》等各种材料编纂而成的。这些书并非属于《战国策》一书的不同版本,而是属于不同文本来源,所以其称"书",而不称"本"。同样的,第(3)条中所谓的"故书""今书"表面上看似乎《周礼》的异本,如贾公彦就认为"言'故书'者,郑注《周礼》时有数本。刘向未校之前,或在山岩石室有古文,考校后为今文"。③ 但《周礼》郑注,每于"故书"一词后,紧接着便引郑司农、杜子春等说,故颇怀疑此"故书"即此诸家之说,或此诸家书中所引书之文。如:"故书'柜'为'柜'。郑司农云:'桓,榠桓也;柜,受居溜水涷橐者也。'杜子春读为梐柜,梐柜谓行马。玄谓行马再重

---

① 张文《〈别录〉佚文"雠校""杀青"条考辨》,《中华文化论坛》2020年第3期。按,据其文称,早在钱穆《刘向歆父子年谱》和余嘉锡《余嘉锡论学杂著·书册制度补考》"书本"条中就已经指出此点了。

② (汉)应劭撰,王利器校注《风俗通义校注》,中华书局,1981年,《叙例》第2页。

③ 见《周礼注疏》卷二郑注"嫔,故书作宾"条贾疏。

者,以周卫有外内列。"此条中,郑玄所云"故书柜为柜",而郑司农书中正作"柜",杜子春之书则作"柜",则此条"故书"其实就是郑众《周礼解诂》之文。《周礼正义·序周礼兴废》亦引郑玄序云:"世祖以来,通人达士大中大夫郑少赣,名兴,及子大司农仲师,名众,故议郎卫次仲、侍中贾君景伯、南郡太守马季长,皆作《周礼解诂》。……玄窃观二三君子之文章,顾省竹帛之浮辞……然犹有参错,同事相违,则就其原文字之声类,考训诂,捃秘逸。谓二郑者,同宗之大儒,明理于典籍,粗识皇祖大经《周官》之义,存古字,发疑正读,亦信多善,徒寡且约,用不显传于世。今赞而辨之,庶成此家世所训也。"由此可见,郑玄之"故书",即当时之大儒所撰的注释《周礼》之书,并非《周礼》之原文,所以也不是《周礼》的不同版本。只能称"书",不称"本"。"本"应当是书籍文本内容完全固定之后才用来指称书籍或其版本形式的,而两汉之际的刘向父子时代,正是典籍的文本由不稳定趋向稳定的时代。在此之前,"书缺简脱"久矣。在此之后,很多前代散乱的单篇文章被编次成书(如《战国策》等),文献的篇题、卷次、撰者、文字等得到确定(如《尚书》等),这为之后的校勘工作奠定了坚实的基础。这次整理的内容是如此丰富,以至于此后历朝的校勘活动都没有超过其规模,而只是对所藏文献做一些校字、编目等工作。如安帝初永四年,刘珍、马融及五经博士等校定东观"五经诸子传记百家艺术"时,仅仅是"整齐脱误,是正文字"。三国孙吴之时,韦昭为中书郎,"依刘向故事,校定众书",但具体如何依刘向之故事校书,不太明了。晋荀勖与张华,也是"依刘向《别录》,整理记籍",这里明确提到所依为刘向《别录》,说明其并不需要做重定篇题等工作,只要"覆校错误"便可。有了"同书",方能有异本的概念,所以《风俗通》所说的"持本"才有指书籍的可能。第(4)条虽被收入《蔡中郎集》,但据存世版本所附北宋天圣元年(1023)欧阳静序考证,并非蔡邕所作,乃是后人伪托。但据该文称刘表"太和二年葬",即魏明帝太和二年(228),则此文撰写必为是年以后的事。该条之"写还新者,留其本故"句显然是承自《汉书·河间献王传》"必为好写与之,留其真"。所谓"本故"即"真",与"新"相对,字面上是原来的意思,实际上也指书籍原本,用的是"本"的语境义。需要注意的是,这里将"留其真"换成了"留其本故",用字不同,暗示了"本"在这里已经有了书籍版本的含义。第(5)条"借本"之"本",很明显便指前面的《左氏传》一书。延笃因无合适纸写《左氏传》,故而借了此书而背诵之。然此条来自范晔《后汉书》,延笃则生活在东汉末,后代学者在记录延笃事时难免会使用不合汉代的词句,故此处"本"义不应理解为其常用义,但至少可指其语境义。以上(1)(4)(5)条出现在东汉末魏晋以后,这说明"本"在是时方用来指称书籍原本或别本,但多为语境义。这为该词脱离语境而泛指书籍或其版本奠定了基础。然而虽然这个演变过程的具体时间暂时还不确定,但至少从晋代对佛经翻译的记载看,其实的"本"已经用来泛指书籍版本了。如"梵本""胡本""同本""全本""真本""异本""别本"等词,①所指虽异,但所说的"本"都是指同一部文献的不同本子。延自南北朝时期,如《颜氏家训·书证》中提及的"河北本""江南旧本"等的"本"之含义正是这种情况的延续。受此影响,数量词"某本"也在此时由原先指称植物,开始指称书籍,②这是在"本"的书籍义广泛使用之后开始走向虚化过程中自然演进的结果,随后"书本"一词也开始出现在此时文献之中了。

  以上花费大量的篇幅梳理了"本"指书籍的演变历史,大致以为其作书籍义是由语境义引申而来,而非直接源于其本义。在这里,"书"字的文字义与当时学者对其作为书籍基础(所谓"经艺之本")的认识为"本"与书籍挂上联系提供了可能。之后,同一书籍的文本在东汉以后趋于稳定,又为"本"指书籍这种语境义奠定了基础。两晋以后,随着同书异本大量增加,"本"渐渐脱离其语境而泛指书籍或其版本了,乃至南北朝有虚化趋势而作为量词计量书籍或其版本。对"本"的词义演变的研究有利于帮助我们理解"版本"一

---

  ① 曹之《中国古籍版本学(第三版)》,武汉大学出版社,2015年,第58页。
  ② 刘世儒《魏晋南北朝量词研究》,中华书局,1965年,第97页。按,该书认为"量书的'本'是间接地由'本源'义引申出来的(古人传书各有所本,因之就把所传之书叫作'本')",但是如何又是何时"间接地"引申出的,未加说明。而乐优《书之称本》考——兼论量词"本"的性质,来源及演变》(《中国训诂学报》,2023年第六辑)认为"'本'量书籍的用法是量植物用法的引申。这是一种用法上的泛化,理据在于形态特征的相似与共通"。且推测这种相似与共通与中古时期书籍的装帧方式即卷轴装有关。这种联系书籍装帧探讨"本"的量书籍用法的思路盖与版本目录学家一样。但是战国秦汉以来简帛文献也可以卷起来汇聚一起,为何非等到中古以后卷轴装方开始"量书籍"呢?故此说值得商榷。

词的含义。叶德辉《书林清话》卷一"板本之名称"条认为"雕板为之板,藏本谓之本",自雕版盛行之后,版本一词就合二为一,成了一个兼指刻本和写本的合称。① 此说影响颇大,后世学者多遵从之。如陈国庆《古籍版本浅说》就说雕版书未盛前,"用雕版印刷的书称之为'版',用手抄写的书称之为'本'。自雕版书盛行以后,版本二字就成了一个固定的词"。② 另一些学者如严佐之则认为"'版本'一词最早出现在宋代文献中,它的本义就是雕版印本"。③ 以上两种观点都将"版本"出现的时间定在雕版印刷出现以后,只不过其最初涵盖的版本类型范围有所差异而已。这些说法自有其道理,但尚有进一步梳理的必要。首先,叶氏之说只可认为是对《石林燕语》中"板本""藏本"二词的解释,但不宜将之泛化(如陈国庆之说),否则便不合事理了。因为雕版未盛前(大概唐五代时期),雕版书也不一定称为"版本",而往往用"印本"一词表示。而且从制作方式的角度将"版本"二字分别作解的做法有掩盖词汇演变事实的嫌疑。其次,学者从"版本"成词以后首次出现的某个意义当作其本义的做法也忽略了词汇发展的历史。所以,笔者以为这些做法均值得商榷,即便其最后的结论正确。

从上文的梳理看,"本"一词在南北朝以前就已指书籍或其载体形式了,所以隋唐以来的众多文献都延续了这些意义,如陆德明《经典释文》"一本作某""本亦作某",颜师古《汉书注》"本作某",孔颖达《尚书正义》卷二"古本""或本""壁中旧本"、《春秋左传正义》卷一"晋宋古本""今定本",等等。这些"本"显然都是指某书的载体形式。而且孔氏二书提及的诸本从构词法上看皆为偏正关系,"本"前之字起修饰作用。同样,版本学上谈论的"板本"一词,从诸文献所引看,最初也是这种结构,所说的"本"也是上面的意思,指的是一书的雕版印刷之本。不过该词出现时间较晚。大概在唐宋之际,专门记录此义的词是"印本"。如:

---

① 叶德辉撰,刘发、王申、王之江校点《书林清话附书林余话》,辽宁教育出版社,1998年,第21页。
② 陈国庆《古籍版本浅说》,中华书局,1964年,第10页。
③ 严佐之《古籍版本学概论》,华东师范大学出版社,1989年,第1页。

(1)（唐）司空图《司空表圣文集》卷九《为东都敬爱寺讲律僧惠确化募雕刻律疏》云："乃焚印本，渐虞散失。"（题目下小注："印本共八百纸。"）①

(2) 唐天祐二年（905）写本《金刚般若波罗密经》（S.5451），卷末题"西川过家真印本"。

(3) 唐天祐三年（906）写本《金刚般若波罗密经》（S.5534），卷末题"西川过家真印本"。②

可以肯定的是，"印本"一词最初并不是相对于"写本"或"抄本"等出现的概念，其时尚是写本文献一统天下的时代，印本则方兴未艾，仅局限于字书、小学等③和佛经、历书等实用性较强的文献，在下层社会默默流行，所以并不需要刻意强调制作方式。从当时的文献记载看，该词应该是受"印……板""板（模）印""印板""刻……印板"等影响出现的。如：

(1)《全唐文》卷六二四《禁版印时宪书奏》："准敕：禁断印历日版。剑南两川及淮南道，皆以版印历日鬻于市。"

(2)（唐）范摅《云溪友议》："乃作《刘宏传》，雕印数千本。"

(3)（唐）柳玭《柳氏家训序》："又有字书、小学，率雕板印纸，浸染不可尽晓。"

(4)（宋）王溥《五代会要》卷七"经籍"："后唐长兴三年二月，中书门夏奏请依石经文字刻九经印板。敕令国子监集博士儒徒，将西京石经本各以所业本经句度抄写注出，子细看读。然后顾召能雕字匠人，各部随秩刻印板，广颁天下。如诸色人要写经书，并须依所印敕本，不得更使杂本交错。"又："汉乾祐元年闰五月，国子监奏，见在雕印板九经，内有《周礼》《仪礼》《公羊》《谷梁》四经未有印本，今欲集学官校勘四经

---

① 《续古逸丛书》《四部丛刊》本。按，《四库全书》本无此小注，且"焚"字讹作"楚"字。
② 以上两条分别见李致忠《古代版印通论》，紫禁城出版社，2000年，第82、84页。
③ （唐）柳玭《柳氏家训序》《爱日斋丛抄》卷一）云："中和三年癸卯夏，銮舆在蜀之三年也。余为中书舍人。旬休，阅书于重城之东南。其书多阴阳杂记、占梦、相宅、九宫五纬之流。又有字书、小学，率雕板印纸，浸染不可尽晓。"

文字镂板，从之。"又："周广顺六年六月，尚书左丞兼判国子监事田敏进印板九经书、《五经文字》、《九经字样》各二部一百三十册。"又："显德二年二月，中书门下奏，国子监祭酒尹拙状称，准敕校勘《经典释文》三十卷，雕造印板。"

（5）《旧五代史》卷一百二十七《周书十八·和凝传》："有集百卷，自篆于板，模印数百秩，分惠于人焉。"

以上诸条中，"板"字尚作版片义用，"印板""版印"后接以书名，显然，"印"与"本"要比"板"与"本"更容易组合成词。所以我们认为，"印本"一词是受此影响而无意出现的。入宋以后，"印本"一词仍然流行。如（北宋）欧阳修《新五代史》卷六十九《南平世家第九》高从海传云："敏以印本五经遗从海。"又《集古录》卷八《唐田弘正家庙碑》有"以碑校集印本""印本云""与印本同"等多次记载。同时"板本"一词亦开始出现。① 如：

（1）（宋）欧阳修《集古录》卷十《十八家法帖》："或传板本在御书院，往时禁中火灾，板焚，遂不复赐。"

（2）（宋）欧阳修《论雕印文字札子》（《欧阳文忠公集》卷十二）："臣今欲乞明降指挥下开封府访求板本焚毁。"（按，此札奏于仁宗至和二年）

（3）（宋）欧阳修《诗童子问》卷四《采薇》"五章"下注云："然板本已定，只得补说中说破可也。"

（4）（宋）范祖禹《乞赐故修书官资治通鉴札子》（《范太史集》卷二十四）："臣先与故秘书丞刘恕同编修《资治通鉴》，恕在职十余年，臣昨受诏校定板本，奏御颁行，校对官皆蒙赐书。"（按，此札奏于哲宗元祐七年）

（5）（宋）沈括《梦溪笔谈》卷十八："板印书籍，唐人尚未盛为之。自冯瀛王始印五经，以后典籍，皆为板本。"

---

① 按，曹之《中国古籍版本学（第三版）》（武汉大学出版社，2015年，第9页）认为"'版本'二字连用始于宋代"，并以《宋史·李觉传》为该词始见于宋代文献最早记载之一，但今传《宋史》是元代脱脱奉敕所编，怎么能被当做宋代文献呢？其所依据材料或有宋人资料，但已不可考。

北宋时期有关"板本"一词的记载颇少,但不可否认的是,两宋之际以后,该词已经广为流传起来,以致凡提及"某本"(如"刻书机构+本""刻书者+本"等)皆指雕印之本了。如(宋)陈振孙《直斋书录解题》卷八《释书品次录》条下云:"盖北方板本也。"同卷《续成都古今集记》条下云:"今其可见者,惟此二记耳,而板本亦不可复得矣。"又卷十五《古文苑》条下云:"皆在常州,有板本。"① 再如(宋)洪适《隶释》诸卷中往往有"板本作某""板本有某字"等用语。又(宋)胡仔《苕溪渔隐丛话·后集》卷二十二云:"今鄱阳有此板本,乃再刊者。"② 又(宋)王应麟《困学纪闻》卷八云:"古未有板本,好学者患无书。"③ 以上诸家,或为藏书家,或为校雠家,已经在著述中不限于记录板本,而是在辨析或利用板本,说明其时在士大夫阶层已经普遍接受了雕刻之本且带有鉴赏的意味了。板本书籍在当时如此盛行,乃至"刻书机构+本"这种不用指明制作方式的词汇也大为流行,④ 如《直斋书录解题》"监本""元丰旧监本"等,《遂初堂书目》"杭本""旧监本""川本""江西本"等,以及方崧卿《韩集举正》"秘阁本""监本""蜀本""闽本",曹士冕《法帖谱系》"绍兴国子监本""北方印成本""乌镇本"等。⑤ 元明时候,此种形式的词汇成为刻印之本的代名词被固定下来,广泛流行于各种文献之中,所以岳珂在《相台书塾九经三传沿革例》中提及的诸本是自然而然的事情。

如果宋代学者所言无误的话,"板本"应该是士大夫将印本文献引入校雠活动之后,相对"石本/碑本""写本/藏本"等词而逐渐出现的一个词,与最初在下层商业或宗教活动产生的"印本"一词在文化背景上是有差异的。石

---

① 以上分别见(宋)陈振孙《直斋书录解题》,上海古籍出版社,1987年,第237、256、438页。
② (宋)胡仔《苕溪渔隐丛话·后集》,清乾隆间杨佑启耘经楼重刻本。
③ (宋)王应麟《困学纪闻》,清乾隆间写文渊阁四库全书本。
④ 按,这种形式并非始见于南宋,北宋便出现了,如(宋)陆佃《荀子考异》中屡言"监本""诸本"等。
⑤ 然而,需要注意的是,"机构+本"的形式可以指印本书籍,但并非所有的这种形式都指印本书籍。如《法帖谱系》中"淳熙修内司本""利州本"等,指的是传拓自刻于石上的本子。《韩集举正》中"唐本"指的是唐写本。

本者,拓自碑石的本子,多指法帖文献。写本者,前代传写或当时名家手抄手校之本也。二者都早于雕印之本而可能成为后者之底本。前者如《法帖谱系·谱系杂说上》"二王府帖"条:"予观近世所谓二王府帖者,盖中原再刻石本,非禁中板本也。"①此处"板本"与"石本"相对,然皆指刻帖。又《韩集考异》中常常用"石本"②与诸印本相校的例子。后者如(宋)程俱《麟台故事》卷三上云:"至太宗朝,又摹印司马迁、班固、范晔诸史,与六经皆传,于是<u>世之写本不用。然墨版讹驳,初不是正,而后学者更无他本可以刊验</u>。"③又,(宋)叶梦得《石林燕语》卷八云:"唐以前凡书籍皆写本,未有模印之法。人以藏书为贵,不多有而藏者精于雠对,故往往皆有善本。学者以传录之艰,故其诵读亦精详。五代时冯道奏请始官六经板印行,国朝淳化中复以《史记》《前》《后汉》付有司摹印,自是书籍刊镂者益多。士大夫不复以藏书为意,学者易于得书,其诵读亦因灭裂。<u>然板本初不是正,不无讹误</u>。世既一以板本为正,而藏本日亡,其讹谬者遂不可正,甚可惜也。"此两条,与"写本"相对的词"墨版"④"板本"等虽然有文字之异,但所指皆为雕印之本。从具体内容看,二者所描述的都与校雠活动有关,且对诸本的评价如出一辙,尤其是字句方面,显然拥有共同的文献来源,也说明前条的"墨版"是可以换作"板本"一词的。由此可见,"板本"是在具体的校雠活动中代替"印本"而被使用的。但是在两宋时期的文献中,该词并不固定,经常与"印本""墨版""墨本"等混用在一起,共同指雕印之本。所以,后世学者所认为的"板本"一词最初指雕版印本的说法是有道理的,不过并未详细梳理该词的词汇史和揭示其文化背景,故有"雕板为之板,藏本谓之本"这样似是而非的说法。

最后,值得一提的是,后世所说的"刻本"一词,也最早出现在南宋,不过最初不是专指雕刻之本,而是兼指刻在碑石上的本子。如(宋)曹士冕《法帖

---

① (宋)曹士冕《法帖谱系》,清乾隆间写文渊阁四库全书本。
② (宋)朱熹《原本韩集考异》,清乾隆间写文渊阁四库全书本。
③ 按,此条又见《续资治通鉴长编》卷一一七。
④ 按,"墨版"一词又见《玉海》卷五四《艺文·承诏撰述类书》"太平兴国《太平御览》《太平广记》"条引《会要》:"言者以为非学者所急,收墨板藏太清楼。"

谱系·谱系杂说上》"长沙新刻本"条云:"旧刻毁于郁攸之变,中兴以后,复刻新石。其间凡遇旧帖损缺处并不复刻字,亦无卷尾岁月,刻手甚缪,殊不足观。"①而该书凡提及"刻"者,若未及"锓木""印"等词时,多指刻石。如"刘丞相私第本"条云:"刘丞相既刻法帖于郡斋,复依仿前本刻石十卷以归私第。"②又"长沙碑匠家本"条云:"旧传长沙官本扃钥不可常得,碑匠之家别刻一本,以应求者。"③又有"重刻"(如"利州本"条)、"摹刻"(如"临江戏鱼堂帖")等词,也指刻于石。与此同时,"刻本"也有指雕刻之本的例子。如《直斋书录解题》卷四《唐史论断》下云:"闻蜀有刻本,偶未得之。"卷五《三朝训鉴图》下云:"盖当时御府刻本也。"卷六《独断》下云:"舒、台二郡皆有刻本。"④又如《容斋续笔》卷第八"诗词改字"条"今豫章所刻本,乃作'残蝉犹占一枝鸣'。"⑤《容斋四笔》卷第七"西太一宫六言"条云:"今临川本以'杨柳'为柳叶。"⑥《容斋五笔》卷第二"元微之诗"条云:"今者惟闽、蜀刻本为六十卷。"⑦不过"刻本"即便指雕印之本,在使用上还是比不上"印本""板本"等广。⑧

"抄本"一词也在宋代出现了。前者如(宋)黄庭坚《山谷别集》卷十一《跋此君轩诗》云:"余既追韵作此诗寄周彦,周彦抄本送元师。"⑨所云"抄本"尚是手抄一本的意思。(宋)韩元吉《南涧甲乙稿》卷十六《书尹和靖论语后》云:"乃以旧年兄弟手所抄本往哀。"⑩所云"抄本"乃手抄之本。(宋)

---

① (宋)曹士冕《法帖谱系》,清乾隆间写文渊阁四库全书本。
② 同上。
③ 同上。
④ 以上分别见(宋)陈振孙《直斋书录解题》,上海古籍出版社,1987年,第116、148、182页。
⑤ (宋)洪迈《容斋随笔》,上海古籍出版社,1978年,第317页。
⑥ 同上,第691页。
⑦ 同上,第829页。
⑧ 按,"刊本"一词也在南宋出现,如(宋)陈宓《龙图陈公文集》卷十一《回真西山书》第十一封云:"《通释》《孝经本旨》见此刊本,它日拜纳。"又《宝刻丛编》卷十四"吴季子墓十字碑"引《集古叙录》云"大历十四年润州刺史萧定重刻于石",又引《集古后录》云:"大历十四年萧定再刊本",则所谓"再刊本"即前"重刻于石"者。以上两则说明"刊本"与"刻本"所指同,皆兼有印板与刻石两方面含义。
⑨ (宋)黄庭坚《山谷别集》,清乾隆间写文渊阁四库全书本。
⑩ (宋)韩元吉《南涧甲乙稿》,清乾隆间写文渊阁四库全书本。

刘克庄《后村集》卷九十七《萧居士书华严经》云："顷见灵石主僧祖日手抄本，小字端谨如雕刻。"①所云"手抄本"与"雕刻"相对，显然指的是一种版本类型了。

　　总之，随着两宋以来雕版印刷的兴起，士大夫也逐渐接受了这种来自民间、行于官府的印刷文献，并据之进行校勘、鉴赏、阅读等活动，由此也出现了"板本""刻（刊）本""抄本"这种具有版本学意义的词汇。元明以后，随着雕版印刷的流行，宋代流行的金石学为宋元旧椠之鉴赏学所取代，除"板本"继续使用外，"刻（刊）本"一词大多专指刊印之本了（除一些法帖书因袭前代著述之外）。而"板本"泛指各类版本已经晚至道光、同治以后了。②（清）叶名沣《桥西杂记》"藏书求善本条"云："邵君蕙西居京师购书甚富，拳拳于板本钞法。"又："《钦定天禄琳琅前后编》所录多宋元旧本，收藏家印亦附及焉。昭文张氏《爱日精庐藏书志》亦讲求板本，是近时书目中之最佳者。名沣尝见邵蕙西案头置《简明目录》一部，所见宋元旧刻本、丛书本及单行刻本、钞本，手记于各书之下，可以备他日校勘之资。"③以上第一则所云"板本钞法"盖即下文之"所见宋元旧刻本、丛书本及单行刻本、钞本，手记于各书之下"。而云张氏"讲求板本"者，据《爱日精庐藏书志·例言》云"是编所载，止取宋元旧椠及钞帙之有关实学而世鲜传本者"，④则其亦不限于刻本。又（清）张佩纶《涧于集》书牍卷五《复吴谊卿编修》云："弟处共见目五六本，朱目注板本最详而无价，侯目注价而板本太略，且所删之书亦不少。"又云："合三目细勘，已略得其要。……子部类书中《北堂书钞》乃填陈禹谟本，实则蒋是钞本，此部不入目则子部减色矣。又所云某钞本、某校本，半是其人之图记而

---

①　（宋）刘克庄《后村集》，清乾隆间写文渊阁四库全书本。
②　按，曹之《中国古籍版本学（第三版）》（武汉大学出版社，2015年，第10页）认为"元明以后，随着雕版印刷的发展和图书制作方式的复杂化，'版本'二字的含义逐渐扩大，成为一书各种本子的总称"。此说颇能代表当前学界对"版本"一词词义泛指的认识，但"元明以后"一词范围太广，一如严佐之《古籍版本学概论》（华东师范大学出版社，1989年，第1—2页）所言"自宋代以来"，姚伯岳《中国图书版本学》（北京大学出版社，2004年第二版，第10页）所言"特别是近代西方铅印术、石版印刷术、胶版印刷术等印刷技术的传入"等。其实，"板本"的泛指义并不受雕版印刷及活字印刷等技术性发展的影响，而纯粹是学术领域的事情。
③　（清）叶名沣《桥西杂记》，清同治十年滂喜斋刻本。
④　（清）张金吾《爱日精庐藏书志》，清光绪十三年吴县灵芳阁徐氏木活字本。

已,并未校勘者,此类非细细翻阅,不能凭目为定。"①据此,则所云朱目、侯目之板本亦兼指刻、钞、校本。又,(清)朱一新《无邪堂答问》卷二:"多识书名,辨别板本,一书估优为之,何待学者乎?"②又,陈衍《萧穆传》:"穆节省衣食之余,益以卖文所得,一用市书,日夜考求,遂熟于目录板本之学。"③以上所说的板本显然已经是一门鉴别书籍版本的专门之学了。至此,"板本"一词逐渐脱离其来自校雠学上的意义而成了一门包含更多版本类型的专门的鉴赏之学的词汇了。而《书林清话》卷一"板本之名称"云:"近人言藏书者,分目录、板本为两种学派。……私家之藏,自宋尤袤遂初堂,明毛晋汲古阁,及康、雍、乾、嘉以来各藏书家,斷斷于宋、元旧钞,是为版本之学。"④其中"近人言藏书者",也因此有了较为明晰的所指了。我们在探讨"板本"一词的含义时,不仅要注意"板本"一词的构词演变,同时也需要注意其异名之流传,否则便会有所挂漏了。

2. 版本学

作为一门学问的版本学历史悠久,但学科意义上的版本学则肇自民国以还,而于新中国成立以后方逐渐建立起来的。石洪运《版本学基础理论研究述评》(1991),⑤曹之、司马朝军《20世纪版本学研究综述》(1999)各总结为5家。笔者则结合相关资料重新加以梳理而归纳为以下几家:

(1) 鉴定版本之学

如顾廷龙《版本学与图书馆》:"在印刷术发明以后,经过不断的刻印,因而产生了各种不同本子。有了许多不同本子,就出现了文字、印刷、装帧等等各方面的许多差异。研究这些差异并从错综复杂的现象中找出其规律,

---

① (清)张佩纶《涧于集》,民国十五年涧于草堂刻本。
② (清)朱一新《无邪堂答问》,清光绪二十一年广雅书局刻本。
③ 陈衍《萧穆传》,闵尔昌《碑传集补》卷五十二,民国十二年刻本。
④ 叶德辉撰,刘发、王申、王之江校点《书林清话附书林余话》,辽宁教育出版社,1998年,第21页。
⑤ 相同的内容又见石洪运、桂胜《建国以来版本学研究综述》(《版本学研究论文选集》,书目文献出版社,1995年,第393—394页)。

这就形成了版本之学。"①此说戴南海《版本学概论》从之。又,《辞海》云:"研究版本的特征和差异,鉴别其真伪和优劣,是为版本学。"②又,程千帆、徐有富《校雠广义·版本编》:"版本学所研究的内容无不与书的物质形态有关,因此可以概括地说版本学是研究书的物质形态的科学,是校雠学的起点。"③

(2) 探讨源流之学

如谢国桢《明清时代版本目录学概述》云:"研究我国古代流传下来的书籍,有两个主要方面,一是说明书籍刊刻和抄写流传下的源流,叫做版本学;二是叙述书籍的种类和内容提供给科研工作者作为研究某项学术参考的资料,叫作目录学。"④又施廷镛《中国古籍版本概论》云:"目录是'辨章学术,考镜源流'之学。它的内容怎样表现出来,在于版本,研究各种版本的起源及其发展全过程,是谓之版本学。"⑤

(3) 研究版本源流和鉴定版本异同之学

如郭松年《古籍版本与版本学》云:"古籍版本学是从古籍的版本源流,研究古籍版本的异同优劣,鉴定古籍版本的真伪,并从中总结工作规律和方法的科学。"⑥又,来新夏《古典目录学浅说》云:"由于有许多不同的本子,又会出现彼此间在文字、印刷装帧等等方面的差别,也会有各种版本的源流、相互关系等等复杂现象。为了研究和鉴别这些差别并从许多复杂现象中寻求共同规律,于是渐渐形成所谓'版本之学'。"⑦又,李致忠《古书版本学概论》云:"中国古书版本学是以中国古代图书为对象,以版本鉴定为核心,以考订为主要方法,凭借多学科知识、借助校勘学、利用目录学完成全面揭示

---

① 顾廷龙《版本学与图书馆》,《四川图书馆》1978年第11期。按,该文收入阳海清主编《版本学研究论文选集》(书目文献出版社,1995年,第103—110页)。
② 辞海编辑委员会编《辞海(缩印本)》,上海辞书出版社,1980年,第1475页。
③ 程千帆、徐有富《校雠广义·版本编》,齐鲁书社,1991年,第9页。
④ 谢国桢《明清时代版本目录学概述》,《齐鲁学刊》1981年第3期。按,该文收入阳海清主编《版本学研究论文选集》(书目文献出版社,1995年,第327—352页),但删去了第一句对版本学和目录学的界定。
⑤ 施廷镛《中国古籍版本概论》,天津古籍出版社,1987年,第10页。
⑥ 郭松年《古籍版本与版本学》,《吉林省图书馆学会会刊》1980年第4期。按,该文收入阳海清主编《版本学研究论文选集》(书目文献出版社,1995年,第146—152页)。
⑦ 来新夏《古典目录学浅说》,中华书局,1981年,第181页。

图书任务；并忠实地为中国古代社会各学科研究服务的辅助性科学。"①又，曹之《中国古籍版本学概论》云："古籍版本学是研究古籍版本源流以及古籍版本鉴定规律的一门学科。"②又陈先行《中国稿抄校本图录·前言》："古籍版本学是一门应用学科，它以客观存在的古籍版本为研究对象，根据各版本形制上的特征与异同，鉴定版本真伪，区分版本优劣（包括考订版本源流，评估版本的文物价值），为人们解决阅读、整理、研究、收藏古籍碰到的版本问题。当然，研究版本学本身的发生、发展及其与相关学科等亦属于版本学的范畴，但离开鉴别版本真伪，区分版本优劣这一主要功能，就不成其为古籍版本学。"③此外，严佐之《古籍版本学概论》、④董洪利《古典文献学基础》、董恩林《中国传统文献学概论》、项楚《中国古典文献学》、张大可《中国文献学》、潘树广《文献学纲要》等皆有类似的观点。

以上三说代表了七十年代末以来学者们对版本学的主要观点。其中，第一家观点侧重版本鉴定，是传统版本之学在观念上的延续。叶德辉《书林清话》卷一"板本之名称"条云："私家之藏，自宋尤袤遂初堂，明毛晋汲古阁，

---

① 李致忠《古书版本学概论》，书目文献出版社，1990年，第8页。又其《古书版本学概论》（文物出版社，1997年，第76页）等皆有同样的观点。按，李氏虽然如是说，但其论及版本鉴定的任务时说："版本鉴定并不是古书版本学的全部内容，且鉴定仅靠直观判断也还不行。……只有还版本学的本来面目，借用校勘来断出版本的优劣，理出版本的系统源流；再运用史实考出版刻时地、主刻之人及刻书缘起，再进一步理出不同版本间的篇卷分合、内容增损等，这才是版本鉴定承担的实质性任务。"可见其版本鉴定还兼及版本源流。

② 曹之《中国古籍版本学（第三版）》，武汉大学出版社，2015年，第10页。按，曹之《20世纪版本学研究综述》也有类似的看法。

③ 陈先行《中国稿抄校本图录》，上海书店出版社，2000年，《前言》第1页。

④ 按，曹之《20世纪版本学研究综述》将严先生《古籍版本学概论》（华东师范大学出版社，1989年，第7页）提到的"版本学乃是以研究版本文献价值为主的一门科学"这一观点当作一家之说加以批驳。笔者则以为这并非严先生对版本学的看法，而是对版本学作用的看法，只不过通过下定义的方式讨论的，因为该段一开始就说"虽然版本研究的内容是多方面的，版本研究的作用和意义也是多方面的"。严先生似乎并未给版本学下一个明确的定义，但有些论述则可以代表其主要观点，如"作为一门以版本为研究对象的科学，就必须同时研究版本形式和内容两个方面，研究不同版本在内容和形式上的差异优劣，以及产生、形成这些差异优劣的历史源流和规律"（第5—6页）。再从其章节构成看，第四章为版本的鉴定，第五章为版本的考订，可见在他看来版本学是兼有鉴定和考订两方面内容的。而且在著述中专设"版本的考订"一章是之前版本学著述中没有的内容。

及康、雍、乾、嘉以来各藏书家,斷断于宋元旧钞,是为版本之学。"①而顾廷龙先生在《版本学与图书馆》一文中说:"什么叫做版本之学?有人把它看得很狭,好像仅仅限于讲究宋元旧刻。"说的就是叶德辉的观点。顾先生又说:"依我看来,版本的含义实为一种书的各种不同的本子,古今中外的图书,普遍存在这种现象,并不仅仅限于宋、元古籍。"②显然这是在传统讲究宋椠元刻的基础上进而将研究范围扩展至一切图书的版本了。同时,传统的版本之学与目录学关系密切,故晚清以来,学者有"板本目录之学""簿录板本之学"之称,如陈衍《杨守敬传》云:"同光以来,孰目录版本之学者有桐城萧穆、江阴缪荃孙;精金石考证之学者,荃孙、葆恂;守敬兼之,至地理之学,其所独擅尔。"③又,《晚晴簃诗汇》卷一百七"丁立诚"条云:"修甫为竹舟犹子,濡染家风,精目录版本之学。"④又,《缘督庐日记抄》卷十五记载民国四年二十七日:"益庵偕曹夔一内翰同来谈簿录板本之学,在都门所见内阁大库及学部图书馆藏书,云间韩氏、封氏两家所藏旧椠旧钞校勘异同,娓娓不倦。"⑤以上资料提及的诸人皆为当时版本目录学家,故所谓"目录版本之学"即在藏书目录中侈谈版本的学问。而顾先生虽然在《版本学与目录学》中提倡版本学的独立性,但仍然强调版本学对书目工作者的重要性。由此可见此一派学者的观点与传统版本之学之间的渊源关系。第二家观点侧重版本史的探讨,虽然对前一家观点有所补充,有利于把握诸种版本类型的源流,但毕竟属于另一种学问,非版本学理论层面的内容。然而追溯渊源,这种研究似乎在民国时期《书林清话》《中国雕版源流考》等著述中也能找到其影子,而之后的版本学著述如戴南海《版本学概论》、严佐之《古籍版本学概论》、李致忠《古书版本学概论》等都会将之作为其中一部分加以论述。第三家观点将版本源流考订与版本鉴定兼而论之,是对版本学这门学科最全面也是最通行

---

① 叶德辉撰,刘发、王申、王之江校点《书林清话附书林余话》,辽宁教育出版社,1998年,第21页。
② 顾廷龙《版本学与图书馆》,《四川图书馆》1978年第11期。
③ 闵尔昌《碑传集补》,民国十二年刻本。
④ 徐世昌编《晚晴簃诗汇》卷一百七十,民国间退耕堂刻本。
⑤ 叶昌炽《缘督庐日记抄》,民国间上海蝉隐庐石印本。

的解读。虽然在具体论述中诸家仍然有所侧重,如李致忠、曹之等侧重通过考订版本源流来鉴定版本而驳斥"观风望气"之说,陈先行等侧重通过版本形式的研究来鉴定版本而提倡"观风望气"之说,从而使得版本鉴定形成了"两条路线",①但是通过这种论争,使得版本学鉴定理论进一步走向了科学化。本质上看,第三家观点可以看作是第一家在研究方法上的补充。它使得版本学摆脱了传统版本之学的私人鉴赏风气,而具有了学术考据的味道。

那么,如何评价以上这些观点呢? 依笔者看来,第二家探讨的是版本史,显然不能与版本学(理论层面)混为一谈,故应予以排除。余两家中,既然第三家观点是对第一家的补充,那么,我们就应该遵从之,但注意不能过分推崇,否则会走向另一个极端。前面我们提及,本世纪初,版本考订一派在理论上其实并没有太多的研究,而版本鉴赏一派则从细微处走出了一条新路,而这条新路其实也并不排除版本源流的考订。所以,我们应该从这个方面努力才是。如果非要给版本学下个定义,笔者以为,版本学是一门以文献版本为研究对象,通过分析各类版本特征和类型,进而探讨版本鉴定和考订版本源流的方法和规律,以及揭示版本多方面价值的学科。这里的"版本",是一个相对开放的概念。就时间而言,指的是古代;就空间而言,则不限于古代中国,整个东亚汉籍圈②国家都应该囊括进内。

(二) 研究对象

版本学的研究对象,民国以来的学者鲜有涉及,20 世纪 80 年代以来才有专门的探讨。关于此方面的观点,石洪运《版本学基础理论研究述评》(1991),③周铁强《近年来古籍版本学理论研究评述》(1995),曹之、司马朝军《20 世纪版本学研究综述》(1999)等各自总结为一家。诸家所述大同小异,以下结合笔者收集的相关资料分别加以论述。

---

① 艾俊川《古籍版本鉴定的"两条路线"》,《金融时报》2011 年 11 月 11 日第 11 版。
② 按,此用语的内涵采自陈正宏先生《东亚汉籍版本学序说——以印本为中心》一文(《东亚汉籍版本学初探》,中西书局,2014 年)。
③ 相同的内容又见石洪运、桂胜《建国以来版本学研究综述》(《版本学研究论文选集》,书目文献出版社,1995 年,第 393—394 页)。

1. 图书版本说

这里有三种不同的情况：

其一，明言书籍实指图书版本。如李致忠《论古书版本学》(1979)云："中国古书版本学的研究对象是中国古代图书。"[1]郭松年《古籍版本与版本学》(1980)云："版本学的研究对象是从古代到现代各种不同版本的书籍。"[2]戴南海《版本学概论》(1989)亦云："版本学的研究对象是包括一切形式在内的各种古籍图书。"此外，杨燕起《中国历史文献学》(1989)，张大可、王继光《中国历史文献学》(1991)，董洪利《古典文献学基础》(2008)等皆主此说。以上诸家虽然明确提及版本学的研究对象是图书或书籍，但从其对版本学的定义、研究内容及具体章节的阐述看，仍然是围绕版本展开的，这暗示了这些学者有将图书与版本相混之嫌。而从其对学科的定位看，学者们虽然都肯定版本学是一门独立的学科，但又承认其与相邻学科(目录学、校勘学、校雠学)有莫大联系(尤其是从属关系)[3]，正因为后者，学者们很容易在表述上有将版本学的研究对象与相邻学科的混为一谈(在这些学者眼里，相邻学科的研究对象便是图书)。也正因为前者，其著述也重在论述有关版本方面的知识。这种情况贯穿于20世纪八九十年代乃至以后，也反映了版本学、文献学在理论建构方面尚有诸多不足。

其二，承认版本说但将其外延扩大到一切书籍的版本。如顾廷龙《版本学与图书馆》(1978)指出："版本的含义实为一种书的各种不同的本子，古今中外的图书，普遍存在这种现象，并不仅仅限于宋元古籍。"该文虽然没有明确谈及版本学的研究对象，但是从其总体论述看还是主张版本说的。不过其所说的版本已经不限于古籍版本，而是扩大到了"古今中外的图书"的版本。这是在忽略掉版本的历时性而从总体上观照同书异本现象而提出的观

---

[1] 按，此观点又见李氏《古书版本学概论》(1990)、《古书版本鉴定》(1997)等著述。

[2] 按，郭氏在《关于古籍版本学的探讨》(《黑龙江图书馆》1990年第2期)云："版本学的研究对象是古今各种书籍的版本。而古籍版本学则着重在研究我国封建社会手写本和雕板印本以及当时使用各种活字排印本书籍的版本。"此说正好是其八十年代论文的绝好注脚。

[3] 李致忠先生《古书版本学概论》(书目文献出版社，1990年，第8页)认为："版本学虽则借助目录学著作来表现，并为目录学服务，但当一部版本目录编制出来时，版本学也便完成了自己的历史使命。"

点,其不再考虑何谓书,不同时期的书有何不同形式等情况,只要存在同书异本现象,就是版本学研究的内容。也正因为如此,其在论述版本学史的时候,会将"同文异范"的商周彝器、秦诏莽量当作"版本的权舆"。与此同时,新书、外文书的不同版印也被纳入到了讨论的范围之内。之后,姚伯岳《版本学》更是实践了此类观点。① 该书虽然认为"版本学的研究对象是版本","作为版本学研究对象的版本,是指各种图书的实物形态"。② 但是又认为"版本学的研究范围不应受时间和空间的局限,而应该包括古今中外各种内容类型的图书"。③ 而在具体章节上,该书不仅详细探讨了古籍版本,还讨论了现代图书的版本。尤其是后者,学界对之颇加赞赏。④ 然而从其具体讨论上,显然古今图书的版本研究并不能完美地融为一体,而是格格不入的两类知识。如其第三章第三节《版本的外观形式》的版式上分"我国古书的版式""现代图书的版式",作者就明确说"现代图书的版式更多地接受了西方图书的影响,故与我国古代图书的版式有较大的差异",⑤既然如此,何必将二者硬放到一起呢? 又如在版本鉴定上,该书详细地探讨了鉴定古书版本的依据和方法之后,又专节讨论了现代图书的版本鉴定,其亦明确地说"总的来说,鉴定古书版本的原理和方法,也同样适用于现代图书的版本鉴定。具体地说,现代图书的版本鉴定主要依据的是图书的版权页,如果版权页提供的

---

① 按,与此类似的著述还有张大可、俞樟华《中国文献学》和潘树广、黄镇伟、涂小马《文献学纲要》等。

② 姚伯岳《版本学》,北京大学出版社,1993年,第6—7页。按,其后来的《中国图书版本学》(北京大学出版社,2004年,第二版,第12页)改为"版本学的研究对象是图书版本",在"版本"之前增"图书"二字。相应地,其对版本学的定义也由"版本学是一门版本为研究对象的独立学科"改为"版本学是一门以图书版本为研究对象的应用性学科"。

③ 姚伯岳《版本学》,北京大学出版社,1993年,第9页。

④ 如曹之《中国古籍版本学(第三版)》(武汉大学出版社,2015年,第593页)中说:"该书的最大特点是把古今图书版本熔为一炉,既说明了古今图书版本的区别,又说明了古今图书版本的联系。"郝润华、景雪敏在《二十世纪九十年代以来版本学研究综述》(《古籍整理研究学刊》2011年第1期)中说:"全书的讨论范围不仅仅限于古籍,还涉及了不少近现代图书的版本问题,开拓了版本学的研究范围。"王岚《古籍版本学专著纵横谈》(陈正宏、梁颖编《古籍印本鉴定概说》,上海辞书出版社,2005年,第224页)说:"书中涉及不少近现代图书的版本问题,这就不仅仅限于古籍了。"张大可、俞樟华《中国文献学》(福建人民出版社,2005年,第175页)认为其"囊括古今版本,建立了真正的现代版本学理论模式"。

⑤ 姚伯岳《版本学》,北京大学出版社,1993年,第86页。

说明不够完整准确,则还应参考书名页、封面、封底以及前言后记的有关文字说明"。① 显然,在鉴定现代图书版本之时,并不能像鉴定古书版本那样角度多样,而是仅仅局限于版权页之类显见的地方。这是因为古书与现代图书在制作方面毕竟颇有差异,所以将二者放在一起讨论总觉得后者流于简单。总之,现代图书的版本可以拿来谈,但并不适合与古籍版本一起谈论,前者应该与西方书籍版本放在一起更为合适,而这已经与传统的版本学无关了。

其三,承认版本说但仅探讨古籍版本。此种观点渊源有自,民国以来自有"版本之学"的讨论以来便以将古籍版本默认作了版本学的研究对象了。只不过学者们有时在追溯"版本"一词的演变时将其作广、狭之分罢了,以为该词最初指雕版印本,后来泛指一切传写或印刷的本子。即便如此,将研究对象限制在古籍的范围之内是其共同的特点。明确持此观点的著述出现在80年代以后,一般以"古籍版本"为名。如魏隐儒《古籍版本鉴定丛谈》(1984)云:"简而言之,它是以各种图籍的抄本、批校评注本、稿本和印本等作为研究对象的学科。细致地说,它是以这些版本,特别是以印本的纸张、墨色、字体、刀法、藏章印记、款识题跋、刻印源流、行款版式、封面牌记、何者精善、古今真赝以及传抄情况等作为研究对象的。"戴南海《版本学概论》(1989)云:"版本学的研究对象是包括一切形式在内的各种古籍图书,如碑本、写本、刊本、印本、稿本、批校本、题跋本、活字本等等。"严佐之《版本学没有广狭二义论》(1986)认为:"版本学的研究对象就是图书版本。"又其《古籍版本学概论》(1989)云:"构成版本形式和内容的各种要素,是研究版本的具体的对象。"曹之《中国古籍版本学》(1992)云:"我们认为,古籍版本学的研究对象是写本、刻本、拓本、活字本、套印本、插图本等一切形式的图书版本。其中,写本和刻本是其重点研究对象。"黄永年《古籍版本学》(2004)云:"古籍版本学这门学问的研究对象是我国汉文古籍通行雕版印刷以来的版

---

① 姚伯岳《版本学》,北京大学出版社,1993年,第206页。

本。"①总之，此说直至现在仍然是学界普遍认可的观点，只不过有些将之运用到古籍之外的其他图书版本的研究之中而已，这与前面将现代图书版本与古书版本并列的情况至少在理念上是有差异的。

此外，上文提及的进行文献综述的学者如朱太岩、石洪运、周铁强等都承认图书版本说，只不过并没有将该说进行详细的分类而已。

2. 一切文献资料说

持此说者为邵胜定。其在《版本学有广狭二义论——从版本学的对象说起》(1985)指出："版本学的研究对象既不是也绝不能狭隘地局限于'版本'的。"并进而设想"版本学有广狭二义。广义版本学就是产生于文献典籍整理工作的文献考鉴之学，……版本学和它的兄弟学科一样，研究对象是一切需要整理和利用的文献资料。"之后又在《版本学目的任务谭》(1988)一文中重申此说，云："笔者拙见，以为版本之学可分广狭二义。广义的版本学，其对象为一切文献典籍，而狭义版本学所要研究的则限于古今书本的范围。"关于此观点，严佐之先生《版本没有广狭二义论》(1986)以及上文提及的文献综述的学者们都曾对之批判过，认为其"混淆了文献与版本两个不同的概念"，或混淆了图书与"非书册性资料（甲骨、卜辞）"。② 笔者认为，从其所撰《版本学有广狭二义论——从版本学的对象说起》《孔子的删订诗书与中国文献学——兼论"校雠学""目录学""古书版本学"争名之非》《版本学目的任务谭》等文章看，邵先生是首先是将文献学当作文献典籍整理之学，继而将版本学视为与校勘、目录、辑佚、辨伪等一样的文献学分支学科和文献整理手段。而版本学是其中的文献考鉴之学，故有文献考鉴活动，便属于版本学的研究范围。文献在邵先生眼中，是"任何一种文献资料（无论是书或非书）"，③所以

---

① 黄永年《古籍版本学》，江苏教育出版社，2009年，第2版，第14页。
② 前者见曹之《20世纪版本学研究综述》，后者见石洪运《版本学基础理论研究述评》及《建国以来版本学研究综述》。
③ 邵氏另有《说文献》(《文献》1985年第4期)一文，认为："文献就是能够反映人类社会各个历史发展阶段、一切领域内人类活动（主要是生产力的发展及所取得的文明进步）对后代说来是具有历史价值和认识作用的，以文字记录形式（后世还包括音响和图像的形式）存在的资料。"显然，这个定义的范围是广义的。

版本学所研究的自然是"一切文献典籍"。即便是"独立和专门地从事版本的考证和鉴别工作"的狭义版本学出现之后，其研究也与相关学科密切不分（如清代版本学为清代朴学的组成部分）。由此可见，邵先生的版本学广狭二义之说并不能泛泛地说是他将文献和版本相混，①准确地说，是立足于文献典籍整理的前提之下，他将自己所认为的文献学的目的任务、研究对象等移植到了版本学之上了。版本学并不具有独立性，是依附于文献整理工作中的。从20世纪80年代以来的整个版本学研究状况看，邵氏之说算作一个另类。因为即便是强调版本学与文献整理从属关系的著述（如潘树广《文献学纲要》等），也不会将"一切文献典籍"真正当作版本学研究对象展开讨论的。

以上两大类四小类是目前学界对版本学研究对象的主要观点。这些观点对版本学理论的建构至少有以下几点启示。

第一，一切文献资料说虽然不利于版本学的发展，但至少提醒我们需要将版本学与文献学、版本鉴定与文献考证、版本与文献等概念与关系进行明确区分，否则便会有彼此相混之嫌，而这并不利于学科理论的建构。

第二，图书版本说虽然是大多版本学研究者所坚持的，但是在具体阐释中也会出现图书与版本相混，并将二者的外延无限扩大的倾向。

综合诸家看法并基于上面的考虑，我们认为版本学的研究对象是古籍版本，而且是雕版印刷出现前后的一切纸本文献的版本。具体地说，主要指雕版印刷发明和流行之后以传统方式装帧的刻本、印本以及在其影响下出现的稿本、抄本、批校本等。② 这里需要针对"纸质文献"和稿抄诸本说明以下几点：（1）从版本学的发展状况看，无论是古代版本学家，还是近现代版本学家，大多都是以刻（印）本为中心研究古籍版本的，故流传至今的版本学思想和版本实践几乎都与刻本系统有关③（有别于唐代以前的写

---

① 图书与非书册性资料（甲骨、卜辞）其实并没有相混，从上引资料可知，他自己是很清楚书与非书的区别的。

② 按，此一观点与黄永年先生《古籍版本学》所云大致相同（第8页），但黄先生说"这版本又不包括过去的竹木简书、帛书和卷子本"，笔者则与之略有差异，见下文。

③ 张涌泉《敦煌写本文献学》（甘肃教育出版社，2013年，第22页）云："由于我国传世的古书主要是宋代以后的刻本，有关古书的学问也多以刻本为中心生发展开。"

本系统①)。即便是后世出现的稿本、抄本等,看似与刻本无关,其实在行款、版式、装帧等诸多外在形态方面都在有意无意地模仿着刻本,而且二者颇有渊源关系(如上版稿本便已经打通了稿本与刻本之间的关系),学者对二者的鉴定方法也大致相同。因此完全可以放在一起加以讨论。(2)有学者可能会指出,最初的刻本的外在形态可以追溯到简帛文献,如界栏行格等,所以应该将版本学的研究范围扩大到先秦两汉。但是我们认为,简帛文献无论是从载体还是内容都是一个很复杂的领域,且在版本学上的研究也并不充分(简帛形制勉强可算,但大多集中在文字和史实的考释上)。即便有一些研究成果,也不能很好地与刻本体系融合在一起,所以学者们完全可以将刻本系统的各个方面向更早的时间追溯,但并不能作为版本学的研究对象。最好将之归为一门专学(如简帛形态学之类)。(3)与此同时,笔者还认为吐鲁番、敦煌、黑土城等地发现的文献(主要是写卷)也并不能完全纳入版本学研究范围之内,这些文献虽然都是手写的纸质文献,但并不都是我们一再界定的文献学上的典籍(或图书),反而更多的是非图书文献,如文书、档案、契约等,这些应该由另一种学科来承担(如写本学②或文书学③)。相应地,后世出现的抄或刻文书等也不应归入版本学。(4)如前所说,现代图书固然有其物质形态,但与古代典籍的制作方式、装帧、版式以及语言文字等存在颇多差异,而与西方图书则有渊源关系,故其应该被纳入讨论西方图书物质形态的学科之中(如西方《分析书志学》等),而不应该与古籍版本学相混。(5)版本学所研究的是用汉字书写的典籍,所以非汉字书写的少数民族文献和外

---

① 按,本文所说的写本系统特指雕版印刷发明以前手写在简帛或纸张上的那些典籍写本,而与学者们提及的写本学不同,后者将凡手写在纸上的文献都被视为写本学研究的对象,故不包括简帛文献,但却包含了宋元以来契约文书、明清档案等(张涌泉《敦煌写本文献学》)。

② 按,中国的写本学是在敦煌文献、黑土城文献等相继发现之后才逐渐形成的,西方的写本学(codicology)则出现得很早,是与"书志学"(bibliography, bibliology)或"古印本学"(palaeotypography)相对的一个概念。(以上参见苏杰为《分析书志学纲要》作的序)中国的版本学与西方书志学可以相互对应,但并能完全等同。前者是一个以刻本为中心包括稿抄本在内的一个系统,后者则仅包含谷登堡之后出现的各类印本。

③ 按,据苏杰先生《分析书志学纲要·译者序》介绍,西方的古文书学(diplomatics)"研究对象是古代的'文书'或者说'公文'(diploma)",是一门独立的学科。

文文献也不能纳入其中,但是我们并未局限于地域,所以身处在东亚汉籍圈里的日韩学者用汉字书写的典籍也应当被纳入其中。这些典籍的版本形态与中国境内的古代典籍的版本既有联系,也有其特色,值得深入探讨。

这样的话,版本学的研究对象虽然较以往学者们提及的范围有所缩小,但研究的视野却大为扩展。同时也避免了其与图书、非图书相混,版本的泛谈与确指等问题。

(三) 研究内容

学者们在为版本学下定义之时,其实已经将其研究内容阐释进去了,所以后世学者在综述时往往也会从这些定义中抽绎出来加以概述。其中,石洪运《版本学基础理论研究述评》(1991)①总结为5家,周铁强《近年来古籍版本学理论研究评述》(1995)和曹之、司马朝军《20世纪版本学研究综述》(1999)各归纳为4家。诸家所论,颇有重复,今择讨论较为明确者列于下:

(1) 郭松年《古籍版本与版本学》认为:"古籍版本学的主要研究任务,一是继承总结发展古籍版本学的基本理论,二是研究古籍版本发展变化的源流,三是研究不同刻本、校勘本内容的异同优劣,四是审定鉴别旧刻、旧抄古籍的版本和总结提高鉴定古籍版本的科学方法,五是研究古籍版本学的发展历史。"②

(2) 来新夏《古典目录学浅说》认为版本学的研究范围:"(1) 研究各种图书版本发生和发展的历史,如雕版源流和演变、传抄演变等等。(2) 研究各种图书版本的异同优劣,加以鉴别以判定时代、品评优劣,指明特点。并从直接和间接经验中总结和概括出规律性的东西。(3) 研究版刻、印刷、装

---

① 相同的内容又见石洪运、桂胜《建国以来版本学研究综述》(《版本学研究论文选集》,书目文献出版社,1995年,第393—394页)。

② 郭松年《古籍版本与版本学》,《吉林图书馆学会会刊》1980年第4期。按,该文收入阳海清主编《版本学研究论文选集》(书目文献出版社,1995年,第146—152页)。按,郭氏《关于古籍版本学的探讨》(《黑龙江图书馆》1990年第2期)认为:"古籍版本学的主要研究任务,一是研究古籍版本产生和演变的源流;二是研究一书不同刻本、传钞本、批校本篇卷文字的异同优劣及其功用价值;三是鉴别审定旧刻、旧钞古籍版本的真伪,对书的刊印年代、区域、刊者、校者、藏者及版次作出正确的鉴定;四是总结鉴定古籍版本年代、区域、功用价值及风格特征的规律性和方法。"与前文相比,此文第三、四条略同前文第四条,第一、二条则分别对应前文第二、三条。在该文中,版本学史的内容已经被排除在外了。

帧各方面的技术和它的演变发展与成就。"①

（3）卢中岳《版本学研究漫议》认为："根据建立科学版本学的要求，版本学的研究内容和范围，大致包括以下一些方面：版本学的一般理论，……图书版本的内容与形式的研究，……图书版本发展过程的研究，……版本学史。"②

（4）曹之《中国古籍版本学》认为："古籍版本学的研究内容应该包括以下五个方面：第一，古籍版本学的基本理论，其中包括古籍版本学的研究对象及其研究内容，古籍版本学与相关学科的关系，研究古籍版本学的意义和方法等；第二，古籍版本学的发展历史，其中包括古籍版本学的发展阶段、各阶段的同书异本研究、善本观、标志性成果等；第三，古籍制作方式的演变源流，其中包括写本源流、刻本源流等；第四，单种（含丛书）图书版本的演变源流，其中包括版本数量、版本系统、版本优劣等；第五，古籍版本鉴定的规律，其中包括内容和形式两个方面。以上五个方面，缺一不可。"③

（5）姚伯岳《版本学》认为："版本学的研究内容归纳起来，可分为版本学理论、版本学史、版本现象和版本鉴别方法四个方面。"④

以上五家是 20 世纪 80 年代初至 21 世纪初这段时间关于版本学的研究内容这方面最有代表性的观点。整体上看，诸家的研究方向趋于一致，即都致力于构建版本学基本理论体系，这跟 80 年代以前的著述有根本的不同。其中，郭、卢两家仅有版本学的理论构想，而无具体的版本学著述，故有些方面难以详细地阐释。来新夏之说虽有相关著述，但由于版本学知识隶属于"古典目录学的相关学科"，故其相关内容也很难在书中进一步得到印证。唯有在 20 世纪九十年代末先后问世的曹、姚二家著述，不仅有清晰的理论建

---

① 来新夏《古典目录学浅说》，中华书局，1981 年，第 181 页。
② 卢中岳《版本学研究漫议》，《贵图学刊》1982 年第 2 期。
③ 曹之《中国古籍版本学（第三版）》，武汉大学出版社，2015 年，第 10—11 页。按，曹之《中国古籍版本学》（武汉大学出版社，1992 年，第 12 页）和曹之、司马朝军《20 世纪版本学研究综述》（1999）中便有此种观点，只不过在第二点中，此两文云："其中包括古籍版本学的发展阶段，各阶段的理论和实践、代表人物等。"
④ 姚伯岳《版本学》，北京大学出版社，1993 年，第 9 页。按，又见《中国图书版本学》，北京大学出版社，2004 年，第二版，第 16 页。

构,而且还有详细的实践阐述,故其诸多观点都能得到进一步实践检验。这也提醒我们,在讨论研究内容上,应该以实际著述为主,而不能仅仅停留在某家的观点之上。鉴于此,我们将结合诸家的理论阐释和著述的章节安排讨论这一问题。有些著述即便没有清晰的有关这方面的解释,也可以从具体章节中归纳出相关的论述来。笔者认为,目前的版本学著述在研究内容上有以下几大模式。

(1) 版本学理论＋版本史＋版本鉴定(形式)和辨伪＋版本目录和著录。此模式以屈万里、昌彼得《图书板本学要略》为代表。

(2) 版本学理论(含版本类型和形式)＋版本史＋版本鉴定(形式与内容)和辨伪＋版本考订。此模式以严佐之《古籍版本学概论》为代表。

(3) 版本学理论＋版本类型(含版本史)＋版本鉴定(形式与内容)＋版本目录。此模式以程千帆、徐有富《校雠广义·版本编》为代表。

(4) 版本学理论(含版本类型和形式)＋版本学史＋版本史＋版本鉴定(形式与内容)和辨伪＋版本考订。此模式以曹之《中国古籍版本学》为代表。

(5) 版本学理论＋版本学史＋版本类型和形式＋版本鉴定(含版本源流考订、版本目录和版本史)。此模式以姚伯岳《中国图书版本学》为代表。

以上五家在章节安排上颇有差异,但大都囊括了基本理论、(版本学史)、版本史、版本鉴定、(版本源流)、(版本目录)等几大方面,这说明学者对版本学的知识框架已经基本达成了共识。所不同者有四:

其一,版本学史是否应该被纳入版本学中？前三家并未涉及,后两家则极力纳入。程千帆先生认为"校雠学与校雠学史属于两个不同的范畴",[①]这是从版本学作为一门理论性学科的角度(版本学学科体系的一部分)加以考虑的。曹之先生则认为"古籍版本学不是从天上掉下来的,不是人为制造的一门学科。……研究古籍版本学史是为了借鉴古人的研究成果,把当代的

---

① 程千帆、徐有富《校雠广义·版本编》,齐鲁书社,1998年,第2版,《叙录》第9页。

研究工作推向前进",①这是从历时的角度(版本学学科体系整体)加以考虑的。笔者以为,版本学史者,探讨版本学发展演变的历史,具体介绍历代版本学整体特点、著名版本学家及其版本著述的成就。这些内容虽然对版本学的研究有很大帮助,但其内容丰富,并非只言片语便能介绍清楚的。而且还涉及印刷术的起源以及版本学开始时间等一系列复杂的问题的讨论,与印刷史关系颇为密切。如果将版本学上溯至先秦两汉,又免不了跟目录、校勘等知识混杂在一起。所以,最好还是将之单独梳理为好。正如程千帆所说,学理和学史虽然有密切关系,但毕竟是从两个角度研究版本学的。

其二,版本史与版本鉴定的关系。版本史者,介绍各种版本类型发展演变的历史,基本上是以历代刻本为中心的。具体地说,主要介绍各个时代的刻书情况,不同刻书机构(官刻、家刻、私刻)的刻书成就和刻书特点等。版本鉴定即版本鉴定的方法,主要从内容和形式等方面综合考虑,有时会涉及版本辨伪和源流梳理。从以上诸家模式看,有的将版本史与版本鉴定分开介绍,谈史而不涉及鉴定,如第(1)(2)家,其他如施廷镛《中国古籍版本概要》、戴南海《版本学概论》等;有的则融鉴定与史的梳理之中,如第(5)家,其他如李致忠《古书版本学概论》、黄永年《古籍版本学》等;有的则二者兼之,如第(3)(4)家,其他如魏隐儒《古籍版本鉴定丛谈》等。持第一种观点者,是将雕版印刷史引入了版本学之内,故版本鉴定的内容与之处于一种若即若离的状态,这是早期版本学著述的一种编纂方式。持第二种观点者,是以史的方式带动版本鉴定的,融版本鉴定于特定历史背景下的具体版本特点之中。持第三种观点者,其实是前两家观点的综合,一方面从理论体系构建的角度试图将版本史与版本鉴定分别梳理,另一方面又从研究内容之间关系的角度想将二者联系在一起,结果彼此内容都介绍得非常详尽,以致出现颇多重复的知识。比如曹氏书第二编"中国古籍版本源流"详细地梳理了写本、刻本系统下各个时代不同刻(写)书机构基本情况和所获成就,以及各个时代刻(写)书的整体特点,然而这些特点中的版式特点与第三编"中国古籍

---

① 曹之《中国古籍版本学(第三版)》,武汉大学出版社,2015年,第11页。

版本鉴定"中"根据形式鉴定版本"中的内容高度重合,这使得该书不得不采用互见的方式加以说明,这暗示了在"古籍制作方式的演变源流"和"古籍版本鉴定的规律"这两部分研究内容上尚有无法明确切割的知识。该书最大的特点是详于史实考订,所以无论是版本史的梳理,还是版本鉴定依据的阐述,都有大量的考订内容。这种考订意在求知识之全,可能会导致相关知识的重复。再如《校雠广义·版本编》是以版本类型带动版本史的,故先从不同角度划分版本类型,继而在不同版本类型之下分别进行版本史的梳理。在梳理版本史的过程中,夹杂了关于版本形式特点的介绍,然而这些特点又重见于版本鉴定的相对应的形式鉴定的依据之下,故不得已又以"已如前述"等文字进行互见。以上著述的作者显然已经注意到这个问题,故尽量在这些重复之处做一些此详彼略的工作,但是这种做法的弊端是显而易见的。

从诸家论述看,版本史的内容显然与版本鉴定中的版本形式方面的鉴定有密切关系,而版本内容方面的鉴定则相对不那么密切。这是因为版本形式能代表一个时代、一个地域的群体特点,故与版本史最为紧密。版本内容则可跨越时代和地域,成为一种普遍的知识。故学者所说的版式、字体、刻工等形式方面的依据,随代而变,只要把握其特征便可直接鉴定。而书名、卷数、目录等内容方面的依据,虽然随着时代的变化亦有差异,但整体变化不明显,更体现的是刻书机构的差异。而且有的学者将学术源流、书目著录、科研价值等也加入其中,显得"依据内容鉴定"这一方面似乎变得名不副实了。其实,所谓的内容和形式都是相对而言的,就一书之思想内容而言,这些都是外在形式。而且对于哪些属于内容,哪些属于形式,学者们尚有不同看法。如"避讳",施廷镛《中国古籍版本概要》程千帆、徐有富《校雠广义·版本编》认为是版本形式方面的依据,曹之《中国古籍版本学》、姚伯岳《中国图书版本学》则认为是版本内容方面的依据。其他如牌记、刻工等皆是如此。这都是学者们未对文献结构进行清晰分析导致的(笔者曾在第一章中讨论过此问题,可以参看)。同时也暗示了,区分内容、形式并不合理。从版本鉴定实践看也没必要。因为被批评为"观风望气"的传统版本学家如钱曾、黄丕烈等也未尝不从序跋、题名、卷次等方面加以鉴定,而竭力主张版本考订的李致忠等先生也在其《宋版书叙录》中颇多有关版本形式方面的描述,如《龙龛手鉴》中云:"此本系皮纸印造,字体颇类《九成宫》,尚含欧字风韵。刀法娴熟,严整剔透。整体风格,似是浙江地区刻本。"因无其他版本依据,故仅据字体风格和部分刻工定为"南宋初期浙江刻本"。① 总体上看,该书多从刻工、避讳等角度考订版刻时间,似较前代学者更加具有版本依据。但即便如此,也有颇多商榷之处。如《说文解字》,该书从刻工的角度判断其为"南宋初期杭州地区刻元代杭州地区修补本",②然而据学者从断版、修版、文字等方面加以对比后发现,这些"南宋初期""元代""杭州地区"等还可以进行判断得更加明确一些。③ 这说明要想彻底解决版本鉴定问题,严格划分为形式、内容等是无意义的,而是要综合多种角度加以仔细比较和详细考订方可得出可靠结论。可能在后者看来,李致忠先生的考订同样属于形式考订。平心而论,反对形式鉴定的学者可能不满于明清时期某些学者将版本视为仅供赏玩的文物的那种风气,故竭力主张版本考订。但这正是版本学从一开始便自带的特质(详见下文),自有其深层的文化背景和阶级背景。我们应该从深入了解其背景资料那里去理解它,同时也可以从学术的角度去改造它,毕竟版本学的功能不止一个。或许版本鉴定之法上所谓的内容、形式鉴定或者直观、理攻诸法,应该统一换成版本鉴定的角度或步骤等较为温和一些。

其三,版本源流考订方面。自严佐之《古籍版本概论》将一书之版本源流考订单列一章之后,曹之、姚伯岳等学者的著述皆遵从之。但此一部分究竟如何处理,尚有不同看法。严佐之认为:"考订版本源流是版本研究工作中的一项重要内容。"又云:"考订版本源流,摸清理顺每个版本与其他版本的关系,其意义更在于有助于辨别、比较、确定版本的优劣。"④所以本章包括版本源流考订和版本优劣比较两部分,前者为后者服务,乃至为版本研究工作服务。曹之认为:"考订一书的版本源流是古籍整理不可或缺的重要环

---

① 李致忠《宋版书叙录》,北京图书馆出版社,1994年,第292—293页。
② 同上,第277页。
③ 董婧宸《宋元递修小字本〈说文解字〉版本考述——兼考元代西湖书院的两次版片修补》,《励耘语言学刊》2019年第1辑。
④ 严佐之《古籍版本概论》,华东师范大学出版社,1989年,第155、157页。

节。通过考订,为学者提供一个可信的善本。"①所以该章也包括考订一书的版本源流和不同时代的善本标准。考订源流为选择善本服务,更为古籍整理服务。姚伯岳认为:"对图书版本源流的考证,是在版本鉴别基础上所进行的更进步、更全面深入的版本研究,对于确定某一版本在同一书各种版本中的地位、全面认识和正确评价其版本价值,起着十分重要的作用,同时也是为文史工作者所经常直接采用的一种有效的科学研究方法。"②正因为如此,版本源流的考订具有了相对独立性,上承版本鉴定,下起版本评价。总的来看,三家都强调了版本源流考订在版本学上的重要作用,都注意到了版本鉴定、版本优劣与其的密切关系。但前二家将"善本"的选择置于版本源流考订之下的做法显然使后者带有了很强的目的性和工具性。倒是姚氏书则去掉了这些彼此的依赖性,而突出了版本源流考订的相对独立性,显得更加合理和科学。

其四,版本类型和结构方面的位置。此部分知识一般会被单独进行探讨,如姚伯岳《中国图书版本学》,程千帆、徐有富《校雠广义·版本编》等,一般的文献学著述的版本学部分也会采用这种方式。有时则被置于版本学一般理论的范围之内,如严佐之《古籍版本学概论》、曹之《中国古籍版本学》等。从章节之间的关系看,此部分知识无论被如何安排,都与之后的探讨颇有关联。其基本上是按照先认识版本类型和结构,再进行版本鉴定、源流考订和优劣评价等的思路来被设计的,所以它是版本学这一学科中最基础的知识。然而这样的安排其实很值得思考。首先,版本的类型可以从多个角度加以划分,而往往与版本史、版本鉴定等的相关内容有所重复,可以说,版本类型可以被当做后面知识的一个提纲。如"以刻印时间区分"可以分为宋刻、元刻、明刻、清刻等,版本史便是按照此顺序被阐述的。如"以刻印地点区分"可以分浙本、建本、蜀本等,宋元刻本鉴定的形式特点便是按地区被的总结的,但这些区分在明清时期并不明显。显然对于后面的章节来说,版本类型显然是些重复的内容。可能程千帆等先生看到了这个问题,故在其《校

---

① 曹之《中国古籍版本学(第三版)》,武汉大学出版社,2015年,第595页。
② 姚伯岳《中国图书版本学》,北京大学出版社,2004年,第二版,第140页。

雠广义·版本编》中将版本史与版本类型融为一体，以类型之划分带动版本史的梳理，也是别具一格的。其次，一般的版本学和文献学著述在介绍版本的结构时，往往是以南宋建刻为标准的，故版框、界行、鱼尾，乃至白（黑）口、书耳一应俱全。然而这样的结构显然无法代表刻本的所有类型，而且有误导之嫌。至少，二截版、三截版等以及典型的稿抄本的结构也应该被纳入其中。版本学是一门实践性很强的学科，比起版本鉴定和考订来，这部分内容其实对版本的著录更有实用价值，屈万里、昌彼得《图书板本要略》便是如此安排的。

总之，版本学的研究内容方面还是有颇多可以探讨的地方。鉴于以上的讨论，结合诸家的探讨，笔者认为版本学的研究内容应该紧紧围绕其研究对象即版本展开，具体包括以下几个方面：

(1) 版本学一般理论研究。主要探讨版本学的研究对象、内容、目的、功用和意义、性质以及与相关学科的关系等，这些都是建立一门学科必须要解答的问题。

(2) 版本鉴定研究。主要是探讨版本鉴定的依据、一般方法和具体步骤等。在鉴定实践中，大多针对具体的某一版本进行多方面鉴定，目的是弄清该本的具体刊刻时代、刊刻者、刊刻机构、版本类型等。

(3) 版本源流研究。主要探讨一书版本的递藏源流和刊印源流梳理的方法和步骤，以及每次递藏或刊印背后的动因等。所谓递藏源流指的是某一版本自刊刻之后是如何在历代公私藏家中流传的，最后又流向何处。刊印源流指的是一书的某一版本或某些版本在历代的刊刻和印刷的源流以及在流传过程中每个版本和印次之间发生的变化和原因。在版本梳理的过程中，需要结合版本鉴定结果和相关知识，对一书的不同版本进行全面或局部的谱系梳理，以弄清一书不同版本类型、同一版本类型不同印次（或书写时间）的远近亲疏关系，从而为研究、鉴赏、阅读、整理等提供一个选择的依据。

(4) 版本文化研究。主要从社会文化史的角度去挖掘隐藏在版本刊印背后的内部动因，以及揭示特定时代的具体版本与特定社会、文化之间的互动关系等。版本文化研究可以被当做一种方法论和研究视野，它使版本研究突破静态的版本鉴定和考订，而着力于从动态的角度探讨具体版本形式和文字之间差异的原因和影响。作为文献学研究内容的一部分（即文献文化学），这一研究也是在借鉴西方书籍史和阅读史的理论成果的基础上才被纳入版本学研究范围之内的。而日本学者井上进《中国出版文化史》是探讨"出版文化"的典型之作。

(5) 版本的著录研究。此一部分其实已经在本书"目录学"中有所涉及。作为版本学的研究内容之一，它主要探讨版本在历代书目的著录情况以及著录款目、著录内容、著录方法等。版本的著录在历代书目中有繁简之分，但无论如何，它是以版本鉴定和源流考订为基础的。版本的著录并不仅仅是鉴定和考订结果的简单呈现，更是鉴定和考订过程和依据的完整展示，它是在版本著录基础上的版本描写和版本考订的结合。

以上我们虽然将版本学的研究内容分为五部分，但并不特意强调各部分的历时关联性，而是暗示学者们可以从各个侧面、各个角度展开对版本学的研究。它们之间的关系并不是谁为了谁而服务，谁是谁的研究基础等，而是共时的相对独立展开的。

（四）研究目的和作用

为什么要研究版本学？这恐怕要结合其作用方可说得更加清楚一些。笔者以为，版本学至少有以下三个作用。

1. **方便文献整理**

前面几章我们已经提及，很多学者都将文献学视为文献整理之学，故而作为其分支学科的版本学自然也有为文献整理服务的目的，这是从版本学与文献学之间的关系的角度考虑问题的。其实抛开这一层关系，单就版本学本身而言，它与文献整理本来就是密不可分的。无论是中国，还是西方，[①]

[①] 比如美国学者坦瑟勒在《校勘原理》（苏杰编译《西方校勘学论著选》，上海人民出版社，2009年，第211页）中提到："每个载有语言文本的文物都可以用两种方式处理：你可以接受保存下来的前代文献的本来面貌；也可以加以改动，以使其更符合某种标准，比如你所设想的，在过去某一特定时刻，具体作者的言说意图。"又杰罗姆·麦根在《现代校勘学批判》（苏杰编译《西方校勘学论著选》，上海人民出版社，2009年，第330页）中引坦瑟勒《近来关于文本整理的讨论》认为："对于一些文字，如果想要读者看到的是文献的原始面貌，最恰当的方式是提供未经校勘的文本，如果想要读者看到的是完成状态的作品，最有益的方式是提供经过校勘的文本。"

文献整理都有两个不同的方向：其一是推出一个接近作者原本的仿本，其二是整理出一个便于后人阅读的完本。前者会尽可能地找寻一书最早或最精的善本，以不校而校之的方式保证该本的真实面貌，即所谓仿真，如明清之影抄（如毛氏汲古阁抄）、民国之石印（如《四部丛刊》）、今日之彩印①（如《辽宁省图书馆藏陶湘旧藏闵凌刻本集成》），以及古代校勘学家那种"勾勒行款"的行为等。虽然在实际效果上可能达不到其主观目的，但毕竟这是其努力的方向。后者则以某一版本为底本，以众本为参校本，最终形成一个集众本之长的整理本。其形式可能多样，或在底本的基础上另附校记，或直接据本改字，或另增注释和附录。以上无论是哪种整理方式，都必须建立在具体版本之上，否则并不能较好地完成一次整理。因此，文献整理的方式虽然多种多样，但选择版本却是永远处于第一位的。黄永年先生在《古籍整理概论》中说："选择底本……不是整理古籍的方法而只是整理的一个工序，但在所有工序中是最主要的、起决定作用的工序。古籍不论用哪种方式来整理，都必须尽可能选择好底本。"②刘琳、吴洪泽二先生在《古籍整理学》中也说："一般的古籍都有多种版本，我们整理任何一部古书都必须首先查明它有哪些版本，而后选取其中一种作底本，并参考其他本子。因此古籍整理必须讲求版本，懂得版本之学。"③这些学者们提到的版本学在古籍整理中地位的认识都是各自在古籍整理实践工作中的经验之谈，可以作为我们所谈的最好的注解了。从二者的关系看，作为一门相对独立的学科，版本学的理论和知识可以被用在古籍整理之中，但并不仅仅被用在古籍整理之上。古籍整理可以说是对版本学知识的实际运用。故而相对版本学（或其他相关学科）而言，它确实是一门实践之学中的实践之学。④

---

① 按，此处的"彩印"只是笼统的说法，南江涛在其《螺蛳壳中的曼陀罗——古籍影印蠡探》的后记（北京联合出版有限公司，2020年）中说影印古籍有三种境界，一是以灰度呈现的单色影印古籍，包括白纸黑字和灰度底色两个具体制作方式；二是以彩色呈现的洋装影印古籍；三是以彩色呈现的原大宣纸影印古籍。
② 黄永年《古籍整理概论》，上海书店出版社，2001年，第5—6页。
③ 刘琳、吴洪泽《古籍整理学》，四川大学出版社，2003年，第22页。
④ 按，相对于所属学科而言，文献学便是一门实践之学，故其分支学科的版本学也是一门实践之学。而古籍整理学又是对版本学在内的多门学科知识的再一次运用，故我们如此说。

2. 促进文献阅读

阅读是什么，一般认为是真实存在的读者从书籍内容中获取意义的行为，这是一种"以文字为主体的文本的阅读"。① 但是20世纪80年代兴起的西方阅读史理论却告诉我们，如果把阅读视为一种真实读者的阅读行为的话，其阅读的对象是非常广泛的，可以阅读文本，也可以阅读其物质形态："传统意义上的文本，是作者经过写作过程成就的；物质形态承载文本，是出版者、印刷者通过出版、印刷手段实现的（有时会与作者协商）；阅读则是读者针对书籍实施的行为，最终赋予物质形态和文本以意义。"②因此，按照我们的理解，文献阅读是兼有文本阅读和版本鉴赏的。首先，文本阅读即通常意义上从某一书籍中获取所需知识的活动，或进而从事学术研究等等，但无论哪一种，版本一定会有意无意地参与其中的。在文本阅读过程中，选择一个好的版本有利于准确而正确地理解文本内容和作者意图，反之，则会有误导之嫌。学者们经常会提及《颜氏家训》中提到的把"蹲鸱，芋也"误作"芋也"和《老学庵笔记》中记载的错认"坤釜"为"坤金"等例子，③就很好地说明了版本选择对文本阅读的重要作用，而古人所说的"善本"也从一个侧面反映了这层意思。其次，版本鉴赏多数表现为从文物的角度审视版本，并不过多考虑文本内容，所以它是与文本阅读相反的另一种阅读，属于形式上的审美阅读。版本鉴赏历来遭到考据型学者们的驳斥，但这并不妨碍所谓藏书赏鉴家的鉴赏活动。在赏鉴过程中，这些学者以赏鉴书画等文物的心态去看待某一版本，或留心其纸墨，或辨析其真伪，或考证其年月，并不着意于"作者之旨意"。而在宋元旧椠上留下的累累钤印和众多尾题（如观款、读毕

---

① 王余光、王琴《中国阅读通史·理论卷》，安徽教育出版社，2017年，第7页。
② 戴联斌《从书籍史到阅读史：阅读史研究理论与方法》，新星出版社，2017年，第116—117页。
③ 按，此种情况颇多，向宗鲁先生《校雠学》（商务印书馆，2014年，第3—5页）以骈文形式列举了很多例子："若乃亥豕易混，午牛莫辨。紆红许绿，音转而多歧；银琐金根，形依稀而每误。遂使承学之士，占毕乖方；濡豪之英，临文乱辙。驯至酒称桐马，羊号蹲鸱；昭子更名，令升革姓。宣公宿学，惑于所角之音；子充博闻，不识政宗之句。鼎臣精意，惜失校于加莹；叔夏覃思，悔臆窥于治忽。"

记、赞语、拥有记等)①就是其阅读活动的最好证据。版本鉴赏是一种积极而雅致的阅读活动,也是对鉴赏者学问和品位的最好的证明,所谓"非博雅不得称赏鉴家",②便是对这类阅读者的最高评价。他们的阅读活动对版本的依赖程度更高一些,或者说他们就是从事版本阅读活动的。从阅读史的角度看,这些鉴赏家并不应该因其阅读行为不属于学术探讨而遭到轻视,重要的是需要探讨这种版本阅读活动下的阅读群体的特殊性,以及这种阅读行为产生的原因及影响。事实证明,正是这种无意的鉴赏活动,推动了版本学的进一步发展。

3. 利于版本著录

版本著录与版本目录的出现有莫大关系。所谓版本目录,即是在目录中著录版本,或者以版本为单位进行著录的目录。这种目录在著录版本时有繁简之分,简者仅及版本类型,如"刊本""抄本"之类,繁者则以提要的形式描述版本形态、记录鉴定依据、辨析版本差异、考订版本源流等。无论哪一种,都体现了编目者对版本这一书籍物质形态的关注和重视。尤其是后一种,已经将版本学知识渗透到了具体的著录之中。所以,就版本目录而言,版本学不仅能够推动版本著录的准确和规范,更能丰富和扩大版本著录内容。

总之,版本学的作用可以从多个角度加以探讨。除了以上作用外,比如还可以促进编目活动认识的深化。就版本目录而言,目录中为何要著录版本?在著录版本的同时又为何要描述版本?在描述版本的同时又为何考订版本?这一连串问题显然是值得深思的。它们涉及的是特定的编目者对目录和版本的看法,并不是传统版本知识能够解答的,这需要深入到社会文化层面加以探讨。如果清楚了版本学的作用,那么其目的也就非常明确了,即根据不同的读者(含研究者)需要,体现为文献整理、阅读、著录等多个方面。

① 韦力《批校本》,江苏古籍出版社,2003 年,第 29 页。
② 见《明文海》(清涵芬楼钞本)卷二百二十八沈守正《吴德聚爽阁书目序》。

(五) 从版本学史看版本学的未来走向

以上我们从版本学基本理论的角度出发，分别探讨了版本学的基本概念(即版本与版本学)、研究对象、研究内容及研究作用等，初步建立起自己的理论体系。同时也梳理了作为一门学问的版本学自民国间正式建立至现在成为一门学科的发展状况，并且在最后还暗示了其发展方向。不过这仅仅是对版本学史的粗线条梳理，也可能会让人觉得最后有偏离版本学研究正途的嫌疑。故而以下我们将继续探讨这一问题。先从作为一门学问的版本学的起源开始明确其学科性质，进而指出未来的发展方向。

1. 版本学的起源与发展

版本学到底是一门什么样的学科呢？欲谈此一问题，需要从它作为一门学问开始谈起。学科与学问虽一字之差，但内涵却颇有不同。从学问演变为学科，传统的版本学走了相当长的一段路程。然而其作为一门学问的演变历史要比这更长更艰难。那么，作为一门学问的版本学是如何产生和发展的呢？这个问题自民国以来便有论述而至七十年代末以后最为密集。首先是叶德辉《书林清话》卷一"板本之名称"条云："近人言藏书者，分目录、板本为两种学派。……私家之藏，自宋尤袤遂初堂、明毛晋汲古阁，及康、雍、乾、嘉以来各藏书家，斷斷于宋元本旧钞，是为板本之学。"[①]这是叶德辉以一个藏书家的身份对版本学的起源做出的解答。据《书林清话叙》，该书始成于民国元年(1912)，则其所谓"近人"当在此前后，则彼时的学者认为版本学源于私人藏书家记录宋元旧抄的活动，可以追溯到南宋尤袤《遂初堂书目》。如何理解这句话呢？结合《书林清话》"刻板盛于五代"条所说"雕板肇祖于唐，而盛行于五代"和"板本之名称"条所说的"自雕板盛行，于是板本二字合为一名"等观点，显然他并不认为版本的出现与版本之学的产生有必然联系。至少在藏书家眼中，版本之学是由另一条路径产生的一门学问。

那么，叶德辉之说能够作为一种可信的观点吗？

---

① 叶德辉撰，刘发、王申、王之江校点《书林清话附书林余话》，辽宁教育出版社，1998年，第21页。

这需要从当时学者对版本学的态度那里谈起。我们需要知道两类学者的观点：一类如叶德辉一样的藏书家是如何看待版本学的，一类是那些非藏书家的学者(尤其考据学家)是如何看待版本学的。不同身份学者的观点应该可以反映版本学在当时知识界的真实状况。今分别举例：

(1) 叶昌炽《缘督庐日记抄》卷十五："益庵(孙德谦)偕曹夔一(曹元忠)内翰同来谈簿录板本之学，在都门所见内阁大库及学部图书馆藏书，云间韩氏、封氏两家所藏旧椠旧钞校勘异同，娓娓不倦。"①(按，此条记于1915年)

(2) 叶德辉《郘亭知见传本目录序》："三十年前官京曹时，同朝如常熟翁师相同龢、吴县潘文勤公祖荫、顺德李若农侍郎文田、宗室伯羲祭酒盛昱、福山王文敏懿荣、贵筑黄再同编修国瑾，皆好藏书，讲求版本之学，其众推为领袖者，则江阴缪小山学丞荃孙。"②(按，此序作于1922年)

(3) 缪荃孙《书林清话序》："焕彬于书籍镂刻源流，尤能贯串，上溯李唐，下迄今兹，旁求海外。旧刻精钞，藏家名印，何本最先，何本最备，如探诸喉，如指诸掌。此《书林清话》一编，仿君家鞠裳之《语石》编，比俞理初之米盐簿，所以绍往哲之书，开后学之派别，均在此矣。荃孙于版本之学，亦有同嗜。丁卯川闱，策问文选一条受知李顺德师，以目录之学相勖。"③(按，此序作于1918年)

(4) 刘肇隅《郋园读书志序》："窃惟吾师著作等身，于群经小学乙部百家之书，无不淹贯宏通，发前人未发之蕴而于目录版本之学，寝馈数十寒暑，储藏既富，闻见尤多，故于各书一目了然。"④(按，此序作于1919年)

---

① 叶昌炽《缘督庐日记抄》，民国间上海蟫隐庐石印本。
② 叶德辉《郘亭知见传本目录序》，(清)莫友芝撰，傅增湘订补，傅熹年整理《藏园订补郘亭知见传本书目》，中华书局，2009年，第15页。
③ 缪荃孙《书林清话叙》，叶德辉著，刘发、王申、王之江校点《书林清话附书林余话》，辽宁教育出版社，1998年，叙第1页。
④ 刘肇隅《郋园读书志序》，叶德辉《郋园读书志》，民国十七年上海澹园铅印本。

(5) 叶启发《郋园读书志跋》:"尝训启发曰:版本之学,为考据之先河,一字千金,何可鲜视?昔贤尝以一字聚讼纷纭,故予每得一书,必广求众本,考其异同,盖不如是,不足以言考据也。"①(按,此序作于1926年)

(6) 叶启勋《郋园读书志跋》:"启勋四五龄时,就外傅归。视柜中书,辄心好之。年逾志学,世父遂以簿录版本之学见勖。余小子朝夕追随,粗窥崖略。"②(按,此序作于1927年)

(7) 傅增湘《长沙叶氏䌷书录序》:"吏部君硕学通才,以藏书名海内,所撰《书林清话》《郋园读书记》,于版刻校雠之学考辨翔赅,当世奉为圭臬。"③(按,此序作于1935年)

(8) 叶启发《华鄂堂读书小识序》:"性甘恬澹,谒选归田,致力于考据板本目录之学,尤嗜收蓄旧本书籍。"④(按,此序书于1939年)

(9) 潘承弼《邵亭知见传本书目序》云:"弱冠时治目录版片之学,读张文襄《书目答问》,苦其疏漏,未能惬意。"又云:"十年前考论版片之学者,咸奉先生此书及邵位西先生《四库简目标注》为金科玉律。"⑤(按,此序作于1938年)

(10) 陈衍《萧穆传》:"(萧穆)嗜积书,大乱初定,价极廉,书贾多集上海。穆节省衣食之余,益以卖文所得,一用市书,日夜考求,遂熟于目录板本之学。士夫之说学而宦游东南者多从之,求则贩贵,所赢益市书,故一寒士而积书至数万卷,间多善本。"⑥

(11) 陈衍《杨守敬传》:"同、光以来,埶目录版本之学者,有桐城萧

---

① 叶启发《郋园读书志跋》,叶德辉《郋园读书志》,民国十七年上海澹园铅印本。
② 叶启勋《郋园读书志跋》,叶德辉《郋园读书志》,民国十七年上海澹园铅印本。
③ 傅增湘《长沙叶氏䌷书录序》,叶启勋、叶启发撰,李军整理《二叶书录》,上海古籍出版社,2014年,序第3页。
④ 叶启发《华鄂堂读书小识序》,李军整理《二叶书录》,上海古籍出版社,2014年,第169页。
⑤ 潘承弼《邵亭知见传本书目序》,(清)莫友芝撰,傅增湘订补,傅熹年整理《藏园订补邵亭知见传本书目》,中华书局,2009年,《卷首》第18页。
⑥ 闵尔昌《碑传集补》,民国十二年刻本。

穆、江阴缪荃孙；精金石考证之学者，荃孙、葆恂；守敬兼之，至地理之学，其所独擅尔。"①

（12）徐世昌《晚晴簃诗汇》卷一百七"丁立诚"条云："修甫为竹舟犹子，濡染家风，精目录版本之学。"②

以上12条为笔者从诸家资料中收集到的明确提及"板本之学"的条目。其中作序者大多为当时藏书名家，故可反映当时藏书家对该学的共同看法。惟末三条作传者陈衍、徐世昌虽非藏书家，但既愿意为萧穆、丁立诚这些藏书家立传，亦可视为同志，故并附于后。

由上我们可以至少得出以下几个结论：

第一，由第（2）条叶德辉说"三十年前官京曹时"，同朝如翁同龢、潘祖荫等皆好藏书，讲究版本之学。其序作于1922年，上推三十年则为清光绪十八年（1892）任吏部主事期间，则可推知至少在彼时已有此种风气了，但是此序涉回忆之语，当时是否有"板本之学"一词则不能据此立论，故需要另觅其他证据。按，缪荃孙在光绪二十七年所写的《艺风藏书记·藏书记缘起》中说："通籍后供职十六年，搜罗群籍，考订版片。迩时谈收藏者：潘吴县师，翁常熟师，张南皮师，文冶庵丈，汪郎亭前辈，蔡松夫、黄再同两同年，盛伯羲、王廉生两祭酒，周荛生编修，王萧卿、徐梧生两户部，陆纯伯中翰。互出所藏，以相考订。旧刻旧钞、《四库》未收之书、名家孤传之稿，共十余万卷。"③按，此条亦提到了潘祖荫、翁同龢等名家，但仅云其为"收藏者"。其云"通籍后供职十六年"，当指光绪五年至二十一年（1879—1895）供职史馆期间，正可与叶德辉之序相互照应。又，清末藏书家张佩纶曾于光绪十八年闻蒋凤藻有售书之事，故委托吴大澂代为接洽。二人关于此事有数封信函，其中一封《致吴谊卿编修》云："兹属李怡庭到苏代看，其书目板本颇为在行，如果蚌烂

---

① 闵尔昌《碑传集补》，民国十二年刻本。
② 徐世昌编《晚晴簃诗汇》卷一百七十，民国间退耕堂刻本。
③ 缪荃孙《艺风藏书记·藏书记缘起》，缪荃孙著，黄明、杨同甫标点《艺风藏书记》，上海古籍出版社，2007年，第3页。

全无或不甚碍事,总以照目全收为合宜。"①此函中提及李怡庭"书目板本颇为在行",即指李氏熟习书目板本等知识,但未明确说其懂"板本目录之学",故与前面提及的叶、缪两家之说一同可以证明至少在光绪早中期以前已经出现讲究板本目录的习气了,但彼时尚未出现"版本目录之学"这个词语。而据第(1)(3)(4)等诸条看,自民国以后(或可推至光绪末年),"板本之学"这一词汇已被广泛使用在诸家著述之中了。

第二,"板本之学"一词虽然晚至民国初方出现,但彼时尚非一门独立的学问,而是指版本目录之学,故以上诸条中言版本者多及目录,有"簿录板本之学""目录版片之学""目录版本之学"等多种称呼,此学盖指私藏目录中侈谈版本的学问,包括梳理版本源流,考订版本价值,评价版本优劣等。总之,一切与古书版本有关的都可纳入其中。

第三,版本目录之学发轫于私人藏书家群体,他们有共同的藏书追求、价值趋向、精神领袖以及推崇文献。如第(2)条提到的缪荃孙为光绪期间的藏书领袖,第(9)条提到的《书目答问》《四库全书简明目录标注》《邵亭知见传本目录》等为当时的推崇文献。第(7)提到的叶德辉《书林清话》《郋园读书志》等为民国时期藏书家的推崇文献。这些线索对于我们考证版本之学的来源提供了莫大的帮助。

第四,从第(11)条可知,当时的藏书家虽有共同的藏书追求,但所学亦各有侧重,由此又分出不同的派别。如该条所说的缪荃孙兼目录版本之学与金石考证之学,杨守敬则除此之外另专地理之学。而从当时学者的具体讨论中也可看出有关版本学发展的一些线索。如缪荃孙《古学汇函序目》

---

① (清)张佩纶《涧于集》卷五,民国十五年涧于草堂刻本。按,此函未署年月,但亦可考之。据相关信函可知,张氏在光绪十八年七月廿日致吴氏的信中说苏州书贾侯念椿寄来蒋氏书目,接着又在九月初三信中说"弟处仅得草目两本",则前后两封信函提及的书目应该所指相同。但张氏发现此目"注值不类",且恐书估从中作梗,不敢为据,故吴大澂之子吴本齐(卓臣)许诺再索要蒋氏的一个详目,而上引信函却提到了"最准之目",两相比较,则知此"最准之目"当即前面提到的"详细书目",那么此函亦当书于光绪十八年七月至九月之间。又按,收入该集的信函有两封,但无年月。另外北师大还收藏有相关的信函三封,分别作于光绪十八年(壬辰)六月十四日、七月廿日和九月初三(见王天然、马楠《书张幼樵与吴谊卿手简十函后》,《版本目录学研究》第5辑,北京大学出版社,2014年)。《涧于日记》"壬辰"亦有数条相关记录。

云：“一曰目录。自刘、班志艺文，而后人得考天府之储存；自晁、陈传书目，而学者藉见私家之著述。海内流传，或钞或刻，不下百十种，然亦分为两派：一则宋刊明钞，分别行款，记刻书之年月，考前贤之图记，此赏鉴家也。一则包括四部，交通九流，蓄重本以备校雠，钞新帙以备浏览，此收藏家也。"① 此条所云乃目录之事也，但所述内容则皆与版本有关，可见当时是目录兼版本的。换言之，也可以说版本之学兼有鉴赏和收藏两种倾向。如果从渊源上看的话，缪氏之说显然是承自洪亮吉《北江诗话》中所说的藏书家五等说，但内涵却发生了微妙的变化，如洪氏之收藏家强调的是其"搜采异本"的追求，缪氏则进而将其这种"蓄重本"目的作了补充，如此收藏家已经悄悄地变成了考订家了，而这正是第(5)条所说的"版本之学，为考据之先河"以及第(7)(8)提到的"版刻校雠之学""考据板本目录之学"等应有之义。版本学已经具有了考据的意味了。

以上我们从藏书家的只言片语中归纳出的有关"版本之学"的一些信息，大致包括该学的出现时间、基本特点和内涵、所属群体以及具体派别等几方面。接下来我们看看当时的非收藏家的观点。

(1) 钱基博《版本通义》："版本之学，其始以精校雠，其弊流为骨董。"②

(2) 柳诒徵《中国版本略说》："鉴赏古籍，搜奇抉密，骨董家事也。"③

(3) 刘咸炘《目录学》："丰道生生于嘉、隆间，非毛氏同时，其时虽重旧刻书，止视如旧墨古器，为清玩之具而已。至于稍加考证，明其贵重，

---

① （清）缪荃孙《古学汇函序目》，邓实、缪荃孙编《古学汇函》第一集，民国元年上海国粹学报铅印本。
② 钱基博著，严佐之导读，严佐之、毛文鳌注《版本通义》，上海古籍出版社，2007年，第83页。
③ 柳诒徵著《中国板本略说》，柳诒徵著，罗炳良、向燕南整理《柳诒徵文集》第三卷，商务印书馆，2018年，第493页。按，该书最早有蔡元培题签的民国二十年(1931)中国科学社中国书版展览会铅印本，1函1册，复旦、清华等馆有藏。另，曹之《中国古籍版本学(第三版)》(武汉大学出版社，2015年，第121页)将该书归入丁福保名下。按，今检该书原本，实未有题名，但首附宋本《华严经》残本书影一页，其左旁有丁福保跋文一篇。曹氏盖因此而误。

关于学术,则实始于钱谦益。毛晋、钱曾实其门人,是开虞山版本学一派。"又云:"叶德辉论版本之学,谓自乾嘉以来,谈此学者咸视为身心性命之事。此固一时之实情,然此果遂可视身心性命之事乎?部类之学进而见天地之纯,古人之大体,以成批评之学,则固不止于编目而已矣……况版本之学若甘止于此,则下侪估人,上亦不过为玩赏,此岂学人之所当志乎?"①(按,此书初印于1928年)

(4) 余嘉锡《目录学发微》:"夫古人之备致众本,原以供雠校。后之言版本者,搜罗虽富,或藏而不读,流为收藏赏鉴二派。遂有但记撰人之时代,分帙之簿翻,以资口给。甚至未窥作者之意旨,徒知刻书之年月,如全祖望、洪亮吉之所讥者。"又:"其他诸家纪板本者:如尤袤《遂初堂书目》开收藏家之派,钱曾《读书敏求记》开赏鉴家之派,毛扆《汲古阁秘本书目》开掠贩家之派,卢文弨《群书拾补》开校雠家之派;皆非考学术源流之书。"②(按,该书初印于1932年)

(5) 汪辟疆《目录学研究》:"若夫鉴别旧椠,考订异同,《汉志》虽启其先,后人踵其制作,故编纂目录,于其书之为宋为元,或批或校,寻行数墨,皆待注明。甚则收藏之图记,题记之年月,分行标记,纤悉靡遗,徒供鉴赏之资,兼侈收藏之富,追求本旨,非不云广求旧本,取便校雠,实则于其书之宗旨,不遑辨别,徒以典籍为玩好之具,洪亮吉尝目次为赏鉴家,列之五类之末者是已,是为藏书家之目录。"③

(6) 周贞亮《目录学》:"其较有理会者,非驰情于版刻,即注重于储藏。夫究历代官坊之版刻,其种别何止数千;胪古今公私之储藏,其卷帙亦盈数百。果能究心其间,如近人《书林清话》《藏书纪事诗》之作,何尝不可以广异闻,资博识?但竭力考较,而区区所得,不过在卷帙存佚、甲乙部次之间。其究也,千元百宋,数之若家珍;官库家藏,录之如计

---

① 刘咸炘《目录学》,刘咸炘著,黄曙辉编校《刘咸炘学术论集·校雠学编》,广西师范大学出版社,2010年,第357、393—394页。
② 余嘉锡《目录学发微》,商务印书馆,2011年,第81、83—84页。
③ 汪辟疆《目录学研究》,商务印书馆,1934年,第5页。

簿。逞横通之小慧,擅骨董之当家。侈然以为我目录家也,不知此何尝非目录所有事,但不得冒之为目录学耳。"①

(7) 杜定友《校雠新义》卷八:"校刊不同,出入滋多,自是藏书家均以版本相夸耀。而著录首言版本者,以宋尤袤《遂初堂书目》为始,目录中有数本乃至数十本之多。因版本之不同,字句之正讹,于是有校雠之必要。其鉴定版本之法,是为版本学。"②(按,该书初版于1930年)

(8) 姚名达《目录学》:"考订家目录,就一种书加以详细的考订,是否真著或伪作?何时出版,何处出版,中间有别人增作否等等?考订家均一一加以研究,就书论书,不附主观。现在存的,如钱曾《读书敏求记》,朱彝尊《经义考》等等均可归入此类。""鉴赏家的书目即是善本书目,如《天禄琳琅书目》即是最明显的代表,内容不以性质分类而以年代版次分类,每代以经史子集为次。"③

以上8条皆来自民国时期的文史学者和目录学家的著述,从时间上看大致与前面所录藏书家之言相近,故可反映当时非藏书家关于版本之学的看法。由此我们亦可以得出以下几点结论。第一,由第(3)(7)条可知,其时"版本之学"亦可称为"版本学",是一种版本鉴定的方法,这是从版本校勘的角度加以描述的,与我们上面说的从目录学的角度说的学问之说是略有差异的。第二,这些学者大多从校雠学和目录学等角度谈论版本或版本之学的,故亦可见当时的版本学尚未完全独立。第三,不同的学者对版本学的看法亦有所差异。由第(1)至(6)可知,当时的文史学者对这种版本的学问都普遍持有鄙夷的态度,所谓"骨董"是也。在他们看来,即便是版本考订、校雠、编目也都无补于学术,故而藏书家所谓的考订、鉴赏之区分均被斥为一派。这是因为他们多推崇章学诚以"辨章学术,考镜源流"为最高目标的校雠学所致。而由第(7)(8)条可知,当时受西方目录学影响的图书馆学者则态度较为温和,大多就目录而谈版本,而少有斥责之语,当仍然视藏书家为

---

① 周贞亮《目录学》,《安雅月刊》1935年第4期。
② 杜定友《校仇新义》卷八,上海书店,1991年,第23页。
③ 姚名达《目录学》,《民国丛书》第一编,上海书店,1989年,第21、24页。

"版本夸耀"者或"鉴赏家"。

综合以上诸派学者之说,笔者觉得叶德辉所说的"板本之学"起于民国时期的观点是可信的。这里需要注意的是,这里说的是以这个词汇为名且成为一门流行于特定学术群体中的专门学问的时间,并不意味着该学问的起始时间就在此时。从诸家的观点看,所谓的版本之学最大的特点便是版本的鉴赏,其他与之相关的考订、目录、校雠之类皆是其附加内容。所以我们只要抛开这些具体的派别而直接沿此线索进行追溯便可知道该学的兴起时间和性质了。

据上引清末民国的藏书家的资料看,他们所讲究的"板本之学"或"目录板本之学"可以追溯到同、光之时。但若从渊源上看,或可再上推至乾、嘉之时。因为彼时学问前后相续,大致以考据学相尚。且讲究板本的学问尚无定名,但隐约间已经成了一门在特殊群体中流行的学问,这成了民国藏书家分门立派的直接源头。我们仍然可以举考据家和藏书家的不同观点加以证明。

(1)(清)杭世骏《欣托斋藏书记》:"赵清常之言曰:有藏书者之藏书,有读书者之藏书。钱遵王述之,遂以自诩。吾以为遵王非能读书者也,岂独遵王,即清常亦只可谓藏书者之藏书,非读书者之藏书也。何也?读书必先自经始,读经必先自传注笺解义疏始。"①

(2)(清)全祖望《丛书楼书目序》:"夫藏书必期于读书,然所谓读书者,将仅充渔猎之资耶,抑将以穿穴而自得耶?马氏兄弟服习高、曾之旧德,沉酣深造,屏绝世俗剽贼之陋,而又旁搜远绍,萃荟儒林、文苑之部居,参之百家九流,如观王会之图,以求其斗杓之所向,进进不已,以文则为雄文,以学则为正学,是岂特闭阁不观之藏书者所可比?抑亦非玩物丧志之读书者所可伦也。"②

(3)(清)钱大昕《卢氏群书拾补序》:"海内文人学士众矣,能藏书者十不得一,藏书之家能读者十不得一,读书之家能校者十不得一。金

---

① (清)杭世骏《欣托斋藏书记》,《道古堂全集·文集》卷十九,清乾隆四十一年刻清光绪十四年汪氏振绮堂补修本。
② (清)全祖望《丛书楼书目序》,《鲒埼亭集》卷三十二,《四部丛刊》本。

根白芨之徒,日从事于丹铅,而翻为本书之累,此固不足道。其有得宋元椠本,奉为枕中秘,谓旧本必是,今本必非,专己守残,不复别白,则亦信古而失之固者也。"①

(4)(清)洪亮吉《北江诗话》卷三:"藏书家有数等,得一书必推求本原,是正缺失,是谓考订家,如钱少詹大昕、戴吉士震诸人是也。次则辨其板片,注其错讹,是谓校雠家,如卢学士文弨、翁阁学方纲诸人是也。次则搜采异本,上则补石室金匮之遗亡,下可备通人博士之浏览,是谓收藏家,如鄞县范氏之天一阁,钱唐吴氏之瓶花斋,昆山徐氏之传是楼诸家是也。次则第求精本,独嗜宋刻,作者之旨意纵未尽窥,而刻书之年月最所深悉,是谓赏鉴家,如吴门黄主事丕烈、邬镇鲍处士廷博诸人是也。又次则于旧家中落者贱售其所藏,富室嗜书者要求其善价,眼别真赝,心知古今,闽本、蜀本一不得欺,宋椠、元椠见而即识,是谓掠贩家,如吴门之钱景开、陶五柳,湖州之施汉英诸书估是也。"②

(5)(清)胡凤丹《嘉惠堂藏书目序》:"(胡)凤丹与丁氏昆仲交垂三十年,于书有同嗜。往官鄂刊《金华丛书》,商校文字,邮筒不绝于道。今退处山中,欣闻盛事,窃作而言曰:世之藏书者,廛侈百宋,架矜千元,严一字之异同,走千里之声气。牙签锦轴,借不出户。钟鼎彝尊,等于玩好。未闻草茅伏处之身,乘兵火流离之会,奋身家不顾之勇,抱东南文献之遗。"③

以上诸家,横跨了康、乾至同、光这个长时段,大多都是文史考据家。虽然其兼有藏书家之名,但从洪亮吉所言推测,当时的藏书家应该是指与国家藏书相对的私人藏书者,但这也是一个泛指,故可容纳考订家、校雠家、掠贩家等诸人。从以上材料看,侈谈宋元旧本的风气已经为当时的这类学者注

---

① (清)钱大昕《卢氏群书拾补序》,《潜研堂集·文集》卷二十五,清嘉庆十一年刻本。
② (清)洪亮吉撰,陈迩冬校点《北江诗话》,人民文学出版社,1983年,第46页。
③ (清)胡凤丹《嘉惠堂藏书目序》,(清)丁丙《善本书室藏书志·附录》,清光绪二十四年刻本。按:此序未题撰写年月,但据其序云:"竹舟昆仲归书既毕,因检家藏凡四库著录之书,作堂储之额曰嘉惠,纪君恩也。……编排目录,以视凤丹。"是胡凤作序之时即"嘉惠"匾额及编目刚完成之时。而《八千卷楼自记》有"光绪十有四年拓基于正修堂之西北隅,地凡二亩有奇,筑嘉惠五楹"云云,则胡氏此序亦当在此时。

意到了,但是他们却对其嗤之以鼻。在他们看来,藏书家有两种,一种为读书者之藏书,一种为藏书者之藏书。前者为读书、校书而藏书,后者为夸耀秘本而藏书。所谓"第求精本,独嗜宋刻","其有得宋元椠本,奉为枕中秘","廛侈百宋,架矜千元"等等言辞即是此类学者对后者的一贯看法。这暗示了在他们眼中此时着意于版本的藏书者是一类具有共同的追求和风尚的文化群体。洪亮吉对藏书家的五等分法绝不是其个人看法,而是代表乾、嘉时期这一类学者对私人藏书者的共同看法。其着眼于"读书者之藏书",以能否读书为标准进行分类,故考订家为首,掠贩家最后。收藏家、赏鉴家同为注重版本者,但被分为两派,则二者在读书方面亦有高下之别。① 这里注意的是,所谓"赏鉴家"在乾、嘉语境中并非一个完全含有贬义色彩的词语,而是相对于读书者而言注重版本鉴赏的一类学者,故四库馆臣称钱曾"然其述授受之源流,究缮刻之同异,见闻既博,辨别尤精,但以版本而论,亦可谓赏鉴家矣"。又顾广圻赞鲍廷博云:"鲍以文收储特富,鉴裁甚精。……其称说一书,辄举见刻本若钞本校本凡几,及某刻如何,某钞本如何,某校本如何,不爽一二。"②赏鉴家虽然相对于校雠、考订者而言侧重珍稀之本的收藏,但诸本需要经过藏家精鉴别之后方可被入藏,这需要藏家具备广博知识方可办到,所谓"非博雅不得称赏鉴家"③便是这个意思。

那么,这些嗜好版本鉴赏的学者又是如何看待自身的嗜好呢?

首先,前引文史学者虽然对藏书家有如此分法,但在一般的藏书家眼中

---

① 按,洪氏将徐乾学视为收藏家之代表,其实在此之前黄宗羲、全祖望等就有相同的看法。如(清)邵长蘅《传是楼记》(《国朝文录·邵青门文录》卷三,清道光十九年瑞州府凤仪书院刻本)云:"而黎洲则以谓世之藏书者未必能读,读者未必能文章,而先生兼是三者而有之,非近代藏书家可及。"黄氏对徐氏的评价也是着眼于其能读书和文章。其实,此类学者大多都是以能否读书为标准来衡量藏书者的,再如(清)全祖望《二老阁藏书记》(《鲒埼亭集外编》卷十七,清嘉庆十六年刻本)云:"太冲先生之书,非仅以夸博物示多藏也。……故先生之藏书,先生之学术所寄也。"这是评价黄宗羲之藏书并非为了藏书而藏书,而是为了著述而藏书。

② (清)顾广圻著,王欣夫辑《知不足斋丛书序》,《顾千里集》,中华书局,2007年,第200页。

③ (明)沈守正《吴德聚爽阁书目序》,《明文海》卷二百二十八,清涵芬楼抄本。原文为:"人各有嗜,嗜金玉子女狗马者庸人也,嗜泉石花鸟丝竹者韵人也,进而为金石篆籀之嗜清矣,然非博雅不得称赏鉴家。书其可已,已夫且书之以为宝也。剖玄黄之精,传圣贤之髓,造物亦若秘之惜之,往往难聚而易散。"

却并非如此。如《士礼居藏书题跋记》卷二"《新定续志》十卷 宋本"云:"心疑为非宋刻,即持示同人卖书人如钱听默、藏书家如周香严,虽皆素称识书者,然但诧为未见书,而宋刻与否初不敢以意定也。"又卷五"《浣花集》十卷 宋刻本"云:"余初付装见者,或疑此刻之非宋而妄笑余佞宋之太甚,所信未必真,然装成同人传观,藏书家如周香严、赏鉴家如陶朗轩,皆以余言为信,则诚可信矣。"①这里"卖书人""赏鉴家"分别对应的钱听默和陶珠琳,正是洪亮吉所说的"掠贩家"钱景开、陶五柳之子。又(清)谭宗浚《希古堂集·甲集》卷一"曰收藏家"下注云:"近时如季振宜《书目》收藏宋元椠最多,又鲍廷博、张金吾辈藏书极富且多善本。"②其中收藏家"鲍廷博"在洪氏那里被认为是与黄丕烈一样的赏鉴家的代表。由此可见,所谓"收藏家""赏鉴家""掠贩家"等诸种称号,在一般藏书家眼中就是指一类侧重版本鉴赏的学者。尤其是前二者之间并没有严格的区分,有时就是一类美称而已。

其次,学者称此类学者是"第求精本,独嗜宋刻,作者之旨意纵未尽窥,而刻书之年月最所深悉",而以黄丕烈为代表的学者正以此自诩,故其在影写宋刊本《三历撮要》中跋云:"余佞宋,故所藏书苟为宋椠,虽医卜星相,无所不收。"③同时又在多处解释其佞宋的原因,如"《浣花集》题识"中说:"盖书以古刻为第一,一字一句之误犹可谛视版刻审其误之由来,影钞则已非庐山真面目,况其为泛泛传钞者乎?故余佞宋,虽残鳞片甲,亦在珍藏,勿以不全忽之。"又云:"余家向藏毛氏影宋本《浣花集》,在唐人诸集中。取对此,此实系宋版,卷中征、祯、玄、树避此四字而玄、树有不尽避之,宋版时或有此。余初付装,见者或疑此刻之非宋,而妄笑余佞宋之太甚,所信未必真。然装成,同人传观,藏书家如周香严、赏鉴家如陶朗轩皆以余言为信,则诚可信矣,佞宋何尝佞哉!"④以上两条,第一条强调了宋刻可保证古书之真,第二条突出了辨别版本也需要眼力。可见其对自己佞宋趣味的描述与文史学者的评价

---

① (清)黄丕烈《士礼居藏书题跋记》,清光绪十年滂喜斋刻本。
② (清)谭宗浚《希古堂集》,清光绪间刻本。
③ (清)黄丕烈《士礼居藏书题跋记》卷三,清光绪十年滂喜斋刻本。
④ (清)黄丕烈《士礼居藏书题跋记》卷五,清光绪十年滂喜斋刻本。

是一致的。这类学者以版本鉴赏自耀,而这种标榜又是一种风雅之事,故黄丕烈说:"余之惜书而不惜钱,其真佞宋耶？ 诚不失为书魔云尔。"①沾沾自喜之情露于言表,而"书魔"之称又非一般俗人所能比拟。

总之,无论是考据家,还是藏书家,他们虽然对版本收藏的看法有所不同,但是对版本鉴赏一派特点的看法还是趋于一致的,说明当时确实存在这么一类文化群体。这类群体以追求宋元旧椠为目标,以版本鉴定和版本赏玩为手段,使得当时的版本鉴赏同时兼有了考订与收藏两种功能,从而为后来的藏书家指明方向。在鉴赏过程中,他们或将自己的辨别经验记录在具体的版本之中,如黄丕烈诸题跋；或将之稍加归纳而编纂成书,如《读书敏求记》《藏书纪要》等,这些都成为晚清民国间版本学家鉴赏考订和著书立说的取资。

如果再进一步追溯渊源的话,康、乾以来私人藏书家(尤其是鉴赏家)这种风气的形成是由多方面推动的,但从社会文化的角度看主要有两方面:一方面是当时官方的大力提倡,另一方面是明代以来鉴赏书画的影响。前者如清乾隆四十年(1775)于敏中奉敕编纂的《天禄琳琅书目》,以内府所藏宋元秘本为对象,先以宋版、影宋钞、元版、明版为次,继以四部为类著录群书。每本之下"首举篇目,次详考证,次订鉴藏,次胪阙补,至考证于锓刻加详,与向来志书目者少异"。② 这种著录方式将宋元珍本视为赏玩之文物,突出对版本形式方面的鉴定和考证,显然属于赏鉴一派的做法。从渊源上看,正如《四库全书简明目录》指出的那样,③它受到了书画鉴赏的影响,是将鉴赏书画之法带入了赏鉴书籍版本之中了,④或者说将书籍版本视为与书画同等品味的赏玩之物了。官方对于版本的这种鉴赏风气和著录方法势必会影响到追

---

① (清)黄丕烈《士礼居藏书题跋记》卷三《〈史载之方〉二卷 宋本》,清光绪十年滂喜斋刻本。
② (清)于敏中《天禄琳琅书目·凡例》,(清)于敏中、彭元瑞等著《天禄琳琅书目 天禄琳琅书目后编》,上海古籍出版社,2007年,《卷首》第10页。
③ 按:该目称"详其题跋姓名、收藏印记,兼用《铁网珊瑚》例"。见(清)于敏中、彭元瑞等著《天禄琳琅书目 天禄琳琅书目后编》,上海古籍出版社,2007年,《卷首》第13页。
④ 按,据《四库提要》称:"自后赏鉴诸家递相祖述,至《铁网珊瑚》,所载书画始于是事特详。然藏书著录,则未有辨订及此者。"则该目是将《铁网珊瑚》的书画考证之法带入了书籍版本的考订之中了。

求同等嗜好的藏书家那里，所以之后的学者如黄丕烈、吴骞等颇多受其影响。①

如果说官方编纂的《天禄琳琅书目》直接推动了乾、嘉藏书家侧重版本赏鉴的风气并为具体的赏鉴内容指明了方向的话，那么明代嘉、万时期以来盛行的书画鉴赏之风则是二者共同的品味来源。品味这个词代表了文人的一种雅致生活，是抛却了严肃的学术考证之后的赏玩心态。鉴赏过程虽然也涉及考订，但那是对自己广博知识和鉴别能力的有意无意的炫耀和展示。所以，知识和能力的高低也体现出不同的品味。(明) 李开先《李中麓闲居集》卷六《画品后叙》云："大抵画分两家，有收藏家，有赏鉴家。有财力能多致者，收藏家也；善旌别、知源委者，赏鉴家也。两家不能兼。"② 又，(明) 谢肇淛《五杂组》卷七云："米氏《画史》所言赏鉴、好事二家，可谓切中世人之病。其为赏鉴家者，必其笃好遍阅记录，又复心得，或自能画，故所收皆精品。近世人或有赀力，元非酷好，意作标韵，至假耳目于人，或置锦囊玉轴以为珍秘开之，令人笑倒，此之谓好事家。"③ 以上对书画界"收藏家""好事家"的两分说明了书画鉴赏兼有考订和赏玩两种追求。而这也早被带入了书籍的鉴赏之中了。(明) 胡应麟《少室山房笔丛·甲部·经籍会通四》中说："画家有赏鉴、有好事，藏书亦有二家，列架连窗，牙标锦轴，务为观美，触手如新，好事家类也。枕席经史，沉湎青缃，却扫闭关，蠹鱼岁月，赏鉴家类也。至收罗宋刻一卷，数金列于图绘者，雅尚可耳，岂所谓藏书哉！"④ 胡氏大概是以读书者的身份看待这种赏鉴书籍的不同风尚的，故对之微有斥责，不过也暗示了当时对书籍尤其是宋刻的赏鉴已经出现了。以赏鉴书画的品味和方法来看待宋元旧刻的作风同样推动了版本鉴别观点的大量出现，故明人论宋刻，特别注重从字体、纸张、墨色、版式等版本形式的角度以赏玩的心态讨论之。如 (明) 张应文《清秘藏》卷上"论宋刻书册"云："藏书者贵宋刻，大都书写肥瘦

---

① 刘蔷《论〈天禄琳琅书目〉对后世版本目录之影响》，《国家图书馆学刊》2011年第4期。
② (明) 李开先《画品后序》，《李中麓闲居集》，明刻本。
③ (明) 谢肇淛《五杂组》，明万历四十四年潘膺祉如韦馆刻本。
④ (明) 胡应麟《少室山房笔丛·甲部·经籍会通四》，明万历间刻本。

有则,佳者绝有欧柳笔法,纸质莹洁,墨色青纯,为可爱尔。"① 又,(明)谢肇淛《五杂俎》卷十三"事部一"云:"书所以贵宋板者,不惟点画无讹,亦且笺刻精好,若法帖然。凡宋刻有肥瘦二种,肥者学颜,瘦者学欧。行款疏密,任意不一,而字势皆生动。笺古色而极薄,不蛀。元刻字稍带行而笺时用竹,视宋纸稍黑矣。"② 又,(明)高濂《燕闲清赏笺》"论藏书"云:"宋人之书,纸坚刻软,字画如写。格用单边,间多讳字。用墨稀薄,虽着水湿,燥无湮迹。开卷一种书香,自生异味。"③ 显然这种对宋本的描述是着眼于其外部形式的,与后来乾嘉学者提及的文字无讹等校勘的角度是有差异的。④ 从"为可爱尔"这种词汇可见这类学者是带着与赏鉴书画同样的心态去赏鉴宋本的。不仅如此,如高濂将版本鉴赏放在"燕闲清赏笺"中,与"碑帖""古玉器""画""砚""墨""纸""笔"等并列,体现出赏鉴版本与其他雅致之物一样,都是一种文人的闲雅品味和博洽知识⑤的体现,所以其所论宋刻之字体版式的特点和当时书贾作伪的方法等,都是怀着这样一种心态描述的。由书画的赏鉴而及书籍版本的赏鉴,这种风气带动了佞宋之风的兴起,这种风气兴起于明代的嘉靖、万历年间。其体现在版刻上就是翻刻宋元本和宋体字的产生。⑥ 如明嘉

---

① (明)张应文《清秘藏》,清光绪翠琅玕馆丛书本。
② (明)谢肇淛《五杂组》,明万历四十四年潘膺祉如韦馆刻本。
③ (明)高濂《遵生八笺》卷十四《燕闲清赏笺》上卷,明万历间刻本。
④ 当然,即便是着眼于校勘这一点,藏书家和考据家也是有差异的。前者是从校勘的角度突出所藏版本价值,进而体现其藏书之珍贵的,后者则突出了内容方面的价值。
⑤ 高濂《燕闲清赏笺》"论藏书"开篇就说"藏书以资博洽,为丈夫子生平第一要事"。博洽之说,是书籍鉴赏家中赏鉴家的追求,属于一种高级品味了。
⑥ 按,版本学者如黄永年、李清志、李致忠等都认为嘉靖本的出现与当时前后七子的复古运动引起的,但彼为文学领域的复古运动,且倡导"文必秦汉,诗必盛唐",所推崇的时代乃是秦汉盛唐,与宋刻有何关系呢?(或以为宋人多刻唐人诗文集,故有了关系)而且文坛上的复古运动还有其内在复杂的原因。笔者认为与版刻相关的首先是字体,而与字体最直接相关的应该是书画方面的复古,而当时嘉靖本的兴起地苏州的书法家如王鏊、都穆等都有复古倾向,这种倾向也带动了书籍方面追慕宋元古本,进而推动了仿宋刻的出版业兴盛。又按,陈先行先生最近提出"版本学实际上起源于明代中后期苏州地区"的观点,并认为与当时人视书籍为文物的风气有关,实为一种颇有见地之论(笔者所见为微信公众号"在艺 app"在 2021.3.14 所推荐的《古籍版本学源自明中后期苏州,文徵明、唐寅等人实为开山人物》一文。按,此观点可以追溯至《中国古籍稿抄校本图录·前言》,不过此文只是说古籍版本出现作伪和鉴定真伪的时间在明代中后期,尚未明确提到版本学的出现时间)。笔者所论虽与陈先生有所不同,但文中所提及的明代中后期鉴赏之风实与陈先生的书籍为文物之说表达的意思是类似的。

靖二十三年(1544)孔天胤杭州刻《集录真西山文章正宗》江晓序云:"以经用则稽取学役饫余,以校订则慎简学博暨髦士,以书镂则鸠诸吴,俾精类宋籍。"李开升《明嘉靖刻本研究》据此认为:"这句话点出了苏式本得以广泛流行的一个重要原因,即士大夫中已经形成了崇尚宋本的风气,苏式本在当时最像宋本,故得流行。"①再如明嘉靖元年金台汪谅刻后印本《文选》末所附广告,列举其所刻古书目录,有翻刻、重刻之书,前者"俱宋元板",后者"俱古板",这说明刻书者在刊刻古书的过程也已开始重视宋元本了,故必须明确加以区分而独立为一类。其体现在书目上,就是在一些私家目录中出现了明确标记宋元刻本的情况,如《濮阳蒲汀李先生家藏目录》《赵定宇书目》《脉望馆书目》等。因此,从明代嘉、万时期,书籍版本在书画鉴赏的影响下也被纳入到了鉴赏之列,作为一种文人雅致之物被赏玩和考订,从而产生一系列相关的鉴赏经验之谈,并推动了当时翻刻和著录宋元古本的活动,清代宫廷、私人鉴赏一派的出现是与之一脉相承的。

说到这里,或有人认为,宋元古本在这时受到如此大的重视,既有众多学者参与,又有丰富的鉴赏理论和版刻实践,那么是否意味着此时便是版本学产生的开始呢?笔者认为这仍然不是起点。如果要追溯的话,其起点应该是在南宋时期。叶德辉曾经认为,版本学源于尤袤《遂初堂书目》之兼言版本。然而这是藏书家记录版本的开始,而非版本学的兴起的时间。二者虽有重合,但却不能等同。一种学问的兴起势必是在多人参与之下在共同的文化氛围之中方可形成,并非凭一己之力就能完成。所以,笔者首先关注的并非是哪部目录开始著录版本,而是考虑当时学者出于什么原因在什么样的文化趣味下方才记录版本。

从目前掌握的资料看,北宋时期虽然很多文献相继施之梨枣,但大多是在官方的主持下完成的,私刻和坊刻尚不太流行。而且比起雕版印刷之经史文献外,当时的士大夫更关注雕印之法帖,如欧阳修《集古录》等。而很多在北宋刊刻的字书如大徐本《说文》等,其大概都是出于当时学书者取法于

---

① 李开升《明嘉靖刻本研究》,中西书局,2019年,第74页。

篆籀的目的或者受其影响才被刊刻的。在两宋官私目录中,法书与字书往往相混,也说明了在当时是有可能将字书当作法书来用。因此,笔者以为,即便北宋时期有刊刻大量书籍的事实,但这些刻本书籍并没有进入士大夫收藏的视域,写本、碑本仍然是当时学者所青睐的文献载体形式。刻本文献(非法帖,而是传统的四部典籍)逐渐受到重视是在两宋之际,而至南宋时期才成为藏书家和读书家的校雠和闲谈的对象。据史料记载,南宋之初,百废待兴,文化事业也同时遭到了严重的破坏。这使得偏安一隅的南宋朝廷不得不向地方索要书籍和书版去充实内廷,同时大量地刊印各种书籍以供社会之需。私刻、坊刻也乘着这股东风如雨后春笋般兴盛起来了。后世津津乐道的杭州、四川、福建等宋代三大刊刻中心便是在南宋时期逐渐形成的。刻本书籍的盛行导致了刻书质量的参差不齐,也促使士大夫产生对刻本的不同看法,而这正是版本学思想出现的苗头。如叶梦得《石林燕语》中对"板本"与"藏本"的观点就是作为一名士大夫在针对当时大量版本文献刊刻质量相对较低而产生的。陆游《渭南文集》卷二十六《跋历代陵名》云:"近世士大夫所至,喜刻书板,而略不校雠。错本书散满天下,更误学者,不如不刻之愈也。"① 这也是从文字校勘的角度谈论当时的刻本文献的。此跋作于淳熙二年,文中提到"近世士大夫",则可知当时的士大夫已经参与到了版印活动中了。而我们知道,朱熹在彼时也刊刻过不少著述。② 无论对雕版印本或褒或贬,这些主要记录在当时私人笔记或文集序跋中的有关版本的条目已经暗示了士大夫们已经注意到了这类载体形态的文献,并且引起了他们对版本的品评,这正是雕版印刷大肆盛行才促成的。对时下劣本的批判的另一面就是对前代旧本的推崇,所以尤袤才会在《遂初堂书目》中兼言版本。然而从其具体的著录看,其版本仅及经史(如"旧监本许氏《说文》""旧本《北史》""旧杭本《晋书》")等,著录之方式为"版本+书名",这些信息无一不暗示该目"兼言版本"的行为并不仅仅是一种简单的版本著录,而是与版本鉴赏有密切关系。也就是说,虽

---

① (宋)陆游《渭南文集》卷二十六,清乾隆间写文渊阁四库全书本。
② 李明杰《宋代版本学研究》,齐鲁书社,2006年,第207—215页。

然我们并不怀疑毛扆在为该目所作的序中说的尤袤之藏书多亲钞手校,但如果将该目中对版本的著录方式与尤袤《梁溪遗稿》中对前代法帖的鉴赏之语①结合起来看的话,该目有以赏鉴法帖之法来标榜书籍古本之嫌疑。

  总之,随着南宋时期刻书业的兴盛,以"板本"为载体的四部文献得以大量产生。尤其是以营利为目的的坊刻的逐渐兴起,迫使当时的士大夫们不得不在承认这种现实的基础上做出一些反应:或出于阅读、校雠等原因而批判之,如前举叶梦得之说;或出于同样的原因而著录之,如尤氏书目及晁、陈二家解题目录。或直接参与具体的商业出版活动中。士大夫的这种有意无意的介入无疑能影响当时的出版事业。井上进先生便指出:"作为特权阶级的士大夫,他们本身开放的一面加速了书籍的印本化,使得更多的人能够得到书籍。"②而他们对版本的只言片语的记录也渐渐地促成一门学问的兴起。而这门学问的形成,首先得让士大夫逐渐接受雕版印本,继而要多方面地为这种载体形式制造话题,继而便会努力地辨析版本、寻求旧本,最后就会分化出一派专门赏鉴版本的学者。整体上看,南宋时期只完成了前三个阶段,但赏鉴的苗头也稍稍开始出现了,这是受到法帖赏鉴的影响所致。因此,我们才说版本学的兴起始于南宋时期。至于最后一个阶段,只有等到书籍刻印彻底走向商业化的明代嘉、万之时才能完成。

  以上是从民国时期通过逆推的方式来探讨作为一门学问的版本学的形成过程的。如果顺着梳理的话,笔者的观点如下:首先,版本学在本质上就是一门赏鉴书籍形式之学,它的一系列赏鉴知识是历代私人藏书家在赏鉴书画的影响下逐渐形成的。这种赏鉴亦有高下之别,高者兼有考订,劣者只为附庸风雅。其次,版本学并非创自某一人,而是在共同的文化背景下由一群特定的学者共同创造的。因此,我们认为叶德辉所说的创自《遂初堂书

---

① 按,《梁溪遗稿》中有多篇赏鉴法帖之文,如:"兰亭旧刻,此本最胜。而世贵定武本,特因山谷之论尔。余在中秘见唐人临本皆肥,以杨桎所藏、薛道祖所藏本验之,实唐古本也。而近世以此为定武,则误矣。余凡见前辈所跋定武本悉有依据,不敢臆断。其'湍流带右天'五字皆损,后有见余所尝见者,当自识之,难以笔舌辨也。尤袤"而《直斋书录解题》卷八《《遂初堂书目》一卷"下云:"藏书至多,法书尤富。"其中"法书尤富"一语至少说明其对法书颇有兴趣,而著录于《梁溪遗稿》中的诸文更能见其鉴赏之能。

② [日]井上进著,李俄宪译《中国出版文化史》,华中师范大学出版社,2015年,第111页。

目》之说值得商榷。第三，从时间上看，这种学问始于南宋时期，但彼时仅稍有讨论。而至明嘉、万时期方才正式与书画鉴赏同列而受人追捧，且时有赏鉴心得之记载。清代康、乾以后逐渐转精，与目录学相互融合而出现各种版本目录，所谓"解题内容版本化"。① 这使得这种鉴赏之学一方面获得了一定的学术地位，另一方面也受制于目录学而无法获得独立。而其名最后定于晚清至民国时期，也在彼时，在学者们的总结之中（如《书林清话》《版本通义》等），版本学逐渐摆脱目录学而成为一门专学。

2. 版本学的未来走向

版本学发展到现在，其在私人藏书家中所体现出的炫耀式的赏鉴之习气已经随着私人藏书转归公家而逐渐趋于衰落，至少他们并不像民国以前那样主导着版本学的走向。代之而来的是由版本形式鉴赏发展起来的版本形式鉴定。鉴赏和鉴定虽然仅有一字之差，但前者是私人愉悦活动，有自炫博学之嫌。后者则是一种以研究为主的工作。然而在深受乾嘉考据学影响的学者眼中，这两类活动都带有形式主义的色彩，都有骨董家的习气。所以在20世纪80年代以后的一段时间内，批判其"观风望气"之法而提倡学术考订的观点不绝于耳。然而我们在本章开篇梳理版本学的发展历程时指出进入21世纪初，传统的版本学理论其实已经遇到了瓶颈。在这种情况下，我们如果再一味强调版本学之学术考辨显然不太合适。其实，学术考订从来就不是版本学的应有之义，其受人诟病的鉴赏属性反而能让其返本归元。所以，如何才能摆脱版本学的发展困境，最好的办法就是沿着其性质规定的方向继续前进。笔者以为，未来的版本学应该向以下两方面发展。

首先，版本学之研究应该走向细化。 从目前的众多版本学著述看，版本学的知识基本走向了固化，这意味着我们无论选取哪部著作，所获取的版本学知识都是大同小异的。难道版本学就只有版本类型、版本史、版本鉴定这些内容吗？显然不是。版本学是一门实践性很强的学问。只有从具体的实

---

① 严佐之《清代私家藏书目录琐论》，严佐之《近三百年古籍目录举要》，华东师范大学出版社，1994年，代前言第1—2页。

物版本入手,归纳出其基本的版本特征和版本规律,而不是汲汲于诸家目录之著录和传世资料的记载,方能更好地反映出版本的实际状况,更能发现一些新的版本现象。笔者以为近些年围绕实物版本展开的一系列研究可以代表版本学的一种新的发展方向。其视版本为一种文物,重视版本形式方面的研究,通过实物重新探讨版本现象,从而取得了一系列令人瞩目的研究成果。这些成果体现在,一是在前人研究的基础上将某一版本现象向纵深发展,郭立暄对古籍原刻、翻刻和初印、后印的理论建构,和李开升对明代嘉靖本的历时梳理,都是这方面的代表。在一般的版本学著述中,我们只能知道这些概念的基本内涵,但如何具体操作,在操作过程中会出现哪些情况,显然在这里是找不到答案的。郭、李的这些成果则恰好能让我们更好地把握这些细节。另一方面是将研究目光向域外扩展,陈正宏先生对日韩汉籍的一系列研究就是这方面的代表。传统意义上的版本学只是局限于中国本土的汉籍版本,但如果将视野扩展到整个东亚地区,就可以发现,其实"汉籍"这一概念还有其更为广阔的外延。毗邻中国的日、韩、越南等国在古代深受汉文化的影响,而汉籍的传播正是其有力的催化剂。历代的当地学者不仅大力引进中国汉籍,还大量翻刻之,甚至编纂了很多准汉籍。他们在翻刻过程中,一方面保留了传统汉籍的基本面貌,另一方面则带上了当地的固有特色,这使得这些域外汉籍版本颇具特色。如果能将之囊括进我们的版本学的视域之内,将会大大丰富其研究内容。因此,无论是从纵深、还是向宽广,立足于形式研究的版本学都能向细化发展,这要比谨守着乾嘉考订习气的做法更有利于版本学发展。

其次,传统版本学应该向西方分析书志学取法。传统的版本学本来就是一种形式之学,是将书籍视为文物的一种学问。无独有偶,20世纪初兴起的西方分析书志学也是从印本物质形态的角度来研究西方书籍的,所以二者在研究对象上是一致的。再者,该学科"是书志描写的预备阶段,为书志描写提供所需要的术语、原理、分析的技术,以及描写的基础",[1]而传统的版

---

[1] [美]G·托马斯·坦瑟勒著,苏杰译《分析书志学纲要》,浙江大学出版社,2014年,《译者序》第5页。

本学的最大的功能也是为目录学服务,所以二者在某种功能上也是一致的。第三,该学科自20世纪60年代末以来虽然有学者如麦肯锡"参照从印刷坊档案中所得出的信息,对某些已确立的分析书志学假说进行检验",[1]并发现每个个案假说都存在问题,但主流仍然是分析物质证据。与此同时,他们还主张"当书志判断与校勘学判断相冲突的时候,校勘者必须接受书志学的发现并做出相应的调整"。[2] 这样,文本校勘也退居次要地位了。分析书志学者对留存在印本上的物质证据的分析方法,与传统的版本学"观风望气"的版本鉴定方法,具有相通之处。这些都构成了二者可以相互借鉴的前提条件。然而二者的差异也是显而易见的,除了文化差异造成的物质形态差异外,其研究目的和研究内容也存在很大的差异。就研究目的来说,分析书志学通过"调查图书的印刷过程和图书的所有物质要素,在所得出的相关证据的基础上重建图书形成和传播的历史",[3]也就是说其目的并不在于鉴定版本,而是在于重现图书制作过程和展现其历史影响,而其研究内容也自然分为两部分:从排字工(习惯、破损铅字、估版、开本、水印等)、纸张水印、印刷数字记号和替换页等分析制作线索和从社会和视觉角度分析设计要素,这其实将印本研究引向了印刷史和文化史当中了。我们传统的版本学由于从一开始便由士大夫主导而将之引向了形式赏鉴,即便有版本考订,也只是粗线条地得出是宋本或元本这样的结论,而缺乏更细致的分析。因此传统的版本目录在著录版本之时,其具体刊刻时间、刊刻者、刊刻地、刊刻类型等很少有完整的记录。即便当前众多馆藏目录,也存在这样的问题。这并非无法考订,而是缺少实际操作的方法。这一点上,西方书志学至少可以给我们提供以下两点启示。其一,西方书志学者在分析印本制作线索时,不仅可以从印本的拼写、标点、磨损铅字、纸张帘纹等再现印刷坊的生产过程,而且还可以通过"重复使用的页头和边线的进行性磨损"和"拷贝

---

[1] [美]G·托马斯·坦瑟勒著,苏杰译《分析书志学纲要》,浙江大学出版社,2014年,《译者序》,第47页。
[2] 同上,第43—44页。
[3] 同上,第5页。

之间出现的文本改动"①等分析印刷的先后次序和印刷的中断情况等。后者大致与我们所说的版本的印次相近,因而也可以从中得到一些启示。至少它们可以提示我们,在进行版本研究时,不仅要注意不同版本之间的差异,还应该注意同版的不同印次的先后差异。其实,比起原刻、翻刻之间的差异来,初印、后印的差异往往会被学者所忽略。其实,后者的这种差异经常会成为版本鉴定、文本校勘最大的障碍。因此,郭立暄在《中国古籍原刻翻刻与初印后印研究》特意指出"版本的接受与继承方式是从印本到印本"。② 同时,在具体分析印次先后的过程中,还需要仔细辨析修版、补版、递修等情况,了解修版过程中的剜改、拼嵌等方式。这样,才能更好地把握一书的版本情况。以上这些对版本实物的分析目前一些学者已经取得了很好的成果,但尚未形成共识,因此这也成了未来版本学的一个发展方向。其二,西方书志学自20世纪70年代以来,已经由"从物质细节去探寻图书生产过程的线索"③转向分析图书设计因素的社会影响。这其实已经将书志学转向了书籍史乃至阅读史的领域了。这种研究有三个相关联的路径:心理路径、文化路径和美学路径。其中,心理路径"主要考察阅读的生理,以及由特定铅字的书体和尺寸、行的长短和行间距、边白的宽度以及其他要素所造成的基本上是潜意识的影响"。文化路径"主要在图书设计史的烛照下,分析个体图书的设计要素,重视在特定历史时期内特定风格和开本之间的联系,以及字体设计、页面布局、纸张、插图和装订等反映政治、社会和艺术潮流的方式"。美学路径"致力于解释作者和出版社员工具体运用图书设计来加强,或者增加文本中的意思;这样的运用可能有也可能没有包含历史暗示——而一旦制作出来,它们就成为以后会被提及的历史联系的一部分"。④以上这些研究在西方取得了颇多成就,也有将之运用到中国古代书籍的,但多数为西方学者或海外留学者。中国的版本学界虽然很早就注意到了,但至今

---

① [美]G·托马斯·坦瑟勒著,苏杰译《分析书志学纲要》,浙江大学出版社,2014年,第99页。
② 郭立暄《中国古籍原刻翻刻与初印后印研究》,中西书局,2015年,第130页。
③ [美]G·托马斯·坦瑟勒著,苏杰译《分析书志学纲要》,浙江大学出版社,2014年,第56页。
④ 同上,第142—143页。

仍然未能很好地运用到分析具体的版本之中,这也正是笔者将"版本文化研究"视为版本学研究内容之一的原因所在。笔者曾运用此法分析毛氏汲古阁本《说文》里封的文化含义,以及其背后的刊刻动因,①颇有收获,也说明这种研究应该是适合分析传统的版本的。

总之,我们认为,传统版本学研究应该从其文物赏鉴的性质出发,重视其物质形态方面的探讨,方能使其走出困境。只有以此为基础,从细处分析,从西方借鉴,才能打开一条研究出路。

三、小学文献版本学的研究及基本理论问题

前面提及,到目前为止,专科版本学著述仅有三部,即徐国仟主编,郭君双、田思胜编《版本学》(1994),吉文辉、王大妹主编《中医古籍版本学》(2000),王宗芳、孙伟红《现代文学版本学》(2002)。大多在参照90年代以后的版本学基本框架的基础上结合专科著述进行论述的,而且侧重专科著述版本的介绍,这是专科版本学的一大特点。笔者在重新探讨版本学的基本理论体系的过程中,深感专科版本学在理论建构方面的不足,这是学者们将专科版本学视为纯实践性学科导致的。较为合理的做法是应该站在专科文献版本的角度去思考文献学版本理论,进而构建其基本理论体系。而不是机械地套用版本学既有理论知识。以上的版本学理论体系的建构便是出于这种思考建构的,它可以用来指导我们的小学文献学理论体系的构建。

依此为基础,笔者认为,小学文献版本学就是一门以小学文献版本为研究对象,通过分析小学文献的各类版本特征和类型,进而探讨其版本鉴定和考订方法和规律,以及揭示其版本多方面价值的专科版本学。从性质上看,如同版本学一样,它是一门鉴赏之学。从研究内容上看,它也包含五个分支:

(1) 小学文献版本学一般理论研究;

(2) 小学文献版本鉴定研究;

---

① 张宪荣《小学文献学视野下的毛氏汲古阁本〈说文〉研究》,花木兰文化事业有限公司,2020年,第19—21页。

（3）小学文献版本源流研究；

（4）小学文献版本文化研究；

（5）小学文献版本著录研究。

以上五方面的研究目前亦有一些研究成果，但在理论建构上颇为薄弱，应该进一步加强。

第二节　小学文献版本的鉴定

李致忠先生说："古书版本学的核心内容，是版本鉴定。"[①]黄永年先生也说："'版本鉴别'，我认为这是古籍版本学的一个重要研究角度，也是古籍版本学的一个重要组成部分。"[②]这说明版本学在很多时候都是围绕版本鉴定展开的。所谓版本鉴定，严佐之先生说"通常以为……就是鉴定版本的优劣真赝"，[③]它"侧重于从图书形式来研究版本，重在鉴别什么时代的版本"。[④] 从渊源上看，版本鉴定的这个特征是从明清时期私人藏书家的版本鉴赏习气那里继承过来的。其视版本为文物，以鉴赏书画的方法来赏鉴宋元旧椠，从而将书籍古本带入了审美领域。其时的赏鉴，并非仅仅停留在视觉欣赏之中，而是多杂以考订，所谓"作者之旨意纵未尽窥，而刻书之年月最所深悉"是也。然而随着私家藏书渐渐散出而转归公共图书馆，那种具有审美性质的版本鉴赏已经转而倾向于带有学术性的版本鉴定，鉴赏宋元旧椠也转而开始鉴定一切古书版本，夸耀私藏之珍稀也转而展示馆藏之丰富。由此，实际的版本鉴定其实并不限于鉴定版刻时代，还兼有鉴定版刻类型、刊刻地、刊刻者等一切能够表明版本身份的信息。

版本鉴定在版本学中是作为其研究内容之一出现的，其实其本身也可以相对独立出来成为一门学问。比如魏隐儒、王金雨《古籍版本鉴定丛谈》（1984），李致忠《古书版本鉴定》（1997），李清志《古书版本鉴定研究》

[①] 李致忠《古书版本鉴定》，书目文献出版社，1990年，第19页。
[②] 黄永年《古籍版本学》，江苏教育出版社，2009年，第2版，第15页。
[③] 严佐之《古籍版本学概论》，华东师范大学出版社，1989年，第124页。
[④] 同上，第125页。

(1986)、陈正宏、梁颖《古籍印本鉴定概说》(2005)、陈先行、石菲《明清稿钞校本鉴定》(2009)等。如果说前二书是以版本史带动版本鉴定的话，那么，后三书则纯然就版本鉴定角度谈鉴定方法或依据了。以上诸书都是本节所参考的重要文献，故先提及。

版本鉴定，就其作为一门相对独立的学问而言，理当围绕一切汉籍版本展开。具体研究包括以下几个方面：(1) 所鉴定版本的类型；(2) 鉴定角度；(3) 鉴定依据；(4) 鉴定方法；(5) 鉴定文化。下面我们从这个角度分别述之，并进行一些反思。

首先，就版本类型而言，版本学在理论上包含唐宋以前写本、历代刻本、活字印本、稿抄校本等。但在实际鉴定过程，诸种类型是具有不平衡性的。具体体现在：

A. 以刻本为主，而兼言他种类型。南宋以来，随着刻本文献的日益增多，宋代以前的写本便渐渐不在社会上流通了，故叶梦得有"藏本日亡"之叹。明代中期以后，宋本日益稀少，随着书画鉴赏之风的兴起，书籍版本也随之被视为文物，故当时论版本者多言宋刻，而且在辨析宋刻版本特征和作伪之法等上也最为精当。入清以后，宋元旧抄被奉为珍秘，上至天禄琳琅，下至江南私家（如钱谦益、钱曾、毛晋等）皆大力搜求，由此终于在乾嘉时期形成了一股佞宋之风，也因此成就了一套丰富多样的版本鉴定之法，一直影响到民国时期，至今发挥着重要作用。整体上来看，明清以来的版本鉴定无疑是以刻本为主的，稿抄校本和活字印本等其他类型则在其次，唐宋写本更在其次了，这与版本类型的流行度和藏书风气密切相关。唐宋写本在民国以前流传稀少，故学者难以觅得（如唐写本《说文》残卷在当时真可谓凤毛麟角）。直至敦煌写本重见天日之后方渐为人所熟知，故今日嘉德、保利等拍卖会上所展出的诸多佛经写卷动以亿万入主藏家。写本既然出现较晚，则其基本上是依照鉴定刻本之法来鉴定的。稿抄校本和活字印本可以说是刻本的衍生物，除因制作方式不同造成的差异外，其字体、版式、装帧等大致与刻本无异，故此方面的鉴定多依刻本。正因为如此，自《书林清话》以来，谈版本者多指刻本。20世纪七八十年代以后出现的版本学著述，在版本鉴定这一部分多以鉴定刻本之法分章立节的。鉴于此,以下所谈各部分仅及刻本,而不论其他版本类型。

B. **以宋元旧椠为主,而兼言其他时代刻本**。在以刻本为主的传统版本鉴定中,尤以宋元刻本鉴定之法最为成熟。如果说明代中期的书籍赏鉴之风尚有博物自炫之嫌的话,那么清代中后期的这种风气则更强调方法上的运用了。从孙从添、于敏中至黄丕烈、顾广圻,再至晚清四大藏书家、缪荃孙、叶德辉、傅增湘等,他们熟练地从版式、字体、墨色、刀法、纸张、讳字、牌记、序跋、钤印等各个角度鉴定宋元旧椠,渐渐地形成了一套宋元刻本的鉴定之法,也成为后世版本学著述中主要介绍的内容。至于明清至民国刻本,除了明代嘉靖本在清末至民国间受部分藏书家青睐之外,余则似乎在版本鉴赏上并无特别之处。

C. **以鉴定时代为主,而兼言其他版本信息**。早期的版本鉴定带有浓重的赏鉴之风,故只要辨析出是否宋元旧抄即可,并不太着意其他版本信息,故明清诸目如《绛云楼书目》《季沧苇书目》多以"宋本""元本""金板"这样简单的方式著录其藏品。之后,随着考证之法的掺入(尤其是版本目录的兴起),相关的版本信息也逐渐受到了重视。藏家目录在鉴定版本时代的同时,兼言刊刻地或刊刻者等。若为套印或特殊活字,也会特别著录,如《士礼居藏书题跋记》《孙氏祠堂书目》《仪顾堂题跋》以及《藏园群书经眼录》《拾经楼紬书录》《华鄂堂读书小识》等。直至今日,随着古籍著录的规范,大部分馆藏善本目录对其所鉴定的版本都尽量包含刊刻时代、刻者、刻书地、版本类型等。

诸时代对版本的著录情况见下表:

时期	著录项数量	著录项顺序	特　　点	原　　因
元代以前	多则四项,少则一项	并不固定	侧重反映文献内容	注疏之风兴盛
明代	在前代著录项的基础上增加了册数和版本两项	题名、卷数、撰者等项顺序基本固定	开始反映文献形式(册数、版本等)	明代学风空疏,鉴赏之学亦兴盛
清代	中期以后走向完备,多则有八项	所有著录项顺序渐趋固定	全面反映书籍形式,尤重版本考订	考据鉴赏之风兴盛

续　表

时期	著录项数量	著录项顺序	特　点	原　因
民国	延续清代以来旧例	同上	善本书目著录和考订加详，图书馆目则形式多样	新旧学术磨合交融
新中国成立以来	延续旧例，但更加规范	同上	中国大陆馆目大多简略，日美等国则多有详细解题	在各类学科向纵深发展的同时，也在渐渐向传统学术回归

从历代文献对小学文献的版本研究可以看到，在公私藏目中，小学文献版本的著录由无趋向偶尔有，最后成为一个基本的著录项；其著录位置上，是由列在书名或卷数前，趋向固定于其后；其著录格式上，由单纯的反映刊刻地或刊刻者的简单形式，渐渐走向对刊刻时代、刊刻者、刊刻地、著录方式等的全面反映。这都与各个时期的思想、学术、观念、知识等因素的变动密切相关。目录中记录版本，是版本向书目渗透的结果，也从一个侧面体现了版本(刻本)在当时已经逐渐受到学者(而不是书商)的青睐。

D. 以鉴赏为主，而兼及考订。版本鉴定从一开始便带有私藏赏鉴之习气，直至现在亦未止息。古人所说的"佞宋"，今人提倡的"善本"，都首先突出了宋元旧本、名家稿抄的文物鉴赏性。在众多版本目录中，虽然很多学者强调校雠、考订的作用，但这些工作大多都在强调其所藏版本之珍贵、稀见，实质上仍然在赏鉴。如叶启发说其《华鄂堂读书小识》"所录应专取宋元明旧椠及批校抄本为主"。由此出发，他还打算将原本收录于《小识》的《来斋金石刻考略》《清异录》等6篇跋语移入附录，因为这几部"刊刻时代太近，亦非旧人批校"。① 在其《小识》收录的诸篇题跋中，有很多篇都在考订版本源流和与他本进行对校，但最终的目的却在突出所藏之珍贵。其兄叶启勋《拾经楼紬书录》亦是如此，故其中往往有诸多佞宋的观点，该书如卷上《汉隽》

---

① 叶启发《华鄂堂读书小识·题识》，李军整理《二叶书录》，上海古籍出版社，2014年，第176页。

条云:"书旧一日好一日,毋怪乎藏书家之佞宋癖元矣。"①卷中《山海经》条云:"孰谓书无庸讲本子耶,更毋怪藏书家之佞宋癖元矣。"②20世纪80年代以后,馆藏善本书目趋向简单著录,多则描写版式及序跋。而沈津《哈佛大学哈佛燕京图书馆善本书志》则在版式描写的同时更强调版本鉴定依据和版本源流的梳理。之后陈先行、郭立暄《柏克莱加州大学东亚图书馆中文古籍善本书志》又将印次源流加入其中。至此,馆藏善本的版本鉴赏功能逐渐兼有学术考辨。但可惜的是,这种书志毕竟少见。

综上所述,版本鉴定虽然在理论上来说是对古籍所有版本类型进行鉴定,但在实际鉴定过程中,刻本尤其是宋元旧椠才是最主要的,其他类型明显处于次要地位。也只有对刻本的鉴定知识是最为丰富的,其他类型则并不突出且亦有轻重之分。比如在稿抄本的鉴定中,学者们多谈名家稿抄鉴定,其实所列出的名家手迹和用纸等很多都无法使用在大量的无名氏抄本之中,批校本亦是如此。实际上,目前真正需要鉴定的并不是那些珍稀善本、名家稿抄,而是大量的被归入普通版本的非名家的稿、抄、校、印本。珍稀善本、名家稿抄需要在前人的基础上详加考订,如李致忠先生《宋版书叙录》那样,而不是一般的版本鉴定。那么,在这种情况下,我们所说的鉴定之法就显得脱离实际了。而且一旦将目光投向域外汉籍,这种鉴定之法更显得捉襟见肘了。因此,如果这种状况不加以改善的话,所谓的鉴定之法只不过是版本学者以示博洽的自炫之物了。

其次,就鉴定依据而言,学者们以鉴定刻本所谈最详,故以下所论亦仅及此。

关于此,早期的学者以鉴赏为主,故其所云鉴定依据颇为随意,如(清)孙从添《藏书纪要·鉴别》云:"鉴别宋刻本,纸色罗纹、墨气、字画、行款、忌讳字、单边、末后卷刻末行随文隔行刻,又须将珍本对勘,乃定。"③后世则稍涉考订辨别,如叶德辉《书林余话》答日本松崎鹤雄之信云:"大抵双线白口多宋版;单线黑口南宋末麻沙本多有之,至元相沿成例。明初承元之旧,故成、弘间刻书尚黑口。嘉靖间书多从宋本翻雕,故尚白口。今日嘉靖本珍贵

---

① 叶启勋《拾经楼紬书录》,李军整理《二叶书录》,上海古籍出版社,2014年,第48页。
② 同上,第97页。
③ (清)孙从添《藏书纪要》,《芋园丛书》本。

不亚宋、元,盖以此也。大抵此类版心,书名只摘一字,下刻数目。其白口、小黑口空处,上记本叶字数,下记匠人姓名,不全刻书名页。全刻书名在万历以后,至我国初犹然。"①至新中国成立以后,则已逐渐整齐之。目前在鉴定依据上大致有以下五种情况。

第一种情况是浑然谈论鉴定依据,如中国书店《古籍版本知识》(1961)、毛春翔《古书版本常谈》(1965)、昌彼得《图书版本学要略》(1988)、杜泽逊《文献学概要》(2001)等,这显然是承自前代的鉴定依据。

第二种情况是暗中区分内容、形式两类依据,而形式依据则并入了版本史的梳理。如魏隐儒《古籍版本鉴定丛谈》(1984)、戴南海《版本学概论》(1989)、李致忠《古书版本学概论》(1990)和《古书版本鉴定》(1997)等。

第三种情况是明确从内容、形式两方面探讨鉴定依据,如施廷镛《中国古籍版本学概要》、严佐之《古籍版本学概论》(1989)、程千帆《校雠广义·版本编》和曹之《中国古籍版本学》等。

第四种情况是从方法论的角度探讨鉴定依据,如李清志《古书版本鉴定研究》(1986)和姚伯岳《版本学》(1993)等。

第五种情况是从鉴定依据的来源等方面加以探讨,如韩锡铎《古籍版本及其鉴别》(1984)分制成书时既有的条件、流传过程中附加上去的条件等两个角度;潘树广《文献学纲要》(2005)分刻书者(抄书者)所提供的文字信息、刻书者所提供的非文字信息、藏书家所提供的信息、作者所提供的文字信息等四个角度。

以上五种情况在整体上反映出学者对版本鉴定依据的越来越走向全面而规范,且有从版本形式鉴定向文本内容鉴定的倾向。而在鉴定的具体依据上,诸家基本上趋于一致,这说明版本鉴定依据在理论上已经走向成熟,剩下的则只有在实践中具体问题具体分析了。

那么,这样的鉴定依据到底有没有值得反思之处呢?答案是肯定的。具体体现在:

---

① 叶德辉《书林余话》,刘发、王申、王之江校点《书林清话附书林余话》,辽宁教育出版社,1998年,第267—268页。

(1) 将版本鉴定的一般依据与特定时代版本的特殊依据相混。比如所谓的纸张、墨色、刀法等其实是前人在鉴定宋元版时总结出来的依据,并不适用于后世的刻本。一般在鉴定明清刻本时很少会用到这些依据(除非是翻刻宋元版等)。再如昌彼得先生《图书版本学要略》中提出的"以地名沿革辨板本例""以官制辨板本例",李致忠先生《古书版本学概论》中说到的"依据地理沿革鉴定版本""依据机构职官变迁鉴定版本",程千帆先生《校雠广义·版本编》谈及的"据史实例""据科研价值例",等等,其实仅仅适合特定的文献版本,也具有自己的局限性。如果将这些用来鉴定特定文献版本的依据与一般文献版本共有的版本依据不加区别地混杂在一起的话,势必会让后学者在进行版本鉴定实践时无所适从。

(2) 形式鉴定与内容鉴定无法明确区分。在鉴定依据中,到底哪些属于形式,哪些属于内容,其实学者们都有不同的看法。比如"讳字",施廷镛《中国古籍版本学概要》认为是版本形式方面的鉴定依据,严佐之《古籍版本学概论》认为是属于刻本的文字记录方面的依据,曹之《中国古籍版本学》则明确地说这属于内容鉴定的依据。再如"牌记",李致忠、严佐之、曹之等先生都认为是属于内容方面的依据,而李清志、姚伯岳等先生则将之分别归入其理攻法和考证法之中。显然在版本内容与形式上学者们尚没有达成共识。其实这方面的不一致是由于学者们无法对书与版本进行明确的区分所致。由于没有给物质形态的书进行分层,所以会出现很多问题。相反,西方的学者对此问题看得比较清楚,如坦瑟勒在《校勘原理》①中就将作者文本分为文献文本和作品文本两部分。前者指给作品附形的物质载体即版本,后者指反映作者思想内容的抽象文本。这是在 20 世纪初西方分析书志学盛行之后认识到书籍的物质载体的价值的情况下才有的观点。

(3) 对域外汉籍的版本鉴定有所忽略。域外汉籍的研究兴起于 20 世纪 80 年代中期的中国台湾地区,至 90 年代开始中国大陆学者始加入其研究行

---

① [美]G·托马斯·坦瑟勒《校勘原理》,苏杰编译《西方校勘学论著选》,上海人民出版社,2009 年,第 195 页。

列,并取得了一系列成果。① 然而就域外汉籍的版本而言,除了在版本类型中捎带着提及一下"日本本""高丽本"的概念之外,90 年代以来的版本学著述很少将之详细纳入其版本学体系之中(《古籍印本鉴定概说》倒是一个例外)。目前可知者,陈正宏先生《东亚汉籍版本学初探》中所收诸篇论文可算作近些年来在域外汉籍版本研究方面少有的佳作,其中《东亚汉籍印本鉴定概说》一文直接针对的便是域外汉籍鉴定问题,从开本、外封、装订、纸张、字体等角度分别介绍了朝鲜本、越南本、日本本等的版本特征。然而这只是用来鉴定国别,具体到每一个国家的不同类型版本尚待进一步研究。当然,这方面的成果也有,但多为散篇单章。从东亚汉籍文化的角度看,传统版本学不应该排斥域外汉籍版本,故相关的鉴定研究成果也应该被纳入版本学理论体系之内。

(4) 上文第五种情况虽然在具体的内容上属于前人研究成果,但其分析角度却颇有新意。无论是韩氏从制成书时既有的条件、流传过程中附加上去的条件等角度,还是《文献学纲要》从刻书者(或抄书者)、藏书者、作者等角度划分鉴定依据,它们都暗示了在版本鉴定过程中,需要充分考虑一个版本从生产到接受这整个传播过程中各个环节的给所鉴定版本造成的影响,相比之下,从形式与内容方面划分的依据显然是流于简单了。比如《天演论》有一个"清末据富文书局石印本的影刻本",②是用雕版之法影刻石印本而成的本子。"而且十分忠实,全书无一字增删,字体惟妙惟肖,连封面'光绪辛丑仲春富文书局石印'和卷末'后学庐江吴保初、门人南昌熊师复覆校上石'字样都照刻下来。"③这样一个本子,无论从纸张、刀法、字体等,还是从序跋、里封、卷末题记等都无法鉴定出时代来,而只有"认真观察版面特征,比如'断版痕迹',才能看出它是刻本而非'石印'"。④ 此本在鉴定时所用的显然并不是我们常用的那些依据,而这仅仅能判断出它是刻本。如果想进一步探讨其刊刻者和刊刻所的话,尚需要参考其他资料深入其生产环节加以证明

---

① 王勇《从"汉籍"到"域外汉籍"》,《浙江大学学报(人文社会科学版)》2011 年第 6 期。
② 耿心《清末民初〈天演论〉版本及其时代特征》,《文献》1996 年第 2 期。
③ 艾俊川《古籍版本鉴定的"两条路线"》,《金融时报》2011 年 11 月 11 日第 11 版。
④ 同上。

或推断。这个例子说明,在具体的鉴定实践中,版本依据其实是一个综合性依据,并不能泾渭分明且按部就班地鉴定某一个版本,往往是在综合考虑所有证据之后才能得出一个相对准确的鉴定结果,有时可能也得不出什么结果。因此,无论有多少鉴定依据,它们在鉴定初始的地位都是一样的,只有在需要证明鉴定结果时才会有主次轻重之分。学者们提出的"观风望气"的"邪路"在很多时候所起的作用并不比从序跋、刻工、目录等方面依据所起的小,有时还会是唯一依据。

再次,就鉴定方法而言,很多版本学著述往往与鉴定依据混而不分,但从学者的归纳看,总体上包括"观风望气"的形式鉴定之法和依据文字、序跋、刻工、书目等鉴定的考据之法两种,即学者所说的古籍版本鉴定的"两条路线"。① 而且在一段时间内还对两法在鉴定过程中所起的作用持有一些争议。② 有的学者则持论公允,如李清志将鉴定方法分为直观法和理攻法两类,前者"即对古书之纸质、墨色、字体、装订、刀法、版式等,先凭视观察,以获取第一印象,亦即书画鉴定上所谓的'目鉴定'",后者"可分为二:一就古书本身所留下的线索,如刊记、序跋、避讳、刻工,以及书中之记年、记事、记人等加以推断。一从各种文献上的记载,加以考订;尤以诸藏书家的目录、书影,为鉴别版本时最重要的辅助资料",并且认为两种方法"相辅相成,缺一不可"。③ 再如姚伯岳将古籍版本鉴别的一般方法分为查检考证法、经验判断法和版本对勘法等三种,其中前两种分别对应李清志的两种,第三种则是其独有的。从总体上看,虽然诸家具体所论大同小异,但李、姚两家更注重从方法论上归纳版本鉴定之法。严格地说,学者们所说的两种方法其实都属于调查法,无论是调查版本形式本身,还是调查版本内容和相关资料。如果加上姚氏第三种的话,那么,版本鉴定之法其实可以归纳为调查法和比勘法两种,前者针对一种版本,后者则涉及至少两个版本(或不同印次)。对于后一种而言,需要注意的是刻与印,刻本与其他版本类型之间的互动关系。另

---

① 艾俊川《古籍版本鉴定的"两条路线"》,《金融时报》2011年11月11日第11版。
② 相关论述参看石祥《"观风望气"、类型学与文史考证:版本学的方法论问题》(《文史》2020年第4期)一文。
③ 李清志《古籍版本鉴定研究》,文史哲出版社,1986年,第4页。

外,比起鉴定方法来说,鉴定步骤其实更为重要。后者需要展现的是在鉴定某一版本时应该如何根据诸鉴定方法和依据来一步步得出鉴定结果。

最后,就鉴定文化而言,版本鉴定需要根据鉴定依据和方法对具体的版本进行鉴定,但同时也有必要挖掘鉴定结果背后的深层原因。比如前面所提及的影刻本《天演论》,其所据底本为石印本,然而却以影刻的方式翻刻,那么在一般据刻本石印诸书的情况下,该本为什么会反其意而用之,采用这种奇特的方式呢?雕版与石印这两种不同的印刷方式在当时学者看来意味着什么?再如笔者曾在北师大图书馆发现一部《韵书正宗》,作者不明,馆藏目录著录为"清抄本",并未进行进一步的考订。然笔者发现,该本在天头处的批校语中多次提及清帝庙讳,如一先合口副呼匣母"玄",十蒸韵合口正呼匣母"弘",二十八俭开口副呼喻母"琰",十一真开口副呼明母"旻",九青开口副呼泥母"宁"等,或改字,或缺笔。尤其是"弘"字天头处明确注"弘,圣避讳,写宏字","颙"字天头处注"庙讳,宜敬避",等等。从这些讳字看,其避讳至道光年间,尤其是道光帝之"旻""宁"二字皆缺笔,而咸丰以后之帝王名如"淳"等皆不缺笔,故可知初步断定此书为清道光年间著作。继而又根据正文及天头处的批语,可知此本实际为稿本。故此本至少应该著录为"清道光间手订稿本"。至于到底是谁,文内并无提示,而卷端所钤的如孙星衍、赵之谦、李文田等名家印章又多伪,且遍查诸藏书目录亦无收录此书信息,故只能存疑。此本是根据批校避讳和文内记录等鉴定出的,但我们需要追问的是为何在道光年间会出现这种文献,为何又在版本中不注明其撰者姓氏而钤加伪印,又为何要钤这些学者的印呢?显然,这已经使版本鉴定脱离开严肃的鉴定过程而深入到了社会文化之中了。

以上我们从作为一门学问的角度较为详细地讨论了版本鉴定的各个研究内容,并提出了自己的一些看法。经过历代学者的不懈努力,很多知识已经得到了很好的运用,但是在具体运用上,还是有很多值得详加辨析、讨论和反思的地方。

以下我们制表列出诸家主张的版本鉴定依据,版本学、文献学著述众多,我们仅取有代表者。诸家说法不一,诸表不可能做到一一对应,故将其独有的条目置于最末。

第三章　小学文献版本学研究　415

表一：不区分内容、形式依据之著述

	中国书店《古籍版本知识》(1961)	毛春翔《古书版本常谈》(1965)	昌彼得《图书版本学要略》(1988)	陈宏天《古籍版本概要》(1991)	洪湛侯《中国文献学新编》(1994)	杜泽逊《文献学概要》(2001)	项楚《中国古典文献学》(2013)	孙钦善《中国古文献学》(2006)	张升《中国历史文献学》(2016)
根据版刻本身特点来识别：(1)版式			版式			（八）看版式	（六）版式鉴定法	（四）版式	其三，从版式、行款来看
根据行款字数来识别			行款						见上
(2)字体		字体刀法	字体		(8)字体	（七）看字体	（五）字体鉴定法	（六）字体	其五，从文字（字体）来看
(3)墨色		墨色	纸张墨色		(8)墨色		见下	见下	用墨
(4)用纸		纸色	见上		(8)纸张	（九）看纸张	（七）纸墨鉴定法	（五）纸张墨色	纸张
(5)装帧						（十）看装潢			
根据(1)书名		有无校勘衔名				（六）核校阅人时代			
(2)虚衔来识别									
根据避讳字来识别		讳字	讳字	（六）依据避讳字来推断	(5)讳字	（四）查避讳	（三）讳字鉴定法	（三）讳字	

续　表

中国书店《古籍版本知识》(1961)	毛春翔《古书版本常谈》(1965)	昌彼得《图书版本学要略》(1988)	陈宏天《古籍版本概要》(1991)	洪湛侯《中国文献学新编》(1994)	杜泽逊《文献学概要》(2001)	项楚《中国古典文献学》(2013)	孙钦善《中国古文献学》(2006)	张升《中国历史文献学》(2016)
根据(1)牌记	有无牌记	九、鉴别板本杂例(五)书板易主改题刻处例	(一)从封面和牌记上的记载判断	(1)牌记	(三)验牌记	(一)牌记跋定法	(一)牌记	其一，从封面或牌记来看
(2)封面	扉页书名(头版)		见上					见上
(3)序文末识别	前后序跋		(二)根据序跋和名家著录来鉴别	(2)序跋	(二)细读前后序跋	(二)序跋鉴定法	(七)原书序跋	其二，从序文来看
根据刻工姓名末识别	刻工	刻工	(五)依据刻工姓名加以审定	(6)刻工	(五)考刻工	(四)刻工鉴定法	(二)刻工	刻工姓名
根据(1)题跋识语				(3)题识			见下	
(2)名家藏章末识别	有无前人藏书印记		(八)参考藏书印	(4)藏印	(十一)查藏印	(八)藏迹鉴定法	(九)书上的题识和藏印	印章
	卷数			(7)本书卷数的分合				

续表

中国书店《古籍版本知识》(1961)	毛春翔《古书版本常谈》(1965)	昌彼得《图书版本学要略》(1988)	陈宏天《古籍版本概要》(1991)	洪湛侯《中国文献学新编》(1994)	杜泽逊《文献学概要》(2001)	项楚《中国古典文献学》(2013)	孙钦善《中国古文献学》(2006)	张升《中国历史文献学》(2016)
		九、鉴别板本杂例（三）以撰序人时代辨板刻时代例		(7) 本书的内容	(一) 明确撰写年代	(九) 内容鉴定法	(八) 书籍内容	其四，从内容上看
		九、鉴别板本杂例（二）以官制辨板本例		(7) 书中涉及的机构，职官的变迁				
	纸背							
		九、鉴别板本杂例（一）以地名沿革辨板本例						
		九、鉴别板本杂例（四）后人就旧板增刊评语例						

续 表

中国书店《古书版本知识》(1961)	毛春翔《古书版本常谈》(1965)	昌彼得《图书版本学要略》(1988)	陈宏天《古籍版本概要》(1991)	洪湛侯《中国文献学新编》(1994)	杜泽逊《文献学概要》(2001)	项楚《中国古典文献学》(2013)	孙钦善《中国古文献学》(2006)	张升《中国历史文献学》(2016)
		卷四 余论 一、考订应用之最低限度参考书提要	三、鉴定版本的参考书工具书(版本图录、前人墨迹、刻工姓名、行格表、历代诗谱,有关书籍制度的著作)		(十二)类比法(甲书年代已定,乙书字体版式风格全同,可定为同时所刻)			
根据各家著录来识别	前人书目题跋			(7)根据各种书目的著录	(十三)查著录; (十四)求旁证; (十五)对书影	(十)著录鉴定法	(十)书目著录	利用相关的著录

表二：暗分内容、形式依据之著述（形式方面并入了版刻史）

魏隐儒《古籍版本鉴定丛谈》（1984）	戴南海《版本学概论》（1989）（此本角度同魏隐儒书）	李致忠《古书版本学概论》（1990）	李致忠《古书版本鉴定》（1997）（前书的简版）
八、版刻时代特点：版式	第四节 根据各朝版刻特点来识别：版式	第五章 历代刻书的特点	（一）依据风格特点初步鉴定版本
六、行款字数	四、根据行款字数、版框大小不同来考证	见上	见上
字体	字体	见上	见上
墨色刀法	墨色、刀法	见上	见上
印书用纸	纸张	见上	见上
装帧	装潢	见上	见上
三、书名冠词		第九节 依据书名冠词称谓鉴定版本	（十）依据书名冠词称谓鉴定版本
	二、根据书名虚衔来考证	第八节 依据衔名尊称谥号鉴定版本	（九）依据衔名尊称谥号鉴定版本
四、讳字	五、根据避讳字来考证	第五节 依据书中讳字鉴定版本	（六）依据书中讳字鉴定版本
一、牌记、封面和序跋	一、根据牌记、封面和前序后跋来考证	第二节 依据书牌木记鉴定版本	（三）依据书牌木记鉴定版本
见上	见上	第一节 依据原书序跋鉴定版本	（二）依据原书序跋鉴定版本
五、刻工姓名	三、根据刻工姓名来考证	第四节 依据原书刻工鉴定版本	（五）依据原书刻工鉴定版本
二、题跋、识语和名家藏章印记	第六节 版本鉴定的辅助依据（题跋识语、收藏印章）	第三节 依据后人题跋识语鉴定版本	（四）依据后人题跋识语鉴定版本
见上	见上	第十二节 依据藏书印记鉴定版本	（十三）依据藏书印记间接鉴定版本

续 表

魏隐儒《古籍版本鉴定丛谈》（1984）	戴南海《版本学概论》（1989）（此本角度同魏隐儒书）	李致忠《古书版本学概论》（1990）	李致忠《古书版本鉴定》（1997）（前书的简版）
	七、利用地名与年代的关系来考证	第六节 依据地理沿革鉴定版本	（七）依据地理建置沿革鉴定版本
	八、利用官制与年代的关系来考证	第七节 依据机构职官变迁鉴定版本	（八）依据机构职官变迁鉴定版本
		第十节 依据卷端上下题名鉴定版本	（十一）依据卷端上下题名鉴定版本
		第十一节 依据卷数变迁鉴定版本	（十二）依据卷数变迁鉴定版本
	十一、利用书中述及的历史事件和应用的文献时代来考证	第十四节 依据原书内容鉴定版本	（十五）依据原书内容鉴定版本
	九、利用著者和刻书人的生平来考证		
	六、利用语言与年代的关系来考证		
	十、根据古籍的文体来考证		
七、各家著录	第六节 版本鉴定的辅助依据（各家著录、书影）	第十三节 依据著录鉴定版本	（十四）依据著录鉴定版本（各时代各类型的书目）

表三：明确区分内容、形式依据之著述

施廷镛《中国古籍版本概要》（1987）	严佐之《古籍版本学概论》（1989）	程千帆《校雠广义·版本编》（1991）	曹之《中国古籍版本学》（1992）	董恩林《中国传统文献学概论》（2011）
（二）版本形式方面的鉴别：1.版式	一、依据刻本的形式特征来鉴定：版式	版式	第十二章 根据形式鉴定版本：一、版式	

续　表

施廷镛《中国古籍版本概要》(1987)	严佐之《古籍版本学概论》(1989)	程千帆《校雠广义·版本编》(1991)	曹之《中国古籍版本学》(1992)	董恩林《中国传统文献学概论》(2011)
			七、行款	(5) 行款
(二) 版本形式方面的鉴别：2. 字体	字体	字体	八、字体	1. 从版本形态上去鉴定：(6) 字体
	墨色刀法	见下		
(二) 版本形式方面的鉴别：3. 纸张	印纸	纸墨	十一、纸张	
(二) 版本形式方面的鉴别：5. 装式	装帧		十、装订形式	
(一) 版本内容方面的鉴别：1. 书的名称	二、依据刻本的文字记录来鉴定：4. 书名冠词	第八节　内容：一 据书名例	四、卷端	
			第十一章 根据内容鉴定版本：四、名物制度	
(二) 版本形式方面的鉴别：4. 避讳	二、依据刻本的文字记录来鉴定：2. 避讳字	讳字	五、避讳	2. 从版本内容上去鉴定：(4) 讳字
	二、依据刻本的文字记录来鉴定：2. 牌记	牌记	六、牌记	(3) 牌记与印章
	二、依据刻本的文字记录来鉴定：3. 书名页；4. 书衣		二、书名页；十三、室名	(1) 书名与藏版页

续　表

施廷镛《中国古籍版本概要》(1987)	严佐之《古籍版本学概论》(1989)	程千帆《校雠广义·版本编》(1991)	曹之《中国古籍版本学》(1992)	董恩林《中国传统文献学概论》(2011)
	二、依据刻本的文字记录来鉴定：1.序跋	原书序跋	三、序跋	(2) 序跋
	二、依据刻本的文字记录来鉴定：1.刻工姓名	刻工	九、刻工姓名	(4) 刻工
	三、依据其他资料来鉴定：1.题跋	第九节　题识与藏印		
	三、依据其他资料来鉴定：2.藏书印章	见上	十二、藏书印	
		第八节　内容：五　据地名例		
		第八节　内容：七　据官名例		
	二、依据刻本的文字记录来鉴定：5.卷端题名			
（一）版本内容方面的鉴别：2.卷数和种数		第八节　内容：二　据卷数例	第十一章　根据内容鉴定版本：一、卷数	2.从版本内容上去鉴定：(1) 目录与篇卷
		第八节　内容：三　据目录例（即不同版的目录差异）	第十一章　根据内容鉴定版本：六、篇目排列	
（一）版本内容方面的鉴别：4.书的内容		第八节　内容：九　据史实例	第十一章　根据内容鉴定版本：七、内容文字	2.从版本内容上去鉴定：(2) 正文内容

续表

施廷镛《中国古籍版本概要》(1987)	严佐之《古籍版本学概论》(1989)	程千帆《校雠广义·版本编》(1991)	曹之《中国古籍版本学》(1992)	董恩林《中国传统文献学概论》(2011)
			第十一章 根据内容鉴定版本：三、学术源流（初刻与重刻）	
		第八节 内容：十 据科研价值例（按，据例可知通过校勘得来）		
		第八节 内容：四、据人名例		
二、依据刻本的文字记录来鉴定：3. 特殊字，如武则天新造字等				
		第八节 内容：八 据体例例	第十一章 根据内容鉴定版本：二、编例	2. 从版本内容上去鉴定：(3) 体例
		第八节 内容：六 据年代例（文内的记事年代）		
		第八节 内容：六 据年代例（文内的记事年代）	第十一章 根据内容鉴定版本：五、内容时限	
	三、依据其他资料来鉴定：3. 书目；4. 书影图录；5. 其他文献记录	第七章 对版本的记录和研究	第十五章 利用有关图书鉴定版本（文史工具书、古籍书目、史料、书影、古籍版本学专著）	

表四：两 分 法

李清志《古书版本鉴定研究》(1986)	姚伯岳《版本学》(1993)
第一节　直观法(目鉴)：三、版式	二、直观法：2. 版式
第一节　直观法(目鉴)：一、字体	3. 字体
第一节　直观法(目鉴)：二、刀法	4. 刀法
第一节　直观法(目鉴)：四、纸墨	5. 纸张；6. 墨色
第一节　直观法(目鉴)：五、装订	1. 装订形式
第二节　理攻法(考订)：四、避讳	一、考证法：4. 避讳
第二节　理攻法(考订)：一、刊记	一、考证法：1. 牌记
第二节　理攻法(考订)：二、封面	一、考证法：2. 封面(扉页)
第二节　理攻法(考订)：三、序跋	一、考证法：3. 序跋
第二节　理攻法(考订)：五、刻工	一、考证法：5. 刻工
	一、考证法：6. 题跋
第二节　理攻法(考订)：八、藏印	一、考证法：7. 藏章印记(印文)；二、直观法：7. 藏印(印文字体、笔画的质感、印色)
第二节　理攻法(考订)：六、书内资料	一、考证法：8. 书内其他资料
第一节　直观法(目鉴)：六、初印与后印；七、原版与修版；八、原刻与覆刻	第九章第一节　刻本鉴定注意的问题：初印、后印问题，修版、补版问题，增修本问题，藏版问题
	三、对勘法
第二节　理攻法(考订)：七、诸家著录	一、考证法：9. 各类工具书及其他书外资料

表五：新的分类法

韩锡铎《古籍版本及其鉴别》(1984)	潘树广《文献学纲要》(2005)
1. 制成书时即有的条件：(7) 行款版式	2. 根据刻书者所提供的非文字信息进行鉴定：版式
1. 制成书时即有的条件：(4) 字体	1. 根据刻书者（或抄书者）所提供的文字信息进行鉴定：字体
	2. 根据刻书者所提供的非文字信息进行鉴定：刀法墨色
1. 制成书时即有的条件：(4) 纸张	2. 根据刻书者所提供的非文字信息进行鉴定：纸张
	2. 根据刻书者所提供的非文字信息进行鉴定：装帧形式
1. 制成书时即有的条件：(6) 讳字	1. 根据刻书者（或抄书者）所提供的文字信息进行鉴别：讳字
1. 制成书时即有的条件：(2) 牌记	1. 根据刻书者（或抄书者）所提供的文字信息进行鉴别：牌记
1. 制成书时即有的条件：(2) 书名叶	1. 根据刻书者（或抄书者）所提供的文字信息进行鉴别：书名叶
1. 制成书时即有的条件：(3) 序跋	1. 根据刻书者（或抄书者）所提供的文字信息进行鉴别：刊印者序跋；3. 根据作者所提供的文字信息进行鉴定：作者序跋
1. 制成书时即有的条件：(5) 刻工	1. 根据刻书者（或抄书者）所提供的文字信息进行鉴别：刻工姓名
2. 流传过程中附加上去的条件：(1) 批校、(2) 题跋	4. 根据藏书家所提供的信息进行鉴定：题跋
2. 流传过程中附加上去的条件：(3) 藏印	4. 根据藏书家所提供的信息进行鉴定：藏书印章
1. 制成书时即有的条件：(8) 其他：在卷端刻署著者姓名的地方	
1. 制成书时即有的条件：(1) 内容（所记事件、人物、地名、书名、制度及各种事物的时代特征）	3. 根据作者所提供的文字信息进行鉴定：正文内容

续 表

韩锡铎《古籍版本及其鉴别》(1984)	潘树广《文献学纲要》(2005)
1. 制成书时即有的条件：(8)其他：编书凡例	
1. 制成书时即有的条件：(8)其他：版心及其他地方刻刻书者的姓名或其室名堂号	1. 根据刻书者（或抄书者）所提供的文字信息进行鉴别：书口题刻

第三节　小学文献版本的源流

美国学者罗伯特·达恩顿曾在20世纪80年代初提出一个书籍出版的循环路线，指出："这个循环就像一个传播线路系统，从作者到出版人（如果卖书的人没介入这个环节的话），再到印刷的人，再到运输的人，再到卖书的人，最后到读者。……图书史的研究不仅要探讨这个过程中的每一个环节，也要研究这整个过程，这个过程在不同时间地点的表现形式，以及它同周边其他经济、社会、政治以及文化系统之间的关系。"① 如果说版本鉴定活动是特殊读者的一项特殊的阅读活动的话，那么，本节"小学文献版本的源流"所涉及的是由另外一类人主导的传播活动，包括递藏源流和刊印（抄校）源流两方面。其中，递藏源流指一书之某一版本在诸公私藏家中转相收藏的源流关系，刊印（抄校）源流指一书的某一版本系统中不同版本之间和一本之不同印本之间的先后渊源关系。从文献版本的整个循环系统看，前者主要是此藏者与彼藏者之间的关系，后者主要指此刻印者与彼刻印者之间的关

---

① ［美］罗伯特·达恩顿著，萧知纬译《拉莫莱特之吻：有关文化史的思考》，华东师范大学出版社，2011年，第88—89页。按，该文最早发表于1982年的 *Daedalus* 杂志，后又重加改动后发表于1987年的《出版史季刊》，后收入该书。又按，学者们对之翻译时颇有不同，如何朝晖所译的［英］戴维·芬克尔斯坦、阿里斯泰尔·麦克利里著《书史导论》（商务印书馆，2012年，第31页）称该论文为《书史是什么？》，并称该模式为"交流圈"。戴联斌《从书籍史到阅读史：阅读史研究理论与方法》（新星出版社，2017年，第54页）将作者译为"丹顿"，称该论文为《何谓书籍史？》，称该模式为"传播循环"。何予明《家园与天下——明代书文化与寻常阅读》（中华书局，2019年，第16页）称该论文为《什么是书史？》，称该模式为"交流循环"。

系(当然也包括此抄校者到另一抄校者之间的传抄关系)。以上这些活动有时会掺杂在一起,但尚有线索可寻。值得一提的是,我们在梳理文献版本源流的时候,不仅要梳理清楚一书版本的递藏、刊印(抄校)源流,而且还需要分析与其相关的社会、政治、文化等因素以挖掘隐藏在背后的真正动因。以下我们分别加以介绍。

一、小学文献版本的递藏源流

一般而言,版本的递藏源流主要指一书珍稀版本的递藏源流。所谓珍稀版本即学者们通常说的善本,指宋元旧椠,名家稿抄和批校等。因为其流传稀少,故颇为藏家所看重,对其着墨也不加吝惜,而借观者亦或将之记录于自己的著作之中。这样,它们也就因此较一般版本多了很多除了其本身的文物价值之外的其他附加价值。

前辈学者的藏书目录、笔记序跋等往往会对其所见、所藏之善本的递藏情况进行一些梳理,可惜多为只言片语,目的多为夸耀其所藏之本价值不菲,但亦可从中了解获取一些递藏的信息。其梳理通常采用以下三种方式:

其一,在手批题跋中随手记录收藏经过,如黄丕烈于旧钞本《汗简》下云:"《汗简》一书,钱唐汪立名所刊,出于竹垞藏书钞本,旧刻无闻焉。钱遵王《读书记》谓屠守居士率多善本,此殆是也。……屠守居士钞于明代,较竹垞所藏更旧,因急收之。"[1]据此可知,黄氏所藏旧钞本为冯舒之旧藏。又旧抄本《历代钟鼎彝器款识法帖》下云:"此虽出顾云美旧藏,并相传为其手书,然未全,故敢动笔校之。"据此可知,其所藏旧抄本为顾苓所藏。

其二,通过藏本上的名家钤印或手批题跋考证其递藏源流,如叶启勋于北宋刊小字本《说文解字》下云:"旧藏海虞毛氏、白堤钱氏、海宁查氏、独山莫氏。有'毛扆之印'四字朱文、'斧季'二字朱文小对方印,'白堤钱听默经眼'七字朱文小长方印,'吴越王孙'四字白文方印,'惠海楼藏书印'六字白

---

[1] (清)黄丕烈《荛圃藏书题识》卷一,余鸣鸿、占旭东点校《黄丕烈藏书题跋集》,上海古籍出版社,2013年,第51页。

文大方印,'莫友芝图书印'六字朱文长方印,盖历经名家藏庋,朱涂累累,更足为此书增色。"①又叶启发于明毛氏汲古阁刻初印本《说文解字》下云:"此大兴徐星伯太史松所藏,有太史印记及手跋三行,后归道州何蝯叟学使绍基,展转而归于余者。"②

其三,通过专文对其流传经过加以梳理。如岛田翰《皕宋楼藏书源流考》,虽然主要探讨的是皕宋楼所藏书的总体递藏源流,但诸家所藏多为善本,故亦可视为版本递藏源流。其中亦有论及某一书之具体版本之递藏源流者,如论及陆氏所藏宋刻《太平御览》时说:"昔明张天如家有文渊箸录宋足本《御览》,分授二女作嫁装,各得五百卷。乾隆中,朱氏滋兰堂合二本获之,仅有三百六十六卷。嘉庆甲子,荛翁从周氏水月亭购之,喜曰:'期三百有六旬有六日,盖天三百六十五度,可备学者一日一卷之读。'以宋纸贴表后折阅售之艺芸书舍汪书云飞。同治丁卯,余荫甫樾介绍归于心源,又佚其十五卷。"③

以上三种梳理版本递藏源流的方式,第一种相对随意,第二种则有所依据,但所据钤印或题跋有时会有伪,所以尚需要辨析,否则会在梳理中出现错误。比如上面提及的叶启勋所藏宋本《说文解字》中的毛扆之印,有学者根据钤印所在叶为补抄,认为其属于伪印。④ 如此,叶氏对该本的递藏源流的梳理就值得怀疑了。其实,即便印章都是真的,根据钤印位置梳理递藏源流的做法往往并不能奏效,因为这些名家钤印有时并不属于藏书印,有时甚至还脱离了钤印规律,这就为源流的梳理带来了很大的困难。如国图藏的一部宋元递修本《说文解字》(索书号为"善1117"),衬叶、《标目》天头及文内、诸卷卷端卷末等皆有多方钤印,其中有一些属于藏书印,有些则是友朋观阅后钤的印。以《标目》首叶为例,在右侧版框外由下至上依次为"竹农珍

---

① 叶启勋《拾经楼紬书录》卷上,李军整理《二叶书录》,上海古籍出版社,2014年,第22页。
② 叶启发《华鄂堂读书小识》卷一,李军整理《二叶书录》,上海古籍出版社,2014年,第197页。
③ [日]岛田翰《皕宋楼藏书源流考》,清光绪三十三年朱印本。
④ 董婧宸《宋元递修小字本〈说文解字〉版本考述——兼考元代西湖书院的两次版片修补》,《励耘语言学刊》2019年第1辑。

赏"(朱方)、"东郡杨氏"(白方)、"沧苇"(朱方)、"季振宜印"(朱方)、"姚畹"(白圆)、"净香室秘玩"(朱方)、"宝奎号五峰"(白方)、"掣经老人"(朱方)、"阮元印"(朱方)、"杨氏海原阁藏"(白方)等十方,首行右下骑墙处钤"敬思斋图书印"朱文长方印,首行钤"臣晋"朱白小方印,第一至二行骑墙处钤"顾广圻印"白文方印,以下第三至四行,第七至八行皆有多方钤印。这些钤印中,如阮元、顾广圻等印则属于观赏印,杨绍和、季振宜等印属于收藏印,而这些印章中有些明显是随意钤盖上去的。如果单从印章顺序梳理源流的话,显然是非常困难的。有时结合诸家目录也无法将这种源流理清楚。不过古人对此并不太过在意,在诸家藏目中若需要梳理这类版本时,往往会以简单的语言加以说明,如"历为名家藏庋,朱印累累,手迹可珍",①或"此书经李中丞收藏,转入郑氏,一再辗转而为余有。手迹如新,朱印累累,又不仅以其为天水旧椠为足珍重也",②等等。显然他们是带着鉴赏的意味进行梳理的(其实书籍的钤印本来就是仿照书画钤印而来的,故鉴赏品位自然也被带入了其中),故只要将其所藏之本的文物价值体现出来便可。相比之下,第三种则具有了一定的学术考辨意味,然仅及若干种版本,大部分篇幅则在粗线条地梳理藏书家之整体的藏书源流,这虽然也能从侧面体现藏本之源流关系,但本节所论则重在一书之版本,而非群书之诸本,故第三种偶然论及的单个版本的递藏源流正是笔者所看重的地方。

笔者所说的版本递藏源流,虽然针对的是珍稀版本,但并不关心是否有名家钤印,而更重视的是那些曾经在各公私藏家手中递相流传之后最终归于今日各大图书馆的珍稀善本。这种版本因为大多流传有序,故可通过爬梳相关目录和资料缕清其递藏之来龙去脉,进而进行相关的学术研究。更重要的是由于有版本实物存世,那么可以由此来验证诸目录和资料记载的真伪和差异,从中可以探讨该本在每个藏书家手中的阅读情况,并挖掘其中

---

① 见叶启勋《拾经楼紬书录》卷中明安氏活字本"《初学记》三十卷"条下(李军整理《二叶书录》,上海古籍出版社,2014年,第93—94页)。
② 同上卷下宋刊本"《韦苏州集》十卷"条,第107页。

暗含的诸多文化含义。比如存世的《六书故》元刻本①一共有两部,一藏于国家图书馆,一藏于台湾"国家图书馆",皆为残本(分别残存十二卷和十卷)。从所钤"京师图书馆收藏之印"朱文方印看,二本原来皆为北平图书馆旧物。那么,它们是如何被分藏两地的呢?其渊源又是如何的呢?这就需要一番进行梳理了。首先我们应该根据钤印的信息去系统了解该馆藏书的源流,并翻检与之相关的几部书目,即《清学部图书馆善本书目》(1911)、《京师图书馆善本简明书目》(1916)、《北平图书馆善本书目》(1933)以及《中国善本书提要》《"国立中央图书馆"善本书目》等。经核对后发现,同为一馆之书目,但在著录此本时却颇有出入。其中,前两部书目著录之残存总卷数相同,但具体卷数小有出入。第三部书目最为清楚,详细著录了两部残本的残存卷数。后两部书目则分别记载了其中的一部残本。由此可见,原北平图书馆所藏的元刻残本应有两部,其中的一部归中国台湾地区,另一部至少在1933年之后一直存藏于中国大陆。但奇怪的是,20世纪80年代末出版的《北京图书馆古籍善本书目》却没有了该本的记录,难道该本之后亡佚了吗?还是在著录时有所遗忘?答案是后者,因为我们已经从国图馆内找到了此本。这样,经过一番查检之后,我们初步弄明白了存世的元刻残本的部数,并将收藏于该馆的时间追溯到缪荃孙所编的那个书目。接下来,由缪氏书目可以继续追溯到民国七年京师图书馆编的《清内阁旧藏书目》乃至《内阁书档旧目》,并通过这些目录的研究资料可知,藏于国图的这两个元刻残本乃是来自清内阁大库,而内阁大库中的藏书在整个清朝都没有被拿出加以利用,也没有进行过合理整理,故亦损坏不少。如果再继续追溯的话,该大库之藏书则承自明代文渊阁。由此我们再继续检阅明代公藏书目《文渊阁书目》《秘阁书目》《内阁藏书目录》等,经比对后发现,原著录于《文渊阁书目》中的四部《六书故》,在《内阁藏书目录》汇总则仅著录了一种,余则不知去向。由此我们不得不爬梳明代私家相关资料,发现这些遗失的《六书故》残本居然出现在了私家藏目,并一直流传到清初诸藏家手中。再往上追溯

---

① 以下论述参见笔者《国图藏元刊残本〈六书故〉考论》(《文献》2015年第6期)一文。

的话,明代宫廷藏书又来自元朝。由此国图所藏之本的源头便开始确定。所以,此两残本的递藏源流也得以清晰可见:其最初为元明宫廷旧物,后入藏清内阁大库,清末后归京师图书馆,几经辗转之后终分属两所。对此两元刊残本递藏源流的考察并不仅仅限于此,更在于由此可知从清内阁大库流入国图的珍贵善本可能直接与元明宫廷藏书挂上钩,那么著录于明代诸公藏目录中的书籍可能并没有完全亡佚,而是一直流传至今。通过这一线索可以进而探讨元明公藏到国图藏书之间的渊源关系和藏本的流传过程。同时,元刻残本由明代公藏流入私人过程中,每个藏家对之进行的著录和记录又是探讨他们赏鉴和阅读体验的绝好资料。

以上我们不惮烦琐地介绍了笔者对《六书故》元刻残本的递藏源流的研究过程,目的是为了较为清晰地展现如何梳理一书版本的递藏源流。在这里,名家钤印只不过是辅助材料,并非如古代藏家那样属于必不可少的凭依证据。珍稀版本的递藏源流往往与馆藏书籍的递藏源流密切相关,所以弄清后者可以有助于我们获取可供检阅的目录和相关资料。但更重要的还是以版本实物为基础,在仔细审查版本实物中诸如版式、卷次、钤印、批校等所有细节之后再查阅资料,可能会更为准确地把握一书版本之来龙去脉。最后还需说明,我们这里虽然强调的是一书珍稀版本的递藏源流,但也并不排除普通版本。如果后者存世绝少的话,即便非宋元旧椠、名家批校亦可进行一番梳理的。

二、小学文献版本的刊印(抄校)源流

前文谈到,文献版本的刊印(抄校)源流是指一书的某一版本系统中不同版本之间和一本之不同印本之间的先后渊源关系。[①] 因此,原则上,这种源流的梳理应该容纳所有版本类型,既包括包含不同印次的刻本、活字印本,也包括稿本、抄本以及校本。同时,也应容纳不同国家不同时代刊印(抄校)的版本,既包括中国古代的,也包括在同一东亚文化圈里的高丽本、日本

---

① 姚伯岳先生称之为"版本系统",指"在一书各本中,有着直接或间接的传承关系,并具有某类共同特征的一组版本",见《中国图书版本学》,北京大学出版社,2004年,第二版,第150页。

本、越南本等。总之，对文献版本的刊印（抄校）源流进行梳理的时候，需要多方面、多角度地加以考察。为方面梳理刊印源流，最好能够将一书的诸多版本从系统论的角度进行把握，将之分为大系统和小系统，犹如西方校勘学当中所说的谱系法那样。① 大系统即构成一书版本源流关系的总系统，从这个系统中，可能会直观地看到其最早版本，即可以反映作者意图的原本（假设为 A）。也可以看到后世版本可以追溯到的最早的那个版本，即与原始文本相接近的原型②（假设为 B）。原本与原型的关系在时代上可能接近，也可能相差很远。同时也可以看到诸多版本掺杂在一起的一个总的关系网。考虑到我国的古籍历代皆有散亡，古代学者对书籍的制作方式也不太重视，故原始文本几乎都荡然无存。所以，在大系统下实际可能追溯到的最早版本就是原型。小系统即大系统下的某一分支系统，根据与原型的远近亲疏关系可以假定为 b1、b2、b3 和 b1.1、b2.1……，而与 b1、b2、b3 相关的诸版本都可以构成相应的小系统。大、小系统的关系如同西周时期的宗法制下大小宗的关系，也如同训诂学中所说的根词、源词与同源词之间的同源关系，可以如下图展示：

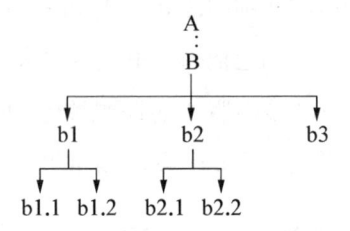

```
              A
              :
              B
    ┌─────────┼─────────┐
    b1        b2        b3
   ┌┴┐      ┌─┴─┐
  b1.1 b1.2 b2.1 b2.2
```

因此，要想清晰地梳理版本大系统，就必须将诸小系统中的版本关系捋清。这里需要注意的是，在版本系统中，原型可能不止一个。同时，各小系统之间和小系统下诸版本在实际梳理过程中也不一定就像上图展示那样各自独

---

① 按，西方校勘学中所说到的"谱系法"所适用的范围是仅有众多抄本流传的古典文献，其做法是给这些存世的抄本进行关系早晚远近的排定，通过异文的校勘列出版本关系的谱系，然后通过减法排除与原始文本较远的版本，最后找出与原本相近的那个版本。具体做法参看德国学者保罗·马斯《校勘学》和爱尔兰学者路德维希·比勒尔《文法学家的技艺：校勘学引论》等著作。版本系统与谱系法下的版本谱系在表面上是一样的，但是其做法是做加法，尽可能地确定和演绎版本之间的关系。

② 按，此术语来自保罗·马斯《校勘学》（苏杰译《西方校勘学论著选》，上海人民出版社，2009 年）。

立,而往往体现为相互交织的复杂情况。一般越是流行广泛的文献,其版本系统就越是复杂难辨,这就需要通过各种版本鉴定的方法多角度地加以判断了。同时,版本系统中因某一版本的遗失而造成版本环节的断裂也是在所难免的,毕竟我们并不总是能收集全所有的版本,在这种情况下只能通过假设来构拟可能的版本关系了。

为论述方便,以下探讨的版本刊印(抄校)源流仅指某一版本小系统的源流。而关于此,学者们也讨论颇多。如在清代乾嘉时期,随着考据学的兴盛,很多学者都有意无意地参与了版本鉴赏和考订。大体而言,考据学者在校勘过程中会对其所校之书的版本源流进行大致梳理,但其所说的版本是指与所校之书相关的本子,包括与原书合一的诸多流传的本子、据原书改编的本子、节略的本子、校注的本子等,甚至还包括类书中抄撮的部分文字,范围略广。版本学家则只就其所见所藏之版本在其藏目或题跋中对其源流加以考订。前者如段玉裁《汲古阁说文订序》对《说文解字》版本源流的梳理,其云:"《说文解字》一书,自南宋而后有二本:一为徐氏铉奉敕校定许氏始一终亥原本也;一为李氏焘所撰《五音韵谱》,许氏五百四十部之目以《广韵》《集韵》始东终甲之目次之,每部中之字又以始东终甲为之先后。虽大改许氏之旧而检阅颇易,部分未泯,胜于徐氏《篆韵谱》远矣。自李氏而前有二本:一即铉校定三十卷,一为南唐徐氏锴《说文解字系传》四十卷。自铉书出而锴书微,自李氏《五音韵谱》出而铉书又微。前明一代多有刊刻《五音韵谱》者,而刊刻铉书者绝无。"这里将《说文解字》在宋代前后的版本分为始一终亥的大徐本、小徐本以及始东终甲的《五音韵谱》本三个系统,其实已经将改编本和校注本纳入其中了。又云:"当明之末年,常熟毛晋子晋及其子毛扆斧季得宋始一终亥小字本以大字开雕,是亭林时非无铉本也。毛氏所刊,版入本朝祁门马氏在扬州者,近年又归苏之书贾钱姓。值国家右文,崇尚小学,此书盛行。《系传》四十卷仅有传钞本,至难得。近杭州汪部曹启淑雕版,亦盛行。"①这里主要梳理的是大小徐本在清代的流传,尤其是大徐本的

---

① (清)段玉裁《汲古阁说文订序》,《汲古阁说文订》,清嘉庆二年袁廷梼五砚楼刻本。

汲古阁本版片的流传,这已经是大徐本这一支中更小的一个版本系统了。后者如黄丕烈《荛圃藏书题识》卷一旧抄本《輶轩使者绝代语释别国方言》下云:"《读书敏求记》载《方言》十三卷,谓出于宋刻影钞。此正德己巳旧钞本也。"①据此,《方言》宋刻本之后又有明正德四年影钞本。又,瞿氏《铁琴铜剑楼藏书目录》卷七明刊本《尔雅翼》下云:"是本乃明正德间愿十六世孙文殊刊本,前有都穆序,知是书尝一刻于宋,再刻于元,而此本则穆家藏宋椠出也。"②据此,此书最早为宋刻,继而为元刻,宋刻入明又有翻刻。又,叶启勋《拾经楼紬书录》卷上明嘉靖三年吕柟校刊本《释名》下云:"此书明翻陈道人本本有二刻。余谓一为吕柟刊本,'彗星'上不脱。一为翻吕柟本,脱落陆氏所见,殆翻吕本耳。"③据此,此书最早之刻本为南宋陈道人刻本,入明后有嘉靖三年吕柟翻刻本,继有翻刻吕柟本。版本学家在其书目或题跋中梳理版本源流时多着墨不多,其目或在以博见闻,或在突出所藏之本的价值,但多少亦能提供一些有价值的信息。

20世纪80年代以后,版本源流的知识被部分版本学著述正式作为版本学的研究内容确定下来,但是各家著述对之处理略有不同。除严佐之《古籍版本概论》、姚伯岳《版本学》等将该部分独立一章探讨外,曹之《中国古籍版本学》将之归入"中国古籍版本鉴定"一编,与版本鉴定并列,显然这是为体现二者关系才如此设置的。笔者以为,版本鉴定与版本源流考订的关系是显而易见的,因为后者就是在前者的基础上才建立起来的,有可靠的鉴定结果才会有清晰的版本源流关系。然而二者毕竟是版本学的不同研究内容,所以从学科建立的角度看,各自独立探讨(而不是包含关系)应该相对合理的。同时,三家著述中,严、曹二家多在探讨考订一书版本源流的意义、步骤和方法,较为简略。姚氏书除此之外,还增加了同书异名的确定和版本系统的分析等知识。在异本的确认上,该书将注本、删节本、评点本等都纳入一书的不同版本之中,显然延

---

① (清)黄丕烈《荛圃藏书题识》卷一,余鸣鸿、占旭东点校《黄丕烈藏书题跋集》,上海古籍出版社,2013年,第46页。
② (清)瞿镛撰《铁琴铜剑楼藏书目录》,《续修四库全书》本。
③ 叶启勋《拾经楼紬书录》,李军整理《二叶书录》,上海古籍出版社,2014年,第20页。

续的是乾嘉时期考据一派的做法。而在版本系统的分析上，该书不仅定义了版本系统的概念，还将版本关系分为分属不同版本系统的一书各本，同一版本系统内的各种版本和同一版本的不同印本等三种类型，并注意到底本与后出版本，底本与翻刻、翻印等复杂的关系。这些内容都是之前的版本学著述未及探讨的，而且其分析如此细致入微，在此之后恐怕只有郭立暄《中国古籍原刻翻刻与初印后印研究》一书方能继续深入探讨下来，而这也正是笔者十分重视的内容。以下笔者结合自己的版本实践谈谈相关问题。

（一）同书异本的确定

姚伯岳先生《中国图书版本学》专门细致地探讨了"同书"的问题，这在版本学著述中是难能可贵的。比如他从作者、正文、辅文等三个角度判断是否同书时说："同一部书，即使版本不同，作者也应该是相同的，……所谓相同的作者只能是主要作者。……如果主要作者不同，基本上就可以判定它们不属于同一种书了。"[①]又说："版本学所谓的正文，是指图书的主要内容，亦即图书原作的主体部分。"[②]这些观点都很精辟地指出了判断同书的一些标准。但是笔者以为，在判断是否同书的时候，需要区分版本学上的同书和校勘学上的同书。

版本学与校勘学虽然同属于文献学的分支学科，且彼此具有密切联系，但是毕竟为两门不同学科，所以在"同书"的界定上也有差异。其中，校勘学虽然具有多种功能，但历代学者主要的校勘工作实际上是古籍整理（含校勘、标点、注释等），其目的在于恢复校勘者理想中的能够反映作者意图的古书原貌。所以，版本在这里只不过是实现该目的的主要工具而已。也正因为如此，他们会将"版本"的范围尽可能地扩大：除了本书在历代的众多抄、刻之本外，还容纳了历代的辑佚、改编，乃至注释之书，因为这些著述都可作为实现其校勘目的的参考资料。可见，校勘学上的同书是着眼于内容的，只要与"原作的主体部分"有关，即便是只言片语，都可作为校勘之资，都是同

---

① 姚伯岳《中国图书版本学》，北京大学出版社，2004年，第二版，第144—145页。
② 同上，第145页。

一部书的组成部分之一。版本学上的同书则不同,是指用不同制作方式制成但主要作者和主体内容、结构相同的著作,所以至少并不包括改编、注释之书。改编之作已改变了原书主体结构,实际已经成了另外一部著作,自有其版本传统,如李焘重编的《说文解字五音韵谱》是根据大徐本改编的,其已改动原书的始一终亥的结构,所以不能将之算作《说文》的一个版本。同样,《说文解字系传》《说文解字注》等,虽然是在《说文》原文的基础上进行的,但其主体内容并不是《说文》原来的文字,而是注文,所以其已经是一部新的著作了,作者分别是徐锴和段玉裁,而不是许慎。至于辑佚书,则需要分别对待。有的辑佚著作可视为原书的一个版本,有的则不能。前者如四库馆臣从《永乐大典》辑佚出的众多文献,后者如《玉函山房辑佚书》《黄氏逸书考》等辑佚出的只言片语的汉唐文献。判断这些辑佚之本能否成为一书之版本,需要充分考虑所从出的文献性质和辑佚条目所占原书篇幅的百分比。比如《永乐大典》在编纂时倾向于对前代文献全文收录,只不过将原书内容拆散之后分别编排在相应的韵字之下,那么辑佚工作其实是化散为整。但大多数时候的辑佚工作并非如此顺利,辑佚者往往穷搜广辑,最后也不过是只言片语,像后者这种零散的条目怎么能撑得起一部文献呢?只不过徒令后人误解为原书罢了。因此,这种辑佚之本当然不能算作一书的一个版本了。总之,版本学上的同书并不等同于校勘学上的同书,它着眼的是不同载体,而非文本内容。

(二) 刊印(抄校)源流的梳理

明白了版本学上的同书之后,我们便可以将与之相关的注释、辑佚等著作排除到其版本梳理之外了。同时,需要通过各馆馆目(或文献数据库)、前代公私藏目以及相关资料等多方面地搜集不同类型的版本。搜集版本最好是在着眼于全球各藏书单位的基础上存亡兼收,稿、抄、刻、印尽数囊括。继而通过各种途径获取版本,并初步进行版本鉴定和比对,列出一个简单的版本谱系。以上这些工作都是源流梳理的前期准备。接下来便开始进行源流梳理工作了,具体过程如下:首先需要在前期工作的基础上进行版本关系的细致确认,最直接的方法便是进行版本对勘。此一过程中,一般早期版本与后出版本之间和不同系统的版本之间差异较为明显,容易判别。但同一时期或同一系统的版本之间则需要细心比勘了,因为其差异如此之小,以致稍有不慎便难以判断了。这里需要注意的是:①(1)版本对勘既要列出文字方面的差异(即异文),也要列出形式方面的差异(如行款版式等),这些都有助于判断版本关系。(2)最好用同一制作方法的不同版本进行两两比对,并注意选择标准异文,以作为判断与其他版本关系的一个标杆,这一点有些类似类型学上的类型特征。(3)时刻注意区分初印与后印、原刻与翻刻、重刻以及稿、抄本与刻、印本之间的关系。其次,以上这些工作如果做好了,接下来便可以进行关系图的初步展示了。我们仍然主张从版本小系统入手,根据版本特征和标准异文选择相关版本,排除无关版本。在此之后,同一系统中若刻(印)本众多,那么,一般先确定刻(印)本关系,再确定每一刻(印)本的不同印本关系,再确定稿、抄本之间以及与刻本的关系。反之亦然。批校本若有条件也应该被纳入版本系统之中。再次,版本关系图只不过是主要版本的关系的粗略展示,其中总会有一些版本(含亡佚之本)因为各种原因无法纳入其中,这就需要从各种文献资料中查找证据进行详细考证了。同时,已经确认关系的存世的版本之间也需要查找更多的证据进一步确认。最后,经过以上的一番比勘和考证之后,便可以较为明确地展现出一书诸本的刊印源流了。当然,即便是此阶段,也仍然有很多版本无法确认,只能暂时存疑待考。以上便是版本刊印源流的基本步骤,其实在此过程中,我们需要结合相关文献去探讨隐藏在每次刊印过程中的文化背景和内部动因,这有助于我们把握刊印的文化意义。

  下面笔者拟以大徐本《说文》的毛氏汲古阁本系统为对象进一步探讨版本刊印源流的梳理这一问题。② 我们知道,毛氏汲古阁本是大徐本《说文》在清代的第一个刻本,也是宋代以来的第二个刻本。但是该本是如何刊刻的,在清代到底刊刻了几次,每一次刊刻有什么样的特点等等这些问题,自清代

---

  ① 至于其他的要求则参见郭立暄《中国古籍原刻翻刻与初印后印研究》第八章《刻印研究与古籍整理方法之改进》的相关内容。
  ② 以下具体论述参见笔者《小学文献学视野下的毛氏汲古阁本〈说文〉研究》(花木兰文化有限公司,2020年)一书。

乾嘉以来方有学者稍加论及,但多为只言片语。民国以后至今虽有部分学者进行过探讨,但仍然存在颇多问题,故对该本的刊印源流进行详细的梳理是非常必要的。按照前面提及的步骤,刊印源流梳理的前期准备是版本调查,于是笔者首先通过检阅相关的研究著述和大量的公私馆藏目录以及实地调查,弄清了该本的版印情况和存藏状况,并且大致确定了诸本之间的关系。其次在此基础上,暂时排除在正式刊印之前的大量所谓"初印本",并选择了该系统下流传有序的四个主要的版本进行比勘和考证,认为所谓汲古阁本其实是大徐本这一总名下的一个版本小系统,在清代一共刊印了四次:首次正式刊印完成于清康熙中后期(而非如一般书目所说的明末清初),是毛晋之子毛扆(而非毛晋)在当时的文化名人朱彝尊的影响下刊刻的。当第一次刊印完毕的时候,毛扆继续进行修订,惜未及重印便已去世。修订后的书板随后在乾隆初转让给了祁门马氏,马氏兄弟在全祖望、杭世骏等考据学家的影响下随即完成了第二次刊印,《四库全书》所据之本当即此本。乾隆三十八年(1773),大兴朱筠鉴于当时学子"不明文字本所由生""点画淆乱,音训泯棼"等情况,以祁门马氏印本为底本进行了翻刻,从而完成了汲古阁本的第三次刊印。此次刊印影响颇大,直接推动了大徐本的流行。乾隆末期,随着《说文》学渐渐成了一门显学,汲古阁本也备受推崇。在这种背景下,苏州书贾钱听默购得祁门马氏书板,稍加修版后随即印行,从而完成了汲古阁本的第四次刊印,客观上推动了《说文》学高峰的到来。道光以后,板归扬州,字已漫漶,难以重印。而大兴朱氏本则在张之洞的影响下流行起来,先后在同光之时有过翻刻。以上便是汲古阁本在清代的刊印源流,其中除了大兴朱氏本是另刻新板外,余三本皆是在毛扆传下来的同一副书板上完成的,所以这里既有刻,也有印。每次刊印都有不同的版本特征,并且都是在特定的文化背景下进行的。① 而且根据每次刊印的版本特征,我们不仅可以鉴定出各馆馆目著录不甚清楚的汲古阁本,还可以据此进行下一步的

---

① 按,以上讨论基于篇幅省略掉了这些版本特征的具体体现,详细请参看上揭拙著或《毛氏汲古阁本〈说文解字〉刊印源流新考》一文(《励耘语言学刊》2019年第1辑)。

梳理。再次，我们需要对汲古阁本的所谓"初印本"进行源流梳理。经前期调查发现，所谓"初印本"中，除了段玉裁《汲古阁说文订》所据已亡佚之外，存世者有六部。从版本特征看，都与上面提及的诸版本有差异，属于一种早期印本。但到底是以上四次刊印中哪一段的初印本，尚需要进一步梳理。由此我们需要进行版本校勘和考证，最后梳理出了一个版本谱系。最后，存藏于各馆的抄本、批校本也需要单独加以梳理和考证，所依据的仍然是前面归纳出的版本特征和客观的版本校勘。经过这些工作之后，大徐本《说文》的汲古阁本系统下诸本的源流关系便可以大致清晰地展示出来了。然而这只不过是大徐本《说文》的诸本在清代的一个小系统，如果我们依据前面的步骤再详加梳理存世大徐本的诸宋刻元修本以及清代据宋本刊刻的其他诸本（如额勒布藤花榭本、孙氏平津馆本等）的版本源流的话，那么，最终综合起来的成果才是大徐本《说文》真正的版本源流关系。因此，对于大徐本《说文》这种版本系统复杂的文献，我们最好还是先梳理清楚版本小系统，再来梳理最终的大系统。

以上我们分几节详细讨论了版本学和小学文献版本学的基本理论内容。此外，小学文献的版本类型的划分也是值得探讨的。除了一般文献学著述的那几种分类外，小学文献的版本类型还可以根据约定俗成观念和语言文字学科的特点进行分类，如根据卷端题名不同，如《广韵》诸本可分大宋本和钜宋本。根据注释内容的多少，如《广韵》诸本可分详本和略本。根据注释者不同，如《尔雅》诸本可分郭注本和郑注本。根据文献材料不同，如《仓颉篇》可分为北大汉简本、敦煌本、水泉子汉简七言本。根据文献生成时间和形式的改变，可分为原本、改编本、重编本等。根据是否刊入丛书或与他书合刻，可分为丛书本、附刻本、单行本等。根据存藏地和版本特征，可分为中国本、高丽本、日本本（和刻本）等。总之，依据所研究的一书版本的实际情况，可以从不同角度对一书的版本类型进行划分，这些划分其实已经超出了版本学著述的一般分法而具有很强的实际操作性，而这正是我们之所以关注的原因所在。

第四章　小学文献校勘学研究

一般认为，我国的校勘学早在西汉末期便已经建立起来了。几千年来，历代学者不断校勘整理群书，从而积累了丰富的校勘经验和校勘材料。而在清代乾嘉学派的推动下，校勘学这一学问逐渐走向兴盛而成为一门专学，与文字、音韵、训诂等诸学问一起融入考据学这一学术大潮流之内。正如曾国藩在《经史百家简编序目》中所说："校雠之学，我朝独为卓绝。乾嘉间，巨儒辈出，讲求音声、故训，校勘疑误，冰解的破，度越前世矣。"①从整体上看，该时期校勘大师虽然不乏其人，然多在校注专书。学者往往因所校之书而自成一家，如戴震校《水经》、段玉裁校《说文》、孙诒让校《墨子》《周礼》，等等。偶有学者如王念孙、俞樾等根据校勘材料归纳出若干校勘通例，虽颇便读书治学，但终是为学者读书治学而已。校勘之学真正成为一门具有方法论意义的学科则至民国以后才逐渐建立起来。② 陈垣先生《〈元典章〉校补释例》(1933)一书应该是这方面起奠基作用的经典著作。学者称其工作"是中国校勘学的第一伟大工作，也可以说是中国校勘学的第一次走向科学的路"。③ 这是因为其所归纳的四十二条"误例""都是已证实的通例，是校后归

---

① （清）曾国藩《经史百家简编序目》，（清）李鸿章编纂校勘，宁波等校注《足本曾文正公全集》，吉林人民出版社，1995年，第2756页。
② 梁启超《清代学术概论》（东方出版社，2012年，第52页）云："古书传习愈希者，其传钞踵刻，讹谬愈甚，驯至不可读，而其书以废。清儒则博征善本以校雠之，校勘遂成一专门学。"按，从梁氏于此句下所举诸书看，此处"专门学"当指专门的学问，而非学科。
③ 胡适《元典章校补释例序》，陈垣《校勘学释例》之附，中华书局，2016年，第8页。

纳所得的证明,不是校前所假定的依据"。① 尤其该书归纳出的"四校法",更具有方法论上的指导意义,②对后世产生了极大的影响。③ 在此稍前,有胡朴安、胡道静的《校雠学》(1931)等著述,在此之后,有蒋元卿《校雠学史》(1935)、④李笠的《校勘学》(1936)、向宗鲁的《校雠学》(1944)、王叔岷《斠雠学》(1959)等著述。从发展历史看,自民国时期校勘学出现一个小高潮后,新中国成立以后中国大陆的校勘学一直趋向低迷(这是与传统目录学、文献学等是一致的),直到80年代中后期,随着戴南海《校勘学概论》(1986)、倪其心《校勘学大纲》(1987)的相继问世,方逐渐走向兴盛:不仅相关的校勘著述陆续出版,专书、专人的校勘研究也提上日程,而且校勘知识也作为文献学的分支学科被收入各种文献学著述当中。经过历代学者的不断探讨,校勘学最终成了一门有体系、有方法的人人可学、人人可讲的学科。

据笔者统计,自民国至2024年止,以"校雠学"⑤或"校勘学"为名的中国

---

① 胡适《元典章校补释例序》,陈垣《校勘学释例》之附,中华书局,2016年,第8页。按,笔者在阅读陈垣先生大著之后,虽然感觉其所谓的"例"在形式上与王念孙、俞樾等有相似之处,但实际上并不相同。王、俞二人之"例"并不依靠版本来归纳,而是靠材料来推断,所以颇有可商榷之处。如王氏有"误字与本字并存者"例,其举例如《淮南子·主术篇》"鸱夜撮蚤"之"蚤","蚤"或误作"蚤",又转而为"蚊",各本遂误作"蚤蚊"。此例中,王氏想要找到各本为何由"蚤"变成"蚤蚊"的原因,逻辑上看似乎没问题,但是却缺失了一个证据链,即《淮南子》的哪个本子(而非王氏所说的《庄子·秋水篇》司马本,见《读书杂志》"撮蚤蚊 颠越"条)将"蚤"误作"蚤",这样其所征用的诸本方有"误作'蚤蚊'"的条件,如果没有,那该结论便仅仅是推测。陈垣先生《释例》则非,其诸例皆具体到了某一个版本,所以其结论更加有据可依。这其实告诉我们,校勘学的"通例"必须建立在可靠的版本依据上方能成为规律性的东西,否则即便结论正确,也不可据为典要。同时,王氏将此例归入"误字与本字并存者",但是也可以归入"有校书者旁记之字而阑入正文者","蚊"字也可以说是校者旁记字,后误入正文,这种两可的情况本质上也是由于无可靠的版本证据导致的。由于错误的情况是主观推断出的,不具有很强的逻辑性,所以所归纳的"例"自然也可以做出另外一番解读。

② 陈垣先生在《重印后记》中说:"余昔为同学讲校勘学,要举例说明,欲广引群书,则检对不易,欲当引一书,则例子不多。例子多就是错误多,错误多未必是好书,未必是重要的书,要找一本好而又重要又错误多的书,莫如沈刻《元典章》。"这部著作是在讲课过程中有意选择"写刻极精、校对极差"的重要典籍,通过一定的方法,归纳误例而成的,所以一开始就是来源于实践校勘(而非援引前代例证),进而在校勘实践中归纳总结,最后指导校勘学习的。正是其从始至终都与校勘实践密切结合,所以才有了方法论的意义。

③ 据笔者统计,新中国成立以来的诸多文献学、校勘学著述,在谈及校勘方法的时候,几乎都在遵从陈垣先生四校法之说,可见该说具有很强的理论指导意义。

④ 按,从内容上看,此书主张广义校雠学,包括版本、目录、校勘等的发展史。之后出现的赵仲邑《校勘学史略》亦与之同。

⑤ 按,此"校雠学"不取广义,故凡涉及目录、版本等学问之著述如不在此列。

大陆及港台地区的校勘学著述凡 19 家,[①]校勘学史凡 3 家。另外,民国期间有以"校读法"为名之著述,推其本意,乃为学者提供校读古书之基本知识。虽有"校读法"之名,但重在校勘知识的运用,算不上研究,故我们不予统计。

根据以上著述,并结合众多文献学著述中所涉及的校勘部分和相关研究论文,以下拟详细梳理一下百年以来校勘学及小学文献校勘学在研究对象、研究内容、研究方法等方面的状况。

第一节　小学文献校勘学的基本理论

一、校勘学基本理论的研究综述

(一) 研究对象

在梳理此一问题之前,需要有两点说明:其一,校勘学之"校勘"一词以及相关的"校雠"等词的意义,学者们虽然也有不同看法,然多从《说文》《玉篇》等字书以及《国语》贾逵注、《文选》李善注等古注那里寻求字义训释,然而据笔者看来,辨析得最为清楚的还是张涌泉等编著的《校勘学概论》一书。张先生作为一名文字学家,在对二词的字形辨析、词义演变等方面的探讨要比诸家精到很多。[②]　其二,民国以来,很多校勘学著述多为集版本、目录、校勘等为一体的校雠学,如胡朴安《校雠学》、蒋元卿《校雠学史》、张舜徽《广校雠略》,等等,这是受当时推崇郑(樵)、章(学诚)之学的影响之下对文献整体观照的结果。虽然此时的学者已经对校雠与校勘有非常清晰的认识,[③]但仍然言校勘必及与校雠相关的所有知识。新中国成立以后,特别是七八十年代以来,随着文献学作为一门独立的学科正式成立之后,校勘学也随之逐渐

[①]　按,孙德谦《刘向校雠学纂微》本为专论刘向校雠学之具体工作内容,非通论校勘学理论,故略而不取。

[②]　按,相关的讨论见《校勘学概论》第一章绪论(江苏教育出版社,2007 年)。

[③]　如胡朴安、胡道静《校雠学》(岳麓书社,2013 年,第 1 页)云:"校雠学者,治书之学也。自其狭义言之,则比勘篇籍文字同异而求其正,谓之校雠。自其广言之,则搜集图书、辨别真伪、考订误谬、厘次部类、暨于装潢保存,举凡一切治书事业,均在校雠学范围之内。"

建立起了自己明确的理论体系,故其研究著述几乎不再涉及与校勘无关的其他校雠学知识。① 鉴于此,以下的梳理并不涉及这些问题。

校勘学的研究对象,民国以来的校勘学著述多有探讨,综合起来以下几种观点。

1. 古代典籍说

胡朴安《校雠学》云:"治书之对象为书本。"②又,蒋元卿《校雠学史》云:"校雠学者,治书之学也。"③又,王叔岷《斠雠学》云:"吾人所谓之校雠,乃校定古书。"④此外,黄宝实《校勘学讲稿》、戴南海《校勘学概论》、钱玄《校勘学》、张涌泉《校勘学概论》,张舜徽《中国文献学》、吴枫《中国古典文献学》、王欣夫《文献学讲义》、罗孟祯《古典文献学》、洪湛侯《中国文献学新编》、项楚等《中国古典文献学》等皆有此说。

2. 古籍校勘或校勘工作说

倪其心《校勘学大纲》云"校勘学的研究对象是古籍的校勘",⑤即"把一种古籍的不同版本搜集起来,比较它们的文字语句的异同,审定其中的正误"。⑥ 又管锡华《校勘学教程》云校勘学"只以古籍的校勘为研究对象"。⑦ 此外,张大可等《中国文献学》、⑧王俊杰《中国古典文献学概论》、⑨董洪利《古

---

① 按,戴南海《校勘学概论》(1986)、倪其心《校勘学大纲》(1987)、王云海《校勘述略》(1988)、田代华《校勘学》(1995)这几部著述中,前两部还涉及辨伪、辑佚知识,后两部则涉及辑佚知识。这些知识虽然在这些著述中已经退居次要地位,但其存在本身也反映了这些学者对校勘学的看法,即一方面仍然在延续着民国以来校勘学著述的部分传统,另一方面又将校勘学当作古籍整理的内容之一。从渊源上看,戴书出版最早,但其内容很多承自赵仲邑《校勘学史略》(1983),赵书之部分内容(如第三节校勘的对象)则来自民国学者蒋元卿《校雠学史》,而蒋氏正是广义校勘学的代表。
② 胡朴安、胡道静《校雠学》,岳麓书社,2013年,第1页。
③ 蒋元卿《校雠学史》,商务印书馆,1935年,第17页。
④ 王叔岷《我与斠雠学(演讲稿代序)》,《斠雠学 斠雠别录》,中华书局,2007年,第7页。
⑤ 倪其心《校勘学大纲》,北京大学出版社,1987年,第5页。
⑥ 同上,第1页。
⑦ 管锡华《校勘学教程》,北京大学出版社,2013年,第5页。
⑧ 张大可、俞樟华《中国文献学》(福建人民出版社,2005年,第180页)云:"以校勘工作为研究对象,叙述校勘工作的发展历史,总结校勘的方法、原则、内容,以及古籍校勘的实践经验,评价它的社会价值,对古籍整理和校勘工作提供系统的科学理论指导,这就是校勘学。"
⑨ 王俊杰《中国古典文献学概论》(齐鲁书社,2006年,第189页)云:"所谓校勘学是把校勘工作作为研究对象,对它的历史、方法、原则进行系统研究,总结校勘古籍的实践经验和社会价值,并为校勘古籍的实践活动提供系统科学的理论指导的一门学科。"

典文献学基础》、孙钦善《中国古文献学》、①杨燕起《中国历史文献学》等皆主其说。

3. 古籍中文字错误说

持此观点的学者大多将校勘学的研究对象等同于校勘的研究对象，故只谈后者而不及前者，这是因为他们将校勘学当作了古籍整理的重要环节或重要方法所致，②本质上与上一家的观点在研究角度上是相同的，只不过前者相对具有学科的意味。此观点之下的著述如赵仲邑《校勘学史略》认为校勘的对象是"古书文字上因传抄转刻而发生的错误"。③ 又，谢贵安《校勘学纲要》云"校勘的对象是指书籍中出现的文字错误"，包括文字的讹误、衍羡、缺脱、错乱及复杂错误等。④ 此外，洪湛侯《中国文献学新编》、刘青松《中国古典文献学概要》、陈广忠等《古典文献学》、黄爱平《中国历史文献学》等皆持此说。

以上三说哪一说比较合理呢？笔者认为都值得商榷。

首先，文献学的三大主要分支：目录学、版本学、校勘学在命名上是有差异的，前二者是从研究对象的角度命名的，版本、目录都有实指。而校勘学"则是以校勘活动命名"，⑤这一特殊性暗示了我们绝不能将校勘当作其研究对象来看待，因为如果这样的话，其与一些学者所说的文献学的研究对象是文献工作，目录学的研究对象是目录工作的观点一样，都将研究对象虚化或

---

① 孙钦善《中国古文献学》云："校勘学的研究对象是有关古文献错乱的情况、原因和规律，以及校勘的理论、方法和历史等。"
② 如刘青松《中国古典文献学》（第148页）云："古籍整理包括：（1）校勘，（2）标点，（3）注释，（4）翻译，（5）汇编，（6）影印，（7）辑佚，（8）编制目录索引，（9）鉴别版本等九个方面的工作。校勘除了本身就是古籍整理的一项重要工作之外，还是其他八项整理工作的先导。"这是因为该书认为"文献学是研究文献和文献工作的诸多方面的一门学科"（湖南大学出版社，2002年，第2页）。洪湛侯《中国文献学新编》（杭州大学出版社，1994年，第161页）云："校勘是文献整理的重要方法之一。"这是基于该书认为"文献学是关于文献研究和整理的一门学问"所致。
③ 赵仲邑《校勘学史略》，岳麓书社，1983年，第5页。
④ 谢贵安《校勘学纲要》，李国祥主编《古籍整理研究（八种）》，武汉工业大学出版社，1989年，第209页。
⑤ 李开升《明嘉靖刻本研究》，中西书局，2019年，第18页。

抽象化了。虚化或抽象化的研究对象由于无法将学科研究明确落实到具体层面，所以在概念的表述上是模糊的，比如倪其心《校勘学大纲》虽然明确说"校勘学的研究对象是古籍的校勘"，然而很多时候都会提到校勘古籍，甚至还有古籍的基本构成的分析。董红利《古典文献学基础》、杨燕起等《中国历史文献学》亦如此。那么，校勘学到底是以校勘为研究对象呢，还是以古籍为研究对象呢？① 同时，抽象化的研究对象由于不太明确，还往往与研究内容有相混之嫌。如管锡华《校勘学教程》云校勘学"只以古籍的校勘为自己的研究对象"，而该书之前又云校雠学"以目录、版本、校勘等为自己的研究对象"。② 按，目录、版本、校勘乃校雠学之研究分支（或研究内容），管氏则将之当作了研究内容。以此逆推，可知其应该是将校勘学的研究对象与内容混而为一了，所以该书仅明确了校勘学之研究对象，而并未论及其研究内容。再如孙钦善《中国古文献学》第四章《校勘》云："校勘学研究的对象是有关古文献错乱的情况、原因和规律，以及校勘的理论、方法和历史等。"而其章节内容正是按此顺序安排的。显然，孙先生也是将校勘学的研究对象与内容相混了。总之，虚化或抽象化的研究对象并不能作为学科的研究对象，所以第二家观点失之于抽象。

其次，第三家观点虽然看似很明确，但是却有先入为主的倾向。这些学者事先认为校勘学便是改正古书流传过程中造成的讹误的一门学科，所以在具体探讨时往往把很多并不一定是讹误的例证当成了讹误例加以处理了。如陈广忠《古典文献学》"古本已误，后校者再误"条所举的《淮南子·原道训》"欲寅之心亡于中"，王念孙认为"寅"乃"实"字之形讹，杨树达、于大成认为当作害字是。其中，所谓"古本已误"之"古本"，是指作"寅"之版本，然而此本真的是古本吗？从《读书杂志》看是指《淮南子》的道藏本，哪能称得

---

① 其实，持有此种观点的一些学者已经在表述上前后矛盾了，如管锡华《校勘学教程》既云校勘学的研究对象是古籍的校勘，又云"校勘的对象是古籍"（第100页）。从该书章节安排上看，校勘简史即校勘学史，那么，校勘的对象也应该等同于校勘学的研究对象。

② 管锡华《校勘学教程》，北京大学出版社，2013年，第5页。按，该书在"校勘"一小节云："'校雠'与'校勘'在历史上本是一对同义词，都有广狭二义：广义包括目录、版本、校勘等内容，狭义只指校正文字。"与下面"校雠学与校勘学"中谈到的版本、目录、校勘是校雠学的研究对象之说是矛盾的。这里也体现了其将研究对象和内容混而不别的倾向。

上是古本呢？所谓"后校者再误"，是指王念孙之说。那么，王氏之说真的就有误吗？并不一定。所以，此处所云"后校者再误"是在该书作者事先承认杨、于二家之说是正确的基础上做出的判断，至多是一家之言，并不一定符合事实。因此，此处之讹误并不是一个客观的事实，两家的观点是一个两可的说法。

从整体上看，持有此观点的这些著述大多没有对所谓的"讹误"有明确的划分，其中最详细的赵仲邑《校勘学史略》所列诸错误类型，也基本承自蒋元卿《校雠学史》，而后者又是从王念孙《读淮南子后序》和俞樾《古书疑义举例》中省并而来的，由此我们可以找到这些著述对所谓"讹误"类型划分粗略之根源了。

然而另一类学者发现，①所谓的错误是可以分为异文和疑误两大类的，前者是从不同版本的对校中发现的不同文字，后者是各本无异文但实际上却有错讹，但无迹可寻的错误。可是即便这样，我们仍然会发现其有些地方是值得商榷的。据称，"疑误"是"怀疑有错误"，"通常是发现义理不通的疑误，或者发现名物制度上矛盾的疑误，或者发现历史事实上抵牾的疑误，或者发现音韵上不合古音的疑误等等"。② 既然如此，那么此类所谓的"错误"便是一个见仁见智的问题了，如倪其心在《校勘学大纲》中所举的《离骚》一节等。在原本不存且诸本无异的前提下，这样的"疑误"又怎么能称得上是错误呢？综上所述，笔者认为第三家观点也是值得商榷的，其失之于主观。

再次，从目前看，持第一家观点的学者自民国以来一直不乏其人，该观点也比较接近校勘学研究的实际。然而从渊源上看，此种观点最初是在校雠学的外衣之下提出来的。也就是说，正是早期的校勘学学者如胡朴安、蒋元卿等首先认定校雠学是一门治书之学，然后作为其分支之一的校勘学才

---

① 按，明确给讹误进行划分的著述如倪其心《校勘学大纲》(1987)、孙钦善《中国古文献学》(2006)、郭英德、于雪棠《中国古典文献学的理论与方法》(2008)、项楚、罗鹭《中国古典文献学》(2013)等。按，孙钦善《中国古文献学》将异文分为正误与异同两类。项楚、罗鹭《中国古典文献学》将异文分为求同异文（可判断正误）和存异异文（只能存疑）两类，其中前者又分真异文（正确的异文）和假异文（错误的异文）两小类。

② 倪其心《校勘学大纲》，北京大学出版社，1987年，第145页。

自然而然地成为一门治书之学了,校勘学的研究对象是从校雠学那里延续过来的,而这种思维在文献学这一学科正式建立以后也没有太大的改变,①所以诸多校勘学著述在具体内容和知识体系上基本大同小异。由此造成的后果便是,学者们都认为校勘学的研究对象是古代文献,研究的内容是总结和分析古代文献在传抄刻印过程中出现的诸多有意、无意造成的错误类型及致误缘由,然而最后的结果可能并不是尽如人意的。

以程千帆、徐有富二先生所编的《校雠广义·校勘编》为例,该书可以说是一部集大成的校勘学著作,自 1988 年由齐鲁书社出版以来,至 2020 年修订由中华书局出版时,已经是第三版了。从内容上看,该书在总结书面材料错误类型和致误缘由方面颇下功夫,无论其材料的丰富性上,还是分析的细致性上,都是大多同类校勘学著述难以企及的。该书虽然并未明确提出其研究对象,但从其相关的探讨上可以推测出其认为校勘学的研究对象应该是书面材料,主要还是古代的典籍。就该书第三章《书面材料发生错误的原因》而言,诸错误类型中分析出的原因不可谓不细致,然而该书亦有微瑕。

首先是重复,即诸类中错误的原因中有一些是可以合并的,如第一节《致讹的原因》中"因避讳改字而讹"与"因政治原因而改"两例,虽然从例证上看,前者指不明君讳而讹,后者则因其他原因而改字,但是君讳也是因政治原因造成的。何况其在"因政治原因而改"之"乙 因迫于压力而改"所引王利器先生《杜集校文释例》中的例子,在王先生文中明明属于"清人避讳改字"之例。② 由此可见两个原因完全是可以合并的。同时,该书致讹原因中有很多例证是两可的,如《敦煌变文集·百鸟名》"色能姜"一句,学者称此"姜"为"美"之俗字"羙"形近之误,③该书虽将此例归入"因俗字而讹"中,但既然二字是形近而误,那么归入该书之"因形近而讹"又有何不可呢? 此例

---

① 20 世纪 80 年代以来很多校勘学著述都继承了民国时期学者们将校雠学分为广义和狭义的观点,这本身就暗示了这种思维的延续性。另外一个实际的例子便是赵仲邑《校勘学史略》(1983)虽然以"校勘学"为名,但其理论体系和具体内容与民国学者蒋元卿《校雠学史》(1935)并无二致,都是广义的校雠学。

② 程千帆、徐有富《校雠广义·校勘编(修订版)》,中华书局,2020 年,第 95 页。按,王利器先生之文见《王利器论学杂著》,北京师范学院出版社,1990 年,第 132 页。

③ 程千帆、徐有富《校雠广义·校勘编(修订版)》,中华书局,2020 年,第 71 页。

之误,俗字只是直观原因,形近方是其实质,较为准确的表述应该是因一字之俗字字形与另一字之字形相近而造成的错误。

其次是泛谈,即诸致误原因中有一些是泛泛而谈的,如第二节《致脱的原因》之"十二 写工阙抄"和"十三 出版单位刊落",其实可以统辖之前大多数原因。从其所据例证看,前者多为抄脱,后者则为刊脱,兼含有意和无意两种情况。而该书第二节《致脱的原因》开篇便云:"致脱的原因,有自然因素,也有人为因素。在人为因素中,有无意而脱,也有有意而脱。"[1]显然致脱之十五原因不过是此二类的具体分析而已。两相对比,可见该书关于致脱原因中的第十二和十三条是立足于总体上的分析。同时,从此两条所举诸例看,大多为前代题跋或札记,与前面诸条之具体校勘例证并不相同。诸例之中,或云"抄书者但看底字韵,便接后去",或云"似有意刊落,而非偶然脱漏者",这些所谓的脱落之辞显然都是作者的推测,怎么可以援此以成例呢?

最后是游离,即一些原因游离于校勘之外,实非校勘致误原因。如第一节《致讹的原因》中"十六 为方便读者而改"所引三例中,涉及的是古今字的对译问题,并不属于文字的讹误,可归入训诂知识。再如"十七 因提高文字水平而改"所举诸例,多为文章修辞和炼字的知识,也不属于校勘。

从整体上看,该书诸致误类型中的相关原因并不是从固定的角度分析出的,而是将各个角度的分析结果融合在了一起,所以不免会出现以上的情况。实际上,如果从民国以来的诸校勘学或文献学著述看,或多或少都有以上一些问题,所以这是一个整体的特点。

究其原因,大致有以下两点:

其一,研究思维和依据材料基本一致,都延续了乾嘉以来的学术传统。

从诸书依据的材料看,学者们大多参照了王念孙《读书杂志·读淮南杂志书后》、王引之《经义述闻》卷三十二《通说下》、俞樾《古书疑义举例》、陈垣《校勘学释例》、王叔岷《斠雠学》等著述的研究成果,尤其是在分析校勘错误类型和致误原因的时候。有些著述会在这些成果的基础上稍加辨析,有的

---

[1] 程千帆、徐有富《校雠广义·校勘编(修订版)》,中华书局,2020年,第99页。

则直接用来构建其章节内容,显然这是对乾嘉以来学者研究成果的肯定和因袭。

然而如果细心分析以上材料,可以发现,就二王著述之相关内容看,与其称它们是校勘的通例,还不如说它们是考证的总结。与其说它们在恢复古书面目,还不如说它们在指导后世阅读。① 乾嘉诸老在文献校勘上侧重考证与指导阅读的特点对清末乃至民国时期的学者产生了深远的影响,所以这一时期的校勘学著述虽然在校勘古书时在材料的运用和是非的判断上有后出转精之趋势,但在整体的思维模式上并没有太多改变。② 由此带来的结果是,校勘学一直无法摆脱考证的影响,版本校勘的客观成果也多为考证之主观判断所掩盖。相应地,出于指导读书的目的,依据校勘考证结果归纳出的诸通例也多具主观随意性,所以我们随处便可看到诸条标准不一、重复两可,乃至出入校勘等情况。如王念孙《读淮南子杂志书后》"有因字不习见而误者"条共举12例,除例1、4、10、12等未及明言其错误原因外,余例根据《淮南子杂志》正文分析可以分为以下几种类型:

(1) 例2"履"讹作"属",例3"墓"讹作"箕"为形近而讹,而例7"工"讹为"氐"不仅为形讹,具体还可归入"有因隶书而误者"之例;

(2) 例3"扣"讹作"抽"为字不习见而误;

(3) 例11"藜藿"讹作"藜霍"为词不习见而误;

(4) 例5"鐉"讹作"错"且"鐉鼎"互倒的情况,与"有既误且改而失其韵者"中所举"蠃"讹作"理"且"蘋莎"互倒之例相同;例6"杌"误为"抗",又误为"杭",与"因误而致误者"中所举"嘖"误为"喷",又改为"愤"之例相同;例9正文"趺"字讹作"跌",注文则字讹且有错乱,以上皆为二重错误。

由此可见,王氏此例容纳了很多不同例证,而如(1)中诸例证显然与其通例所云是相抵牾的,这种情况反映了王氏之通例和例证是随意归纳的。

---

① 王念孙《读淮南杂志书后》在归纳出其六十二例之后,云:"学者读古人书,而不能正其传写之误,又取不误之文而妄改之,岂非古书之大不幸乎?"暗含的意思便是其书能为学者读古书提供指导。俞樾《古书疑义举例序》则说得更明确,云其书是"使童蒙之子,习知其例,有所据依",或亦是读书之一助。

② 按,诸书的特点详见下一节,此略。

之后俞樾《古书疑义举例》虽然归纳出八十八例,但从其通例及通例与例证之间关系看,也有很多如王氏之例那样的情况,其虽然卷五以后多谈校勘,但其与注释、文法等相杂的状况,反映了其并非纯粹的校勘,而是与其他知识一同为读书服务的。而20世纪80年代以来一些校勘学著述不详加分析乾嘉以来之学术背景及诸老著述之特点,或盲目因袭其研究成果,或据诸书通例删并增改,这显然是造成校勘学或文献学著述体例、内容雷同而毫无新意的主要原因。

其二,研究角度大致相同,都侧重整体把握。

与上一原因相应,诸著述在对古代典籍这一研究对象上采用了整体观照的视角,然这一角度显然并不利于问题的解决。自王念孙以来,虽然学者们非常清楚"致误之由,则传写讹脱者半,凭意妄改者亦半也",①但是即便如《校雠广义·校勘编》《校勘学教程》等那样对诸类错误之原因分析得如此详尽而清晰,究竟哪些属于"传写讹脱者",哪些又属于"凭意妄改者",显然是难以截然两分的。如《校勘学教程》中"钞刻而衍"中有涉上文而衍、涉下文而衍、涉上下文而衍等几种情况,然"臆改而衍"中"不懂语法妄加而衍""误断文句妄加而衍""不懂修辞妄加而衍"中的诸例也可以说是涉上下文而衍。再如《校雠广义·校勘编》"因重文而脱""因忽略重文符号而脱""因上下文而脱"三条,从诸例证看是可以归并在一起的,因为脱去的基本上是前后相同的内容,至于这些内容到底是相同的字词,还是重文符号,因大多无版本依据,所以只能通过推测来获取了。因此,这些脱文是抄刻之脱,还是妄改之脱,尚是一个见仁见智的问题。

毫无疑问,学者们归纳出的两个致误之由是值得肯定的。但是面对真实存在于具体文献当中的这些"讹误",其致误原因到底该归属于哪一类,很多时候是无法说清楚的。这是因为无意的钞刻之误与有意的妄改之误有可能同时被作者、抄手、刻者、传抄者等任何一个人造成,而这些身份有时会集

---

① (清)王念孙撰,徐炜君、樊波成、虞思徵、张靖伟等校点《读书杂志》,上海古籍出版社,2014年,第2468页。

中于同一人身上。这样一种情况下,后人又怎么知道这些"错误"是主观造成的,还是客观造成的呢？可能也正是如此,学者们在总结具体的致误原因时只能笼统地说"因某某而妄改""浅人妄改"之类充满鄙夷性的词汇,但却无法指出到底是此部文献的哪个版本,在编纂、刊印、流传、阅读等的哪个阶段的哪个妄人修改的。乾嘉以来的考据心理和阅读目的使学者们将校勘的对象一直当作一个整体来看待,而忽略了文献的内部结构分层,①更无法太多顾及文献编纂、刊印、传播等的动态过程,这些都会使校勘学家太过注重文本文字对文本内容的影响,而对文本形态和承载它们的版本有所忽略。因此,无论是广聚诸本进行校勘之时,还是参照某本进行阅读之时,面对发现的可能"讹误",学者们大多不会将之落实到具体的版本之上,②更不会分析造成这种"讹误"的特定文化背景,而仅仅是将其笼统地聚集在一起进行静态的考证,并调动自己的知识储备进行合理的推断。也正因为如此,我们的很多校勘学著述的例证大多不会指明"错误"发生的具体版本,而仅仅分析"错误"出现的可能原因。但这种原因显然是经不起推敲的。以王念孙《读淮南子杂志书后》为例,该篇是王氏以《淮南子杂志》这部著作的考证成果为基础归纳出的校勘条例总结。从篇前序文可知,该书以《淮南子》的《道藏》本为底本,以刘绩本、庄逵吉校本等部分版本以及群书(类书或相关文献等)所引为参校本,但未及此书的宋本,③所以这是在不完全版本校勘的基础上做出的考证。具体到该篇所举之通例及例证,如"有因隶书而误者"条所举《说林篇》"在于批扰"之"扰",《道藏》本作"伉",刘绩本作"伉",王氏云"扰"讹作"伉""伉",是因为"尢"之隶书与"亢"之隶书形近。④而《列子释文》有"扰"作"抗"者,俗书亦有"沈"讹"沉"者。这些看似颇具说服力的考证显然只能证明"扰"有讹作"伉""伉"的可能,但无法证明《淮南子》诸本异文真

---

① 按,关于文献结构的分层,参见本书第一章研究对象一小节。
② 当然,也有一部分学者会注重版本对文本的影响,如陈垣《校勘学释例》等。
③ 清嘉庆二十五年,顾广圻遵王念孙嘱托,将《道藏本》与宋本之异同录毕见示,已经是《读淮南子杂志书后》写毕的五年之后了。
④ (清)王念孙撰,徐炜君、樊波成、虞思徵、张靖伟等校点《读书杂志》,上海古籍出版社,2014年,第2365—2366页。

的按如此推断进行讹误。在未见《道藏》本的底本即宋本的前提下,这种对诸本文字差异的判断显然具有很强的主观性。反过来,即便是宋本作"扰",也无法证明后两本的"伉""伉"一定是由于隶书形近而误造成的。"扰"与"伉""伉"的互讹只能在放在具体版本的分析当中方具有客观意义,亦即需要梳理在《淮南子》《道藏》本或者同一时代的文献中所有从"尤"之字的隶书存在与从"亢"之字的隶书相讹的普遍性,方能说明"扰"讹作"伉"确实是由隶书而误的,否则这种结论永远是推断,并不具有方法论的指导意义。

以上讨论告诉我们,要想真正弄清校勘学的研究对象,必须从传统的研究思维中解放出来,把校勘学从考证那里剥离出来。同时,还需要从传统对文献的整体观照的视角转向对文献本身结构层次的细致分析,从而把校勘时发现的版本差异落实到具体的版本之上,并进行历时和共时的致误原因的分析。这样,所谓的"钞刻之误"和"妄改之误"便真正地实现有据可循了。

基于以上分析,笔者认为校勘学的研究对象为古代典籍之说略显笼统。具体地说,从文献本身的结构层次上看,其研究对象应该指向文献形式方面,即除了文本内容和思想之外的文本,包括文本文字和文本形态,它是建立在版本基础上的。关于此,但早在20世纪30年代,陈垣先生《校勘学释例》卷一"行款误例"等已将之纳入其校勘体系之中了。如果追溯源头的话,清代以来校勘学家勾勒行款的做法已经触及这方面的知识了。[①] 遗憾的是,现在大多数校勘学著述并没有把它们继承下来。

(二) 研究内容

围绕校勘学的研究对象开展的研究内容有哪些呢?其实也是个见仁见智的问题。从民国以来,随着学者们对校勘学体系认识的逐渐加深,其研究内容也随之基本达成了共识。这样的一种变化,可以从诸校勘学和文献学著述中反映出来。

整体上看,民国时期的校勘学著述的研究内容大多从属于校雠学,故其

---

① 石祥《勾勒行款:一个隐入历史的校勘学典范》,《中国典籍与文化》2013年第2期。

内容夹杂了很多校勘之外的诸如版本、辑佚、辨伪等知识，胡朴安《校雠学》（1931）、蒋元卿《校雠学史》（1935）便是这方面的代表，其基本内容包括校勘体系（校勘释名及相关内容）、校勘学史、校勘方法等。另外，向宗鲁《校雠学》（1944）虽然认为"校雠之名，本以是正文字为主"，①但从其残存的章节名称看，其研究内容大致同蒋氏之书。

新中国成立以后，尤其是 20 世纪 80 年代，在文献学理论体系的逐步建立起来的同时，校勘学的理论体系也随之从校雠学中分离出来。虽然学者们已经十分清楚校勘与校雠、校勘学与校雠学的区别，但是在研究内容上仍然或多或少藕断丝连，戴南海《校勘学概论》（1986）、倪其心《校勘学大纲》（1987）、王云海等《校勘述略》（1988）等便是这方面的代表。其基本内容除了校勘体系、校勘学史、校勘方法等外，还包括错误类型和致误原因及校勘成果的呈现方式等，这些内容都是之前很少出现的。然而三书同时专章介绍了辑佚和辨伪的知识的做法也体现了其并没有完全摆脱民国时期校勘学著述的知识体系，然而这种状况并没有持续多久。之后，以管锡华《校勘学》（1991）、程千帆等《校雠广义·校勘编》（1998）等为代表的校勘学著述的研究内容基本围绕校勘学的研究对象展开，主体包括校勘体系、校勘学史、讹误类型及致误原因、校勘方法、校勘成果的处理以及校勘的态度（或注意的问题）和条件（或具备的知识）等。至此，校勘学理论体系已经完全走向了成熟，之后的张涌泉《校勘学概论》等的研究内容也大致不出此范围。另外，值得一提的是，中国台湾地区学者王叔岷先生的《斠雠学》（1959）出版的要比以上诸书要早很多，但由于种种原因，直到 21 世纪初方进入大陆文献学者的视野，②其基本研究内容其实已经涵盖了上面的所有知识。

以上我们大致梳理了校勘学研究内容方面的演变情况。基于此，围绕前面所探讨的校勘学的研究对象，笔者认为其研究内容至少包含以下三方面：

---

① 向宗鲁《校雠学》，商务印书馆，2014 年，第 1 页。
② 从诸书引用情况看，王叔岷先生《校雠通例》一文较早在程千帆、徐有富《校雠广义·校勘编》便被引用过多次，之后高尚榘《古典文献学》、潘树广等《文献学纲要》等皆偶有引用。后来的《斠雠学》一书虽然将《校雠通例》作为其中一个章节进行了修订增补，但在大陆的影响并不是很大，但也偶见征引，如郭英德、于雪棠《中国古典文献学的理论与方法》等。

(1) 校勘内容：校勘文献文本的哪些内容。

(2) 校勘方法：运用什么方法进行文本校勘。

(3) 校勘成果呈现：校勘的文本成果通过什么形式展现。

值得一提的是，作为一门实践性很强的学科，校勘学会随着校勘的具体对象、校勘目的和校勘材料的不同而采用灵活的校勘方法，这使得校勘成果呈现多样化的表现形式，这也暗示了校勘学的研究内容具有很丰富的内涵和灵动性。

(三) 研究方法

很多学者认为，校勘是古籍整理的重要环节，或者勘正古书错误的方法，[①]校勘由此变成了一门为他人做嫁衣裳的学问。然而学科意义上的校勘学是具有相对独立性的，所以它应该有围绕其对象和内容展开的研究方法。谢贵安《校勘学纲要》将校勘学的研究方法归纳为哲学方法、新科学方法等六种，[②]探讨的角度颇有新意，笔者则认为至少包括以下两种：

1. 比较法

比较之法是很多学科常用的方法之一，但是校勘学却是将之使用的最为彻底的一门学科。校勘有比较、勘定之义，校勘的内容是通过比较来获取同一文献不同版本之差异，校勘的方法是运用不同的材料或采用不同的角度去进行比较，校勘的结果也在形式上体现为比较之后的文字、形式等的差异。一定意义上可以说，校勘学如果离开比较，其结论将会变得主观而流于推测。

2. 考证法

校勘学虽然不以考证为主，但版本差异的是非判断却离不开考证。校勘学虽然不以是非判断为主，但是非判断却不可避免地参入到具体的校勘活动之中。校勘学史上一直有校异同与辨是非之分，前者源远流长，但一向

[①] 前者如管锡华《校勘学教程》(北京大学出版社，2013年，第7页)云："校勘除了本身就是古籍整理的一项重要工作之外，还是其他七项古籍整理工作的先导工作。"后者如张大可、俞樟华《中国文献学》(福建人民出版社，2005年，第179页)云："校勘……是广聚众本，并以善本或古书为底本，校正、勘误古书字句错误的方法。"

[②] 谢贵安《校勘学纲要》，李国祥主编《古籍整理研究(八种)》，武汉工业大学出版社，1989年，第204—208页。

被斥为小道,后者则一直很强势地影响着校勘学的发展方向,①这使得校勘学在很长的时间内都与考证学难舍难分。然而学科的发展要求势必要求二者有所区分,目前学者们虽然很多都对二者有了清晰的认识,但考证之法仍然贯穿在校勘的始终。此种考证在校勘记或批校语中大多体现为直接呈现判断结果而省略了翔实的例证和细致的考证过程,②然考证过程有时会另以专书的形式流传于世,如存藏于台湾"中研院"傅斯年图书馆的《吕氏春秋》校本和藏于上海图书馆的《管子》校本等为王念孙手批校本,③其校语与《读书杂志》相关考证条目相校,详略立见。以上告诉我们,校勘学用考证之法判断正误的做法虽然是存在的,但是在使用范围上却是有限的,否则就与考证学混而无别了。

（四）研究目的

校勘学的目的是什么,似乎只有少数几位学者能站在学科的角度明确谈论这个问题。倪其心《校勘学大纲》云:"作为一种专门的科学,校勘学既然以古籍的校勘为自己的研究对象,其目的和任务便是总结历代学者校勘古籍的经验,研究校勘古籍的法则和规律,为具体进行古籍校勘提供理论指导。"又云:"作为一项具体的整理工作,校勘总是以一种古籍进行校勘,要求存真复原,尽力恢复它的原来面貌,为阅读或研究提供接近原稿的善本,这是校勘的目的和任务。"④这是将校勘学与校勘的目的和任务相互对比之后得出的结论。管锡华《校勘学教程》云校勘学的目的和任务是"总结历代学者校勘古籍的经验和教训,研究校勘古籍的法则和规律,以指导校勘的实践"。这是将校勘学跟校雠学的目的和任务相互对比时得出来的。⑤ 以上两家说法大同小异,均将校勘学的目的指向了指导校勘实践,这无疑是非常正

---

① 胡适在《元典章校补释例序》（见《校勘学释例》前附,中华书局,2016年）中便说:"三百年中,校勘之学成为考证学的一个重要工具。"
② 或以"某误""某是"等形式,或直接改动底本文字,有时也有简单的考证。
③ 张锦少《王念孙古籍校本研究》,上海古籍出版社,2014年。
④ 倪其心《校勘学大纲》,北京大学出版社,1987年,第5页。按,郝桂敏《中国古典文献学简明教程》与之全同。
⑤ 管锡华《校勘学教程》,北京大学出版社,2013年,第5页。按,郭英德、于雪棠《中国古典文献学的理论与方法》与之全同。

确的。校勘学作为一门理论性很强的学科,其直接的目的一定是服务于具体的校勘实践活动(工作)的。然而校勘活动又是主要通过版本比勘来实现其校勘目的的,所以便形成了"校勘学研究目的——校勘实践活动——校勘(实践)的目的"这样一种思维模式。从目前的校勘学和文献学著述看,20世纪80年代以后出版的大部分著述的知识内容显然是直接或间接承自民国时期的著述的,而后者又与清代乾嘉以来侧重考证的校勘成果有莫大的联系。在学科理论尚未成熟的那个阶段,在所谓治书之学的影响下,学者们很容易会将校勘考证结果简单归纳为若干条例,并以此作为校勘学体系的内容。所以,民国以来相当多的学者会将校勘的目的等同于校勘学的研究目的。①在他们看来,校勘的目的是恢复古籍本来面貌,所以这意味着它同时也是校勘学的研究目的。如:

(1) 胡朴安《校雠学》云:"治书之对象为书本,其目的将校理讹乱书籍,使各还其真也。"②

(2) 王叔岷《斠雠学》云:"斠书之目的,在复其本来面目。"③

(3) 倪其心《校勘学大纲》云:"作为一项具体的整理工作,校勘总是以一种古籍进行校勘,要求存真复原,尽力恢复它的原来面貌,为阅读或研究提供接近原稿的善本,这是校勘的目的和任务。"④

(4) 张涌泉《校勘学概论》云:"校勘的根本目的是求真,同时也就决定了校勘不是为了求善求美。……校勘学家的任务是恢复古书的本

---

① 在这些著述当中,仅有校勘目的而无校勘学目的便是最好的说明,如谢贵安《校勘学纲要》,程千帆、徐有富《校雠广义·校勘编》,张涌泉《校勘学概论》以及大多数文献学著述。
② 胡朴安、胡道静《校雠学》,岳麓书社,2013年,第2页。
③ 王叔岷《斠雠学 斠雠别录》,中华书局,2007年,第105页。按,此说在王先生书中出现过多次,往往是融合在校雠学的定义之中,如其《序》(第1页)云:"所谓'斠雠学',简单地说,就是订正古书字句之学。概括地说,是恢复古书本来面目之学。"又第一章《释名》(第6页)云:"所谓校雠学,即恢复古书本来面目之学。本来面目包括作者(是否)、书名(异同)、版本(早晚)、篇目(先后)、篇数(多少)、篇名(原貌)、字句(变异)、章节(窜乱)、篇第(分合)、残佚、真伪等。"又《附录七·校雠学与中国学术》(第493页)云:"校雠学,不过是订正古书字句之学,也可说是恢复古书本来面目之学。"
④ 倪其心《校勘学大纲》,北京大学出版社,1987年,第5页。按,类似的说法还有(第86页):"校勘古籍的目的和任务是力求存真复原,努力恢复古籍的原来面貌,提供接近原稿的善本。因此,从理论上说,校勘的根本原则就是存真复原。"

来面目,恢复事实的本来面目。"①

(5) 张大可《中国文献学》云:"校勘的原则即目的有三项:一曰存真,二曰校异,三曰订讹。存真又分二种,一为求古本之真,二为求事实之真。……校异,只是罗列众本异同,校者不作是非判断。订讹,是最上乘的校勘,要明其致讹原因,用正本或理校订正讹误。"②

(6) 董洪利《古典文献学基础》云:"校勘是取得正确文本的重要手段,它既以恢复古籍的本来面目、提供最接近原稿的善本为最终目的,其根本原则是存真复原。所谓'真'和'原',是指原作者思想内容与语言文字之真、原稿原貌之原。"③

以上六家分别代表了不同时期学者对校勘目的的认识。该认识虽然在诸家各自的著述中有详略之分,但却不约而同地达成了共识,即我们前面提到的:恢复古书的本来面目。那么,什么才是古书的本来面目呢?王叔岷先生说得最为具体:"本来面目包括作者(是否)、书名(异同)、版本(早晚)、篇目(先后)、篇数(多少)、篇名(原貌)、字句(变异)、章节(窜乱)、篇第(分合)、残佚、真伪等。"④然而结合其《经验与材料——校雠学问题之一》一文所说的"斠雠学为考证学之一"⑤可知,这些"本来面目"与其说是斠雠要恢复的对象,还不如说是考证的具体内容。该书对校雠学与考证学的理解也意味着校雠学并不具有独立性。此外,其他学者虽然没有对该词进行具体的解释,但是却通过委婉的方式进行了暗示,即所谓"求真"或者"存真复原"。其中所谓的"真"又有看似不同的内涵,以下我们分别加以阐释。

---

① 张涌泉《校勘学概论》,江苏教育出版社,2007年,第127页。按,赵仲邑《校勘学史略》亦有类似的观点,其云:"校勘的目的是求真,不是求善求美。"
② 张大可、俞樟华《中国文献学》,福建人民出版社,2005年,第180页。按,以上三个原则或目的,戴南海《校勘学概论》(陕西人民出版社,1986年,第33页)与之同,但将之称作"校勘的三种方式",并云:"这是由于校勘的目的不同而形成的。"前者可能承自后书。
③ 董洪利《古典文献学基础》,北京大学出版社,2008年,第133页。
④ 王叔岷《斠雠学 斠雠别录》,中华书局,2007年,第6页。
⑤ 王叔岷《斠雠别录》,《斠雠学 斠雠别录》,中华书局,2007年,第513页。

1. 古本之真和事实之真

很多学者都持此说法，但进一步做出解释的却很少。比较详细的如上举第(5)家观点，认为这里的"真"包括古本之真和事实之真。① 另外，张涌泉《校勘学概论》云："校勘学家的任务是恢复古书的本来面目，恢复事实的本来面目。"②说法虽有小异，根本上实与上条同。如果追溯渊源，此类观点实脱胎于段玉裁之说。段氏在《与诸同志论校书之难》中云："校书之难，非照本改字、不讹不漏之难也，定其是非之难。是非有二：曰底本之是非，曰立说之是非。"又云："何谓底本？著书者之稿本是也。何谓立说？著书者所言之义理是也。"③这里的"底本""立说"，对应上面的"古本""事实"。然而后世在解释"古本之真"的时候，又有两种不同的看法，如赵仲邑《校勘学史略》等认为指的是对古书传抄翻刻之误的校正，④戴南海《校勘学概论》等则认为指的是藏书家勾勒善本之行款的行为。⑤ 然而无论是哪一种，显然都非段氏所指。当段氏之"底本"被换成"古本"之时，意味着学者们已经将求经书注疏底本之真变成了校勘群书普遍追求的目的。那么，脱离了段氏语境而被更换的"古本"到底指什么呢？

2. 思想内容之真和语言文字之真

上举第(6)家持此观点，认为"存真复原"的"真"是指"原作者思想内容与语言文字之真"，"原"是指"原稿原貌之原"。并且认为"校勘要解决的是流传中形成的错误讹谬，而不是替作者改文章、出修订本，也不是从规范语言文字的角度进行正字。通过这项提供给读者的，是古代典籍及其中信息的本来面貌"。

如果将以上两种观点加以对比，可以发现，第二种正好对应第一种的"古本之真"，也就是说，第一种强调的是通过去除古书因传抄刊刻时造成的

---

① 除了张大可《中国文献学》外，赵仲邑《校勘学史略》、曾良《古典文献学》等亦有类似的看法。
② 张涌泉《校勘学概论》，江苏教育出版社，2007年，第127页。
③ (清)段玉裁撰，赵航点校《与诸同志论校书之难》，《经韵楼集》卷十二，凤凰出版社，2010年，第313页。
④ 赵仲邑《校勘学史略》，岳麓书社，1983年，第145页。
⑤ 戴南海《校勘学概论》，陕西人民出版社，1986年，第33页。

错误来恢复古书面目,第二种则恰好正面回答了古书面目(古本)具体指什么,但其明确反对"事实之真"。由此可见,以上两种"求真"观点的根本歧异在于是仅求古本之真,还是兼及事实之真。前者体现了尊重版本原貌之态度,故仅校抄刻之误;后者反映了尊重古书事实之态度,故兼改作者之误。如果追根溯源的话,早在乾嘉时期便出现了围绕此两种观点展开的论争:以卢文弨、顾广圻为代表的学者遵前一说,主张"以不校校之",①所谓对校一派;以段玉裁、王念孙父子为代表的学者则从后一说,主张择善而从,所谓理校一派。二派之校勘理念之争其实属于藏书家与考证家之争,亦是卢文弨所说的"校书与著书不同"所致。② 其影响所及,则直接体现在民国以来诸校勘学著述体系的方方面面,如校勘成果的处理上,有定本附校勘记和底本附校勘记之别,③等等。然而细心查看,以上两种观点其实有其相同之处,即都同意通过校改错误来恢复古书面目,只不过其校改错误的范围和方式不同而已。可是即便如此,校勘学家真的能够通过校勘恢复古书本来面貌吗?从历代校勘实践看,答案自然是否定的。

  首先,很多学者都承认,由于主客观的原因,④很多古书的原稿在流传过程中并不能完整地被保存下来,甚至晚近书籍的较早抄本或初印本亦难得一见。而保存下来的诸书,也会在传抄刊刻过程中出现有意或无意的改动。那么,在这种古书或古本原貌缺失的情况下,后人又怎么能够恢复其本来面目呢?又是通过什么方式去恢复其本来面目呢?比如《说文》之大徐本,历经宋刻、元修及清代中期毛氏重刻及历次刻印之后,⑤其面目早非旧观。段

---

① 见顾广圻《礼记考异跋》(王欣夫辑《顾千里集》卷十七,中华书局,2007年,第265页),其云:"广圻窃不自量,思救其弊,每言书必以不校校之,毋改易其本来,不校之谓也;能知其是非得失之所以然,校之之谓也。"
② (清)卢文弨《与王怀祖庶常论校正大戴礼记书》,《抱经堂文集》卷二十,《四部丛刊初编》本。
③ 程千帆、徐有富《广校雠略·校勘编(修订本)》,中华书局,2020年,第347—356页。
④ 戴南海《校勘学概论》(陕西人民出版社,1986年,第10—11、19页)云:"古书致误的原因,分客观因素和主观因素两种。客观因素是指诸如水、火、虫蚀、社会动乱等原因所造成的书籍缺损而致误,也包括在传抄、传刻过程中由于文字形近或音近而造成的无意识的错误。""至于由于主观原因,即不通古书、据臆妄改而造成的错误,也不在少数。"
⑤ 汲古阁本《说文》在清代的刊印情况,详见笔者《毛氏汲古阁本〈说文解字〉刊印源流新考》(《励耘语言学刊》2019年第1辑)。

玉裁有感于此,故作《汲古阁说文订》"以存铉本之真面目,使学者家有真铉本而已矣"。然而其所据四宋本皆非宋代原刻,所校内容又颇多主观考证,则其所恢复的"铉本"难道真的是大徐之真面目吗？又如《说文古本考》一书,周云青《补说文古本考纂例》第十四条云其是"复许书古本之旧",然从其内容看,不过据《玉篇》《广韵》《艺文类聚》等字书、类书所引《说文》来订正大徐之讹误,难道这样就可以恢复《说文》之原貌了吗？在原书或原本不复存在的情况下,任何试图去恢复书籍原貌的说法显然都是不切实际的。

其次,校勘一词的本义及其意义演变在诸家著述中虽然颇有争议,但通行的意义包含校对、审查等。这意味着在原书或原本缺失的情况下,后世学者任何的校勘行为其实都含有主观判断,即使以"不校校之"著称顾广圻,在校书时也不免有改动底本文字的行为。如孙星衍在重刻《说文解字》时,曾延顾广圻校勘摹字。尽管其《序》称"今刊宋本,依其旧式,即有讹字,不敢妄改,庶存阙疑之意",然实有颇多改动之处,[①]并非如其所说的"既有讹字,不敢妄改"。理想中的客观校勘其实仅出现在版本对校之中,然而在具体实践中,这种校勘往往是不完整的,因为校勘者并不能聚集一书所有的版本进行校勘,甚至无法找到最早的版本加以校勘。同时,这种校勘往往不可避免地会辨别是非,甚至进行考证。校勘时存在主观的判断,即便少之又少,也意味着已经偏离了作者本意,只能是离古书真面目越来越远了。

再次,后世的学者虽然大谈"古书本来面目",其实并没有几家明确界定这个"本来面目"到底是什么。即使如董红利主编的《古典文献学基础》说"'真'和'原',是指原作者思想内容与语言文字之真、原稿原貌之原",也没有进一步指明"原作者""原稿"的具体内涵。说得清楚一点,如果一部著作是由单一作者撰写而成,那么"原作者"确实有明确所指,但如果该部著述是由世代累积而成的,那么"原作者"又该如何处理呢？比如《尔雅》一书之编者,早期有周公、孔子弟子或门徒、汉儒所作等说法,现在学者则认为是战国

[①] 改字的情况见董婧宸《孙星衍平津馆仿宋刊本说文解字考论》(《励耘语言学刊》2018年第1辑)。

至汉代儒家后学"杂采几代多家的训诂材料汇编起来的。而且,汇编也不是一次而成,而是逐步完善"。① 显然,这种累次汇编的著述是无法考订其"原作者"的。就连汇编次数及每次汇编的编者都是个未知数,又怎么能通过校勘恢复"原作者思想内容与语言文字之真"呢?同样,"原稿"也是一个笼统的概念。我们知道,一部文献是由文本和版本构成的。文本通过版本实现了自己的物质化,也就产生了文献本身。然而文献从撰写完毕至流传于世这个过程并不是一成不变的,而是会以不同的版本类型呈现出来。从版本类型上看,一部文献的版本就其稿本而言,就有原稿本、修订稿本、上版稿本之分,刊刻之后又有试印本、初印本、后印本之别。如果后世要通过校勘来恢复古书本来面目,到底恢复到哪个程度呢?或者说,哪个本子才算是符合作者本意的古书原貌呢?以上诸问题,诸家多未详加分析,②只是泛泛而谈,似乎这是不言而喻之事,然而这恰好暗示了我们的校勘学者并没有仔细思考"古书本来面目"这个问题,这也导致了校勘学的这个目的变成了一个崇高的理想。

与此相应,西方校勘学家也探讨过校勘学的目的,他们认为:"推出一个校本,需要本着发现并消除错误的目的考察文本的传承历史。每个个案的最终目的都是同样的:用当下公认的方法和程序,建立一个最贴近作者原来(或者最终)意图的文本。"③显然,西方校勘学家所追求的与中国学者是一样的,只不过他们在追索古书原貌和探讨作者意图方面要比我们深入详尽得多。比如在如何恢复古书面貌方面,谱系法学者提出了一种所谓的"拉赫曼方法":"在缺少作者的原始文献,只有或多或少的一组晚期抄本的情况下,古典文献整理者发出了一种程序,探寻这些晚期抄本的内部历史,目标是通过揭示这些抄本相继出现的历史,辨认出文本讹误。最终,这种方法志在

---

① 王宁《训诂学原理》,中国国际广播出版社,1996年,第164页。
② 郭英德先生《古籍校勘原则之我见》(《传统文化与现代化》1996年第6期)认为"古籍的原貌,应该不仅包括古籍定稿之时或问世之初的本来面貌,也包括后世各种版本的本来面貌",但并未说明古籍校勘到底要恢复哪个本来面貌。
③ [美]杰罗姆·麦根《现代校勘学批判》,苏杰译《西方校勘学论著选》,上海人民出版社,2009年,第250页。

'清除文本'的败坏,进而,通过减法,得出(或者说逼近)失落了的原始文献,即'作者文本'。"①再如在探讨哪个文本最能反映作者意图方面,西方学者先后提出作者最初意图、作者最终意图(又有作者手稿和初版之分)等多种观点,尽管这些观点在后来遭到杰罗姆·麦根《现代校勘学批判》的质疑,但仍然不妨碍它们对校勘学做出的贡献。

综上所述,笔者认为校勘学上所说的"恢复古书本来面目"之说是值得商榷的。从诸家著述看,很多学者其实在振振有词地论及此校勘学目的的同时,已经非常清楚其不切实际了。如王叔岷先生一再提到校勘目的是"恢复古书本来面目",但同时也说"古书的本来面目能否完全恢复,恐怕很难。据我几十年的经验,几乎不可能"。②既然不可能,那只能退而求其次,所以倪其心《校勘学大纲》说校勘的目的和任务是"存真复原,尽力恢复它的原来面貌,为阅读或研究提供接近原稿的善本"。这里明确说所恢复的是"接近原稿的善本"③而非古书原貌。又,郭英德《古籍校勘原则之我见》云:"一般认为,古籍校勘的目的是尽可能地恢复古籍定稿之时或问世之初的本来面貌,为阅读或研究提供接近于古籍作者原稿的可靠的文本——假如有这种文本的话。"④这里仍然在坚持恢复古籍本来面貌,但"接近于""假如"等用词已经表明了这种古籍原貌之恢复是几乎不可能的。又,项楚、罗鹭主编《中国古典文献学》云:"校勘的目的是求'真'求'善',尽量还原古书的原貌,追求接近一个假定的没有文字瑕疵的古书'原本'。"⑤这里同样也强调非古书原貌,而是一个理想文本。又,张升《历史文献学》云:"由于绝大多数文献不可能有真正的底本或原貌问世,因此,对原貌的认识只能通过校勘者的想象来弥补。从这个角度来看,即使原稿的错误,我们也可以通过想象的原貌来加以改正。"⑥既然"原貌"是校者想象的,又怎么能说"以恢复原貌为目的"

---

① [美]杰罗姆·麦根《现代校勘学批判》,苏杰译《西方校勘学论著选》,上海人民出版社,2009年,第251页。
② 王叔岷《我与斠雠学(演讲稿代序)》,《斠雠学 斠雠别录》,中华书局,2007年,第1页。
③ 倪其心《校勘学大纲》,北京大学出版社,1987年,第5页。
④ 郭英德《古籍校勘原则之我见》,《传统文化与现代化》1996年第6期。
⑤ 项楚、罗鹭主编《中国古典文献学》,中国人民大学出版社,2013年,第95页。
⑥ 张升《历史文献学》,北京师范大学出版社,2016年,第228页。

呢? 由此可见,学者们虽然都在说校勘是为"恢复古书本来面目",但实际上并不认为真能恢复这个"本来面目"。正如杰罗姆·麦根指出:"最终意图文本这个概念是与古典作品校勘家通过对校所要重建的'失落的原稿'相关联的,两者都是'理想文本'——也就是说,它们事实上并不存在——但在这两种情况下校勘家都是试探性地运用这种理想文本,把它当作研究现存文献的瞄准装置。"①既然这样,为什么非要抱着这个目的不放呢?

因此,笔者以为,要想把握校勘学(或校勘)的目的,首先应该完全抛弃"恢复古书本来面目"之说。也就是说,校勘的目的并不是为了恢复什么本来面目,而是别有所指。

那么,校勘学的目的是什么呢? 简单来说,就是为了更好地阅读古书。具体而言,就是通过版本比勘和是非判断以求得校者所认为的符合作者本意的一个可供阅读的理想本子。② 这里强调了校者的主观目的,所以每一次校勘结果都不具有权威性,后世的校者都有权利根据新的材料去重新校勘,驳正或补充前人之说。同时还突出其客观上的阅读目的性,说明校勘成果客观上是面向读者的而不是以追求符合作者原意为己任的(尽管很多校勘者都主观上认为自己校语可能符合作者原意)。这里的阅读和读者都是开放的概念,凡是在存世的文献中留下痕迹的都是阅读,包括实际阅读(包括泛读、精读、浏览)和收藏鉴赏等,相应的,阅读者、批校者、校刻者、整理者、鉴赏者等都是读者。

需要说明的是,我们说校勘的目的具有主观性,并不意味着校勘过程是

---

① 〔美〕杰罗姆·麦根《现代校勘学批判》,苏杰译《西方校勘学论著选》,上海人民出版社,2009年,第286页。

② 可能会出现这样一种情况,作者全程参与文本的校勘和出版工作,那么,最后推出的那个本子可能就是符合作者本意的文本了。然而,事实上,这种情况仍然是绝对理想的状况。集编纂、校勘、出版于一身的撰者在中国古代确实存在,如汲古阁主人毛晋,既是一位著名的藏书家兼出版商,同时也编纂了一些自己的作品。后者的情况毕竟在少数,其生平刊印的大量书籍都是前代或当时学人的著述。而且即便是刊印自己的作品,在校勘环节也不一定由他本人全程参与;即便全程参与,在雕刻过程也会出现很多问题。由编纂到校勘,由校勘到上版,由上版到印刷,这是一个复杂的过程,其间的任何一个环节,都会出现校勘问题,所以我们不认为最后推出的文本便是作者心中的那个文本。此外,中国古代文献的实际(只有少数的作者稿本存世)也不允许有这样的理想情况出现。

随意的。相反,校勘时必须以客观的版本对校为依据,再以具体的版本为依托去分析造成版本差异的具体原因,最后做出较为合理的判断。同时,校勘也不能以学者所说的以是非判断为主,①否则便与考证难以区分了。客观地说,校者在校勘时出现的主观判断是无法避免的,但并不是不可或缺的。无论出于什么具体的目的进行校勘,如果非得判断正误,必须具有客观的版本依据。② 一些校勘学著述将校勘目的分为以藏书为目的的校勘、以读书为目的的校勘、为纠正某一本子错误(或兼及其他本子)为目的的校勘、以出新校本为目的的校勘等四类。③ 其中第三类已经属于考证工作,第四类则为古籍整理,它们都不是严格意义上的校勘学上的校勘,而是与校勘有关的文献活动。正因为学者们在校勘学研究的过程中无法将校勘与考证彻底分离,无法从乾嘉以来的考证式校勘的思维中摆脱出来,无法从校勘为古籍整理服务的思路中解放出来,所以校勘的目的也只能指向明之不可能却非要追求的符合作者本意的古籍原貌,其实他们实际做的工作却是为满足后世读者阅读服务的。由此我们也解决了学者们很难理解的一个悖论:"要存真复原,就不能不在勘同异的基础上定是非;但一涉及定是非,就背离了客观的态度,掺杂了主观的因素。"答案是放下"存真复原"的执念便可。

(五) 校勘学的作用(功能)

针对具体的校勘目的和服务对象,校勘学也有了不同的作用或功能。从诸家著述看,戴南海《校勘学概论》将校勘学的功能归纳为祛疑、显真、明征、欣赏、知人等八个,④谢贵安《校勘学纲要》从哲学、社会历史等角度分别归纳出九个⑤。罗孟祯《古典文献学》归纳出四个,洪湛侯《中国文献学新

---

① 孙钦善《中国古文献学》(北京大学出版社,2006年,第117页)云:"校勘的主要目的是校正误,但是为了反映不同系统的版本面貌或并存有价值的异文以供参考,校异同也是必要的。"
② 郭英德先生《古籍校勘原则之我见》(《传统文化与现代化》1996年第6期)认为:"古籍的讹误既不可妄改,又须当改则改。那么,在什么情况下当改,什么情况下不当改呢?这里的关键在于掌握一个'度'字,讲究一个'法'字。"这个"度"与"法"从该文下面的引证看,还是掺杂了考证家的观点。
③ 张涌泉、傅杰《校勘学概论》,江苏教育出版社,2007年,第90—91页。
④ 戴南海《校勘学概论》,陕西人民出版社,1986年,第23—32页。
⑤ 谢贵安《校勘学纲要》,李国祥《古籍整理研究(八种)》,武汉工业大学出版社,1989年,第198—199页。

编》、程千帆等《校雠广义·校勘编》分别归纳出三个，以上几部是专门探讨校勘学作用的著述。其他相当一部分著述则仅探讨校勘学目的而无作用，甚至有些还将校勘目的与意义合并谈论者，如丁安伟《中药文献学》等。

笔者根据自己的理解将校勘学的作用分为以下四个。

1. 推动古籍整理

很多校勘学著述都将校勘当作古籍整理的一部分，如戴南海在《校勘学概论》中就说："至于校勘，一般是对古籍整理而言的。""校勘实在是整理古籍、考证史实的首要环节。"[①]钱玄《校勘学》也说校勘"是整理古籍过程中十分重要的一项工作"。[②] 这是将校勘当作古籍整理的一部分，然而校勘学与古籍整理并不具有包含关系，后者只是对前者理论和方法的实际运用。正是在这个意义上才可以说校勘是古籍整理工作必不可少的环节。

作为方法的校勘对古籍整理的推进是显而易见的。校勘直接解决的是文献版本的差异，即异文。如何认识异文和处理异文便成了校勘最主要的研究内容。而古籍整理者整理古籍的方法，除了影印、标点、注释等外，校勘也是其中"重要的、最常见的方法和必备的工序"。[③] 由此，校勘成果可以通过古籍整理者对异文的判断和选择直接转化为古籍整理的成果，从而实现其"使古籍更便于今人以及后人阅读利用"[④]的整理目的。显然，校勘学著述中提到的不出校记的定本式校勘成果[⑤]其实是古籍整理的主要成果。从这一点上看，校勘质量的优劣直接关系到古籍整理的好坏。同时，校勘学上所说的四校法，也毫无疑问地变成了古籍整理中校勘这一领域中的主要方法，尤其是涉及是非判断的那些方法。

2. 促进文献刊印

文献刊印其实与古籍整理的关系很密切，只不过我们这里强调的是刊

---

① 戴南海《校勘学概论》，陕西人民出版社，1986年，第7、23页。
② 钱玄《校勘学》，江苏古籍出版社，1988年，第1页。
③ 黄永年《古籍整理概论》，上海书店，2001年，第6页。
④ 同上，第5页。
⑤ 程千帆、徐有富《校雠广义·校勘编》，中华书局，2020年，第346页。

印前的校勘。一些校勘学著述将校勘与校对加以区分，①认为前者侧重古籍整理，后者主要侧重用原稿改正誊抄或排版过程中的错误。笔者则认为完全没有必要，因为二者的内容和方法是一样的。中国古代流传下来的校样本或上版稿本实在有限，但从这类零星的版本中却可看到校勘在古籍刊印过程中发挥的重要作用。清代的说文学成就可以说是前无古人的，如果追究其源头，毛氏汲古阁本《说文》显然在其中扮演了很重要的角色。自段玉裁《汲古阁说文订》在嘉庆二年刊印以后，很多说文学著述都是围绕这个本子展开的。然而时人虽然大多对此本颇有非议，但很少人知道其在毛扆刊刻之后，又经书版数易其主之后有数次印刷，其文字的差异便是这不同的刊印过程累加而来的，故并不能专怪毛氏。② 今南京图书馆幸好存有毛扆校样稿一本（所谓"初印本"），可以窥见其基本校勘情况。该本的校勘大致分为两种情况，一种为直接在其底本上用校改符号进行校改，或在天头有"修细些""凿深些"一类的批注，一种为用校改符号圈去正文原字，在天头或行旁批注要修改的文字，或有《玉篇》等前代文献的引证。这些校勘内容直接成了后来毛氏诸初印本（如"初印甲本""初印乙本"等）刊印的主要依据材料，也间接地成了段玉裁之后诸家所指责的对象（如将"佻"字"愉也"改为"偷也"等）。毛氏的校改是否为妄改暂且不论，单就其对后世诸本的影响及汲古阁本《说文》在后世的流传就可以看到其发挥的促进作用了。

3. 增强文献阅读

校勘学并不总是与古籍整理等相关。除此之外，一般的文献阅读也往往涉及校勘，只不过这种校勘常常是不完全的，即校勘者并不一定是专门广聚众本对一书进行详细的校勘，而是选择一本或两本进行随心核对，遇有文字等差异便随手而记，此类情况多见学者的读书杂记和批校本，③尤其是后者。这些文献本质上属于学者阅读的产物，故除了校语之外，还有批语。比

---

① 戴南海《校勘学概论》，陕西人民出版社，1986年，第7页。
② 见笔者《毛氏汲古阁本〈说文解字〉刊印源流新考》(《励耘语言学刊》2019年第1辑)。
③ 按，关于批校本，后文我们有专节探讨，此略。

如国图所藏《说文解字》孙星衍、顾广圻校本,[①]据卷末跋文可知,是二人据《玉篇》《一切经音义》等相关文献和宋刻《说文》对汲古阁本进行校勘后的成果。该本天头、地脚及文内皆有孙星衍和顾广圻的朱墨笔批校语。从批校内容看,有的是校语,如卷一上"帝"字"言"旁朱笔夹批:"宋本无'言'。"这是说其所据底本即汲古阁本衍一"言"字。又同卷"禧"字"吉"旁朱笔夹批:"《尔雅·释诂》:'禧,告也。''吉'当为'告'。"这是据《尔雅·释诂》文认为汲古阁本之"吉"乃误字。有的是批语,如卷一"祡"字"礼记"旁朱笔夹批:"按,《系传》《礼记》文,是徐氏所引。"又,"禬"字"周礼曰"旁朱笔夹批:"《春官·诅祝》文。"以上两条是注明《说文》引文具体来源,显然属于批语。有时批校本上的多色批校文字如此密集地安排在天头、地脚、行间,以致很多时候难以明确辨识和区分。这种情况其实已经很好地证明了文献校勘的阅读目的:不仅是为了方便后人可能会通过阅读自己的批校语去认识文献,更是直接为了促使自己通过批校这种方式去深入解读或呈现文献。

4. 深化版本鉴定

版本学上版本鉴定的方法有很多,除了字体、版式等直观鉴定外,最主要的还是文字校勘。文字校勘不仅可以展现原刻与翻刻之间的区别,还可以确定初印与后印之间的差异。比如明代赵新盘、李登所编的《详校篇海》一书,在崇祯间被张昕以"订正篇海"的名称重刻。二本相校,除分卷、版式等颇有不同外,文字内容更能体现二者的差异,如卷一"釜"字下注,此本作"省作丨",他本皆作"省作釜"。"丨"与"釜"虽有字头"釜"省与不省之别,但却直观反映出崇祯本重刻时对其底本进行的改动。这就告诉我们,在版本鉴定中,版式、字体、序跋等确实可以判断一部文献之不同版本分别是何时何地所刻,外在形态有何不同,但文字校勘还可以进而展现版本之间的差异,并比较版本优劣,凸显版本价值。

---

① 按,《北京图书馆古籍善本书目》《中国古籍善本书目》等著录此本为"孙星衍、顾广圻校并跋",然经笔者考证,当为"孙星衍、顾广圻跋,孙星衍、顾广圻、洪颐煊校"。其具体情况见笔者《小学文献学视野下的毛氏汲古阁本〈说文〉研究》(花木兰文化事业有限公司,2020年,第104页)。

(六) 校勘学与相邻学科的区别与联系

校勘学的相邻学科颇多，与之最为密切的文献学、目录学、版本学等已在前文有所论述，今不赘叙。诸家著述所论及的学科还有校雠学、考证学、注释学等倒是可以稍加探讨一下。

1. 校勘学与校雠学

校雠学者，后世文献学之旧称也。张舜徽先生《中国文献学》云："我国古代无所谓文献学，而有从事于研究整理历史文献的学者，在过去称之为校雠学家。所以校雠学无异成了文献学的别名。凡是有关整理、编纂、注释古典文献的工作，都由校雠学家担负了起来。"①从这个角度看，校勘学与校雠学的区别与联系其实就是校勘学与文献学的区别与联系。关于这一点，校勘学学者其实早就有了类似的看法，只不过将校雠学分为广狭二义看待而已。如民国时期胡朴安、胡道静《校雠学》云："自其狭义言之，则比勘篇籍文字同异而求其正，谓之雠校。自其广义言之，则搜集图书馆，辨别真伪，考订误谬，厘次部类，暨于装潢保存，举凡一切治书事业，均在校雠学范围之内。"②显然，在胡先生看来，校雠学是包含比勘文字异同的，但不限于此，而有更为广阔的研究范围，所以其《校雠学》之体系包罗万象。与张先生相比，胡先生之说只是名称有异，实质则同。之后的著述如蒋元卿《校雠学史》(1935)、赵仲邑《校勘学史略》(1983)等皆为此种认识的基础上编写而成的，故举凡编纂、目录、版本、校勘、辑佚、辨伪等皆有涉及。戴南海《校勘学概论》(1986)、倪其心《校勘学大纲》(1987)虽为新中国成立以后较早编成的两部校勘学著述，然观其知识体系中皆有辨伪、辑佚的专章讨论，显然是将校勘学当作古籍整理的一部分了，仍然摆脱不了民国以来从广义的角度认识校勘学的思维。

与上稍有不同的是，有些学者虽然承认校雠学有广、狭之分，但仅强调其校勘文字一义。如向宗鲁《斠雠学》云："昔人校雠之名，本以是正文字为

---

① 张舜徽《中国文献学》，中州书画社，1982年，第4页。
② 胡朴安、胡道静《校雠学》，岳麓书社，2013年，第1页。

主,而郑樵、章学诚之流,所谓辨章学术、考镜源流者,特为甲乙簿录语其宗极而冒尸校雠之名,翩其反矣。"①又,王叔岷《斠雠学》云:"所谓'斠雠学',简单地说,就是订正古书字句之学。概括地说,是恢复古书本来面目之学。"②以上两家都明确突出了校订文字的一面,同时有意强调其与辨章考辨的区别。后来如钱玄《校勘学》(1988),管锡华《校勘学》(1991),程千帆、徐有富《校雠广义·校勘编》(1998)等虽然提到校勘的广狭义的观念,但具体讨论的与前面向、王二家同,并不涉及校勘以外的其他学科内容。

以上梳理证明了,无论学者是否主张校勘学有广、狭义之分,学科意义上的校勘学都是从广义的校雠学那里一步步独立出来的。先是认识到校雠与古书整理之关系,继而围绕此种关系排除与校订文字稍远的学科,最后便完全围绕校订文字展开论述了,至此,校勘学完成了自己相对独立的知识体系的建构。其中,校勘学广义的概念便是此两种学科的关系,狭义的概念则是其区别。

2. 校勘学与考证学

严格意义上说,考证并不能算作一门学科,只是一种方法或者学问,我们便是从后者的意义上谈论其与校勘学的关系的。清代以考据见长,很多名家在校勘古书的时候,都会将校勘与考证相结合,故其时校勘成果多带有考证的意味。而纯校勘文字之举往往被斥为小道,如章学诚《信摭》便说"校订字句,则其小焉者也"。③朱一新《无邪堂答问》卷二亦云:"目录、校雠之学所以可贵,非专以审订文字异同为校雠也。国朝诸儒则于此独有偏胜,其风盛于乾嘉以后,其最精者若高邮王氏父子之于经,嘉定钱氏兄弟之于史,皆

----

① 向宗鲁《校雠学》,商务印书馆,2014年,第1页。按,表面上看,似乎向先生认为校雠学只研究校勘文字,但从后文"辨章学术者,校雠之余事;是正文字者,校雠之本务也"一句看,向先生显然也是主张广狭之分的,只不过比起其他方面来,是正文字才是校勘学的重点。这一点恰好与胡先生相反,也反映了向先生《校雠学》更倾向于后世的校勘学著述。

② 王叔岷《我与斠雠学(演讲稿代序)》,《斠雠学 斠雠别录》,中华书局,2007年,第1页。按,此书整部著作中从"斠"与"雠"的本义说起,很少涉及校勘字句之外的其他内容,虽然明确提到"章氏发扬郑氏之旨,校雠之学,重在渊源类别,而轻视校订字句,或可称之为广义校雠学",但又说"然终非切实之见也",显然又否定了广义的概念。

③ (清)章学诚《章氏遗书外编》,民国十一年吴兴刘氏嘉业堂刻《章氏遗书》本。

凌跨前人。"①尤其后一句,直接点出乾嘉学派校勘融入考证的特点。民国时期校勘学著述多延清人风气,校勘与考证多难区分。直至20世纪50年代末王叔岷先生在《经验与材料——斠雠学问题之一》一文中还说:"斠雠学为考证学之一。"②80年代以来的一些著述已经注意到了校勘与考证之间的区别,指出:"校勘包含考证的环节,但校勘不等同于考证,二者的界限要区分清楚。校勘只对异文造成的分歧负责,不对异文以外的事实出入负责。校勘在研究异文造成的分歧时,要使用考证的方法,例如校勘人名、地名、书名等各种专名的异文,一定要通过考证定其是非。但是异文以外的事实出入,例如历史事件时间的错讹、地理位置的偏差、人物世系的混乱等,在没有异文分歧时,可以通过考证进行研究,但这不属于古书校勘的范畴。"③显然,在这里,考证是作为方法参与进校勘学当中的。笔者以为,校勘学与考证学确实有密切关系,但不应该将二者相混。其间的关系体现在,考证是校勘有必要对异文作出是非判断时必须使用的一种方法(即是出现在校者头脑中),而且在整个校勘活动中是隐性的,即其考证过程和考证依据不出现在校勘结果中,校勘结果只是校者考证之后单纯的是与非的判断。同时,二者的区别也正在此处,即如果校勘时加入了大量的考证过程和依据,那就应该属入考证学范畴了,陈垣先生《校勘学释例》中的例证与王念孙《读书杂志》的条目便是二者最好的区别。

3. 校勘学与注释学

注释学其实属于古籍整理学的一部分,很多古籍整理学的著述都将注释当作其研究内容的一部分。古籍整理学是综合运用版本学、目录学、校勘学、训诂学等多门学科理论与方法对古籍进行整理、标点、注释、翻译等的实践性学科。所以,作为其分支学科的注释学当然也具有了很强的实践性。在注释学中,校勘作为方法论而存在的,而不是其研究内容。这也就意味

---

① (清)朱一新《评读〈汉书·艺文志〉》,《无邪堂答问》卷二,《广雅丛书》本。
② 王叔岷《经验与材料——斠雠学问题之一》,《斠雠别录》,《斠雠学 斠雠别录》,中华书局,第513页。
③ 项楚、罗鹭《中国古典文献学》,中国人民大学出版社,2013年,第76页。

着,注释学中的校勘的功能是用来指导注释和判断注释的,但并非不可或缺的。

二、小学文献校勘学基本理论概述与展望

(一)概述

小学文献校勘学属于专科文献校勘学的一个分支,从目前的研究著述看,二者在理论体系上极不成熟。首先,目前几乎没有一部专门探讨专科文献校勘学的著述。有之,也不过如张舜徽《中国古代史籍校读法》、段逸山主编《中医古籍校读法》等强调校读法的著作。张涌泉先生的《敦煌写本文献学》虽然以"文献学"为名,但很多地方都在谈论校勘的问题,如《字词编》第五章第二节《敦煌文献俗语词误校示例》、第七章《敦煌文献的异文》,《抄例编》的七章,《校理编》第二十章《敦煌文献的校勘》等,故此书可以勉强算作专门探讨敦煌写本文献校勘的著述。其次,专科文献学著述的校勘部分几乎都在沿袭校勘学著述的相关内容,所以其主要章节和观点基本都是校勘学著述的减省版。然而偶尔也有一些著述能结合专科文献谈论校勘,如薛凤奎《中医文献学》、孙崇涛《戏曲文献学》等。由此可见,专科文献校勘学理论体系是亟需建立的。然而,专科文献学校勘学的建立是以校勘学理论体系走向科学化为基础的,所以我们首先要将校勘学理论体系进行深入研究,然而才能谈论专科文献学校勘学的建构,最后才能探讨小学文献校勘学的建立。这也是我们为什么花费大量篇幅梳理和探讨校勘学的基本理论知识的原因。整体来说,校勘学的基本理论体系的走向就是小学文献校勘学的发展方向。鉴于此,小学文献校勘学的研究对象、研究内容,研究目标、研究方法等就与校勘学的这些知识密切相关了。简单来说:

(1)小学文献校勘学的研究对象是小学文献的外部形式方面,即除了文本内容和思想之外的文本,包括文本文字和文本形态等。

(2)研究内容包括小学文献的校勘内容、校勘方法、校勘成果的呈现等。

(3)研究方法是以版本对勘为主,辅之以一定程度的考证之法。

(4)研究目的并非要恢复文献原貌,而是追求一个小学文献校勘者自己

认为的符合作者本意的可供后人阅读的理想文本。

（5）研究功能体现为对小学文献的整理、刊印、阅读和鉴别都有推动和促进作用。

（二）展望

作为一门专科文献学的分支学科之一的小学文献校勘学，其理论体系的建立一方面依靠专科文献学和校勘学理论体系的发展，另一方面还需引入新的理论知识，否则便会永远步趋于传统校勘学的理论和思维之中，变成一门可有可无的学科。据笔者所及，西方的校勘学的相关知识是值得我们借鉴的。

关于此，国内的一些著述已经有所涉猎，如董洪利主编的《古典文献学基础》中提到他所谈的校勘学"与西方的'文献批评学'虽有某些相通之处，但并不等同"。① 至于哪里不同，该书未多介绍。项楚、罗鹭《中国古典文献学》亦云："西方的'文本批评学'与校勘学存在许多共通之处，有时也被译作校勘学。"② 此处又强调了二者之通，但到底哪里可通，亦只字未提。显然，学者们已经对西方校勘学的知识有所关注，但并没有真正认识到中西方校勘学的异同。这正应了苏杰先生的一句话："长期以来，中国学术界对于西方校勘学，可谓'只闻楼梯响，不见人下来'。"③ 而管锡华亦在《七十年代末以来大陆校勘学研究综论》一文中将"中外校勘、校勘学的比较研究"直接列入校勘学研究的空白之一。④ 显然，学者们已经看到了目前这方面研究的不足，但也正好是未来校勘学研究努力的方向。因此，在我们认识传统校勘学特点与不足的同时，还应该将之放到更广阔的文化背景之中加以比较研究，以扬其长而补其短。

如果要追溯源头的话，早在民国时期西方目录学理论强势入主中国目录学的同时，其校勘学理论也已被介绍到了中国。民国二十三年(1934)，胡

---

① 董洪利主编《古典文献学基础》，北京大学出版社，2008年，第191页。
② 项楚、罗鹭主编《中国古典文献学》，中国人民大学出版社，2013年，第76页。
③ 苏杰《编译前言》，苏杰编译《西方校勘学论著选》，上海人民出版社，2009年，第 i 页。
④ 管锡华《七十年代末以来大陆校勘学研究综论》，《汉学研究通讯》2002年第21卷第3期。

适在《元典章校补释例序》对中西校勘学进行比较的时候,指出:"纵观中国古来的校勘学所以不如西洋,甚至于不如日本,其原因我已经说过,都因为刻书太早,古写本保存太少;又因藏书不公开,又多经劫火,连古刻本都不容易保存。古本太缺乏了,科学的校勘学自不易发达。"①又在《胡适口述自传》中说:"在那篇1934年所写的序文里,我指出现代西方的校勘学和我国近几百年所发展出的传统的治学方法,基本上有其相同之处。基本上第一点相同之处便是〔在所校勘的材料上〕发现错误;第二点便是〔把这个错误〕改正;第三点要证明所改不误。上述三个步骤便是中西校勘学的基本相同之处。其中最重要的一点也是根据最早的版本来校对。最早的版本也就是最接近原著的版本。这也是所有校勘学上最基本的相同之处。"②以上两段文字,一段论述了中西方校勘学之在"历史因素"方面的差异,一段指出了二者在研究方法上面的共通。然而,后段还继续谈到中西方校勘学优劣比较,胡适强调:"中西殊途同归的研究方法,颇使我惊异。但是我也得承认,西方校勘学所用的方法,实远比中国同类的方法更彻底、更科学化。"③胡适抑中扬西的激进观点颇让人听起来有些刺耳,但是却一针见血地挑明了传统校勘学步履维艰的真正症结!可惜直到20世纪80年代以后,很多学者一直站在乾嘉考据学的立场以一种文化优越感的姿态看待胡适的观点,④致使我们的校勘学这门学科一直沉浸在民国学者的知识体系中无法自拔。这只要看看我们从八十年代以来的诸多校勘学和文献学著述便已经够清楚的了。

在笔者看来,传统的校勘学虽经过历代学者的努力已经积累了非常多的有价值的校勘实践成果,但是却有两个问题一直难以解决:其一,校勘学长期以来是作为考据的一部分存在的。前引王叔岷先生的"斠雠学为考证学之一"便是最好的明证。这使得传统的校勘学者在大多数时候并不过多

---

① 胡适《元典章校补释例序》,陈垣《校勘学释例》,中华书局,2016年,第8页。
② 胡适口述,唐德刚译注《胡适口述自传》,安徽教育出版社,2005年,第135页。
③ 同上。
④ 王绍曾《胡适〈校勘学方法论〉的再评价》,《学术月刊》1981年第8期;柴纯青《胡适校勘学思想浅析》,《安徽史学》1990年第3期;陈冬冬、周国林《西方校勘学中的"理校"问题——兼评胡适介绍西方校勘学的得失》,《河南大学学报(社会科学版)》2013年第2期。

地依赖版本线索来探求差异,而是通过理校来推断是非。显然,其结果是充满主观性的。后世学者服膺段玉裁、王念孙父子之考证古书之结论往往与后来发现的古本文字相合,但这是概率性的,有相合便总会有不相合。

由此带来的后果便是我们谈的第二个问题,即传统校勘学因此成为一门只有少数学者方能掌握的学问。乾嘉学者大多不讲方法只讲材料,即便有之,也不过如段玉裁谈及的诸多校书之难或王念孙、俞樾所归纳的校勘诸例。新中国成立以来的校勘学著述虽然侈谈校勘通例、校勘方法以及校勘的条件,但显然在很多时候延续着乾嘉以来学者的论述,只不过对之稍加规范整合和发挥而已,所以传统的校勘学基本上没有指导学人校勘的具体方法和客观标准,学人有的只是对前代学者校勘成果的无比敬仰和对校勘对象的无所适从。

以上两个问题便是胡适先生在《元典章校补释例序》中着重解决的对象。

首先他强调了版本对勘在校勘过程中的作用,指出:"校勘之学无处不靠善本,必须有善本互校,方才可知谬误;必须依靠善本,方才可以改正谬误;必须有古本的依据,方才可以证实所改的是非。凡没有古本的依据,而仅仅推测某字与某字'形似而误',某字'涉上下文而误'的,都是不科学的校勘。"[①]又说:"王念孙、段玉裁用他们过人的天才与功力,其最大成就只是一种推理的校勘学而已。推理之最精者,往往也可以补版本的不足,但校雠的本义在于用本子互勘,离开本子的搜求而费精力于推敲,终不是校勘学的正规。"[②]表面上,正如学者们指责的那样,这里太过推崇善本对校而否定了理校。但通观整篇文章可知,胡适先生在这里其实要告诉我们一个道理,即校勘学只有建立在客观版本对校的基础上才能真正称之为校勘学,也只有将对校之后的版本差异放到具体的版本之上才能真正分析出其致误之由,否则再精明的理校也有可能走向主观的推测。后世所说的校勘通例已经很好

---

① 胡适《元典章校补释例序》,陈垣《校勘学释例》,中华书局,2016年,第6页。
② 同上,第8页。

地证明了这一点。我们举学者们竭力推崇的王念孙、俞樾的例证加以说明。

王念孙在《读书杂志·淮南内篇弟廿二》中有"有因草书而误者"一例，其举《齐俗篇》"筳不可以持屋"一条，认为"筳"字在诸本中讹作了"筐"。究其原因，是因为二字"草书相似"。今检该书"筐"条可知，讹作此字者，《淮南子》诸本皆是。之所以知道该字有误，是因为高诱注云："筐，小簪也。""筐"不可以训小簪，训作小簪者，乃《玉篇》之"筳"字。故可知"筐"乃"筳"之讹。此条推理显然无误。但是为何二字相讹，王氏给出的"草书相似"的理由显然是值得商榷的。首先，"筐""筳"二字可能在流传过程中会因为草书相似而讹，①但是却不一定会发生在《淮南子》这本书上。除非能找到二字因草书相讹的最早证据，且相讹的情况通行于《淮南子》最早版本的时代，否则我们无法确定二字相讹确实是因草书造成的。而王氏在校勘该书时，是以后出的道藏本为底本，参合明刘绩本及相关类书进行校勘的。后来王引之虽然参考了宋本的部分文字，但在该书末附《〈淮南子〉宋本未误者各条》和《〈淮南子〉宋本之异者各条》时都没发现有关该字的条目，这说明王念孙父子并没有看到宋本中该条的情况。② 在不确定道藏本的底本和诸本都是以楷字刊刻的前提下，二字怎么会因"草书相似"而讹呢？其次，《读书杂志·淮南内篇弟十一》"筐"字条下，王氏云《淮南》诸本之"筐"和《太平御览》之"蓬"皆"筳"之误。但追溯其缘由的时候，却说："'筳'字，隶书或作'莛'，形与'蓬'相似。'筐'与'莛'，草书亦相似。故'筳'误为'筐'，又误为'蓬'矣。"③为什么同一句话在不同的文献当中，"筳"与"筐"是草书相似而误，与"蓬"则是隶书相似而误呢？显然这种推理并没有统一的标准，只是根据主观理解推测

---

① 按，该条中王念孙并没有给出二字因草书相讹的其他例证，所以只是推测。
② 按，于大成《淮南子校释·绪言》（台湾师范大学国文研究所高级研究生毕业论文，1969 年，第 17 页）"淮南鸿烈解二十一卷"提要云："北宋仁宗时刊本，原本为曹楝亭旧物，辗转归于黄荛圃、汪阆源。咸丰之元，归杨氏海源阁。后入大连图书馆，今不知何在矣。顾千里有景钞本，并取以校庄刻。陈硕甫倩金友梅景钞一部寄王怀祖，《四部丛刊》本则倩刘泖生就金本景钞者也。"据此，今《四部丛刊初编》所收影宋本《淮南子》，其源出于顾广圻所据宋刻本。该句作"筐"不作"筳"，说明"筐"若有误，则远在北宋时就有误了。
③ （清）王念孙撰，徐炜君、樊波成、虞思徵、张靖伟等校点《读书杂志》，上海古籍出版社，2014 年，第 2200—2201 页。

出致误的可能性。由此可见,王念孙关于"有因草书而误者"一例并不能成为一个客观通例,即便他最后的结论完全正确。

俞樾《古书疑义举例》也是一部颇受校勘学者推崇的著述,该书从著述目的上看,并不是为了校勘发凡起例,而是为了阅读古书。所以该书虽然涉及校勘方面内容,但主观性要比王念孙《读书杂志》更强。如卷七有"不识古字而误改例",第一条引《周易·杂卦传》"贲其色也"条云:"其从古文作兀,学者不识,遂改作'无'字。"又引《周书·文政篇》"基有危倾"条云:"因字从古文'兀',学者不识,改作'示'字,'示有危倾',义不可通矣。"① 按,所引《周易》条又见《群经平议》卷二"贲无色也"条,云:"疑'无'当作'兀',乃古文。《集韵》曰'其,古作兀'是也。"② 所引《逸周书》条又见《群经平议》卷七"示有危倾"条,云:"'示'当为'兀',古'其'字也。或作'亓',《玉篇》其下更出'亓'字,曰'古文'是也。又或作'兀',《集韵》'其,古作兀'是也。此文'兀'字当读为基。……学者少见'兀'字,因改为'示'耳。"③ 据此可知,《古书疑义举例》之材料来源于《群经平议》,一如《淮南内篇》末诸例源于《读书杂志》诸条。然而与王念孙相比,俞樾的理校显得更加无据。首先,《周易·杂卦传》《周书·文政篇》中诸条并无版本可依,所以我们并不知道二书到底哪个版本出现了这种讹误。其次,"兀"与"无","兀"与"示"之间的讹误关系显然并不是"学者不识""学者少见"这样一句话便可以解释清楚的。即便是如此,"兀"为何非要讹成"无"或"示"呢?是哪个时代的学者将之讹成这样的呢?况且,二书中这两条是不是如其所说那样有讹误还是一个值得商榷的事情。所以,即便在校勘过程中存在"不识古字而误改"之例,但绝不能以这种纯主观推测的条目加以证明。推其缘由,俞氏此例盖仿自王念孙"有因字不习见而误者"。相比之下,王氏之例要比其客观一些。

总之,王、俞二家虽然在考据学上做出了突出成就,但是从校勘学的角度上看,尚不足以据为典要。二家最大的特点便是如胡适先生所指出的,属

---

① (清)俞樾《古书疑义举例》,《古书疑举例五种》,中华书局,1956年,第130页。
② (清)俞樾《群经平议》,《春在堂丛书》,凤凰出版社,2010年,第36页。
③ 同上,第111—112页。

于一种"推理的校勘",所以很多例证都经不起推敲,其通例自然也不能成为一种可供参考的校勘准则。正是对乾嘉学者有这样的认识,所以胡适先生一反其意,而竭力主张客观的版本校勘。但这并不意味着如一些学者所说的他反对其他校法,特别是理校。准确地说,他反对的是没有版本依据的理校。正因为如此,他对理校的做法特别小心。如他所说:

> 我所谓"最有理"的读法,问题就不能这样简单了。原底本既不可得,或所得底本仍有某种无心之误,或所得本子都有传写之误,或竟无别本可供校勘,在这种情形之下,改正谬误没有万全的办法。最好的方法是排比异同各本,考定其传写的先后,取其最古而又最近理的读法,标明各种异读,并揣测其所以致误的原因。其次是无异本可互勘,或有别本而无法定其传授的次第,不得已而假定一个校者认为最近理的读法,而标明原作某,一作某,今定作某是根据何种理由。如此校改,虽不能必定恢复原文,而保守传本的真相以待后人的论定,也可以无大过了。①

以上一大段话中涉及原本缺失或无本可据的特殊情况。在这种情况下显然需要理校的参与,即需要选择"最有理"的读法。然而即便这样,胡适先生也强调需要"排比异同各本,考定其传写的先后"或者选定一个"最近理的读法"标明版本异同和判断理由。

由上可知,胡适先生的校勘学思想是站在乾嘉学者注重理校的对立面上,强调版本对校。正因为太过强调此点,所以往往给人一种反对理校的感觉,然而事实可能恰好相反。而为何古代的校勘学有此特点,胡适先生认为是中国古代的古写本和古刻本保存太少的缘故。这自然是其客观方面的原因,但笔者认为,更深的层面应该来自学术思想方面,从根源上来说,重道轻器的思维使古代学者一直致力于将校勘学纳入更大范围的校雠学中,同时又将版本对勘视为饾饤之学。而在观念上,学者们又将校勘视为考据学的一部分,校勘与考据并不是一个平等的关系,而是包含的关系。考据式校

---

① 胡适《元典章校补释例序》,陈垣《校勘学释例》,中华书局,2016年,第4页。

勘,当然是以判断是非为主了。

其次,胡适先生在强调版本对校的同时,也在批判传统校勘学没有走上科学之路。那么,什么才是科学的校勘学呢？今将胡氏相关论述引于下:

(1) 凡没有古本的依据,而仅仅推测某字与某字"形似而误",某字"涉上下文而误"的,都是不科学的校勘。(第6页)

(2) 所以一千年来,够得上科学的校勘学者,不过两三人而已。(同上)

(3) 古本太缺乏了,科学的校勘学自不易发达。(第8页)

(4) 校雠的本义在于用本子互勘,离开本子的搜求而费精力于推敲,终不是校勘学的正轨。(同上)

(5) 援庵先生是依据同时代的刻本的校勘,所以是科学的校勘,而不是推理的校勘。(第9页)

以上五条,如果联系上下文,便可知道胡氏所谓科学的校勘学至少有两个特点:一是据古本(善本)进行版本对校,二是据版本判断异文是非。凡不如此者,皆为推理式校勘,胡适也正是按照这些标准来评价《元典章校补释例》一书的,其第一条和第二条便是最好的证据,而这正是西方校勘学中谱系法的基本思路。而谱系法"通常将校勘分为'对校'和'修正'两个步骤","在任何具体个案中,文本原件或被传达,或没有被传达。所以我们第一步要确定什么一定或者可以被看作传达,即进行'对校';第二步,检查传承文本,看它是否显示了原始文本,即所谓审查"。① 尽管西式"对校"与中国的"对校"在内涵上有一些差异,但是单就校勘本身而言,其较后者显然更强调版本依据(主要是异文)。据胡适自述,在1910—1914年之间,他在美国康奈尔大学"曾选了布尔(G. Lincoln Burr)教授的一门课叫作'历史的辅助科学'(Auxiliary Sciences of History)。……在这门课里,他每周指定一门'辅助历史的科学'——如语言学、校勘学、考古学、高级批判学(higher criticism)

---

① [德]保罗·琼斯《校勘学》,苏杰编译《西方校勘学论著选》,上海人民出版社,2009年,第46—47页。

〔圣经及古籍校勘学〕等等"。① 而 20 世纪初的西方校勘学正处于谱系法盛行的时代。② 同时,美国学者杜威的实证主义也对其产生了很大的影响。由此我们很容易理解胡适的校勘学思想的来源,也明白了为什么胡适如此强调版本对校,处处讲证据。

那么,胡适所说的"科学校勘学"的观点是否能站得住脚呢? 笔者认为完全可以。所谓"科学"的校勘学,在笔者看来,至少包含两方面内容:一是在校勘学理论指导下的校勘实践要有可靠的版本依据以供客观判断,二是一定要有可操作的校勘方法以供后人学习。而我们古代的校勘学缺乏的恰恰就是这些内容,一方面,主流学者(如段玉裁、王念孙父子等)对是非判断的推崇远远胜过版本对勘,甚至有时根本无需版本来参与,另一方面,他们又大力强调校书如何之难而不授人以渔,这使得传统校勘学一直无法转化为一门有理论有方法的学科,只能在考据学的影响下构建自己的知识体系。在这种情况下,要想建立一门科学的校勘学谈何容易! 胡适看到了这一点,所以竭力批判之,企图以客观的版本对勘与有版本依据的理校为基础,将乾嘉考据学(即推理式校勘)与客观校勘学进行一个彻底的划分。然而后世学者并不明白胡适的这些做法,只是站在乾嘉学风的角度对之加以反驳,这意味着胡适的努力已经基本付诸东流了。而后世对其推崇的陈垣先生的《元典章校补释例》一书,也大多重视其提出的四校法或其部分通例,并没有沿着胡氏的思路继续开拓。

客观地说,胡适对西方校勘学的理解并不见得有多全面而深入,比如没有对中西方校勘学中对校的不同内涵进行解释,③也没有对西方校勘学的科

---

① 胡适口述,唐德刚译注《胡适口述自传》,安徽教育出版社,2005 年,第 136—137 页。
② 按,西方的谱系法,又称为"拉赫曼方法",是由 19 世纪中期德国古典学家拉赫曼(1793—1851)等针对抄本《圣经》文本和古典文献提出的整理方法,之后影响到了欧美诸国,适用于各种语言文献之中。至 20 世纪初,英国学者麦克罗、格雷格在面对莎士比亚和早现代的英语文献时又对这种方法进行了一些调整。具体情况参见杰罗姆·麦根《现代校勘学批判》(苏杰编译《西方校勘学论著选》,上海人民出版社,2009 年,第 250—254 页)。
③ 按,西方的"对校"是被纳入谱系法当中作为一个重要环节存在的。从目的看,其并不仅仅指向校异同(即异文),而是通过异文来考察版本关系,并建立版本谱系。同时,从内容上看,对校的异文不仅指版本间文字差异,还指版本外部形态的差异(如标点等)。

学性进行详细说明,同时对"中国古来校勘学所以不如西洋"的理由也值得商榷,等等。但即便如此,他却毫无疑问地抓住了这门学科的根本特点,这一点对建立学科意义上的校勘学具有很重要的作用。可惜的是,胡适先生之后,再无传人!民国学者直接继承了乾嘉学者的校勘成果,新中国成立之后的学者又因袭了民国学者的理论体系,校勘学著述也因此陷入一种老生常谈式的困境。

在此种情况之下,我们的校勘学该如何向前发展呢?

笔者以为,在建立中国特色的校勘学理论体系上,我们不应该仅仅乐道于传统学者留给我们的丰富校勘成果,更需要立足传统,在胡适等诸前辈学者们研究的基础上,进一步从以理论见长的西方校勘学取径。如果说之前由于诸种主客观原因的限制,学者们无法进一步获取有关西方校勘学知识。那么,时至今日,随着西方校勘学的理论成果相继被译介至国内,[①]我们已经有条件去从事这些工作了。

在中西校勘学比较的过程中,我们发现,这两种由不同文化滋生出来的校勘学,确实有诸多相似之处,这也成了两门学问可以相互借鉴的基础。除了胡适先生从校勘步骤上指出的共同点之外,[②]我们还可以从以下角度加以讨论:

其一,它们都明确将其具体工作指向了文献整理。西方校勘学的这种意识甚至更为强烈(且较我们严谨科学得多)。如爱尔兰学者路德维希·比勒尔在《文法学家的技艺:校勘学引论》中便说"文法学家工作的最高境界是文献整理——这是对这个职业最严格的考验,也是这门技艺的核心"。[③]

其二,它们都强调校勘过程中的理校。西方校勘学,英语写作"textual

---

① 比较典型的有苏杰编译《西方校勘学论著选》(上海人民出版社,2009年),收录西方历代校勘学学者的校勘学著述凡七部。丰卫平译《西方古典文献学发凡》(华夏出版社,2014年),收录耶格尔《文本考据》一书。另外,还有苏杰等学者撰写的相关单篇论文。

② 见胡适《元典章校补释例序》(《校勘方法论》)(第2页)和《胡适口述自传》(第135页)。

③ [爱尔兰] 路德维希·比勒尔《文法学家的技艺:校勘学引论》,苏杰编译《西方校勘学论著选》,上海人民出版社,2009年,第111页。

criticism",学者或译作"文本鉴别(学)、文本批判(学)、文本考据(学)"。这些译文名称本身便体现出这门学问具有很强的主观判断性。而英国学者豪斯曼在《用思考校勘》中说得更清楚:"校勘是一门科学,同时,由于包含了对校(recension)和修正(emendation),所以也是一门艺术。发现文本中的讹误是科学,校正讹误则是艺术。"①

然而,正如胡适先生曾经所说的,比起中国传统校勘学,西方的校勘学显然更具有科学性,也就是说,它们具有较强的理论性和可操作性。整体上说,针对前文提到的中国校勘学的诸多困境,西方校勘学至少能带给我们以下两点启示。

其一,它们在建构自己的理论体系的时候,用一组组严密的概念界定校勘时出现的各种校勘现象,并较为具体地多方面演绎可能发生的校勘情况(如保罗·马斯《校勘学》),这是我们传统学者用模糊的语言总结校勘经验所无法比拟的。

在西方校勘学理论中,19世纪中期兴起的谱系法虽然是一种针对某些特定文献而出现的方法,但其理论体系却对欧美国家的各类文献的整理产生了深远的影响。在德国学者保罗·马斯的《校勘学》一书中,各种校勘概念层出不穷。如针对校勘过程,有"对校"、"修正"等;针对"对校"过程,有"原型""次原型""独特讹误""次异文""假定性异文""推定性异文载体"等。这些概念对我们把握校勘过程、判断版本源流和处理异文等具有很强的指导意义。比如"原型"是指"第一次分裂所从出的范本。(其)文本没有分裂发生后所产生的所有讹误,因而比其他任何本子的文本都要更接近原始文本"。② 换句话说,该概念是指"根据文本的所有现存抄本所能推出的最早的范本,但并不是指原始文本",③这其实就是我们传统校勘学者常常说的"接

---

① [英]A·E·豪斯曼《用思考校勘》,苏杰编译《西方校勘学论著选》,上海人民出版社,2009年,第25页。
② [德]保罗·马斯《校勘学》,苏杰编译《西方校勘学论著选》,上海人民出版社,2009年,第48页。
③ 李开升《试比较陈垣〈校勘学释例〉与保罗·马斯〈校勘学〉》,《古籍研究》2015年第2期。

近古书原貌"的那个本子。相较之下,"原型"这一概念显然更具有明确所指。再如"独特讹误"这一概念。首先假定"(原本在传承过程中)首次分裂以后的每次抄写都只依据一个范本,……所有抄写员都会自觉不自觉地对其范本有所偏离",这种偏离其范本所产生的讹误就是独特讹误。显然这是指发生在特定版本之上的异文,我们传统校勘学上并没有类似的说法。再如,在如何判断版本之间的关系上,保罗·马斯认为并不能直接证明一个本子来源于另一个本子,而"只能通过排除其独立存在的可能性来加以证明"。① 采用的方法有两种,其一,证明"某个本子独立于(并非来源于)另一个本子",其原理是"如果我们在 A 中发现有一个相对于 B 的讹误,其构成的特殊性,从我们对 A、B 之间当时的理校历史水平的认识来判断,可以确信 B 不可能是通过理校消除了这个讹误,那么 B 独立于 A。这类讹误可以称为'区分性讹误'"。② 这就是说,判断版本 A 与版本 B 没有关系,就需要找出一类区分性讹误。其二,证明"相对于第三个本子,这两个本子有内在联系",其原理是"如果两个本子(B 和 C)相对于第三个本子(A)有一个共同讹误,而 B 和 C 彼此独立地形成这个讹误的可能性几乎为零③,据此我们可以证明 B 和 C 相对于 A 是在一起的。这类讹误可以称为'连接性讹误'"。④ 这意味着要想证明版本 B 和 C 有关系,需要找到相对于版本 A 来说彼此共同的讹误(没有版本 A 作对比,便无法找到这个讹误)。以上都是立足于梳理版本谱系基础上加以讨论的,即"区分性讹误"有助于将一些不相关的版本排除在某一版本谱系中,"连接性讹误"则可将相关的版本放在同一版本谱系中。这些虽然都是针对版本关系而言的,但关系的确定却是通过版本校勘实现的。无论是"区分性讹误",还是"连接性讹误",都是建立在版本层

---

① [德]保罗·马斯《校勘学》,苏杰编译《西方校勘学论著选》,上海人民出版社,2009年,第 89 页。
② 同上。按,此术语类似的表述又见[英]L·D·雷诺兹、N·G·威尔逊著,苏杰译《抄工与学者:希腊、拉丁文献传播史》,北京大学出版社,2022 年,第 273 页。以下"连接性讹误"亦见该书同页。
③ 按,此句依笔者的理解,是指相对于版本 A 而版本 B 和 C 出现的这个讹误共同来源于同一个范本,亦即谱系法学者所说的"相同的讹误显示相同的来源"。
④ 同上,第 90 页。

面上的讹误,①也就是版本异文。而有关这些版本差异的讨论,在《校勘学》一书中比比皆是。其中的观点未必全无商榷之处,②因为它们是建立在"假设—验证"的基础上的。但毕竟从理论的角度建立了一些校勘规范,并引出了诸多很有价值的思考,后人可以有条件沿此思路继续加以证实或者进行进一步的修正。而这些抽象的论述都是我们传统校勘学很难见到的。前辈学者虽然留给了我们丰富的校勘成果和只言片语的校勘心得,但是很多时候却缺乏理论的概括与科学的界定,故其校勘方法和原理只能通过后人细心揣摩和实际校勘之后方能得其奥妙。正如王叔岷先生在《斠雠学与中国学术》中所说的:"清朝乾隆嘉庆时期,是校雠古书极盛时代,但没有系统的校雠学专书来启导后学。读乾嘉诸儒校雠的古书,要摩挲很久,才体会到他们的校书方法,颇不便于初学。"③其实,这何止不利于初学者取法,更不利于学科的建设。传统校勘学理论的缺乏,亟待我们立足于本国校勘实践,向以此为长的西方校勘学学习,取彼之长而补己之短,这样方能使传统校勘学走出瓶颈而走向特色。

其二,他们针对不同的文献采用不同的校勘思路。

从书籍的演变历史看,中西方都经历了从抄本向印本的转变。但正是在这一过程中,二者却因社会文化的不同而走向了不同的方向。就西方书籍而言,早期抄写的古典文本、《圣经》文本,以及在后来印刷的莎士比亚文本及近现代作家的文本都较为完整地保存了下来,这使他们有条件更有意识针对不同时代和不同载体的文本采取灵活的校勘思路,④由此相继出现了"折中法""谱系法""底本法"以及在"底本法"范围内的各种底本理论。根据

---

① 按,据路德维希·比尔在《文法学家的技艺:校勘学引论》(第118页)中的解释,这里的"讹误"一词是广义的:"它不仅指真正的错误,也指相比较而言差一些的异文。"
② 如之后的爱尔兰学者路德维希·比尔在《文法学家的技艺:校勘学引论》便针对保罗·马斯《校勘学》中的一些问题进行过重新讨论。
③ 王叔岷《斠雠学与中国学术》,《斠雠 斠雠别录》,中华书局,2007年,第508页。
④ 请注意,我们称以上这些理论为"校勘思路",而不像学者们一样称之为"校勘的原则和方法"(如苏杰《西方校勘学论著选·编译前言》,第3页),一是因为后者的称谓很容易与我们接下来要谈的校勘方法相混,二是因为它们并不具有普遍性,仅仅是针对特定文本采用的一些策略。

苏杰先生编译的《西方校勘学论著选》的相关论述，我们可以将这些理论根据校勘对象的不同分为以下三个阶段：

第一阶段针对的是17世纪以前没有原本、仅有传抄之本的古典文本和《圣经文本》。早期的古典校勘学家首先采用了折中法进行校勘，即"编稽众本，从中选择出最佳异文"，其异文的选择是"建立在外部证据和内部证据的基础上的"。① 然而尽管有内外证加以证明，当时的校勘学家对异文的判定还是具有很强的主观性的，因为他们都能以自己的方式证明其所选异文的正当性。② 为了克服这种主观性，有必要采用一些相对客观的标准加以限制，由此在19世纪中期便出现了"通过揭示抄本相继出现的历史，辨认出文本讹误，最终，……通过做减法，得出（或者说逼近）失落了的原始文献，即'作者文本'"③的谱系法，也称为"拉赫曼方法"。此法将校勘过程分为"对校"和"修正"两个环节。首先通过比勘众多抄本中的异文来确定抄本之间的亲疏关系，从而建立抄本谱系。而谱系的建立，目的是确立一个接近于原本的抄本（即原型）。④ 一旦原型确定下来，接下来便是通过对其进行推测性修正，最终达到恢复原本的目的。⑤ 谱系法虽然针对的是多元的抄本文献，但是其方法却适用于各种语言文献。20世纪初，英国新目录学派将之运用于整理印本文献之中，从而使其校勘学走向了另一个阶段。

---

① 苏杰《西方校勘学论著选·编译前言》，上海人民出版社，2009年，前言第3页。按，苏杰先生又云："所谓'外部证据'，是指每一件文献载体的证据，包括它的时期、来源、与其他已知文献载体之间的关系，等等。所谓'内部证据'是指独立于文献载体的物质特性之外、来自于文本内部的证据。"

② 同上。

③ [美]杰罗姆·麦根《现代校勘学批判》，苏杰编译《西方校勘学论著选》，上海人民出版社，2009年，第250—251页。

④ 按，格雷格《底本原理》（第160页）中称其为"'最佳'或'最权威'抄本"。而保罗·马斯《校勘学》（第55页）则说得更加具体："一般而言，'对校'过程会向我们引向(1) 一个存世的'唯一'抄本，或者(2) 一个可以确切重建的原型，或者(3) 存世或可以重建的两个异文载本；这些'异文载本'只有当它们相印证的时候，才可能是原始文本（当然，如果它们不一致就不可能是）。"

⑤ [爱尔兰]路德维希·比勒尔《文法学家的技艺：校勘学引论》，苏杰编译《西方校勘学论著选》，上海人民出版社，2009年，第114页。

第二阶段针对的是16和17世纪生产和再生产的莎士比亚文本和早现代的英语文献。此类文献同样没有原本存世，但其是以机器印刷的形式存世的，而且"失落的莎士比亚文献与其后来的保存和重新生产之间不存在极大的时间间隔"，①其谱系是一元的。针对这类文献，校勘学家必须对拉赫曼方法进行调整。首先是英国学者麦克罗在校理英国莎白时代诗人纳什的作品时提出了"底本"这个术语，用来指称"某部作品的整理者所选取的早期文本，以作为其整理本的基础"。② 后来格雷格沿用了此术语并进行了修正和深化。针对此类印本文献的特点，他首先提出了"实质性异文"和"非实质性异文"两个概念，前者指"影响作者的意图或者其表达实质的文本异文"，后者指"诸如拼写、标点、词性分合等等，主要影响其形式上的呈现"的异文。③继续他提出了自己的底本理论，即"底本（通常）管辖非实质性文本要素的问题，而实质性异文的取舍属于校勘学的一般理论所要解决的问题，完全超越于底本原理的狭窄使用范围之外。因而有可能发生以下情形：在校勘整理中被正确地选为底本的文本，在实质性异文方面并不一定提供最多的正确文字"。④ 因此，"有必要在形式问题上采用某些早期文本的指导。如果一部作品的几个存世本子形成一个传承序列，那么就选最早的本子。……但是，只要存在两个以上旗鼓相当的实质性异文，虽然仍要从中选择一个作为底本，在非实质性要素问题上遵从之，但在实质性文字方面，不允许底本有压倒性的甚至优势的权威"。⑤ 格雷格的底本理论"可以很好地解决了作者原始文本已不存在的情形下的一些问题"，⑥但仅仅是解决了这类文献整理的问题。而且其仍然在拉赫曼方法之下进行的，所以杰罗姆·麦根称之为"拉

---

① ［美］杰罗姆·麦根《现代校勘学批判》，苏杰编译《西方校勘学论著选》，上海人民出版社，2009年，第253页。
② ［英］格雷格《底本原理》，苏杰编译《西方校勘学论著选》，上海人民出版社，2009年，第159页。
③ 同上，第161页。
④ 同上，第165页。
⑤ 同上，第168页。
⑥ ［美］杰罗姆·麦根《现代校勘学批判》，苏杰译《西方校勘学论著选》，上海人民出版社，2009年，第264页。

赫曼——格雷格传统"。①

第三阶段针对的是17世纪以后,特别是19世纪有作者多个原始手稿（草稿、订正草稿、眷正稿、校样等）存世的英美作家作品。20世纪五六十年代,美国学者鲍尔斯在格雷格底本理论的基础上,针对这类文献,提出了他的"鉴别整理理论",即"整理者必须把手稿作为其首要依据,只有当手稿存在明显的笔误时,才据第1版加以校正",②这是因为"原始文本将是最接近作者的最终意图的,其中非作者因素干涉所产生的感染最少——特别是在所谓的非实质性问题中的非作者形式"。③该观点后来为众多学者（如坦瑟勒等）所继承,并得到广泛的认同。然而如詹姆斯·索普、菲利普·加斯克尔等则认为"在大多数情况下,整理者选作底本的是早期印本,而不是手稿"。④因为"它最接近'作者想要读者看到的样子'"。⑤以上两家都是在作者最终意图法则的指导下提出自己对底本选择的看法的。而在80年代,罗杰姆·麦根在《现代校勘学批判》一书中虽然也认为底本应该选择"第1版"（即早期印本）,但并非从作者最终意图那里得来的,而是因为"第1版应当是作者和出版机构分工合作,最终展示给公众的结果"。⑥在对拜伦作品的众多手稿和印本进行研究之后,他注意到了作者身份的复杂性和文学生产的社会性,从而提出了自己的"文本社会学"理论,⑦即文学作品的物质形式是社会性的,而非私人的。所有文学作品的生产过程要经历一种系统嬗变:

---

① ［美］杰罗姆·麦根《现代校勘学批判》,苏杰译《西方校勘学论著选》,上海人民出版社,2009年,第292页。
② 同上,第255页。
③ 同上,第265页。
④ 同上,第274页。
⑤ 同上,第285页。
⑥ 同上,第339页。
⑦ 按,此理论在《书史导论》中被译为"文本的社会化"（此译文可以与唐·麦肯锡"文本社会学"相区别）,见［英］戴维·芬克尔斯坦、阿里斯泰尔·麦克利里著,何朝晖译《书史导论》,商务印书馆,2012年,第36页。又在戴联斌《从书籍史到阅读史:阅读史研究理论与方法》中被译为"文本社会化"（新星出版社,2017年,第61页）。二书对杰罗姆·麦根的理论介绍仅有只言片语。

"从最初的心理事件(创作过程)转换为社会事件(文学作品)。"[1]因此,文学作品的权威不应简单归属于作者,而应该分析个体作品与社会机构之间动态的社会关系。[2]

总之,针对有手稿存世的现代文献,从鲍尔斯、坦瑟勒到索普、加斯科尔,再到杰罗姆·麦根都提出了关于底本选择的观点。毫无疑问,与以往的文献相比,现代文献中手稿的存世凸显了作者的权威。学者们不用再在众多复杂的抄本之中建立谱系,然后确定原型,而是直接在清晰的版本谱系中选择能够反映作者最终意图的本子作为底本。然而解决了传抄过程中抄本与原本之间的矛盾关系,并不一定就能最终确定底本。因为作者在创作过程中的意图是多变的,同时其文本是以多种方式存在的,手稿与第一印本,究竟哪个更符合作者意图(或者符合作者哪个阶段的意图),尚需要进行一番选择。杰罗姆·麦根所举的拜伦作品的例子[3]已经证明了即便是手稿,也存在着作者与抄者之间微妙而复杂的社会关系。在这种情况下,探讨作者意图显然变得毫无意义。同时,这也意味着底本的选择必须考虑文本生产的社会因素。事实上,到20世纪七八十年代以来,西方校勘学者已经在底本选择方面由探讨作者意图转到了读者身上。正如杰罗姆·麦根所说的:"在任何编辑整理中,'处理文本'都在很大程度上取决于'预期读者'这个'因素'。"[4]这种转向与之相关的西方另一门学问即新书籍史向阅读史的转变是一致的。

---

[1] [美]杰罗姆·麦根《现代校勘学批判》,苏杰译《西方校勘学论著选》,上海人民出版社,2009年,第291页。

[2] 按,原文为"作者最终意图法则以及选择底本的指导原则,都是以文学作品作者权威归属(以及归属的可能性)的假定为前提的。顾名思义,'作者权威'意味着——从整理和校勘的目的来看——文学作品的权威最终归于作者,因而文学作品就要以一种最为私人、最为个体的方式加以看待。然而,由于文学作品被狭隘地认同于作者,通过个体化过程,作品的作者身份问题就被极端地简化了。结果就是,文学生产过程中始终存在的动态社会关系——特定历史条件下的个体作品与在历史上不断发展的文学生产的社会机构之间的辩证关系——在校勘过程中被掩盖了起来。"[美]杰罗姆·麦根《现代校勘学批判》,苏杰译《西方校勘学论著选》,上海人民出版社,2009年,第305页。

[3] [美]杰罗姆·麦根《现代校勘学批判》,苏杰译《西方校勘学论著选》,上海人民出版社,2009年,第301—302页。

[4] 同上,第331页。

以上花费了不少篇幅较为详细地梳理了西方校勘学家针对不同时代和不同载体的文献提出的一些校勘思路。然而这并不意味着西方校勘学已经一片光明，相反，当底本的选择受到来自多个能够体现作者意图的版本的时候，当麦根在对其"文本社会学"进行阐释的时候，该学科已经面临着巨大的危机了。在这里，有原本存世的现当代文献在确定底本方面并不比之前原本缺失的早期文献在梳理版本谱系方面简单。前者虽然避免了校勘时判断异文、选择原型等方面的主观，但在选择底本方面却陷入了犹豫不决。虽然这样，其每一个校勘思路中所体现出的理论探讨还是值得我们借鉴的。

反观我们的传统校勘学，历代的校勘学者在校勘实践上并不比西方学者做得差。但是由于各种社会原因，我们的校勘基本上是针对那些原本大多已经荡然无存的刻本文献的（或者据刻本辗转传抄的抄本文献），所以其校勘思路与西方的"折中法"近似。[①] 即便有作者的几种稿本或校样本存世，他们也是按照整理刻本文献的思维加以对待的（不会纠结于作者意图的辨析上）。可以说，我们的校勘思路是一元的。这种思路以刘向事业为校勘理想，以恢复理想文本（即所谓"恢复文献本来面目"）为主要目标，以择善而从为校勘手段，并不会太多考虑除文本内容之外的其他形式方面的问题（所以，更不会探讨如西方学者谈及的异文类型、作者意图等等问题）。因此，以梳理版本谱系见长的"谱系法"也在这里无法得到贯彻执行。学者们虽然尽力广聚众本进行校勘，但缺乏系统的版本形态的考证和版本源流的梳理，使得他们在处理异文方面因缺乏版本依据而流于主观推测。如在乾嘉时期十分盛行的段玉裁《汲古阁说文订》，据其叙文可知，在校勘汲古阁本《说文》之时，他参校了"初印本"、宋小字本、影钞宋本等多个版本，但是这些版本到底有什么样的特征，版本之间又是什么关系，显然缺乏详细的描述。而且从其具体校勘的诸条看，脱离版本对异文进行主观判断的情

[①] 李开升《试比较陈垣〈校勘学释例〉与保罗·马斯〈校勘学〉》（《古籍研究》2015年第2期）云："比照西方校勘学的发展阶段，《释例》所代表的中国校勘学尚处于'折中法'的阶段，即所谓遍考众本，择善而从，不甚讲究版本谱系。"

况并不在少数。而且,择善而从的理念自始至终贯穿于其整个校勘过程。① 因此,该书虽然从表面上看是一部以版本对校为基础的校勘学著述,但是在版本源流的展示和版本异同的判断上并不能据为典要。与西方"谱系法"下诸抄本相比,段氏所面对的《说文》的版本系统显然并不复杂。然而种种原因导致《汲古阁说文订》并不能做到全面而客观的校勘,只能以局部而主观校勘的形式展现其所谓"剜改本"之部分谬误。② 段玉裁对汲古阁本《说文》的校勘思路并非独有,而是贯穿在整个乾嘉时期甚至传统校勘学当中。这种校勘思路自然有其值得肯定之处,但若从校勘学理论体系的角度看,显然是趋向保守的。在这里,西方校勘学丰富的校勘理论不仅可以针对不同类型的文献提供一些较为灵活的校勘思路,同时这些校勘思路下的不同学者的观点也能为我们未来的校勘整理提供客观依据和研究视野(如麦根的"文本社会学"等)。

西方校勘学并不是完美无缺的,其中的一些理论也并不一定完全适合中国传统的校勘学,但是其整体上体现出的理论意识是值得我们学习的。走在新世纪的路上,再来反思民国时期的前辈学者留给我们的宝贵财富,我们应该在深刻理解它们的基础上沿着其思路继续前进下去。20 世纪 30 年代,胡适先生只是为我们的传统校勘学提供了一个了解西方校勘学和建立科学校勘学的窗口,现在我们不应该如后来的一些有识之士那样仅仅感慨胡氏之说后继无人,而必须进一步地思考如何具体地在充分掌握传统校勘学基本知识的基础上吸收或借鉴西方校勘学基本理论和方法。只有这样,方不负前辈留给我们的期望。③

---

① 该书《叙》中明确说以诸本校勘剜改本,但如果把其所列《说文》正文说解与按语进行比较的话,可以看到并非如此,而是以校勘版本异同为主,兼及判断是非的,其中的剜改本只是其批判或遵从的对象之一。具体的校勘情况见笔者《小学文献学视野下的毛氏汲古阁本〈说文〉研究》(花木兰文化事业有限公司,2020 年)一书的相关章节。

② 据笔者统计,段氏漏校、错校的地方并不在少数。

③ 值得庆幸的是,有一些学者已经有意地用西方理论去建构中国校勘学体系了。如冯国栋《"活的"文献:古典文献学新探》(《中国社会科学》2020 年第 11 期)一文,虽然以"古典文献学"为题,但里面充满了大量西方校勘学的内容。整体上看,此文是采用西方校勘学理论构建文章基本内容的,其意在指明研究文献学的方法和视角,并不是构建文献学新理论。

第二节 小学文献校勘的内容

作为校勘学研究内容之一的"校勘的内容",文献学或校勘学著述,或称之为"通例",如王叔岷《斠雠学》;或称之为"古书讹误的一般情况",如管锡华《校勘学教程》;或称之为"古籍校勘的通例",如郭英德、于雪棠《中国古典文献学的理论与方法》;或分称为"书面材料的错误类型""书面材料发生错误的原因",如程千帆、徐有富《校雠广义·校勘编》。整体而言,前人称为通例或释例,等等。笔者认为这些称谓皆值得商榷。

首先,"释例""通例"之说,是以"例"的形式来探讨校勘内容的。对于众多具体的校勘现象而言,这些"例"其实只是对校勘例证初步的主观归纳,并没有上升到抽象的理论层面。也就是说,"例"只比具体的校勘现象抽象一点点,但不足以指导所有的校勘实践。也正因为如此,各家的著述皆有自己的通例,且所举之例及诸例统摄之例证,往往可以出入彼此。如王念孙《读书杂志·读淮南子杂志书后》根据其校勘《淮南子》后考证出的条目,归纳出该书诸本致误的62例。然观其诸例,如"有不审文义而妄加者"一例中所举的妄加"阳""田""为"等字,也有可能是"校书者旁记之字而阑入正文者"。甚至有的释例中所举之例证是否如其所说也是值得商榷的。如"有不识假借之字而妄加者"中所举两例,是否因为"不识假借之字"而妄加,也是一个见仁见智的问题。再如王叔岷《斠雠学》根据自己的校勘实践归纳出124条通例,其中亦有不少如王氏诸例者,如"三 涉上下文而误"与"五三 不审上下文而妄改"及"六一 因同义字而妄改""七六 因求对文而妄加"诸条皆可归为一类。而他在《我与斠雠学》中说:"斠雠古书的通例,我由九十条增加为一百二十四条,已相当完备,但总希望将来还有更详细的出现。"[①]显然在王先生看来,这些通例还有增加的空间。这也意味着所谓的通例看似抽象,其实具有很强的主观性,尚需要进行进一步抽象方可成为校勘法则。

---

① 王叔岷《我与斠雠学(演讲稿代序)》,《斠雠学 斠雠别录》,中华书局,2007年,第10页。

其次，学者所说的"错误的类型"之说在表述上有先入为主之嫌，意即他们早已事先认为校勘工作就是发现错误，归纳其类型。然而，很多学者的著述明明把古书讹误分为"异文"和"疑误"两类，①认为前者"的意思是不同的文字，其实质是原稿文书和各种错误文字"，后者"的意思是怀疑有错误，其实质是校者根据有关知识发现疑难，认为存在错误"。② 前者暂且不说，后者既称"疑误"，便是一个见仁见智的问题，亦即此人怀疑此处可能有误，但实际上可能并不误，如此怎么能说是讹误呢？这样的例子也有很多，如《墨子·亲士篇》"夫恶有同方取，不取同而已者乎"一句，毕沅《校注》读"恶"如"乌"，无讹误。俞樾《平议》则认为"'取不'二字传写误倒，而字当在'取同'二字之上，'已'当为人己之己"，刘师培《拾补》又认为"上'取'字、下'同'字均疑衍文"，于省吾《新证》又指出"毕说未尽是，俞说尤非。盖今本'方'下脱'不'字，遂不可解"。③ 显然，《墨子》此句到底有无讹误，诸家均在疑似之间，并没有一个明确的答案。像这样的疑误情况，校勘学者怎么能将之一并称作"错误的类型"呢？

鉴于以上的考虑，我们接下来的讨论便不再使用上面的称谓，而是重新定义。笔者以为，以上诸家所讨论的内容其实可以用"校勘的内容"这个含义明确且偏于中性的词加以概括。那么，校勘的内容是什么呢，笔者以为，概括地说，就是同一文献的不同版本之间可确定的那些差异，可称为版本异文。这里强调"可确定"，意味着我们并不认为学者所说的"疑误"属于异文，当然也不算校勘的内容。所谓的异文应该是建立在明确版本之上的客观差异，而非根据经验直接进行推断假设的主观疑惑。而所谓的版本，主要是某一文献的具体实物形式，它会因时代、刊印传抄者、刊印传抄类型的不同而发生改变。而通过节选、转引、汇录等方式收入他书的该文献的一部分或全部也应该算作其一个版本，因为节选、转引、汇录者也是根据该文献的某一版本进行自己的编纂工作的，然而其可靠性不如前者，所以需要慎重参用。

---

① 倪其心《校勘学大纲》，北京大学出版社，1987年，第14页。
② 同上。
③ 以上诸家说采自王叔岷先生《斠雠学》（中华书局，2007年，第96—97页）。

关于版本异文的类型，中外学者都有不同的看法。就中国学者而言，在传统校勘学的影响之下，其异文基本上指文献的文本文字方面差异，①所以，其异文类型也是从这个角度加以区分的。这里又可以分为两种情况，一种是文献学家或校勘学家的分类，从是否可以对异文进行明确判断的角度，将其分为断是非的异文和存疑的异文，如孙钦善《中国古文献学》云："异文分两种类型：一种类型是正与误之别；一种类型是于文义兼通。校勘上所讲的正误，是以是否符合文本原貌为区别标准的。"②又，项楚、罗鹭《中国古典文献学》："通过校勘获得的异文，可以分为两大类：一类通过考辨可以判断正误，即可定于一是；一类根据鲜有的材料和分析无法判断正误，只能存疑。笔者试给这两者命名，称前者为'求同异文'，后者为'存异异文'。'求同异文'里又可以分为两小类，一是正确的异文，可称为真异文，一是错误的异文，可称为'假异文'。这两大类异文的处理方式不同，'求异文'要定是非，'存异异文'只能罗列存疑。"③另外一种是文字学家的分类，有从异文形义关系的角度加以分类者，如陆宗达、王宁《训诂方法论》云："异文指同一文献的不同版本以及同一文献的本文与在别处的引文用字的差异。异文的情况十分复杂，一般包括：① 同源通用字；② 同音借用字；③ 传抄中的讹字；④ 异体字；⑤ 可以互换的同义词。"④有从异文来源的角度加以分类者，如张涌泉《敦煌写本文献学》将异文分为异本异文、异书异文、同本异文等三小类⑤，真大成《中古文献异文的语言学考察——以文字、词语为中心》分为异本异文、

---

① 如姜亮夫《敦煌学概论》（中华书局，1985年，第42页）云："两个卷子不同的文字叫作异文，这种异文可以帮助我们校对哪个字对，哪个字不对。"又黄沛荣《古籍异文析论》（《汉学研究》1991年第9卷第2期，第414页）云："所谓'异文'，似应分为广狭两义。狭义的'异文'仅限于个别的、相应的异字。……广义的'异文'则指：古书在不同版本、注本或在其他典籍中被引述时，同一段落或语句中所存在的字句之异，此外并包括相关著作中（关系书）对于相同的人、事、物作叙述时所产生的异辞（如伏羲与庖羲之类）。"
② 孙钦善《中国古文献学》，北京大学出版社，2006年，第117页。
③ 项楚、罗鹭《中国古典文献学》，中国人民大学出版社，2013年，第87页。
④ 陆宗达、王宁《训诂方法论》附录《训诂学名词简释》，中国社会科学出版社，1983年，第188页。按，该书188页云："异文指同一文献的不同版本中用字的差异，或原文与引文用字的差异。"
⑤ 张涌泉《敦煌写本文献学》，甘肃教育出版社，2013年，第226页。

引用异文、异述异文和异译异文等四小类。① 虽然如此,但在诸小类中具体阐述时又多涉及字际关系的分析。总体来看,文献学家所分的异文类型侧重对异文的是非判断,文字学家的异文类型则更加重视对异文的形体结构分析。前者对文献文本的依赖性较强,后者则有时会脱离文献本身而直接分析文字关系,是非的判断倒是其次了。但无论是哪种,他们所针对的大都是文本文字。

西方校勘学者则有所不同,在影响深远的谱系法之下,面对印本文献,英国学者格雷格在《底本原理》中提出了实质性异文和非实质性异文的概念。前者"即会影响作者的意图或者其表达实质的文本异文",后者"一般是诸如拼写、标点、词形分合等等,主要影响其形式上的呈现,可以看作是次要的,或者我称之为'非实质的'文本异文"。② 虽然中英两国的学者所面对的具体文献在形式、语言、文字等方面存在颇大差异,但毫无疑问,格雷格对异文的划分类型对我们的校勘学颇有启发。至少在"非实质异文"中,他强调了"拼写、标点、词形分合等等"方面的差异。这说明因版本差异造成的除文字之外的其他形式上的差异也被囊括进入异文范畴之中了。③

---

① 真大成《中古文献异文的语言学考察——以文字、词语为中心》,上海教育出版社,2020年,第47—48页。按,该书又根据异文的性质分为校勘性异文、用字性异文、修辞性异文等三小类,但三类在具体实践中颇难区分。

② [英]W·W·格雷格《底本原理》,苏杰编译《西方校勘学论著选》,上海人民出版社,2009年,第161页。

③ 按,冯国栋《"活的"文献:古典文献学新探》认为:"'实质性异文'是指影响作者意图、影响表达的异文;而'非实质性异文'则主要是文本在书写、刻印、流传过程中由于抄手、刊工等因素形成的异文。"从其所举例子看,基本上将前者理解为不同传本之间的文字差异,后者理解为不同版本之间的文字差异。显然,这种理解与格雷格的观点并不完全相同。就非实质性异文而言,《底本原理》除了给它下定义中提到了"拼写、标点、词形分合"之外,在另一处同时提到了"标点""字母大写和斜体"等(第169页)。而杰罗姆·麦根《现代校勘学批判》(第262页)在引坦德瑟勒《进来关于文本整理的讨论》一文中也谈到了"标点和拼写一类的异文"。如果将这些异文与中国校勘学所说的异文相比较,可知,所谓不影响文意的非实质性异文,既包括形体结构不同的异体字(拼写、词形分合等),也包括标点、字母大写和斜体这类形式上的差异。就实质性异文而言,依照坦瑟勒的理解,是指"措辞不同的异文"(第262页),而从格雷格所举诸例看,主要指作者或印刷者对文字的改动,包括我们常说的讹脱倒衍等内容,如"Oncaymoeon"被改成"Oeconomy"(第166页),"concise sllogisms"被改成"subtile"(第166页脚注③),"flirted"被改成"blewe"(第167页),这些改动如果用我们校勘学的话来说,是印刷者不明文意而妄改。再如《浮士德博士》B本(1616年本)相对于A本(1604年本)而言,多了一个"and",据格雷格言,此词是为了与被改动的"Oeconomy"相协调才增加的,换作我们校勘学的话,就是"因 (转下页)

综合中西方学者对异文的理解，笔者认为校勘学上的异文应该包含两方面的内容，其一是由于版本差异造成的文本文字方面的差异，可称为文字异文，这些差异从文字学的角度看，包括字形、字音、字义等方面的差异，从文献学的角度看，便是文字方面的讹、脱等差异。其二是不同版本之间形式方面的差异，包括文本形态[①]方面的差异和版本形式方面的差异，可称为形式异文。一般而言，前者是学者们着重探讨的内容，后者则主要见于版本学家"勾勒行款"的行为。[②] 我们将后者引入校勘的内容，意味着形式方面的差异也应该受到重视，同时其对文字差异的分析也有很大的帮助，比如有些刻本出现的二字合写一字，后又被重刻者误认为一字而误刻的现象等，就是因为行款过窄，刻者吝于另行造成的。

形式异文，前辈学者讨论较少，但也有之，如陈垣先生《校勘学释例》卷一中便专门有"行款误例"等。文字异文则有了相当充足的论述。总体上看，异文有简、略两种观点。简者将之分为讹、脱、倒、衍等类型，详者会结合致误原因将之进行更细的划分，是为通例。笔者认为这些观点颇值得讨论。

首先，我们需要明白异文的实质是什么。要探讨这个问题，需要结合校勘学的目的来谈。前面我们提及，校勘学的目的在客观上并不是为了恢复文献目的，而是提供一个可供阅读的理想文本。既然是"可供阅读"，那么便需要参诸众本加以比勘，而且不免会掺杂主观臆见。既然是"理想文本"，那么这意味着校者主观上可能追求恢复作者本意，但实际上只能是离之越来越远，最后变成了校者心中（而不是客观上）的符合作者本意和文献本来面

（接上页）上下文而妄增"之例。再如《吉普赛假面剧》由作者琼森将原来的"maund"改为"stalkes"（第 171 页），前者是一个黑话词语，后者则相对平常，显然这并非一个讹误问题，而是需要考虑作者意图的差异问题。总之，无论是实质性异文，还是非实质性异文，针对的是格雷格所说的"印本文献"（第 162 页），是为了更好地整理文献、选择底本（第 1 版）而创造的两个概念，它们都会受到抄写、刊印者的影响。由于汉字与英文之间区别以及版本形态的差异，它们跟中国传统校勘学所说的并不能完全对等。冯国栋先生在文中提及的非实质性异文例如金藏本、东禅寺本"三昧六神通"在延祐本中被改为"三昧六通"，与格雷格所举的《浮士德博士》B 本增加了"and"一词有类似之处，不过格雷格将之当作了实质性异文。

① 按，文本文字、文本形态的概念见本书第一章有关研究对象方面的论述。
② 按，有关此问题的探讨，见石祥《勾勒行款：一个隐入历史的校勘学典范》一文（《中国典籍与文化》2013 年第 2 期）。

目的一个文本。此文本无论采用什么形式呈现,无论呈现多少篇目,都有校者的主观倾向或隐或显存在,这是一方面。另一方面,这并不意味校者在校勘时可以随意对文本文字加以改动,而应该在客观的版本比勘中进行有理据的是非判断,这是校勘的客观性。异文便是带有校者主观倾向的同一文献不同版本之间的差异。这意味着,在校勘之时,除了需要尽可能地收集众多版本进行客观对校之外,还需要分析不同版本的校者的主观倾向,亦即该版本是在什么样的文化背景下被出版的。这里的校者是一个宽泛的概念,只要参与校勘一部文献者皆为该文献的校者。这里的文化背景,同样是一个宽泛的概念,凡是有关该版本的一切信息都属于背景范畴。

其次,带着这样的认识,我们再来看校勘学上所说的异文类型,便可知道,这些类型即讹、脱、倒(或称"错乱")、衍等是根据同一文献中不同版本之间的相对差异(主要是文字方面)来划分的。其中,讹直接体现的是不同版本之间文字形体或结构的差异,脱、衍、倒则是不同版本之间文字数量或位置的外在差异。然而,校勘实践告诉我们,此四大异文类型尚需进行进一步的细分。一般认为,讹即"古书流传过程中产生的错字"。① 这样的理解,如果从校勘实例看,已经将文字形体或结构中的错和别完全混同在一起了,并不能清晰体现异文之间关系。其实,讹字应该进一步分为错与别两种类型,前者是一个字(或符号②)错写成了另一个字(或符号),后者为一个字的某一构件发生了局部变化,从而形成了一个异体字或讹字。二者还可以根据具体情况进行进一步的区分。如王叔岷先生在《斠雠学・通例》一章中既有误字例,还有坏字例,据其解释,"凡二字形极近而误,谓之误字。如父与文,曰与日,焱与森之类。坏字亦误字,惟一字残存一半,或近半,或过半,而误为他字,谓之坏字。如怨作死,聰作耳,刻作亥之类"。③ 误字与坏字之分,如果不从具体版本中分析,很难进行明确界定,然而这种区分本身便已经难能可贵了。其实,这两种情况都属于我们说的错字类型。然而王先生另有"转写

---

① 张涌泉、傅杰《校勘学概论》,江苏教育出版社,2007年,第35页。
② 如重文符号等。
③ 王叔岷《斠雠学 斠雠别录》,中华书局,2007年,第324页。

误字"例,其所举的三例(含章学诚《章氏遗书外编》所举一例),据其说"此类误字,并不成字。与其他误字不同,故别为一类"。① 这正是我们所说的别字类型。他虽然意识到这类异文与通常说的误字有异,但仍然将之归入误字中,显然尚未进行进一步的归类。另外,倒一般"指原稿文字具存,并无讹误、缺脱或衍羡,但在流传过程中,文字的先后次序却被弄颠倒了的现象"。② 而其他学者如张涌泉先生等则将这种情况称之为"错乱","指古书流传过程中字句篇章先后次序的颠倒错乱,以及不同书或不同作品的羼杂混淆",这里既包含了《校雠广义》中所说的文字错乱,也将错简明确囊括进来了。③ 显然,这种称谓较前者更加全面准确。王叔岷先生则将这种现象分为误错、误倒、互误等三种情况,其中,误错指"隔字或隔词、隔句之例",④误倒指"连字或连词、连句之倒",⑤互误指"隔字或隔词、隔句交互之误"。⑥ 其中,第三种情况本质上属于隔字或句倒,故可并入误错例中。与误错诸例相比,此种情况下的诸句不过有对文而已。根据以上诸家之说及笔者的理解,所谓的倒文也应该细分三类:一为颠倒,即王先生所说的"误倒",指相邻的文字之间前后颠倒位置,包括连字倒、连词倒和连句倒等。二为错位,即王先生所说的"误错",指相隔的文字之间前后颠倒位置,包括隔字倒、隔词倒和隔句倒等。三为分合,指相邻的文字被拆分或合并而造成的位置的变化,其既包括两字合为一字、一字分为两字的情况,也包括正文与注文或旁记字或他书之间的掺杂情况。最后,我们需要将不同版本在形式上的差异也囊括进来,称为异。这样的话,异文便有八种类型。除了"异"之外,余七种都是针对文本

---

① 王叔岷《斠雠学 斠雠别录》,中华书局,2007年,第302页。
② 程千帆、徐有富《校雠广义·校勘编(修订版)》,中华书局,2020年,第41页。
③ 按,《校雠广义·校勘编》在给"倒"下定义之后,也提到了倒分为倒文和错简,但未在其定义中体现出来。
④ 王叔岷《斠雠学 斠雠别录》,中华书局,2007年,第304页。
⑤ 同上,第315页。按,王先生《斠雠学》将连字倒称为"倒",将隔字倒称为"错",但在后文却统称为"乙",如九〇、九一例皆为连字倒,九二隔字倒。其实在一九"误脱例"所举的诸例中,有既错且脱、既误且脱、既衍且脱,就是没有"既倒且脱",显然倒、错是一个类型;二五"误倒"之后有"二六 既倒且脱"、"二七 既倒且误"诸例,就是没有"既倒且错",与此同例。显然在王先生看来,有错无倒,有倒无错,二者是统一的。九〇至九五皆为妄乙例,有字误、字坏、误倒,就是没有误错,同样值得深思。
⑥ 同上,第318页。

文字而言的。其中,就文字形体或结构方面的差异,有错与别之分;就文字位置方面的差异,有颠倒、错位、分合之别;就文字数量而言,有衍与脱之异。以上只是单纯的文字差异。在实际校勘过程中,后七种类型多有混合,而且有时彼此影响,所以需要针对不同的情况,结合具体的文化背景加以分析。

最后,异文类型划分清楚之后,接下来便是与之相关的通例问题,学者或称为致误原因。关于此,其实我们在谈及校勘学未来的走向时已经有所提及,今再加以讨论。依笔者看来,目前校勘学著述所说通例或致误原因是存在一些不足的:首先,它们是根据具体的某一种或某一类文献被归纳出来的,所以缺乏普遍性或版本依据;其次,它们所列出的通例诸条主观随意性太强;第三,归纳之法本身并不具有逻辑性。正因为如此,学者归纳的通例多寡不一,如王念孙归纳出62例,王叔岷先生则归纳出125例,可能以后还会更多。而这些通例也彼此重复严重,这是因为其划分标准往往是不统一的。以王叔岷先生《斠雠学》为例,有时从文字差异考虑,如形误、误错之类;有时根据所依据材料归类,如依注文改、依他篇改、依他书改之类;有时根据异文出现的次数划分,如既错且脱、既误且脱之类;有时根据推测校者的校勘工作而设例,如不明文义而妄改、不审上下文而妄改之类;有时根据异文产生的后果而分条,如因字误而失韵、因字脱而失句读之类。很显然,如果从异文类型的角度审视的话,上面的很多通例是可以归并在一起的。比如"一五 既衍且误"与"七〇 不知字误而妄加","三五 既坏且衍"与"七二 不知字坏而妄加",除去"妄加"这种主观性推测的成分外,涉及的异文类型其实都是双重的。而"八八 依他书而删"与"一〇七 依他书删而失韵",二例不过是散文与韵文之别,其异文类型只是脱文而已。而且依某书而删只是指出了可能删除依据,并没有分析被删原因。正是因为同一异文类型从不同角度加以归纳,所以会出现非常多的通例或致误原因。而且可以预见,如果校勘学者仍然如此归纳的话,这些通例将会更多,后学者也将因不得要领而变得无所适从。

因此,我们必须放弃这种分析通例或致误原因的观念,而以一种新的角度加以研究。

首先,我们必须清楚所谓的通例或致误原因是围绕异文类型展开的,而在同一部文献中,异文类型是以版本形式或文本文字为基础的。而我们分析的时候,有时是以一个字或词为单位,有时是以一句为单位,有时又是以几句为单位。其中,后二者会造成所谓的"既某又(且)某"的"两重(以上)错误"。而这些"错误"尽管有可能会相互影响,但很多时候往往是因为不同的原因造成的。同一句话中的同一个位置上不可能同时出现两个以上的异文类型,所以学者们所说的"双重(以上)错误"其实是以句为单位归纳出的出现在两个不同位置上的异文。将以字词为单位和以句为单位的分析标准进行混淆,是通例繁多的原因之一。

其次,即便是单项异文,[①]其通例或致误原因也存在两套标准:其一根据版本之间的差异进行相对客观的推测,其二通过推测校者的校勘工作进行主观猜想,体例为"不明某而妄改(加/删等)"等。而前面我们说异文体现的是校者与版本之间的关系,所以这两套标准正好是各取其一加以分析的:前者强调的是版本流传过程中可能出现的异文关系,后者突出的是校者出于主观原因改动而可能出现的异文关系。这就是王念孙、陈垣等所说的"推其致误之由,则传写讹脱者半,凭意妄改者半"。[②] 这样的分析当然可以总结出一些规律性的条例,但是却有太过强调二者对立之嫌。这使得明明是同一类型的异文,却因此被分为两处。这是通例繁多的原因之二。

再次,就版本之间的异文而言,虽然不再明确强调校者的校勘工作所造成的文字差异,但仍然采取不同的标准:一种从字词的角度加以分析,一种从文意加以推断。比如王叔岷先生《斠雠学》中"三 涉上下文而误"和"五 涉偏旁而误",前者注意到了所举二例中的"听"讹"观"、"追"讹"逃"是因上下文相关而造成的,后者指出所举二例中的"中"讹"水"、"毛"讹"耳"是因相邻文字的偏旁而造成的,其实,二说互换也无不可。对同一异文类型进行不同

---

① 按,此处及前面的"两重错误""三重错误"的说法来自《校雠广义·校勘编》。
② (清)王念孙撰,徐炜君、樊波成、虞思徵、张靖伟等校点《读书杂志》,上海古籍出版社,2014年,第2468页。陈垣先生《校勘学释例序》有类似的话,云"其间无心之误者半,有心之误者半"(中华书局,2016年,序第1页)。

角度的主观分析，是造成通例繁多的原因之三。

以上三个原因造成的通例繁多反映了学者们并没有立足于从异文类型的角度对校勘通例进行抽象的分析，只是针对某一异文现象进行简单的归纳。几乎是异文产生的原因稍有差异，便开始单列一条，显然到了最后已经无标准可言了。比如《校雠广义·校勘编》中居然还有"为牟利而加""为说明自己的观点而加""为便于阅读而加"之类的泛泛理由。[①] 版本之间的差异有哪个不是因为这些而出现的呢？笔者以为：

第一，对通例或致误原因的归纳不应该繁化，应该以版本形式或单个文本文字为基础进行。也就是说，即便有"多重错误"出现，也应该按"单项错误"处理。因为这些所谓的"错误"有叠加之嫌。如王叔岷先生《斠雠学》有"既误且脱"例，所举第一例《韩非子·用人篇》"王尔不能半中"句，王先生认为："今本'半'上脱'成'字，器字又涉下文'中主'而误为中耳。"显然这属于同一句话中两个位置的异文类型的叠加，应该单独加以分析。有时这种叠加是出现在一书的不同版本之上的，如王念孙《读书杂志·读淮南子杂志书后》有"既脱且误又妄增者"例，所举《人间篇》"使离朱攫剟索之"句之异文按理来说应该有三处，[②]但仔细分析之后便会发现，这个通例针对的只是不同版本上的同一个位置而言的。即"剟"字上，王念孙认为正确的版本应该有"攫"字，而刘绩本讹作了"捷"，是谓"误"；其底本即道藏本则脱去了该字，是为"脱"；相对于正确版本而言，刘绩本的"捷"字乃妄增也。明明是两个版本中的差异，王念孙却将之合并作一条处理，显然这里的叠加太过勉强。

第二，对通例或致误原因的归纳应该走向系统化和体系化。所谓的通例或致误原因是前辈学者通过校勘实践归纳出来的一些带有规律性的条例。其中的很多是客观存在的，足以通用于任何被校勘的文献当中，如形近而误、涉上下文而误之类。但由于它们被归纳时主要服务于具体的校勘活动而非立足于某种校勘体系的建立，所以存在一些看似有别、实可两通的情

[①] 程千帆、徐有富《校雠广义·校勘编（修订版）》，中华书局，2020年，第148、149、150页。

[②] 按，详细的考证见《读书杂志·淮南内篇第十八》"离朱剟"条（第2392页）。

况。今日，我们从学科理论的角度在排除各种具体原因的前提下对之去重删繁，使之更加具有普遍性和抽象化。比如，前面提及的很多学者认为致误缘由不过是"传写讹脱"和"凭意妄改"两类，所以便会无意间从这个角度去组织自己的通例或致误原因。其实，在校勘过程中，这两类是很难进行明确区分的。如王叔岷先生《斠雠学》"六〇 因偏旁而妄改"中所举的《淮南子·兵略篇》"不至于为炮烙"句，王先生据日本古钞本认为："炮烙"乃"炮格"之讹，原因是"后人昧于古义，乃因'炮'字偏旁改'格'为'烙'。"然而这有没有可能是因为传抄过程中形近而误呢？这告诉我们，在归纳校勘通例的时候，截然两分的做法只能造成异文分析的两可。固然，从异文的实质上，其出现的原因无疑是来自以上两方面，但这只不过是提供给我们分析异文的不同角度，绝不是归纳异文产生原因的方法。一个可能的思路便是对这些通例进行分层：

1. 异文主要是出现在文本文字层面的，所以其通例应从字形、字音、字义等角度加以考虑。而文字又是为文献内容思想服务的，所以它又不免与文本内容发生关系。所以就字形而言，就不仅要静态地从形体和结构两方面把握，还需要从文本的上下文等方面加以考虑。因此便有了形近而误、涉上下文而误之类的通例。比如形误之例，便是从字形的角度考虑的。两字形体相近，往往会发生讹误；同时，形体结构发生局部变化，也会造成讹误，所以形误至少有两种情况。以上的分析需要详加考虑，否则会将同一通例误作两类处理，如王叔岷先生《斠雠学》中"五 涉偏旁而误""六〇 因偏旁而妄改""七五 因偏旁而妄加"三例都是因偏旁所致，所以应该归并为一类。若再细加考虑，所谓的"涉偏旁""因偏旁"往往是跟上下文之文字相关，所以实际上这些类目都可以归入"涉上下文"之例。再如谈及"形近而误"，学者们往往从字体的角度加以分类，但字体之中却又有"俗书"一小类，便有些标准不一了。从诸家所举例证看，所谓"俗书形近之误"的情况并非出现在不同字体上，所以不能与之相混。有时分析一时疏忽，还会将某一通例误当作另一类。有学者认为，字形相近也会出现衍文，如俞樾《古书疑义举例》卷五"五十三 两字形似而衍例"中所举的《墨子·天志下》

"担"与"垣"形近而衍,①王叔岷先生《斠雠学》"一四 由误而衍"中所举《庄子·徐无鬼》"利"与"制",《韩非子·喻老篇》"白"与"曰"形近而衍,②等等。但观其论述,衍文的出现并非由于二字形似。形似只能造成字误,绝不会造成字衍。从字误到字衍这个过程,版本的变化应该起一个关键作用。显然,以上两例衍文的出现还需要进行详细的考证。此为分析异文产生原因的第一个层面。

2. 异文虽然直接体现为文本文字之间的关系,但是却需要通过一定的载体来呈现,版本就是文本文字的呈现方式。这样,异文就与版本发生了关系。版本形式的变化不仅产生了形式异文,而且也对文字异文产生影响,所以我们在分析异文之前,需要对相关的版本以及源流进行详细考察和梳理。比如有些文献的正文与注文被抄刻于同一版面上,那么,便有可能出现正文文字与注文相混的情况;有些文献的校文被夹批于正文之旁,那么,这种文字也有可能被混入正文;有些版本或有重文符号、批注符号、墨钉、残缺等,那么,重刻或抄写时就有可能被误抄或漏刻,等等。此为分析异文产生原因的第二个层面。

3. 版本是社会的产物,所以异文也因版本的差异而打上了时代烙印,这就是为什么我们一再强调异文必须结合文化背景加以分析的原因。所谓的文化背景是一个大的概念,既包括直接与版本有关的生产、传播、接受以及编撰者、校订者、刊刻者等的一切信息,也包括与版本相关的政治、经济、文化、社会等的大环境,还包括语言文字在特定时代的一般特征和特殊性。一般而言,前两个层面"可以帮助解释某字何以讹成某字",此层面则可以"证明必须改作某字"。③ 比如清代官刻"玄"作"元"、"弘"作"宏"之类,通过第一层面的分析便可知道这是因假借造成的异文,但为何如此,还需要进一步了解其文化背景才可以明白是出于避讳。这样,我们就找到"玄""弘"必须改作"元""宏"的证据了。

---

① 俞樾等《古书疑举例五种》,中华书局,1956年,第89页。
② 王叔岷《斠雠学 斠雠别录》,中华书局,2007年,第297—298页。
③ 胡适《元典章校补释例序》,陈垣《校勘学释例》附,中华书局,2016年,第13页。

以上分析虽然使用了"通例"这个词,但我们更倾向于使用"异文产生的原因"这个短语,这是因为前者带有强烈的个人化特征,有些并不具有普遍性。后者则抹去了这种痕迹,与我们前面论及的校勘的内容相互照应。总之,对异文产生原因的层次分析,有利于避免陷入传抄之误与主观妄改的非此即彼的对立的局面,也利于更清晰灵活地把握异文之间的关系及其产生原因,从而更准确地做出是非判断。

我们再举一例加以说明,并作为本节讨论的结尾。如上文所举"炮烙"与"炮格",如何判断"烙"和"格"之间的关系呢?这需要追溯二字出现的最早版本。这里便可能出现多种情况:

(1)最早的版本无法追溯,只能找到存世的最早版本作"格",晚近版本作"烙",那么,"烙"字可疑。由于是出现在具体版本之上的,所以此版本可疑。接下来就需要分析该版本所处的同一时代下文献的不同版本(最好是同一校者所校的不同文献),有没有出现类似的例子,或者同一时代下文献中从木和从火之字相讹的情况。如果有,那么二字可能是版本方面的形似而误。如果没有,那么需要考虑的是该版本的校者主观所为。

(2)最早的版本无法追溯,存世的最早版本至少有两个,其中一个作"格",另一个作"烙"。这种情况下,无论诸本所据祖本是否相同,二字的关系都无法确定是传抄刊刻造成的还是校者主观改动的,是涉上下文偏旁改动呢,还是形近而误的呢。

以上我们没有涉及最早版本可以追溯的情况,这是因为中国几乎所有古代文献的最早版本都已阙如。我们也仅仅举同一文献的两个版本加以探讨,其实在实际校勘过程中,有的文献不止两个版本,版本关系也未必如此清晰;有的文献可能仅有一个版本,甚至是一个时代难以断定的版本。但无论哪种情况,异文的比勘和判断都需要以具体的版本为依据,并结合当时的文化背景加以分析,否则便流于胡适先生所说的"推理式校勘"了。前代的校勘学家由于侧重文本考据,即便参据众本比勘异文,也往往因版本不足或文化背景考证不清等原因而造成其对异文的判断流于假设与推测,所以,校勘学家往往用"浅人"或"后人"妄改来掩盖异文产生的真正原因,又用"盖"

来表达自己推测的观点,这些词已经暗示了其结论处在疑似或两可之间。今天,我们在重新探讨建立科学校勘学体系的过程中,应该用我们前面探讨的内容来避免这种情况出现。

第三节 小学文献校勘的方法

关于文献校勘方法的理论性探讨,当推清末民国初叶德辉的"死校"与"活校"之说①为最早,其认为:"死校者,据此本以校彼本,一行几字,钩乙如其书,一点一画,照录而不改,虽有误字,必存原本,顾千里广圻、黄尧圃丕烈所刻之书是也。活校者,以群书所引改其误字,补其阙文,又或错举他刻,择善而从,别为丛书,板归一式,卢抱经文弨、孙渊如星衍所刻之书是也。"②这里的"活校",据"以群书所引""错举他刻"可知,类书或其他古籍所引之文也是被当做一个版本来看待的。而"死校",学者一般认为是版本对校,但有的学者认为其中的"据此本以校彼本,一行几字,钩乙如其书"指的是"钩勒行款"。③倘如后者,那么,所谓的"死校"的对象兼有文本文字和版本形式两种。

然后来学者在讨论校勘方法的时候,多倾向于文本文字的校勘。如朱

---

① 按,西方校勘学上有"死文本"和"活文本"之说,见[爱尔兰]路德维希·比勒尔《文法学家的技艺:校勘学引论》(苏杰译《西方校勘学论著选》,2009年,第130页)。此概念是由多姆·昆廷提出的。前者指的是"对于有些文本,抄写者在复制时有意识地尽可能忠实于原本——可以是由于明确的要求(例如,用于学校教材的维吉尔诗作的抄本),或者只是因为抄写者对于文本内容没有任何反应";后者指"对于另外一些文本(例如《圣经》,又例如争议颇多的小册子),抄写者就倾向于进行故意的改动"。这里虽然指的是不同抄写者在抄写过程中有时会遵照原本,有时则多所改动,但与我们传统校勘者在校勘过程中的"死校"和"活校"之法有类似之处。附列于此,以相比照。
② 叶德辉《藏书十约·校勘》,杨守敬等《藏书绝句·流通古书约·古欢社约·藏书十约》,古典文学出版社,1957年,第50页。按,孙庆增《藏书纪要·第四则校雠》(古典文学出版社,1957年,第41年)云:"须觅宋元板、旧抄本、校正过底本,或收藏家秘本,细细雠勘,反覆校过,连行款俱要照式改正。"而叶德辉《藏书十约序》中说:"国初孙庆增《藏书纪要》,详论购书之法与藏书之宜,以及宋刻名抄何者为精,何者为劣,指陈得失,语重心长,洵收藏之指南,而汲古之修绠也。"显然,叶氏此书是延续孙氏之作而写的,其死校法中的说法大致也与孙氏之说相近。
③ 石祥《勾勒行款:一个隐入历史的校勘学典范》,《中国典籍与文化》2013年第2期。

希祖《校本〈意林〉跋》云："校雠之法有二：一则罗列各本，择善而从；其不善者，弃而不言。然必择一本为主，若他本、他书有善者，据以校改此本，必注云：'原本作某，今据某本或某书改。'否则必犯无征不信之讥，且蹈无知妄改之戒。原本不误而校改反误者，皆由于此。一则择一本为主，而又罗列各本之异同。心知其善者，固当记注于上；即心知其误者，亦当记注于上，以存各本之真面。使后世读此书者，得参校其异同，勘酌其是非，择善而从，抑亦校雠之善法也。"①

两相一对比，可知，朱氏之前一法，与叶氏之"活校"相同；其后一法，与叶氏之"死校"相类。考朱氏（生于1879年）少叶氏（生于1864年）十五岁，而二家皆与章太炎先生相善，故有相互影响之可能。据二文所题时间，叶氏《藏书十约》刊于宣统三年（1911），朱氏此文则较之晚刊十六年（即1927年），故同是藏书家的二人，不排除朱氏曾参考过叶氏之说的可能。二家说法之相同之处，在于都是从校者对底本是否遵从的角度立论的，所以两种校法与版本关系密切，属于藏书家之校勘方法。不同之处是朱氏并不提及勾勒行款的行为，而重在文字对勘。而在文字对勘方面，叶氏是从已刻书（主要是丛书）倒推诸家校勘之法的，所谈较为泛泛，有《书林清话》诸例给人谈资的味道。朱氏则直接演绎校勘之法，有意突出底本的地位和谈论如何以底本校众本的方法，所以更具有方法上的指导意义，这才是朱氏之说在校勘学上胜于叶氏之处。

稍早于朱希祖，即1924年4月，梁启超在清华讲学时完成了《中国近三百年学术史第十五讲》，②即后来收入《中国近三百年学术史》中的第十四卷《清代学者整理旧学之总成绩（二）——校注古籍 辨伪书 辑佚书》。在该文

---

① 朱希祖《校本〈意林〉跋》，《明季史料题跋》附录《其他书籍题跋》，中华书局，1961年，第123—124页。又见《明季史料题跋（外二种）·郦亭藏书题跋记》（中华书局，2012年，第110页）。
② 按，该篇今见清华学校讲义稿第六册，继于同年载于《东方杂志》第二十一卷第十三号，后作为其中一章收入1926年7月上海民志书店出版的《中国近三百年学术史》中。1936年1月，《饮冰室合集》出版，成为该书通行之版本。以上梳理参见干厂《梁任公〈中国近三百年学术史〉的撰著、讲授与传播》（《中华读书报》第9版，2019年12月18日。按，该文原属俞国林校订的中华书局2020年版《中国近三百年学术史》前言）。

中,梁氏总结出清人校注古籍采用的四种校勘方法:

> 第一种校勘法,是拿两本对照,或根据前人所征引,记其异同,择善而从。……第二种校勘法,是根据本书或他书的旁证反证校正文句之原始的讹误。……第三种校勘法是:发现出著书人的原定体例,根据它来刊正全部通有的讹误。……第四种校勘法是:根据别的资料,校正原著之错误或遗漏。……别有章实斋《校雠通义》里头所讨论,专在书籍的分类簿录法,或者也可以名为第五种。……前五种中,前三种算是狭义校勘学,后两种算是广义校勘学。①

与叶、朱的角度不同的是,梁氏是从校勘依据(和目的)的角度加以探讨的。其中,前三种"都是校正后来传刻本之错误,力求还原书的本来面目,校勘范围总不出于文句的异同和章节段落的位置",②显然这都是针对校勘对象即文献本身的异文而言的,属于校勘学应有之义。然而至第四种,其所依据的仍然是本书与他书,与第二种相同,但其之所以被列为一类,是因为其目的"不是和抄匠刻书匠算账,乃是和著作者算账"。③ 显然从校勘依据看,并不应该被单列一类;而从校勘目的看,已经完全突破了校勘而走向了考证。第五种则已非校勘学,而是目录学之别名。梁启超已经看到了这一点,但为了将清代相关的著述收入其中,所以明知道其"与普通所谓校勘不同",也不得不单列一类略加提及(勉强列为一类者还有第四类)。而为了与其所讨论内容一致,不得不将校勘学分为广义与狭义二种。因此,梁氏的校勘学五类分法初衷并不是从校勘学的角度划分,而是如其题目所说,基于总结清代整理旧学的角度。除去后两种,前三种才算校勘学的内容。而就前三种而言,第一种是依据一书之版本(含类书或其他古籍引用)进行对校,而且倾向于择善而从的活校法(所谓"高等的"校勘)。第二种是依据本书和他书的相同文字或本书的语法、字法及上下文进行校勘,这里的第一种情况必须保

---

① 梁启超《中国近三百年学术史》,东方出版社,2004 年,第 250—253 页。
② 同上,第 252 页。
③ 同上,第 252 页。

证作为校勘对象的两书之间没有引用与被引的关系方能成立,否则有可能与第一种有重复之嫌;第二种情况从其所举高邮王氏父子之例可知,大多指推理式校勘。第三种情况提及的情况属于特例,其所谓"著书人的原定体例"其实是校者概括出来的原书可能存在的一些规律性的东西,而且也不一定完全用于校书(比如其所提及的段玉裁《说文解字注》和王筠《说文释例》中概括出的诸例),所以,其依据并不具有客观性,根本上与第二种方法的第二种情况相似。综上所述,梁氏所云校勘方法,其实只有前两种。两种之中也边界不甚清晰,所谈亦重在总结归纳,而鲜论具体操作,如果从该书的写作主旨的角度看的话,这种情况是可以理解的。

而1933年陈垣《〈元典章〉校补释例》①也采用了与梁氏一样的角度来划分其校勘方法,即所谓的"四校法"。不同的是,陈垣先生虽然是针对校勘《元典章》一书而言的,但是却从具体的校勘实践(而非总结前代校勘成果)中进行概括的,而且也有意将之上升到校勘群书的方法论的角度(从四校法中所举诸书便可看出)。四法收于该书卷六"校例"中,其基本观点如下:

(1) 一为对校法。即以同书之祖本或别本对读,遇有不同之处,则注于其旁。……其主旨在校异同,而不校是非,故其短处在不负责任,虽祖本或别本有讹,亦照式录之;而其长处在<u>不参己见</u>,得此校本,可知祖本或别本之本来面目。故凡校一书,必须先用对校法,然后再用其他法。(第135页)

(2) 二为本校法。本校法者,以本书前后互证,而抉摘其异同,则知其谬误。吴缜之《新唐书纠谬》,汪辉祖之《元史本证》,即用此法。此法于未得祖本或别本以前,最宜适用。(第136页)

(3) 三为他校法。他校法者,以他书校本书。凡其书有采自前人者,可以前人之书校之,有为后人所引用者,可以后人之书校之,其史料有为同时之书所并载者,可以同时之书校之。此等校法,范围较广,用力较劳,而有时非此不能证明其讹误。(第137页)

---

① 以下此书之版本为中华书局2016年版,故引文之页码皆来自此。

(4) 四为理校法。段玉裁曰:"校书之难,非照本改字不讹不漏之难,定其是非之难。"所谓理校法也。遇无古本可据,或数本各异,而无所适从之时,则须用此法。此法须通识为之,否则卤莽灭裂,以不误为误,而纠纷愈甚矣。故最高妙者此法,最危险者亦此法。(第138—139页)

以上四法中有一些与梁启超之说有相似之处,如梁有"本书文句和他书互见的"之说,与陈之他校法中诸种情况相同;梁有"并无他书可供比勘,专从本书各篇所用的语法字法注意,或细观一段中前后文义,以意逆志,发见出今本讹误之点"之说,分别与陈之理校法[①]和本校法中"至于字句之间,则循览上下文义"云云类似。但陈垣先生是否曾参考过梁说尚无明证[②],所以不能因为二家某些观点相近就贸然认为两家有"前后承续的关系",[③]他们的相同点可能跟同是史学家的身份和同样重视史料的发掘有关。事实上,比起相同点来,二者的差异显得非常隐晦,这也造成了一些学者认为两家之说有千丝万缕联系的结果。然而如果仔细查看,便可看出两家其实有很大的不同。

首先,梁氏的第一种校勘法包含了根据两种材料的对校,即据宋元刻本或精抄本校俗本,据类书或其他古籍校俗本。具体的工作是"记其异同,择善而从",最后的结果有高下之别:"下等的但能校出'某本作某',稍细心耐烦的人便可以做;高等的能判断'某本作某是对的',这便有相当的学力不可

---

① 按,梁启超在论述此种情况时,小字注云:"这种例不能遍举,把《读书杂志》等书看一两卷,便知其概。"同时也说:"这种工作,非眼光极锐敏、心思极缜密,而品格极方严的人不能做。清儒中最初提倡者为戴东原,而应用得最纯熟矜慎卓著成绩者为高邮王氏父子。"陈垣先生于"理校法"下云:"经学中之王、段亦庶几焉。"二人在此同时提到了高邮王氏,显然认为其采用的校勘方法与自己所理解的是一样的。

② 按,据周少川先生回忆:"梁启超和陈垣两个人是老乡,离得很近,但是他们只是彼此会看一些书,并没有接触过。像陈垣看过梁启超的《中国历史研究法》,应该是互相了解一些基本情况。"(周少川受访,大生采访并整理《毋信人之言,人实诳汝——与周少川先生谈陈垣》,许如石主编《中国书房》第四辑,西泠印社出版社,2018年,第26页)据此,陈垣先生是有可能看到梁启超《中国近三百年学术史》的,但这仅仅是推测而已。

③ 杨战朋《论陈垣校勘四法对梁启超校勘学方法的继承和发展》,《大学图书情报学刊》2014年第4期。

了。"①显然,梁氏在这里强调的是"两两比勘"的校勘方法,选择什么样的校勘材料倒在其次;同时又很重视异文的是非辨析(所谓"择善而从""高等的"即指此),差异的记录也在其次;最后他虽然注意到了题跋校勘记这类材料,但显然偏重的是其间文字方面的异文。再来看与其观点似乎相近的陈垣先生之说(即对校法),则将校勘材料限制在了版本之上,强调的是"同书之祖本或别本",这就比梁氏所说的"宋元刻本或精抄本"更加明确具体了,侧重的是版本之远近亲疏关系。其具体工作是"遇有不同之处,则注于其旁",目的是"校异同,不校是非"。显然,这种校勘工作若依梁氏之说,那就是"下等的"校勘了。而其所云"虽祖本或别本有讹,亦照式录之",学者认为"这一方面是对某些校勘家校勘工作的说明,另一方面从'不参己见'的推许中可以看出,这是在强调校勘中应有的谨慎态度"。② 真是这样吗?笔者认为将对校法局限于文字差异,将"照式录之"简单理解为谨慎校对的做法并不一定符合陈垣先生的本意。从陈垣先生的对校法的表述看,其更接近叶德辉的死校法,也就是说,这里的"照式"既包括文字差异,也包括形式差异,否则《校勘学释例》卷一"行款误例"和卷六中的"从错简知沈刻所本不同例"便无法纳入其四校法体系之中了。石祥便认为陈垣先生在卷六中谈到的"排比阙文行款,探求脱叶真相的校勘法",就是"顾广圻校勘《张燕公集》时所使用的方法"。并指出"勾勒行款不仅是清代朴学传统下文献学者的'旧法宝',在以科学主义为总信仰的民国学术中,也不失'新武器'的资格"。③

其次,梁氏之第二、第四种校勘法皆属于"不靠同书的版本,而在本书或他书找出凭证"。所以其依据的材料也有两种:据他书(类书古注除外,但含前代书、同时书)与所校书相同之文句段落进行对校或相同之史实进行考证;据本书所用语法字法或上下文校版本流传之误,或据本书前后不同部分对同一史实的不同记载进行考证。从所据材料上看,第二、四种校勘法是相同的。之所以分为两种,是因为前者是校传刻本之误的,后者是考著作者之

---

① 梁启超《中国近三百年学术史》,东方出版社,2004年,第250页。
② 李山《陈垣"四校法"疏解》,《传统文化与现代化》1994年第4期。
③ 石祥《勾勒行款:一个隐入历史的校勘学典范》,《中国典籍与文化》2013年第2期。

误的。在这里，可以清晰地看到梁氏校勘法之分类并非为探讨校勘方法而设，而是为总结清代校勘成果而设，否则不至于如此大费周章地重复说明。回头看陈垣先生之说，显然是严格按照所据材料这个角度划分其校勘法的。从《校勘学释例》看，梁氏之说分别对应了四校法中的本校、他校和理校的内容，但其语多重复且倾向考证，故以下仅论四校法下余三说。

其一，陈垣先生所说的"本校法"，从"此法于未得祖本或别本以前，最宜用之"一语可知，该法显然是为了配合对校法而来的。所谓的配合，是指在校勘活动中，有一些异文并不一定非得等到获得"祖本或别本"方能发现，通过一书前后不同部分（如《元典章》之纲目、目录、书、表等）的记载或上下文意的表述便可了然。对校法囿于版本，一时难以开展，或无法获取所需版本，即便获取了，也不一定能发现一些异文。本校法则相对能脱离版本之束缚，而采用较为灵活的手段去发现异文，这便是两种校法的相互配合。然而虽然本校法并不强调版本依据，但在一般情况下（单一版本或版本系统除外），本校法仍然是在特定版本（系统）上进行的，即所展现的异文仅出现在同一文献的某一版本之上，其他版本未必如此。正因为如此，该校法中所举的六个例子的异文，只出现在沈刻本上，元刻则未必。同样，该书卷六"元本通用字不校例"中所校出的"前后互异"的诸例只出现在元刻本中，而到了沈刻中基本都"即今回改"，变成同一文字了。从这个角度看，本校法仍然是在固定的版本上进行校勘，或许如学者所言该法"沿着版本校规定的方向，在纵深维度上延伸了校勘学理"。①

其二，所谓"他校法"，强调的是根据"他书"，但并未指出具体指哪类书。② 从该法的条件看，是在版本之间或同一版本前后文意无异文的情况下，根据该文献所引（所引前人之书）、被引（被后人之书所引）或并载（同时

---

① 李山《陈垣"四校法"疏解》，《传统文化与现代化》1994年第4期。
② 按，《通鉴胡注表微·校勘篇第三》举出胡注41条所用校勘法中，涉及他校所用材料，有《史记》《汉书》《三国志》《南史》《通典》《北齐书》《新书》《王辩传》、唐人诗句（杜诗）等前代正史、政书、子书及诗文。所以，陈垣先生之他校法，最初并未限定材料，只要能作为校勘材料者，皆可纳入其中。

之书共载）的内容或史料进行校勘的。① 而这些内容或史料，从该法所举的五例可知，是兼有一般文字差异和专有词汇差异两种的。而所谓的"他书"与该文献之间也不一定存在相互引用的关系，而是兼有相同或相近字词的史料，如作"纳尖尖""纳失失"的《元典章》与作"纳失失""纳石失"的《元史》之间就是这样一种情况。② 而《通鉴胡注表微·校勘篇第三》中胡注引《汉书·地理志》"姑复县"以证《通鉴》"始复"之误，陈垣先生指出此即他校之法，更加证明了以上的情况。

从校勘的态度看，本校和他校与对校法一样，都以客观记录异文为主的。从所依据的材料看，它们都有一定的客观依据，但是在可靠性上却有差异。其中，对校法直接依据的是本书的不同版本，所以"最稳当"。③ 本校法依据的是同一版本之中相互照应的前后上下文，必须保证所依据的同本的那部分内容真实可靠方可进行校勘。④ 有此条件限制，所以也失去了一层真实。他校法依据相关材料对本书进行校勘，其不仅要保证与所校之书相同的部分真实可靠，更需要保证其版本本身不讹不漏（或少讹少漏），双重的限制更使其在被使用时慎之又慎。其实，他校法所涉及的是不同作者所撰的不同文献之间的相同内容，这里不可避免地会掺杂作者的主观意图，所以即便是相同的内容，是非的判断也很难做出抉择。整体上看，本校和他校的异文都是处于尚待证实的状况。相比之下，本校要较后者相对客观些。

其三，所谓"理校法"，陈垣先生强调其使用条件是"遇无古本可据，或数本互异而无所适从之时"，这句话与本校法中所说的"于未得祖本或别本以前"有相似之处。"无古本可据"即"未得祖本或别本"。但后者在此种情况

---

① 按，以上三类材料看似清晰，其实是有些模糊的。如"有为后人所引用者"是指后人之书引用了该文献原创的内容，还是兼有其引用的内容呢？如果是后者，那么其"采自前人者"就与"为后人所引用者"相同了，能不能用来校勘该文献呢？再如"其史料有为同时之书所并载者"，其中的"史料"是指什么呢？

② 李开升《试比较陈垣〈校勘学释例〉与保罗·马斯〈校勘学〉》，《古籍研究》2015年第2期。

③ 陈垣《校勘学释例》，中华书局，2016年，第135页。

④ 李山《陈垣"四校法"疏解》（《传统文化与现代化》1994年第4期）所说的"真正的本校法，是以同一种典籍的可信部分，去刊落其他部分的伪误者"即指此。

下可求助于文本前后文,前者则是在排除此种情况的前提下,在一时无法依据版本进行客观判断的基础上依据事理进行主观推测。所谓的事理,是从具体的材料和版本中抽象出来的知识,学者之学识由此有高下之分,故陈垣先生强调"最高妙者此法,最危险者亦此法"。以该书所举钱大昕读《后汉书·郭太传》中郭太至南州过袁奉高一段为例,在未获嘉靖闽本刻之前,钱大昕从不避父讳、与《黄宪传》所载重复等四点对此段的真实性提出质疑,体现在《廿二史考异》中的"某当作某"的异文就是这种理校之后的结果。与此类似但略有不同的是,该法下所列举的《元典章》中"滅半"之"滅"当作"减","部书"之"部"当作"簿","淳佑"之"佑"当作"祐","赤银"之"银"当作"金","省行"当作"行省"等则是在有版本依据的情况下做出的主观判断。

再以《通鉴胡注表微·校勘篇第三》中所举诸条为例:胡注:

(1) 以上下文观之,"商""周"二字,恐或倒置。①

(2) 按,临邛在成都西南。述兵自临邛迎击宗成等,非西向也。此承《范史》之误。②

(3) 安珍,即汉酒泉郡安弥县也。后人从省书之,以"彌"为"弥",传写之讹,又以"弥"为"珍"。

(4) 刺者,"敕"字之误也。"司空"之上,又当逸"以"字。

(5) 按,地名误"始复"。③

以上五条,陈垣先生认为都是理校。后三条都是无客观依据的情况下做出的主观判断。前两条则比较特殊:第一条是根据上下文做出的判断,与胡注"前书侍中石崇,此作散骑常侍,必有一误,盖因旧史成文也"根据前后文校勘的情况是一样的,但此处被认为是本校法。第二条是承袭《范史》之误而来的,所以其根据也是来自此书。

由上可知,理校法下的一组异文中(以 ab 为例),其中一个(a)来自所校

---

① 陈垣《通鉴胡注表微》,中华书局,1958 年,第 35 页。
② 同上,第 37 页。
③ 同上,以上三条并见第 40 页。

书之具体版本（或相关材料），是客观存在的，另一个则来自校者，是主观推测而来的。这与四校法中前三法的异文是有区别的。也正因为如此，理校法列举异文的过程也是直接判断异文的过程，而更强调后者，不管有无版本或材料依据。即便有明确的客观依据，也会根据事理做出主观推测的。然而《通鉴胡注表微》中一再提到的"校勘常识"同时提醒我们，理校下的异文并非泛泛的形误音讹之类，而是建立在特定具体的版本之上的偶然差异。比如胡注"萬俟"当作"万俟"、"秦"讹为"泰"又讹为"太"[①]等，在不同文献中常常会出现这种讹误，陈垣先生称之为"校勘常识"。但胡注"宗国"讹作"宋国"、"襄州"讹作"褒州"则仅仅出现在胡三省所注的那个版本的《通鉴》上，陈垣先生认为这才是理校。可见，理校法也是有特定的使用范围的，并不是泛泛的推理。说得更清楚一点，理校法也是针对具体版本上可能出现的可疑文字（或形式）做出的合乎事理的主观判断。值得一提的是，理校法下陈垣先生特别补充"经学中之王、段，亦庶几矣"，认为王、段之考证群书之法也属于理校法。但胡适先生则认王念孙"所校颇多推理的校勘"，似乎两说自相矛盾。然仔细查看便可知二家是站在不同角度立说的。陈说是为了突出理校之主观推测的特点的，胡氏则是站在版本对校的角度来批评主观推理的，二家不约而同地都指出了王氏之学的最大特点。

综上所述，文献校勘都是以所校文献的某一或某些版本为基础展开的。围绕此基础，四校法按照所依据材料的差异规定了自己的校勘范围，同时也形成了相互补充的关系。首先，客观的对校法毫无疑问处于第一位，其关键点在于：一为广聚版本，一为客观比较。然而在具体校勘过程中，并非总能广聚众本，也并不是非等到版本齐聚才能校勘，在此之前，校者所拥有的某一版本内部前后照应的相似文字或形式也可能会形成一个可供校勘的小环境，本校法就这样登场了。同时，用作校勘的不一定是与所校文献密切相关的版本，与之相关的文献也可以进行校勘，这就是他校。本校与他校所依据的材料本身的复杂性导致其所校异文并不一定具有客观性，所以其真实性

---

① 以上两条并见陈垣《通鉴胡注表微》，中华书局，1958年，第43页。

尚待进一步的版本比勘方能确认。同时，其使用范围也具有自限性，亦即无上下文参照或相互引用的文献时不能使用这两种方法。二者的相同之处在于都是在相对脱离版本的情况下对特定文献进行校勘，其不同点在于一个在具体的版本内部找异文，一个在版本系统之外找异文。它们都在一定程度上扩大了校勘学在具体的校勘材料上的选择范围。最后，具体的版本或材料更容易发现显在的异文，通达之士则可根据其知识体系挖掘出特定版本中的潜在异文，这就是理校。理校下的异文虽然没有具体的文献依据，但却具有合乎规律的事理依据。从这个角度看，理校法也有一定的校勘依据，它将校勘学引向了一个抽象的境地。总而言之，从本校到理校，随着校勘时所据材料由与所校之书相融逐渐走向了相关乃至抽象（即据事理校），所校文献的异文也由显性的客观异文逐渐趋向隐性的主观异文，校勘学随之走向了深入发展。在这里，校勘时所据的材料范围的扩大起了关键作用。所以，如果联系上梁启超的校勘方法的话，我们不妨将这种从史料学的角度归纳出的校勘方法称之为史学家的校勘法。

整体而言，史学家的校勘法与前面提及的以叶、朱为代表的藏书家的校勘法是从不同角度归纳出的，所以二者只是代表了不同文化背景下的学者对传统校勘学的不同看法，本身并不存在高下优劣之分。直到现在，我们虽然不敢肯定他们之间是否存在相互借鉴的关系，但是毫无疑问，两家说法是可以彼此补充的。史学家的校勘法不限于版本对勘，而将校勘范围进行尽可能向深广的方向扩展，这是藏书家所未能企及的。但藏书家的校勘法将版本校勘划分为死校与活校的做法，也是史学家无法兼顾的。二家本应并行不悖，然而由于种种原因，陈垣先生的四校法几乎成了在20世纪80年代以来编撰的所有大陆校勘学或文献学著述[①]中唯一的校勘方法。有的著述在遵从四校法的同时，还不时批驳叶德辉的两校法。这使得我们长期以来

[①] 按，据笔者所知，首次明确引入四校法的校勘学著述为戴南海《校勘学概论》（1986），文献学著述为洪湛侯《中国文献学新编》（1994），在此之前，学者们要么仅提及与之相近的校勘的依据，如张舜徽《中国文献学》、王欣夫《文献学讲义》等；要么虽谈论校勘方法，实际所谈亦是校勘材料的问题，如王叔岷《斠雠学》、吴枫《中国古典文献学》等。

无法看清二家的关系。与此同时,这些著述在引述四校法的过程中,已经在不同程度上对之进行了主观发挥。具体体现在:(1)将只校异同的对校法理解为"用同一部书的各种版本进行对校",①从而扩大了该法的使用范围,戴南海《校勘学概论》即是如此。(2)将本校法理解为"在没有同书别本可以对校的情况下,……根据本书的上下文义,相同相近的句式,相同的词语等,校勘本书的错误",②从而将本校法提及的篇目前后对照关系和字句的上下文关系扩展到了句式与用词等方面(不再强调同一文意),钱玄《校勘学》即是如此。(3)将他校法中的"他书"具体分为"引文""述文""释文"三类③,从而将该法下所据材料限制到与所校文献内容相关的文献。管锡华《校勘学教程》即是如此。(4)将理校法理解为"推理的校勘",④从而将版本完全排除在该法之外了。程千帆、徐有富《校雠广义》即是如此。毫无疑问,以上诸校勘学著述都或多或少地偏移了四校法的本来涵义,但这在客观上反而拓展了该校勘法的使用范围,即由最初陈垣先生所立足的史籍扩展到四部著述。同时,也在一定程度上明确了四校法的所据材料,如前举管锡华《校勘学教程》对"他书"的分类等。然而,将对校法与理校法使用范围的无限扩大的做法,却使得校勘方法与乾嘉考据学完美衔接起来了。这虽然实现了与古代学者完美的对话,但已经掩盖了陈垣先生在《校勘学释例》"四校法"中所强调的内容。所以,胡适先生所提倡的"科学的校勘"在后来的校勘学著述中也很少提及。

从整个传统校勘学看,四校法具有多方面的启示。

首先,该法无疑具有承前启后的作用。所谓的"承前",是指其思维模式和知识体系并未脱离前代校勘学者的范围,所以四校法虽然是"中国校勘学的第一次走上科学的路"的校勘方法,但是其概念却是不太严密的。如果不细加寻绎的话,很容易会被认为存在"相互交叉重叠",⑤这与上文我们提到

---

① 戴南海《校勘学概论》,陕西人民出版社,1986年,第91页。
② 钱玄《校勘学》,江苏古籍出版社,1988年,第106页。
③ 管锡华《校勘学教程》,北京大学出版社,2013年,第124—129页。
④ 程千帆、徐有富《校雠广义·校勘编(修订版)》,中华书局,2020年,第314页。
⑤ 沈澍农《校勘方法的新认识》,《南京中医药大学学报(社会科学版)》2009年第3期。

的西方校勘学中对"对校"等的界定形成了鲜明的对比。然而这并不能责怪陈垣先生，而是时代与文化使然。这正是我们后人需要努力的地方。所谓的"启后"，是指在四校法中体现出的版本意识规定了校勘方法的发展方向，这是对乾嘉学派将校勘当作考据的工具进而将二者相互混淆的有力纠正。可惜的是，后世的学者并没有沿着此思路继续开拓下去。

其次，四校法是按照所据材料的不同进行区分的，这与西方校勘学按照不同时代校勘材料的不同进行区分具有异曲同工之妙。中西方不同文化背景下滋生出的校勘方法的异同启示我们对校勘方法可以采用不同角度加以划分。所以，除了以上诸校勘方法之外，笔者认为还可以从古代文献的不同类目的角度进行划分。从目录学上看，古代文献有经、史、子、集之别，所以校经之法不同于校史之法，校子之法不同于校集之法。由此我们也明白了，段氏在《与诸同志书论校书之难》所说的底本及"以贾还贾，以陆还陆，以孔还孔"之法适合于经部文献，而他部类文献则不一定适用。这是因为只有儒家十三经经历过白文、注、疏、释文递次合刊的情况，故彼此之间有不尽相合之处。陈垣先生的四校法也只是就史籍立说的，其中的一些校勘方法也有特殊的规定性。彭叔夏在《文苑英华辨证》中提及的诸例，以及王叔岷先生《论校诗之难》诸说也多适合于校勘集部文献，其他类目文献并不一定适用。

最后，四校法是根据校者校书的习惯和拥有的校勘资料灵活运用的方法，其并不等于实际上无本可据或无资料可求。也就是说，校者即便拥有丰富的版本或资料，也不一定在校勘工作中严格按照四校法的适用条件进行校勘。同时，即便严格地进行校勘，也不一定能够一次性地客观呈现校勘成果，因为校者的主观性和随意性在校勘过程中随时都会出现。陈垣先生所说的只是理论上的假设，而非校勘实践的必然。这一点需要注意。

以上我们所谈的校勘方法虽然是从文献的角度谈论的，同时也适合于小学文献，所以它们同时也是小学文献校勘方法的应有之义。小学文献并没有特殊的校勘方法，但是却有自己特殊的校勘特点。与其他的文献相比，它与校勘学具有千丝万缕的关系。这些内容我们在下一节会重点讲述。

第四节 小学文献校勘成果的呈现——以批校本为例

一、文献校勘成果的呈现方式概述与另一种分法

一部文献经过采用合适的校勘方法，校勘出一定的异文之后，该如何呈现最后的校勘成果呢？从目前的诸家著述看，主要是通过校勘记（或称"校记"）呈现的。然而，并不是所有的校勘学著述都会着意于这部分内容的。据笔者调查，民国时期乃至新中国成立以后的著述几乎没有给它留下一点探讨的空间，所以胡朴安《校雠学》、蒋元卿《校雠学史》、向宗鲁《校雠学》、王叔岷《斠雠学》、黄宝实《校勘学讲稿》等都没有相应的章节。直到20世纪80年代中后期，随着学科体系的逐步建立，校勘的相关知识也顺理成章地列入其中。然而具体研究些什么内容，不同时代的著述也有一些差异。有的侧重从整个校勘活动方面立意，所以出校原则（何时才出校）、校记要求（如何撰写校记）、校记类型或体裁、校本的叙例或序跋等凡是与校勘成果有关的内容都会顾及，戴南海《校勘学概论》、倪其心《校勘学大纲》、张涌泉等《校勘学概论》等便是如此。有的则仅就校勘成果的处理形式而言，故只涉及与校勘记相关的撰写方法和基本类型等，其余内容则放在别处探讨，管锡华《校勘学教程》、程千帆、徐有富《校雠广义·校勘编》等便是如此。两类校勘学著述都各有自己的一些考虑，我们下面探讨的内容主要是校勘记的类型。

就校勘记的类型而言，各家的著述略有不同。如戴南海《校勘学概论》分为三类：校语夹在正文之中，用小字排成双行或单行；每卷校语汇总放在该卷之后；校记放在每篇之后。这是从校语位置的角度划分的。[①] 倪其心《校勘学大纲》分为简式（随文标注异文，主要是总集、类书之类的文献）和繁

[①] 戴南海《校勘学概论》，陕西人民出版社，1986年，第145—146页。

式(不仅标注异文,而且还分析论证、作出结论,主要是专著、别集一类文献)两类,①这是从所校文献的性质和校语多寡的角度划分的。其中,繁式又分为一般校勘(异文源自版本对校)、专书集校(校语源于前人著述)、专书札记(校语来自个人考证)等三小类,这是从校语依据的角度划分的。以上两家仅从校记的外在形式方面加以考虑,分类稍显简略。

稍后,王云海、裴汝成《校勘述略》分校成定本,定本另附校勘记,底本不改另附校勘记,校记单独印行,校注合并,底本附校勘记外另将典型成果分类纂集为专著等六类,②而同年稍早出版的钱玄《校勘学》分为定本式(改动底本,注中出校记)、底本式(不改动底本,在注中作校记或书后附校记)和札记式(不录全文,只录校记)三类,③两书共同的特点是都将校勘成果的处理放到了校勘方法之中了,且主要是从校勘记与所校文献之间依附关系的角度划分的,侧重文献整理方面。此角度既考虑到了校法(即其考虑到了校勘记与底本之间的关系,有的校勘成果侧重保留底本原貌,有的则改动了底本文字,与传统的死校、活校、理校等有密切关联),也考虑到了读者(即这种分法意味着校者会考虑采用什么样的方式将校勘成果呈现给其理想的读者④),所以它能够跟整个校勘活动联系在一起,相对比较合理。之后的大多数校勘学(或文献学)著述都是从这个角度类分校勘记的,如程千帆、徐有富《校雠广义·校勘编》,管锡华《校勘学教程》等。但不可否认的是,这些著述都是在清代乾嘉学者和民国学者著述的影响下编撰完成的,所以会将校勘、考证、注释等容纳到他们的校勘学体系之中,具体到校勘成果的分类上,就出现了校注合一和训诂校勘合一这些小类,显然,这里的校勘是为注释、考证服务的,哪有资格被当做校勘成果之一呢?同时,从文献整理的角度对校勘成果加以分类,也有些将讨论重点从校勘成果转移到文献本身之嫌。比

---

① 倪其心《校勘学大纲》,北京大学出版社,1987年,第263页。
② 王云海、裴汝成《校勘述略》,河南大学出版社,1988年,第141—142页。
③ 钱玄《校勘学》,江苏古籍出版社,1988年,第129—131页。
④ 如钱玄《校勘学》(第132页)云:"上述三种方式,各有所长。定本式适用于普及本,便于读者阅读;底本式保存原本面目,供学者考核原委;札记式则为略去书之全文,节省篇幅,其功能与底本式相似。"

如"定本"是"书籍经过校勘,分别同异,判断是非,然后将自己认为正确的文字记录下来",①这里所说的显然不是校勘的成果,而是文献整理的结果。再如学者认为"底本附校勘记"的缺点是"遍记各本异同,文字过于繁多。为了克服这一缺点,需要精心选择底本、主校本、参校本及其他有关资料"。② 校勘本来就是要遍记异同,然而在这里却被当做了缺点而需要通过选择版本加以减省,显然这也是在侧重古籍整理,而非校勘研究。以上论述说明了,单单从古籍整理角度去划分校勘成果,虽然有一定合理性,但显然偏移了研究重点。而且具体的类名只是静态地对之加以分类,没有将它放到整个文献生产、消费、阅读③这个动态过程考虑,所以忽略掉了另外一些校者所做的校记,当然也忽略掉了那些文献,比如批校本上那些由名家、出版家手校的文字,它们有的出现在生产过程(所谓校样本),有的出现在阅读过程(比如名家批校)等。所以,为了能够将校勘成果的分类与校勘功用、校勘目的、校勘内容及校勘方法等联系在一起,我们不妨根据校勘目的和功用,将校勘成果(校勘记)分为整理型校记和阅读型校记两种类型。

整理型校记即学者们所说的附底本的校记,在形式上既包括出现在一书的卷中、卷末、书末等位置的校记,也包括单篇别行的校记,还包括出现在注释中的摘录异文的校记,甚至还包括出现杂生产过程中的出版者的校记,底本的改动与否则在其次。这类校记与底本(版本)的关系十分密切,校者的目的一般是集中整理一部文献或一类文献,所以,这类校记都有可能对后来的整理本、注释本等产生影响,如段玉裁《汲古阁说文订》之于《说文解字注》等,再如《说文解字》校样本上毛扆的手批校记等。

阅读型校记即在阅读过程中产生的校记。这类校记较前者而言在版本的选择上多了一层随意,往往是遇书便读,遂读随校。偶见异本,再读再校。即便无本可据,也会以理考校。所以在校语上有时有一些不完全的版本对

---

① 程千帆、徐有富《校雠广义·校勘编(修订版)》,中华书局,2020年,第346页。
② 同上,第354—355页。
③ 即便考虑到了跟阅读有关的读者,那也是校者心目中的理想读者,并不是阅读史上实际存在的那个真正阅读的读者。

校(即偶取两本进行对勘),既有鉴赏的意味,更多了一层考证的意味。根据校记与所校本的远近关系,又可分为札记体校记、校本校记两小类。前者是以札记或题记等形式书写的校记,如卢文弨《群书拾补》《钟山札记》《龙城札记》等,还有就是保留在一些版本目录当中的题跋校语,如《铁琴铜剑楼藏书目录》《二叶书录》等,这些题跋记中的校语虽然是为了证明所藏之本的版本价值的,但不影响其作为校记的可供校勘之资的价值。札记体校记往往与札记体考证难以明确区分,但主要涉及版本文字对勘的,可以被视为此类校记。与札记体校记相关又不同的是校本校记,此类校记即出现在批校本(此处不包括校样本)之上的校记。由于它们长期被视为版本学上的知识,所以并未被纳入校勘学体系之中,其实这正是沟通版本学与校勘学的一个桥梁。版本学研究批校本,是用批校语上的信息来进行版本考订和鉴定的。校勘学研究批校本,是专门研究批校在行间、天头地脚上的批校语(主要是校语)本身的。两家并不矛盾。此类校记比较复杂,从校者的身份看,有时属于名家校语,有时属于佚名校语。从校语的频率看,有的布满天头行间,有的则寥寥几条。从校语的内容看,往往与批语混在一起,难以区分。校本校记由于依附于某一版本,所以相对不具有独立性,但却有很强的灵活性。这些校语有时会被作者当作考证之资,而成为其后来著作的一部分,如王念孙先有诸多手批校本,[①]才有了后来的《读书杂志》。有时会被弟子单独摘录,而编成一部独立的著作,如惠栋先有《说文》批校本,才有了后来的《惠氏读说文记》。有时会辗转传抄,成了另一部批校本上的校语,如存世的诸多《说文》批校本,[②]就是经后人递相过录,成了新的文本。从完成的结果看,批校本并不是作者校勘的最终结果,往往是阅读的最初成果。它的存在,为我们研究校记打开了另一扇窗户,所以值得我们特别关注。

整体而言,校勘成果的二分法并不是一个新的内容,因为里面涉及的知识大多都在众多校勘学著述中提及。但是它的研究视角却是从传统的文献

---

① 存世的见张锦少《王念孙古籍校本研究》,上海古籍出版社,2014年,第8页。
② 如藏于国图的佚名过录惠士奇、惠栋校《说文》就有数本(索书号分别为"13695""04306""07958"等)。

整理转到了校勘目的或功能上，将研究重点从整理的文献转到了文献上的校记，这样就能与校勘学的理论体系联系在了一起。而且，比起文献整理活动中的校记，我们更重视文献阅读活动中的校记。后者属于一种动态、开放的知识，与作者、读者以及学术、文化等有着更为密切的联系。它已经不只是校勘学的事，而是深入到文化学的领域了。

二、小学文献校勘成果的呈现——以小学文献批校本为例

（一）批校本的研究现状及特点

所谓批校本从一开始便是一个版本学上的术语，"从严格界定的角度来说，批校本是个综合概念。它是批本、校本和题跋本的统称。……从典藏分类的角度，将有读者在读书时写在书上各个地方文字（包括批语、跋语、校记、题记等）的书籍统称为批校本"。[①] 然而这只是理论上做出的规定，在实践中，很多时候并不能将批语与校记进行严格的区分。因此，为论述方便，以下的讨论是以批校本中的校语为主，但兼及批语。

从目前的研究状况看，除了一般版本学著述的相关介绍外，学界对批校本的研究大致体现在以下三方面。其一，馆藏批校本的著录与研究。这主要集中在各馆的馆藏善本目录之中，虽然没有具体的考证，但著录结果本身已经体现了编目者对此类版本的认识。同时，一些针对某一批校本的个案研究也可归入此种情况，如赵成杰《东北师范大学图书馆藏〈说文解字〉批校本三种初考》[②]等。其二，批校本理论的专题探讨。此类研究晚至20世纪90年代末至21世纪初方露端倪，刘俊熙《批校本的学术性和版本价值》[③]应该是其中较早出现的文章。该文具体探讨了明清批校本的批校内容、学术价值和版本价值，以及版本鉴定方法等几方面的内容，虽然整体上不出一般版本学著述中所述知识，而且有将批校本与套印本相混之嫌，但毕竟是专门以批校本这一特殊版本为对象加以探讨的。后来韦力《批校本》虽然仍从版本

---

① 韦力《批校本》，江苏古籍出版社，2003年，第3页。
② 赵成杰《东北师范大学图书馆藏〈说文解字〉批校本三种初考》，《文献》2014年第3期。
③ 刘俊熙《批校本的学术性和版本价值》，《上海大学学报（社会科学版）》1997年第5期。

学的角度①以专书形式从定义、起源、分类、价值、鉴定、作伪等几个方面对批校本进行了较为全面地介绍,但无论在研究的广深度还是表述的准确度上都远胜刘文。以上刘、韦二家侧重总结与介绍,张廷银《谈谈古籍批校题跋的整理与研究》②一文则重在对馆藏批校本的整理方面提出一些建议,如编辑出版专题类的文献汇刊和制作发行数字化的产品等。此外,袁媛《批校本研究的困境与尝试》通过对近年来批校本研究的梳理和分析,提出了一些研究的方法。③ 其三,阅读史视野下的批校本研究。阅读史是 20 世纪 80 年代从西方新书籍史逐渐发展而来的一个研究领域,后来成了西方书籍研究的主流,而真正进入中国学者理论探讨范围且将之运用于本国书籍研究中时已经晚至 21 世纪初了,④如潘光哲《追索晚清阅读史的一些想法——"知识仓库""思想资源"与"概念变迁"》、张仲民《从书籍史到阅读史——关于晚清书籍史/阅读史研究的若干思考》、戴联斌《从书籍史到阅读史:阅读史研究理论与方法》、韦胤宗《阅读史:材料与方法》,⑤等等。这些著述和文章从宏观的角度阐述了西方阅读史的历史脉络和理论观点,同时也为本国学者指明了研究方向。其中,有些论述已经涉及西方批校方面的知识,如戴氏书中《取材第七》一章和韦氏文中"批校:新的阅读史的研究材料"一节等,这些研究将批校作为研究阅读史的材料之一,通过揭示其与读者的关系来探讨读者对阅读的反应,所以批校还是研究阅读的手段和材料。而将中国古代的

---

① 按,该书虽然在上编中专门介绍了校书的重要性、校书的方法、乾嘉学派对校雠学的贡献等内容,但这些内容主要是为了方便论述,并不是从校勘学角度探讨的。
② 张廷银《谈谈古籍批校题跋的整理与研究》,倪莉、王蕾、沈津编《中文古籍整理与版本目录学国际学术研讨会论文集》,广西师范大学出版社,2013 年。
③ 袁媛《批校本研究的困境与尝试》,《2019 年中国古典文献学新生代研讨会论文集》,北京大学,2019 年。按,《论文集》仅提供了该文的摘要和关键词。笔者未参加该会议,但蒙董婧宸赐予此文,特此感谢。
④ 按,此处所述并非最早介绍阅读史的著述,其实早在 20 世纪 90 年代便有李长声《从音读到默读》(1992)、《书·读书·读书史》(1993)等文章开始介绍日本和西方阅读史方面的知识了,后来亦不乏相关的文章。
⑤ 按,以上诸文出版情况如下:潘光哲《追索晚清阅读史的一些想法》,《新史学》2005 年第 16 卷第 3 期;张仲民《从书籍史到阅读史——关于晚清书籍史/阅读史研究的若干思考》,《史林》2007 年第 5 期;戴联斌《从书籍史到阅读史:阅读史研究理论与方法》,新星出版社,2017 年;韦胤宗《阅读史:材料与方法》,《史学理论研究》2018 年第 3 期。当然,相关的研究不止于此,目前已经有很多学者加入其中,渐渐形成一种新的研究潮流。

批校本作为对象加以研究的只是近一二年的事。如南江涛《批校本的层次类型及梳理方法刍议——以清人批校本〈文选〉为例》和韦胤宗《清代批校本中所反映的士人群体的阅读品味》①等。其中，南氏之文在理论层面上深受前引韦文的影响，其从阅读者身份（批校者、过录者）的角度出发，以其所见《文选》批校本为例，将批校本分为同一家的不同批校本、同一人（家）的汇校汇评本、不同家的同一批校本等三大类。其中，第二类又分批校者不同时期批校于一本、过录者将同一家不同时期的批校录于一本等两小类。第三类又分过录者汇集诸家批校于一本、过录者汇集诸家批校并加有按语、不同批校者（或过录者）的层层累加等三小类。以上对批校本的三大类六小类的划分层次虽然颇有商榷之处，但却较以往的版本学著述的相关内容更加详尽。后者则运用计量的方法，以《中国古籍总目》所收四部批校本为基础，通过分析这些批校本在四部的分布状况来分析清代士人群体的阅读品味，这显然是对西方阅读史理论的一次有意义的尝试。

以上诸家对批校本的研究体现出以下两个特点。

其一，从上世纪 90 年代开始，学者们已经开始注意到批校本这一特殊的版本类型，并尝试从理论上加以归纳总结，但显然尚未脱离版本学的思维，研究的成果多为版本分类、鉴定与整理，以及价值的揭示等。即便如此，其具体的研究也流于泛泛，并不能提供更多可以操作的知识与方法。比如在批校本的分类上，学者根据批校者"所作批语和校语在书上的位置和性质的不同"，可以分为批本、校本、题跋本等三类，其中，批本"按照批语所写的位置的不同"，又可细分为眉批、夹批，还可根据批语的来源，分为录批和手批。校本也可以分为原校本和录校本、点校本等三小类。题跋本根据书写的位置，分为题记、跋语、尾题、签题等四小类，或根据题跋是否原写，分为原跋本和录跋本②。在这里，学者虽然将批校本的类型分得如此详细，但该种版本

---

① 南江涛《批校本的层次类型及梳理方法刍议——以清人批校本〈文选〉为例》，《文艺研究》2020 年第 11 期；韦胤宗《清代批校本中所反映的士人群体的阅读品味》，《图书馆》2021 年第 4 期。

② 以上见韦力《批校本》，第 23—31 页。

的实际存在方式是,各种类型往往混杂在一起,以至于我们根本无法清晰地将之分辨出来。所以,这种分类只是理论上的假设而已。而且,将批本分为眉批与夹批也不太准确,很多批校本尚有在地脚作批校者,而且有时天头、夹批、地脚的批语是如此地排列紧密,以至于甚难判断其到底属于哪一种。比如国图所藏孙星衍、顾广圻校《说文解字》(索书号为"善7315")卷一上"祧"字旁朱笔夹批云:"《玉篇》云'毁廟之祖也'義較明。"地脚墨笔批:"《玉篇》此不引《说文》。"前一条批语的部分文字已延伸到了地脚处,而且两条批校前后相续,显然不能因位置的不同而贸然认定其必然属于夹批或地脚批语。有时天头、地脚之批校语与文中的批校符号相互呼应,形成了一种彼此注释关系。又如同一面"祭"字注"从示以手持肉"旁墨笔圈"以"字,天头墨笔批:"《類篇》'以'作'从',《韻会》引作'从'。"(见图一)此处正文中的圈点符号是为了引出天头之批校的。甚至边栏左右两侧、另纸书签等处也有作批校者。如国图所藏吴广霈校跋《说文解字》、孟广均跋《说文解字》,韩国高丽大学图书馆所藏朝鲜高宗二十二年茂陵刻本《书传大全》等。以上诸例暗示了明清套印本上的那些术语(眉批之类)并不一定适合手写的批校本。批校者在进行批校时可能并不会考虑到那种朱墨粲然、整齐美观的阅读体验,而是更注重批校工作本身,所以只要版面上有空隙便会施以笔墨。除了一部分批校得较为工整外,目前我们见到的很多批校本上都密密麻麻地排满批校语,几不能读。在批校者看来,这种批校语恐怕属于私人财产,是自己的阅读心得的记录,而不管其来源于自己感悟,还是转抄自某处。总之,版本学背景下的批校本研究固然能给我们提供一些颇有意义的知识,但仍有自己的研究局限。受其影响的学者大多侧重版本鉴赏,故而更重视名家批校。名家批校也并不在意其批校的内容,而是名家批校给其依附的版本带来的附加值。因此传统意义上的批校本研究的内容和方法等大多都是针对版本鉴赏家思维下的名家批校而设的,这已经影响到了批校本研究的深入发展,更影响到了此类特殊版本的进一步整理,前引张廷银先生之文便是一个很好的例子。

其二,在版本学者将批校本当作一种可供鉴赏的善本而加以探讨之时,西方阅读史理论也在一些学者的译介之下进入了批校本的研究领域。阅读

图一

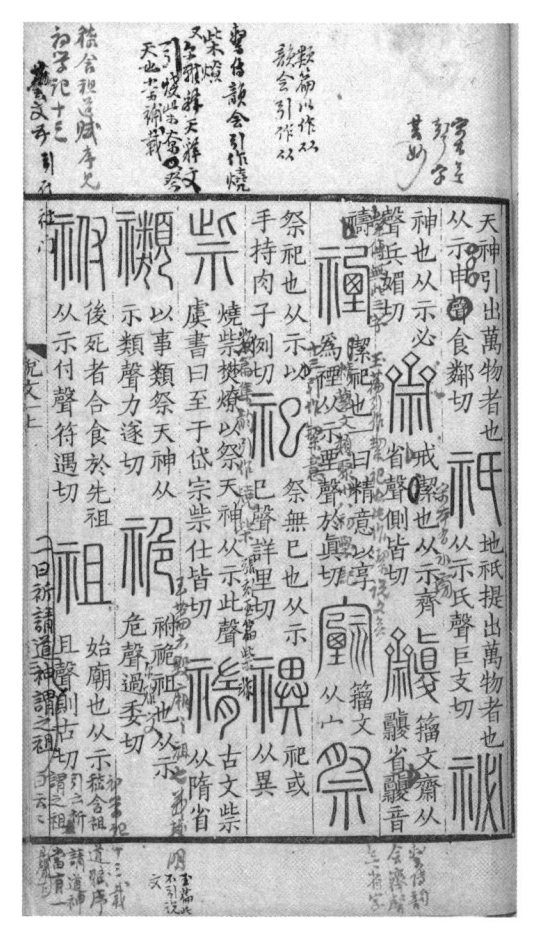

史学者以读者和阅读行为为研究对象,"关注真实读者如何创造文本,如何演绎文本的意义,以及阅读行为有哪些物质特征"①,着力解决"谁读,读什么,在哪儿,什么时候,为什么读,怎么读"②等问题。其中的读者是"历史上真实存在过的读者"③,而非作者预设的那种隐含的读者,既含阅读个体,也包括阅读群体。而在解决"怎么读""为什么读"等问题上,"读者留下的边

---

① 戴联斌《从书籍史到阅读史:阅读史研究理论与方法》,新星出版社,2017年,第68页。
② 同上,第66页。
③ 同上,第58页。

批,还有词汇列表和脚注"正是"理解普通读者阅读经验的线索"。① 西方阅读史学者之所以关注批注,是因为那里承载了更多的真实读者的阅读信息,这意味着批注只不过是其研究读者和阅读行为的材料和工具之一。然而这样的研究思路却对我们的批校本研究颇有启发。首先,名家批校本与佚名批校本,甚至伪本虽然在版本鉴赏时的文物价值上有高下之分,但是在阅读史学者面前都是能够提供可靠阅读信息的重要的研究材料,名家与普通批校者在这里都是平等的,有的时候甚至后者的受重视程度远远大于前者,这其实已经突破了传统批校本研究的在研究对象上的视野。其次,批校本之所以特殊,是因为它跟批校者、批校语、批校本的版本形式(含版本形态和文字形式等)等都有密切联系。如果没有批校者的手写批校,其本身也不过是某一书籍的一个普通版本而已。阅读史学家所关注的是批校者如何通过批校这种方式来阅读的,其研究的是批校者与批校语的社会文化关系,而我们传统的版本学家关注的是某个版本通过批校这种方式来实现其多大鉴赏价值的,其注重的是批校语与所据版本的利益关系。后者在某些版本的研究上积累了丰富的经验,但关注点限制了其研究对象和研究范围,而前者正好弥补了其研究的某些不足,所以二者是可以互补的。然而整体上看,目前我们对西方阅读史理论的研究尚有很多遗憾,这里有既承自阅读史本身的缺陷,也有我们在将之中国化的过程中理解的不足。比如前面介绍的韦胤宗和南江涛二位学者的文章。韦文试图通过分析存世的清代各部类批校本的分部情况来了解清代士人群体的阅读品味,其采用的计量方法和研究角度显然是来自西方阅读史理论的,但是具体的论证却有天然的不足,虽然这种不足作者已经意识到了。首先是所据资料为《中国古籍总目》。该目虽然号称"第一部全国古籍收藏总目"②"完成了迄今最大规模的调查与著录",③但

---

① 戴联斌《从书籍史到阅读史:阅读史研究理论与方法》,新星出版社,2017年,第92页。
② 杨牧之《中国古籍总数普查工作的重大成果——兼谈〈中国古籍总目〉的特点》,《中国新闻出版报》2013年第5期。
③ 吴格《〈中国古籍总目〉编纂述略》,《中国索引》2010年第2期。

其分类、著录书种及版本鉴定等方面都有很大的失误①，其可信度比不上《中国古籍善本书目》。就批校本而言，不仅国外所藏颇多缺失，甚至国内的参与单位也未能全部著录（如《说文》批校本在《中国古籍善本书目》著录有52种，而在此目中则无一涉及），且时有错误。所以，用这样一部书目去探讨清代士人的阅读品味，其结论肯定是不太可靠的。其次，作者在统计批校本之时，并未有实地调查。即便是采用了《中国古籍总目》的记录，也未能进行详细考证，这使得这种计量方法有失科学性，也使得其所依据的阅读史理论流于形式。

南文虽然对批校本的层次类型较以往更加详细，但是其对西方阅读史知识的引入显然对其分类造成了不必要的麻烦。比如其三大类中第一类与第二类、第三类显然不是在同一层面谈论的。后两类的批校语汇聚于同一版本之上，第一类则是出现在不同版本之上。其实从"人"的角度看的是，第二、三类完全可以在同一前提之下进行静态的描写，加上第一类反而又平添了一份版本的考量（第一类与第二类的区分标准）。之所以如此，笔者认为他是受到了韦胤宗《阅读史：材料与方法》中提及的杰克森谈到的两种类型的个案研究的影响，即"一种是尽量搜集同一个读者在不同的书上所写的批校，借以了解读者的阅读结构"，"第二种个案研究则以一部书为中心，搜集不同时代、不同阶层的读者对这部书的批校，借以了解书籍的社会接受情况和不同时代、不同阶层的思想、信仰与知识构成"。② 这两种个案研究虽然针对的是书籍，但也可以运用于同一书的不同版本。因此，其中第一种个案研究对应了南文的第一大类，第二种个案研究可以对应其第三大类，而第二大类则比较特殊，若从校语来源的角度看，那么其第一小类不过是第一大类的汇校本，第二小类为其过录汇校本，本质上都可以研究同一原始批校者的阅读行为。这样的话，从"'人'的维度着眼"，第一大类与第二大类的区分有何意义呢？笔者推测，南文应该是先有后两种分类，最后才因杰克森之说而加上第一大类的，观其对阅读史知识的引用仅见第一大类便可明了。然而与

---

① 张宪荣《〈中国古籍总目〉平议》，《书目季刊》2016年第2期。
② 韦胤宗《阅读史：材料与方法》，《史学理论研究》2018年第3期。

第二大类相比,这样的类分已经不是立足于"'人'的维度"了。

以上告诉我们,西方阅读史理论在目前尚未完全中国化。这些学者或许非常了解该理论的基本知识和历史,但未必能很好地将中国古代文献结合起来。事实上,该种理论虽然能够为传统的批校本研究打开一个新的窗户,能够让我们将那些佚名批校和佚名过录者与名家批校或过录者放到同等的地位且从更广阔的角度动态地加以审视。但是它毕竟有自己独特的研究领域(只是在研究阅读,批校只是其材料而已),我们可以借用,但绝不能滥用。

总的来说,目前学界对批校本的探讨(含鉴定、整理、研究等)尚属起步阶段。相当长的时间内,批校本一直是各大藏书机构秘不示人的特殊版本,即便有图录陆续出版,但提供的一两页书影并不能提供更多有价值的信息。有些馆虽然将其部分批校本影印出版或电子化,但前人所说的那种朱墨粲然的观感是难以体验得到的(或一律灰色,或模糊不清),以上种种原因都为该种版本的深入研究产生了种种阻碍。一直到现在,学界对批校本的文物鉴赏价值的重视远远大于其学术价值,因此,对其进行学术方面的研究显得非常必要,否则其真的仅成了一种可供鉴赏的版本类型了。从这个角度看,以上诸家的研究虽然稍有不足,但却是难能可贵的。

(二) 批校本的研究展望——以小学文献批校本为例

鉴于以上的讨论,笔者拟以小学文献批校本为例,谈谈自己对批校本未来研究的一些看法。

1. 批校本的探讨必须建立在可靠的版本鉴定的基础上

前文提及,在版本鉴定上,以往的学者给我们提供了很多有价值的鉴定方法,如根据手迹、落款、钤章、内容等,[①]这对可以确定的名家批校本或许有用,但对于那些大量难以考证的佚名批校则并没多大用处。而且,批校本中批校语的特殊传播方式(辗转传抄)又加剧了这种鉴定的难度,从而也导致了版本著录上的不准确性。然而,即便如此,版本鉴定仍然是研究批校本的最基础的工作。一般而言,该类版本之所以重要,大多是因为上面的批校

---

① 韦力《批校本》,第 53—55 页。

语有某种价值,所据底本的优劣倒在其次。① 所以,如果无法确定这些批校语的批校者身份和其相应的批校内容,那么,其价值将会大大降低,自然也不会进入研究者的视野。这种价值不仅体现为版本价值(即文物鉴赏价值),更体现为学术价值。比如国图所藏的孙星衍、顾广圻校跋本《说文》(索书号为"善07315"),文内天头、地脚、文内有孙、顾二人的大量手批朱墨笔批校语。孙、顾为当时名家,所以后人即便不了解具体的批校内容,该本也自然具备了极高的版本价值。然而再从批校语与卷末诸跋看,此本是孙氏先据《系传》《玉篇》等批校,继据宋本校,后来顾氏又在孙校的基础上进行了两次覆校之后才形成的版本,其批校语与顾广圻《说文考异》与孙刻《说文》都有密切关系。② 与其版本价值相比,此本的研究价值显然更值得进一步挖掘。此类名家批校本从一开始便会受到版本学者的关注,但同时著录者受鉴赏风气的影响而懒于全面考察批校语往往会造成著录上的缺失甚至错误。上举孙、顾校跋本《说文》在《北京图书馆古籍善本书目》《中国古代善本书目》《文字音韵训诂知见书目》中都著录为"清孙星衍、顾广圻校并跋",然而经仔细翻检,卷九下"豨"字旁尚有洪颐煊墨笔书签批校一条,所以准确地说,此本应该著录为"清孙星衍、顾广圻跋,孙星衍、顾广圻、洪颐煊校"。③ 再如《北京图书馆古籍善本书目》著录了一部"清纪昀跋"的《说文》(索书号为"善17469"),其《标目》末有纪昀两跋,且有纪氏钤印,故该馆如是著录。然而从其天头处六十多条书签墨笔批校的内容看,或有据额本、孙本对校者,而《说文》的此二刻本皆在纪昀卒后方刻成的。再者这些校语与两跋文字笔迹一致。所以综合诸证据可知,此本之跋绝非纪昀手题,而是嘉庆间某人过录纪氏跋文之后又参考额、孙诸本进行批校的一个本子,故应该题作"清佚

---

① 当然,有些批校本的底本也是颇有价值的,有的为宋元善本,如国图所藏丁晏跋本宋刻元修《说文》,上面有墨笔批校数条。有的为初印本,如南京图书馆所藏毛扆校本《说文》,为毛氏汲古阁校样本之一,上面颇多毛扆批校。
② 张宪荣《小学文献学视野下的毛氏汲古阁本〈说文〉研究》,花木兰文化事业有限公司,2020年,第110—111页。董婧宸《传抄、借阅与刊刻:清代〈说文解字〉的流传与刊刻考》,北京师范大学博士后出站报告,2017年,第157页。
③ 张宪荣《小学文献学视野下的毛氏汲古阁本〈说文〉研究》,花木兰文化事业有限公司,2020年,第104页。

名校并过录纪昀跋"。① 此本是将佚名校跋误当作名家批校者,但有时失检批校语还会造成将名家批校语误作佚名者,如国图所藏佚名校注《说文》(索书号为"善4667")。此本《标目》末有清嘉庆五年贾柽抄录毛扆、杨慎、赵古则、顾炎武诸序跋文。而正文天头及文内皆有过录王念孙、钱坫、江声以及《汲古阁说文订》《惠氏读说文记》诸批校者。由此可知,所谓的佚名当为贾柽。其应该题作"清贾柽校跋并过录惠士奇、惠栋、王念孙、段玉裁、江声等校"。以上诸例对批校本的鉴定有误、有阙,皆因著录者不详加翻阅或研究批校语所致。名家批校尚且如此,何况那些真正的佚名批校呢?而这种状况会进一步影响后世学者对这些批校本的利用和研究,所以《中国古籍善本书目》《文字音韵训诂知见书目》在著录以上诸本时皆误同国图书目。而吴钦根《借阅、传抄及过录于清代〈说文〉学的展开》、②方达《〈惠氏读说文记〉研究》③等文在统计其所研究的惠栋批校本时也深受这种著录的影响。前引韦胤宗之文更因其所据《中国古籍总目》未收录《说文》等批校本而未能分析小学文献的阅读情况。其实如果以《中国古籍善本书目》统计清代小学类批校本的话,其数量绝不亚于该文所说的诗类、春秋类、尔雅类的。正是因为如此,我们强调版本鉴定的"可靠"并非出于传统意义上的版本鉴赏,而是通过这种鉴定来达到深入的研究。至于版本鉴定如何才可靠,我们觉得除了先贤们留给我们的那些鉴定办法外,关键是需要详细地阅读那些批校语,并结合相关资料详加考证。

2. 批校本的分类需要综合多种角度方可趋于合理

版本鉴定是批校本研究的基础和起点,在此基础上,我们还需对之加以分类。批校本的分类是版本鉴定的进一步深化,也是进一步探讨批校规律和阅读行为的桥梁。版本学家一般根据批校语是否为批校者亲自手批,将批校本分为手批校本和过录批校本两大类。而前引南江涛之文则以其所收

---

① 张宪荣《小学文献学视野下的毛氏汲古阁本〈说文〉研究》,花木兰文化事业有限公司,2020年,第118—119页。
② 吴钦根《借阅、传抄及过录于清代〈说文〉学的展开》,《古典文献研究》2015年第十八辑下卷。按,此文又见吴氏2015年硕士论文《文献文化史视野下的清代〈说文〉著述研究》。
③ 方达《〈惠氏读说文记〉研究》,华东师范大学硕士论文,2013年,第9页。

集的《文选》批校本为例,将批校本进而细分为三大类六小类,这是对前人研究的进一步细化,值得肯定。但是由于其立足于笼统的"人"的维度加以分类,所以在一些类目上值得商榷。而且由于其将"批校中的圈点、标抹符号等"与"批校语过录所用底本不同造成的文本差异"①等排除在外,所以也影响了其分类的全面性。笔者以为,批校本这一特殊版本类型自其问世以来便与所据的底本、批校者的目的以及特殊传播方式有密切关系,而这些都处在相对变化之中,所以我们应该综合考虑这些因素方能较好地对批校本加以分类。

第一,从批校者的目的看,我们需要将生产过程出现的校样本中的批校语与接受过程中出现的批校本的批校语区分。出于种种原因,我国古代并没有如西方那样保留太多的校样本,但还是有一些流传了下来。从批校本身来说,记录在校样本上的那些指导刻工进行修改的文字或符号与批校本上那些手批的文字或符号在位置、内容等方面有颇多相同之处,这也造成长期以来学者们将二者混同无别的局面。如南京图书馆藏有一部毛扆批校的《说文》(索书号为"GJ115366"),②实际上是毛扆刊印《说文》之时的一个校样本,天头及文内有颇多朱墨批改,诸卷卷末或有毛扆朱蓝色手批跋文16则,后世流传的汲古阁本便有据其中校语和批改符号校改文字者。从内容上看,其中的校语如"修细此""凿深些"显然是在指导刻工在重印时注意修改这些文字,属于生产过程中的批改。而如卷三下"改"字下,原注作"古亥切",此本则圈去"古亥"二字,而在天头批:"余止。《玉篇》《佩觿》俱作'余止切',从支巳声。"这里既有批改,又有考证,又好像是在阅读。这种边刻边阅、边阅边校、边校边印的行为就这样把书籍的生产与阅读结合在了一起。再如国图所藏姚觐元校《说文》(索书号为"字131.1/254.6"),③实为清光绪二年姚觐元川东官舍刻本的校样本,④并非泛泛的批校本。如卷一上首行

---

① 南江涛《批校本的层次类型及梳理方法刍议——以清人批校本〈文选〉为例》,《文艺研究》2020年第11期。
② 《中国古籍善本书目》著录为"清毛扆校并跋,顾葆龢跋"。
③ 《北京图书馆普通古籍总录·文字学门》著录为"书中有墨笔校字挂签。眉签各条即归安姚氏校正修改时之底稿"。
④ 按,该本的具体情况见张宪荣《小学文献学视野下的毛氏汲古阁本〈说文〉研究》,花木兰文化事业有限公司,2020年,第142—143页。

"太尉"之"尉",天头书签墨笔批"屄上多、宜去",这是指导刻工的批语。卷一上"瑝"字,天头书签墨笔批"瑝,一本作 [瑝]",这是列出异文。如果将此本与传世光绪本相校,可知,前者的情况已经据改,后者则或据之改,显然也是属于边校边刻的情况。以上两例从批校目的看,是为了刊刻一个新的版本,所以批校语与底本的关系甚为密切。受此影响,其批校内容虽有一些批注之语,但更多的是指导刻工修订文字或形式之语。而边校边刻的行为既与未来呈现的新刻本的生产有关,也可以被视为是批校者的一种阅读活动。这些特殊性与我们一般所说的完全在接受过程中产生的批校本既有联系,又相区别。因此,为了更好地呈现和分析文献传播循环中各个环节中出现的批校行为,我们必须先将生产过程与接受过程中出现的两类批校本加以区分。另外,从批校的角度看,稿本(尤其是上版稿本)和一些抄本上的那些批校语也可以说是在生产过程中产生的,也可以被当做批校本加以研究。

第二,从批校者所据底本看,我们需要将其批校的层次梳理清楚。这主要针对接受过程出现的批校本而言。从此角度看,可以分为以下两个层次。

第一层次从批校语是否批校者原创可将批校本分为原创批校、过录批校二小类。

(1) 原创批校,即该批校本中的批校语都是校者采用不同版本或者其他文献相互比勘而来的,并非录自别家本子,如国图所藏清王筠校跋《说文》(索书号为"善11491"),据王筠手批跋文可知,此本是王氏用孙本、鲍本、小徐本等进行批校的。这里需要注意的是,引用某家说法者并不一定属于过录,如国图所藏桂馥校、孟广均跋《经典释文》(索书号为"善2093"),有"钱氏大昭曰""段君玉裁曰"之语数条,或有暗引《汲古阁说文订》之文而不加说明者,这些都不应被视为过录。一则这些批校语在该批校本上所占比例不大,与他校无异,可称其为引用;二则校者也未明言其为过录自某书某本。

(2) 过录批校,即批校语并非完全属于原创,而是主要过录(含节录)自某家校本或某家某书。在过录过程中,过录者或完全过录,或不可避免地添加自己的按语。其实，从过录者的角度看，过录自他家批校也意味着其基本赞同批校者的观点，所以过录的批校也可以说是属于过录者的批注，与据他本校无异。但为了体现批校本的批校语的层次性，我们需要从来源上对批校语作一区分。

a. 有专门过录一家之说者，如国图所藏佚名（疑即李芝绶）跋并过录段玉裁校跋《集韵》（索书号为"善10697"），据书前跋文可知，乃据段氏手校本过录其一家之校语，此为过录一家校本者。再如上图所藏吴凌云过录段玉裁校《说文》（索书号为"线善821510-17"），据正文首页跋文可知，乃吴氏过录《汲古阁说文订》之内容，此为过录一家一书者。

b. 有辗转过录数家之语者，这里有两种情况：第一种是过录者所据过录本本身便集数家批校而成，如北师大图书馆所藏马叙伦过录本《说文》（索书号为"善1271"），据马氏跋与其过录的胡重跋可知，此本校语曾递经多次过录：清嘉庆三年（1798）胡重校时用五色笔过录惠氏父子、胡氏父子之批校，①是为第一次过录；方成珪又据胡氏本过录，是为第二次过录；民国二年（1912）马叙伦借林大同所藏方氏过录本而重加过录，即此本。就过录批校语的来源看，其所根据的本子根源来自胡重汇录的本子，期间既有胡重新加的校语，也有方氏过录时新加的校语，还有马氏之的校语。同时，哈佛燕京图书馆亦藏有一部马叙伦过录本《说文》，据称②有"后学马叙伦过录，丁巳夏六月"的跋文，然据北师大图书馆所藏马氏跋文，颇疑即马氏请"内弟王馨伯、门人毛由庚"过录者。若如此，此本亦属于此种情况。此外，复旦大学所藏王欣夫跋本《说文》（索书号为"3028"）实亦佚名过录胡重之本。再如，下文提及的国图所藏《说文解字录存》（索书号为"7962"），乃许瀚将佚名校汲古阁本《说文》时的校语整理而成的一部著作，其整理时先有自己的按语，后

---

① （清）钱泰吉《曝书杂记》（《别下斋丛书》本）云："菊圃尝得惠半农、松厓父子及惠氏同邑人胡竹厂孝廉士震与其子仲沄所校汲古阁本《说文》，其弟子沈茂才世枚以五色笔录于简端，间附菊圃校语。"按，钱氏盖将胡重跋文中"沈茂才书琳世枚，从余问奇字，乃以五色笔录于简端"一句中的"以五色笔录于简端"的过录者理解为沈世枚。但是从上下文意看，也可理解为胡重本人。

② 按，此本笔者未见，所据为沈津《美国所见中国善本书志（9）》一文（《图书馆杂志》1989年第5期）的介绍。

又求问于王筠,故此本文内有许、王二家批校。其首叶右栏墨笔跋语云:"予临此本毕,江宁袁君鹤潭复假临小字孙刊本上而有删弃处。"此跋文无撰写时间,不知道袁氏所借阅的是许瀚最初整理的那个本子,还是许瀚请王筠批校之后的那个本子。若为前者,那么袁氏的这个过录本就属于前面的 a 种情况(由于版本的特殊性,许瀚过录的某家批校语在这里也应被当做许氏自己的批校)。若为后者,由于该整理本有许、王二家批校语,所以也应归入 b 种情况。与前面马叙伦一例相比,此例甚为特殊。

第二种情况是过录者同时借阅数家批校本而过录于同一版本之上,如浙江衢州博物馆所藏胡重过录本《说文》,①亦即前面提及的马叙伦等辗转过录的那个源头。从胡氏跋文可知,当时过录时是用五色笔过录的:黄色录惠士奇语,绿色录惠栋语,墨色录胡士震语,蓝色为胡氏父子难辨者之语。文内圈点则绿色为惠氏批校本,蓝色为胡氏批校本。五彩粲然,为此本增色不少。

以上两类的前提是,批校者所批校的底本一定是没有校者手批痕迹的版本(或抄本,或刻本),故可称为原本批校,而所参据的本子则有可能是批校本,甚至是辗转过录的批校本。如果是后者的话,它也是作为一个整体进入我们的研究视野的。亦即虽然我们在进行版本分析之时会尽力分层次地探讨其批校来源,但是在给批校本分类时则不会考虑该本到底辗转过录了几次方成为目前所见的这个版本形式的,而仅仅将之作为一个批校本看待,否则它便与第二层次的分类难以区别了。如马叙伦批校本,在分类时我们只考虑它就是马叙伦将某个批校本的批校语过录到了《说文》的汲古阁本上了,而不会考虑到底此批校本的批校语最初来自何处。再者,此类批校本中批校或过录的文字基本上是由批校者连续批校完的。即便在过录过程中有批校者新加的批校文字,那么也是在边过录边添加的,不存在复校的情况,这与下面第二层次中诸本的情况形成了明显的区别。另外需要注意的是,

---

① 按,此本笔者亦未见,版本情况见《中国古籍善本书目》(四——四)和《衢州博物馆古籍普查登记目录》(国家图书馆出版社,2019 年)所录。

以上第(1)小类的批校者即批校者本人,第(2)小类的批校者则不一定,有可能是由关系密切的批校者根据同一批材料同时过录完成的(如前面提及的马叙伦请王、毛二人过录胡氏本)。而且,在第(2)小类中,过录者并非总是一个原批校文字的传话筒,所以其有时会照其底本原样过录,有时会节录,甚至会记录自己的阅读体悟。这就需要我们时刻保持警惕:这种辗转过录之本的批校语即便来源相同,但在过录过程中都有可能被过录者有意无意地增加、减少或改变一些文字。至于这种差异出现的原因,则需要综合考虑批校者的批校目的和批校心理以及批校本的来源及特征等进行多方面的探讨方可理得清楚。

第二层次需要在第一层次的基础上同时考虑批校者的不同身份、批校的先后时间或次数等,可分为原创数批、辗转过录二小类。

(1) 原创数批,即同一批校者在自己亲笔手批的同一版本之上又据他本或他书进行重校。一般根据批校者卷末或书末的题跋时间,或同一位置不同的批校颜色便可判断出来。如上图所藏清严鼎臣校《说文》(索书号为"线善 T04931-38"),据诸卷卷末朱笔题识可知,该本是参考《汲古阁说文订》《说文解字注》对汲古阁本进行批校的,初次校勘在清嘉庆二十五年(1820),复校在清道光三年(1823)。再如国图所藏王泳电、王国维校本《一切经音义》(索书号为"A02904")。据卷一末王国维八则跋文可知,此本原为王泳电旧藏,王国维获得后在民国七年(1918)先据罗振玉所藏宋福州本校、次年又取径山藏本重校,并过录其在庄炘刻本上的校语于其上。

(2) 辗转过录,即同一或不同批校者在原过录本上在不同时间内再进行过录或批校。这里强调不同时间,是与前面提及的过录批校中有可能出现的在过录的同时施以批校的情况相区别。此类也可以分为以下几个小类。

a. 同一批校者在不同时期内先后过录或批校。这里可分为先过录后批校、先过录后过录、先批校后过录等三种情况。

第一种情况如国图所藏顾之逵校跋本《经典释文》(索书号为"战2135"),据诸卷末所录清乾隆五十九年(1794)顾之逵跋文可知,其先参据惠栋校本和段玉裁校本(前者校毕于乾隆五十八年,后者虽不知明确时间,从跋文推测,当在此之前)进行过录。其中,黄色为惠校,墨色为段校。顾氏自校语如《礼记释文》则至少分两次据不同版本对校:先用宋刻,后在乾隆五十九年用叶抄。所以可以算是一部先过录后手校的一部批校本。然而《经典释文》这部文献体裁的特殊性又暗示了批校者可以选取相对独立的一部分分别进行校勘,所以就形成了比较复杂的批校系统。再如日本京都大学人文科学研究所藏的清席淏批校《说文》所据底本(索书号为"京大人文研 东方经-X-2-4"),即席世昌批校本(此本不知是否尚存人间)。从席淏过录的席世昌跋文可知,其先在乾隆五十八年从乌程温氏手中获得纪复亨过录惠氏父子本进行过录,次年又以《吕氏春秋》高注、宋刻《汉书》、顾炎武《金石文字记》等进行补校,嘉庆二年(1797)又陆续用小徐本、《玉篇》、《经典释文》等进行第三次校勘。

第二种情况如国图所藏高鸿裁跋本《说文》(索书号为"善7959")所据底本即许瀚过录本(此本不知是否尚存),据高氏过录许氏诸跋可知,清道光十三年(1833),许瀚借何绍基未竟校本录一遍,盖文中凡依叶本校者即来源于此。同年,又从袁环之借得佚名批校本,择其精确之校语而录之,故文中凡据小徐及毛氏剜改本批校者,盖即许氏过录某氏之校也。据此可知,许瀚过录本是经过两次过录才完成的。

第三种情况如国图所藏吴孟需校跋本《说文》,据其诸跋文可知,清光绪四年(1878)吴氏于扫叶山房购得孙刻《说文》,并于光绪二十一年开始校对。光绪二十九年,吴氏获赠徐积余派人过录的同治二年(1863)莫友芝过录程鸿诏录汪文台校语的本子,并于光绪三十年开始将汪校过录一遍,又在次年再校一遍,这便是今日所见之本。此批校本与前一例稍不同的是,第二次批校时所依据的是一个过录本,第三次复校时手校的是过录本的文字,属于一种在不同时期内先手校后据过录本再三校勘的情况。

b. 不同批校者在不同时期内先后过录或批校,也有以下四种情况。

第一种情况为先由一人据一本过录,后由另一人在其批校本上手写批校。如国图所藏顾之逵过录本《集韵》(索书号为"战4526")。据文内诸卷末及书末顾氏朱笔跋可知，其批校语是在乾隆六十年根据袁廷梼、钮树玉过录段玉裁校本而过录的。其中，朱笔过录段玉裁校跋，墨笔或过录钮树玉按语。但其间又有顾广圻墨笔校语和夏世堂朱笔校语若干，则此本当有三次批校，首先是顾之逵过录，次为顾广圻批校，最后为夏世堂覆校。再如国图所藏《说文校本录存》（索书号为"善7962"），乃许瀚将佚名校汲古阁本《说文》时的校语整理而成的一部著作。许瀚整理完毕之后，又求质于王筠，故文内先有许瀚校语，后有王筠校语。此本除了批校语外，其底本也具有特殊性，即是许瀚的一个过录整理本。

第二种情况为先由一人据一本过录，后由另一人在其批校本上据另一本过录。如国图所藏马钊过录本《经典释文》（索书号为"善4456"），据卷三十末所附马钊、马铭跋可知，此本先由佚名据管庆祺过录江沅所藏批校本过录，后在清道光二十八年（1848）马铭在此过录本的基础上据陈奂手校本过录。

第三种情况为先由一人批校，后由另一人在其批校本上据一本过录。如国图所藏王国维校跋本《广韵》（索书号为"善2138"），据卷末王国维诸跋可知，民国六年（1917），王氏借海盐张氏藏宋本校勘，后于民国九年过录黄丕烈过录段玉裁校本，民国十一年、十五年又据唐写本《切韵》等先后进行数次校勘。

第四种情况为先由一人批校，后由另一人在其批校本上再批校。如国图所藏王国维、赵万里批校本《孟子音义》（索书号为"善2024"），据卷下末页跋文及文内批校语可知，此本于民国十年由王国维据影宋本校，后由赵万里校。

以上两大类诸小类的前提是，无论批校内容多么复杂，批校者所据的批校底本一定是一个已经被批校者或过录者批校过的版本，故可称为校本批校，其属于二次以上的批校，几次批校在时间上是有时间间隔的。此类批校本的批校者可能是同一人在不同时期先后进行手校，也可能是不同人在不同时期先后进行过录或手校。其中，不同的人之间有可能是前后辈的关系，也可能是师徒亲友关系。二次以上批校者既可能对原批校者或过录者所据底本进行批校，也可能对其批校语进行批校或再批校，所以严格意义上，每小类中所说的"过录"等有时可能属于过录兼批校。

总而言之，我们从两个层面对批校本进行了较为详细的分类，其分类是根据批校本的特殊特征加以考量的。与其他版本不同的是，批校本是由批校者、批校语、所据底本三部分组成的。其中，批校者是隐含在内的一个变化因素，批校者的不同和批校态度等往往会造成批校语的多样变化，而所据底本则是一个相对稳定的因素，所以我们以其为标准将批校本分为两个层次（原本批校和校本批校）。在此基础上，再以批校语是否为批校者原创为标准，对每一层次的批校本进行二次分类，最后综合批校者是否为同一人和其批校语的来源进行三次分类。这些类分有利于把握住不同批校本的层次性，同时也能较好地展现批校者的阅读行为，而且对批校本在古籍目录的著录方面也有一定的启发，其实上面所举的诸例已经有意对其馆藏目录有所更正了。[①] 但不可否认的是，以上的第二层次分类主要探讨的是二次批校，而未多及三次以上的批校。在具体探讨时所分的诸小类也未能穷尽地将那种批校与过录的多次互动行为充分展现出来，因此批校本的分类尚需进一步细化。

与前面所提及的南江涛对批校本的类型相比，以上诸类并未将历时维度引入具体的分类之中，所以其所说的第一大类并不在笔者考虑当中。而且也很少论及并不一定存在的版本，如南文所举的钱陆灿跋文所提到的几个阅本，仅有钱氏一跋提及却不见其他记载或存世之本。其作为研究资料尚可，作为分类依据则有不实之嫌。其第二、三类的五个小类则分别与笔者所分的诸小类有对应关系，但囿于其所谓的"'人'的维度"划分出来的"同一家"和"不同家"（实际上是从批校语是否来源于同一家的角度划分出的），批校本上的一些批校信息往往会被忽略。如在第二类第二小类中所举的复旦

[①] 批校本的著录问题其实属于另一问题了，但却是目前古籍书目著录的一个短板。以笔者看来，最重要的，不仅要对批校语类型梳理清楚，还应该注意所据底本。笔者曾于南京图书馆见一佚名过录席世昌批校本（索书号为"GJ/20557"），该馆网站著录为"清刻本"，其实是毛氏汲古阁本配大兴朱氏本所成的一个复杂版本。这种情况若不加辨析，不仅会著录错误批校信息，也会著录错误版本信息。

大学图书馆所藏佚名过录何焯批校本《文选》，从过录者识语可知，其批校语虽然主要来自何焯，但却源自不同的批校本，每个批校本都有除何焯之外新增的批语，所以此本并非仅仅由"过录者将同一家不同时期的批校录于一本"一句便能说得清的。而且所据《义门读书记》本、相传何义门本、杨崇木、吴阊门本等诸批校本也无法证明何焯批语属于"不同时期"的批校，只能说明这些批校本是在不同时期过录何焯批语的。单就这一例来说，此一小类有掩盖批校本真正版本特征之嫌。换句话说，此小类是屈从于第二大类硬分出来的一个类目。再如第三大类中将批校本笼统地归于"不同家"，而不详细辨析这不同家批校层次也掩盖了批校语的复杂性，其第三小类"不同批校者（或过录者）的层层累加"最能体现这一点，惜未加深入展开。以上南文中值得商榷之处告诉我们，探讨批校本的类型不应该仅仅从单一角度划分，而是应该综合多种因素加以考虑。

另外，从学科的角度，也可以将批校本分为版本学视野下的批校本、校勘学视野下批校本以及书籍史和阅读史视野下的批校本等多个类型。版本学家将批校本视为一种特殊的善本，故侧重版本鉴赏和考证；校勘学家视之为校勘材料，故侧重批校语的校勘价值；书籍史（阅读史）学家视之为一种重要的阅读资料，故侧重研究同一批校者不同时期和不同批校者对同一书籍的阅读行为的变化以及由此反映出的群体阅读心理等。然而虽然几个角度都有各自的研究重点，但在具体实践中是可以相互借鉴的。

总之，批校本的划分类型应该从多个角度灵活加以划分才更加清晰和深入。

3. 批校本的整理应该结合整理目的呈现其具体成果

前面提及，校勘学的目的之一便是整理古籍，而且是主要目的。批校本作为一种文献的特殊版本或一种特殊的文献自然也有整理的必要。说它是一种特殊版本，是因为它隶属于某一文献，本身不仅具有版本价值，还具有校勘价值。孙刻平津馆本《说文》在清代嘉庆以来是学界公认的大徐本一善本，这是其版本价值。但是如果其上面再有孙兴海手批校语（南京图书馆藏），莫友芝校语（复旦图书馆藏），戈襄、戈载校语（复旦大学藏）等，那更是版本与校勘价值兼备了。孙刻《说文》因名家批校而善上加善。说他是一种特殊文献,是因为有些文献会因为批校语而转化为一种新的文献,这主要指某些小学文献的批校本,如国图所藏《说文解字镜》一书,是在《说文解字五音韵谱》上进行朱墨笔圈点批校而成的一部著作。从形式上看,似乎是《五音韵谱》的批校本,但是批校语和批校符号明显提示是顾瞻新撰的一部著作,所以此类批校语其实是《说文解字镜》的内容。这样,由《五音韵谱》批校本就转化为一部新的文献了。再如上图所藏《恒言广证》,也是陈鳣在钱大昕《恒言录》上面进行批校而成的一部新的文献。此类文献一般被视为稿本,但从批校本和书籍演变的角度看,也可以看作一种特殊的批校本或者特殊书籍。然而批校本无论是一种特殊版本,还是特殊文献,其受到的关注还是体现在版本学和目录学领域,在整理上无论从理论还是实践上还有很大的空白。从理论上看,目前仅有前面提及的张廷银先生《谈谈古籍批校题跋的整理与研究》的一篇文章,但所论较为泛泛。在实践上,目前大多藏所都倾向于影印出版,如线装书局2007年彩色影印北师大所藏马叙伦过录本《说文》等。《中华再造善本》《国学基本典籍丛刊》更是大量以影印形式复制了不少稀见文献和版本,其中也有一些批校本。然而前辈学者们还是给我们留下了一些值得借鉴和学习的整理方法:

第一种如《惠氏读说文记》《席氏读说文记》等,整理者最初是要据批校本整理成一部著作以刻本形式流传于世,所以采用全录批校语与节录相关底本文字的方式加以整理,也就是说,批校语是针对底本的哪个字,整理时也就节录其底本相应的哪句话。如《惠氏读说文记》示部"福,祐也""祜当作备",后句为过录惠氏批校本上的批校语,主要是针对《说文》注文的校勘,江声在整理时便将相应的底本文字节录于前。再如《席氏读说文记》"福,祜也""徐锴本作备也。桉,福、备同音,故輹牛乘马之輹即古服字,今误作服",后者为过录席氏批校本上的批校语,既有校勘,也有批语,黄廷鉴在整理时亦将相应的底本文字节录于前。此类整理由于主要是为了整理批校文字,所以最后的整理本呈现出的只是批校者对某一字或句的批校,而原批校语的批校位置和批校符号则无从得知。其他如《龚定庵说文段注札记》

《徐星伯说文段注札记》①《读尔雅日记》②《说文解字签注》③《经典释文汇校》(1980年版)④等都是这类整理本。

第二种如王念孙《说文校勘记残稿》等,仅摘抄批校语(兼记录批校语所在页行),而不抄录其底本文字。如"(四篇)弟五行,《系传》作讼示会声","弟十行下'《诗》曰'以下六字亦徐铉取错语附入","弟十一行,《系传》篆作"等。此类整理主要是为了保存前贤批校语以备进一步研究,故以抄本的形式私藏。其优点是可以据之了解原批校本的批校位置,不足是难以直观展示批校语到底是给其底本的哪一字或句做的。而且如果原批校者的批校底本与阅读者所据版本不一致的话,整理本中所说的页行便很难做到一一对应了。

第三种如范祥雍先生《广韵三家校勘记补释》,是其根据佚名过录顾广圻、惠栋、段玉裁批校本《广韵》整理而成的一部著作。其做法是先记录批校语所在页码,后大字摘录相应原文并以小字形式记录诸家批校语。批校语若有错误,则以"(○案)"的形式加以纠正。最后"以《广韵》诸本校其异同,而以《切韵》等书作为辅助之用",⑤用"补释"字另行进行补充考证。与前两种相比,此类整理并非照原批校本抄录,而是在抄录的过程中添加了自己的

---

① 按,刘肇隅序云:"光绪丁酉冬,馆何氏。二十日,长孺世兄余棠荪夫子之子课余,读许书,出其《说文段注》,前有'大兴徐氏藏书籍印''星伯读'二朱印,知为大兴徐氏故物。徐录龚说于上方,自识者以松按别之。徐录语略谓龚受外祖氏学而有所发明,故录之中龚校有记段口授与成书异者,有申明段所未详者,亦有正段失者,于是竭数日之力,条而钞之,凡有松按,别为一纸。"据此可知,刘氏整理之本乃是徐松校并过录龚自珍校本。在整理时,他将龚自珍与徐松批校语分别抄录,各自成书,便成了现在的两部《说文段注札记》。

② 陆锦燧《学古堂日记·读尔雅日记序》云:"锦燧羁贯读书,粗识文字,间以读雅之暇签记左方,深惟《尔雅》观古之训,尤懔不知盖阙之义。"据此可知,此本应该是陆氏据其批校本整理而成的著作。

③ 按,此书今藏浙江图书馆,乃姚觐元从桂馥批校《说文》上(此本今藏国图,索书号为"善2930")摘抄出而整理成书的。

④ 按,该书原稿是黄焯先生"以笺识形式记于'同治辛未重雕抱经堂本'《经典释文》之上,由黄焯弟子贺镛抄写汇集成书的"(中华书局2006年版《经典释文·前言》)。贺氏在整理时,先摘录《经典释文》原文大字书写,下以双行小字抄录黄焯先生汇校,所以也是属于这种类型。而2016年版的《经典释文汇校》,一页分上下两栏,上栏为《汇校》底本即通志堂本《经典释文》的原文,下栏为贺镛整理本。这样汇校与原书进行了一一对应,更加方便阅读了。这可以视为此种整理类型的改良版。

⑤ 范祥雍补释《广韵三家校勘记补释·补释例言》,上海古籍出版社,2019年,第2页。

按语。在形式上，既有页码的记录，也有批校底本文字与批校语的相互照应，可谓综合了二家之长。同时，由于在其序文中辨析了原批校本上诸色批语的归属者，所以也可据此本的整理内容想见批校本的原貌。因此，除去那些补释文字外，此书对批校本的整理可以作为一个典型范式加以看待。

总而言之，古人整理批校本，或为了令前贤之文流传而刻之，或为了保存前贤之语而抄之，故多照式录之而不加改动。今人之整理批校本，则是为了给后人提供一个可供阅读的本子，故既录批校语，又校释之。古今之差异显然又回到了校勘学上那种死校与活校的路子上了。然而无论如何，其告诉我们，整理的目的不同，采用的方法就会不同，而最终呈现的整理成果也是有差异的。那么，能否有第四种整理方法呢？笔者主张照式录之的整理之法，但不仅要抄录其批校文字内容，还要记录其批校颜色，甚至批校符号。以国图所藏（清）吴广霈批校并过录汪文台校本《说文》（索书号为"善5281"）的卷一上第1叶（图二）为例，可以按如下形式整理：

說文解字弟一上

1上.1a.1"上"字下鈐"夢井生"白文方印，左旁朱筆批：篇。右旁有朱筆批注符號。天頭朱筆批：上下分卷極謬，仍應合作一卷而去"上""下"字作"篇"字。

1上.1a.2"銀青"至"奉"字以朱筆"[ ]"圍之。

1上.1a.3"敕校定"三字以朱筆"[ ]"圍之。

1上.1a.7"一"字下大字注"始"字上有朱筆一點，作"始"，右旁朱筆批：極。並有墨筆批注符號。天頭朱筆批：小徐作"太極"，義長。墨筆批：○汪校本先正同，但"太"字作"大"，音本通，不必加中一点也。

1上.1a.9"元"字下小字注"从兀"，天頭朱筆批："从兀"應作"兀声"。繼又墨筆批：《五经文字》引不誤，可以從正。

1上.1b.2 篆文"▮"字，天頭墨筆批：▮。

1上.1b.2"帝"字下小字注"下"與"之"字之間有增字符號，右旁朱筆夾批：者。天頭墨筆批：鈒按，"王天下"之下應補"者"字。（按，

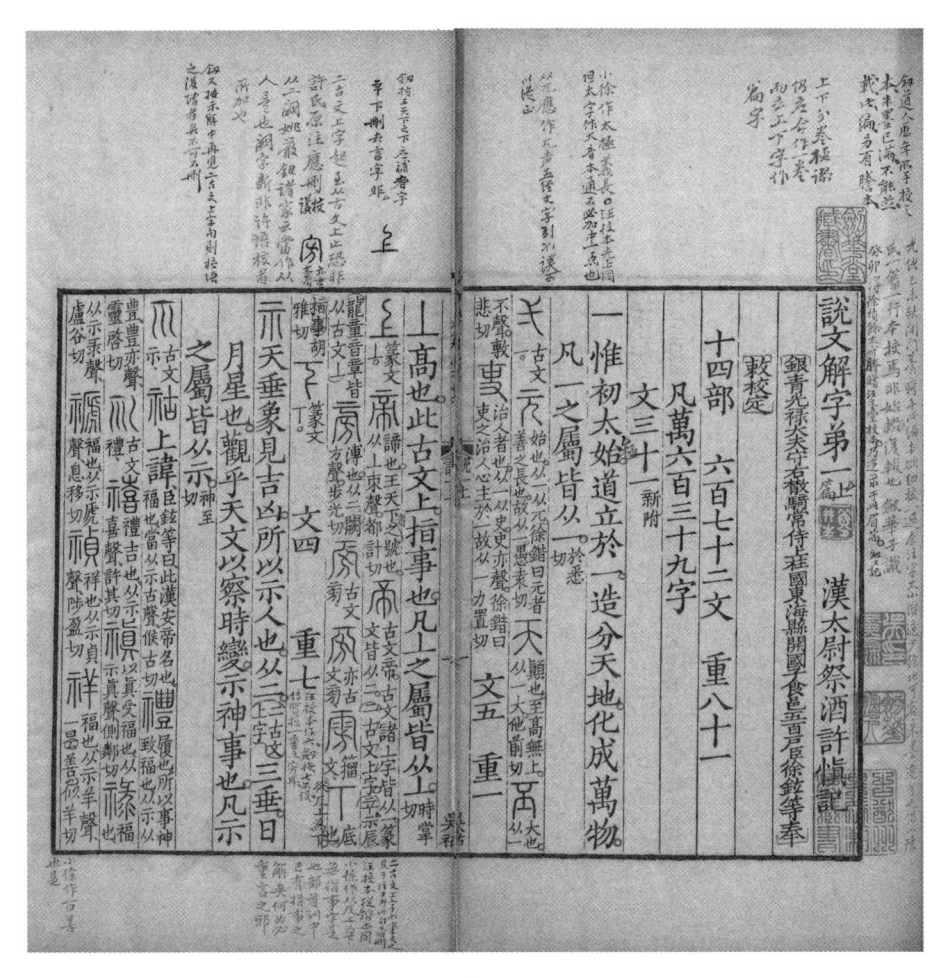

图二

"者",原作"也",後直接在上墨筆改爲"者"。)

1上.1b.2 古文"帝"字下小字注"二古文上"四字右旁有批注符號,地腳墨筆批:"二古文字上字"亦重文之見于注中者,此句未可删。汪校本從鍇本同。

1上.1b.2 古文"帝"字下小字注"辛"與"示"之間有批注符號,天頭墨筆批:"辛"下删去"言"字,非。(按,"辛"字上方有墨筆"(","非"字右下角有朱筆"△",作"非"。)

1上.1b.2 古文"帝"字下小注"二古"至"示辰"、"示辰"至"文上"諸首末字有朱筆批注符號"（）"，天頭朱筆批："二古文上字"起，至"从古文上"止，恐非許氏原注，應刪。《校議》。（此二字用墨筆）

1上.1b.3"𠃌"字下小字注"闕"字上有朱筆删字符號，作"𠃌"，右上角朱筆批：从人。天頭第5行朱筆批："从二闕"，姚、嚴、鈕諸家云當作"从人"，是也。"闕"字斷非許語，校者所加也。

1上.1b.3"𠃌"字，天頭第4行墨筆批：𠃌亦重文𠃌。

1上.1b.3"丅"字下小字注"底也"左旁有朱筆增字符號，墨筆旁批：從反上為丅。小注"指事"二字上和外圍分別有朱墨筆删字符號，作"指事"，地脚第3—5行朱筆批：小徐作"从反上为下"，无"指事"字，是也。部首訓中已有指事之解矣，何為必重言之邪？

1上.1b.4"重七"下墨筆批：汪校本作"六"。劍按，"七"不误，傳寫挩一重文"𠃌"耳。

1上.1b.5"示"字下小字注"二古文上字"有朱筆删字符號，作"示"，天頭第7行墨筆批：劍又按，"示"解中再見"二古文上字"句，則校语之後增者矣，不可不删。

1上.1b.10"祥"字下小字注"云"字上有墨筆删字符號，地脚朱筆批：小徐作"一曰善也"，是。

"1a.1"指的是正文中第1叶的前半叶（半叶以a、b区分）第1行的批校语。加引号的宋体字都是被批校的原文。之后依次注明批校语的批校符号、批校位置和所用颜色笔，并客观记录批校文字（如实体现正俗繁简字形）。如此整理的本子则既可见原批校本的批校内容，也可较为直观地展现批校本的版本样貌了。

以上我们多方面探讨了作为校勘成果的特殊呈现方式——批校本的一些情况，所依据的是小学文献批校本，所以可以看作是对小学文献批校本的研究。之所以我们特别强调用此类文献，是因为其具有多方面的优势。其一，目前著录于诸馆善本目录和善本总目上的各种文献的批校本，以小学文献居多。这是因为,批校这一形式虽然早已有之,但保存下来的很多批校本基本都是乾嘉学者所作的。而乾嘉学者是以小学为根底的,所以此类文献的批校本所占的比例要高很多。以《说文》为例,《中国古籍善本书目》著录其批校本凡52种。但据笔者调查,保存在世界各馆的《说文》批校本已经多达81种,这还不包括那些当做普通本未见著录的本子。而《经典释文》的批校本,《中国古籍善本书目》著录了16种,也算不少了。这些数量有时远远超过一类书籍批校本的总量(如《中国古籍总目》书类中著录的批校本仅61种),而这仅仅是小学类的某一部文献。小学类批校本数量之多也意味着其类型多样,所以我们据此研究批校本时也最为合理。其二,此类文献与批校本之间具有一种天然的互动关系,这是跟小学文献和批校本都以字词为主有莫大的关系,所以稍不小心便会相互转化。除了前面提到的《说文解字镜》之类在一部小学文献上施以批校便成了另一部新的小学文献外,据小学文献批校本过录而成的本子也有可能称为一部新的小学文献,如《惠氏读说文记》《席氏读说文记》之类。如此说来,恐怕没有比小学文献更能体现批校本动态变化的文献了吧。因此,我们应该充分认识和挖掘此类文献在校勘学上发挥的作用和存在的价值。

本章分四节详细探讨了小学文献校勘学的理论体系。首先对校勘学的基本理论知识如研究对象、研究内容、研究目的、作用或功能等进行了重新认识,并进而指出了小学文献校勘学未来的走向。其次对该学科的校勘内容、校勘方法重新加以探讨,最后对校勘学家很少谈及的"批校本"这一特殊的校勘成果进行了较为全面的研究。

结论与余论

从20世纪30年代初第一部以"文献学"命名的文献学著述问世以来，直至今日，中国传统的文献学已经走过了近百年的历程。在这漫长的岁月里，它及其分支学科在传统学术文化和西方文化两方面的影响之下，在学有专长的各门学科学者的研究之下，艰难地建构起了初步的学科理论和方法。直至现在，虽然传统文献学及其分支学科已经似乎各自具有了相对成熟的理论体系，但基本的理论问题显然尚未得到很好的解决。在已出版和再版的众多文献学著述中，属于学科意义上必须要解答的问题诸如研究对象、内容、作用、性质以及与相邻学科之间的异同等，要么各执一词，要么转相沿袭，很少有能心平气和地详加探讨者。长期以来，传统文献学一直被视为一门主要为文献整理服务的学科，故其分支学科诸如目录、版本、校勘的功能也都彼此相互勾连地朝着"使杂乱的资料条理化、系统化，古奥的文字通俗化、明朗化，并且进一步去粗取精，去伪存真，条别源流，甄论得失"[①]这样宏伟的目标前进。不仅如此，为了最大限度地发挥"文献整理"这一作用，文献学的研究对象"文献"的具体内涵和外延也被无限扩大，从古籍泛化到古今一切书籍，再到包含甲、金文等在内的古今一切资料。这样从表面上看，似乎文献学是一门可以容纳众多学科知识的综合性、基础性学科，其实它已经因此失去了学科性，而变成了一门捉摸不定的学问了，这也就是为什么有学

[①] 张舜徽《中国文献学》，中州书画社，1982年，第4页。

者称之为"国学之国学"①的主要原因了。在学科体系中,研究对象是一门学科研究的中心,其他诸如研究内容、性质、作用等都是围绕它展开的。如果文献学这门学科的研究对象如此无所不包的话,那么也就意味着它其实并没有什么明确的研究对象。如果没有明确的研究对象的话,那么相应的研究内容等也必然难以与之融为一体。因此,我们可以看到这样一个奇怪的现象:那些持有文献广义之说的著述,在具体探讨之时却仅仅涉及书籍。持有书籍不分古今之说的著述,在章节安排上却大谈古代书籍。持有古代书籍之说的著述,又在书籍与版本之间相混。这使我们不得不思考这样一个问题:是文献学容纳不了这么多类型的书籍(或版本)呢,还是我们根本就没有仔细想过文献学到底要研究什么?之所以提出这个问题,是因为小学文献学的建立离不开专科文献学的发展,而专科文献学的发展是以传统文献学理论体系的成熟为基础和前提条件的。因此,只有传统文献学具有足以支撑其自己学科的明确的理论体系,专科文献学和小学文献学学科方能够真正地建立起来。而从目前的研究状况来看,虽然我们的学者们目前已经积累了丰富的研究成果和实践经验,但文献学的基本理论问题显然还是一个亟待解决的大问题!那么,在这种情况下,小学文献学学科有什么资格被纳入学术研究的视野之中呢?但是这些问题必须要解决,否则文献学与专科文献学便真的成了一门难以捉摸的可有可无的存在了。因此,本书立足于传统文献尤其是小学文献,以探讨建立传统文献学和小学文献学的理论体系为整体目标,在详细梳理、综述、反思百年以来传统文献学以及其分支学科的研究成果和发展状况的基础上,对这两门学科的基本理论问题进行了较为深入而清晰的探讨和研究,从而初步建立起小学文献学的学科理论体系。在具体探讨上,本文有意采用了与以往学者不同的新的思想观念和研究方法,并根据自己的实践经验来印证自己的理论和观点,以尝试跳出固有思维而获得一些新的认识和体会。具体体现在,在思想观念上,目前的文献学著述的理论体系大多是在有意或无意受到传统学术文化(尤其是乾嘉

---

① 项楚、张子开、曹顺庆主编《古典文献学》,重庆大学出版社,2010年,第17页。

学派以及深受该学派影响的民国学者)的影响下构建起来的,故而一代又一代的文献学学者们都接受了文献学是一门"治书之学"这样一种观念,①并贯穿于文献学基本理论问题的各个层面。然而这种研究本质上只是将文献学视为一门服务性和实用性学科,使其渐渐失去了自己独特的学科属性。虽然自民国以来不乏学者尝试从西方理论那里汲取资源来重新构建该学科的部分理论体系(如图书馆学者眼中的"目录学"等),但这种研究却不可避免地使其逐渐走向西化而失去了传统文化特色。如何才能在立足于传统文献的基础上又能跳出传统思维来构建具有中国特色的具有独立学科属性的文献学理论体系,显然是一个值得思考的问题。本书在充分思考此一问题的基础上,认为欧美自 20 世纪以来出现的分析书志学和书籍史(阅读史)的理论和方法可以为我们的研究打开一扇新的窗户,其对书籍的物质细节的独特观照和从社会、文化等角度动态地分析文本内外的各种影响的做法正是我们传统文献学研究所缺乏的,也是"文献学现代化"②过程中走向可持续研究的一条新的出路。这里需要特别指出的是,西方的任何一种理论都是为它们自己的书籍研究而设计的,所以我们只是借鉴(尤其是思维与方法)其可用之处,而非盲目搬运照抄,毕竟我们研究的"根"还在自己的传统。从研究方法上,本项目在整体上特别注重采用宽视角、深考证和动态观照三位一体的方式进行研究。所谓宽角度,是指我们在研究某一具体问题时,不仅注意综述和反思中国境内古今各门各科学者的所有相关研究成果,更有意突破该范围而将研究视野扩大到包括中国、日韩在内的东亚文化圈,比较其异同,汲取其所长,从而丰富和扩大其学科知识。所谓深考证,一方面指在探讨某一术语之时,我们会充分运用文献学和语言文字学知识并结合传世、出土等多种文献材料进行多方面的梳理和考证,注重观察该术语由字成词,由单一词义到多种词义再到学科意义上的词义的演变过程,从而更加清晰地展现这些术语的生命历程。另一方面指在探讨某一现象时,我们也会在前

---

① 冯国栋《"活的"文献:古典文献学新探》,《中国社会科学》2020 年第 11 期。
② 按,此概念是本书提出来的,具体内容见第一章。

人研究的基础上，重新细读原有文献并详加比较各家观点，尽可能地运用多个角度，客观而深入地描述前辈学者们的学术观点，进而展现自己的一家之言。所谓动态观照，一方面指我们在具体展开论述某一问题时，会尽可能地转换研究视角，注意从文献学和语言文字学等多个学科灵活地考虑各种可能出现的情况；另一方面对于某一种或一类文献（主要是小学文献），会从社会、文化等角度，动态地观照其产生、发展、接受等整个过程，并分析各个环节的文化动因和社会影响。值得一提的是，以上的研究思想与研究方法并非建立在凭空假设之上的，笔者的每一次探讨都会结合自己的文献实践加以印证，以保证其实用性和可操作性。

正是基于以上的认识，以下将本研究的主要观点总结如下，详细的讨论参见正文相关章节：

（一）在小学文献学的基本理论问题上，本书形成了以下观点：

1. 在研究对象上，小学文献学的研究对象是小学文献，具体研究该文献的外部形式（即文本与版本）而非其文本思想和内容。这种外部形式具体包括文本文字、文本形态和版本等三方面，这是从文献层次结构的角度加以考虑的。

2. 围绕小学文献学的研究对象，小学文献学的研究内容包括小学文献目录学、小学文献版本学、小学文献学校勘学和小学文献文化学等四大分支学科。其中，前三者主要是从小学文献的各个侧面静态地加以研究的，后者则从社会文化史的角度动态地观照该文献的，又分为小学文献编纂学、小学文献传播学和小学文献接受学等三个小分支。本书主要立足于静态研究，故未对后者加以展开详细探讨，但其研究方法和内容已经完全渗透到以后的各个章节之中了。

此外，关于该学科的学科属性、与相邻学科的关系、研究方法、研究意义等，本书也从动态的角度进行了灵活的探讨。

（二）针对文献学以及诸分支学科的目前困境和未来走向，本书提出了"文献学现代化"的概念，即"以传统文献学的研究对象、内容、方法为基础，吸取相关学科的理论与方法，以便更好地了解、整理与研究文献"。这里强调的是在保证文献学基本知识体系不变的情况下，放眼世界和现代化技术，将文献学的相关知识内容加以扩展和深化。只有这样，文献学的研究才不至于走向泛化。相应地，针对诸分支学科的发展困境，本书分别在相关章节中提出相应的概念及具体解决措施，如"目录学现代化"等。

（三）紧紧围绕小学文献学的研究对象，本书认为诸分支学科各自的研究对象也是对小学文献外部形式展开的不同侧面的研究，并以此为中心，对诸分支学科各自的定义、研究内容、研究目的等基本理论问题分别加以详细的阐释。

（四）针对各分支学科的研究内容，本书分别提出了以下观点：

1. 在小学文献目录学的著录项方面，不仅对古今中外各种类型目录书对小学文献著录项进行的详细梳理和分析，而且对版本目录中小学文献的著录项进行了重点研究：首先将著录项分为相对固定的常设项和非常设项两大类，前者包括书名、卷数、撰者、版本等四项，后者包括其他题名信息、其他责任说明、文献数量、解题等等项目。其次，根据自己的目录编纂实践分别提出了对这些著录项的改进方法，以更加有效地揭示和著录小学文献。

在著录方法方面，本书认为"互著"与"别裁"这两个术语虽然最早由章学诚提出，但章氏仅将之服务于《七略》。从表面上看它们与祁承㸁"互""通"之说类似，实则并不相同。从后世编目情况看，祁说较章说有更广泛的内涵，且在实际编目中有较为普遍的运用。后世学者大多推崇章氏之术语但其实暗自袭用祁氏之法。但要想充分发挥这两种著录之法的作用，需要加以改进，本书提出了具体的改进方法。

在分类方面，在对古今中外各类目录书中"小学类"的分类状况进行梳理和分析的基础上，本书选取《文字音韵训诂知见书目》这一专科小学目录中新设的"音义类"和《书目答问》以来诸目设置的"说文类"为例进行个案研究，认为"音义类"当归入训诂一类，而不能与传统的文字、音韵、训诂三类并列。"说文类"应该根据该类中所收诸书的内容主旨等标准分为十个小类。

2. 在小学文献版本学的版本鉴定方面，本书认为就鉴定的版本类型而言，理论上虽然包含了一切形式的版本，但在实际鉴定过程中，刻本尤其是宋元旧椠才是最主要的，其他类型明显处于次要地位。因此目前真正需要鉴定的并非珍稀善本和名家稿抄，而是大量的普通版本和域外汉籍版本。就鉴定依据而言，在鉴定实践过程中，版本依据其实一个综合性依据，并不能泾渭分明地且按部就班地鉴定某一版本，诸依据在鉴定时的地位是一样的。就鉴定方法而言，可归纳为调查法和比勘法两种，前者针对一种版本，后者则涉及至少两个版本（或同一版本的不同印次）。就鉴定文化而言，版本鉴定虽然需要根据鉴定依据和鉴定方法得出最后的结果，但更有必要挖掘鉴定结果背后的深层原因。

在小学文献的版本源流梳理上，本书分为递藏源流和刊印（抄校）源流两方面。前者主要指一书珍稀版本在诸公私藏家中转相收藏的源流关系，后者指一书的某一版本系统中不同版本之间和一本之不同印本之间的先后渊源关系。本书结合实例具体讨论了这两种版本源流的操作过程。

3. 在小学文献校勘学上，本书重点将形式校勘引入具体讨论之中。故而校勘的内容指的是版本异文的校勘。所谓版本异文即同一文献的不同版本之间可确定的那些差异，具体包括文字异文和形式异文两方面。根据这些差异，可以将版本异文分为讹、脱、衍、倒、异五大类，其中讹又可分为错、别两小类，倒又可分为颠倒、错位、分合三小类，统共八类。分析异文产生的原因需要进行有层次地进行，而不能以"通例"的形式笼统概括。

在校勘方法上，本书从学者身份的角度出发分为藏书家校法和史学家校法两类。二者只是代表了不同文化背景下的学者对传统校勘学的不同看法，本身并不存在高下优劣之分。针对"四校法"，本书除了重新梳理该法的具体内涵之外，特别强调了"对校法"中所包含的形式校勘。并认为对校勘方法可以从不同角度重新划分。

在校勘成果的呈现方式上，本项目重点考察了批校本这一特殊校记的类型和整理方法。

（五）针对文献学上的一些有争议的术语，本书广泛收集相关资料的基础上，运用语言文字学知识对之进行详细的考证，并从社会文化等角度对之进行动态的分析，如：

1. 关于学科意义上的"文献"一词,并不能从后世学者对《论语》原文的训释那里把握,因为从训诂学的角度看,诸家说法其实都是站在各自的文化语境中提出的,这是一种随文训释,亦未必符合孔子的本意。要想理解文献学上的"文献"的含义,应该去追寻该词在脱离《论语》语境之后被运用在各类文献中的使用义。本书站在学科的角度遵从二郑之说,即文献指古今一切文化典籍。

2. 版本学上所说的"版本"一词从最初的"版"与"本"各自单用、各有所指到后来成为一个固定的专门指称书籍形式的词有自己的发展历史。本书认为,"本"指书籍,并非直接源自其本义,而是来自其语境义,此义的出现已经晚至东汉末以后了。两晋以后,随着同书异本大量增加,"本"之此义渐渐脱离其具体语境而泛指书籍或其载体形式。南北朝、隋唐以来这些意义被延续下来,而至唐宋之际随着印刷术在民间的兴起而最先组合成"印本"一词来指称雕版印刷之本。"板本"一词北宋初便已出现,至两宋之际则广为流传,从当时学者的记载来看,其应该是士大夫将印本文献引入校雠活动之后,相对"石本/碑本""写本/藏本"等词而逐渐出现的一个词,与最初在下层商业或宗教活动产生的"印本"一词在文化背景上是有差异的。

3. 关于学科意义上的"版本学",本书认为它在本质上就是一门赏鉴书籍形式之学,它的一系列赏鉴知识是历代私人藏书家在赏鉴书画的影响下逐渐形成的。从时间上看,可追溯到南宋时期,而明嘉靖、万历时方正式与书画鉴赏同列而受人追捧,清代康、乾以后逐渐专精,与目录学相融合而出现各种版本目录,其最后定名而走向独立则晚至清末民初了。

以上便是本书研究内容的主要观点。每个部分都尽量在全面系统地梳理、综述和反思古今中外各类研究成果的基础上进行重构,以求能够更多汲取前贤之长而避免观点流于不实。每次理论重构都尽量结合自己的实践经验,以求使研究能够便于实践操作而不流于空谈。但是在实际研究过程中,势必会有不尽人意之处而需要在未来展开进一步研究。

首先,本书虽然将文献学的学科分支分为文献目录学、文献版本学、文献校勘学、文献文化学等四门,但客观地说,实际的探讨其实只及前三,而未及最末,即便后者的理论和方法已经融入了相关章节的具体探讨之中。这是因为文献文化学是从动态的角度去观照文献学和小学文文献学的,换句话说,其探讨的并不是文献本身的各个侧面,而是文献对社会、文化的影响等,故而在探讨时并不能如前三门那样去按部就班地静态处理相关文献现象,而需要更多的跨学科知识参与其中,因此在研究时间上有些捉襟见肘。其次,该分支学科主要涉及西方的分析书志学、书籍史(阅读史)等学科知识,笔者虽然对相关文献搜集颇丰,但至今刚刚入门,尚未深入。且该分支是笔者在阅读西方理论之后首次尝试性纳入文献学学科分支,即便不单独讨论,也不会影响整个学科体系的建构。基于以上考虑,该分支学科之复杂体系只能留在以后再专门研究了。

其次,本书虽然以小学文献学理论体系建构为最终目标,但是很多篇幅都在探讨文献学及其相关学科的内容。这虽然是强调专科文献学必须建立在文献学的理论体系成熟的基础上这一条件,但不免有主次轻重失衡之感。这是因为可供小学文献学研究的资料非常有限,前辈学者虽然有丰富的有关小学文献的语言文字学方面研究成果,但很少有从文献学角度专门探讨小学文献的。即便有,也属于晚近时候,且较为零散,故只能以这种方式进行探讨。这种情况其实也是所有专科文献学所面临的困境,如何在有限的文献资料中建构自己的学科体系并凸显学科地位,尚需要进一步研究。

第三,本书的研究是以建立小学文献学学科理论为目的的,但是其研究还可以深入到学史层面,即以西方书籍史(阅读史)的角度研究小学文献史。因为在此学科理论上,小学文献既是特定社会文化的产物,也是流通的商品,所以需要以更广阔的知识背景去系统地、动态地观照它。这种研究已经突破了传统的文献史的研究思路,为深入研究特定文献史提供了一个全新的研究视角。

参 考 文 献

说明：

1. 以下所列并非本书参考的所有文献，余皆见正文各章节之脚注。
2. 诸文献学和其分支学科著述按其最早出版时间的顺序排列，以示诸书编纂之先后顺序。故某书即便本文所参考为晚近版本，若其初版很早，亦可能排列在前面。论文则一般按照发表时间先后排列，但有时会兼顾著者、研究内容、国别而以类相从。
3. 为体现本书各章的完整性，各章所涉及的参考文献单独编号。

一、文献学著述

（一）普通文献学

[1] 郑鹤声、郑鹤春撰，郑一奇导读《中国文献学概要》，上海古籍出版社，2001年。

[2] 赵振铎《古代文献基础知识（初稿）》，四川省中心图书馆委员会，1978年。

[3] 吴枫《中国古典文献学》，齐鲁书社，1982年。

[4] 张舜徽《中国文献学》，中州书画社，1982年。

[5] 王欣夫《文献学讲义》，上海古籍出版社，2005年。

[6] 罗孟祯《古典文献学》，重庆出版社，1989年。

[7] 张传玺主编《中国历史文献简明教程》，北京大学出版社，1990年。

[8] 周彦文主编《中国文献学》，五南图书出版有限公司，1993年。

[9] 洪湛侯《中国文献学新编》,杭州大学出版社,1994年。
[10] 迟铎《中国古典文献学纲要》,陕西人民教育出版社,1995年。
[11] 王燕玉《中国文献学综说》,贵州人民出版社,1997年。
[12] 张玉勤、赵玉钟《实用文献学》,山西古籍出版社,1998年。
[13] 熊笃、许廷桂《中国古典文献学》,重庆出版社,2000年。
[14] 曾贻芬、崔文印《中国历史文献学》,学苑出版社,2001年。
[15] 高尚榘《古典文献学》,吉林人民出版社,2001年。
[16] 牛海桢《历史文献学理论与方法》,甘肃人民出版社,2001年。
[17] 杜泽逊《文献学概要》,中华书局,2001年。
[18] 曾良《古典文献学》,中国文艺出版社,2001年。
[19] 周尚义《古典文献学》,远方出版社,2002年。
[20] 刘青松《中国古典文献学概要》,湖南大学出版社,2002年。
[21] 陈冠明《中国古典文献学》,中国文史出版社,2002年。
[22] 王以宪《中国文献学纲要》,江西高校出版社,2003年。
[23] 张三夕主编《中国古典文献学》,华中师范大学出版社,2003年。
[24] 陶敏《中国古典文献学教程》,湖南教育出版社,2005年。
[25] 牟玉亭《中国古典文献学》,社会科学文献出版社,2005年。
[26] 赵荣蔚《中国古代文献学》,中国文史出版社,2005年。
[27] 张大可、余樟华《中国文献学》,福建人民出版社,2005年。
[28] 王俊杰主编《文献学概论》,宁波出版社,2006年。
[29] 赵令志《中国民族历史文献学》,中央民族大学出版社,2006年。
[30] 陈广忠、徐志林、王军、程水龙《古典文献学》,黄山书社,2006年。
[31] 郝桂敏《中国古典文献学简明教程》,吉林人民出版社,2006年。
[32] 王俊杰《中国古典文献学概论》,齐鲁书社,2006年。
[33] 刘兆佑《文献学》,三民书局,2007年。
[34] 万刚主编《中国古代文献学》,北京大学出版社,2007年。
[35] 董恩林主编《中国传统文献学概论》,华东师范大学出版社,2008年。
[36] 董洪利主编《古典文献学基础》,北京大学出版社,2008年。

[37] 郭英德、于雪棠《中国古典文献学的理论与方法》,北京师范大学出版社,2008年。

[38] 王宏理《古文献学新论》,中山大学出版社,2008年。

[39] 罗江文《中国古典文献学纲要》,巴蜀书社,2008年。

[40] 杜道群主编《中国古代文献学纲要》,西北农林科技大学出版社,2009年。

[41] 周生杰《古典文献基础知识问答》,安徽大学出版社,2010年。

[42] 踪凡《中国古文献概论》,北京大学出版社,2010年。

[43] 崔红军、刘云霞、毛建军主编《实用古典文献学》,光明日报出版社,2010年。

[44] 项楚、张子开、曹顺庆主编《古典文献学》,重庆大学出版社,2010年。

[45] 司马朝军《文献学概论》,武汉大学出版社,2010年。

[46] 项楚、罗鹭主编《中国古典文献学》,中国人民大学出版社,2013年。

[47] 张升《历史文献学》,北京师范大学出版社,2016年。

(二) 专科文献学

1. 历史文献学

[48] 王余光《中国历史文献学》,武汉大学出版社,1988年。

[49] 张家璠、黄宝泉主编《中国历史文献学》,广西师范大学出版社,1989年。

[50] 杨燕起、高国抗主编《中国历史文献学》,书目文献出版社,1989年。

[51] 张大可主编,王继光副主编《中国历史文献学》,陕西人民教育出版社,1991年。

[52] 谢玉杰、王继光主编《中国历史文献学》,民族出版社,1999年。

[53] 黄爱平《中国历史文献学》,中国人民大学出版社,2010年。

2. 文学、艺术文献学

[54] 潘树广《古典文学文献及其检索》,陕西人民出版社,1984年。

[55] 张君炎《中国文学文献学》,江西人民出版社,1986年。

[56] 谢灼华《中国文学目录学》,书目文献出版社,1986年。

[57] 袁学良《中国古典文学文献检索与利用》,四川大学出版社,1988年。

[58] 潘树广主编《中国文学史料学》,黄山书社,1992年。

[59] 徐有富主编《中国古典文学史料学》,南京大学出版社,1992年。

[60] 侯晓明主编《中国文学文献学》,湖北教育出版社,1996年。

[61] 刘跃进《中古文学文献学》,江苏古籍出版社,1997年。

[62] 孙立《中国文学批评文献学》,广东人民出版社,2000年。

[63] 何新闻《中国文学目录学通论》,江苏教育出版社,2001年。

[64] 查洪德、李军《元代文学文献学》,中国社会科学出版社,2002年。

[65] 薛新力、段庸生《古典文学文献学》,中州古籍出版社,2007年。

[66] 安小兰《古典文学文献学论稿》,巴蜀书社,2009年。

[67] 马荣江、李彩霞、毛金霞《中国文学文献学》,吉林大学出版社,2011年。

[68] 张可礼《中国古代文学史料学》,凤凰出版社,2011年。

[69] 熊开发《海南历史文学文献学研究》,中国社会出版社,2012年。

[70] 赵永刚《清代文学文献学论稿》,花木兰文化事业有限公司,2012年。

[71] 徐鹏绪《中国现代文学文献学研究》,中国社会科学出版社,2014年。

3. 艺术文献学

[72] 郭晓林、胡扬言《音乐文献学与音乐文献检索》,四川文艺出版社,2002年。

[73] 方宝璋《中国音乐文献学》,福建教育出版社,2006年。

[74] 苗怀民《二十世纪戏曲文献学述略》,中华书局,2005年。

[75] 董占军《艺术文献学论纲》,清华大学出版社,2006年。

[76] 孙崇涛《戏曲文献学》,山西教育出版社,2008年。

[77] 汪庆正《钱币学与碑帖文献学》,上海人民出版社,2007年。

[78] 张显成《简帛文献学通论》,中华书局,2004年。

[79] 毛远明《碑刻文献学通论》,中华书局,2009年。

[80] 西泠印社《篆刻文献学研究》,荣宝斋出版社,2010年。

[81] 陈宁《清代陶瓷文献学论纲》,中国轻工业出版社,2017年。

4. 医学文献学

[82] 马继兴《中医文献学》,上海科学技术出版社,1990年。

[83] 李复峰《针灸文献学讲义》,黑龙江中医学院,1985年。

[84] 秦玉龙《实用中医文献学》,天津中医学院,1985年。

[85] 薛凤奎主编《中医文献学》,湖南科学技术出版社,1989年。

[86] 秦惠基、李道萍、曹琼《医学文献学概论》,中国地质大学出版社,1989年。

[87] 光明中医函授大学主编《实用中医文献学》,光明日报出版社,1989年。

[88] 邱纪凤《应用中医文献学》,中医古籍出版社,1990年。

[89] 徐国仟主编《中医文献学概论》,中国医药科技出版社,1994年。

[90] 张如青《中医文献学纲要》,上海中医药大学出版社,1996年。

[91] 严季澜、顾植山《中医文献学》,中国中医药出版社,2002年。

[92] 刁建勤《实用医学文献学》,山东科学技术出版社,2007年。

[93] 丁安伟等《中药文献学》,科学出版社,2003年。

[94] 高晓山《本草文献学纲要》,人民军医出版社,2009年。

5. 社会科学文献学

[95] 郭星寿《社会科学文献学》,武汉大学出版社,1990年。

[96] 谢灼华主编《人文科学文献学》,武汉大学出版社,1990年。

[97] 钱振新《实用教育文献学》,上海教育出版社,1995年。

[98] 张伯元《法律文献学》,浙江人民出版社,1999年。

[99] 李振宇《法律文献学导论》,中国检察出版社,2003年。

[100] 李振宇、李润杰《法律文献学》,湖南人民出版社,2010年。

[101] 田庆锋、何青洲、邢文艳编《中国法律文献学引论》,中国政法大学出版社,2014年。

[102] 黄存勋、刘文杰、雷荣广《档案文献学》,四川大学出版社,1988年。

[103] 孙钢《档案目录学》,档案出版社,1991年。

[104] 康建国主编《文史文献学新编》,内蒙古教育出版社,2002年。

[105] 周一平《中共党史文献学》,华东师范大学出版社,2002年。

[106] 廖庆六《族谱文献学》,南天书局有限公司,2003年。

[107] 刘江峰、王其亨《中国建筑史学的文献学传统》,中国建筑工业出版社,2017年。

[108] 张勋燎、白彬编《中国考古文献学》,科学出版社,2019年。

6. 自然科学文献学

[109] 徐近之《地理文献学浅论》，商务印书馆，1962年。

[110] 潘晟《历史地理文献学入门》，科学出版社，2018年。

[111] 王秀成《科技文献学》，吉林工业大学出版社，1984年。

[112] 陈光祚《科技文献检索》，武汉大学出版社，1987年。

[113] 胡昌平、邱均平《科技文献学》，武汉大学出版社，1991年。

[114] 单淑卿、张春玲《中国经济文献学》，青岛海洋大学出版社，1991年。

[115] 王书元主编《体育科技文献学》，哈尔滨工程大学出版社，1997年。

[116] 梁树柏《湿地文献学引论》，中国农业科学技术出版社，2003年。

[117] 刘波、叶争鸣主编《植物饮品原料研究文献学》，化学工业出版社，2010年。

7. 少数民族、宗教文献学

[118] 朱崇先主编，朱崇先、李生福、张铁山编著《中国少数民族古典文献学》，民族出版社，2005年。

[119] 包和平《中国少数民族文献学概论》，民族出版社，2004年。

[120] 包和平《中国少数民族文献学研究》，国家图书馆出版社，2009年。

[121] 张铁山《突厥语族文献学》，中央民族大学出版社，2005年。

[122] 阿布拉江·买买提《维吾尔古典文献学》，新疆大学出版社，2015年。

[123] 刘玉珺《越南汉喃古籍的文献学研究》，中华书局，2007年。

[124] 严耀中、范荧《宗教文献学入门》，复旦大学出版社，2011年。

8. 小学文献学

[125] 杨薇、张志云《中国传统语言文献学》，崇文书局，2006年。

[126] 高尚榘《汉语言文字文献学》，社会科学文献出版社，2007年。

[127] 张涌泉《敦煌写本文献学》，甘肃教育出版社，2013年。

[128] 窦秀艳《雅学文献学研究》，中国社会科学出版社，2015年。

(三) 图书馆、情报与文献学著作(现代文献学)

[129] 周文骏《文献交流引论》，书目文献出版社，1986年。

[130] 邱均平《文献计量学》，科学技术文献出版社，1988年。

[131] 王崇德《文献计量学教程》,南开大学出版社,1990年。

[132] 黄宗忠《文献信息学》,科学技术文献出版社,1992年。

[133] 朱建亮《文献信息学引论》,书目文献出版社,1992年。

[134] 罗式胜主编《文献计量学概论》,中山大学出版社,1994年。

[135] 卿家康《文献社会学》,武汉大学出版社,1994年。

[136] 张欣毅《现代文献论纲要》,书目文献出版社,1994年。

[137] 周庆山《文献传播学》,书目文献出版社,1997年。

[138] 陈界、张玉刚主编《新编文献学》,军事医学科学出版社,1999年。

[139] 柯平《文献经济学》,中国书籍出版社,2001年。

[140] 张志强主编,倪波审定《文献学引论》,江苏教育出版社,2010年。

(四)综合文献学(大文献学)

[141] 倪波主编《文献学概论》,江苏教育出版社,1990年。

[142] 倪波、张志强主编《文献学导论》,贵州科技出版社,2000年。

[143] 潘树广、黄镇伟、涂小马《文献学纲要》,广西师范大学出版社,2000年。

(五)文献学理论等

[144] 冯浩菲《文献学理论研究导论》,山东大学出版社,2009年。

[145] 贺巷超《文献价值:理论文献学的价值论解读》,电子科技大学出版社,2014年。

[146] 阎崇东主编《中华大典·文献目录典·文献学分典》,广西师范大学出版社,2015年。

[147] 王子今《20世纪中国历史文献研究》,清华大学出版社,2002年。

(六)古籍整理著述

[148] 黄永年《古籍整理概论》,陕西人民出版社,1985年。

[149] 来新夏《古籍整理讲义》,鹭江出版社,2003年。

[150] 刘琳、吴洪泽《古籍整理学》,四川大学出版社,2003年。

[151] 时永乐《古籍整理教程》,河北大学出版社,2003年。

[152] 李明杰《简明古籍整理教程》,武汉大学出版社,2018年。

[153] 骆伟《简明古籍整理与版本学》,澳门图书馆暨信息管理协会,2004年。

二、文献学论文

（一）论文集

[1] 邓声国《文献学与小学论考》,齐鲁书社,2007年。

[2] 王余光《文献学与文献学家》,国家图书馆出版社,2008年。

[3] 陈力《文献学与文献服务》,国家图书馆出版社,2008年。

[4] 王国强《古代文献学的文化阐释》,国家图书馆出版社,2008年。

[5] 许逸民《古籍整理释例》,中华书局,2011年。

[6] 倪莉、王蕾、沈津编《中文古籍整理与版本目录学国际学术研讨会论文集》,广西师范大学出版社,2013年。

（二）学术论文

1. 综述性论文

[7] 吴枫《历史文献学四十年之我见》,《古籍整理研究学刊》1989年第5期。

[8] 林申清《现代文献学定义综述》,《大学图书馆学报》1990年第1期。

[9] 王余光、江涛、陈幼华《中国文献学理论研究百年概述》,《图书与情报》1993年第3期。

[10] 王余光《20世纪中国文献学综论》,《图书情报工作》2002年第1期。

[11] 谢灼华、朱宁《20年来我国文献学理论研究综述(1978—1998)》,《晋图学刊》1999年第3期。

[12] 李伟超《20世纪中国文献学回顾》,《情报资料工作》2002年第5期。

[13] 明海、罗德勇《20世纪90年代的中国文献学研究综述》,《现代情报》2003年第5期。

[14] 冯淑静《中国文献学学科体系建设的成就与发展构想》,《理论学刊》2004年第11期。

[15] 陈光华《关于中国文献学学科体系的研究综述》,《图书馆学研究》2006年第1期。

[16] 周国林《二十世纪中国古文献学检论》,《淮北煤炭师范学院学报(哲学社会科学版)》2006年第4期。

[17] 蒋宗福《新时期中国文献学研究综述(1978—2005)》,《绵阳师范学院学

报》2006 年第 4 期。

[18] 张会芳《近十年来中国文献学的新进展》,《图书馆学研究》2008 年第 2 期。

[19] 陈东辉《二十世纪古文献学研究史刍议》,《古籍整理研究学刊》2011 年第 2 期。

[20] 李明杰、许小燕《中国文献学学科体系的历史演变与现实重建》,《图书情报知识》2016 年第 2 期。

[21] 周生杰、杨瑞《改革开放四十年古典文献学研究成果综述》,《中国矿业大学学报(社会科学版)》2018 年第 6 期。

[22] 傅荣贤、华建铭《新中国 70 年(1949—2019)中国古典文献学研究综述》,《图书馆杂志》2020 年第 2 期。

[23] 王珏《新中国七十年古文献学的发展:特征、趋势及问题》,《郑州大学学报(哲学社会科学版)》2020 年第 2 期。

2. 学科理论体系研究论文

[24] 王余光《论文献学》,《武汉大学学报(哲社版)》1988 年第 6 期。

[25] 王余光《再论文献学》,《图书情报知识》1997 年第 1 期。

[26] 孙钦善《关于中国古代文献与古文献学史》,《社会纵横》1994 年第 1 期。

[27] 孙钦善《古文献学及其意义与展望》,《南昌大学学报(人文社会科学版)》2005 年第 2 期。

[28] 孙钦善《古文献学的内涵与意义》,《江西社会科学》2006 年第 8 期。

[29] 孙钦善《关于古文献学的内涵的全面认识与具体贯彻》,《文献》2010 年第 3 期。

[30] 柯平《关于文献学体系的来源——文献学理论研究之一》,《河南图书馆学刊》1995 年第 1 期。

[31] 柯平《关于文献学体系的研究法——文献学理论研究之二》,《河南图书馆学刊》1996 年第 1 期。

[32] 柯平《科学体系中的文献学——文献学理论研究之三》,《河南图书馆学

刊》1997 年第 1 期。

[33] 冯浩菲《我国文献学的现状及历史文献学的定位》，《学术界》2000 年第 4 期。

[34] 于鸣镝《试论大文献学》，《图书馆工作与研究》2000 年第 1 期。

[35] 于鸣镝《再论大文献学》，《图书馆工作与研究》2000 年第 6 期。

[36] 潘树广《大文献学散论》，《图书馆工作与研究》2000 年第 3 期。

[37] 冯淑静《中国文献学学科体系建设的成就与发展构想》，《理论学刊》2004 年第 38 卷第 11 期。

[38] 周彦文《由两岸文献学的现况论文献学的定位问题》，《书目季刊》2004 年第 1 期。

[39] 杨溢《中国文献学发展历史轨迹》，《新世纪图书馆》2005 年第 4 期。

[40] 郑杰文《中国古文献学学科建设与国学研究》，《江西社会科学》2006 年第 8 期。

[41] 郑文杰《中国汉语古籍整理研究方法的递变》，《文献》2010 年第 3 期。

[42] 董恩林《论传统文献学的内涵、范围和体系诸问题》，《史学理论究》2008 年 3 期。

[43] 董恩林《传统文献学几个理论问题再探》，《陕西师范大学学报（哲学社会科学版）》2008 年第 9 期。

[44] 杜泽逊《中国古典文献学学科建设的若干思考》，《古典文献研究》2009 年第十二辑。

[45] 刘玉才《古典文献学的定义、知识机构与价值体现》，《文献》2010 年第 3 期。

[46] 周少川《新世纪古文献学研究的交叉与综合》，《文献》2010 年第 3 期。

[47] 周少川《当前历史文献学学科建设刍议》，《淮北师范大学学报（哲学社会科学版）》2012 年第 6 期。

[48] 周少川《21 世纪以来历史文献学学科建设的内涵与发展向度》，《枣庄学院学报》2019 年第 4 期。

[49] 黄爱平《历史文献学学科基础理论与教材编写的思考》，《文献》2013 年

第 1 期。

[50] 罗家湘《文献含义与古典文献学学科建设》,《中国大学教学》2014 年第 1 期。

[51] 史睿《从传统文献研究到现代文献学的转型》,《文献》2019 年第 3 期。

3. 专题研究论文

[52] 袁翰青《现代文献工作的基本概念》,《图书馆》1964 年第 2 期。

[53] 单柳溪《有关文献学三议》,《图书馆工作与研究》1981 年第 1 期。

[54] 单柳溪《"文献"诠释》,《文献》1986 年第 1 期。

[55] 邵胜定《说文献》,《文献》1985 年第 4 期。

[56] 董恩林《"文献"之我见——兼与单柳溪同志商榷》,《文献》1986 年第 4 期。

[57] 朱建亮《论文献观》,《图书情报工作》1986 年第 6 期。

[58] 周启付《什么是文献》,《文献》1987 年第 2 期。

[59] 周启付《论文献学的范围——并与张舜徽等先生商榷》,《广东图书馆学刊》1987 年第 2 期。

[60] 桑榆《文献学中有关概念的梳理》,《徐州师专学报(哲学社会科学版)》1988 年第 4 期。

[61] 张衍田《"文献"郑玄训释说》,《文献》1988 年第 1 期。

[62] 高家望《文献的认识论及其定义》,《图书馆理论与实践》1988 年第 1 期。

[63] 孙二虎《从文献发展历史看文献的本质》,《图书情报工作》1990 年第 2 期。

[64] 吴小如《关于"文献""文献学"及其它》,《文献》1992 年第 1 期。

[65] 周文俊、杨晓骏《论文献的属性、现象和本质》,《北京大学学报(哲学社会科学版)》1994 年第 2 期。

[66] 崔慕岳《文献构成要素诸说质疑》,《郑州大学学报(哲社版)》1997 年第 5 期。

[67] 陈界《文献定义的几个问题》,《中华医学图书情报杂志》2015 年第

4期。

[68] 钱寅《"文献"概念的演变与"文献学"的舶来》,《求索》2017年第7期。

4. 专科文献学研究论文

[69] 纳勇《简论专科文献学》,《云南图书馆季刊》1994年第4期。

[70] 白寿彝《关于历史文献学问题答客问》,《文献》1982年第4期。

[71] 李晓菊《历史文献学的学科地位》,《中国社会科学报》2011年9月。

[72] 钱高丽《历史文献学归属小议》,《哈尔滨学院学报》2013年第2期。

[73] 郭小林《关于音乐文献学学科体系的初步构想》,《黄钟(武汉音乐学院学报)》2000年第2期。

[74] 宋显彪《论音乐文献学的学科性质》,《黄钟(中国·武汉音乐学院学报)》2010年第1期。

[75] 晋征《浅析音乐文献学的学科性质和定位》,《四川民族学院学报》2013年第4期。

[76] 黄敏学《中国音乐文献学的学科定位及其分类体系探论》,《历史文献研究》2016年第2辑。

[77] 张君炎《文学文献学琐论》,《上海大学学报(社会科学版)》1984年第1期。

[78] 包和平《民族文献学的研究对象和学科体系》,《情报资料工作》2002第2期。

[79] 徐清《"篆刻文献学"构建初探》,《书法赏评》2009年第2期。

[80] 刘斌《论全面构建美术文献学学科体系的必要性与紧迫性》,《科技情报开发与经济》2010年第5期。

[81] 毛建军《论古籍电子文献学研究范畴的确立》,《图书馆理论与实践》2010年第9期。

[82] 刘晓玉《国际视野下古陶瓷文献学学科体系的探究》,《艺术评论》2011年第6期。

[83] 朱天曙《中国书法文献学及其学科建设刍议》,《社会科学论坛》2012年第1期。

（三）学位论文

［84］郭育艳《20世纪中西文献学发展比较研究》，郑州大学硕士论文，2006年。

三、目录学著述

（一）古代目录学

［1］刘咸炘著，黄曙辉编校《目录学》，《刘咸炘学术论集（校雠学编）》，广西师范大学出版社，2010年。

［2］杜定友《校仇新义》，上海书店，1991年。

［3］余嘉锡《目录学发微　古书通例》，上海古籍出版社，2013年。

［4］姚名达《目录学》，上海书店，1989年。

［5］汪辟疆《目录学研究》，商务印书馆，1934年。

［6］刘纪泽《目录学概论》，上海书店，1989年。

［7］伦明《目录学讲义》，《伦明全集》第1册，广东人民出版社，2017年。

［8］容肇祖《中国目录学大纲》，莞城图书馆编《容肇祖全集·目录文献学卷》，齐鲁书社，2013年。

［9］蒋伯潜《校雠目录学纂要》，北京大学出版社，1990年。

［10］昌彼得《中国目录学讲义》，文史哲出版社，1973年。

［11］昌彼得、潘美月《中国目录学》，文史哲出版社，1986年。

［12］来新夏《古典目录学浅说》，中华书局，1981年。

［13］来新夏《古典目录学（修订版）》，中华书局，2013年。

［14］来新夏、柯平《目录学读本》，上海交通大学出版社，2014年。

［15］李曰刚《中国目录学》，明文书局，1983年。

［16］徐召勋《学点目录学》，安徽教育出版社，1983年。

［17］蒋礼鸿《目录学与工具书》，浙江古籍出版社，1985年。

［18］罗孟祯《中国古代目录学简编》，木铎出版社，1986年。

［19］曹慕樊《目录学纲要》，西南师范大学出版社，1988年。

［20］胡楚生《中国目录学》，文史哲出版社，1995年。

［21］周少川《古籍目录学》，中州古籍出版社，1996年。

[22] 刘兆佑《中国目录学》,五南图书出版有限公司,1998年。

[23] 程千帆、徐有富《校雠广义·目录编》,《程千帆全集》第3卷,河北教育出版社,2001年。

(二) 现代目录学(图书馆学系专业)

[24] 杜定友《图书目录学》,商务印书馆,1926年7月初版。

[25] 毛坤《目录学通论》,梁建洲、廖洛纲、梁鳣如编《毛坤图书馆学档案学文选》,四川大学出版社,2000年,第54—74页。

[26] 武汉大学、北京大学《目录学概论》编写组《目录学概论》,中华书局,1982年。

[27] 彭斐章、乔好勤、陈传夫《目录学》,武汉大学出版社,1986年。

[28] 彭斐章主编,陈传夫副主编《目录学教程(第二版)》,高等教育出版社,2017年。

[29] 朱天俊主编《应用目录学简明教程》,光明日报出版社,1993年。

[30] 郑建民《当代目录学》,南京大学出版社,1994年。

[31] 柯平《文献目录学》,河南大学出版社,1998年。

(三) 专科目录学

[32] 郑鹤声编《中国史部目录学》,《民国丛书》第2编第51册,上海书店,1989年。

[33] 陈秉才、王锦贵《中国历史书籍目录学》,书目文献出版社,1984年。

[34] 王锦贵主编《中国历史文献目录学》,北京大学出版社,1994年。

[35] 马开樑《中国史部目录学》,云南人民出版社,2015年。

[36] 孙钢《档案目录学》,档案出版社,1991年。

[37] 高潮、刘斌《中国法制古籍目录学》,北京古籍出版社,1993年。

[38] 何新文《中国文学目录学通论》,江苏教育出版社,2001年。

[39] 谢灼华《中国文学目录学》,书目文献出版社,1986年。

[40] 黎汉津编、邓小英协编《中医目录学》,广州中医学院中医文献教研室油印本,1988年。

[41] 北京大学图书馆学系《文艺目录学》,北京大学图书馆学系油印本,1962年。

[42] 北京大学图书馆学系目录学教研室编《科技书籍目录学（初稿）》，北京大学图书馆学系目录学教研室油印本，1963年。

（四）目录学史

[43] 姚名达著，严佐之导读《中国目录学史》，上海古籍出版社，2002年。

[44] 许世瑛《中国目录学史》，《现代国民基本知识丛书》第2辑，中华文化出版事业社，1974年。

[45] 王重民《中国目录学史论丛》，中华书局，1984年。

[46] 吕绍虞《中国目录学史稿》，安徽教育出版社，1984年。

[47] 乔好勤《中国目录学史》，武汉大学出版社，1992年。

[48] 李瑞良《中国目录学史》，文津出版社，1993年。

[49] 倪士毅《中国古代目录学史》，杭州大学出版社，1998年。

[50] 申少春《中国近现代目录学简史》，中国致工出版社，2001年。

（五）目录之研究

[51] ［日］长泽规矩也编著，梅宪华、郭宝林译《中国版本目录学书籍解题》，书目文献出版社，1990年。

[52] 严佐之《近三百年古籍书目举要》，华东师范大学出版社，1994年。

[53] 洪湛侯《中国文献学要籍解题》，杭州大学出版社，1997年。

[54] 周彦文《中国目录学理论》，学生书局，1995年。

[55] 高路明《古籍目录与中国古代学术研究》，江苏古籍出版社，1997年。

[56] 余庆蓉、王晋卿《中国目录学思想史》，湖南教育出版社，1998年。

[57] 徐有富《目录学与学术史》，中华书局，2009年。

[58] 傅荣贤《中国古代目录学研究》，知识产权出版社，2017年。

（六）分类

[59] （宋）郑樵撰《校雠略》，王树民校点《通志二十略》，中华书局，1995年。

[60] （清）章学诚著，王重民通解《校雠通义通解》，上海古籍出版社，1987年。

[61] 刘咸炘《续校雠通义》，广文书局，1972年。

[62] 俞立君、陈树年主编《文献分类学》，武汉大学出版社，2001年。

[63] 左玉河《从四部之学到七科之学——学术分科与近代中国知识系统之

创建》，上海书店出版社，2004年。

（七）目录学资料汇编

[64] 昌彼得《中国目录学资料选辑》，文史哲出版社，1981年。

[65] 武汉大学图书馆学系《目录学研究资料汇编》编辑组《目录学研究资料汇编》，武汉大学出版社，1996年。

四、目录学论文

（一）论文集

[1] 刘国钧《刘国钧图书馆学论文选集》，书目文献出版社，1983年。

[2] 梁建洲、廖洛纲、梁鱣如编《毛坤图书馆学档案学文选》，四川大学出版社，2000年。

[3] 张固也《古典目录学研究》，华东师范大学出版社，2014年。

（二）学术论文

1. 综述性论文

[4] 晓平《关于近几年目录学对象讨论意见综述》，《图书馆学研究》1982年第4期。

[5] 彭斐章《新中国目录学研究述略》，《武汉大学学报（社会科学版）》1984年第1期。

[6] 彭斐章《迎接信息时代的科学——目录学的现状与未来》，《图书与情报》1989年第4期。

[7] 彭斐章、石宝军《我国当代目录学研究的综述与展望》，《武汉大学学报（社会科学版）》1992年第2期。

[8] 彭斐章、曾令霞、王惠君《论当代目录学的发展趋势》，《图书情报知识》1991年第4期。

[9] 彭斐章《世纪之交的目录学研究》，《图书情报工作》1995年第2期。

[10] 彭斐章、王心裁《20世纪中国目录：发展历程、成就与局限》，《高校图书馆工作》1999年第2期。

[11] 彭斐章、付先华《20世纪中国目录学研究的回眸与思考》，《图书馆杂

志》2004 年第 6 期。

[12] 彭斐章、陈红艳《改革开放 30 年来目录学实践的回顾与思考》,《中国图书馆学报》2009 年第 4 期。

[13] 乔好勤《我国近十年目录学研究的回顾与思考》,《图书馆学通讯》1988 年第 4 期。

[14] 乔好勤、陈东、廖播《我国目录学的回顾与前瞻》,《图书与情报》1989 年第 3 期。

[15] 黄建明《关于目录学对象问题研究的综述》,《广东图书馆学刊》1987 年第 3 期。

[16] 刘先朝《近年来目录学研究述评》,《贵图学刊》1987 年第 3 期。

[17] 余庆蓉《1915—1949 年目录学研究综述》,《湖南师范大学社会科学学报》1990 年第 2 期。

[18] 柯平《目录学的八十年代与九十年代》,《图书与情报》1990 年第 4 期。

[19] 柯平《中国目录学的新观察》,《高校图书馆工作》2004 年第 3 期。

[20] 柯平、刘旭青《中国目录学七十年：发展回溯与评析》,《中国图书馆学报》2019 年第 5 期。

[21] 柯平、刘旭青《改革开放 40 年我国目录学研究的成就、问题与思考》,《情报资料工作》2019 年第 5 期。

[22] 吴明霞《目录学研究对象诸说新辨》,《贵州大学学报（社会科学版）》1992 年第 1 期。

[23] 王国强《二十世纪中国目录学研究纲要》,《图书与情报》1993 年第 1 期。

[24] 贺修铭《20 世纪目录学研究的两次高潮及其比较》,《图书馆》1994 年第 5 期。

[25] 肖红《近十年我国目录学基础理论研究概略》,《西南师范大学学报（哲学社会科学版）》1995 年第 2 期。

[26] 廖璠《九十年代目录学研究新进展》,《图书馆》1997 年第 2 期。

[27] 陈铭、郑建明《20 世纪 90 年代的目录学研究综述》,《中国图书馆学报》

2001年第1期。

[28] 袁世亮《对目录学核心问题的研究综述》,《大学图书情报学刊》2008年第6期。

[29] 刘新文、袁世亮《对目录学现状问题讨论的回顾与述评》,《图书情报工作》2009年第9期。

[30] 郑永田《2000年以来我国目录学研究综述》,《图书馆杂志》2008年第1期。

[31] 胡萍《我国目录学研究对象的发展轨迹》,《中南民族大学学报（人文社会科学版）》2003年第4期。

[32] 熊静《民国目录学述评》,《图书馆杂志》2017年第11期。

2. 学科理论体系研究论文

[33] 林如冰《建国以来目录学研究的几个问题》,《辽宁图书馆学刊》1979年第4期。

[34] 彭斐章、谢灼华《关于我国目录学研究的几个问题》,《武汉大学学报（哲社版）》1980年第1期。

[35] 彭斐章、贺剑锋、司莉《试论21世纪中国目录学研究的基本特征》,《图书馆杂志》2001年第5期。

[36] 乔好勤《关于中国古典目录学的几个问题》,《武汉大学学报（社会科学版）》1982年第2期。

[37] 乔好勤、李锦兰《当代目录学的理论与实践》,《图书与情报》2001年第3期。

[38] 朱天俊《目录学研究若干问题的思考》,《中国图书馆学报》1992年第4期。

[39] 罗炳华、黄奇《目录学的科学意义、学科地位及其对象、内容问题新探》,《图书馆界》1993年第1期。

[40] 柯平《关于目录学文化研究的思考》,《武汉大学学报（社会科学版）》1993年第2期。

[41] 柯平《关于中国目录学创新发展的几个问题》,《图书情报知识》2014年

第 3 期。

[42] 尚志明《目录学理论研究存在的问题及对策》,《图书情报工作》1994 年第 5 期。

[43] 王心裁《论目录学是研究文献与读者间书目情报传通的科学》,《武汉大学学报(哲学社会科学版)》1995 年第 2 期。

[44] 周良华、李志、刘国华《当前目录学理论研究中几个主要的误区》,《重庆图情研究》2002 年第 4 期。

[45] 韩松涛《目录学基本理论探讨》,《图书情报工作》2006 年第 9 期。

[46] 王锰、郑建明《从目录学的致用性看当代目录学的发展》,《图书馆杂志》2013 年第 12 期。

[47] 夏南强、胥伟岚《中国目录学的回归与重构》,《图书情报工作》2017 年第 14 期。

3. 专题研究论文

(1) 研究对象、任务、定义等

[48] 陈光祚《目录学的对象和任务》,《武汉大学学报(人文科学)》1959 年第 7 期。

[49] 陈光祚《目录学是研究文献流的整序、测度和导向的科学——对目录学对象的再认识》,《图书情报工作》1990 年第 1 期。

[50] 北京大学通讯组《北京大学图书馆学系讨论目录学的对象》,《光明日报》1961 年 7 月 13 日第 1 版。

[51] 周学浩《关于目录学的研究对象问题》,《图书馆》1961 年第 3 期。

[52] 朱天俊《目录学对象浅探》,《图书馆》1961 年第 2 期。

[53] 张遵俭《目录学初解》,《图书馆》1962 年第 2 期。

[54] 王煦华《目录学的研究对象问题商榷》,《图书馆》1963 年第 2 期。

[55] 王文杰《试论目录学的研究对象》,《武汉大学学报(人文科学)》1964 年第 2 期。

[56] 孟昭晋《书目的本质和目录学的研究对象》,《吉林省图书馆学会会刊》1980 年第 4 期。

[57] 孙二虎《目录学对象诸说质疑》,《图书情报工作》1981 年第 6 期。

[58] 董惠敏《"利用目录"也是书目本质之一——对孟昭晋同志〈书目的本质和目录学的研究对象〉的一点异议》,《吉林省图书馆学会会刊》1981 年第 1 期。

[59] 张克美《谈谈我对目录学对象、定义的看法》,中国图书馆学会论文摘要编辑组编《中国图书馆学会第一、二次科学讨论会论文摘要》,书目文献出版社,1982 年,第 309—311 页。

[60] 吴裕宪《试论"目录学研究对象"之分歧》,《图书馆学研究》1982 年第 3 期。

[61] 陈一阳《目录学研究对象和定义新探》,《图书情报工作》1983 年第 4 期。

[62] 毛明远、汪涛《浅谈目录学的研究对象》,《图书与情报》1988 年第 1 期。

[63] 占文新、顾长庆《试论目录学的研究对象》,《莱阳农学院(哲学社会科学版)》1988 年第 2 期。

[64] 周建屏《目录学研究对象浅探》,《黑龙江图书馆》1989 年第 5 期。

[65] 陈耀盛《目录学多层次研究对象的辩证思考——目录学理论学习札记》,《图书与情报》1989 年第 1 期。

[66] 罗炳华、黄奇《目录学的科学意义、学科地位及其对象、内容问题新探》,《图书馆界》1993 年第 1 期。

(2) 目录著录研究

[67] 萧新《文献著录原则浅议》,《图书情报论坛》1994 年第 3 期。

[68] 萧新《"文献著录"新议》,《江苏图书馆学报》1994 年第 6 期。

[69] 陈博《〈古籍著录规则〉管见》,《大学图书馆学报》1995 年第 6 期。

[70] 王元庆《有关国家〈古籍著录规则〉商榷二题》,《图书馆论坛》2001 年第 4 期。

[71] 段莹《宋代书目著录探析》,《图书馆学刊》2011 年第 7 期。

[72] 李万健《明代目录学的发展及成就》,《图书馆》1994 年第 2 期。

[73] 王国强《明代的书目著录》,《图书与情报》1998 年第 4 期。

[74] 王国强《明代目录学的新成就》,《山东图书馆季刊》1988 年第 4 期。

[75] 杨绪敏《明代经世致用思潮的兴起及对学术研究的影响》,《江苏社会科学》2010年第1期。

[76] 亢学军《明代考据学复兴与晚明学风的转变》,《河北学刊》2005年第5期。

(3) 著录方法研究

[77] 叶树声《也谈互著与别裁的理论探讨始于谁》,《图书馆界》1985年第3期。

[78] 罗友松、朱浩《"互著""别裁"的理论探讨始于谁——与徐召勋同志商榷》,《图书馆界》1985年第3期。

[79] 刘石玉《〈经籍考〉互著小考》,《图书馆学研究》1987年第2期。

[80] 顾志华《祁承㸁在历史文献整理工作中的贡献》,《华中师范大学学报(哲社版)》1988年第4期。

[81] 王昕《郑樵的互著倾向》,《图书馆学刊》1991年第1期。

[82] 王承略《试论〈文献通考·经籍考〉的著录依据和著录方法》,《古籍整理研究论丛》第2辑,山东文艺出版社,1993年。

[83] 杨新勋《〈七略〉"互著""别裁"辨正》,《史学史研究》2001年第4期。

[84] 王国强《中国古代书目著录中的互著法和别裁法》,《郑州大学学报(哲学社会科学版)》2002年第4期。

[85] 傅荣贤《"辨章学术,考镜源流"正诂》,《图书馆理论与实践》2008年第4期。

[86] 张守卫《"互著""别裁"兼用始于〈直斋书录解题〉》,《图书情报工作》2009年第11期。

[87] 昌彼得《互著与别裁》,《蟫庵论著全集(上)》,台北故宫博物院,2009年。

[88] 昌彼得《祁承㸁及其在图书目录学上的贡献》,《蟫庵论著全集(上)》,台北故宫博物院,2009年。

[89] 温志拔《论〈文献通考·经籍考〉的重出与互著》,《图书馆理论与实践》2010年第10期。

[90] 段莹《宋代书目著录探析》,《图书馆学刊》2011年第7期。

[91] 李景文《"互著""别裁"起源时间考辨——读王重民先生〈校雠通义通解〉》,《图书情报工作》2012年第7期。

(4) 目录分类研究

[92] 顾志华《略谈我国古代图书分类的成就与不足》,《江苏图书馆工作》1981年第2期。

[93] 曹之《关于古籍分类的几个问题》,《武汉大学学报(社会科学版)》1987年第2期。

[94] 姚伯岳《试论中国古籍分类的历史走向》,《图书馆理论与实践》1993年第4期。

[95] 惠世荣《对〈中国古籍总目提要〉编纂工作的几点意见》,《图书馆论坛》1995年第6期。

[96] 黄筱玲《图书分类学的七个基本问题》,《图书馆理论与实践》1995年第2期。

[97] 郑明《古籍分类管见》,《图书馆学研究》2009年第2期。

[98] 蒋永福《尊经重教以成"为治之具"——中国古代文献分类活动的思想宗旨》,《中国图书馆学报》2012年第2期。

[99] 周亚《颜色与中国古代文献分类——以分类为中心看颜色在文献中的功用》,《中国图书馆学报》2013年第6期。

4. 专科目录学

[100] 陈秉才《试论目录学、专科目录学与情报学的关系》,《吉林省图书馆学会会刊》1981年第1期。

[101] 黄景行《论专科目录学的研究对象与内容》,《江苏图书馆学报》1984年第2期。

[102] 赵丽明《附庸与反附庸的"小学"——"小学"在历代书目著录分类中的地位》,《清华大学学报(哲学社会科学版)》1988年第4期。

[103] 赵丽明《附庸与反附庸的"小学"——"小学"在历代书目著录分类中的地位(续完)》,《清华大学学报(哲学社会科学版)》1989年第1期。

[104] 裴成发《建国以来我国专科目录学之研究》,《图书馆》1994年第6期。

[105] 皮品高《中国语言文字学书籍的分类》,《四川图书馆学报》1995年第3期。

[106] 窦秀艳《从历代史志著录看〈尔雅〉归类的逐步科学化》,《东方论坛》2003年第1期。

[107] 李甦《我国古代小学类文献著录发展源流考述》,《图书馆工作与研究》2008年第3期。

[108] 任娟《明代书目著录之小学类韵书的变化》,《绵阳师范学院学报》2011年第12期。

5. 海外目录学

[109] 柯平《西方"目录学"术语及其定义》,《图书情报知识》1985年第1期。

[110] 柯平《十六世纪中西方目录学比较研究》,《河南图书馆学刊》1992年第3期。

[111] 彭斐章《中西目录学的比较研究》,《武汉大学学报(社会科学版)》1993年第6期。

[112] 罗丽丽《西方目录学史：发展历程与基本文献》,《情报资料工作》2002年第6期。

[113] 费巍《西方目录学的发展及其对我国目录学研究的借鉴意义》,《图书情报知识》2008年第1期。

[114] 范凡《从目录学到书志学——20世纪前期目录学在日本的研究与发展》,《中国图书馆学报》2016年第6期。

[115] 贾丽莎《20世纪国外目录学对中国目录学发展的影响》,郑州大学硕士论文,2014年。

五、版本学著述

(一) 普通版本学

[1] 钱基博著,严佐之导读,严佐之、毛文鳌注《版本通义》,上海古籍出版社,2007年。

[2] 陈国庆《古籍版本浅说》,中华书局,1964年。

[3] 中国书店编《古书版本知识》,中国书店,1961年。

[4] 毛春翔《古书版本常谈》,上海人民出版社,1977年。

[5] 屈万里、昌彼得著,潘美月增订《图书板本学要略(第三版)》,文化大学华冈出版部,2009年。

[6] 施廷镛《中国古籍版本概要》,天津古籍出版社,1987年。

[7] 戴南海《版本学概论》,巴蜀书社,1989年。

[8] 严佐之《古籍版本学概论》,华东师范大学出版社,1989年。

[9] 李致忠《古书版本学概论》,书目文献出版社,1990年。

[10] 陈宏天《古籍版本概要》,辽宁教育出版社,1991年。

[11] 程千帆、徐有富《校雠广义·版本编(修订版)》,中华书局,2020年。

[12] 曹之《中国古籍版本学(第三版)》,武汉大学出版社,2015年。

[13] 姚伯岳《版本学》,北京大学出版社,1993年。

[14] 姚伯岳《中国图书版本学(第二版)》,北京大学出版社,2004年。

[15] 朱学波《古籍版本》,山东科学技术出版社,1997年。

[16] 周蓉生《中国书籍形制的演变及中国古籍版本真赝品的鉴定》,中国青年出版社,2000年。

[17] 袁庆述《版本目录学研究》,湖南师范大学出版社,2003年。

[18] 骆伟《简明古籍整理与版本学》,澳门图书馆暨信息管理协会,2004年。

[19] 黄永年《古籍版本学(第二版)》,江苏教育出版社,2009年。

[20] 王雨《古籍版本学》,王书燕编纂《王子霖古籍版本学文集》第1册,上海古籍出版社,2006年。

(二) 专科版本学

[21] 徐国仟主编,郭君双、田思胜编《版本学》,中国医药科技出版社,1994年。

[22] 吉文辉、王大妹主编《中医古籍版本学》,上海科学技术出版社,2000年。

[23] 王宗芳、孙伟红《现代文学版本学》,珠海出版社,2002年。

(三) 版本学史

[24] 李明杰《宋代版本学研究:中国版本学的发源及形成》,齐鲁书社,

2006年。

[25] 江曦《清代版本学史》，中国社会科学出版社，2013年。

(四) 版本鉴定与收藏

[26] 魏隐儒、王金雨《古籍版本鉴定丛谈》，印刷工业出版社，1984年。

[27] 魏隐儒《古籍版本鉴赏》，燕山出版社，1997年。

[28] 李致忠《古书版本鉴定》，文物出版社，1997年。

[29] 李清志《古书版本鉴定研究》（图书文献丛刊），文史哲出版社，1986年。

[30] 陈正宏、梁颖主编《古籍印本鉴定概说》，上海辞书出版社，2005年。

[31] 陈先行、石菲《明清稿钞校本鉴定》，上海古籍出版社，2009年。

[32] 郭立暄《中国古籍原刻翻刻与初印后印研究》，中西书局，2015年。

[33] 李开升《明嘉靖本研究》，中西书局，2019年。

(五) 版印史

[34] 孙毓修《中国雕版源流考 中国书史》，上海古籍出版社，2008年。

[35] 叶德辉撰，刘发、王申、王之江校点《书林清话 附书林余话》，辽宁教育出版社，1998年；又，紫石点校《书林清话（外二种）》，北京燕山出版社，1999年。

[36] 张秀民《中国印刷术的发明及其影响》，人民出版社，1978年。

[37] 曹炯镇《中韩两国古活字印刷技术之比较研究》，学海出版社，1986年。

[38] 魏隐儒、王金雨《印刷史话》，上海科学技术出版社，1988年。

[39] 李致忠《历代刻书考述》，巴蜀书社，1990年。

[40] 宿白《唐宋时期的雕版印刷》，文物出版社，1999年。

[41] 任继愈主编《中国版本文化丛书》，江苏古籍出版社，2002年。

(六) 小学文献版本学

[42] [韩] 朴现圭、朴贞玉《广韵版本考》，学海出版社，1986年。

[43] 张宪荣《小学文献学视野下的毛氏汲古阁本〈说文〉研究》，花木兰文化出版有限公司，2020年。

六、版本学论文

（一）论文集

［1］中国图书馆学会学术委员会古籍版本研究组编，阳海清主编《版本学研究论文集》，书目文献出版社，1995年。

［2］李致忠《肩朴集》，北京图书馆出版社，1998年。

［3］李致忠《昌平集》，上海古籍出版社，2012年。

［4］李明杰《中国古籍版本文化拾微》，社会科学文献出版社，2012年。

［5］陈正宏《东亚汉籍版本学初探》，中西书局，2014年。

［6］李开升《古籍之为文物》，中西书局，2020年。

（二）学术论文

1. 综述性论文

［1］谢国桢《明清时代版本目录学概述》，《齐鲁学刊》1981年第3—4期。

［2］郭松年《古籍版本研究的努力方向》，《图书馆学研究》1984年第4期。

［3］朱太岩《建国四十年来版本学成果述要》，《古籍整理研究学刊》1989年第5期。

［4］石洪运《版本学基础理论研究述评》，《黑龙江图书馆》1991年第3期。

［5］梅宪华《日本汉籍版本目录学研究源流概述》，《文献》1993年第1期。

［6］王国强《关于中国古籍版本学基本理论研究现状述评》，《河南图书馆学刊》1993年第1期。

［7］石洪云、桂胜《建国以来版本学研究综述》，中国图书馆学会学术委员会古籍版本研究组编，阳海清主编《版本学研究论文集》，书目文献出版社，1995年，第389—399页。

［8］周铁强《近年来古籍版本学理论研究评述》，《上海高校图书情报学报》1995年第1期。

［9］柯平、王国强《关于版本学若干问题的探讨》，《郑州大学学报》1997年第5期。

［10］曹之、司马朝军《20世纪版本学研究综述》，《图书与情报》1999年第3期。

［11］张次第《略论中国古籍版本学及其发展的阶段性》，《河南师范大学学报

（哲学社会科学版）》2001年第5期。

[12] 李明杰《20世纪中国古籍版本学史研究综述》,《古籍整理研究学刊》2003年第2期。

[13] 郝润华、景雪敏《二十世纪九十年代以来版本学研究综述》,《古籍整理研究学刊》2011年第1期。

[14] 杨钢《试论民国时期古籍版本学的成就》,《图书馆理论与实践》2011年第6期。

2. 专题研究论文

[15] 汪应文《版本研究和目录学的关系》,《南充师院学报（哲学社会科学版）》1979年第1期。

[16] 张舜徽《中国校雠学分论上——版本》,《华中师院学报（哲学社会科学版）》1979年第3期。

[17] 来新夏《版本、校勘考证与目录学——〈目录学浅谈〉之七》,《图书馆工作与研究》1980年第4期。

[18] 曹聪孙《古籍版本和校仇》,《图书馆工作与研究》1981年第2期。

[19] 王文耀《不要无限扩大古籍版本学的内涵——与李致忠同志商榷》,《图书馆学研究》1981年第1期。

[20] 曹之《古籍字体与版本鉴定》,《图书馆界》1982年第2期。

[21] 邵胜定《关于"书"和"本"》,《图书馆杂志》1983年第1期。

[22] 崔建英《对版本目录学的探讨和展望》,《津图学刊》1984年第4期。

[23] 邵胜定《也谈版本鉴别的根据》,《图书馆杂志》1984年第1期。

[24] 师道刚《版本与目录之关系浅释——中西目录学分类比较观》,《山西大学学报》1984年第2期。

[25] 邵胜定《版本学有广狭二义论——从版本学的对象说起》,《图书馆杂志》1985年第4期。

[26] 邵胜定《孔子的删订诗书与中国文献学——兼论"校雠学""目录学""古书版本学"争名之非》,《广东图书馆学刊》1986年第4期。

[27] 严佐之《版本没有广狭二义论》,《图书馆杂志》1986年第3期。

[28] 邵胜定《版本学目的任务谭》,《四川图书馆学报》1988年第1期。

[29] 朱积孝《新版本学探微》,《图书馆工作与研究》1989年第2期。

[30] 郭松年《关于古籍版本学的探讨》,《黑龙江图书馆》1990年第2期。

[31] 曹之《怎样考定一本书的版本源流》,《图书馆工作与研究》1991年第4期。

[32] 贾卫民《对古籍版本目录学的探讨》,《图书馆学研究》1997年第3期。

[33] 李晓霞《图书、校雠学、目录学、版本学的关系》,《四川图书馆学报》1997年第4期。

[34] 骆伟《拓宽文献版本研究领域》,《图书馆论坛》1998年第5期。

[35] 熊飞、徐宝珍《版本学形成的时间与相关问题》,《图书与情报》2003年第4期。

[36] 袁庆述《对版本目录学中几个问题的思考》,《长沙电力学院学报(社会科学版)》2003年第1期。

[37] 李明杰《论善本观的形成》,《图书与情报》2004年第3期。

[38] 陈正宏《域外汉籍及其版本鉴定概说》,《典籍与文化》2005年第1期。

[39] 李致忠《中国版本学及其研究方法》,《文献季刊》2006年第1期。

[40] 时永乐、门凤超《古籍版本学的研究内容》,《图书馆理论与实践》2008年第4期。

[41] 艾俊川《古籍版本鉴定的"两条路线"》,《金融时报》2011年11月11日第11版。

[42] 任莉莉《试论古代私家藏书文化与目录版本校勘学》,《图书情报工作》2011年第1期。

[43] 陈正宏《中国古籍版本学的重大创获——〈中国古籍原刻翻刻与初印后印研究〉序》,《中华读书报》2015年12月30日第20版。

3. 其他

[44] 邵胜定《关于"书"和"本"》,《图书馆杂志》1983年第1期。

[45] 金甦《"一人持本,一人读书"考辩》,《闽江学院学报》2005年第1期。

4. 小学专书版本研究

[46] 潘天祯《毛扆第五次校改〈说文〉说的考察》,《图书馆学通讯》1985年第

2 期。

[47] 潘天祯《毛扆四次以前校改〈说文〉说的质疑》,《图书馆学通讯》1986 年第 3 期。

[48] 潘天祯《汲古阁本〈说文解字〉的刊印源流》,《北京图书馆馆刊》1997 年第 2 期。

[49] 杨成凯《汲古阁刻〈说文解字〉版本之疑平议》,《北京高校图书馆学刊》1998 年第 4 期。

[50] 王贵元《〈说文解字〉版本考述》,《古籍整理研究学刊》1999 年第 6 期。

[51] 张宪荣《国图所藏元刊残本〈六书故〉考论》,《文献》2015 年第 6 期。

[52] 张宪荣《毛氏汲古阁本〈说文解字〉刊印源流新考》,《励耘语言学刊》2019 年第 1 辑。

[53] 张宪荣《论李鼎元重刊〈六书故〉之价值》,《中国典籍与文化》2015 年第 1 期。

[54] 张宪荣《国图所藏〈六书故〉版本考》,《古典文献学术论丛》第 4 辑,黄山书社,2014 年。

[55] 张宪荣《北师大图书馆所藏〈六书故检字〉撰者考——兼论其价值》,《图书馆界》2013 年第 6 期。

[56] 董婧宸《孙星衍平津馆仿宋刊本〈说文解字〉考论》,《励耘语言学刊》2018 年第 1 辑。

[57] 董婧宸《宋元递修小字本〈说文解字〉版本考述——兼考元代西湖书院的两次版片修补》,《励耘语言学刊》2019 年第 1 辑。

(三)学位论文

[58] 杜少霞《民国时期古籍版本学研究》,郑州大学硕士学位论文,2007 年。

[59] 刘元堂《宋代版刻书法研究》,南京艺术学院博士学位论文,2012 年。

七、校勘学著述

(一)传统校勘学

[1] 黄宝实《校勘学讲稿》,文星书店,1966 年。

[2] 孙德谦《刘向校雠学纂微》，正中书局，1971年。

[3] 戴南海《校勘学概论》，陕西人民出版社，1986年。

[4] 倪其心《校勘学大纲》，北京大学出版社，1987年。

[5] 钱玄《校勘学》，江苏古籍出版社，1988年。

[6] 王云海、裴汝诚《校勘述略》，河南大学出版社，1988年。

[7] 谢贵安《校勘学纲要》，武汉工业大学出版社，1989年。

[8] 田代华主编《校勘学》，中国医药科技出版社，1995年。

[9] 林艾园《应用校勘学》，华东师范大学出版社，1997年。

[10] 王叔岷《斠雠学　斠雠别录》，《王叔岷著作集》，中华书局，2007年。

[11] 张涌泉、傅杰《校勘学概论》，江苏教育出版社，2007年。

[12] 管锡华《校勘学教程》，北京大学出版社，2013年。

[13] 胡朴安、胡道静《校雠学》，岳麓书院，2013年。

[14] 向宗鲁《校雠学》，商务印书馆，2014年。

[15] 陈垣《校勘学释例》，中华书局，2016年。

[16] 程千帆、徐有富《校雠广义·校勘编（修订本）》，中华书局，2020年。

（二）校勘学史

[17] 赵仲邑《校勘学史略》，岳麓书社，1983年。

[18] 蒋元卿《校雠学史》，《民国丛书》第三编，上海书店，1991年。

[19] 罗积高、李爱国、黄燕妮《中国古籍校勘史》，武汉大学出版社，2015年。

（三）校读法

[20] 陈钟凡《古书读校法》，商务印书馆，民国十二年铅印本。

[21] 胡朴安《古书校读法》，民国十四年胡氏铅印《朴学斋丛书》本。

[22] 张舜徽《中国古代史籍校读法》，中华书局，1962年。

[23] 吴孟复《古书校读法》，安徽教育出版社，1983年。

[24] 宋子然《中国古书校读法（第三版）》，巴蜀书社，2004年。

[25] 孙德谦著，黄曙辉整理《古书读法略例》，广西师范大学出版社，2006年。

[26] 段逸山主编《中医古籍校读法》，人民卫生出版社，2009年。

[27] 余嘉锡《古籍校读法》，《余嘉锡古籍论丛》，国家图书馆出版社，2010年。

[28] 邵冠勇编《中医古籍校读法例析》,齐鲁书社,2012年。

(四) 西方校勘学

[29] 苏杰编译《西方校勘学论著选》,上海人民出版社,2009年。

[30] [德]耶格尔著,丰卫平译《文本考据》,刘小枫编《西方古典文献学发凡》,华夏出版社,2014年,第136—173页。

八、校勘学论文

(一) 论文集

[1] 郑良树《竹简帛书与校雠学、辨伪学》,马来亚大学中文系铅印本,1981年。

[2] 白兆麟《校勘训诂论丛》,安徽大学出版社,2001年。

[3] 曾贻芬、崔文印《古籍校勘说略》,巴蜀书社,2011年。

[4] 王瑞来《仇雠相对——版本校勘学述论》,山西教育出版社,2015年。

[5] 王瑞来《古籍校勘方法论》,中华书局,2019年。

(二) 学术论文

1. 综述性论文

[6] 叶长青《十五年来之校雠学》,《学术世界》1935年第1卷第12期。

[7] 傅杰《清代校勘学述略》,《浙江学刊》1999年第3期。

[8] 管锡华《七十年代末以来大陆校勘学研究综论》,《汉学研究通讯》2002年第21卷第3期。

[9] 胡喜云《清代校勘学研究综述》,《新世纪图书馆》2008年第4期。

[10] 邓怡舟《民国时期的校勘学研究》,《编辑之友》2012年第9期。

[11] 杨翔宇《民国校勘学理论与方法的嬗变》,《史学史研究》2015年第1期。

[12] 吴庆晏《校雠与校勘概念考综述》,《出版与印刷》2020年第3期。

2. 专题研究论文

[13] 王绍曾《胡适〈校勘学方法论〉的再评价》,《学术月刊》1981年第8期。

[14] 柴纯青《胡适校勘学思想浅析》,《安徽史学》1990年第3期。

[15] 陈冬冬、周国林《西方校勘学中的"理校"问题——兼评胡适介绍西方校

勘学的得失》,《河南大学学报(社会科学版)》2013 年第 2 期。

[16] 石祥《勾勒行款:一个隐入历史的校勘学典范》,《中国典籍与文化》2013 年第 2 期。

[17] 李山《陈垣"四校法"疏解》,《传统文化与现代化》1994 年第 4 期。

[18] 白兆麟《关于校勘学的性质与对象》,《古籍整理研究学刊》1996 年第 1 期。

[19] 杨战朋《论陈垣校勘四法对梁启超校勘学方法的继承和发展》,《大学图书情报学刊》2014 年第 4 期。

[20] 李开升《试比较陈垣〈校勘学释例〉与保罗·马斯〈校勘学〉》,《古籍研究》2015 年第 2 期。

[21] 刘俊熙《批校本的学术性和版本价值》,《上海大学学报(社会科学版)》1997 年第 5 期。

[22] 张廷银《谈谈古籍批校题跋的整理与研究》,倪莉、王蕾、沈津编《中文古籍整理与版本目录学国际学术研讨会论文集》,广西师范大学出版社,2013 年,第 125—130 页。

[23] 吴钦根《借阅、传抄及过录于清代〈说文〉学的展开》,《古典文献研究》2015 年第 18 辑下卷,凤凰出版社,2016 年。

[24] 赵成杰《地域、家学及师承:清中叶"说文学"的展开与繁荣》,《哈尔滨工业大学学报(社会科学版)》2017 年第 6 期。

[25] 南江涛《批校本的层次类型及梳理方法刍议——以清人批校本〈文选〉为例》,《文艺研究》2020 年第 11 期。

[26] 韦胤宗《清代批校本中所反映的士人群体的阅读品味》,《图书馆》2021 年第 4 期。

[27] 冯国栋《"活的"文献:古典文献学新探》,《中国社会科学》2020 年第 11 期。

(三) 学位论文

[28] 方达《〈惠氏读说文记〉研究》,华东师范大学硕士论文,2013 年。

[29] 吴钦根《文献文化史视野下的清代〈说文〉著述研究》,南京大学硕士学

位论文,2015年。

[30] 董婧宸《传抄、借阅与刊刻:清代〈说文解字〉的流传与刊刻考》,北京师范大学博士后出站报告,2017年。

九、电子数据库与网页

[1] 国家图书馆:http://read.nlc.cn/advanceSearch/gujiSearch。

[2] 台湾"国家图书馆"古籍与特藏文献资源:http://rbook.ncl.edu.tw/NCLSearch。

[3] 学苑汲古:http://rbsc.calis.edu.cn:8086/aopac/jsp/indexXyjg.jsp。

[4] 全国古籍普查登记基本数据库:http://202.96.31.78/xlsworkbench/publish。

[5] 日本国立公文书馆:https://www.digital.archives.go.jp/。

[6] 日本所藏中文古籍数据库:http://kanji.zinbun.kyoto-u.ac.jp/kanseki。

[7] 爱如生典海数字平台:http://dh.ersjk.com。

[8] 国学大师:http://www.guoxuedashi.net。

[9] 数字化《说文解字》:http://szsw.bnu.edu.cn。

[10] 全球汉籍分布GIS系统:https://www.kuizhangge.cn/gis/gisall.html。

十、海外书志学、书籍史(阅读史)译介著述和研究论文

[1] [法]费夫贺、马尔坦著,李鸿志译《印刷书的诞生》,广西师范大学出版社,2006年。

[2] [法]罗杰·夏蒂埃著,吴泓缈、张璐译《书籍的秩序》,商务印书馆,2014年。

[3] [美]周绍明著,何朝晖译《书籍的社会史》,北京大学出版社,2009年。

[4] [美]G·托马斯·坦瑟勒著,苏杰译《分析书志学纲要》,浙江大学出版社,2014年。

[5] [美]罗伯特·达恩顿著,萧知纬译《阿莫莱特之吻:有关文化史的思考》,华东师范大学出版社,2011年。

［6］［英］戴维·芬克尔斯坦、阿利斯泰尔·麦克利里著，何朝晖译《书史导论》，商务印书馆，2012年。

［7］［日］井上进著，李俄宪译《中国出版文化史》，华中师范大学出版社，2015年。

［8］［日］大木康著，周保雄译《明末江南的出版文化》，上海古籍出版社，2020年。

［9］王余光、汪琴《中国阅读通史·理论卷》，安徽教育出版社，2017年。

［10］戴联斌《从书籍史到阅读史：阅读史研究理论与方法》，新星出版社，2017年。

［11］何予明著译《家园与天下——明代书文化与寻常阅读》，中华书局，2019年。

［12］潘光哲《追索晚清阅读史的一些想法》，《新史学》2005年第3期。

［13］张仲民《从书籍史到阅读史——关于晚清书籍史/阅读史研究的若干思考》，《史林》2007年第5期。

［14］韦胤宗《阅读史：材料与方法》，《史学理论研究》2018年第3期。

十一、语言文字学著述

（一）大型工具书

［1］丁福保《说文解字诂林》，民国二十年诂林精舍重印本。

［2］中国社会科学院考古研究所编《殷周金文集成释文》，香港中文大学中国文化研究所，2001年。

［3］古文字诂林编纂委员会编《古文字诂林》，上海教育出版社，2003年。

（二）名家著述

［4］（清）王念孙撰，徐炜君、樊波成、虞思徵、张靖伟等校点《读书杂志》，上海古籍出版社，2014年。

［5］（清）王引之撰，魏鹏飞点校《经义述闻》，中华书局，2021年。

［6］（清）俞樾《古书疑义举例》，《古书疑举例五种》，中华书局，1956年。

［7］（清）俞樾《群经平议》，《春在堂丛书》，凤凰出版社，2010年。

［8］章太炎讲授，朱希祖、钱玄同、周树人记录，王宁主持整理《章太炎说文解字授课笔记》，中华书局，2008年。

［9］黄侃《文字声韵训诂笔记》，上海古籍出版社，1983年。

［10］沈兼士《沈兼士学术论文集》，中华书局，1986年。

［11］陆宗达、王宁《训诂与训诂学》，山西教育出版社，1994年。

［12］王宁《训诂学原理》，中国国际广播出版社，1996年。

［13］王宁主编《训诂学（第2版）》，高等教育出版社，2010年。

［14］许威汉《训诂学导论（修订版）》，北京大学出版社，2003年。

［15］苏宝荣、武建宇《训诂学》，语文出版社，2005年。

［16］周大璞《训诂学初稿》，武汉大学出版社，2011年。

［17］周祖谟《问学集》，中华书局，1966年。

［18］黄焯汇校，黄延祖重辑《经典释文汇校》，中华书局，2006年。

［19］徐时仪、梁晓虹、陈五云《佛经音义研究通论》，凤凰出版社，2009年。

［20］真大成《中古文献异文的语言学考察——以文字、词语为中心》，上海教育出版社，2020年。

（三）出土简帛整理和研究著述

［21］甘肃省博物馆中国科学院考古研究所编著《武威汉简》，文物出版社，1964年。

［22］吴九龙释《银雀山汉简释文》，文物出版社，1985年。

［23］湖北省文物考古研究所、北京大学中文系编《望山楚简》，中华书局，1995年。

［24］荆门市博物馆编《郭店楚墓竹简》，文物出版社，1998年。

［25］睡虎地秦墓竹简整理小组《睡虎地秦墓竹简》，文物出版社，2001年。

［26］张家山二四七号汉墓竹简整理小组编著《张家山汉墓竹简〔二四七号墓〕（释文修订本）》，文物出版社，2006年。

［27］裘锡圭主编，湖南省博物馆、复旦大学出土文献与古文字研究中心编纂《长沙马王堆汉墓简帛集成》，中华书局，2014年。

［28］北京大学出土文献研究所编《北京大学藏西汉竹简（壹）》，上海古籍出

版社,2015年。

[29] 安徽大学汉字发展与应用研究中心编,黄德宽、徐在国主编《安徽大学藏战国竹简(一)》,中华书局,2019年。

[30] 清华大学出土文献研究与保护中心编,李学勤主编《清华大学藏战国竹简(壹至拾)》,中华书局,2010—2020年。

[31] 李零《简牍帛书与学术源流》,生活·读书·新知三联书店,2007年。

[32] 李零《上博楚简三篇校读记》,中国人民大学出版社,2009年。

[33] 李零《郭店楚简校读记(增订本)》,中国人民大学出版社,2009年。

后　　记

本书是国家社科基金项目"小学文献学研究"的最终结项成果。自 2016 年立项以来，终于赶在清理期提交了最终稿，并于 2022 年 3 月顺利通过了匿名评审。感谢诸位评审专家给予本研究的肯定和建议。

正如专家们指出的那样，本书虽以"小学文献学"为名，旨在建立小学文献学的基本理论体系，但研究的内容其实已经囊括了文献学理论体系的反思和重构，所以不免有些文不当题。或删减相关内容，或重拟研究题目，方可文题相宜。但是我仍然坚持使用该题目，主要出于以下两个原因：其一，本书的很多篇幅虽然梳理文献学的相关理论问题，但最终的落脚点都在小学文献学的理论体系之上。其二，一些理论的探讨看似与小学文献学无关，但具体的例证皆来自小学文献。因此，建立小学文献学理论体系方是本书撰写的目的。

如果追溯渊源的话，本书的一些想法早在 2012 年读博期间便有所思考了。当时我正在为李国英、周晓文二位恩师主持的"中华字库——版刻楷体字书文字整理"项目组从各大图书馆扫描回来的相关小学文献诸版本的信息进行核对和辨析，同时撰写我的博士论文《〈文字音韵训诂知见书目〉研究》。在此过程中，我发现对于小学文献的分类和归类、别裁著录和版本考订等问题上，各馆馆目、全国总目以及相关专科目录如《知见书目》等都存在或多或少值得商榷的地方，主要是因为编目者并不十分清楚这类著述的特点和体例，而多据书名和序跋进行著录。所以就出现了将《六书故》与《六书通释》别裁著录,将《五音类聚四声篇》归入韵书之类的状况。那么,能不能建立一门专门探讨小学文献的版本、目录和校勘的专科文献学呢?自那以后我就一直思考这个问题。同时,我还发现,学者们在研究某些文献学问题如"互著""别裁"等著录方法的时候,总是将章学诚的"辨章学术,考镜源流"之说视为目录学的最高境界,真是这样吗?我颇为怀疑。如果文献著录如此神圣的话,那些所谓的簿录之书简直一文不值。而且依我的著录经验看,目录最直接的功能就是检索,目录学不应该将此功能完全忽略掉。为了验证此说,我在自己博士论文中重新梳理了章学诚和祁承㸁的观点,结果发现章氏诸说其实并非为目录学服务的,只是针对《七略》而发;祁氏则不然,是从其编目实践中总结出来的。后世学者不过是明用章氏之说而暗袭祁氏之法。而且,从民国时期有些馆目采用章氏之法编排馆藏古籍的实践看,分类繁复而不切于用,可见章氏之法仅停留在学术层面,而其相应的辨章考辨之说自然也在实践中大打折扣了。经过诸如此类的探讨之后,我越发觉得文献学和小学文献学的理论的研究不能仅仅停留在对前人著述内容和观点的单纯分析上,更应该追溯其本源,探讨其流变,方能真正把握其内涵。之后我便带着这些思考入职山西大学,并于次年以"小学文献学研究"为题成功申报国家社科基金项目,将多年的思考融入其中,以学术史的角度探讨小学文献学的理论体系的建构。

但是正在我按部就班地进行相关文献梳理和章节撰写的时候,2019 年底突如其来的新冠疫情让我改变了研究思路。疫情让我不得不居家办公,同时也使我能够静下心来阅读一些新的著作。在这期间,机缘巧合,我购买了何予明先生的《家园与天下——明代书文化与寻常阅读》一书。拜读之后,叹为奇书。尤其该书对流行于明代晚期下层的诸畅销书的诸如多栏、扉页图、卷首插图等外在形式的阅读体验解读,真让人眼前一亮。沿此书提供的线索,我又先后阅读了何谷理《明清插图本小说阅读》、柯律格《明代的图像与视觉性》《长物》、费夫贺和马尔坦《印刷书的诞生》、伊丽莎白·爱森斯坦《作为变革动因的印刷机》、周绍明《书籍的社会史:中华帝国晚期的书籍与士人文化》以及罗杰·夏蒂埃和罗伯特·达恩顿等人的相关著作,尤其是达恩顿先生的著作,凡是目前的译作,我几乎都阅读完毕了。与此同时,我又阅读了苏杰先生所译的《西方校勘学论著选》和G·托马斯·坦瑟勒《分析书志学纲要》,也对英美的各种书志学有了更多的了解。目前,在我书架上和电脑里收藏的大多都是这类西方书志学、书籍史、阅读史、书籍的历史、阅读的历史等著述,原来众多的版本、目录、校勘学著作以及小学文献著作反而退居二线了。在这些著述之中,对书籍物质性的分析恰好与我对文献层次的认识不谋而合,而其对商业化的印本俗书的重视也与我对传统的簿录之书和通俗字书的认识具有共通之处,更甚者,其从作者、读者身份和对社会文化的角度动态地分析印本书籍的传播和影响的研究视角和方法更能将以静态、描写文献为主的传统文献学带入一个全新的研究领域,因此,"文献文化学"这一分支学科便是在此种背景下引入我的新的文献学体系之中的。从此开始,我的研究视角也迅速由原来的以研究精英文献和经典文献为主的学术史视角转向关注下层通俗字书的书籍史(阅读史)的研究,原来平面、静态地描写诸文献学现象,也开始转向动态、立体地挖掘隐藏在这些现象背后的文化动因。比如在考察"版本"这一词的发展演变的时候,我不仅历时地梳理了该词如何由最初的"本"一步步地与"版"黏合在一起,最后成为一个指称包含稿抄本在内的所有版本类型的固定词汇的发展历程,更是分析了该词在不同阶段出现的相关名称在不同阶层读者之间互动和转变的原因。

总之,西方的以上诸理论为我打开了一扇研究小学文献学的新窗户。更重要的是,它能让我在以后无论研究什么文献都能有意识地从物质形式、社会结构、文化环境、传播交流等角度动态地对之加以分析。就书籍史(阅读史)而言,我并未同当前一些学者那样专门以这种理论和方法探讨中国书籍史的发展出路,因为这种理论探讨的毕竟是西方印刷品(书籍、期刊、报纸、传单等)的传播交流过程和社会文化意义等。因此,书籍本身并非书籍史学者研究的重心,而是学者们探讨特定历史阶段中特定社会文化现象的工具。比如罗伯特·达恩顿《启蒙运动的生意:〈百科全书〉出版史(1775—1800)》一书,通过对《大百科全书》的出版、销售等过程的描述来探讨启蒙运动的传播和影响程度等。显然,这与文献学的研究对象和内容都相去甚远,但前者的研究思路和方法完全可以移植到后者的相关研究之中。也就是说,我们要做的并非是将西方的书籍史(阅读史)实现本土化,依样画葫芦地研究中国古代的书籍商业化动作等问题(事实上这也走不通),而是用其理论和方法对传统文献学的理论体系重新建构。在这里,西方的理论只是作为方法论被使用,而非研究内容。希望这种研究能为中国文献学的发展提供一种可持续发展的道路,也希望能为小学文献学理论体系的建构提供一种行之有效的研究范式,更希望能为小学文献的深入研究提供一种新的研究思路。

  以上便是我对本书的编纂缘起、研究视角和方法等的一点说明。至于本书对这些西方理论理解得是否到位,以及本研究是否能达到预期效果,尚需专家学者的批评指正。不过,无论如何,总算给做了五年多的课题一个像样的交代。在这段似乎并不长但也不算短的时间内,由于身份的转变,我已经无法像读书期间那样可以专心地完成一件事了,往往是教学、科研还有家事交织在一起。原来是平心静气读群书,现在反成忙里偷闲做学问了。但幸好有师友和家人一直鼓励和帮助,从而使本书能够顺利完成。因此终篇致谢,以表我一点感激之情。

  首先要感谢的是二位在百忙之中抽空为本书作序的先生。当我向他们提出作序之请时,先生们毫不犹豫便欣然答应了,这使我备受感动。李国英先生是我硕士毕业以后遇到的贵人之一。没有先生主持的"中华字库"项目组及时给予我的工作,也就没有我之后系统熟知小学文献和学习文字学知识的机会。李先生向来以段《注》名家,其治学亦同段若膺一般精研。每听先生言,必反复思量,方知其用心之深,亦往往获益良多。如其序中所指出的小学文献的形式特征,我在书中确实未著一词。我太过注重对小学文献社会文化背景的挖掘,反而忽略了其内部结构组织的研究。若非先生点拨,恐怕又得多走几条弯路了。刘毓庆先生是我入职以来遇到的贵人之一。先生以《诗经》名家,但治学广博,著作等身。"椿楸"诸书,即是明证。我入职以后,机缘巧合,适闻先生与博士讲授经学、小学等课程,便赶忙旁听。其课一如其书,总让人耳目一新。如其论"文献"字云:"残羹余生者曰羹献,引申之,历史幸存之文物则曰文献。"在我梳理该词含义时,从未见有人如此说过。如此观点甚多,我都一一记于笔端。子曰:"益者三友:友直、友谅、友多闻。"若将"友"扩展至"师",那么,用在二位先生身上是最恰当不过了。有幸能读其书,闻其言,听其训,实是我这后辈小子最大的福分。刘老师在序中的疑惑,可以在此找到答案了。

其次要感谢的是我的二位恩师:周晓文教授和过常宝教授。周老师是我的博导。自2011年加入"中华字库"项目组后,老师便对我照顾有加,后来更蒙她不弃,收我入门下。老师从事文字学与计算机的跨学科研究,思维异常活跃,总能想别人之所不能想。虽然她不治版本目录,却一早便根据我的知识结构给我定下一个研究小学书目的博士论文选题。可以说,无论是论文的框架设计,还是具体的章节撰写,老师都给予了我莫大的帮助。不仅如此,为了让我更好地完成论文,老师还允许我使用项目组从世界各馆扫描回的所有小学文献,这使我不出户便可看遍那些馆藏珍稀版本,从而不仅为论文的顺利撰写提供了便利,更大大提高了我的认识小学文献、考辨小学版本的能力。老师曾说我是项目组里受益最大的一个,我则笑而不语,真想告诉老师:其中的"受益"何止是利用这些资源呢,更是让我学到了两门新学问:文献学与文字学。2015年我博士毕业后虽然告别了北京,但无论是学术上还是生活上仍然受到了老师的多方面帮助。对于老师的诸多恩情,就算是千言万语,如何能又怎么能表达我的感激与感动呢?

如果说周老师是我现在研究方向的指引者的话,那么我的硕导过老师便是我学术思维的启蒙者了。我于2008年考入北师大,机缘巧合拜在了过老师门下。过老师平时不甚管束学生,故过门读书,全凭自学自悟。若有疑惑,亲自与老师约谈便可。我当时读书不多,但想法不少,故斗胆向老师请教过数次。其中的一次大概谈到了如何研究先秦文学的问题,老师说先秦留存的资料太少,后人的任何研究观点都可以拿来商讨,即便是定论也可质疑。老师的话语虽然不多,却使我恍然大悟。所以之后我撰写硕士论文时便不再拘泥于诸家观点,而是在充分收集相关资料的基础上大胆假设,合理考证,甚至把这种风气也带到后来的博士论文和科研论文的撰写之中了(但其时受文字学诸师友的影响,对某些问题的主观推测已经收敛了不少)。过师治学注重用新的理论和方法研究旧的文献问题,故读其书,往往让人眼前一亮。尤其是他提出的从知识、观念等角度探讨先秦文献生成、结构形态及文化功能等的方法,直接推动了先秦文献研究向更广阔的文化道路上发展。当然,我在阅读其相关著述中也获益不少。

读书求知重在自学,但如果有一位好的导师指引便会少走弯路,幸运地我遇到了两位。至今我已毕业六年了,但仍一有疑惑便找二位恩师请教。老师们也一如既往地知无不言,尽力帮助。真是一日为师,终身为师啊。

接下来我要感谢一直帮助和指点过我的众多友人。他们学有专长,功力深厚,向其求教,足以解惑。山大的郭万金老师不仅对我有知遇之恩,而且在包括学术在内的各个方面都曾对我加以指点,我佩服他《明诗文学生态研究》中体现出来的大气魄,更感激他对我的多方面的帮助。此外,好友陕师大的孙建伟、天津大学的朱生玉、湖南师大的蒋志远、郑州大学的何余华、北师大的董婧宸、南通大学的刘建民、山西大学的王永昌等,或为我提供相关的文献资料,或替我解答相关字词的困惑,这些都为本书的顺利完成提供了很大的便利。此外,从未谋面的山东大学的王承略教授、复旦大学的苏杰教授,还有天一阁的李开升副研究员等都曾热心帮助过我,或许他们并未记住我这个无名之辈,但即便滴水之恩,我也应永远铭记,在此向他们一并致以最大的谢意。

最后我要感谢的是我的家人:我的岳父岳母、我的父母。尤其是我的妻子杨琦,在忙碌自己工作的同时,还肩负起带孩子和做家务的重任。正是她在家的辛苦付出,才换来我平静地坐在学院办公桌前撰写本书的时间。儿子闻远出生之时,正是我项目刚刚起步之时。一晃之间,我的项目结项了,儿子也正好快上小学了。因此,可以说,五年中,我是看着两个孩子长大的:一个学术上的,一个生活中的。很感谢五年来一直有家人的陪伴,同时也希望以后的日子也能这样快乐而平静地生活下去。

  最后的最后,需要感谢院领导为我安排的办公桌,还有宽松的科研环境。正是因为没有那些杂七杂八的烦心事,我才能集中精力思考那些理论问题。

山西大学文学院 张宪荣
2022 年 12 月 17 日书毕
2024 年 4 月 29 日重订

图书在版编目(CIP)数据

小学文献学研究 / 张宪荣著. -- 上海：上海古籍出版社，2024.7. -- ISBN 978-7-5732-1239-9

Ⅰ. G256

中国国家版本馆 CIP 数据核字第 2024LK1580 号

小学文献学研究

张宪荣　著

上海古籍出版社出版发行

(上海市闵行区号景路 159 弄 1-5 号 A 座 5F　邮政编码 201101)

(1) 网址：www.guji.com.cn

(2) E-mail：guji1@guji.com.cn

(3) 易文网网址：www.ewen.co

上海商务联西印刷有限公司印刷

开本 787×1092　1/16　印张 38.75　插页 2　字数 555,000

2024 年 7 月第 1 版　2024 年 7 月第 1 次印刷

印数：1—1,100

ISBN 978-7-5732-1239-9

Z·483　定价：168.00 元

如有质量问题，请与承印公司联系